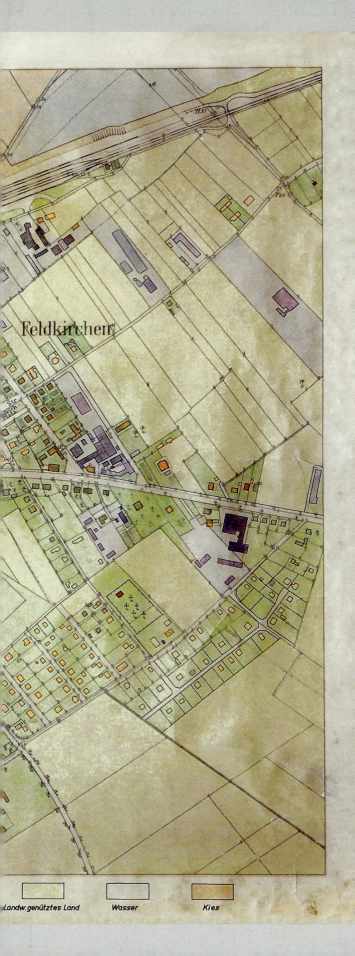

Landw. genütztes Land   Wasser   Kies

FELDKIRCHEN
Chronik

Liebes Brautpaar,

wenn zwei Menschen sich verstehn, kann einfach nichts daneben gehn! Sie müssen sich nur vom Herzen lieben und einander nie betrüben. Dann fügt es sich, dass diese Ehe unter einem Glücksstern stehe. Zusammen durch die Welt zu gehen ist schöner, als allein zu stehen. Und sich darauf das Wort zu geben ist wohl das Schönste im Leben.

Viel Glück auf Ihren Wegen wünscht

A. Janson

Andreas Janson

Erster Bürgermeister

04.03.2022

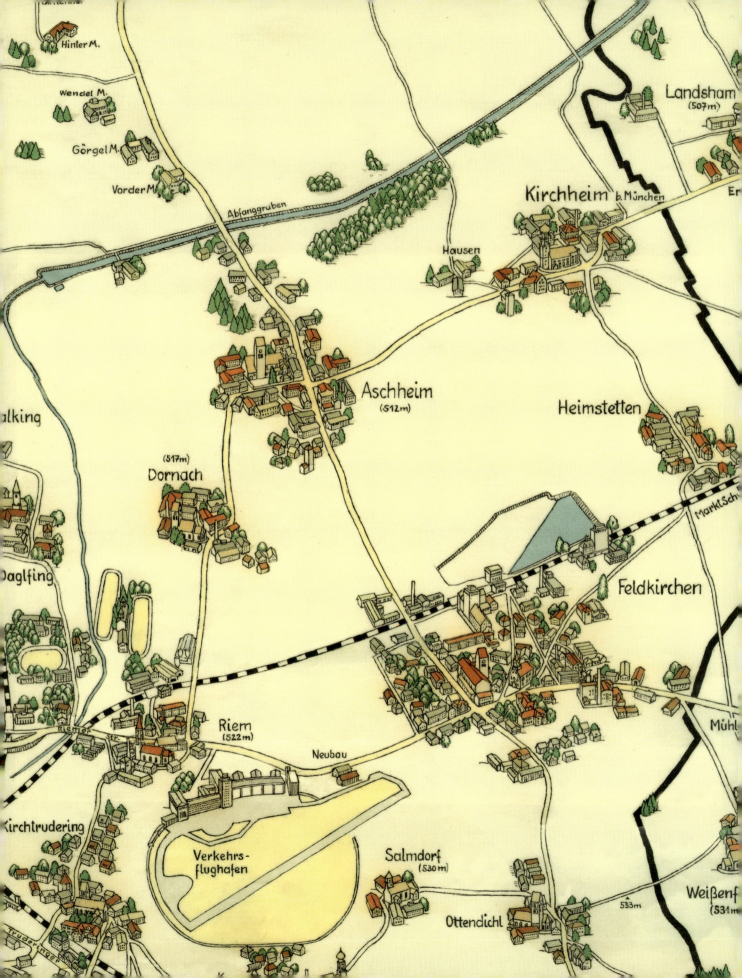

Cornelia Oelwein

FELDKIRCHEN

Chronik

Schulwandkarte Stadt und
Landkreis München, 1962

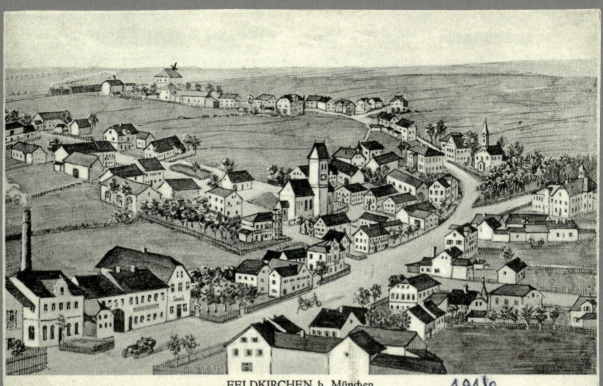

FELDKIRCHEN b. München 1916

Partie

Gemischte Warenhand. von A. Ammon

Gruß aus Feldkirchen bei München

Granatenfabrik

Kartoffeltrocknungsanstalt München u. Ug.

Inhalt

10	**Vorwort**
	Bürgermeister Werner van der Weck
13	**Vor- und Frühgeschichte**
19	**Feldkirchen als historischer Verkehrsknotenpunkt**
19	Die Römerstraße
20	Die Salzstraße
22	Der „Finsinger Weg"
22	Reisende durch Feldkirchen
27	**St. Emmeram und die Kapelle**
27	Die Lebensgeschichte des Heiligen
34	Kloster und erste Kapelle, Wallfahrt und Eremitenklause
37	Schule bei den Klausnern
44	Das Ende der alten Kapelle und der Eremiten
46	Die Sage vom Klausnerschatz
47	Die neue Emmeramskapelle
59	**Die katholische Kirche**
62	Der Neubau der Kirche
73	Die Innenausstattung von St. Jakobus d.Ä.
75	Die katholischen Seelsorger
83	**Die evangelische Kirchengemeinde und das Kinderheim**
83	Die ersten Protestanten in Altbayern
88	Die Anfänge der evangelischen Kirchengemeinde
89	Das protestantische Pfarrvikariat
106	Die Pfarrvikare bzw. ab 1905 Pfarrer der evangelischen Kirchengemeinde Feldkirchen
110	Das evangelische Kinderheim – Evangelische Kinder- und Jugendhilfe Feldkirchen
123	**Das Schulwesen**
127	Die ersten Jahre der evangelischen Schule
138	Die katholische Schule
144	Die Gemeinschaftsschule
148	Lehrer von Feldkirchen
150	Die Volkshochschule im Osten des Landkreises München vhs olm
153	Das Gymnasium in Kirchheim
155	**Die Kindergärten**
155	Der Kindergarten St. Jakob
158	Die Hummelgruppe
158	Mittagsbetreuung und Kinderhort St. Jakob
159	Arche Noah
160	Kindertagesstätte „Bienenhaus"
161	Die Kinderkrippen
163	**Die Friedhöfe**
163	Der alte katholische Friedhof
164	Der neue Gemeindefriedhof
169	Friedhof der unschuldigen Kinder

171	**Eigentumsverhältnisse in früherer Zeit**
172	Kloster Tegernsee
172	Stift St. Johann in Freising
173	Stift St. Veit in Freising
174	Kloster Frauenchiemsee
175	Frauenkloster St. Klara in München
176	Adeliger Besitz
179	**Die Schwaige Oberndorf**
187	**Abgaben und Steuern, Verwaltungsorganisation, Gemeinde- und Siedlungsentwicklung**
199	**Öffentliche Dienstleistungen**
199	Post und Telefon
202	Gendarmerie – Polizei
203	Kaminkehrbezirk Feldkirchen
203	Stromversorgung
205	Mehr Strom durch die MIAG
206	Gasversorgung
207	Zukunft durch Geothermie
209	Wasserversorgung
214	Abwasserbeseitigung
214	Müllentsorgung
217	**Die Landwirtschaft**
222	Kartoffelanbau
228	Milchwirtschaft und Viehzucht
231	Grünfutter-Trocknungswerk
233	Die Feldgeschworenen
234	Schäden durch Unwetter
236	Seuchen und Schädlingsplagen
238	Wald und Bäume
242	Die Jagd
245	**Handel und Gewerbe, Handwerk und Industrie**
247	Das wirtschaftliche Leben zu Beginn des 20. Jh.
250	VR Bank München Land eG
252	Kreissparkasse München Starnberg Ebersberg
254	Gemeinnützige Baugenossenschaft Feldkirchen und Umgebung eG
258	Firmenansiedlungen im 20. und 21. Jahrhundert
265	**Gastronomie und Brauwesen**
266	Alter Wirt – Hotel Bauer
269	Weitere Gasthäuser – zunächst nicht gewünscht
270	Neuwirt – Gasthof Garnreiter – Gasthof Hartmann
272	Bahnhofsrestaurant – Gasthof Taubenhuber
272	Gasthof zur Sonne
274	Neuwirt – Gasthof Zacherl
275	Branntweinschenke
276	Kaffeehäuser
277	Baukantine
277	Bahnhofs-Kiosk
278	Brauereien

285 **Ausflüge rund um München – Ziel Feldkirchen**
286 Die Bahnlinie nach Simbach und der Bahnhof Feldkirchen
294 Die Kraftwagenlinie Feldkirchen – Hohenlinden
298 Velasko, Filaschka, Vitsche, Fidschi oder
    der Heimstettener See
304 Der Riemer oder Buga-See

307 **Liebe und Treue zur Monarchie**
307 Das Herz König Ludwigs I.
308 Der 90. Geburtstag des Prinzregenten
309 Der Besuch von König Ludwig III.
311 Sammlung für das König Ludwig II.-Denkmal in München

313 **Die Lasten der Kriege**
313 Der bayerische Erbfolgekrieg
314 Der Dreißigjährige Krieg
314 Die Koalitionskriege
316 Der Krieg gegen Frankreich 1870/71
317 Friedenszeiten vor dem Ersten Weltkrieg
318 Der Erste Weltkrieg
319 Der Kampf ums Kriegerdenkmal
325 Weitere Kriegerdenkmäler

329 **Das „Dritte Reich" und der Zweite Weltkrieg**
329 Zwangsarbeiter in Feldkirchen
331 Der Zweite Weltkrieg
336 Der Einmarsch der Amerikaner
337 Das Kriegsgefangenenlager in der Velasko-Kiesgrube
339 Die Tagebuchaufzeichnungen von Pfarrer Hobmair

365 **Neuanfang nach 1945**
366 Der Bauboom beginnt
368 Kunterbunte Künstlerkolonie
371 … und noch eine Künstlerin

373 **Die Entwicklung der Gemeinde
    nach der Verlegung des Flughafens**
377 Der Bauboom geht mit großen Schritten weiter
379 Die Seniorenwohnanlage
380 Das neue Rathaus
385 Die Gemeindebücherei
388 Städtepartnerschaften mit Rietschen und Bisignano
394 Das Computerzeitalter beginnt
395 Der neue Wochenmarkt
396 Bürgerstiftung Feldkirchen
398 Die Skateanlage
398 Ein Regionalpark für Feldkirchen

401 **Namen und Wappen**
401 Der Name Feldkirchen
402 Der erste kartografische Beleg
403 Das Gemeindewappen
404 Die Benennung der Straßen
410 Alphabetische Liste der Straßennamen
414 Umstellung von Hausnummern auf Straßennamen
417 Flurnamen in der Gemarkung Feldkirchen
422 Alte Haus- und Hofnamen
426 Gebäude unter Denkmalschutz

431 **Das Vereinsleben**
436 Freiwillige Feuerwehr
450 Altschützengesellschaft Feldkirchen 1878 e. V.
456 Krieger- und Soldatenkameradschaft
    Feldkirchen-Weißenfeld
458 Christlicher Männerverein Sankt Josef von 1901
460 Gartenbauverein Feldkirchen e. V.
464 TSV Feldkirchen von 1912 e. V.
472 Katholische Frauengemeinschaft St. Jakob d. Ä.
473 Männergesangsverein Feldkirchen e. V. (MGV)
476 Katholischer Kirchenchor
476 Evangelischer Kirchenchor
478 VdK-Ortsverband Feldkirchen-Kirchheim-Aschheim
478 Schachfreunde Feldkirchen
478 Schachclub Aschheim-Feldkirchen-Kirchheim
478 Wasserwacht
482 Feldkirchner Blaskapelle e. V.
486 Stopselclub Feldkirchen
486 Wanderfreunde Feldkirchen e. V. gegründet 1974
486 Katholische Arbeiterbewegung KAB Feldkirchen
488 Feldkirchner Theaterverein e. V.
492 Nachbarschaftshilfe Feldkirchen e. V.
493 Seniorentreff
494 Montagsclub
495 Feldkirchner Volkstanzkreis
495 Katholische Pfarrjugend Feldkirchen
495 Burschenverein Feldkirchen
496 Gewerbeverein Feldkirchen e. V.
496 Bavaria-Böllerschützen Feldkirchen e. V.
497 Billardclub
497 Agenda 21
498 Joyful Gospel Singers
499 Cheer Base Feldkirchen e. V (CBF)
500 Skatclub „Gutblatt"
500 AsylbewerberHelferKreis Feldkirchen – AHK Feldkirchen
500 Vereinsvorständetreffenr

503 **Brauchtum**
503 Maibaum
506 Böllerschützen
507 Das Haberfeldtreiben von Aschheim 1866
510 Feldkreuze
513 Christkindlmarkt

515 **Die politische Gemeinde**
530 Parteien, Bürgermeister und Gemeinderat
532 Ehrungen der Gemeinde Feldkirchen
532 Die Ehrenbürger der Gemeinde Feldkirchen
534 Entwicklung der Einwohnerzahlen

536 **Anmerkungen**

544 **Literatur und gedruckte Quellen**

551 **Bildnachweis**

552 **Register**

564 **Impressum**

Vorwort

Die letzte Chronik von Feldkirchen ist vor mehr als einem Vierteljahrhundert erschienen. Seither ist in unserer Gemeinde viel geschehen. Mit der Verlegung des Münchner Flughafens von Riem ins Erdinger Moos im Jahr 1992 brach auch für die Gemeinde Feldkirchen eine neue Zeit an. In unmittelbarer Nähe entstanden die Neue Messe München, die Messestadt und der Landschaftspark Riem. Das stellte auch Feldkirchen vor neue Herausforderungen, bot aber gleichzeitig Möglichkeiten für Entfaltung und Wachstum. Die vielfältige Neuansiedlung attraktiver Unternehmen und eine Reihe von Neubauten bestimmten den Weg für die Zukunft.

Die Bevölkerungszahl hat sich seit der letzten Chronik mehr als verdoppelt, kommunale Partnerschaften mit Rietschen in Sachsen und Bisignano im südlichen Italien wurden geknüpft. Mit der AFK-Geothermie GmbH gründete Feldkirchen mit zwei Nachbargemeinden 2008 das erste interkommunale Geothermieprojekt in Deutschland. Viel wurde für die Infrastruktur getan, neuer Wohnraum erschlossen. Und nicht zuletzt markiert das neue Rathaus mit seinem reichhaltigen kulturellen Angebot den Mittelpunkt des modernen Feldkirchen.

Doch auch der Blick zurück sprach für eine Neuauflage der Chronik. Vor allem durch den Abzug des Flughafens waren Grabungen möglich, die weitere archäologische Aufschlüsse brachten. In der allgemeinen Literatur erschienen neue Erkenntnisse, die auch die

Panorama vom Fesselballon der Kgl. Bayer. Luftschifferkompanie, Standort Oberwiesenfeld, 1918
Bayerisches Hauptstaatsarchiv, Abt. IV Kriegsarchiv - Rundbilder

Dornach   Feldkirchen

Geschichte Feldkirchens berühren, etwa die Regensburger Forschungen zum Hl. Emmeram, der gewissermaßen am Anfang der kommunalen Geschichte unseres Ortes steht.

In der nun vorliegenden Publikation sind sowohl die zum Teil ergänzten Erkenntnisse der früheren Chronik als auch die neuesten Entwicklungen vereint. Als Autorin konnte wieder Frau Dr. Cornelia Oelwein gewonnen werden, die bereits die Chronik von 1990 verfasst hat – damals noch unter ihrem Geburtsnamen Baumann.

Abschließend möchte ich nun allen Bürgerinnen und Bürgern von Feldkirchen ebenso wie den verschiedensten Vereinen und Gruppierungen mit ihren Mitgliedern danken, die mit Informationen und dem Überlassen von Bildmaterial zum Gelingen der neuen Ortschronik beigetragen haben. Mein besonderer Dank aber gilt der Verfasserin Frau Dr. Cornelia Oelwein, die – gleichermaßen mit Fachkenntnis, Akribie und Geduld – die verschiedensten Informationen recherchiert und in eine gut zu lesende Form gebracht hat, sowie dem Verleger Franz Schiermeier, der mit großem Engagement die, wie ich finde, äußerst geglückte Gestaltung übernommen hat.

Nun bleibt mir nur noch, allen viel Vergnügen beim Lesen der neuen Chronik zu wünschen: Mögen Ihnen die Zeilen viele neue Entdeckungen erlauben und bereits vergessen geglaubte Erinnerungen zu neuem Leben erwecken.

Werner van der Weck
Bürgermeister von Feldkirchen

Weißenfeld · Hergolding

Vor- und Frühgeschichte

Schon sehr früh ist die Münchner Schotterebene besiedelt gewesen, doch die Spuren sind spärlich und bis jetzt mehr zufällig zutage getreten, auch im Gebiet um Feldkirchen.

Der Siedlungsraum ist in seiner geologischen Struktur von der erdgeschichtlichen Periode des Tertiärs und Quartärs geformt. Vor vielen Millionen Jahren war der größte Teil des europäischen Festlands von einem ausgedehnten Meer bedeckt; nur vereinzelt ragten Höhenzüge als Inseln heraus. Der Meeresarm, der Südbayern überflutete, drang vom Mittelmeer durch das Rhône- und Rheintal am Bodensee herein und dehnte sich bis nach Ungarn aus. Stellenweise war dieses Meer bis zu einem Kilometer tief. Ermöglicht wurde das Vordringen des Meerwassers durch gewaltige tektonische Bewegungen. In jener Zeit entstanden durch Faltung und Hebung zum einen Gebirge und Hochländer, zum anderen ausgedehnte Senken, Tiefländer und Meere. In der sogenannten Miozänperiode, dem vorletzten Tertiärabschnitt, wich das Meer allmählich zurück. Regen und Schneewasser der folgenden Perioden ließen die Flüsse anschwellen und schwemmten im Verlauf von Jahrmillionen Schutt und Sand vom Gebirge ins Voralpenland. Dieser Tonmergel verdichtete sich allmählich zu einem wasserundurchlässigen Flinz, ohne den die Münchner Umgebung eine weite, trostlose Kieswüste geworden wäre, denn das Grundwasser hätte sich nicht in erreichbarer Höhe halten können. In der Tat fließen noch heute auf diesem Flinzboden die versickerten Niederschläge als unterirdischer Grundwasserstrom im Gebiet von München von Süden nach Norden. Dieses Grundwasserreservoir ist für den Siedlungsraum, die Wasserförderung und die Vegetation von entscheidender Bedeutung. In Feldkirchen stößt man bereits bei sechs Metern unter der Oberfläche auf Grundwasser, in Aschheim sogar bei nur drei Metern.

War die Ausbildung der Flinzschicht während des Tertiärs als Wasserstauer für dieses Gebiet von prägender Bedeutung, so haben nachfolgende erdgeschichtliche Perioden, die Eiszeiten und die dazwischen liegenden Warmzeiten, weitere unverwechselbare Spuren in der Landschaft hinterlassen, die einen heute von einer Schotterebene sprechen lassen. Die Gletscher, riesige Eisströme, drangen über die Flusstäler weit ins Land vor. Als das Eis schmolz, blieb das aus den Bergen mitgebrachte Material, Geröll und Schotter, manchmal auch wuchtige Gesteinsblöcke, liegen. Moränenwälle entstanden. Der Vorgang der Ablagerung von Schotter durch Gletscher und die Verlagerung durch Schmelzwasser wiederholte sich im Rhythmus des Klimawechsels mehrmals. Dadurch wurden die Schotterablagerungen auch nicht überall gleichmäßig geformt. Im Gebiet von Feldkirchen hat sich z. B. über einen älteren sogenannten Niederterrassenschotter eine jüngere Schotterzunge geschoben. Unter einer dünnen Humusschicht tritt eine mächtige Schicht unverwitterten Schotters zutage. Damit haben die Eiszeiten ein weiteres Merkmal für den Feldkirchner Boden geschaffen: seinen Kiesgrund. Kies ist ein unentbehrliches Baumaterial, das noch heute rings um Feldkirchen in bis zu 30 Metern

Tiefe abgebaut werden kann – man denke nur an den Heimstettener See![1] Heute liegt der Ort Feldkirchen bei einer Meereshöhe von 523,631 m also ganze 3 m höher als die Landeshauptstadt.

1956 stieß man beim Kiesabbau in der Nähe von Dornach auf den Stoßzahn eines Mammuts, der verdeutlicht, dass die Landschaft der Münchner Schotterebene, die im Wesentlichen gegen Ende der bisher letzten großen Eiszeit, der sogenannten Würmeiszeit, vor etwas 10.000 Jahren geprägt wurde, nicht unbelebt war.[2] Wann die Gegend um Feldkirchen jedoch erstmals von Menschen bewohnt wurde, ist ungewiss.[3]

In und um Feldkirchen lassen sich sowohl Siedlungsspuren als auch Körpergräber „unbekannter Zeitstellung" im Luftbild erkennen.[4] Die früheste Epoche menschlicher Kulturentwicklung ist die Steinzeit, benannt nach dem seinerzeitigen Hauptwerkstoff. Sie wird unterschieden in Altsteinzeit, Mittlere Steinzeit und Jungsteinzeit. Letztere, auch Neolithikum genannt, dauerte in Bayern etwa von 4000–1800 v. Chr. und hebt sich durch ihre Wirtschaftsform grundsätzlich von den beiden vorangegangenen Perioden ab. Ihre Kennzeichen sind Sesshaftigkeit der Bevölkerung, Ackerbau und Viehzucht. Damit verbunden entstand in der Jungsteinzeit eine Vorratswirtschaft und dadurch bedingt Gefäßherstellung. Anhand dieser in ihrer Ausführung und Verzierung unterschiedlich gestalteten Gefäße lassen sich einzelne Epochen erkennen; die Gefäße gaben der jeweiligen Periode ihren Namen. In das Endneolithikum gehört die nach der typischen Form ihrer Gefäße benannte Glockenbecher-Kultur. Im Jahr 1981 wurden zwischen Kirchheim und Heimstetten Funde dieser Periode entdeckt. Funde aus Landsham, Gelting, Aschheim, Poing und Ottersberg lassen sogar auf eine – wenigstens zeitweise – Besiedelung in früheren Zeiten schließen. Auch wenn im Raum östlich der heutigen Landeshauptstadt Einzelfunde verschiedener Epochen entdeckt wurden, scheint eine flächendeckende Aufsiedelung erst am Ende des Neolithikums erfolgt zu sein.

An die Stelle der Vielzahl neolithischer Gruppen und Grüppchen tritt mit der frühen Bronzezeit ab 1800 v. Chr. eine Art Einheitskultur, die sich offensichtlich unter anderem auch aus der Glockenbecher-Kultur entwickelt hat. In die mittlere Bronzezeit (1600–1300 v. Chr.) weisen die Spuren von sechs Hügelgräbern, die 1980 bzw. 1981 durch die Luftbildarchäologie zwischen Aschheim und Kirchheim festgestellt werden konnten. Diese neue Periode erhielt nach ihrer auffälligen Grabform den Namen Hügelgräberbronzezeit.

Die nachfolgende Epoche von ca. 1200–750/720 v. Chr. war die ebenfalls nach ihrem Bestattungsbrauchtum benannte Urnenfelderzeit. Leichenverbrennungen waren bereits aus der Spätbronzezeit bekannt, neu hingegen ist die Form der Gräber. Das Grab ist nicht mehr sichtbares Monument; die Gräber, die in Südbayern nun friedhofartig mit zum Teil mehreren hundert Bestattungen angelegt wurden, bestehen aus kleinen Gruben, die kaum größer als die betreffenden Urnen sind. Häufig wurden sie so flach im Boden vergraben, dass bei der heutigen Pflugtiefe von ca. 30–40 cm die Oberteile der Urnen abgeackert werden. Parallel zu den größeren Friedhöfen entstanden auch umfangreiche Ansiedlungen. 1974 wurden zwischen Hausen und dem damaligen Ortsrand von Kirchheim Spuren einer Siedlung aus der Urnenfelderzeit, etwa aus der Zeit um 1200 v. Chr. entdeckt. Auch im Gemeindegebiet von Aschheim konnten in den 1990er Jahren entsprechende Funde gemacht werden.

Der erste Abschnitt der zeitlich folgenden Eisenzeit wird wegen des Hauptfundorts Hallstatt am gleichnamigen See in Österreich Hallstattzeit genannt (ca. 750/20–500 v. Chr.). Aus dieser Zeit wurden auch Siedlungsspuren im Gebiet der Gemeinde Feldkirchen entdeckt. Die Hallstattzeit unterscheidet sich in mehrfacher Hinsicht auffällig von der vorangegangenen Urnenfelderzeit. So kehrte man beim Bestattungsbrauchtum zur Sitte der Beisetzung in Grabhügeln zurück. Als Neuerung m wirtschaftlichen Bereich ist vor allem das Eisen zu nennen. Dieser neue Werkstoff kam hierzulande zwar bereits in der ausgehenden Urnenfelderzeit auf, war zunächst aber noch so kostbar, dass man ihn höchstens für schmückende Einlegearbeiten verwendete. Erst in der Hallstattzeit stand Eisen in größeren Mengen zur Verfügung, sodass es im 7. Jahrhundert v. Chr. bei der Herstellung von Schwertern gleichwertig mit Bronze verwendet wurde. Für Hals-, Arm- und Beinringe aber bediente man sich auch weiterhin der Bronze, da sie technisch leichter zu bearbeiten und zu verzieren war.

Aus der frühen Hallstattzeit, aus dem 8. Jahrhundert v. Chr. wurde 1980 dann ebenfalls mithilfe der Luftbildarchäologie in Kirchheim die Grundrissfläche eines Herrenhofes – vermutlich der Sitz eines hallstattzeitlichen Landadeligen – entdeckt. Westlich davon machte man – wiederum mithilfe der Luftbildarchäologie – eine ausgedehnte dörfliche Niederlassung aus, deren Gründung noch in der Hallstattzeit vermutet wird, die aber bis in die frühe Latènezeit (5. Jahrhundert v. Chr.) hinein bestanden haben wird. -

Ebenso wie bei der Hallstattzeit war auch im Fall dieser Periode ein wichtiger Fundort namengebend: La Tène am Neuenburger See in der Schweiz. Der Übergang von der Hallstatt- zur Latènezeit war fließend; ausschlaggebende Impulse kamen aus dem Mittelmeerraum hinzu. Erstmals in der mitteleuropäischen Vorgeschichte lässt sich in der Latènezeit der Volksstamm mit einiger Sicherheit angeben: Es handelte sich um Kelten.

Nach der Blüte der Hallstattzeit begann im 5. Jahrhundert vor Chr. offensichtlich eine Zeit des Niedergangs. Das bunte Geschirr der frühen Eisenzeit machte einer schlichten einfarbigen Ware Platz. Neuartig war die gänzlich anders geartete Ornamentik, die als keltischer oder kurvolinearer Stil bezeichnet wird. Sie erscheint unvermittelt und ohne bekannte Vorbilder im Laufe des 5. Jahrhunderts v. Chr. und kann als Charakteristikum der Latènezeit betrachtet werden.

Im Verlauf der Latènezeit spielte die Münchner Region keine große Rolle, obwohl sie keineswegs unbesiedelt war, wie mehrfache Funde zeigen. Es handelt sich dabei um dorfartige Siedlungen; die Herrensitze sind verschwunden. Dafür entstanden im Verlauf der mittleren Latènezeit bereits Städte, sogenannte Oppida, deren bekannteste Manching bei Ingolstadt ist. Die Zeit der Oppidakultur bedeutet ein Wiederaufblühen nach den Wirren der Wanderung, in denen ein Bevölkerungsrückgang zu bemerken war. Bodenfunde rings um Feldkirchen zeigen, wie dicht besiedelt die Gegend war. Auch wenn sich die Ausgrabungen bisher vor allem auf Aschheim, Kirchheim, Heimstetten und Hausen konzentrieren, so sind sie für unser Gemeindegebiet nicht auszuschließen. Immerhin lässt die Luftbildarchäologie Siedlungsspuren unbekannter Zeit erkennen.

Erst zur Zeit der Römer kann man im näheren Bereich Besiedelung nachweisen. Um 1890 sind z. B. östlich des Wegs von Feldkirchen nach Aschheim, etwa einen Kilometer davon entfernt, in einer Schottergrube Römerfunde der frühen Kaiserzeit zutage getreten. Die ersten Römerfunde „vor und außerhalb Aschheims" wurden bereits 1838 gemacht. Seitdem sind immer wieder Entdeckungen in Aschheim gemacht worden, das inzwischen zu einem der archäologisch am besten untersuchten Orte in Bayern wurde. Die „älteste Aschheimerin" stammt – wie Spuren von Häusern – aus der frühen Bronzezeit, der „älteste Aschheimer" aus der Glockenbecherkultur. Seit 2008 ist auch ein bronzezeitlicher Brunnen bekannt, dessen älteste von mindestens drei Phasen dendrochronologisch auf 2049 v. Chr. datiert wird. 1997 wurden Fragmente eines Vollgriffschwerts aus dem 12./11. Jahrhundert v. Chr. entdeckt. Und so ließen sich noch verschiedene vorchristliche Funde aufzählen.[5]

Für die römische Zeit wurden in jüngster Zeit ebenfalls Neufunde gemacht. 1998 wurde im Vorfeld des Baus der Staatsstraße 2082 auf der Feldkirchner Flur neben einem Gräberfeld aus der Bronzezeit auch ein spätantikes Gräberfeld mit 18 Körper- und zwei Brandgräbern entdeckt.[6] Aus diesen Gräbern, die in das späte 3. und 4. Jahrhundert n. Chr. zu datieren sind, stammen unter anderem Armreifen aus Bronze und Silber, Fingerringe, Perlen, eine Silberfibel, Glasbecher, mehrere Gefäße aus Keramik, darunter ein Spruchbecher, ein kleines Tintenfässchen, Münzen, Beinkämme und Messer.[7] Vermutlich gehörten die Gräber zu einer Villa Rustica, die im Jahr 2008 auf der Aschheimer Flur entdeckt wurde. Auf halber Strecke zwischen Feldkirchen und Aschheim, im Bereich des Aussiedlerhofs an der Feldkirchner Straße, waren großflächige Untersuchungen an einer Villa Rustica möglich. Die mehrphasige Hofanlage wurde vom 1. bis in das 4. Jahrhundert bewirtschaftet und bestand aus einem Hauptgebäude und einer Badeanlage sowie diversen Neben- und Wirtschaftsgebäuden. Nachgewiesen sind zudem verschiedene Brunnen sowie eine Darre und ein Lehmkuppelbackofen, die zusammen mit einer ebenfalls gefundenen Kurbelmühle beispielhaft die bäuerliche Selbstversorgung zeigen. Mit zu den römerzeitlichen Sensationen zählt ein aus feinstem Glas gefertigter Teller, der zu den ältesten römischen Relikten in Bayern zählt. Er überdauerte in einem Brunnen, der laut Jahresringdatierung zwischen 32 und 52 n. Chr. errichtet wurde.[8]

In der Mitte des 4. Jahrhunderts n. Chr. wurden die römischen Siedlungen aufgegeben. Für die folgenden 100 Jahre fehlen bislang archäologische Nachweise menschlicher Aktivitäten. Erst ab dem späten 5. Jahrhundert lassen sich mit merowingerzeitlichen Bestattungen erneut Siedler in Aschheim nachweisen. Ob es in Aschheim eine Siedlungskontinuität von der Römerzeit zum Mittelalter gegeben hat, ist nicht nachweisbar. Sicher ist nur, dass sich die Bajuwaren des frühen Mittelalters hinsichtlich der Auswahl der einzelnen Siedelplätze nicht an jenen der Römerzeit orientiert haben.[9] Schon Andreas Kraus hatte festgestellt: *„So siedeln die neuen Bewohner [...] nicht an den Römerstraßen, sondern neben ihnen, zwischen ihnen, sie wählen die bereits bebaute Flur, meiden aber die zerfallenen römischen Gebäude."*[10] Der Raum Aschheim-Feldkirchen ist geradezu ein Paradebeispiel für diese These.

Mit einem ersten Kirchenbau aus der Zeit um 600 zählt Aschheim dann zu den frühesten Orten des Christentums in Bayern. Auch in Teilen der alten Villa Rustica fanden sich eiserne Steckkreuze aus einer Kulturschicht des 7. und 8. Jahrhunderts. Gräber und Grabfunde stellen jedoch die reichste Quelle für das frühmittelalterliche Aschheim dar. Im Jahr 1997 wurden – nach diversen früheren Funden – die ersten Bestattungen einer weit über 400 Gräber umfassenden Nekropole freigelegt, die vom späten 5. bis ins 7. Jahrhundert hinein benützt wurde. Das Gräberfeld Aschheim-Bajuwarenring wurde – wie die keltischen Bestattungen – in enger Zusammenarbeit von Archäologie und Anthropologie ausgewertet. Heute ist man sich sicher: Ein Großteil der hier Bestatteten ist einer Pest-Pandemie zum Opfer gefallen. Es war eine der schlimmsten Seuchen in der Geschichte der Menschheit. Bis zu 100 Millionen Menschen sollen nach Ausbruch der Pest im Mittelmeerraum in den Jahren 541 bis 543 gestorben sein. Zwar ist die Zahl, die auf den spätantiken griechischen

Historiker Prokopios zurückgeht, nicht unumstritten. Tatsache jedoch ist, dass es eine ungeheure Anzahl von Toten gab. Aus Zähnen von zwei Toten isolierten die Forscher DNA, anhand derer Wissenschaftler nachweisen konnten, dass zumindest diese beiden frühmittelalterlichen Aschheimer tatsächlich an der Pest gestorben waren.[11] Alle Aschheimer hat die Pest offensichtlich nicht dahingerafft, denn seit dem frühen Mittelalter war der Ort kontinuierlich besiedelt, was unter anderem neu entdeckte Gräber aus dem 7. und 8. Jahrhundert beweisen.

In Kirchheim beziehungsweise Heimstetten lassen sich Spuren von Römern und Bajuwaren ebenfalls feststellen. In den Jahren 2012 bis 2014 legten Archäologen wieder Skelette aus frühmittelalterlichen Gräbern frei sowie Siedlungsreste und einen Brunnen.[12] Frühmittelalterliches lässt sich heute jenseits des Heimstettener Sees (Fidschi) in einem Freilichtmuseum besichtigen. Ab 2003 wurde im „Bajuwarendorf Kirchheim" ein frühmittelalterliches Gehöft auf der Grundlage von Funden aus der Merowinger-Zeit (ca. 450–750 n. Chr.) rekonstruiert. Die Häuser sind jenen nachempfunden, die die Bajuwaren einst aus Lehm errichtet haben.[13]

In Feldkirchen ließ sich – im Gegensatz zu Aschheim und Kirchheim – vor dem 7./8. Jahrhundert noch keine umfangreichere Besiedlung nachweisen. Hier scheint erst nach dem Tod des hl. Emmeram eine Ansiedlung „bei der Feldkirche" entstanden zu sein. Doch trafen sich hier bereits in früherer Zeit wichtige Überlandstraßen. Durch die Feldkirchner Flur zog nachweislich eine bedeutende Römerstraße. Möglicherweise befand sich hier eine Station, die bis heute unentdeckt geblieben ist. Auf dem Gelände des ehemaligen Flughafens in Riem konnten jedoch bei Grabungen im Vorfeld der Gestaltung des Buga-Geländes in den Jahren 2002/2003 Körpergräber der späten römischen Kaiserzeit entdeckt werden.[14]

Vor- und Frühgeschichte

Feldkirchen als historischer Verkehrsknotenpunkt

Feldkirchen hatte von jeher eine verkehrsgünstige Lage. Zum einen durchquerte die Trasse einer Römerstraße das Gemeindegebiet, zum anderen kreuzte ein in Ost-West-Richtung verlaufender Fernweg bei Feldkirchen diese wichtige Nord-Süd-Verbindung.

Bischof Arbeo von Freising (764–783) erzählt in seiner Lebensbeschreibung des hl. Emmeram, dass dieser an einem „Quadruvium", also an einer Straßenkreuzung, eigentlich an einem Ort, an dem vier Wege zusammenstoßen, gestorben sei. Auf der Verbindungsstraße zwischen den beiden römischen Heerstraßen wollte man Emmeram, den schwer verwundeten Märtyrer von Helfendorf, dem „Isinisco" der Römerzeit, auf dem schnellsten Weg über Grasbrunn, Keferloh und Ottendichl zum herzoglichen Gutshof in Aschheim bringen. Die Fortsetzung dieser Straße von Helfendorf führte weiter bis zu einem Isarübergang zwischen Ismaning und Garching und jenseits des Flusses bis nach Freising. An der Kreuzung mit dem seinerzeit bedeutenden Fernweg von Haching zu den Herzogshöfen in Neuching und Ding starb der schwer gemarterte Mann.[1]

Noch bis in die Zeit vor dem Zweiten Weltkrieg war den Feldkirchnern bewusst, an welchem einstmals so bedeutenden Verkehrsknotenpunkt sie wohnen. Der Aschheiner Pfarrer Erhard Cholemar wünschte sich bereits 1834 die Errichtung der neuen Emmeramskapelle an der Stelle, an der sie nicht nur die Einheimischen sehen konnten, sondern auch *„die Reisenden von der Münchner, Wiener und Erdinger Hochstraße"*.[2]

Jahrhundertelang führte die Straße von München nach Osten, nach Haag, Altötting und weiter nach Wien durch Feldkirchen. Erst in der zweiten Hälfte des 20. Jahrhunderts verloren die alten Landstraßen durch die Dörfer ihre überregionale Bedeutung. Die Wiener Straße von damals ist heute längst in Münchner Straße umbenannt worden – ein Schicksal, das sie mit ihrer Münchner Verlängerung, der ehemaligen Äußeren Wiener Straße, der heutigen Einsteinstraße, teilt. Und aus der ehemaligen Wasserburger Straße ist die Hohenlindner Straße geworden. Vergessen haben die Feldkirchner ihre alten Straßen jedoch nicht: Sie führen den silbernen Schrägbalken in Erinnerung daran im Wappen.

Mit dem Bau der nahe gelegenen Autobahnen A 99 und A 94 mit den heutigen Autobahnanschlüssen „Feldkirchen Ost" und „Feldkirchen West" jedoch wurde die überregionale Anbindung wiederum ausgebaut. Der Ostabschnitt des Münchner Autobahnrings A 99 wurde am 12. Dezember 1975 eröffnet. Die alte Anschlussstelle „Feldkirchen" der Autobahn A 94 (München–Mühldorf) benannte man damals in „Kreuz München-Ost" um.[3]

Die Römerstraße
Am Südrand des Erdinger Mooses entlang führte der Fernweg von der Hauptstadt der römischen Provinz Raetien, Augusta Vindelicorum (Augsburg), nach Ovilava (Wels) in Oberösterreich. Wo er genau verlief, ist heute nicht mit Bestimmtheit zu sagen. Die nachgewiesene Trasse verliert sich etwa in Höhe der Emmeramsmühle bei Oberföhring, um dann im Ebersberger Forst, nahe Forstinning, wieder deutlich zutage zu treten. Mit großer Wahrscheinlichkeit kann aber angenommen werden, dass die Römerstraße über Dornach und Feldkirchen und dann südlich an Heimstetten vorbeiführte, auch wenn die archäologische Bestätigung aussteht. Aufgrund der Bodenbeschaffenheit wird diese allerdings schwierig bis unmöglich sein. Man darf sich die Römerstraßen nördlich der Alpen nicht wie die berühmte Via Appia bei Rom vorstellen. Es handelte sich meist um Kiesaufschüttungen auf altem Humusgrund, ohne Steinpflasterung.

Karte der entdeckten Abschnitte alter Römerstraßen von Adolf Sandberger, 1985

Einige Römerstraßen überlebten als Feldwege, andere sind im Gelände auf Luftbildern und seit Beginn des 21. Jahrhunderts dank Laserscanbilder (die auch Spuren im Wald sichtbar werden lassen) auszumachen, die meisten aber sind längst überbaut oder durch landwirtschaftliche Nutzung des Geländes spätestens seit der Flurbereinigung nicht mehr zu erkennen.

Das Ende der Keltenzeit im letzten vorchristlichen Jahrhundert bedeutete gleichzeitig die Eingliederung des Alpenvorlands in das römische Weltreich. Kaiser Augustus hatte beabsichtigt, die ständige germanische Bedrohung auszuschalten, und zu diesem Zwecke unternahm er einen groß angelegten Zangenangriff von Süden und von Westen. Er selbst leitete die entsprechenden Operationen am Niederrhein, während seine Stiefsöhne Drusus und Tiberius in einem schnellen Feldzug das Land am Nordrand der Alpen im Jahre 15 v. Chr. als Aufmarschbasis unterwarfen. Mochten auch die römischen Offensivpläne im Jahre 9 n. Chr. an der Niederlage im Teutoburger Wald scheitern, Südbayern blieb als Provinz Raetia die nächsten vier Jahrhunderte im Verband des römischen Imperiums.

Erst in den 30er Jahren des 1. Jahrhunderts n. Chr. setzte, ausgehend von Städten und Märkten, die Romanisierung auf dem flachen Land ein; das Münchner Umland wurde erst im letzten Viertel des ersten nachchristlichen Jahrhunderts miteinbezogen. Grundlage dieser Entwicklung war der Ausbau des römischen Straßennetzes, das die erste große planerische Unternehmung in Bayern war.

Um 400 n. Chr. enden alle Zeugnisse römischer Kultur in Raetien. Der Zufall und die Archäologen unserer Tage aber fördern immer wieder Relikte der Römer zutage, auch östlich von München, etwa zwischen Feldkirchen und Aschheim, in Heimstetten oder auf dem ehemaligen Flughafengelände in Riem. So sehr aber die antiken Ost-West-Verbindungen für die Besiedelung von Bedeutung gewesen sein mögen, für die Ausgestaltung der Siedelung mussten die Bajuwaren erst ein System der Ortsverbindungen neu anlegen oder fanden es bereits im Erbe ihrer Vorbewohner vorgezeichnet. Die Römerstraße von Augsburg nach Wels durchzieht zwar das Gebiet von Feldkirchen, jedoch ohne dass dieses seine Richtung als Straßendorf etwa nach diesem Fernweg ausgerichtet hätte. Ihrem Zweck als Fernverkehrsstraßen entsprechend waren die Römerstraßen um München somit für die Siedelung nicht unmittelbar von Bedeutung. Dies bestätigt auch die Lage von Feldkirchen.[4]

Die Salzstraße
Die römischen Heerwege blieben als Erinnerung an die ehemalige „Besatzungsmacht" zum Teil erhalten. Die nachfolgenden Bevölkerungsschichten benützten die vorgefundenen Straßen und vor allem die Flussübergänge weiterhin. Später rumpelten über die Römerstraßen Salzfuhrwerke, um ihre kostbare Fracht vom Berchtesgadener Land über München und Augsburg bis an den Rhein zu bringen.

Die Gewinnung und der Handel mit dem für jeden Bürger lebensnotwendigen Salz war von jeher gewinnbringend, doch hatten dank des sogenannten Salzregals, eines vom König verliehenen Privilegs, ausschließlich die Fürsten ein Recht auf die Salzgewinnung. Nicht weniger einträglich waren die durch den Salzhandel bedingten Steuern, Wege- und Brückenzölle, weswegen jeder Fürst versuchte, möglichst großen Anteil am Salzhandel – in welcher Form auch immer – zu erringen.

Es fällt auf, dass um die Jahrtausendwende beide Isarübergänge der großen Handelsstraßen – bei Baierbrunn/Grünwald und bei Föhring – im Besitz des Bischofs von Freising waren. Um 1040 allerdings übereignete Bischof Nitker die südliche Brücke und Lände dem Kloster Schäftlarn, einem Freisinger Eigenkloster, vermutlich weil der Verkehr auf dieser ehemaligen Römerstraße zurückgegangen war. Die Fuhrwerke kamen bei Föhring weitaus bequemer über die Isar. Dieser alte Übergang wird in der Nähe des nunmehrigen Stauwehrs vermutet. Und dieser Übergang war es auch, der den Anlass zu dem berühmt-berüchtigten Zollstreit zwischen dem bayerischen Herzog Heinrich dem Löwen und Bischof Otto I. von Freising bildete, der für das Werden Münchens von entscheidender Bedeutung war. Der Herzog ließ die Salzstraße von Feldkirchen aus in Richtung auf München umleiten. Dort hatte der Löwe an der heutigen Museumsinsel einen Übergang über die Isar errichtet.

Die Wirtschaftspolitik des Welfen und ab 1180 der Wittelsbacher förderte den Ausbau des Straßennetzes und der Salzstraßen. In der zweiten Hälfte des 13. Jahrhunderts festigten sich langsam die Verhältnisse an der Salzstraße Reichenhall–München–Augsburg. Das System der Zölle nahm allmählich jene Gestalt an, die es bis ins 17. Jahrhundert behalten sollte. Das kostbare Gut musste im Mittelalter von den Reichenhaller Sudpfannen immer über München nach Westen und Norden rollen. Die Route führte über Traunstein, Altenmarkt, Wasserburg, Ebersberg und Feldkirchen in die heutige Landeshauptstadt.[5] Im Jahre 1332 bestätigte Kaiser Ludwig der Bayer der Stadt München das Recht der Salzniederlage und des Salzhandels in einer ausführlichen Urkunde.[6] Die alte B 12 hat ihren Knick in der Ortsmitte also vielleicht Herzog Heinrich dem Löwen zu verdanken.

Der alte Fernweg, die Salzstraße von Wasserburg nach München, blieb über Jahrhunderte erhalten, trotz der „Umleitung" in Feldkirchen. Allerdings verlief diese Straße – wie die Untersuchungen von Gertrud Diepolder zeigen – nicht exakt auf der Trasse der heutigen Straße. Die alte Salzstraße führte direkt an der Emmeramskapelle vorbei. Die heutige Kapellenstraße, der frühere Emmeramsweg, scheint ein Teil davon

Das Ende der Brücke in Föhring

Johannes Turmair, genannt Aventinus, beschrieb in seinen 1521 verfassten Annalen der Herzöge von Bayern die Vorgänge um Münchens Entstehung resp. Föhrings Untergang folgendermaßen: „[…] *weiter gründete Heinrich [der Löwe] […] eine neue Stadt, nennt sie München, die heute von allen nichtkaiserlichen den Herzögen hörigen Städten für die berühmteste gehalten wird. […] Das Dorf Föhring beim fünften [Meilen-]stein unterhalb München war damals Landstadt des Freisinger Bischofs, wo eine Niederlage, ein Salzmarkt und eine Brücke war. Herzog Heinrich von Bayern besetzt des Nachts unversehns Föhring, zerstört es, bricht die Brücke ab, verbrennt die Gebäude, verlegt die Salzniederlagen, alle Salzer, die Brücke und den Zoll nach München in die neue Stadt und befiehlt nachher, daß das Salz von da weggefahren wird. Bischof Albert von Freising begibt sich zum Kaiser, der aus Italien zurückgekehrt war, erinnert an das ihm vom Bayernherzog zugefügte Unrecht und erbittet die Hilfe des Kaisers. Der Kaiser setzt des öftern für Heinrich einen Tag an, droht, mahnt, befiehlt; er aber verachtet das immer wieder und kümmert sich nicht darum. Endlich ächtet der Kaiser den Rebellen zu [Schwäbisch-]gmünd, einer Stadt in Schwaben in Großgermanien."* Soweit der Bericht des großen bayerischen Geschichtsschreibers (zitiert nach Reinhold Schaffer, An der Wiege Münchens, München 1950, S. 210 ff.), der dahingehend zu korrigieren ist, dass die Ächtung Herzog Heinrichs am 24. Juni 1180 in Regensburg erfolgte.

Trotz des erwähnten Einspruchs des Freisinger Bischofs auf dem Augsburger und später auf dem Regensburger Fürstentag (1158 und 1180) blieb die Münchner Zollbrücke bestehen. Der Markt- und Brückenort Föhring dagegen sank zur Bedeutungslosigkeit eines Bauerndorfes ab, bevor er in unseren Tagen erneut ein wichtiger Wirtschaftsstandort wurde.

gewesen zu sein. Was also liegt näher, als diese Straße für den Leidensweg des hl. Emmeram zu halten? Arbeos Erzählung macht überaus glaubhaft, dass es den Weg damals schon gegeben hat und dass er hier den sogenannten Finsinger Weg kreuzte.[7] Spuren der alten Salzstraße hatte noch der Helfendorfer Chirurg Joseph Bock im Jahr 1863 festgestellt und die Tatsache konstatiert, dass die Salzstraße in Helfendorf von der Römerstraße rechts abbog gegen Peiß, Siegertsbrunn, Keferlohe, Feldkirchen,
Aschheim bis zur Brücke nach Oberföhring. Spuren sind zum Teil noch heute erhalten.[8]

Der „Finsinger Weg"
Eine weitere wichtige Verbindungsstraße war der sogenannte Finsinger Weg. Aus dem Hachinger Tal kommend, verlief er über Trudering und Feldkirchen nach Finsing und weiter zu den Herzogshöfen in Neuching und Ding. Dieser Weg hat sicher bereits im 7. Jahrhundert bestanden. An ihm haben sich die Flureinteilungen im Münchner Osten orientiert.[9] Warum aber Finsinger, warum nicht Truderinger oder Feldkirchener Weg? Gertrud Diepolder gibt darauf die Antwort. Ihrer Meinung nach war es seinerzeit interessanter, dass man auf dem Weg in das gut 25 Kilometer (von Haching aus) entfernte Finsing gelangte, da das Kloster Tegernsee seit dem späten 8. Jahrhundert reichen Grundbesitz im Hachinger Tal, auf dem Gefild und eben in Finsing besaß. Es mag Tegernsee gewesen sein, das für die Ablenkung der Straße östlich von Heimstetten in Richtung Pliening–Finsing sorgte. Vordem dürfte die Straße nach Meinung von Diepolder bei Poing den Moränenrand erreicht haben. Feldwege und Parzellengrenzen deuten den früheren Verlauf noch an und weisen somit darauf hin, dass der gesamte Straßenzug nicht erst durch das Kloster Tegernsee angelegt wurde. Das bezeugt auch die Emmeramsgeschichte, nachdem man heute kaum mehr Zweifel hat, dass die Kapelle am Sterbeort des Heiligen steht. Die Frage nach dem Zeitpunkt der Straßenanlage konnte Diepolder nach eigener Angabe jedoch nicht abschließend beantworten, solange nicht Sondierungen an der Trasse auf dem freigewordenen Flughafengelände in Riem, durch das sie sich zieht, abgeschlossen sind.[10] Die großflächigen Grabungen, die dort vorbereitend zur Bundesgartenschau ab 2002 durchgeführt wurden, ergaben diverse Hinweise auf vorgeschichtliche Siedlungen, u. a. der Bronze-, der Hallstattzeit und der Latènezeit sowie eine spätrömische Grabgruppe des späten 4./frühen 5. Jahrhunderts, die allerdings noch nicht vollständig ausgewertet sind. Zur Erforschung der Fernwege jedoch haben die Grabungen keine neuen Befunde erbracht.[11]

Reisende durch Feldkirchen
Durch die Jahrhunderte konnten die Feldkirchner wichtige Transporte und berühmte Reisende grüßen, wobei viele sicher so rasch in der Kutsche vorbeigefahren sind, dass sie auf der einen Seite von Feldkirchen keine Notiz nahmen und auf der anderen Seite von den Einwohnern nicht wahrgenommen werden konnten. Anders sah es aus, wenn sie mit großem Tross reisten, wie etwa Papst Pius VI. (1775–1799), der im April des Jahres 1782 nach Verhandlungen mit Kaiser Josef II. in Wien durch Feldkirchen kam. Er reiste über Linz, Altötting, Haag, Hohenlinden und Parsdorf. In Haag, Hohenlinden und Parsdorf fand jeweils ein Pferdewechsel statt. 103 Pferde hatte die bayerische Post für die Reise durch Bayern zur Verfügung gestellt. Bis zur Lorettokapelle zwischen Haag und Anzing war ihm der bayerische Kurfürst Karl Theodor, begleitet vom Freisinger Bischof Ludwig Joseph von Welden, entgegen gereist und begleitete ihn in die Haupt- und Residenzstadt München, wo sie um 18.00 Uhr bei strömendem Regen ankamen. Vermutlich hat es auch in Feldkirchen geregnet und ob der glanzvolle Zug Feldkirchen überhaupt wahrgenommen hat, das damals noch ein kleines Dörflein war, darf bezweifelt werden.[12]

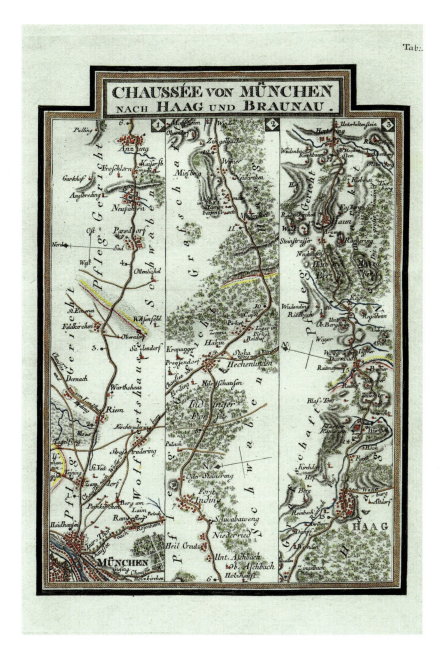

Reise-Atlas von Baiern,
Chaussée von München
nach Haag und Braunau.
Adrian von Riedl, 1796

Oder Napoleon, der Kaiser der Franzosen: Er zog am 28. Oktober 1805 durch Feldkirchen, auf seiner Reise von München über Haag nach Wien. Auch dieser Zug dürfte spektakulär gewesen sein. Und auch Napoleon dürfte in Feldkirchen kaum besonders aufmerksam aus dem Kutschenfenster geschaut haben.

In Reisetagebüchern erscheint der Ort so gut wie nie. Andrea de Franceschi, der spätere Großkanzler der Republik Venedig, reiste anno 1492 von Wien kommend über Wasserburg nach München. Er muss dabei über Feldkirchen gekommen sein. In seinem Reisetagebuch ist darüber allerdings nichts zu lesen. Die erste Poststation vor bzw. von München an dieser Straße nach Wien war Parsdorf, wo Pferde gewechselt wurden. Anzing war von München aus zu Fuß nach einem Tagesmarsch zu erreichen. Und so fiel die Beschreibung der Strecke zwischen München und Anzing meist sehr dürftig aus, wie etwa im „Tag-Buch" des Soldaten Gustav Dillmann, der König Otto I. nach Griechenland folgte und am 25. September 1833 vermerkte: 25. September 1833: „*Um ½ 9 Uhr [...begleitet von] einer ungeheueren Menschmaße, die kaum in den weiten Straßen Platz hatten und Thränen in Menge fließen ließen, abmarschiert über Steinhausen, Riem, wo gerastet wurde, Feldkirchen, Parsdorf nach Anzing, ein niedliches Dörfchen mit Försterhaus. Hier in Nr. 3 zu einem Bauern ins Quartier gekommen.*"[13]

Feldkirchen sah durch die Jahrhunderte viele Tausend Reisende. Immer wieder kam man hier vorbei. Auch der Trauerzug, der das Herz König Ludwigs I. 1868 nach Altötting überführt, nahm diesen Weg (siehe Seite 307). Sogar als vom 24.–28. Mai 2006 unter der Schirmherrschaft von Staatminister Dr. Günther Beckstein die 27. Bayern-Rundfahrt stattfand, lag Feldkirchen auf dem Weg. 112 Rennfahrer aus aller Welt kämpften auf der 777 km langen Strecke von Gunzenhausen nach Cham um die Plätze. Auf der zweiten Etappe von Starnberg nach Grassau ging es am 25. Mai über die Münchner- und Hohenlindner Straße auch durch Feldkirchen. Von Riem kommend erreichten die Radler kurz nach 11 Uhr Feldkirchen, um dann weiter nach Poing, Neufarn, Fortstinning und Ebersberg zu strampeln, angefeuert von den Radsportfans am Straßenrand. Bei der Gaststätte „Zum Kennalerna" in der Münchner Straße und in der Hohenlindner Straße beim INjoy Fitnesscenter waren Treffpunkte für die Radsportfans eingerichtet.

Bau des Autobahnkreuzes
München Ost 1973.
Blick nach Süd-Osten, im Hintergrund rechts Weißenfeld,
in der linken Bildhälfte die alte
Straßenverbindung zwischen
Feldkirchen und Parsdorf.
Vorne links der Hölzlhof.

Bau des Autobahnkreuzes München-Ost 1973.
Blick nach Westen, im Hintergrund rechts Feldkirchen, oben links die Landebahn des Flughafens Riem.
Auf der rechten Seite vorne der Hof der Familie Fauth.

St. Emmeram und die Kapelle

Die Geschichte von Feldkirchen ist untrennbar mit der Lebensgeschichte des hl. Emmeram verbunden, nicht zuletzt, weil sich sein Name auf die kleine Kirche bezieht, die am Sterbeort des Heiligen erbaut wurde. Zeitweise existierte hier sogar ein kleines Kloster bzw. eine Einsiedelei, wo die Kinder der Umgebung ihren ersten Unterricht erhielten. Diese fiel der Säkularisation zu Beginn des 19. Jahrhunderts zum Opfer, doch drei Jahrzehnte später wurde ein neues Kirchlein errichtet, das noch heute die Erinnerung an den hl. Emmeram wach hält.

Die Lebensgeschichte des Heiligen

Die Vita von Emmeram („Vita Haimhrammi") ist in der Beschreibung des Freisinger Bischofs Arbeo (764–783) überliefert, der sich auch als Autor der Korbiniansvita, der Lebensbeschreibung des Bistumspatrons, einen Namen gemacht hat.[1]

Die Geschichte des hl. Emmeram ist in kurzen Worten folgende: Emmeram, aus edlem westfränkischem Geschlecht, hat lange Zeit als Wanderbischof und Bischof von Poitiers in Frankreich gewirkt, bis ihn die Kunde von den heidnischen Awaren (Ungarn) erreichte und er über die Loire und den Rhein zu ihrer Bekehrung heraneilte. Doch kam er nur bis Bayern. Dem Lauf der Donau folgend erreichte er die Stadt Regensburg, *„die, aus behauenen Steinen erbaut, mit ihrer Burg zur Hauptstadt dieses Stammes herangewachsen war"*. Dort *„waltete zu dieser Zeit als Herzog der Baiern der hochgemute Mann Theodo"*. Und hier blieb der „verehrungswürdige Bischof". Bald war er ein hoch angesehener Mann.

Als die Herzogstochter Uta ein uneheliches Kind vom Sohn des Richters erwartete, versuchte der Bischof sie vor dem Zorn des Vaters zu schützen, indem er ihr erlaubte, bei Bedarf ihn als den Schuldigen zu nennen. Er selbst machte sich indessen auf den Weg nach Rom und hoffte, dass nach seiner Rückkehr Gras über die ganze Sache gewachsen sei. Doch als er am dritten Tag mit seinen Begleitern in Helfendorf, einer alten Station aus Römertagen, Halt machte, ereilte ihn sein Schicksal.

Inzwischen hatte sich in Regensburg der Zustand der Herzogstochter nicht mehr verheimlichen lassen und sie machte – vor den strengen Vater zitiert – vom Angebot des Bischofs Gebrauch und nannte diesen als Vater des zu erwartenden Kindes. Theodo war außer sich vor Zorn. Und nicht minder ihr Bruder Lantpert. *„Als dieser die Schande seiner Schwester sah, packte ihn ein gewaltiger Zorn, und zu seinem ewigen Verderben sammelte er schnell ein Gefolge, um der Verruchtheit seines Herzens Genüge zu tun, und stürmte ohne Besinnung in rasender Fahrt auf der Straße hinter dem ehrwürdigen Gottesdiener her, bis er zu dem Dorf namens Helfendorf kam, an welch himmlischer Stätte der gottselige Bischof seine eigene Seele im Martertod Gott zu übergeben beschlossen hatte."*

Sandsteinplatte in roter Farbe, um Rotmarmor vorzutäuschen, aus der 2. Hälfte des 15. Jahrhunderts mit dem Relief des hl. Emmeram. Inschrift: *„Alhie ist begraben gewesen der heilige Bischof Sant Heimeran 40 Tag und 40 Nacht und leit nu zue Regensburg zue seinem Pistum."*
Kirche St. Peter und Paul, Aschheim

Votivtafel von 1743, Marterkapelle Kleinhelfendorf

Nun folgt in der Lebensbeschreibung durch Arbeo ein detaillierter blutrünstiger Bericht der Marter des Heiligen, der schließlich auf eine Leiter gebunden verstümmelt wurde – die Leiter ist noch heute sein Attribut.

Der Sterbende wurde von seinen Begleitern, die sich während der grausigen Ereignisse versteckt gehalten hatten, auf einen Ochsenkarren geladen, um ihn nach Aschheim zu bringen, wo sich bereits eine Kirche befand.[2] Dieses Ziel hat er jedoch nicht mehr lebend erreicht; kurz vorher, vermutlich wirklich an der Stelle der heutigen Emmeramskapelle, starb der Heilige, wie der Freisinger Bischof Arbeo ausführlich beschrieb.

Dies war nicht nur das irdische Ende des hl. Emmeram, sondern auch die erste Beschreibung der Gegend um die „Kirche im Feld"; eine Siedlung scheint es damals noch nicht gegeben zu haben. Da Arbeo die Gegebenheiten und den Namen von Helfendorf genau beschrieben hat, hätte er es sicher auch im Fall von Feldkirchen, das als Sterbeort dem Marterort an Bedeutung in der Heiligenvita nicht nachsteht, getan.

Um die Geschichte des Heiligen noch kurz fertig zu erzählen: Der Leichnam wurde dann doch noch nach Aschheim gebracht und in der St. Peterskirche beigesetzt (das Grab konnten moderne Archäologen mit ziemlicher Sicherheit feststellen[3]). Aus den Unwettern der kommenden Tage aber wurde geschlossen, dass der Heilige nicht in Aschheim begraben sein wollte. Nach vierzig Tagen wurde der Leichnam also wieder erhoben und nach Regensburg überführt, auf einer Reise, die von weiteren Wundern begleitet war.

St. Emeram, Gemälde des 18. Jahrhunderts, St. Peter und Paul, Aschheim

Die Beschreibung des letzten irdischen Wegs des hl. Emmeram nach der „Vita Haimhrammi" des Freisinger Bischofs Arbeo:

„*Sie machten sich auf den Weg und führten ihn zurück, indem sie eilends die etwa zwölf Meilen entfernte Villa Aschheim zu erreichen suchten, wo sich eine gemauerte Kirche des heiligen Apostels Petrus befand. Dorthin wollten sie diesen großen Mann und Märtyrer Gottes bringen, damit er nicht in ihren elenden Hütten den Lebensodem aushauche; denn obwohl er vorher vor ihren Augen nicht nur verächtlich behandelt, sondern sogar dem Tode überantwortet worden war, erkannten sie ihm jetzt die Verehrung zu, die ihm gebührte. Aber auch die Frauen aus den benachbarten Orten schlossen sich, von Erbarmen gerührt, aus Verehrung für den Märtyrer Christi, den Männern, die ihn führten, an und umringten den Wagen. Als sie aber zu einem ebenen Platz, drei Meilen von dem genannten Ort, dem sie zustrebten, entfernt, gekommen waren, da begann der ehrwürdige Märtyrer Gottes mit formloser Stimme, wie er es eben konnte, aufzuschreien, um dadurch anzudeuten, daß die Stunde seiner Belohnung im Himmel nicht zuließ, weiterzugehen als bis zu diesem Ort. Einer von denen, die dabei waren, befahl auf göttliche Eingebung den übrigen, als wären sie seine Untergebenen, sie sollten ihn von dem Wagen, auf dem er lag, herabnehmen; diese hoben ihn sofort herunter und legten ihn in das schöne Gras auf dem einsamen Felde. Und als diese heilige Seele den Leib verließ, geschah es, daß alle Dabeistehenden sahen, wie ein Licht gleich dem einer gewaltigen Fackel aus dem Munde des heiligen Mannes hervorging; in hohem Fluge trat sie in den Himmel ein, indes die Luft zur Seite wich, und der Glanz ihres Hineingehens erhellte die Gesichter der Anwesenden wie ein Blitz. Als er aber den Geist aufgab, befiel sie alle Furcht, und sie waren vom Schrecken so erschüttert, daß sie kaum wagten, den Leichnam eines solchen Mannes auf den Wagen zu heben.*"

St. Emmeram und die Kapelle

Die Tafeln der Emmerams-Legende wurden vermutlich von Georg Gail aus Aibling gemalt und 1779 in der Marterkapelle Kleinhelfendorf angebracht.
Hier die Szene, als der Heilige auf dem freien Feld (bei Feldkirchen) sein Leben aushaucht.

Schon bald nach dem Martyrium begannen die Verleumdungsprozesse und gleichzeitig die Kultentwicklung.[4] Mittlerweile hatte der einzige Mitwisser des Heiligen, sein Begleiter Wolfleh, die Unschuld Emmerams am Herzogshof aufgedeckt. Herzog Theodo versuchte nun, wenngleich zu spät, die übereilte Bluttat seines Sohnes zu sühnen. Er ließ den Märtyrer in feierlichem Zug nach Regensburg überführen. An der Floßlände in Föhring, die später den Namen St. Emmeram erhielt, wurde der Leichnam auf ein Schiff verladen und die Isar abwärts bis zur Donaumündung gebracht, von wo es dann durch Engelshände donauaufwärts bis Regensburg geführt worden war. Im Regensburger St. Georgskirchlein wurde der Tote schließlich feierlich beigesetzt. Bei dieser Grabstätte des hl. Emmeram, wo sich schon bald große Pilgerscharen einfanden, entstand bereits in der ersten Hälfte des 8. Jahrhunderts ein Kloster, die später bedeutende Reichsabtei St. Emmeram, wo noch heute der Sarg des Heiligen besucht werden kann.

Der hl. Emmeram zählt zu den drei großen bayerischen Missionsbischöfen des frühen Mittelalters, mit deren Namen die Christianisierung des Landes weithin verbunden ist. Dazu zählen neben Emmeram die Heiligen Korbinian, Bischof von Freising, und Rupert, Bischof von Salzburg. Emmeram erwarb sich jedoch eine gewisse Vorrangstellung und das Kloster St. Emmeram in Regensburg, dem gewissermaßen eine Hauptstadtrolle im früh- und hochmittelalterlichen Bayern zukam, stieg geradezu zum Mittelpunkt der Bavaria Sacra, des religiösen Bayern auf.[5]

Beim Neubau der Klosterkirche St. Emmeram um 740 war das Grab geöffnet und die Gebeine in reich verzierte Seidenstoffe (datiert auf 700 bis vor 750) gehüllt in einen neuen Schrein gelegt worden. Dies ist die einzige urkundliche Translation des hl. Emmeram. Immer wieder wurde jedoch die Echtheit der Reliquien angezweifelt. Aus diesem Grund entschied Bischof Rudolf Graber 1978 den Schrein des Märtyrers zu öffnen und den Schädel und die Gebeine von einem Gelehrtenteam unter Leitung des Anthropologen Olav Röhrer-Ertl untersuchen zu lassen. Sogar eine Lebendrekonstruktion des Kopfes nach dem Schädel wurde angefertigt. Das Ergebnis: Die Reliquien, die im Regensburger Schrein aufbewahrt werden, sind echt. Gleichzeitig wurde die Lebensbeschreibung Arbeos im Großen und Ganzen bestätigt. Nach dem Knochenbefund war Emmeram zum Zeitpunkt seines Todes etwa 45–50 Jahre alt, 166 Zentimeter groß, breitschultrig und von kräftiger, muskulöser Gestalt. Als Herkunft kann aufgrund des Skeletts Südwestfrankreich angenommen werden. Er gehörte einer Führungsschicht an. Sein Körper war kerngesund, das Gebiss in hervorragendem Zustand, was nur bei regelmäßiger Pflege, die lediglich wenige Menschen sich leisten konnten, möglich war. Auch die Verstümmelungen lassen sich nachweisen – soweit sie am Skelett Spuren hinterlassen haben. Hände und Füße fehlen gänzlich. Die Unterarmknochen wurden mit einem scharfen Instrument, wohl einem Schwert, abgeschlagen. Das Nasenbein zeigt schwache Verletzungen durch ein Messer, das Vordergebiss ist eingeschlagen. Die Art der Verletzungen lässt erkennen, dass sie am lebendigen Kopf, nicht am Totenschädel erfolgten. *„Kein einziger Befund widerspricht der Darstellung Arbeos"*, erklärte Olav Röhrer-Ertl. Als Todeszeitpunkt geht man von einem Zeitraum zwischen 684 und 690 aus.[6] Im November 1991 wurde dem Heiligen und der Geschichte des Klosters in Regensburg ein eigenes Symposium gewidmet.[7] Doch immer wieder wird die Frage nach der Authentizität der Gebeine erneut aufgeworfen. So etwa 2005, als man nahe der Emmerams-Wallfahrtskapelle in Kleinhelfendorf einen Knochenfund machte. Sofort schossen Spekulationen ins Kraut. Hatte der Bagger bei der Grabung einer Leitungstrasse am Ende gar das Grab des hl. Emmeram erwischt? Wiederum folgten Untersuchungen, dieses Mal von Seiten des Bayerischen Landesamtes für Denkmalpflege. Nach genauerer Inspektion war man jedoch sicher, dass das nahe der Kirche gefundene Grab zu einem Friedhof aus späterer Zeit gehörte und die Geschichte des Heiligen nicht umgeschrieben werden müsse.[8]

Auch die Sterbestelle bei Feldkirchen blieb im Gedächtnis haften, wovon Arbeo ebenfalls zu berichten wusste: *„Ein Wunder dieses Ortes darf jedoch, wie mir scheint, nicht dem Stillschweigen anheimfallen. Er wurde nämlich ungezählte Jahre hindurch vernachlässigt, und es war gleichsam in Vergessenheit geraten, daß er aus sich eine solche Seele Gott dargebracht hatte. Dennoch gelangte der Ort bei allen Einheimischen im Umkreis als ein Wahrzeichen zu Berühmtheit; denn während Deutschland gewöhnlich die ganze Winterszeit über sein Angesicht mit ungeheurem Schneefall verhüllt, so daß der Schnee bis zu einer Elle anwächst, blieb er hier garnicht liegen; und ein jeder, der vorüberging, verweilte wenigstens kurze Zeit, und der Platz erschien das ganze Jahr in Frühlingspracht und Lieblichkeit. So geschah es, daß sich der Ort gleichsam auf eine Vergünstigung berief, daß er dem Toben des Regens und der Stürme und der Macht der Elemente nicht unterliegen müsse; war er doch durch die Anwesenheit der englischen Geister [Engel] beim Auszug der Seele eines solchen Märtyrers Gottes geweiht worden.*

St. Emmeram und die Kapelle

Es war nun nahe bei dem Ort eine Wegkreuzung, und deshalb verbreitete sich das Mirakel durch die vielen, die dort vorüberkamen, landauf, landab; und als von einigen, die hier verweilt, einem so wunderbaren Zeichen nachgeforscht wurde, erinnerten sich die damals Anwesenden, wenn die Rede auf die Wegekreuzung kam, sogleich, daß dort die Seele von Christi heiligem Märtyrer Emmeram die Fesseln dieser Fremde abgestreift hatte und in die Himmelshöhen eingegangen war.

Da erbauten die Umwohnenden in gemeinsamer Arbeit diesem Märtyrer zu Ehren an dem Ort eine Kirche, in der durch sein Verdienst ungezählt viele Wunderzeichen erstrahlen."

Wie zuverlässig ist die um 770 entstandene Emmeramsvita als Quelle? Die Frage beschäftigt die Historiker seit Jahrzehnten. Im Großen und Ganzen aber ergaben die Kontroversen: Die Vita des hl. Emmeram ist in erster Linie ein Dokument der Hagiographie des frühen Mittelalters.[9] Historische Ereignisse stehen eher an zweiter Stelle. Arbeo schreibt – wie erwähnt – nichts Falsches, bauscht die Geschichte zum Teil etwas romanhaft auf und ist streckenweise ungenau, was auch durch die zeitliche Distanz von knapp einem Jahrhundert bedingt sein kann. So legte er sich z. B. nicht auf ein Todesjahr des Heiligen fest – ein Problem, das nun gelöst scheint. Auch die handelnden Personen verlieren sich im Dunkel der Geschichte. Wer war der erzürnte Herzog, wer seine Kinder? Arbeo nennt zwar Namen, doch lassen sich diese nicht eindeutig zuweisen bzw. sind sonst nicht bekannt.

Gertrud Diepolder hat sich mehrfach mit Arbeos Emmeramsvita auseinandergesetzt.[10] Nach ihren Ergebnissen besteht kaum ein Zweifel darüber, dass das Martyrium Emmerams in den Jahren 680/90 stattfand. Mit dem in der Vita genannten Herzog Theodo ist sicherlich der wohlbekannte Bayernherzog Theodo, der von ca. 680–717/18 regiert hat, gemeint.

Die Gegner dieser Identität glauben, vor allem seine ausschließlich in der Emmeramsvita genannten Kinder Uta und Lantpert nicht als Geschwister der sonst bekannten Theodo-Söhne Theodebert, Grimoald, Theobalt und Tassilo akzeptieren zu können; Befürworter der Gleichsetzung halten es dagegen für möglich, dass Uta und Lantpert aus einer ersten, die vier anderen Söhne aus einer späteren Ehe des gleichen Theodos stammten.

Die Herzogskinder Lantpert und Uta wurden nach der Rehabilitierung des gemarterten Bischofs von ihrem Vater verbannt. Die Legende erzählt: *„Uta wurde, weil sie den Heiligen verleumdet hatte, verbannt und lebte in einer Höhle zwischen Aschheim und Trudering, um dem Sterbeort des Heiligen nahe zu sein. Dort ließ ihr später der Vater einen Edelsitz erbauen, der längst verschwunden ist. Sie verteilte ihr Besitztum an die armen Bewohner der Umgebung. Viele Jahrhunderte wurde der Wohltäterin Uta beim sonntäglichen Gottesdienst im Gebete gedacht. Die Aschheimer Flurnamen ‚Utagrund' und ‚Utaisches Neuland' zeugen noch heute davon."*[11]

Neuere Forschungen ergaben, dass es sich bei den Utaischen Neuländern in Feldkirchen und Aschheim um einen Teil des Vermächtnisses einer *„edlen Frau Uta"* handelt, die den Ortskirchen von Grasbrunn, Gronsdorf und Trudering und eben unserer Emmeramskirche große, noch unbebaute Gründe in den genannten Gemarkungen schenkte. Möglicherweise war diese *„Ehren- und Tugennthaffte Frau Utta"* aber nicht die Herzogstochter, sondern die Witwe des Pfalzgrafen Kuno von Rott, der 1073 das Kloster Rott am Inn gründete.

Auch ob die Geschichte mit der freiwillig übernommenen angeblichen Vaterschaft den Tatsachen entspricht, ist heute nicht unumstritten. Zu denken wäre auch an einen politischen Mord und dass Emmeram Oper politischer Ränkespiele geworden ist. Die Bayern waren seinerzeit nicht glücklich über die Abhängigkeit vom Frankenreich. Eine Allianz mit den antifränkischen Langobarden in Oberitalien und mit dem im Gegensatz zu Rom stehenden Patriarchen von Aquileia wäre der Partei um die Herzogskinder Uta und Lantpert vermutlich entschieden lieber gewesen. Deshalb musste Emmeram als Exponent des Frankenreichs und Parteigänger des Papstes beseitigt werden. Die Romreise des Bischofs glich also eher einer Flucht als einer Pilgerfahrt.

Herzog Theodo, der über die Tat seiner Kinder entsetzt war, trat die Flucht nach vorn an, verbannte Lantpert und Uta und ließ den toten Bischof mit allen Ehren in Regensburg beisetzen. In einer Bußwallfahrt nach Rom 715/716 machte Theodo dann seinen Frieden mit dem Papst. Bayern gehörte damit wieder ganz zur Einflusszone der Frankenkönige und des Papstes.[12] Aufgrund dieser Wallfahrt war das Jahr 715 als allerletztes mögliches Sterbejahr des heiligen Emmeram festzulegen, weswegen der Plan reifte, im Jahr 2015 mit einem Dorffest an die Wurzeln von Feldkirchen zu erinnern, eine Idee, die im Gemeinderat jedoch nicht die nötige Mehrheit fand.

Auch über den exakten Verlauf des Weges machte Arbeo keine Angaben. Nach den Ergebnissen der historischen und archäologischen Forschung bestehen aber kaum noch Zweifel, dass die Begleiter Emmerams einen nachrömischen Fernweg gewählt haben, der von Helfendorf über die heutigen Orte Aying, Egmating, Harthausen und Vaterstetten an Feldkirchen vorbei nach Aschheim führte beziehungsweise Richtung Süden weiter über den Fernpass und den Reschen nach Italien[13] und dass bei Feldkirchen, an der vermuteten Sterbestelle des Heiligen, dieser Weg von der Straße geschnitten wurde, die vom Hachinger Tal zu den Herzogshöfen in Neuching und Ding (heute Ober- und Niederding, Landkreis Erding) führte. Insofern ist die Angabe Arbeos, der Tod sei nahe einer Wegkreuzung (quadruvius) eingetreten, äußerst glaubwürdig.

Auch Arbeos Angabe zur Sterbestelle selbst ist interpretationsbedürftig. Er schrieb lediglich, Emmeram sei auf einem ebenen Platz auf einem einsamen Feld gestorben, der sich dadurch auszeichnete, dass dort selbst im Winter kein Schnee liegen blieb. Auch wenn verschiedene andere Sterbestellen im Laufe der Jahrhunderte zur Diskussion gestellt wurden, scheint angesichts der Aussagen hoch- und spätmittelalterlicher Urkunden an dem Areal um die spätere Emmeramskapelle nicht mehr zu rütteln zu sein, auch wenn die Entfernungen bei Arbeo zu unbestimmt sind. Die Angabe der „drei Meilen" von Aschheim ist nicht genau zu nehmen, sondern deutet vielmehr an, dass die Sterbestelle nicht weit von dem eigentlichen Ziel entfernt lag. Deutlichster Beweis ist jedoch sicher die Wegkreuzung auf dem freien Feld. Außerdem gehören bis heute sowohl das Kapellengrundstück als auch der von Aschheim dorthin führende Feldweg zur Ortsflur von Aschheim, obwohl sie sonst von der Feldkirchner und Heimstettener Flur umschlossen sind.[14] Und nicht zuletzt sprechen dafür die Tatsachen, dass die einsam auf einem freien Feld stehende Kirche über einen sehr langen Zeitraum Bestand hatte, dieser Stelle immer eine besondere Bedeutung beigemessen wurde und der Ort eng mit der Emmeram-Tradition verknüpft ist.[15]

Kloster und erste Kapelle, Wallfahrt und Eremitenklause

Gedächtniskapellen in Kleinhelfendorf[16], Feldkirchen und Oberföhring markierten bzw. markieren bis heute den Weg des Märtyrers. Bei den Kapellen in Feldkirchen und Oberföhring entstanden Eremitagen[17], die die Reichsabtei St. Emmeram in Regensburg errichten ließ und die bereits im ausgehenden Mittelalter von Augustinern besetzt waren und zugleich als Schule für die Kinder der umliegenden Ortschaften dienten. Sie wurden nach der Säkularisation abgebrochen.

Schon bald nach dem Tod des hl. Emmerams war, wie bereits Arbeo berichtete, die Kapelle an der Sterbestätte des Märtyrers errichtet worden. Auf jeden Fall stand sie schon zu Zeiten Arbeos, das heißt das Kirchlein, das südöstlich der Wegkreuzung liegt, muss vor 770 erbaut worden sein, doch ist auch ein Baudatum „um 700" nicht auszuschließen. Die Kapelle wurde 853 durch eine Schenkungsurkunde König Ludwigs des Deutschen dem Kloster St. Emmeram in Regensburg übereignet. Der Enkel von Karl dem Großen schenkte *„königlichen Besitz, nämlich eine Kapelle, die ein Mönch des Regensburger Emmeramsklosters namens Stiftinc im Sundergau innehatte, und dazu eine durch Stiftinc von königlichen Zinsleuten hinzuerworbene Hube Landes an St. Emmeram [in Regensburg]"*. Die Gegend um Feldkirchen gehörte zum Sundergau. Damals scheint bereits eine kleine klösterliche Niederlassung mit einem Wirtschaftshof existiert zu haben, der von einem Mönch betrieben wurde.[18]

1022/23 erwarb Bischof Gebhard von Regensburg vom Freisinger Vogt im Tausch gegen zwei Höfe Landbesitz *„in loco, qui rustice vocatur Gruoba, quo sanctus Emmerammus spiritum ad celos misit"* (an dem Ort, der landläufig Grub genannt wird, wo der hl. Emmeram seinen Geist gen Himmel sandte). Mit Grub ist hier kein Orts- sondern ein Flurname gemeint.

oben:
Emmeramsskulptur von 1520/30, Marterkapelle Kleinhelfendorf

linke Seite:
Der Marterstein, ein Findling, auf dem die grimmigen Schergen den Heiligen martern. Im Hintergrund der Hochaltar, ebenfalls mit der Darstellung des Martyriums des hl. Emmeram, Marterkapelle Kleinhelfendorf.

Die muldenartige Einsenkung bei der Kapelle, die erst 1950 beseitigt wurde, berechtigte durchaus zu dieser Bezeichnung.[19]

Zwischen 1127 und 1147 wurde in einer Tegernseer Urkunde ein „Wolfolt de Munsture" als Zeuge genannt und in einer weiteren Schenkung zwischen 1232 und 1245 ein „Heinricus de Mvnstern". Dieses „Münster" bzw. „Münstern" (von lat. „monasterium") ist mit der kleinen klösterlichen Niederlassung bei der Emmeramskapelle in Verbindung zu bringen.[20] Generell ist festzustellen, dass Münster-Orte in Bayern nicht unbedingt eine größere Klosteranlage bezeichnen, sondern eher die Grundbedeutung „Ort der Mönche" haben und für eine Einsiedelei oder nur für klösterlichen Besitz stehen können und dass sie einer sehr frühen Siedlungsschicht angehören. Man kann von einer Gründung im 8., spätestens 9. Jahrhundert ausgehen[21], auch wenn die erste nachweislich gesicherte Nennung erst vom 26. Mai 1268 datiert: In einer Urkunde an das Kloster St. Emmeram in Regensburg bestätigt Bischof Konrad von Freising dem Abt von St. Emmeram das Patronatsrecht, das sein Kloster von Alters her in der Kapelle, die „Mvnster" genannt wird und in der Freisinger Diözese liegt, innehatte.[22] Unter „Capella" verstand man damals – im Gegensatz zum heutigen Sprachgebrauch – keine kleine Kirche, sondern eine Kirche ohne pfarrliche Rechte.[23]

St. Emmeram und die Kapelle

Auch in den Freisinger Matrikeln von 1315 erscheint die Kapelle als *„Münstern, capella per se absque sepultura"* (Kapelle für sich ohne Begräbnisstätte), deren Vergabung dem Regensburger Abt von St. Emmeram zustand.[24] Ein letztes Mal erscheint der Name „Münstern" in den Literalien des Klosters St. Emmeram in Regensburg: Laut eines Eintrags für das Jahr 1268 bestätigte Bischof Conrad von Freising, dass der Abt von St. Emmeram auf die Kapelle „Münstern" in der Freisinger Diözese das Patronatsrecht innehabe. Irgendwann zwischen 1315 und 1524 wurde der Wirtschaftshof bei der Kapelle aufgegeben und letztere zu einer ländlichen Kapelle mit Wallfahrtsfunktionen. Für den Regensburger Bischof bzw. den Abt von St. Emmeram hatte sie keinen Stellenwert mehr. Dafür spricht auch, dass die Verbindungen nach Regensburg abrissen. Die Emmeramskapelle verlor ihren bisherigen Namen „Münstern" und fiel schließlich als Filiale an die Pfarrei Aschheim.[25]

1524 wird die Emmeramskapelle als Filiale von Aschheim erwähnt, ohne Hinweis auf ein Pfarr- oder Mesnerhaus[26], ähnlich auch 1560, als nur noch die Filiale „S. Haimeran" genannt wird[27]. Der Hinweis auf ein „Münster" fehlt. Spätestens seit dem ersten Viertel des 16. Jahrhunderts scheint die Emmeramskapelle nur noch den Rang einer Feldkapelle gehabt zu haben, deren Bekanntheit als Wallfahrtsort jedoch weit über die Pfarrsprengelgrenzen hinaus reichte.[28] Die Kapelle selbst wurde im ausgehenden 17. Jahrhundert im zeitgenössischen Stil umgebaut. Der Freisinger Bischof Johann Franz Eckher von Kapfing und Liechteneck (1695–1727) weihte den erneuerten Bau am 6. Juli 1698.[29] Zu Beginn des 18. Jahrhunderts kam es zu einer Intensivierung des Emmeramskults, nicht zuletzt durch die Schriften Anselm Godins, der 1726 ein Buch über die „Wundertaten" des Heiligen veröffentlicht hatte. Sechs dieser Taten sollen im Zusammenhang mit der Emmeramskapelle in Feldkirchen stehen. In vier Fällen waren Viehkrankheiten der Hintergrund, zwei stehen mit Feuersbrünsten in Verbindung, die 1715 und 1723 mehrere Bauernhöfe vernichtet hatten. Nachdem sich die Dorfbevölkerung dem hl. Emmeram verlobt hatte, konnte das Feuer gelöscht werden. Im Raum Aschheim galt Emmeram offensichtlich als Hauptpatron des Viehs. Man erbat sich jedoch auch Hilfe bei anderen Notfällen in bäuerlichen Lebensbereichen, wie eine Bitte der Pfarrei Ottendichl um Regen zeigt.[30] Noch 1732 betonte der Aschheimer Pfarrer Zeiser gegenüber dem Landgericht, dass die Kapelle ein berühmter Wallfahrtsort mit vielen Kreuzgängern sei. An den festgelegten Ablasstagen mussten deshalb auch andere Geistliche beim Beichteabnehmen mit aushelfen, da der Pfarrer von Aschheim den großen Andrang allein nicht mehr bewältigen konnte. Allerdings scheint der Pfarrer jeden Freitag in der Emmeramskapelle Messe gelesen zu haben.[31]

Wie das Gebäude damals ausgesehen hat, kann man nur erahnen. Die Kapelle und der Turm waren aus Stein gemauert, das Kuppeldach bestand aus rot gestrichenen Latten, wie aus Unterlagen zu Renovierungsarbeiten in den Jahren 1729 bis 1763 hervorgeht. Im Innern befanden sich drei Altäre und im Turm zwei Glocken. Der Hauptaltar war dem hl. Emmeram geweiht, die beiden Seitenaltäre der hl. Anna und dem hl. Märtyrer Innozenz.[32]

1739 führen die Freisinger Matrikel die Kapelle als Filiale der Pfarrei Aschheim *„in campo"* (im Felde) auf, nennen sie sehr lieblich (*„valde amoena"*) und berichten von einem angeschlossenen Eremitorium mit Friedhof.[33] Der Friedhof muss zu Beginn des 17. Jahrhunderts dazu gekommen sein, zunächst allerdings ein ungeweihter für ungetauft verstorbene Kinder.[34]

Schule bei den Klausnern

Vor dem 17. Jahrhundert gab es weit und breit keine Schule, nicht in Aschheim, nicht in Dornach, nicht in Kirchheim. Oder wie es im Visitationsbericht von 1560 für Aschheim hieß: *„Hat nie khain Schuel gehabt"*.[35]

Vermutlich mit Stiftinc begann die 1000-jährige Missions- und Lehrtätigkeit der Einsiedler von St. Emmeram, die jedoch immer wieder unterbrochen gewesen zu sein scheint.[36] Als zweiter namentlich bekannter Mönch ist Wolfolt von Münster (zwischen 1127 und 1147) und als dritter Heinrich von Münster rund 100 Jahre später fassbar. Mit dem Verschwinden von „Münstern" scheint auch die mönchische Tradition abgebrochen zu sein. Erst zu Beginn des 18. Jahrhunderts ist bei der Emmeramskapelle dann ein Klausner nachgewiesen.

Nach dem Dreißigjährigen Krieg (1618–1648) hatte das Einsiedlerwesen durch ausgediente Soldaten einen merklichen Aufschwung genommen, doch war das Ansehen dieser Klausner sehr gering. Um den Missständen abzuhelfen und um dem alten Eremitenstand wieder zu Ehren zu verhelfen, beantragten vier Eremiten aus Bayern und Tirol, darunter zwei aus Ramersdorf, im Jahre 1686 bei der geistlichen Oberbehörde eine Eremitenkongregation mit festen Regeln für die Mitglieder, die schließlich genehmigt wurde. Als Sitz und jährlicher Versammlungsort der Klausnervereinigung wählte man St. Emmeram bei Oberföhring.

Bereits zwei Jahre früher hatte der Aschheimer Pfarrer beim Geistlichen Rat in München um die Genehmigung gebeten, bei der Emmeramskapelle nahe Aschheim ein Mesner- und Schulmeisterhaus errichten zu dürfen.[37] Zwar blieb das Ansuchen ohne Erfolg, doch scheint damals bereits eine Person existiert zu haben, die Schulunterricht gab oder sich zumindest mit dem Gedanken dazu trug.

In den 1790er Jahren wird dann ein Schulmeister Hans Stein in Aschheim aufgeführt, doch dürfte es laut Reinhard Riepertinger damals im Dorf selbst weder einen fest installierten Schulunterricht noch eine Schule gegeben haben, weshalb er vermutet, dass das Schulhaus bei der St. Emmeramskapelle gelegen haben könnte.

Von einem Klausner in St. Emmeram liest man erstmals am 8. Januar 1710 anlässlich einer Schulvisitation. Am 9. September 1732 wird erneut von einem *„Clausner zu St. Emmeram, welcher die schuell haltet"*, berichtet. Dem Eremiten war aufgetragen, die Kinder vornehmlich in Glaubensfragen zu instruieren. Pfarrer Zeiser von Aschheim führte nämlich Klage: *„Die Pfahrr Kündter seien in denen geistlichen Sachen gar lau vnd kaltsinnig."* Der Geistliche befürchtete sogar, *„daß wann die Salzburgischen Emigranten (Protestanten) anhero khometen, die von Aschhamb die Ersten wären, so mit ihnen lauffen würden."*

Es war in der Zeit gewesen, in der Bayern im Spanischen Erbfolgekrieg (1702–1714) nach der für den bayerischen Kurfürsten Max Emanuel verhängnisvollen Entscheidungsschlacht bei Höchstädt an der Donau (1704) von den Österreichern besetzt war und in der Münchner Residenz der Statthalter des Habsburgers regierte, als ein Schreiner als Klausner nach Feldkirchen kam.

In einer im Bayerischen Hauptstaatsarchiv überlieferten Urkunde[38] schrieb der Visitator am 13. Oktober 1707 an das zuständige Pfleggericht Wolfratshausen, dass der Münchner Kistlergeselle Ferdinand Rankh[39] auf Antrag *„nächst dem Kirchl S. Emerani in der Pfarr Aschamb"* eine Klause erbauen könne und das Quatemberalmosen (ein vierteljährlich zu zahlendes Almosen) einsammeln möge. Allerdings müsste der Kistlergeselle nach Intention des Ordinariats in Freising die Jugend im Lesen und Schreiben fleißig instruieren.

St. Emmeram und die Kapelle

Der erste Eremitenfrater bei St. Emmeram berichtete, dass er nur mit viel Mühe von den Behörden in München und Freising die Erlaubnis zum Bau der Klause mit Schulsaal erhalten habe, obgleich er alles aus eigenen Mitteln finanzierte. Der Bau scheint sich einige Jahre hingezogen zu haben. Am 14. Mai 1714 klagte der Freisinger Fürstbischof Johann Franz Eckher dem Oberföhringer Dekan gegenüber, dass sich die Zunft der Münchner Kistler wegen des Eremiten Ferdinand Rankh beschwert hätte. Der „Abtrünnige" ihrer Zunft hatte nämlich als Fachmann die Kirchenstühle selbst gefertigt und auch andere Kistlergesellen zu den Bauarbeiten herangezogen. Immerhin, auf der Feldkirchner Flur entstand so die erste Volksschule für die Kinder der umliegenden Ortschaften.

Als fürsorglicher Mensch setzte Frater Ferdinand zehn Jahre später sein Testament auf. Darin vermachte er die von ihm erbaute Klause bei der Kapelle St. Emmeram der Pfarrei Aschheim, *„von der ich Gnade gehabt zu bauen und die mir zu Hilfe ist kommen"*. Außerdem bat er, dass sein Mitbruder weiterhin in der Klause verbleiben dürfe. Dazu erhielt dieser alle Einrichtungsgegenstände, jedoch nicht als Erbe, sondern nur zur Nutznießung. Um sicherzugehen, *„daß liederliche Klausner sie nicht vertauschen oder gar verkaufen"*, möge der Pfarrer nach seinem Tod ein Inventarverzeichnis erstellen. Auch Rankhs zwei Basen wurden im Testament mit etwas Bargeld bzw. Möbelstücken bedacht. Kurz vor seinem Tod im Jahr 1736 ließ sich Frater Ferdinand dann seinen eigenen Grabstein aus Rotmarmor mit großen Frakturbuchstaben von einem Münchner Steinmetz anfertigen.

Als Frater Ferdinand am 19. Oktober 1738 *„in Gott selig entschlafen"* war, schrieb der Aschheimer Pfarrer ein lückenloses Inventarverzeichnis, aus dem Näheres über die Klause und deren Einrichtung zu erfahren ist. Demnach *„ist die Klausen von Grund auf gemauert,* *zwei Gadn* [Gaden = Stockwerke] *hoch, dabei ein gewölbter Keller, ein Garten, Holzhütte, ist alles von Frater Ferdinand erbaut worden"*. Dann folgen in der Liste die Einrichtungsstücke *„in dem unteren Stock oder Schule"*, nämlich zwei lange Bänke für die Kinder und zwei lange Schultafeln, ein Schreibzeug, ein hölzernes Kruzifix, zwölf gerahmte Papierbilder und anderes mehr. Im Erdgeschoß befand sich auch das *„Nebenzimmer oder Sakristei"*. Im oberen Stock lagen die Zellen der beiden Eremiten, ferner eine Arbeitszelle mit Hobelbank und Kistlerwerkzeug. Im Fletz (Flur) war die Küche mit offenem Herd untergebracht.

Kurz vor seinem Tod hatte Frater Ferdinand sein Testament neu verfasst und darin bestimmt, *„daß seine tote Leiche nach christlichem Gebrauch in der St. Emmeramskirche begraben werde"*. Außerdem sollte sein Mitbruder, Frater Andreas Reitter, mit dem er schon drei Jahre zusammen hauste, sein Nachfolger werden. Weiter wünscht er, *„daß er quatemberlich eine heilige Messe für mich und alle Guttäter lesen lasse wie auch die Rosenkranzlitanei; ferner einige Vaterunser und Ave Maria täglich mit den Schulkindern bete"*.

Da der Eremit wegen seiner Körperschwäche nur noch unleserlich unterschreiben konnte, zog er drei Zeugen hinzu. Und dieses Testament wurde von seinen beiden Cousinen in einer Beschwerde beim Fürstbischof in Freising angefochten! Die Verwandten behaupteten nämlich, dass ihr Vetter *„während seiner Lebenszeit durch ordentlich erlernte Kistlerprofess in so vielfältig angefallene Mittel von unseren Befreundeten ein wohl ehrliches Vermögen an sich gebracht und uns nahe stehende Befreundete sehr oft einer guten Erbschaft getröstet"*. Doch war dieses Geld inzwischen in den Bau der Klause gesteckt worden; der Rest ging durch ein – wie sie meinten – betrügerisches Testament, das sie den beiden Eremiten von St. Emmeram in Oberföhring anlasteten, in die Kasse der Kongregation.

Schul- und Lehrerbildung um 1800

In der zweiten Hälfte des 18. Jahrhunderts lag die Schulbildung noch sehr im Argen. Erst die sogenannte Aufklärung verstärkte Bemühungen zur Hebung der allgemeinen Bildung und damit verbunden setzte eine Förderung der Lehrerbildung ein. Das Volksschulwesen war in jenen Zeiten mehr als dürftig. Eine Lehrerbildung gab es nicht. Lehrer konnte werden, wer lesen und schreiben konnte – und das auch häufig nur sehr mangelhaft. Lehrproben geben darüber Auskunft. Fast alle Lehrer bekleideten nebenher das Amt des Mesners, des Organisten und des Totengräbers; sie waren allerorts arm, auf Almosen angewiesen und ihr Ansehen kann nicht gering genug angenommen werden. Die breite Masse des Volkes – speziell auf dem Land – sah eine Volksschulbildung als äußerst überflüssig an. Eine allgemeine Schulpflicht gab es nicht und selbst als Ende des 18. Jahrhunderts die ersten diesbezüglichen Verordnungen in Kraft traten, weigerten sich die meisten Eltern, ihre Kinder in eine Schule zu schicken oder stellten den Besuch des Unterrichts den Buben und Mädchen anheim. Nicht wenige waren der Ansicht des kleinen Hans, der in einem Artikel des Münchner Intelligenzblattes aus dem Jahr 1782 sang: *„Dorfschul' hin, Dorfschul' her, lieber dumm und lustig, der Verstand wär' mir zu schwer und macht mich nur durstig!"**

Diese negative elterliche Einstellung zu Schulbesuchen wird verständlich, wenn man bedenkt, dass der größte Teil der Landbevölkerung und bestimmt auch der in der nicht gerade reichen Gegend um Feldkirchen kaum über dem Existenzminimum lebte. Kinder waren bei der Arbeit unentbehrlich. Diesem Problem trugen die ersten Schulordnungen Rechnung, indem der Unterricht auf die Wintermonate konzentriert wurde. Doch auch die paar Kreuzer Schulgeld konnten und wollten die Eltern oft nicht ausgeben.

Nachdem die unter Kurfürst Max III. Joseph (1745–1777) eingeleiteten Reformen unter seinem Nachfolger Karl Theodor (1777–1799) weitgehend versandet und die für Schulzwecke gedachten Gelder in andere Kanäle abgeflossen waren, ging man die Aufgabe um 1800 organisatorisch entschieden wirkungsvoller an. Die Stellung der Lehrer wurde materiell und sozial gehoben. Die allgemeine Schulpflicht war bereits unter Max III. Joseph und Karl Theodor verordnet, jedoch kaum durchgeführt worden, da sowohl Mittel als auch Personal fehlten. Eine Verordnung vom 23. Dezember 1802 setzte die Schulpflicht vom 6. bis zum 12. Lebensjahr fest; sie wurde durch die Verordnung vom 12. September 1803 auf die Sonn- und Feiertagsschulen vom 12. bis zum 18. Lebensjahr ausgedehnt. Die Verwirklichung wurde in beiden Fällen dadurch gesichert, dass der Schulbesuch Vorbedingung für den Eintritt in das bürgerliche Leben – Heirat, Gewerbeausübung etc. – war. Im Januar 1803 richtete das General-Schul- und Studiendirektorium einen Aufruf an die Geistlichkeit Bayerns, um diese für die Volksbildungsreform zu gewinnen. Aus dem Jahr 1806 datiert dann die erste umfangreiche Schulordnung in Bayern.

Wurden bislang die Lehrer – wenn überhaupt – großzügig vom Geistlichen Rat (eine Art Vorläufer unseres heutigen Kultusministeriums) geprüft, entstanden nun Lehrerbildungsanstalten. Die erste in Altbayern wurde 1803 in München eröffnet, der 1808 eine in Amberg, 1809 eine in Nürnberg und eine – später wieder aufgegebene – in Augsburg folgten. Die erste Anstalt für Lehrerinnen wurde 1814 in München eingerichtet; sie schloss allerdings 1819/20 bereits wieder ihre Pforten.

* Franz Seraph von Kohlbrenner (Hg.), Münchner Intelligenzblatt zum Dienste der Stadt- und Landwirtschaft …, München 1782, S. 208.
Zu Kohlbrenner und seinen aufklärerischen Ideen vgl. allgemein Cornelia Baumann, Wie wenig sind, die dieses wagen!

Wie die Erbschaftsstreitigkeiten schließlich ausgingen, ist nicht überliefert. Heinrich Held berichtet allerdings, dass Frater Andreas Reitter 1746 und 1748 in seiner Schule 30 Kinder aller Schülerjahrgänge aus den umliegenden Dörfern unterrichtete und dafür jährlich ein Jahresfixum von acht Gulden erhielt. Den restlichen Lebensunterhalt musste er sich erbetteln. Von seinem Nachfolger Frater Chr. Bertschenbohrer schreibt Held, dass er 1766 Schule hielt, Choral sang und von der Münchner Sammlung lebte. In der sogenannten Aufklärungszeit, am Vorabend der Säkularisation, galten die Eremiten, die Bettel- und Waldbrüder mit ihren langen Bärten und den meist ungepflegten Kutten im Ansehen der Bevölkerung nicht viel. Der Straßenbettel erregte großes Ärgernis und wurde durch mehrere kurfürstliche Mandate verboten.

Erst aus der Zeit von Frater Casimir Kollgruber, auch Kohlgrueber geschrieben, ist für das Jahr 1771 überliefert, dass seine inzwischen 40 Schulkinder jährlich Schulgeld bezahlen mussten. Hoch war sein Einkommen deswegen freilich nicht. An Schulgeld sollte er theoretisch von jedem Kind wöchentlich 1 1/2 Kreuzer einnehmen. Bei etwa 30 Schülern im Winterhalbjahr – wenn man die schulgeldfreien Armen abzieht – waren das etwa 45 Kreuzer pro Woche. Davon konnte sich der Lehrer ca. 20 Pfund Brot kaufen. Und in der schülerschwachen Zeit von Georgi (24. April) bis Michaeli (29. September) kam noch weit weniger zusammen.

Im Jahr 1785 hatte der Eremit Casimir Kollgruber in einem Gesuch an den Geistlichen Rat in München zudem den desolaten Zustand seiner Klause zu beklagen: *„Die auf freiem Feld in der Pfarr Ascham schon vor mehr als 80 Jahren erbaute Klause, St. Emmeram genannt, und das dabei stehende Kirchlein sind an den Dächern so ruinös, daß ich bey einfaltenten Regen-Wetter nit waiß, wo und wie ich mich mit meinen Schulkindern aufhalten muß."*

Der Rauchfang sei so baufällig, dass man bei Sturmwind seinen Einsturz befürchten müsse, und bei Westwind wisse der Lehrer mitsamt den Kindern nicht, wohin sie sich vor dem eindringenden Rauch flüchten sollten.

Zur Behebung der Baumängel habe er keine Mittel, da die Eremitage keine Stiftung besitze, die Bauern der Umgebung durch Missjahre, Schauer und Feuersbrunst verarmt seien, das Schulgeld viel zu gering ausfalle und er wegen seines hohen Alters nicht mehr in der Stadt sammeln (= betteln) könne. Er bat deshalb zur Bestreitung der Reparaturkosten um *„einen unmaßgeblichen Betrag"*. Der verzweifelte Bittsteller schloss sein Schreiben im Stil jener Tage: *„Ich getröste mich mit einer gnädigsten Bitterhörung und empfehle mich unterthänigst gehorsamst Euer kurfürstlichen Durchlaucht unterthänigst gehorsamster Frater Kasimir Kollgruber, Eremit und Schullehrer zu St. Emmeram der Pfarr Ascham."* Doch all der herzerweichenden Unterwürfigkeit zum Trotz vermerkt der Referent des Geistlichen Rats im Dezember 1785 hart: *„Der Supplikant* [der Antragsteller] *ist abzuweisen!"*

Zu allem Unglück verbot Kurfürst Karl Theodor 1789 obendrein den Straßenbettel. Durch die Sammlungen an Samstagen in München war der Frater jährlich auf ca. 60 Gulden gekommen, bestätigte der das Gesuch Kollgrubers befürwortende Gerichtsschreiber. Nach Abschaffung des Bettels erhielt jeder Klausner zum Ausgleich nur 18 Gulden Entschädigung von staatlicher Seite. Das waren drei Kreuzer pro Tag! Frater Casimir bat um das Doppelte. Ob es ihm gewährt wurde, ist nicht überliefert.

Aus einer Lehrprobe des Jahres 1792 erfährt man einiges zur Person des Eremiten Kollgruber. Demnach war er um 1722 geboren und seit 1759 Lehrer in St. Emmeram. Die Prüfung bestand aus einer Lehrprobe in der Eremitenschule sowie einer mündlichen und schriftlichen Prüfung in München.

Die Kandidaten mussten Schriftproben anfertigen, einige zusammengesetzte Textrechnungen lösen und Fragen aus der allgemeinen und besonderen Unterrichtslehre beantworten. Diese geben einen interessanten Einblick in die dürftigen Anforderungen, die an die Fratres unterschiedlichster Herkunft und oft von hohem Alter gestellt wurden. Die Prüfungskommission bestand aus dem berühmten Geistlichen Rat Lorenz von Westenrieder, einem Münchner Schulrektor und einem Normalschullehrer als Actuarius (Protokollführer).

Am 28. April 1792 war Frater Casimir Kollgruber an der Reihe, dem *„eine theoretisch-praktische Kenntnis im Trivialschulwesen"* als Prüfungsvoraussetzung bescheinigt wurde. Allerdings wurde seine *„nicht ganz planmäßige Schrift bemängelt, die vom Hohen Alter herrührt"* – er war bereits 70 Jahre alt. Lapidar stellte die Prüfungskommission als Gesamtergebnis der beantworteten simplen Fragen fest: *„Der Kandidat äußerte bei allen diesen Fragen so eine ziemlich begnügende Theorie."* Und weiter heißt es in dieser Quelle: *„Die Schule hört zu Georgi auf und fängt erst um Michaeli wieder an, weil die Unterthanen ihre Kinder unter dieser Zeit zur Feldarbeit und [zum] Haushalten brauchen."* Man kann weiter nachlesen, dass damals im Winter über zwanzig, höchstens aber dreißig Kinder zur Schule gingen und jedes Kind wöchentlich eineinhalb Kreuzer an Schulgeld hinlegen musste.

Wann Casimir Kollgruber gestorben ist, ist nicht bekannt, doch erwähnt Held die Klause 1795 als erledigt. Bald danach gaben sich die Eremiten Schlag auf Schlag die wackelige Klausentüre in die Hand. Bereits am 22. September 1795 verkaufte Kollgrubers Nachfolger Theodor Wimmer die baufällige Klause um 40 Gulden an Casimir Humpmayer vom dritten Orden des hl. Franziskus, der seinerseits knappe zwei Jahre später, am 21. Juni 1797, die Klause um ebenfalls 40 Gulden an seinen Confrater Emmeram Wallner weiterveräußerte.

Wallner bat noch im August desselben Jahres um Zulassung zur Prüfung, damit er als Schullehrer und Mesner angestellt werden konnte. Mesner durfte er nicht werden; im Prüfungsprotokoll ist erwähnt, der Frater besäße *„in der Rechenkunst nicht genug Fertigkeit"*. Trotzdem wurde der junge Klausner, ein Drehergeselle, als Lehrer angenommen, nachdem er versichert hatte, er werde dem Orden keine Unehre machen. Er halte *„bei der Eremitenkongregation bloß in der Absicht um Aufnahme an, weil er einen ausnehmenden Hang zum einsamen Leben fühlte"*.

Am 6. August 1799 legte dann Gallus Meining, Eremit und angehender Schullehrer, vor dem hochwürdigen und gnädigen Geistlichen Rat und Schulrektor Steiner die Prüfung für den Schuldienst ab. Der dritte St. Emmeramer Kandidat musste unter anderem eine für die damalige Notzeit der napoleonischen Koalitionskriege lebensnahe Textrechnung lösen, waren doch wenige Jahre zuvor die kaiserlichen Truppen und einmal sogar die mit den Österreichern und den französischen Emigranten unter General Conde verbündeten Russen in Oberföhring einquartiert gewesen.

Rechenaufgabe anno 1799

„Ein Bauer trägt die von ihm für die auf Verpflegung einquartierten Soldaten gemachten Auslagen zusammen:

3 Scheffel Korn je 15 fl und 20 kr	*= 46 fl*
5 Metzen Weizen je 2 fl 45 kr	*= 13 fl 45 kr*
7 Scheffel Haber je 9 fl	*= 63 fl*
24 Ztr. Heu je 1 fl 24 kr	*= 33 fl 36 kr*
3 Klafter Holz je 7 fl 40 kr	*= 23 fl*
	179 fl 21 kr"

(1 Scheffel wurde gerechnet zu:
6 Metzen = ca. 222 Liter
oder rund 3 Zentner, je nach Getreideart)

St. Emmeram und die Kapelle

Die neue Kapelle und die gotische Altarfigur, abgebildet im „Kalender für katholische Christen auf das Jahr 1863" (Sulzbacher Kalender).

Was für den Lehrer – aus heutiger Sicht – eine leichte Rechenaufgabe war, war für den Bauern ein großer Verlust, wenn man bedenkt, dass damals ein Pfund Brot und eine Maß Bier je 2 Kreuzer gekostet haben. Ein Gulden wurde übrigens zu 60 Kreuzer gerechnet.

Ob der Kandidat Gallus Meining dann auch tatsächlich angestellt wurde, verraten die Akten im Staatsarchiv nicht. Doch scheint es so, denn nach Held bezeugte Pfarrer Selmair in Aschheim am 6. Juli 1801 dem Eremiten Gallus Meining, dass er im Unterricht der Jugend im Lesen, Schreiben und der christlichen Lehre emsig, fleißig und unermüdet, gelassen und sanftmütig gewesen sei, *„wann nit die kindische Bosheit, Träge, Müßiggang und andere Ausschweiffigkeiten die Straffruthe zu ergreifen erboten"*. Er sei *„in Gebärden und Sitten gelassen, eingezogen, friedsam, leutselig gegen jedermann, für sich mäßig, nüchtern und friedliebend."*

Es scheint aber in jenen Tagen Casimir Humpmayer nochmals nach Feldkirchen zurückgekehrt zu sein. Nach dem Verkauf der Klause hatte der Eremit Humpmayer *„zwar Alters halber die Schul aufgegeben und ist gänzlich fortgezogen"*, wie im Bericht vom 13. Oktober 1797 zu lesen ist, doch richtete er am 22. Februar 1803 erneut von St. Emmeram aus an das General-Schul- und Studiendirektorium die Bitte, ihn *„nach Ramersdorf oder einen andern minder beschwerlichen Posten zu versetzen, wo er gerne seine noch übrigen wenigen Lebenstage dem Schulunterricht für einige Knaben widmen möchte"*. Während dreißig Jahren habe er beinahe ununterbrochen die Landjugend unterrichtet. Nun sei er aber ein Mann *„gegen achtzig Jahre hin"* und sein Augenlicht lasse allmählich nach; auf Dauer könne er den Unterricht mit einer größeren Schülerzahl nicht mehr bewältigen, klagte er.

Seiner Bitte scheint nicht mehr (rechtzeitig?) entsprochen worden zu sein. In einem Verzeichnis der Eremitenschulen im Landgericht München vom Jahr 1804 (ohne genaues Datum) steht, dass Casimir Humpmayer vor ungefähr zwei Monaten bei den Barmherzigen Brüdern an Wassersucht gestorben sei. *„Seine Klause ist ganz allein im Feld neben der St. Emmeramskirche gebaut und war gänzlich sein Eigentum. Sein Hausgerät bestand aus mehreren Uhren, Büchern, Küchen- und Gartengeräten nebst anderen Gerätschaften. Die Schlüssel sind bei den Barmherzigen Brüdern zu finden."*[40]

Auch von anderer Seite ist die Schule bei der Emmeramskapelle belegt. Im Ehevertrag anlässlich ihrer Wiederverheiratung am 19. April 1791 bestimmte die Witwe Maria Stadler, *„Halbhöflerin zum Veichten in Veltkirchen"* (jetzt Aschheimer Str. 12), der angehende Ehemann habe sich zu verpflichten, ihre beiden Kinder aus erster Ehe *„beim gut kristlichen Glauben aufzuerziehen und fleißig in die Schule zu schicken"*. Und ein Visitationsbericht des Dr. Johann Baptist Duschl (1770–1830), Schulinspektor und damaliger Pfarrer von Baumkirchen, späterer Pfarrer in der Au und Dekan des Dekanats Oberföhring, vom 14. Mai 1803 an das kurfürstliche General-Schul- und Studiendirektorium berichtet über einen Besuch der St. Emmeramsklause: *„Die Schule Aschheim zählt nach dem vorgewiesenen Verzeichnis des Pfarrers 14 schulfähige Kinder, von denen gegenwärtig zwei die Schule besuchen, theils, weil die Schule – man nennt sie St. Emmeramsklause – eine halbe Stunde vom Ort entfernt liegt, theils und hauptsächlich, weil der Schullehrer und Eremit Kasimir Humpmayr ein 80jähriger Greis Alters und Gebrechlichkeitshalber den Schuldienst nicht mehr vorstehen kann, [...] der schon 35 Jahre als Schullehrer, soviel es seine Fähigkeiten zuließen, dem Staat nützlich zu sein sich beeiferte."*

Ende des 18. Jahrhunderts gab es allein im Bistum Freising 47 Klausen, darunter – neben den bereits genannten – u. a. eine in St. Veit bei Baumkirchen (nächst Berg am Laim) und eine in St. Coloman bei Ismaning.[41]

Das Ende der alten Kapelle und der Eremiten

1752 feierte man anlässlich der 1100-Jahr-Feier noch große Feste – einer unbegründeten mittelalterlichen Überlieferung zufolge sollte der Heilige im Jahr 652 gestorben sein. Nach den zum Teil glanzvollen Feiern an den Gedenkstätten des hl. Emmeram in Kleinhelfendorf, in St. Emmeram bei Oberföhring, in Regensburg sowie in Aschheim und Feldkirchen, wo man vom 24. bis 28. September Gottesdienste in der Emmeramskapelle hielt, eine Prozession durchführte und selbstverständlich auch einen Ablass erringen konnte[42], geriet der einzige Heilige der Münchner Region langsam in Vergessenheit, auch wenn der Aschheimer Pfarrer 1784 noch immer bestätigte, dass die Kapelle von der örtlichen Bevölkerung *„als ein Wahlfartsorth angesehen"* wurde.[43] Doch schon warf die religionsfeindliche Säkularisation des Jahres 1803 ihren Schatten voraus. Abgesehen von der landesfürstlichen Kirchenpolitik war das Ansehen der Eremiten auch im Volk immer weiter gesunken. Zunehmend fehlte die Einsicht in die Notwendigkeit der Existenz des Eremitenwesens – schließlich waren geistliche Belange Sache der Welt- und Ordenspriester und zum Schuldienst setzte die Regierung auch auf dem Lande nach und nach staatlich geprüfte Schulmeister ein. Daneben waren für die Dörfer, Märkte und Städte die Almosen sammelnden Bettelmönche aus Stadt und Land sowie die Klausner allmählich zur Landplage geworden; dazu gesellten sich obendrein Gruppen schmarotzender und diebischer Vaganten, die insbesondere die Landbevölkerung belästigten. Verfehlungen, die von Klausnern anderer Eremitagen bekannt wurden, wirkten sich zudem nicht gerade förderlich aus. So begegneten den Eremiten Ende des 18. Jahrhunderts von Seiten der Bevölkerung oft Geringschätzung oder gar Verspottung: *„Wie man diese Geißbärte noch gedulden mag!"* Ausgenommen waren lediglich einige bewährte Schuleremiten und fromme alte Klausner.

In Österreich hatte Kaiser Josef II. bereits 1782 die Eremitenkongregation aufgehoben. Vorbereitungen und Überlegungen zur Beseitigung des Eremitenstandes in Bayern, von höchster Stelle angeregt, nahmen im Jahre 1792 bei den Regierungsämtern ihren Anfang. Im Zusammenhang mit der durchzuführenden Säkularisation erließ Kurfürst Max IV. Josef, der spätere erste bayerische König, am 10. März 1802 folgendes Dekret: *„Nachdem das Institut der Klausner oder Eremiten schon längst als zwecklos und schädlich anerkannt worden ist, sind über die vorhandenen Klausen und ihren Zustand genaue Berichte einzuziehen und vorzuschlagen, wie die Klausen gänzlich aufgehoben und für die einige Dienste leistenden Individuen passende Surrogate gefunden werden können."*

Der beim Landgericht Wolfratshausen, zu dem auch Feldkirchen gehörte, eingegangene Bericht ist für St. Emmeram wenig aussagekräftig: *„eine Klause St. Emmeram nächst Aschheim. Der 72-jährige Klausner hält Schule"*, heißt es darin. Gemeint ist damit möglicherweise Gallus Meining, denn Casimir Humpmayer bezeichnet sich ein knappes Jahr später, im Februar 1803, als auf die 80 zugehend.

Nach den bei den Rentämtern München, Landshut, Straubing, Burghausen und Neuburg eingegangenen Berichten waren im Jahr 1802 noch insgesamt 119 Klausen und 152 Klausner oder Eremiten, von denen 56 Schule hielten, in Bayern vorhanden. Nach vielen Vorbereitungen erließ der Kurfürst am 13. März 1804 die am 12. Mai 1804 unterzeichnete Aufhebungsverordnung, in der die Eremiten unter anderem angewiesen wurden, innerhalb von vier Wochen die Kutte abzulegen oder, wenn es sich um Priester handelte, in angemessener Weltpriestertracht zu erscheinen. 30 Gulden erhielten sie als „Umkleidungsbeitrag".

Dekret Kurfürst Max IV. Josef vom 17. April 1802, die Verwendung der Feld-Kirchen zu Schulgebäuden betreffend:

„Die Verbesserung des Landschulwesens ist der Gegenstand Unserer ununterbrochenen Aufmerksamkeit. Unter den Hindernissen, welchen Wir dießfalls begegnen, ist der Mangel geräumiger und gesunder Schulhäuser eines der vorzüglichsten. Da den Gemeinden, welchen die Herstellung derselben gewöhnlich obliegt, die Konkurrenz hiezu oft sehr schwer fällt, so ist es nothwendig Mittel aufzusuchen, wodurch diese Bürde so viel möglich erleichtert werde.

Die in Unsern Erblanden vorhandenen vielen unnöthigen Filialen und die sogenannten Feldkirchen können hiezu um so schicklicher benüzt werden, als selbst der heilige tridentinische Kirchenrath sessione 21 de reformatione Cap. 7 die Abtragung solcher Kirchen beschlossen, und durch die unter Unserer beyden durchlauchtigen Regierungsvorfahrer Maximilian III. und Karl Theodor Liebden erlassene Verordnungen alle Konkurrenz zu den Baulichkeiten solcher Kirchen bereits untersagt wurde.

Wir verordnen daher gnädigst, daß an allen jenen Orten wo die Erbauung neuer Schulhäuser oder die Erweiterung bereits vorhandener nöthig ist, die in der Nahe befindlichen unnöthigen Filial- und Feld-Kirchen abgebrochen, und die hiervon erhaltenen Baumaterialien zu erwähntem Bau angewendet werden sollen.

Zu Vermeidung alles Mißverstandes wiederholen Wir zugleich die in der Verordnung vom 4ten Oktober 1770 bereits enthaltene Bestimmung der nöthigen Filialen, unter welchen nämlich jene verstanden sind, bey welchen man pfarrliche Verrichtungen ausübt, wobey eine Wallfahrt vorhanden oder die Pfarrkirche so weit entlegen ist, daß solche von den Filialisten oder Eingepfarrten nicht ohne besonders große Beschwerde besucht werden können; hieraus ergiebt sich von selbst, welche Filialen für unnöthig anzusehen sind.

Wir befehlen allen Unsern nachgesezten Behörden und Beamten, daß sie über den Vollzug gegenwärtiger Verordnung sorgfältig wachen, den sämtlichen Pfarrern aber, daß sie ihren Pfarrkindern Unsere sowohl zum Besten ihrer Unterricht bedürfenden Jugend, als zur Erleichterung ihrer Baukonkurrenzpflicht gereichende höchste Absicht begreiflich machen sollen.

München den 17ten April 1802 Max. Jos. Churfürst.
Vidit Graf Morawitzky; Auf Churfürstl. höchsten Befehl. von Krempelhuber."

(Churpfalzbaierisches Regierungs-Blatt, München 1802, Sp. 302–304)

Nachgewiesene Klausner in Feldkirchen

Name	von	bis	erwähnt
Ferdinand Rankh	1701	– 1738	
Andreas Reitter	1738*	–1759*	1746, 1748
Pater Winter			1752
Chr. Bertschenbohrer			1766
Casimir Kollgruber	1759*	–1795*	1771, 1792
Casimir Humpmayer	1795	–1799	
Emmeram Wallner	1797	–1799*	
Gallus Meining	1799*	–1802*	1801
Casimir Humpmayer	1802*	–1804	1803

* Jahreszahlen sind aus den Quellen erschlossen.

Soweit die Eremitagen nicht Privateigentum waren, wurden sie zum landesherrlichen Ärar geschlagen, in den anderen Fällen war der Verkauf den ehemaligen Klausnern freigestellt. Eremitagen, die *„wegen ihrer Lage in Wäldern oder Entfernung von bewohnten Gegenden für die öffentliche Sicherheit gefährlich werden können, sollen abgebrochen und das Material davon unter den für die Gebäude selbst festgesetzten Bedingungen verkauft werden"*. Und für jene Eremiten, die *„wegen hohen Alters, Krankheit oder anderer Leibesgebrechen ganz hilflos sind, sollen in den Hospitälern oder durch die Armenanstalten ihres Wohnortes oder Gerichtes gesorgt werden"*.[44] Auch die Glocken von St. Emmeram verstummten 1804 für immer.

Ein weiterer landesherrlicher Erlass, *„die Verwendung der Feld-Kirchen zu Schulgebäuden betreffend"*, datierte bereits vom 17. April 1802 und sprach sich für den Abbruch dieser aus.

Es erfordert nicht allzu viel Fantasie, um das weitere Schicksal unserer Emmeramskapelle zu erahnen. Sie wurde 1807 zusammen mit der Feldkirche St. Sebastian in Aschheim um 300 Gulden an den in Riem ansässigen Magazinlieferanten Paul Balthasar Bäumer (auch Pammer, Pämmer, Paumer u. Ä. genannt) zum Abbruch verkauft. Dieser „Strohlieferant und Inhaber eines Bauernhofes in Riem" verpflichtete sich im Gegenzug, die für den geplanten Schulhausneubau in Kirchheim nötigen Ziegelsteine zu liefern.

Bereits 1806, als beschlossen worden war, die Emmeramskapelle abzureißen, dachte man daran, den Erlös für den Neubau einer Schule, zu dem bereits ein Plan erstellt war, und zur Besoldung des Lehrers zu verwenden. Damals war Kirchheim als Sitz der projektierten Zentralschule vorgesehen, die dann – laut Beschluss des Innenministeriums vom 12. Februar 1811 – jedoch in Aschheim errichtet wurde. Der Riemer ist seiner Pflicht allerdings nicht nachgekommen. Noch am 27. Februar 1809 klagte der Kirchheimer Pfarrer Josef Sagstätter: Laut eines Schreibens der königlichen Administration des Kultus „sollte also ein gewisser Magazin Lieferant Pammer gemäß Kontrakt, für zwei abgebrochene Kirchen ein Schulhaus in Kirchheim bauen. Ich sollte auf der Stelle anzeigen, ob es schon vollendet, oder wie weit der Bau gediehen sei: Allein ich konnte nichts einberichten, als daß nicht einmal ein roher Stein noch vorhanden, nicht einmal ein Platz angewiesen sei. Diese Geringschätzung der k. Befehle, in der Nähe der Hauptstadt München, stimmte freilig meine Freude wieder tief herab. Doch hoffe ich, jetzt wird es gehen, allein schon sind wieder sieben Monate verflossen, alles ruht in tiefer Vergessenheit!" Aus der umfangreichen Korrespondenz zwischen dem Ministerium des Innern und dem Generalkommissariat geht hervor, dass Bäumer die Steine für seinen Bauern- bzw. Gasthof in Riem verwendet habe; er wollte aber eine Ausgleichssumme zahlen.

Insgesamt betrug im Jahr 1811 das durch die Säkularisation der Emmeramskapelle gewonnene Vermögen 4.870 Gulden und 40 Kreuzer, da ja auch Einrichtung und Gerätschaften mitverkauft wurden. Die beiden Glocken erwarb ein Auer Tandler um 100 Gulden. Am deutlichsten schlug jedoch der Wert des zur Kapelle gehörigen Grundeigentums zu Buche, das ebenfalls verstaatlicht worden war. Die gesamten Mittel wurden aufgrund einer Stiftung in einen Schulfonds umgewandelt und der Gemeinde Kirchheim zur Verwaltung übergeben, da ja, wie erwähnt, zunächst Kirchheim als Sitz der Zentralschule vorgesehen war.[45] Das war das unromantische Ende der alten Emmeramskapelle und der Klausner von Feldkirchen.

Die Sage vom Klausnerschatz
Die einzige überlieferte Feldkirchner Sage ist die um den sogenannten Klausnerschatz. Doch auch sie ist in keinem Dorf rund um die Emmeramskapelle heute noch als lebendige Tradition anzutreffen. Leonhard Baumann hat die Erzählung in der heimatkundlichen Stoffsammlung festgehalten. Von älteren Bürgern wusste er, dass sie früher in der Schule von dieser Sage gehört hätten und dass diese von der Oberlehrerin Therese Böltl, die jahrzehntelang in Feldkirchen unterrichtete und selbst aus Heimstetten stammte, am schönsten in den ausführlichsten und schmückendsten Worten erzählt worden sei.

Der Inhalt der Sage um den Klausnerschatz ist in etwa folgender: Nachdem der letzte Klausner Casimir Humpmayer gestorben und die Kirche mitsamt der Einsiedelei abgerissen worden war, ging in der Gegend das Gerücht, auf dem Grundstück, auf dem heute wieder die Emmeramskapelle steht, sei ein Schatz vergraben. Wer sich aber auf Schatzsuche begeben wolle, müsse es um Mitternacht und mit größter Schweigsamkeit versuchen. Ähnliche Vorbedingungen gehören zu jeder richtigen Schatzsage, meist sind jedoch noch weitere Handikaps, wie etwa Vollmond, eingebaut. So einfach der Schatz der Emmeramsklause auch zu heben schien, es gelang – um dies vorwegzunehmen – bis heute nicht.

Etliche furchtlose Burschen der umliegenden Dörfer wagten eine Schatzsuche, lockte doch ein geheimnisvoller Reichtum. Eines Nachts gruben die Schatzsucher endlich an der richtigen Stelle und stießen tatsächlich auf einen harten Gegenstand. Bald blinkte im Mondlicht eine Kiste, in der der sagenhafte Schatz vermutet werden durfte. So nahe dem Ziel überkam – wohl aus Nervosität – einen Burschen ein Hustenanfall. Augenblicklich versank die sagenumwobene Kiste in unendlich tiefe Dunkelheit. Seither wurde sie nicht mehr gesehen und der Klausnerschatz ist für immer verloren.

In Bayern lassen sich verschiedentlich Sagen nachweisen, die auf verborgene Schätze aus aufgehobenen kirchlichen Einrichtungen stammten, wie etwa der „Prälatenschatz" aus dem Kloster Gottezell. Eine Häufung dieser Geschichten um verborgene Klausner- und Klosterschätze ist nicht weiter verwunderlich, sind doch nach der Säkularisation viele kirchliche Kostbarkeiten nicht nur nach München abtransportiert worden, sondern auch in unbekannte Kanäle abgewandert – ob aus niedrigen Beweggründen oder um die Dinge für künftige Generationen sicherzustellen, wäre im Einzelfall zu untersuchen.[46] Im Fall der Emmeramskapelle konnte so etwa die Figur des Heiligen für den Altar gerettet werden.

Die neue Emmeramskapelle

Fast vier Jahrzehnte lang lag die einst so liebliche Stelle, an der der Schnee auch zur Winterszeit geschmolzen war, öd, nachdem 1807 die Emmeramskapelle samt Klause abgebrochen worden war.

Doch in der Zeit des aufblühenden Patriotismus nach den Befreiungskriegen 1813 und der religiösen Erneuerung unter König Ludwig I. von Bayern besann man sich auch wieder des hl. Emmerams. Es war die Zeit, in der allenthalben vaterländische Denkmäler wie die Schwammerl nach einem warmen Regen aus dem Boden wuchsen. Sammelaktionen – über das ganze Königreich verteilt – wurden für die verschiedensten Zwecke gestartet. Dem Aschheimer Pfarrherrn Erhard Cholemar gelang es, auf dieser Welle mitzureiten.[47]

Am 30. Oktober 1833 sandte er seinen Plan zur Errichtung eines Nationaldenkmals für den Märtyrer direkt an den bayerischen König. Er ahnte, dass er mit seiner Idee beim Landgericht München und vielleicht auch bei der Regierung des Isarkreises, wie Oberbayern damals hieß, nicht viel Gegenliebe finden würde. Deshalb wandte er sich mit seiner *„allerunterthänigsten treu gehorsamsten Bitte"* an den geschichtsbegeisterten König *„zu allerhöchst dessen eigenen Händen."* Der König leitete das Schreiben zur Prüfung an das Innenministerium weiter, stellte aber bereits zu diesem Zeitpunkt in einem eigenhändigen Signat vom 8. November 1833 fest, dass von ihm keine finanzielle Unterstützung zu erwarten sei.[48] Die zuständige Oberste Baubehörde sah keinen Hinderungsgrund für eine Genehmigung. Bedingungen allerdings waren, dass die Gemeinde die Gelder selbst aufbringe und dass die Entwürfe vor Ausfertigung dem Baukunstausschuss und dem König vorgelegt werden mussten.[49]

Am 24. Februar 1834 leitete das Ministerium des Innern den Antrag an die Regierung des Isarkreises weiter, mit dem Auftrag, das Erzbischöfliche Ordinariat zu konsultieren. Nach drei Mahnungen sprach sich die kirchliche Oberbehörde allerdings überraschend gegen die Errichtung der Gedächtniskapelle aus[50], ebenso die Regierung des Isarkreises. Diese warnte: Die Erfahrung lehre, dass Sammlungen nur selten zu einem vernünftigen Ziele führten und dass diese zu beschränken seien. Vor allem fehle es später an einem Fonds zum weiteren Unterhalt der Kapelle. Weiter gab die Regierung zu bedenken, dass anscheinend nur der Ortspfarrer Cholemar hinter der Idee stehe. Inzwischen war dieser aber in die Pfarrei Griesbach versetzt worden. Man fürchtete, der Nachfolger könne kein Interesse an der ganzen Unternehmung haben.[51]

Doch allen behördlichen Bedenken zum Trotz erreicht der pfarrherrliche Brief dann doch sein Ziel. Vom 30. Juli 1834 datiert ein handschriftliches Signat des Königs, geschrieben in Bad Brückenau, als Antwort auf eine Eingabe vom 25. Juli 1834, die *„Errichtung eines historischen Denkmals in Aschheim"* betreffend: *„Ertheile diese Erlaubniß, aber nur nach einem dem Baukunst Ausschuße vorgelegt werdenden und meine Genehmigung erhaltenden Entwurfe darf die Capelle erbaut werden."*[52] Die Verzögerung der Antwort auf Cholemars Brief kann also nicht dem König angelastet werden. Er bearbeitete den Fall bereits nach fünf Tagen und das quasi im Urlaub!

Am 15. August 1834, also fast ein Jahr nach der Antragstellung, teilt das Ministerium des Innern der Gemeinde mit, *„daß seine Majestät der König allergnädigst zu genehmigen geruht habe, daß die Gemeinde Aschheim an der Stelle, wo der hl. Emmeram verschieden war, ein Denkmal errichten und Beiträge hierfür mittels einer im In- und Ausland anzustellenden Kollekte sammeln dürfe. Der Plan des zu errichtenden Denkmals muß jedoch dem Baukunstausschuß vorgelegt und die Genehmigung seiner Majestät zur Ausführung desselben erholt werden."* Und am 9. September 1834 konnte in der Zeitung veröffentlicht werden: *„Se. M. der König haben zu genehmigen geruht, daß die Gemeinde Aschheim im Isarkr. an der Stelle, wo der heilige Emmeran verschied, ein Denkmal errichten, und hiefür Beyträge mittels einer im In- und Ausland anzustellenden Collekte sammeln dürfte."*[53]

Mit dem Rundschreiben vom 9. September 1834 wurde eine Kollekte eingeleitet, die allerdings nicht auf ungeteilte Gegenliebe stieß. Das Landgericht München bohrte nach und meldete am 26. September desselben Jahres: *„Der hiesigen Stelle war bisher der Antrag und die Tendenz wegen dieses Denkmals ganz unbekannt. Bei einer Anfrage in der Gemeinde Aschheim will niemand etwas von einem solchen Denkmal, sondern die Gemeindeverwaltung nur soviel wissen, daß der vorige, inzwischen versetzte und in Griesbach verstorbene Pfarrer Cholemar derselben einen Aufsatz über den Tod des hl. Emmeram und die Todesstätte vorgelesen und Antrag zu einem Denkmal gemacht habe, welcher aber nicht mehr erinnerlich sein will."* Die Schrift habe die Gemeindeverwaltung nach dem Wunsch des Pfarrers unterschrieben, ohne erfahren zu haben, was damit weiter geschehen sei.

Schreiben des Pfarrers Erhard Cholemar vom 30. Oktober 1833

„Ermutigt durch Euer kgl. Majestät allerhöchste Vorliebe und Großmut, welche Allerhöchst dieselbe sowohl in der Residenzstadt München als auch in mehreren Orten des Reiches für das Altertum in jeder Beziehung an den Tag zu legen geruht haben, wagt es die allerunterthänigst treu gehorsamste Pfarr- und Rural [= Land-] gemeinde nach einem gefaßten Gemeindebeschluß hinsichtlich ihres zu den Zeiten der Agilolfinger in Bayern in den Jahren 554 bis 788 berühmt gewordenen Ortes einige Erwähnung zu machen und hierauf eine allerunterthänigste Bitte zu stellen. Aschheim ist in jener Zeit gleichviel für die bayerische Staats- und Kirchengeschichte interessant und denkwürdig geworden, daß nach Übereinstimmung der bayerischen Geschichtsschreiber und Gelehrten dortselbst im Jahre 763 – unter Herzog Tassilo – eine Versammlung bayerischer Stände statthatte, [...] und da auch daselbst der bayerische Apostel und Bischof Emmeram seine erste Ruhestätte in der schon damals vorhandenen St. Peterskirche nach erlittener Marter bei Helfendorf im Jahre 652 fand. Das Andenken an letzteres Begräbnis sicherte Jahrhunderte hindurch ein Kirchlein an jener Stätte in unserem Pfarrsprengel, wo dieser für Bayern wegen erster Verbreitung des Christentums so merkwürdige und verdiente Mann seinen Geist aufgab und welche an der Münchner-Wiener Hochstraße bei unserem benachbarten Feldkirchen liegt, bis 1807 deren Demolierung anbefohlen und auch zur größten Betrübnis der weiten Umgebung vollzogen worden ist, seitdem nur noch zwei abgedorrte Eschbäume den heiligen Ort andeuten . [...]

Längst schon trugen wir den frommen Wunsch in uns, jener Hinscheidungsstätte des solchen selbst als Landespatron verehrten Emmerams als eines der bayerischen Geschichte wichtigen Platzes durch ein würdiges Denkmal der bald eintretenden Vergessenheit wieder zu entreißen. [...] Indeß unser Vermögen allein auf dem dürftigen Gefild ließ uns keine Befriedigung desselben erhoffen. Und angeregt nun durch unseren Pfarrvorstand sprechen wir ihn aufs Neue und öffentlich vor Euerer kgl. Majestät mit der alleruntertänigsten treu gehorsamten Bitte aus:

Allerhöchstdieselben wollen allergnädigst geruhen, die Errichtung obiger beider Denkmäler [gewünscht war auch ein Gemälde für die Pfarrkirche in Erinnerung an die erste Synode] allergnädigst zu geruhen durch allergrossmütigsten Beitrag zu fördern und auch Beiträge von zu diesen Unternehmungen sinnhabenden Untertan allerhuldvollst zu gestatten, wobei unsere Mitwirkung gewiß nicht die Mindeste sein wird.

Die Reisenden von der Münchner-Wiener und Erdinger Hochstraße, noch mehr aber die alleruntthänigst gehorsamst Unterzeichneten werden bei dem Anblicke dieser Monumente jederzeit mit innigstem Dankgefühl für die erzeigte allerhöchste Huld und Gnade sich erfreuen und derorts dem Bayern innewohnenden Liebe, Treue und Anhänglichkeit an seinen allergrossmüthigsten und allerweisesten Herrscher dadurch unsichtbare und felsenfeste Stärke gewinnen. In allertiefster Ehrfurcht und Erniedrigung erstirbt Euer kgl. Majestät von Bayern allerunterthänigst treu gehorsamste Pfarr- und Ruralgemeinde Aschheim." Der Brief vom 30. Oktober 1833 ist von Pfarrer Erhard Cholemar, dem Gemeindevorstand von Aschheim, dem Stiftungspfleger und vier Gemeindebevollmächtigten, von denen zwei nur ihre Kreuzchen darunter setzten, unterzeichnet.

(StA Mü RA 11803; vgl. auch BayHStA MK 14497)

Und abschließend bat die Gemeinde um eine Abschrift des Antrags, der nirgends aufgefunden werden könne. Es scheint also, dass die Realisierung der Emmeramskapelle einzig und allein dem Pfarrer zu verdanken war, der sie aber nicht mehr erleben durfte.

Doch inzwischen lief die Sammelaktion auf vollen Touren. Die Kollekte zog sich von Oktober 1834 bis Februar 1836 jedoch sehr schleppend hin. Als erste Behörde lieferte das Landgericht Starnberg am 31. Oktober 1834 fünf Gulden und drei Kreuzer ab. Sogar aus dem linksrheinischen Bayern, aus Speyer, flossen vier Gulden und 38 Kreuzer nach München. Insgesamt brachte die Sammlung etwa 1.680 Gulden ein; damit konnten die Baukosten nahezu gedeckt werden. Bezeichnenderweise spendeten die der Gedächtnisstätte am nächsten gelegenen Pfarrämter und Gerichte am wenigsten: Das Pfarramt Aschheim, wo die Denkmalsidee ihren Ausgang genommen hatte, brachte ganze drei Gulden und drei Kreuzer zusammen, das Pfarramt Kirchheim (einschließlich Feldkirchen, Hausen und Heimstetten) lediglich zwei Gulden und 21 Kreuzer, das Pfarramt Ismaning zwei Gulden und 48 Kreuzer und bei Garching hieß es sogar „Fehlanzeige". Die Haupt- und Residenzstadt München glänzte mit 59 Gulden und das Erzbischöfliche Ordinariat mit 46 Gulden und 57 Kreuzer.

Nach Abschluss der Sammelaktion erfolgte eine Weile lang gar nichts. Erst am 1. Mai 1836 war die Sache wieder Gegenstand eines Berichts des Landgerichts München. Nun wurden erst einmal komplizierte steuerliche Probleme erörtert. Damals lag der in der *„Volkssage nicht unwichtige Platz nicht mehr im Weichbild der Gemeinde und in dem Sprengel der Pfarrei Aschheim, sondern er liegt in der Flurenmarkung der Gemeinde Heimstetten und im Bezirk der Pfarrei Kirchheim, ist aber noch Eigentum der Gemeinde Aschheim"*. Um die Sache vollends umständlich zu machen, ist das Areal von Feldkirchner Grund umgeben.

In dem Bericht vom 1. Mai 1836 folgten nun eigentümliche Deutungen der Emmeramslegende und alles lief darauf hinaus, dass man das Denkmal – wenn es schon sein muss – im Dorf Aschheim selbst errichten wollte. Sogar ein Standort wurde präsentiert. Man sprach sich gegen den Platz bei Feldkirchen aus, denn wie es schien, wollten die Anwohner das Denkmal gar nicht. *„Die Bewohner der Ortschaften Feldkirchen, Heimstetten und Kirchheim haben gar kein Interesse an dem Denkmal geäußert. Mehrere hierunter, in Feldkirchen und Heimstetten, sind Protestanten und der größere Teil der übrigen Eingepfarrten laue Christen und ungebildete Leute, welche weder für religiöse Veranstaltungen, noch für Denkmäler der Religion, der Vaterlandsgeschichte und des Altertums einen Sinn haben. Das Denkmal würde wie in verödeter Gegend stehen und selbst von den nächsten Bewohnern den meisten Unbilden ausgesetzt sein, da eine genaue Aufsicht gar nicht möglich wäre. Ein Beweis von der geringen Teilnahme ist doch gewiß, daß die Dörfer Feldkirchen, Heimstetten und Kirchheim und der Weiler Hausen, welche miteinander die Pfarrei Kirchheim bilden, bei der Sammlung nicht mehr als 2 fl. 21 kr. gegeben haben"*. Das war zugegebenermaßen ein Argument, doch auch die Aschheimer scheinen sich mit ihren bei der Sammlung eingegangenen 3 fl. 3 kr. nicht gerade um das Denkmal gerissen zu haben. Ganz so unrecht hatte der Landrichter also nicht, wenn er in seinem Bericht auch die Sorge mit einschloss, dass der Standort in der Gemeinde Heimstetten und in der Pfarrei Kirchheim Anlass zu einem Streit mit der Antrag stellenden Gemeinde Aschheim geben könnte.

Wenige Tage später wandte sich die Regierung des Isarkreises an das Ordinariat, und wieder ging ein gutes Jahr ins Land, bis die – heute verlorene – Antwort kam. Der Verfasser war vermutlich der Dekan und Pfarrer von Obergiesing Johann Nepomuk Silberhorn

Entwürfe für die neue Emmeramskapelle
Staatsarchiv München
RA 11803

(Pfarrer von 1819–1842), dessen Name inzwischen jedem Münchner U-Bahn-Benützer geläufig ist. In den älteren Veröffentlichungen war dieser Pfarrer Silberhorn immer als der Stifter der St. Emmeramskapelle des Jahres 1842 genannt, eine unbelegte Behauptung, die von Autor zu Autor unbesehen übernommen wurde. Fritz Lutz vermutete den Ursprung dieser falschen Meinung im Sulzbacher Kalender für katholische Christen von 1863, der erwähnte, Silberhorn hätte die Erlaubnis zu einer Kollekte erwirkt, von deren Ertrag im Jahre 1842 die neue Kapelle erbaut wurde.

Das Ordinariat und das Dekanat plädierten in ihrer Stellungnahme des Jahres 1837 für ein Kirchlein an der Stelle, *"wo früher nicht ohne Grund die demolierte St. Emmeramskirche gestanden. Sollte es mit der Gemeinde Schwierigkeiten geben, so sind wir auch nicht dagegen, wenn das Kirchlein in Aschheim gebaut wird."* Mit dieser wachsweichen Formulierung überließ der Mitarbeiter des Erzbischofs, Dr. Martin Deutinger, die Entscheidung wieder den staatlichen Stellen; der „Schwarze Peter" war glücklich weitergegeben.

Das Durcheinander um die Erbauung war jedoch noch lange nicht ausgestanden. Inzwischen hatte die Gemeinde Aschheim am 15. Februar 1837 bei der Regierung nachgefragt, was nun eigentlich aus der vor dreieinhalb Jahren bewilligten Kollekte geworden sei. Nun sei für die Bauern die beste Jahreszeit, Baumaterial herbeizuschaffen. Wenn schon gebaut werden solle und man Scharwerksdienste dazu leisten müsse, dann jetzt „Bereits" ein halbes Jahr später wurde das Landgericht München beauftragt, die Gemeinde Aschheim zu verständigen und deren Erklärung auf unentgeltliche Leistungen von Hand- und Spanndiensten schriftlich einzuholen.

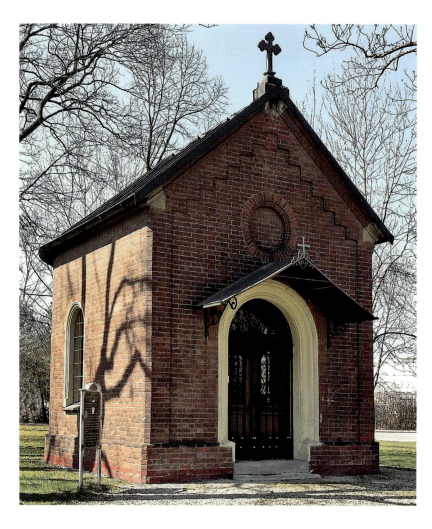

Die neue Emmeramskapelle

Erst nach weiteren eineinviertel Jahren – nachdem die verlegten Schreiben des Ordinariats und des Dekanats wieder gefunden waren – berichtete das Landgericht München am 2. Februar 1838, dass die Gemeinde Aschheim nur Hand- und Spanndienste leisten wolle, wenn das Denkmal im Dorf selbst errichtet werde. Mittlerweile war das Sammelergebnis durch eine Geldentwertung von 1.680 auf 1.648 Gulden geschrumpft.

1839 war man dann immerhin schon so weit, dass von der Abänderung des Plans für die Kapelle die Rede ist, die dem Stil nach der Epoche des hl. Emmeram angemessener erschien und von der man annahm, dass der gesammelte Betrag für die Baukosten ausreiche. Der erste, jedoch durchgestrichene Entwurf zeigt eine mehr klassizistische Kapelle mit Flachdach, Türmchen und Dachbalustrade mit achteckigem, in einer weiteren Variante auch rundem Grundriss. Der zweite Entwurf, der schließlich abgeändert ausgeführt wurde, zeigt eine schlichte Kapelle im zeitgemäßen „Rundbogenstil" mit einfachem Kreuz auf dem mäßig geneigten Dach und rechteckigem Grundriss mit halbkreisförmiger Chorapsis.

Das Ordinariat erklärte sich mit dieser Änderung einverstanden, endlich auch mit dem Standort bei Feldkirchen, jedoch unter dem Vorbehalt, dass bei der isolierten Lage die Kapelle ein stabiles Äußeres erhalten solle, und zwar aus *„sehr dauerhaft gebrannten Ziegeln, um dem Gebäude ein ernstes Aussehen zu geben, wohl auch um jene Reparaturen zu verhindern, die sich, wie die Erfahrung lehrt, wegen in unserem Klima so häufig Herabfallens des äußeren Anwurfes fast jährlich erneuern".*

Unterdessen musste man sich auch Gedanken um die Kapitalausstattung der neuen Emmeramskapelle für den laufenden Unterhalt

St. Emmeram
Holzplastik auf dem Altar in der Emmeramskapelle

machen. Das Dekanat Oberföhring in Obergiesing, d. h. der dortige Dekan Silberhorn, schlug vor, dafür das noch bestehende Vermögen der in der Säkularisation ebenfalls demolierten Sebastianskapelle zu verwenden, doch war auch hier nicht viel zu erwarten. Das Vermögen der 1807 abgebrochenen Emmeramskapelle war ebenfalls nicht mehr greifbar. Es war in die Unterrichtsstiftung übergegangen, *„was Dekan Silberhorn als vormaliger Distriktsschulinspektor wohl wußte, da er von diesem Vermögen keine Erwähnung mehr gemacht hat"*.

Das Hickhack um die Standortfrage ging weiter, doch lagen die Unterlagen nun – nach sechs Jahren – im Ministerium des Innern. Jetzt wurden zwei namentlich nicht bekannte Ministerialreferenten beauftragt, umfangreiche gelehrte Abhandlungen über den Wahrheitsgehalt der Emmeramslegende und die Todesstätte des Heiligen anzufertigen. Beide kamen nach weitschweifigen und sehr gelehrt klingenden, mit fremdländischen Zitaten gespickten Erörterungen zu dem Ergebnis, dass man über die Stätte des Hinscheidens St. Emmerams nichts Genaues sagen könne.

Doch schließlich – am 23. September 1840 – gab das Staatsministerium des Innern auf allerhöchsten Befehl dann doch noch das Startzeichen zum Bau der neuen Emmeramskapelle. Wer allerdings denkt, dass der Bau nun zügig und reibungslos abgewickelt werden konnte, irrt sich gewaltig. Die Gemeinde Aschheim weigerte sich, Hand- und Spanndienste im Wert von 222 Gulden für das in der Nachbargemeinde zu erbauende Kirchlein zu leisten. Doch aufgrund des schließlich durch den König persönlich bestimmten Standortes wurden die Aschheimer kurzerhand zu den nötigen Frondiensten verpflichtet.

In der Folgezeit ging es dann wieder ums Geld. Doch am 9. April 1842 war es endlich so weit: Die Malerarbeiten wurden an Johann Singer, die Zimmerarbeiten an Niederhofer, beide in Giesing, die Schreinerarbeiten an Valentin Janson in Feldkirchen, die Schlosserarbeiten an Georg Mair und die Anstreicharbeiten an Theodor Eimer, beide in Haidhausen, sowie die Glaserarbeiten an Johann Holler in Untersendling vergeben. Ein einschiffiger, nach Westen gerichteter Sicht-Ziegelbau mit halbrundem Schluss und ornamental bemalter Flachdecke entstand.

Nun begann eine erneute Debatte um die Innengestaltung. Ein Altar in Form eines auf einem Postament stehenden Steinkreuzes mit Inschrift war bereits abgelehnt worden. Es sollte ein Altargemälde entstehen, doch dürfe es nicht mehr als 100 Gulden kosten. Bei der Akademie der Bildenden Künste meinte man, dass zu diesem Preis nur *„eine Einzelfigur des Heiligen in der Verklärung seines Martyrertodes gedacht, mit den Attributen desselben versehen"* möglich sei.

Gedenktafel an der Emmeramskapelle

Zum Gedenken an den fränkischen Missionsbischof St. Emmeram

An dieser Stelle
verstarb der in der 2. Hälfte des 7. Jahrhunderts
(nach einer ungesicherten mittelalterlichen Überlieferung 652)
zu Helfendorf, Gd. Aying,
gemarterte hl. Emmeram
auf dem Weg zu seiner ersten Grablege
im herzoglichen Aschheim an seinen Verletzungen.

Das Kloster St. Emmeram zu Regensburg,
endgültige Begräbnisstätte des Heiligen,
bewahrte jahrhundertelang
an dieser Stelle das Andenken an den Märtyrer.

Aus der ehemals „Münster" genannten Kapelle
wurde später eine Eremitenklause mit Schule
(1807 abgebrochen).
Die neugotische Gedächtniskapelle von 1842
wurde durch eine von der Pfarrgemeinde Aschheim angeregte
und durch König Ludwig I. genehmigte
gesamtbayerische Spendenaktion finanziert.

Renoviert 1980–1983

Ein figurenreiches, den Martertod des Heiligen darstellendes Historiengemälde käme auf den doppelten Preis. Diese zweite Möglichkeit wurde vom Ordinariat von vorn herein kategorisch abgelehnt. Ordinariatsdirektor von Oettl empfahl vielmehr *„eine einzelne Figur des Heiligen im Attribut seines Martyrertodes, im Aufblick den seelenvollen Ausdruck jenes unerschütterlichen Vertrauens, jener hingebenden Duldung und jener inneren Zuversicht, womit er einst die Wahrheit der Beteuerung seiner Unschuld mit dem Blute besiegelt hat"*.

Akademieprofessor Josef Schlotthauer bemühte sich nun um einen geeigneten Maler, was bei der damaligen Vollbeschäftigung der Historienmaler unter König Ludwig I. gar nicht so einfach war. Endlich war der Künstler Ludwig Schnitzelbaumer aus München gefunden, der als ehemaliger Akademieschüler mehrfach mit Altarbildern beauftragt worden war. Seine Entwürfe für das Emmeramsbild hatten die Billigung der Akademie erlangt. Am 14. Februar 1843 teilte die Akademie die Vollendung des Bildes mit. Doch es gab erneute Schwierigkeiten, die auf einem Missverständnis beruhten: Das Bild wurde statt an die Bauinspektion München I an die Bauinspektion München II geliefert. Wo das Emmeramsbild schließlich abgeblieben ist, konnte bis heute nicht festgestellt werden.

Ludwig Schnitzelbaumer allerdings machte sich in der Folge als Kirchenmaler einen Namen. So stammt zum Beispiel das Hochaltarblatt in der Pfarr- und Wallfahrtskirche Mariä Geburt in Anzing von ihm. Das Bild, das die Hl. Sippe zeigt, wurde 1849 von der Anzinger Postwirtin Eva Heigel gestiftet, zusammen mit dem Gott Vater im Auszug.

Auf dem neugotischen Altar in der Emmeramskapelle fand dagegen eine Schnitzfigur Aufstellung, die ein Feldkirchner Bauer beim Abbruch der alten Eremitage gerettet und versteckt haben soll. Diese gotische Emmeramsfigur wirbelte im Jahr 1984 Staub auf, als man entdeckte, dass sie wertvoller sei, als man gedacht hatte. Auf Initiative des Diözesanarchivars Prälat Dr. Sigmund Benker hat das Erzbischöfliche Ordinariat die Skulptur des Heiligen, weil sie *„enorm wertvoll"* sei, aus der ungesicherten Kapelle entfernen lassen. Die Figur könnte einst im Schrein eines spätgotischen Altars gestanden haben; darauf deutet auch die Größe der Figur. Die Heiligenstatue stammt möglicherweise aus der Werkstatt oder sogar direkt vom Münchner Bildhauer Erasmus Grasser (ca. 1450–1518), dem Schnitzer der berühmten Moriskentänzer und einer zweiten Emmeramsstatue für die Marterkapelle in Kleinhelfendorf (siehe Abbildung auf S. 35). Das Kunstwerk gelangte ins Diözesanmuseum auf dem Freisinger Domberg.

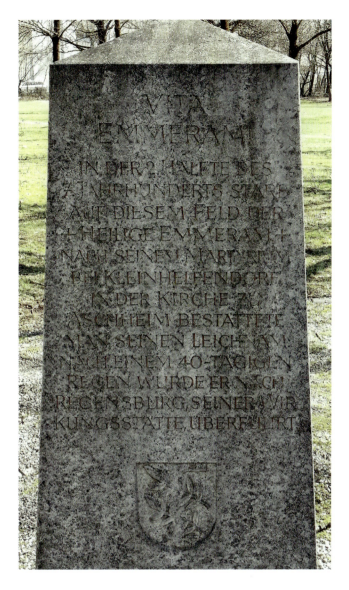

Gedenkstein an der Emmeramskapelle

Auch der dortige Direktor, Diözesankonservator Dr. Peter Steiner, glaubte, dass es sich zweifelsohne um eine Münchner Skulptur um 1500, möglicherweise um ein Werk Grassers, handelte. Andere sind etwas vorsichtiger und sprechen von einer *„Schnitzfigur, München, um 1500"*.[54] Neuere Erkenntnisse zu ihrer Entstehung sind laut Auskunft des Erzbischöflichen Ordinariats seither nicht gewonnen worden.

Ursprünglich wollte man von der Skulptur eine Kopie für die Emmeramskapelle anfertigen. Das Original sollte von seiner barocken Hülle befreit werden und in seiner spätgotischen Urfassung im Museum bleiben.

Die Inschriften auf den drei Seiten des Gedenksteins

VITA EMMERAMI
In der 2. Hälfte des 7. Jahrhunderts starb auf diesem Feld der
+ heilige Emmeram +
nach seinem Martyrium bei Kleinhelfendorf.
In der Kirche zu Aschheim bestattete man seinen Leichnam.
Nach einem 40tägigen Regen wurde er nach Regensburg,
seiner Wirkungsstätte überführt.

ST. EMMERAM-KAPELLE
An der Todesstelle errichtete man nach dem Bericht Bischof Arbeos (um 770) eine Kapelle.
Das geschichtsträchtige Grundstück gehört heute der Gemeinde Aschheim,
die Kapelle der Pfarrei Aschheim.
Die Anlage liegt in der Gemarkung Feldkirchens.
Dieser Erläuterungsstein wurde am St. Emmerams Tag, den 22. September 1989, von der Gemeinde Aschheim aufgestellt, zusammen mit der Gemeinde Feldkirchen und der Gemeinde Kirchheim.

KLAUSE BEI ST. EMMERAM
Um 1707: Bau einer Klause neben der Kapelle.
In der Klause erteilten Eremiten den Kindern aus Aschheim, Dornach, Feldkirchen, Kirchheim und anderen umliegenden Dörfern Unterricht.
1807: Abbruch der Klause und der Kapelle
1843: Errichtung einer neuen Kapelle
1983: Renovierung der Kapelle
1989: Anlage des Sankt-Emmeram-Gedächtnishains
durch die Gemeinde Aschheim, Gemeinde Feldkirchen, Gemeinde Kirchheim.

St. Emmeram und die Kapelle

Man hoffte, dass dann eine schlankere spätgotische Figur zum Vorschein käme und nicht eine Restaurierungsruine übrig bliebe, was passieren könnte, wenn der Überarbeiter der Barockzeit radikalen Gebrauch von der Säge gemacht hätte. Schließlich ließ man den Plan jedoch fallen. Inzwischen erstrahlt die Emmeramsfigur wieder – gut gesichert – in der Feldkirchner Kapelle. Die beiden Feldkirchner Reinhold Holzmann und Balthasar Zacherl setzten sich besonders für die Rückholung der Emmeramsfigur ein.

Doch zurück in die Erbauungszeit: Endlich, am 21. August 1843, nach fast genau zehn Jahren Planung und Behördenkrieg, war die Emmeramskapelle fertig gestellt und konnte dem Landgericht München übergeben werden. Am 22. September 1843, am Patroziniumsfest des Heiligen, wurde das Kirchlein feierlich eingeweiht. Die Dienststellen allerdings beschäftigten sich noch drei weitere Jahre mit den Abrechnungen. Es galt Streitigkeiten wegen der Entlohnung von Handwerkern zu schlichten. Die Endabrechnung zog sich bis zum 16. August 1846 hin. Und siehe da: Es blieben von den Sammelgeldern noch 7 fl. 52 kr. übrig! Und das Landgericht München fragte korrekt bei der Regierung wegen deren Verwendung nach: *„Das gehorsamst unterfertigte Landgericht wagt hierbei die unmaßgebliche Ansicht zu äußern, daß fraglicher Rest der betreffenden Kirchenverwaltung ausgehändigt werden dürfe."*

In den folgenden Jahren wurde es ruhig um die Kapelle. In der Beschreibung des Erzbistums von 1880 heißt es, dass *„die Capelle gegenwärtig wegen mehrfach vorgekommener, arger Beschädigung geschlossen ist"*.[55] Ende des 19. Jahrhunderts spielte die Kapelle in der lokalen Glaubensausübung längst eine untergeordnete Rolle. Das Kirchlein wurde kaum noch beachtet, verfiel und Bernhard Sepp meldete 1888 an das Ordinariat in Freising: *„Dieselbe* [Emmeramskapelle] *ist gänzlich verwahrlost. Ich fand die Fensterstöcke herausgerissen, die Thüre sperrweit offen, Altar und sonstige Einrichtungsgegenstände daraus entfernt, den Fußboden unterwühlt, die Decke des Mörtels beraubt."*[56]

Über größere Renovierungsarbeiten in der Folge ist jedoch nichts bekannt. Vermutlich wurden nur immer wieder kleinere, unumgängliche und notdürftige Ausbesserungen vorgenommen.

In den Jahren 1942 und 1943 wurde es zudem eng um die alte Kapelle. Die Grünanlage wurde parzelliert und am 3. Dezember 1942 als Bauplätze verkauft. Erst nachträglich erfuhr der ausführende Notar Hieber in München, dass es sich dabei um den Platz der historischen, unter Denkmalschutz stehenden Erinnerungsstätte handelte. Nach längerem Hin und Her wurden die Kaufverträge rückgängig gemacht und das Grundstück für die Erinnerungsstätte erhalten.[57] Alljährlich veranstalteten die Aschheimer noch immer eine Bittprozession dorthin, bis diese nach dem Zweiten Weltkrieg wegen des zu lebhaft gewordenen Verkehrs auf der Straße eingestellt werden musste. Heute steht die Kapelle mitten im Gewerbegebiet von Feldkirchen und Heimstetten.

1979 entschloss man sich, dieses Denkmal für den einzigen Heiligen des Landkreises renovieren zu lassen. Im Aschheimer Rathaus kamen die Bürgermeister der Gemeinden Feldkirchen (Ludwig Glöckl), Kirchheim (Hermann Schuster) und Aschheim (Franz Ruthus) sowie Pfarrer Franz Xaver Haindl aus Aschheim zusammen. 5.000 DM steuerte jede Gemeinde bei; der Rest wurde aus privaten Spenden finanziert. Die von den Architekten Danner und Langhagel unter Aufsicht des Bayerischen Landesamtes für Denkmalpflege ausgeführten Arbeiten dauerten von 1980 bis 1983, dann aber konnte am 24. September 1983, am Samstag nach dem Patroziniumsfest, bei strahlendem Herbstwetter, die Emmeramskapelle feierlich wiedereingeweiht werden. Ein ökumenischer Gottesdienst der Pfarrherren von Aschheim und Feldkirchen ging den Festreden voran. Feldkirchens Erster Bürgermeister Ludwig Glöckl übergab die Kapellenschlüssel dem Feldkirchner Pfarrer Orazio Bonassi, dem damit die Schlüsselgewalt von der Aschheimer Kirchenverwaltung – aus praktischen Gründen – übertragen wurde, denn noch immer steht das Kirchlein auf dem Grund der Nachbargemeinde Aschheim und gehört damit auch zu deren Kirchenverwaltung. Das kleine Grundstück von historischer Bedeutung liegt jedoch inmitten der Feldkirchner Gemeindefluren und gleichzeitig nur wenige Schritte von der Heimstettener Gemeindegrenze entfernt. So würdigte denn auch Bürgermeister Glöckl in seinem Grußwort diesen *„historischen Ort, der die Menschen in dieser Umgebung verbindet als ein Fleckchen Erde,* [mit dem] *wir alle, Feldkirchner, Aschheimer, Kirchheimer und Heimstettner, uns seit unserer Kindheit sehr verbunden fühlen"*. Eine besondere Freude sei es ihm deshalb, dass in dem sehr dicht besiedelten Gewerbegebiet die kleine grüne Insel auch für die Zukunft erhalten bleibt. In den 140 Jahren seit ihrer Erbauung hatte sich das Verhältnis der umliegenden Gemeinden zu ihrer Emmeramskapelle sichtlich geändert. Vielen privaten Helfern und Spendern, allen voran Bürgermeister Glöckl, der sich nach eigenen Worten schon fast als Mesner fühlte, und dem rührigen Kreisheimatpfleger Fritz Lutz ist es zu verdanken, dass sie wieder im alten Glanz erstrahlte und für die Nachwelt gesichert wurde. Auch wenn die Verhandlungen mit den Behörden keine zehn Jahre gedauert haben, so hatte doch auch dieses Mal *„die Kirche wenig Initiative zur Erhaltung gezeigt"*, im Erzbischöflichen Ordinariat hatte man sogar bereits mit dem Gedanken gespielt, die Kirche verfallen zu lassen. Dies konnte jedoch verhindert werden. Genau 150 Jahre nach Planungsbeginn und 140 Jahre nach ihrer Einweihung wurde die Emmeramskapelle wiederhergestellt. Maria Selles aus der Nachbarschaft kümmerte sich jahrelang um die Kapelle.

An der Kapelle wurde 1983 nach Abschluss der Renovierungsarbeiten bereits eine Gedenktafel angebracht, doch auch hier – es scheint schon fast programmatisch – ergaben sich kleine Unstimmigkeiten, sodass ein halbes Jahr später vier Zeilen nochmals verändert werden mussten.

Die Aschheimer empfinden es noch heute als Mangel, dass die Emmeramskapelle nicht auf ihrer Flur, sondern in der Gemarkung Feldkirchen steht, auch wenn die Kapelle zur Pfarrkirchenstiftung Aschheim gehört. Deshalb haben sie in eigener Regie und Arbeit auf dem Aschheimer Friedhof im Jahre 1982 eine eigene kleine Emmeramsgedächtnisstätte errichtet.

1988 plante man auf Anregung Aschheims einen St.-Emmerams-Gedächtnishain. Gleichzeitig mit diesem wurde am 22. September 1989 auch ein neuer dreiseitiger Gedenkstein eingeweiht, der die Wappen der drei ideell und finanziell beteiligten Gemeinden neben historischen Daten trägt. Bei der Feierstunde mit Einführungen, Erläuterungen und guten Wünschen sprachen die drei Bürgermeister, Helmut Englmann für Aschheim, Ludwig Glöckl für Feldkirchen und Hermann Schuster für Kirchheim-Heimstetten, Landrat Dr. Joachim Gillessen sowie Weihbischof Engelbert Siebler, der aus dem schönen Spätsommerwetter schloss, dass der hl. Emmeram damit sein Einverständnis zur Anlage des Hains und des Gedenksteins gegeben habe.

Die katholische Kirche

Die Geschichte der katholischen Pfarrei Feldkirchen ist eigentlich sehr jung. Am 22. März 1921 wurde Feldkirchen durch den Erzbischof von München und Freising Michael von Faulhaber, der nur wenige Tage zuvor zum Kardinal ernannt worden war[1], zur Pfarrei erhoben. Doch die Wurzeln reichen weiter zurück, in eine Zeit, als die Kirche noch Filialkirche der Pfarrei Kirchheim war und der Kirchenpatron St. Michael hieß.

Wann die erste Kirche in Feldkirchen erbaut worden ist, lässt sich heute nicht mehr feststellen. Häufig wurde eine Tegernseer Urkunde von 804, in der von einem *„Zehent von der Kirche zu Feldkirchen"*[2] die Rede ist, auf unser Feldkirchen bezogen, doch wird sie sich auf einen anderen der in Bayern zahlreichen Feldkirchen-Orte beziehen. Aus späteren Besitzaufzeichnungen des Klosters Tegernsee, aus dem Urbar von 1289, geht nämlich hervor, dass zu dieser Zeit nur ein Hof nach Tegernsee abgabepflichtig war. Dieser Hof lag eindeutig in unserem Feldkirchen, worauf die Lokalisierung im *„Amt auf dem Gefild"*, also der Gegend östlich und nördlich von München verweist.[3] Dagegen war das Kloster Tegernsee auch in Feldkirchen-Westerham begütert und auf dieses mag sich die Urkunde von 804 beziehen.

Auch der zeitlich nächste Beleg für eine eventuelle Kirche in Feldkirchen, der Hinweis auf den Kleriker Rudolf von Feldkirchen, der zwischen 1123 und 1130 an Freising ein Landgut, das er in Haidhausen besaß, zu seinem Seelenheil und dem seiner Eltern übertrug, muss nicht zwingend von hier sein, auch wenn der Herausgeber der Traditionsnotizen von Freising, Theodor Bitterauf, ihn – wohl aufgrund der geografischen Nähe – auf unser Feldkirchen bezieht. Die Zeugen stammen größtenteils aus dem heutigen Landkreis Erding oder aus Gegenden nördlich von Freising.[4] Der Bearbeiter der Geschichte von Haidhausen, Walter Heerde, ist schon etwas vorsichtiger: Er legt sich auf kein bestimmtes Feldkirchen fest.[5]

Dem ersten eindeutigen Beleg für eine Kirche in Feldkirchen begegnet man erst 200 Jahre später. Umfangreiche Aufschlüsse über die Situation in unserem Raum erlauben die ältesten Matrikel der Diözese Freising von 1315, die sogenannten Conradinischen Matrikel. Bischof Conrad III. von Freising – aus dem Münchner Patriziergeschlecht der Sendlinger stammend und 31. Bischof von Freising (1314–1322) – verzeichnete zu jeder Pfarrei, welche Filialen, mit und ohne Begräbnisstätte, und welche Nebenkirchen und Kapellen in derselben vorhanden waren. Über die Pfarrei Kirchheim, damals zum Dekanat Ismaning gehörig, heißt es: *„Chirchheim solit X ℔ Monacensis. habet filiam Veltchirchen cum sepultura."* (Kirchheim bringt 10 Pfund Münchner Pfennig ein. Hat eine Filiale Feldkirchen mit Begräbnisstätte.)[6]

In den sogenannten Sunderndorferschen Matrikeln von 1524, angelegt durch den Generalvikar des Freisinger Bischofs, Dr. jur. utr. Stephanus Sunderndorfer, ist Kirchheim im Dekanat Baumkirchen (heute zur Stadt München gehörig) erwähnt. Wieder findet sich der Hinweis auf die Filiale in Feldkirchen – hier erstmals St. Michael genannt.[7]

In Feldkirchen stand also 1315 bereits eine Kirche. Wann sie erbaut wurde, ist allerdings nicht festzustellen. Pfarrer Joseph Hobmair meinte, dass die gotische Kirche, die noch bis ins 20. Jahrhundert stand und deren Apsis als

Die alte Michaelskirche mit dem Gedenkstein für die Gefallenen im Krieg 1870/71, Foto Anfang des 20. Jahrhunderts

heutige Taufkapelle (Michaelskapelle) überlebt hat, aus der Zeit um 1400 stammt und wohl mit der 1465 erwähnten Michaelskirche identisch ist. Nach dem „Handbuch der Deutschen Kunstdenkmäler, Band München und Oberbayern" war die alte Kirche im Kern spätgotisch. Diese soll um 1720 barockisiert worden sein.[8]

Möglicherweise wurde aber schon früher mit der Barockisierung begonnen. Vermutlich ist auch Feldkirchen auf der allgemeinen Barockisierungswelle des 17. Jahrhunderts mitgeschwommen. Gerade die barocke Glaubensfreudigkeit, in einer Zeit, als sich das Land wieder von den Nöten des Dreißigjährigen Krieges erholt hatte, brauchte einen neuen Rahmen für die nun betont feierlich gestalteten gemeinsamen Feiern. In ganz Bayern kam es zu einer Flut von Kirchenneubauten oder wenigstens zu einer Barockisierung von bereits bestehenden Gotteshäusern. Bestätigt wird die Annahme, dass auch Feldkirchen bereits vor der Wende zum 18. Jahrhundert mit der „Renovierung" seiner Kirche begonnen hat, durch einen Eintrag in das Weihetagebuch von Johann Caspar Künner, das er in den Jahren 1674 bis 1682 führte. Am 29. September 1681 weihte der Freisinger Weihbischof Künner – er war seit 1664 Weihbischof, ab 1680 Direktor des Geistlichen Rates zu Freising; er starb am 28. Juli 1685 – drei Altäre in der Filialkirche Feldkirchen, nämlich als ersten und als höchsten einen zu Ehren des Erzengels Michael, dann einen zu Ehren der hl. Anna und einen zu Ehren der Jungfrau und Märtyrerin St. Katharina. Der Weihbischof hatte in jenen Tagen viel zu tun: Am Tag zuvor, am 28. September, hatte er in der Pfarrkirche in Anzing eine Weihe vorzunehmen, am Tag nach der Feldkirchner Weihe, am 30. September, weihte Künner die ebenfalls „modern" umgestaltete Pfarrkirche St. Andreas in Kirchheim. Weihbischof Johann Caspar Künner hat übrigens auch St. Kajetan, die Theatinerkirche in München eingeweiht.[9]

Viel ist in der Folgezeit nicht über die Feldkirchner Kirche in den Quellen zu entdecken. Wie bereits in der Pfarrbeschreibung von 1575[10] und einem Kanzlei-Manual des Bistums Freising aus dem 17. Jahrhundert[11] wird die Filialkirche Feldkirchen auch in einer ausführlichen Pfarrbeschreibung der Jahre 1738 bis 1740, den sogenannten Schmidtschen Matrikeln, erwähnt. Nun zählte die Pfarrei Kirchheim und somit auch Feldkirchen zum Dekanat Ramersdorf.[12]

Feldkirchen gehörte bis 1909 zur Pfarrei Kirchheim – das hieß aber auch: Die Feldkirchner hatten Abgaben dorthin zu leisten. Dass dies nicht immer gerne getan wurde, lässt sich denken, und folglich gab es zur rechten Zeit Streitereien. In einem Taufbuch, das der Kirchheimer Pfarrer Caspar Mayr (Pfarrer von 1649 bis 1683), der besonders viel Geld benötigte, hatte er doch die Kirche St. Andreas im neuen barocken Stil umgestalten und viele bauliche Veränderungen vornehmen lassen, im Jahre 1649 angelegt hat, finden sich einige Klagen:

„Die von Veldtkhirchen wellen ganz nit schuldig sich erkhenen, daß sie dem Herrn Pfarrer den Bluetzehendt geben, da doch einer aus den Alten an dem Ordt hat ausgesagt, daß sie solichen von rechtswegen schuldig sein [= sind] zu geben, den sonsten niemand in der ganzen Pfarr zu geben widersetzt hat." Doch scheint Pfarrer Mayr dies schon aus einem älteren Taufbuch übernommen zu haben. Eine weitere Klage bezeichnet er selbst als Auszug aus einem alten Kirchheimer Taufbuch, *„in welchem stehet, daß die von Veldtkirchen dem alten Herrn Pfarrer Caspari Satori* [gemeint ist Caspar Sutor, der von 1608 bis 1638, also bis in die schlechten Zeiten des Dreißigjährigen Krieges, Pfarrer von Kirchheim war] *den Bluetzehendt als Hirnner Anton Lämpl* [= Lämmer] *vür noch ganz sein gehörig vordem händ allzeit an Allerseelentag under dem Porthall oder in der Sacristey in Beysein der anderen Zehntner fleyßig bezahlt haben,*

aber dieser Zeit wollen sie daß nit alles geben in sonderheit die Lämplein." Aber der Ehrlichkeit halber fügt Pfarrer Mayr am Rand an: *„den nach den Schweden hat lange Zeit niemand chain schaffall chad* [= kein Schaferl gehabt]". Und an späterer Stelle wird erwähnt: *„Der Zehendt in dem Mayrhoff von Veldtkirchen, dem Wirth zu Ascham gehörig, ist aber aigentlich und gänzlich dem Gotteshauß daselbst von alters her zuständig. Man hat bis dato dem Gotteshauß dafür bezahlt 3 Schilling Daller, welches ein Spottgeld ist. Aber man wird hiefür an dem Besitzer nit ainige Gerechtigkeit bestendig sein."*[13]

Vom 28. November 1702 ist eine Abrechnung erhalten, die im Beisein des Kirchheimer Pfarrers Jakob Rankh (er war von 1693 bis 1706 dort Pfarrer) durch die Kirchenpröpste Georg Pauschmidt und Simon Straßer aufgestellt wurde. Daraus geht unter anderem hervor, dass Kaspar Zehetmaier den Mesnerdienst versah und dass Melchior Huber jährlich einen Zins von zwei Gulden und 30 Kreuzern zu zahlen hatte, weil einer seiner Vorfahren anno 1654 50 Gulden zu leihen genommen gehabt hatte, aber auch, dass immer noch die sogenannte Türkensteuer, Abgaben, die zur Deckung der Kosten des Türkenkrieges gedacht waren, vom Hofkriegszahlamt erhoben wurden.[14]

Gleichzeitig mit der Einrichtung einer Zentralschule in Aschheim zu Beginn des 19. Jahrhunderts kam auch das bischöfliche Generalvikariat auf eine Rationalisierungsidee: die Vereinigung der Pfarreien Kirchheim und Aschheim. Damit wäre Feldkirchen zu einer Pfarrei Aschheim-Kirchheim gekommen und für die – zu jener Zeit allerdings nicht bestehende – St. Emmerams-Kapelle hätte es künftig keine Kompetenzschwierigkeiten gegeben. Jedoch wehrten sich in dieser Angelegenheit beide Gemeinden lautstark und erfolgreich. Am 18. März 1809 erschien eine Kirchheimer Delegation in München.

Die Abgeordneten, heißt es im kirchlichen Protokoll, *„protestiren feyerlich gegen die Entbehrung eines eigenen Pfarrers und Vereinigung ihres Pfarrsprengels mit der Pfarrey Aschheim, denn 1. sey schon von uralten Zeiten her in Kirchheim eine eigene Pfarrey gewesen, 2. sey in Kirchheim ein sehr schönes und großes Gotteshaus und bey solchem eine Erzbruderschaft. 3. habe der Pfarrsprengel Kirchheim 444, Aschheim aber nur 350 Seelen. 4. Wenn schon die Pfarrey wegen Zehententgang von Oberndorf, Feldkirch und Heimstetten etwas schlechter geworden, so kann man doch annehmen, daß in diesen Oertern nach und nach die Kultur beym Ackerbau sich verbessern wird. Die Gemeinde-Abgeordneten mußten selbst eingestehen, daß die Einkünfte der Pfarrey Kirchheim merklich abgenomen haben; allein diesem ließ sich hiedurch leicht abhelfen, wenn das Dorf Landsham, nur eine halbe Stunde von Kirchheim entfernt, dann die beyden Schwaigen Gerharding und Grub, denen es selbst erwünschlich wäre, mit der Pfarrey Kirchheim vereinigt würden. Sie sehen zwar selbst ein, daß diese Vereinigung so lange der damalige Pfarrer und Dechant von Schwaben auf der Pfarrey ist, nicht geschehen kann, da aber dieser schon ein alter Mann ist, und sohin die Hoffnung vorhanden, daß entweder per abitum oder per obitum sich ein Erledigungsfall ergiebt, so bitten sie, den Gegenstand bis dahin beruhen zu lassen."*[15] Auch über diesen Gegenstand existieren bis zum heutigen Tag Aktenbündel im Archiv der Erzdiözese München-Freising, doch letztlich blieben die Pfarreien selbständig. Und Feldkirchen blieb mehr als ein Jahrhundert weiter Filialkirche von Kirchheim.

Die katholische Kirche

Plan für die neue Pfarrkirche
Staatsarchiv München
LRA 19781

Der Neubau der Kirche

Die Feldkirchener Michaelskirche musste seit 1847 immer wieder umgebaut und repariert werden.[16] Langsam wurde sie zudem eng, denn bereits um die Mitte des 19. Jahrhunderts wohnten in Feldkirchen 150 Katholiken, das Kirchenschiff bot jedoch nur 86 Gläubigen Platz. Schon Pfarrer Alois Friedl (von 1846 bis 1852 Pfarrer in Kirchheim) beurteilte die Kirche als zu klein. Peter Forstmair (von 1859 bis 1865 Pfarrer in Kirchheim) und der Kirchenpfleger Lorenz Wisgigl beklagten sich deshalb am 27. Juni 1860 bei der Regierung von Oberbayern: *„In der Filialkirche der Pfarrei Kirchheim wird regelmäßig an jedem zweiten Sonntag sowie an einigen Festtagen der pfarrliche Gottesdienst gehalten. Am Mittwoch in der Bittwoche wird dieselbe sogar von den Pfarreien Aschheim und Kirchheim prozessionsweise besucht. Die Kirche in Feldkirchen ist aber offenbar zu klein. Der größte Theil der die Kirche selbst an gewöhnlichen Sonntagen Besuchenden kann nicht in die Kirche, geschweige daß derselbe einen Platz in irgendeinem Kirchenstuhl hätte. [...] Die Nothwendigkeit einer Verlängerung [...] hat auch Pfarrer Friedl thatsächlich dadurch anerkannt, daß er schon am 10. März 1851 einen Plan zur Verlängerung der Kirche durch Maurermeister Werberger anfertigen ließ."*[17]

Bis zum Jahr 1910 war Feldkirchen auf 1079 Einwohner angewachsen, von denen 726 dem katholischen Bekenntnis angehörten, das heißt: Die kleine Michaelskirche platzte aus allen Nähten. Auch war in der seelsorgerischen Betreuung eine gewaltige Verbesserung erfolgt, als im Juli 1903 der Coadjutor Johann Baptist Jell als Vertreter von Pfarrer Heinrich Englmann (von 1898 bis 1905 Pfarrer in Kirchheim) nach Feldkirchen kam. Für ihn wurde in den Jahren 1904 und 1905 das spätere Expositurhaus (heute Pfarrhof an der Kreuzstraße) durch den Zimmermeister Lanzl aus Poing erbaut.[18]

Die neue, 1927 fertig gestellte Kirche St. Jakobus d. Ä.

Nach mehreren Anträgen war schließlich die Königliche Regierung von Oberbayern bereit, in Feldkirchen eine katholische Expositur zu errichten. Die diesbezügliche Entschließung stammt vom 3. Mai 1909; mit Urkunde vom 25. Mai desselben Jahres wurde die Expositur nach kanonischem Recht durch den Bischof von München und Freising bestätigt. Der Expositus von Feldkirchen blieb jedoch nach wie vor dem Pfarrer von Kirchheim unterstellt.

Seit 1916 betrieben die Kirchenverwaltung und der zweite Expositus, Sebastian Fuchshuber, der von 1911 bis 1918 in Feldkirchen blieb, die Erhebung der Expositur zur Pfarrei. Aber erst vier Jahre später, bereits unter seinem Nachfolger Ludwig Axenböck, war der Gemeinde ein Erfolg beschieden: Das Bayerische Staatsministerium für Unterricht und Kultus genehmigte mit Entschließung vom 29. Dezember 1920 die *„Errichtung einer katholischen Pfarrei Feldkirchen, Bezirksamts München"*, und

Michael von Faulhaber, Erzbischof von München und Freising, vollzog mit Urkunde vom 22. März 1921 nach kirchlichem Recht die Erhebung zur Pfarrei: „[…] *Daher trennen wir kraft Unserer ordentlichen Gewalt nach Anhörung der Beteiligten und im Einverständnis mit der Staatsregierung den bisherigen Expositurbezirk Feldkirchen mit allen Gläubigen von der Pfarrkirche und Pfarrei Kirchheim völlig ab, bilden daraus und erklären für kanonisch errichtet die Pfarrei Feldkirchen bei München."*[19]

Am 20. Juni 1921 wurde Ludwig Axenböck, der seit 1918 als Expositus in Feldkirchen tätig war, zum ersten Pfarrer ernannt. Nun hatte man zwar einen eigenen Pfarrer, doch das Raumproblem war dadurch nicht behoben. Die Kirchenverwaltung beauftragte deshalb die Architekten Herzog und Steidle, die bereits 1913 Pläne für einen Kirchenumbau vorgelegt hatten[20], Entwürfe für eine weiträumige Kirche auszuarbeiten.

Die katholische Kirche

Pfarrer Ludwig Axenböck

Nach dem detaillierten Voranschlag sollte der Bau rund 39.900 Mark kosten, eine Summe, die die finanziellen Möglichkeiten der Gemeinde bei weitem überstieg. Am 13. Juni 1925 reichte Bürgermeister Philipp Holly dem Bezirksamt erneut Pläne für eine neue Kirche mit 557 Sitz- und 450 Stehplätzen ein – diesmal ausgearbeitet von den Architekten Holl und Flaschenträger. Doch das Geld fehlte und so war auch diesem Vorstoß zunächst kein Erfolg beschieden.

Allen Widrigkeiten zum Trotz kämpfte Ludwig Axenböck unverdrossen weiter um ein neues Gotteshaus. Der oberste Diözesanausschuss hatte die Pläne von 1925 zwar im Grundkonzept gutgeheißen, war jedoch mit verschiedenen Einzelheiten nicht einverstanden. Deshalb musste der Architekt Georg Berlinger von Berg am Laim die Entwürfe umarbeiten. Mit den geänderten Plänen trat die katholische Kirchenverwaltung am 30. März 1927 erneut an die oberste staatliche Baubehörde heran.

Am 20. Juli 1927 erteilte die Regierung von Oberbayern endlich die Baugenehmigung. Jetzt ging das Vorhaben unter Baumeister Wachinger flott voran. Noch im gleichen Monat wurde von Prälat Dunstmaier der Grundstein gelegt. Das Jahr war noch nicht abgelaufen, da konnte am 11. Dezember 1927 Kardinal Michael von Faulhaber das Gotteshaus zur Ehre des Apostels Jacobus des Älteren weihen.

Erstaunlicherweise ist mit dem Neubau der Kirche 1927 auch ein Patroziniumswechsel eingetreten, der sich bereits im 19. Jahrhundert langsam eingeschlichen hat und für den kein Grund überliefert ist. Jahrhunderte hindurch verehrten die Feldkirchner wie so viele andere Gemeinden den Erzengel Michael, den Seelenwäger, den Seelenbegleiter, den Fürbitter für einen guten Tod, den Heiler körperlicher Leiden, den Kämpfer gegen Teufel, Drachen und Pest, den Schutzherrn des Reiches, der auch einmal in Schlachten eingreift, um die christlichen Heere zum Sieg zu führen. Das Hoch- und Spätmittelalter war die große Zeit der Michaelspatronate. Als Seelenwäger, der mit dem Teufel um die guten Seelen ringt, wurde er bald zum Patron der Begräbnisstätten, sodass auch häufig Friedhofskirchen ein Michaelspatrozinium aufweisen. Mit Beginn der Neuzeit verstummte zunächst die Verehrung des hl. Michael, doch loderte sie seit dem Ende des 16. Jahrhunderts erneut auf, angefacht durch den Einfluss der Jesuiten. Auch im 20. Jahrhundert war der Erzengel für viele neu erbaute Kirchen namengebend. Doch im Gegensatz zu anderen Diözesen hatte der Namenspatron des Oberhirten Kardinal Michael von Faulhaber, der das Erzbistum von 1917 bis 1952 leitete, keinen Einfluss auf die Patrozinien neuer Gotteshäuser hierzulande. Während des Pontifikats Michael von Faulhabers wurde nicht eine einzige Pfarrkirche des Erzbistums München und Freising dem hl. Michael geweiht.[21]

Als neuer Patron für Feldkirchen wurde der Apostel Jacobus der Ältere gewählt, der Sohn des Fischers Zebedäus und der Salome, der ältere Bruder des Evangelisten Johannes. Zusammen mit Petrus bildeten die beiden Brüder die bevorzugten Apostel des Herrn. Als Protomartyrer (Erstmartyrer) des Apostelkollegs wurde er um Ostern des Jahres 44 auf Befehl des Königs Herodes Agrippa I. in Jerusalem enthauptet. Jacobus war selbst wohl nie in Spanien, denn in den älteren liturgischen Monumenten der altspanischen Kirche fehlt der Name Jacobus vollständig, was unerklärlich sein würde, wenn er der Apostel der Spanier gewesen wäre. Die Gebeine des hl. Jakob wurden erst im 7. Jahrhundert nach Eroberung der Heiligen Stadt durch die Araber von Jerusalem nach Santiago de Compostela in Nordwestspanien gebracht, wo die Wallfahrt zu seinem Grabe vom 10. bis 15. Jahrhundert Weltberühmtheit erlangte, sodass er zeitweilig der populärste Apostel war. Und gerade um die letzte Jahrtausendwende erlangte die Wallfahrt auf dem „Jakobsweg" eine ungeahnte Wiederbelebung.

Unzählige Kirchen wurden dem Apostel Jakobus im gesamten Abendland gewidmet. Dargestellt ist er in der Regel mit einem Buch oder einer Schriftrolle als dem Apostelattribut, seit dem 12. Jahrhundert dann vorwiegend als (Santiago-)Pilger mit der Pilgermuschel am Hut und auf der Brust bzw. mit einem langen Pilgerstab, einer Reisetasche und einer Wasserflasche. Er gilt als der Patron Spaniens, der Pilger, der Apotheker, Arbeiter, Drogisten, Hutmacher, Krieger, Lastträger, Ritter, Strumpfwirker und Wachszieher; er ist der zuständige Patron für Äpfel, Korn und Wetter und hilft gegen Rheumatismus.[22]

Erstaunlicherweise scheint bereits vor dem Kirchenneubau der Apostel Jakobus in Feldkirchen verehrt worden zu sein, denn schon 1880 kann man in der Beschreibung des Erzbistums lesen: *„Filialkirche Feldkirchen. Erbauungsjahr unbekannt. Styl: ursprünglich gothisch, dann verzopft. Kuppelthurm mit 2 Glocken. Patron: hl. Jakobus maj[or], Orgel mit 3 Reg. Gottesdienst: jeden andern Sonntag durch den Pfarrer. Stiftungen: 2 Jahrtage mit Vigil, Requiem und Libra, 5 Jahrmessen. Meßner ein Ortsbewohner. Cantor der Lehrer von Kirchheim."*[23] Und Franz Paul Zauner schrieb 1911: *„Expositurkirche St. Jakobus Major. Grundlage gotisch, ca. 1720 umgestaltet; eingezogener Chor mit einem Langjoch und Schluß in fünf Achteckseiten. Chorgewölbe mit Stuckverkleidung; unterhalb vielleicht noch das alte gotische Netz; Langhaus einschiffig, früher flachgedeckt, jetzt sehr flaches Tonnengewölbe. Eingezogene Strebe-Pfeiler in jonischer Pilasterform. Die reiche Stuckdekoration im Gewölbe mit naturalistischen Blumengewinden ist zierlich durchgebildet, aber im figürlichen wie stilistischen Ornament schwach. Diese Arbeiten scheinen von der gleichen Hand zu sein wie jene in Ottendichl und – wenigstens am Triumphbogen – in Salmdorf. Sehr einfacher Sattelturm."*[24]

Laut Weihetext vom 11. Dezember 1927 wurden im Hochaltar Teile der Gebeine von drei Martyrern eingeschlossen. Dabei handelt es sich um den hl. Maximus, einen römischen Martyrer, dessen Tag der 14. April ist, den hl. Viktor, der angeblich um 302 in Solothurn in der Schweiz enthauptet wurde und dann von der Hinrichtungsstätte bis zum Begräbnisplatz sein abgeschlagenes Haupt getragen haben soll, weshalb er auch – ähnlich wie der hl. Dionysius – mit dem Kopf in der Hand dargestellt wird. Sein Fest wird am 30. September gefeiert.[25] Die Dritte im Bunde ist eine weiter nicht bekannte Martyrerin mit Namen Clementia, vermutlich eine der Jungfrauen aus dem Gefolge der hl. Ursula. Clementia ist das lateinische Wort für Mildtätigkeit, eine der christlichen Kardinaltugenden.

Die katholische Kirche

Weihe der katholischen Kirche

„Unter großer Anteilnahme der Bevölkerung fand im Dezember die feierliche Einweihung der neuerbauten katholischen Pfarrkirche statt. Die Weihezeremonien nahm Kardinal Dr. v. Faulhaber vor, der in Begleitung des Prälaten Dr. Hindringer erschienen war.

Die Festpredigt des Kardinals klang in einem Weihnachtsgruß an die Gemeinde aus. Am Nachmittag fand im Glasl-Saal eine große Familienfeier statt. – Für den aufstrebenden Vorort Feldkirchen war es höchste Zeit geworden, eine würdige katholische Kirche zu erhalten. In etwa 6 ½ Monaten Bauzeit hat das Architekturbüro Berlinger, Berg am Laim, nach umgeänderten Plänen der Architekten Holl und Flaschenträger-München den im Landbarockstil ausgeführten Kirchenneubau vollendet.
Turm und ein Teil der alten Kirche sind erhalten geblieben und fügen sich dem Neubau gut ein. Die Kirche, die mit den modernsten Einrichtungen versehen ist, wird zu den schönsten Bauwerken ihrer Art in Münchens Umgebung zählen. Das Hauptverdienst zur so raschen Erbauung fällt in erster Linie dem Ortsgeistlichen, H. Pfarrer Axenböck, zu."

Vorort und Siedelung, 14. Januar 1928.

Konsekrationstext von Kardinal Michael von Faulhaber vom 11. Dezember 1927 (in Übersetzung aus dem Lateinischen):

Im Jahre des Herrn 1927 am 11. Dezember, dem 3. Advent, zu Feldkirchen bei München, Dekanats Perlach.

Ich Erzbischof von München und Freising habe diese Kirche und den Hochaltar darin zu Ehren des heiligen Apostels Jacobus geweiht und in den Hochaltar die Reliquien der heiligen Martyrer Maximus, Victor und Clementia eingeschlossen. Ich habe den einzelnen Christgläubigen am heutigen Tage einen in der Kirche herkömmlichen Ablass von einem Jahr gewährt und gewähre in gleicher Weise allen, die am Jahrtag der Einweihung diese Kirche besuchen, einen echten Ablass von hundert Tagen.
Michael Kardinal Faulhaber

Laut Bauplan ist der genordete Kirchenneubau samt Vorraum und Altarraum außen 38,8 m lang und das Hauptschiff 18,15 m breit. Der Turm misst vom Fuß bis zum Dachfirst 25,2 m. Im Kirchenschiff – ohne Chor – finden etwa 350 Menschen Platz. Rund 190.000 Mark hat der Bau gekostet, eine gewaltige Summe in einer wirtschaftlich schlechten Zeit. Das Geld wurde zum Teil durch Kredite aufgebracht. Noch 1933 schuldete die Gemeinde beispielsweise der Bayerischen Ärztekammer 40.000 Mark.

Von der alten Michaelskirche ist nicht viel übrig geblieben, obwohl man sich ihrer kunstgeschichtlichen Bedeutung durchaus bewusst war. Noch um 1900 hatte das „Königlich Bayerische Generalkonservatorium des Königreichs Bayern", der Vorgänger des heutigen Bayerischen Landesamtes für Denkmalpflege, unter den Kunstdenkmälern die *„historische Ausstattung und den Hochaltar"* vermerkt. Der Neubau ist dann durch Georg Berlinger ähnlich den Plänen Flaschenträgers ausgeführt worden als tonnengewölbter Saalbau mit Abseiten. Teile der alten Michaelskirche wurden in das neue Gebäude integriert. Erhalten blieb auch der Sattelturm. Der ehemalige Chor mit Dreiseitschluss und Pilastergliederung bildet nach dem Neubau – im rechten Winkel zum heutigen Kirchenschiff – die Taufkapelle (Michaelskapelle). Dort finden sich noch Reste der einstigen Stuckdekoration aus dem beginnenden 18. Jahrhundert.

Bis zum Jahre 1933 blieb Ludwig Axenböck, der erste Pfarrer von Feldkirchen, im Amt, dann zog er sich aus Altersgründen nach Schönau bei Bad Aibling zurück, wo er am Nikolaustag, am 6. Dezember, 1948 starb. Ihm folgte Pfarrer Joseph Hobmair, der die Geschicke der Feldkirchner Pfarrgemeinde mehr als 35 Jahre leitete. Am 6. August 1893 in Freising geboren, kam er als 40-Jähriger nach Feldkirchen und blieb bis zu seinem Tod Seelsorger in Feldkirchen.

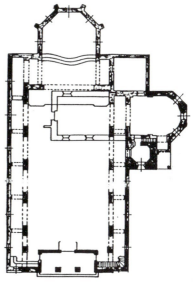

St. Jakobus d.Ä., Ansicht und Grundriss

Er starb am 17. Oktober 1970 und wurde in Feldkirchen beerdigt. Über die Geschichte der Kirche während seiner Zeit ist vieles seinen „Tagebuchaufzeichnungen" (siehe S. 338–366) zu entnehmen. Kleine und größere Erneuerungen, Verbesserungen und Veränderungen sind diesem energischen und tatkräftigen Pfarrer zu verdanken, der die Gemeinde in den schweren Zeiten des Zweiten Weltkriegs und der allen Einsatz fordernden Nachkriegszeit leitete. Laut Liste der von NS-Maßnahmen betroffenen Diözesanpriestern wurde auch Pfarrer Hobmair wiederholte Male verhört und durch die Gestapo und die Polizei verwarnt „wegen Predigten, angeblich verbotener Sammlungen, Verkauf der Kirchenzeitung und staatsfeindlicher Äußerungen".[26]

Die Kirchengemeinde verdankt ihm eine neue Sakristeieinrichtung, eine neue Orgel, eine Sirene auf dem Kirchturm, die Wiederanschaffung von Glocken als Ersatz für die im Krieg abgenommenen, die Installation eines elektrischen Läutwerks, die elektrische Kirchenheizung, verschiedene Restaurierungen, die Polsterung der Kirchenbänke, die neue Kirchenuhr und vieles mehr.

Sein Nachfolger, Karl Büchl, wirkte nur kurze Zeit in Feldkirchen. Der 1923 geborene Landshuter leitete lediglich vier Jahre die Geschicke der Gemeinde: vom 6. Januar 1971 bis zum 31. Januar 1975. Dann übernahm er die Stadtpfarrei St. Andreas in München. Doch hat auch er in diesen wenigen Jahren seine Spuren in Feldkirchen hinterlassen. So fielen in seine Zeit etwa der Bau des Pfarrzentrums und der Umbau des Pfarrhofs.

Seit dem 9. März 1975 führte der 1919 in Obereschenbach geborene Pfarrer Josef Hofmann die katholische Pfarrgemeinde, bis er am 30. September 1982 Abschied nahm, um die Pfarrei Agatharied zu übernehmen.

Die katholische Kirche

Aquarell eines unbekannten Künstlers

Sein Nachfolger war der Italiener Orazio Fausto Bonassi, am 27. Mai 1941 in Rezzato geboren und 1966 zum Priester geweiht. Er kam am 1. Oktober 1982 als ständiger Pfarrverweser nach Feldkirchen. Pfarrer konnte er erst am 13. März 1983 werden, da die Erzdiözese München und Freising zunächst ohne Erzbischof war (Kardinal Josef Ratzinger, der zukünftige Papst Benedikt XVI., hatte am 1. März 1982 die Stellte des Präfekten der Glaubenskongregation angetreten; sein Nachfolger Friedrich Wetter wurde am 28. Oktober 1982 zum Erzbischof von München und Freising ernannt). Ende des Jahres 1988 übernahm Pfarrer Bonassi dann die Pfarrei Heiligkreuz in München-Giesing.

Am 12. Februar 1989 fand im Rahmen eines feierlichen Gottesdienstes die Einführung des neuen Pfarradministrators Dr. Ceslaw Sajdak durch Stadtpfarrer Kellermann statt. Dr. Sajdak wurde am 12. Januar 1946 in Polen geboren, studierte in Deutschland und promovierte in Trier zum Doktor der Theologie. Mit ihm hatte die Gemeinde wieder einen Seelsorger, und Stadtpfarrer Kellermann sowie Kaplan Weggen und Diakon Heil, die in der Zwischenzeit die katholische Kirchengemeinde Feldkirchen mitbetreut hatten, waren wieder entlastet. Bis zu seiner Versetzung in den Ruhestand im Jahr 2014 leitete Pfarrer Sajdak die Geschicke der katholischen Kirche in Feldkirchen. In seine Ära fiel auch die umfangreiche Kirchenrenovierung Ende des 20. Jahrhunderts.[27]

Zu Ende seiner Amtszeit jedoch gab es Aufregung in der Pfarrgemeinde: Die Idee, St. Jakobus in Feldkirchen mit St. Peter und Paul in Aschheim zu einem Pfarrverband zusammenzuschließen, stieß in beiden Gemeinden ganz und gar nicht auf Gegenliebe. Die Pfarrgemeinden fürchteten um den Verlust ihrer Eigenständigkeit. Seit den 1980er Jahren war die Einrichtung des Pfarrverbands aufgrund der rückläufigen Priesterzahlen in der Erzdiözese vorgesehen.[28] Sowohl die Kirchengemeinde, als auch die politische Gemeinde Feldkirchen setzten sich vehement für den Erhalt der

Katholische Kirche und Gasthof Neuwirt, um 1928

Eigenständigkeit ein. Bürgermeister Leonhard Baumann hatte bereits am 27. Februar 2000 einen entsprechenden Brief an das Ordinariat geschickt. Genützt hat es freilich nichts. 2012 wurde vom Ordinariat die Entscheidung bekannt gegeben. Die Pfarrgemeinden St. Jakobus in Feldkirchen und St. Peter und Paul in Aschheim wurden zusammengelegt, obwohl sie nach historischen Gesichtspunkten nicht zusammengehören. Da wäre eher ein Zusammenschluss mit Kirchheim anzunehmen gewesen.

Pfarrer Sajdak, der Kirchenpfleger Erich Lechner und die Vorsitzende des Pfarrgemeinderats, Anita Langer, machten laut Zeitungsangaben vor Vertretern der Erzdiözese ihrem Ärger Luft: Man fühlte sich überrollt. Der Zusammenschluss war über ihre Köpfe hin entschieden worden. Der Unmut der beiden *„autarken selbstbewussten Pfarreien"*, die seit langer Zeit *„so gut wie keine Kontakte und Berührungspunkte"* hatten, richtete sich weniger gegen einander als gegen die Erzdiözese in München. Sie bilde die Pfarrverbände *„nach der Landkarte, schaffe von oben herab vollendete Tatsachen und zwinge die unfreiwilligen Partner dann auf Gedeih und Verderben an einen Tisch"*. Dieser Stil sei der Diözese nicht würdig, man hoffte auf den Heiligen Geist! Dieser sollte die Diözese mit der Weisheit erfüllen, *„dass gut funktionierende Pfarrgemeinden nicht gewaltsam und entgegen jeglicher Vernunft kaputtfusioniert werden dürfen"*.[29]

Zuständig für beide Pfarrgemeinden war 2014/15 vorübergehend Pater Jaimes Varghese Panickaruveettil. Am 1. Dezember 2015 übernahm Pfarrer Konrad Eder, der zuletzt die Pfarrverbände in Jetzendorf und Ilmmünster (Landkreis Pfaffenhofen a. d. Ilm) geleitet hatte, den neuen Pfarrverband Aschheim und Feldkirchen. Seine Aufgabe wird es sein, die beiden bislang selbständigen Pfarreien zu einem Pfarrverband zu vereinen.

Die katholische Kirche

Umbau der alten Michaelskirche

In der Zeitschrift „Die christliche Kunst" vom Mai 1925 behandelte Msg. Prof. Dr. Richard Hoffmann aus München die Pfarrkirche St. Jakobus d.Ä. Er beschreibt darin den Entwurf des Architekten Wilhelm Flaschenträger, der dann aber nicht zur Ausführung kam, ebenso die alte Michaelskirche:

„Bereits vor mehr als 10 Jahren beschäftigte das Landesamt für Denkmalpflege die Erweiterung der damaligen Expositur- und jetzigen Pfarrkirche in Feldkirchen. Die Notwendigkeit einer baulichen Vergrößerung ist dringend geboten. Bei der künstlerischen und kunsthistorischen Bedeutung des hübschen Kirchleins muss im Interesse der Denkmalpflege vom alten Bestande so viel wie möglich erhalten werden. Es liegt sehr nahe, die Vergrößerung nach Süden und Norden zu betätigen. Dies ergibt sich schon aus den Terrainverhältnissen. Zudem lassen sich durch diese Lösung wesentliche und zugleich baugeschichtlich wichtige Teile der alten Kirche, nämlich Chor und Turm, erhalten. In das Erweiterungsprojekt werden der alte Chor mit seinem unter der originellen und reichen Stuckverkleidung des spätesten Barock vom frühen 18. Jahrh. vermutlich noch alten gotischen Gewölbe, ferner der interessante Sattelturm an der Chorsüdseite in unverändertem Zustande mit einbezogen. Das bisherige Langhaus, das seine flache Tonne mit Stichkappen erst in nachgotischer Zeit erhalten hat, muss bei der geplanten Erweiterung fallen. Damit wird freilich der hübsche Stuckdekor preisgegeben, der jedoch an dem alten Chorgewölbe erhalten wird und zudem in den Kirchen der nächsten Umgebung zu Ottendichl und Salmdorf als ein hübsches Beispiel der damaligen Geschmacksrichtung in Motiven von zarten naturalistischen Blumengewinden und mehr stilisierten dünnen Akanthusranken noch weiterhin bestehen bleibt. Es wird die Bedingung gesetzt, dass die hübsche Inneneinrichtung im Kirchenneubau wieder Verwendung finden muss. Dieselbe setzt sich aus drei im Aufbau luftigen Altären aus der Frühzeit des 18. Jahrhunderts, einer gleichzeitigen Kanzel und einer zierlichen durch graziöse Säulchen gegliederten Musikemporenbrüstung mit dekorativen Malereien in den einzelnen Felderfüllungen zusammen. Stilgeschichtlich ist besonders beachtenswert der reizvolle Hochaltar mit seinem Säulenaufbau und den eigenartigen seitlichen Bogenlösungen, die sich über die künstlerisch guten Altarfiguren wölben. Am Giebel lebhaft bewegte schwebende Engelsfiguren. Das Kirchenerweiterungsprojekt von Architekt Wilhelm Flaschenträger-München erhält Chor und Turm der alten Kirche und fügt daran von Süden nach Norden laufend einen stattlichen Neubau. Diesem Erweiterungsbau ist eine offene Vorhalle mit drei Kreuzgewölben vorgelagert. Westlich davon an der Ecke ein kurzer gedrungener Anbau, der den Treppenaufgang zur Musikempore enthält. Die Vorhalle führt in das vierachsige Langhaus, das ein Tonnengewölbe in Rabitz* aufweist. Um an Höhe zu gewinnen, reicht das Rabitzgewölbe in den Dachraum hinein. Die Länge des Langhausbaues beträgt 20,60 m, seine Breite 11 m, seine Höhe 9,30 m. Das Kirchenschiff wird durch vier Joche von niedrigen flachgedeckten Seitengängen begleitet, deren Arkaden sich in Korbbögen nach dem Hauptschiff zu öffnen. An das Langhaus fügt sich dann der eingezogene tonnengewölbte Chor mit 2 Jochen und Dreiachtelschluß. An das südliche Joch lehnen sich östlich und westlich zwei Oratorien, zu denen Wendeltreppen in Rundtürmen emporführen.

Im großen Winkel zwischen dem Chorbau der neuen Kirche und jenem des alten Baues, dessen Raum für eine Taufkapelle ausersehen ist, liegt die flachgedeckte Sakristei. Sie verfügt über einen langrechteckigen Raum, in den man von außen her ostwärts über einen Vorplatz gelangt. Die Sakristei empfängt durch fünf nahe aneinandergesetzte Fenster von Norden her reichliches Licht.

Das Innere des Kirchenneubaues zeigt schöne Verhältnisse. Durch die Arkadenbögen empfängt der langgezogene Raum des Schiffes angenehme Belebung. Abwechslung kommt in das Raumbild ferner durch den an der Ostseite kapellenartig sich öffnenden Chorbau der alten Kirche. Praktisch ist der Platz bis aufs äußerste ausgenützt. Es muß vermieden werden, das Schiff des Neubaues zu sehr in die Länge und in die Breite wachsen zu lassen, um damit nicht Chor und Turm des alten Baues zu erdrücken. In geschickter Weise ist daher auf andere Art für Platzgewinnung gesorgt worden, so in den Seitengängen, die im Inneren räumlich mit dem mittleren Kirchenschiffe sich verbinden, nach außen hin aber nur als niedrige Anbauten erscheinen und eher zur Entlastung der Masse des Neubaues gegenüber dem baulichen Bestande der alten Kirche beitragen. Auch in den zwei zwischen dem Chor der alten Kirche und dem Neubau angelegten Emporen, zu denen eine Treppe innerhalb der Turmmauer emporführt, sind Plätze gewonnen.

Außen bildet der Erweiterungsneubau im Zusammenhang mit den Resten der alten Kirche eine hübsche Architekturgruppe. Mit künstlerischem Verständnis ist der Architekt bestrebt, den interessanten in fünf Stockwerken ansteigenden alten Sattelturm nach wie vor in der beherrschenden Dominante zu belassen. Durch glückliche Höhenentwicklung des neuen Schiffes und des neuen Daches ist dem Turme das erforderliche Gegengewicht gegen die Masse des neuen Kirchenschiffes gesichert. Das Erweiterungsprojekt erhält ferner die gemauerte und verputzte alte Umfriedung in ihrem gegenwärtigen Bestande. So verspricht der Kirchenerweiterungsbau Feldkirchen nach Maßgabe des Entwurfes von Architekt Flaschenträger innerhalb des engeren Ortsbildes wie auch in der weiten Landschaft eine künstlerisch gute bodenständige Lösung, die den ländlichen Verhältnissen dortiger Gegend trefflich angepaßt ist."

* Unter Rabitz versteht man einen Drahtputz, der aus einer tragenden Unterkonstruktion aus Metall, einem Putzträger und dem Putzmörtel besteht. Das Verfahren war vom Berliner Maurermeister Carl Rabitz entwickelt und 1878 zum Patent angemeldet worden. In der Folge wurde es zu einem beliebten Verfahren, besonders um Decken herabzuziehen, (Fassaden-)Gesimse vorzublenden, Gewölbe und nicht tragende Ständerwände herzustellen, für Ummantelung von Pfeilern und Stützen sowie Verblendung von Installation.

Die Innenausstattung von St. Jakobus d.Ä.
Den besten Aufschluss über die Ausstattung der Kirche gibt die auf S. 338 – 366 abgedruckte Chronik von Pfarrer Hobmair, doch sollen einige Details hier noch genauer betrachtet werden.

Der zentrale Blickpunkt im Chor von St. Jakob ist der barocke Hochaltar, der aus der alten Michaelskirche übernommen wurde. Auf der Rückseite ist noch deutlich die Jahreszahl 1662 zu lesen, doch wurden im Laufe der Jahrhunderte immer wieder Teile ergänzt, erneuert, ersetzt.

Das Zentrum des Hochaltars bildet das von einem Rundbogen gerahmte Ölgemälde, die „Auferstehung des Herrn", gemalt nach klassischem Vorbild von Brandstetter in Altötting (Firma Alois Schlee). Es stammt aus dem Jahr 1963 und wurde am 1. November des gleichen Jahres geweiht. Zur Seite hin ist das Gemälde durch zwei schlanke glatte Marmorsäulen begrenzt. Daneben stehen auf der linken, der Evangelienseite, die Figur des Erzengels Michael, des ehemaligen Kirchenpatrons, und rechts, auf der Epistelseite, die Holzskulptur des neuen Patrons, des Pilgerapostels Jacobus des Älteren.

Auf den Eckpfeilern des Altartisches knien rechts und links neben dem Tabernakel zwei anbetende Engel aus der ersten Hälfte des 18. Jahrhunderts, die Pfarrer Hobmair im September 1958 von einem Rosenheimer Antiquitätenhändler um 2.100 DM erstanden hat.

Über dem Altargemälde schwebt der Heilige Geist in Gestalt der Taube, darüber Gottvater mit Szepter (um 1700), eingerahmt von zwei schlanken Säulen und zwei schwebenden Engeln. Alles wird bekrönt durch das Symbol der allerheiligsten Dreifaltigkeit, das gleichseitige Dreieck mit dem Auge im Strahlenkranz. Ursprünglich zierte den Altar eine um 1860 gemalte Muttergottes mit Jesuskind auf dem Arm, auf einer Wolke thronend, doch dieses Gemälde wurde 1963 beseitigt. So ist heute auch das ursprüngliche Thema nicht mehr erkennbar: „Und das Wort ist Fleisch geworden". Gottvater im Giebelfeld sendet den Heiligen Geist in Form der Taube im Strahlenkranz. Christus wird Mensch durch die Jungfrau Maria. Laut Konsekrationsurkunde sind in den Altartisch die Reliquien von Maximus, Viktor und Clementine eingelassen.

Der rechte (östliche) Seitenaltar, der sogenannte Kreuzaltar, entstammt wie der Hochaltar, der linke Seitenaltar und die Kanzel der alten Michaelskirche. Ursprünglich von einem Kreuz bekrönt, trägt er inzwischen eine Sonne im Strahlenkranz mit dem Christuszeichen IHS und einem aufgeprägten Kreuz. Der Barockaltar dürfte aus etwa der gleichen Zeit wie der auf 1662 datierte Hochaltar stammen.

Rund 100 Jahre füllte das Mittelfeld des Altares das Ölgemälde der heiligen Mutter Anna mit ihrer Tochter Maria, gemalt 1863 von Bernhard Elsner. Seit September 1964 ist es durch eine Kreuzigungsgruppe ersetzt worden. Vom Beschauer aus gesehen links unterm Kreuz steht Maria. Ihr Gewand reicht bis zum Knöchel, der Kopf ist nach der Art der verheirateten Frauen mit einem Tuch bedeckt. Ihr gegenüber unterm Kreuz steht mit unbedecktem Haupt und kürzerem, nur bis unters Knie reichendem Gewand der Apostel Johannes. Das Kreuz selbst soll Pfarrer Hobmair von seiner Heimatgemeinde zur Primiz geschenkt bekommen haben.

Die links zum Kirchenraum hin postierte große Figur stellt den hl. Joachim dar, den Ehemann der hl. Anna und Vater der späteren Gottesmutter. Er wird als greiser Priester geschildert, der auf dem Felde seine Herden hütete, als ihm ein Engel die Geburt seiner Tochter Maria verhieß. In der Barockzeit wurde er deshalb wie hier gerne als Hirte dargestellt, häufig als Gegenstück zur Mutter Anna, vor allem bei Marienaltären.

Blick in den Chor der alten Michaelskirche

Die katholische Kirche

Akanthusaltar in der Taufkapelle, dem ehemaligen Chor der alten Michaelskirche

Bei der zwischen Außenwand und Altar aufgestellten Statue soll es sich um eine Darstellung des jüdischen Priesters Zacharias, des Vaters von Johannes dem Täufer, handeln. Das Buch in seiner Hand weist auf Gelehrsamkeit oder priesterliche Tätigkeit. Beide Statuen werden auf um 1700 datiert. Die Maria Immaculata im Auszug dagegen auf Mitte des 18. Jahrhunderts.

Den Altartisch schmückte lange Zeit ein barocker Tabernakel (eine inzwischen wieder zurückgegebne Leihgabe der Pfarrgemeinde Leutstetten), der zu Beginn des 21. Jahrhunderts durch einen neuen Tabernakel, den ein polnischer Künstler schuf, ersetzt wurde.

Beim Neubau der jetzigen Pfarrkirche St. Jakob im Jahre 1927 wurde der um die Kirche gelegene alte Friedhof aufgelassen. Die bei den Grabungsarbeiten zutage geförderten Gebeine sollen gesammelt und in einer Truhe unter dem Kreuzaltar bestattet worden sein.

Der Akanthusaltar in der Taufkapelle, der sogenannte Rankenaltar (um 1700), ist bereits vor dem Zweiten Weltkrieg angekauft worden. Im Zuge der Kirchenrenovierung wurde er vom Münchner Kirchenmaler Karl Eixenberger neu gefasst und am 27. November 1958 erneut aufgestellt. Das obere Gemälde des Altares zeigt heute Gottvater mit Weltkugel und Zepter. Es wurde wie das Gemälde für den Hochaltar bei der Firma Alois Schlee in Altötting bestellt. Es ist ebenfalls mit *„Brandstätter, Altötting"* signiert. Am 9. September 1964 konnte das Gemälde in den Altar eingepasst werden; vier Tage später, am 13. September, wurde es geweiht.

Das untere Gemälde zeigt die Verkündigung: Erzengel Gabriel mit der Lilie der Unschuld in der Hand verkündet der betenden Maria ihre Berufung zur Mutter Gottes.

Das große Gemälde in der Mitte zeigt den Erzengel Michael, den Patron der ehemaligen Kirche, mit gewaltigen Flügeln, wie er den Satan niederzwingt. Das unsignierte Gemälde ist vermutlich ein Werk des Feldkirchner Kunstmalers Konrad Schmid-Meil. Von ihm stammt auf jeden Fall der Entwurf, den er am 6. Februar 1941 ablieferte. Laut Pfarrbrief vom 1. Juli 1958 wurde das Werk von Schmid-Meil *„vor Jahren"* im Auftrag des Ordinariats geschaffen. Das Gemälde wurde am 14. November 1958 bei ihm abgeholt und zusammen mit dem neu gefassten Altar am 27. November 1958 aufgestellt.

Der linke (westliche) Seitenaltar, der Marienaltar, entstammt ebenfalls der ehemaligen Michaelskirche. Er war ursprünglich von einem Kreuz bekrönt. Der Altar forderte die Gläubigen auf zum Lobpreis Gottes: *„Laudate Dominum in sanctis eius"* (Lobet den Herrn in seinen Heiligen).

Die katholischen Seelsorger

Johann Baptist Jell
1903 – 1911 in Feldkirchen tätig
(seit 1903 als Coadjutor, ab 1909
als erster Expositus in Feldkirchen)
geb. 8. 9. 1878 in Osternach
 (Prien am Chiemsee)
gest. 4. 6. 1946 in Ilmmünster

Sebastian Fuchshuber
1911 – 1918 Expositus in Feldkirchen
geb. 27. 9. 1877 in Maria Berg
gest. 21. 8. 1936 in Eching bei Landshut

Ludwig Axenböck
1918 – 1933 in Feldkirchen tätig
(seit 1918 als Expositus, seit 1921
als erster Pfarrer von Feldkirchen)
geb. 6. 8. 1893 in Mesmering
(Obertaufkirchen)
gest. 6. 12.1948 in Schönau
 bei Bad Aibling

Joseph Hobmair
1933 – 1970 Pfarrer, Geistlicher Rat
und Ehrenbürger von Feldkirchen
geb. 6. 8. 1893 in Freising
gest. 17. 10. 1970 in München
(beerdigt in Feldkirchen)

Karl Büchl
6. 1. 1971 – 31. 1. 1975
Pfarrer von Feldkirchen
geb. 15. 3. 1923 in Landshut
ab 1975 Stadtpfarrer von
 St. Andreas, München

Josef Hofmann
9. 3. 1975 – 30. 9. 1982
Pfarrer von Feldkirchen
geb. 21. 1. 1919 in Obereschenbach
 (Hammelburg)
ab 1982 Pfarrer von Agatharied

Dr. Orazio Bonassi
1. 10. 1982 – 30. 9. 1988
Pfarrer von Feldkirchen
geb. 27. 5. 1941 in Rezzato/Brescia, Italien
ab 1. 10. 1988 Pfarrer in Heiligkreuz in
 München/Giesing

Dr. Czeslaw Sajdak
12. 2.1989 – August 2014 Pfarr-
administrator bzw. Pfarrer in Feldkirchen
geb. 12. 1. 1946 in Swidnica/Polen
2014 Versetzung in den Ruhestand

Jaimes Varghese Panickaruveettil
von September 2014 bis November 2015
Pfarrer in Feldkirchen
geb. 22. 5. 1968 in Philgiri, Indien

Konrad Eder
seit 1. 12. 2015 Leiter des Pfarrverbands
Aschheim/Feldkirchen
geb. 31. 8. 1968 in Freilassing

Pfarrer Karl Büchl

Pfarrer Josef Hoffmann

Pfarrer Dr. Czeslaw Sajdak

Pfarrer Hobmair vor dem Hochaltar von St. Jakob

In seiner jetzigen Gestalt wird der Marienaltar von einer strahlenden Sonne gekrönt, die das Marienemblem, ein großes „M", trägt. Das von zwei kleinen Putten flankierte rechteckige Giebelfeld enthält eine Plastik, die Krönung Mariens im Himmel.

Zwei glatte schlanke Marmorsäulen schließen das als Rundbogennische ausgestaltete Mittelfeld ein; es birgt heute die figürliche Darstellung der Thronenden Muttergottes, das Jesuskind auf dem Schoß. Das Kind hat seine Rechte zum Segen erhoben; in der Linken hält es die Weltkugel. Ein Strahlenkranz und drei geflügelte Engelsköpfe umgeben die Madonna mit dem Kind.

Ursprünglich war in der Rundbogennische ein Ölgemälde. Nach Aufzeichnungen von Pfarrer Hobmair zeigte es die heilige Margarete mit Kreuzesfahne und ihrem Attribut, dem Drachen, sowie eine weitere Heilige, die der Palmzweig in der Hand als Martyrerin ausweist, vermutlich die hl. Ursula.

Neben den Marmorsäulen unter einem frei endenden Rundbogen stehen die Skulpturen der hl. Barbara (links) und der hl. Katharina (rechts). Sie ergänzten das ehemalige Ölgemälde der hl. Margareta zur Gruppe der *„drei heiligen Madeln"*, den Schützerinnen des Nährstandes (Margareta), des Lehrstandes (Katharina) und des Wehrstandes (Barbara). Im Volksmund existiert bis heute der Spruch, der auf ihre Attribute hinweist: *„Margareta mit dem Wurm, Barbara mit dem Turm, Katharina mit dem Radl, das sind die drei heiligen Madl."*

Seit 1979 befindet sich in St. Jakob auch eine figürliche Darstellung des sogenannten Gnadenstuhls, eine Nachbildung des berühmten Gnadenstuhls von Tilman Riemenschneider um 1515, der sich heute in den Staatlichen Museen in Berlin befindet. 1900 DM zahlte die Gemeinde, eine Summe, die durch verschiedene private Spenden zusammenkam, an den Holzbildhauer Heinrich Demetz aus St. Ulrich im Südtiroler Grödnertal, dem Tal der Holzschnitzer. Farbig gefasst wurde die Plastik für rund 500 DM von Heinrich Götz in München.

Als Gnadenstuhl bezeichnet man die seit dem 12. Jahrhundert bekannte Darstellung der heiligen Dreifaltigkeit, bei der Gott Vater auf dem Thron seinen ans Kreuz geschlagenen Sohn vor sich hält; darüber schwebt der Heilige Geist in Form der Taube. Im 14. Jahrhundert hat sich die Darstellung etwas gewandelt: Gott Vater hält nun nicht mehr das Kreuz, sondern den Leichnam seines toten Sohnes – wie in diesem Fall. Die Taube fehlt aus technischen Gründen vielfach bei Plastiken.

Im Gegensatz zu der Gnadenstuhl-Variante mit Kruzifix lässt sich bei den jüngeren Ausführungen mit dem Leichnam Gott als Vater vermenschlichen, um ihm Züge der Trauer zu geben.

Das „weibliche Pendant" zum Gnadenstuhl ist das Vesperbild, auch Pieta (vom italienischen Wort für Mitleid oder Frömmigkeit) oder „Beweinung Christi" genannt. Wieder wurde der Grödner Bildschnitzer Heinrich Demetz gebeten, nach Fotos die Plastik nachzuarbeiten. Für 6.000 DM, wiederum bezahlt aus privaten Spenden, konnte es im Jahr 1981 erworben werden. Dieses Mal war die Vorlage ein gotisches Original in der Pfarrkirche St. Johann Baptist in Oberwarngau, wo Pfarrer Josef Hofmann vor seiner Feldkirchner Zeit tätig gewesen war. Er bat seinen Amtsnachfolger Krebs in Oberwarngau, eine Kopie anfertigen zu dürfen.

Der für dieses Vorhaben gewonnene Holzbildhauer Gebauer aus Hechenberg bei Bad Tölz wollte zu diesem Zweck die Plastik für sechs bis acht Wochen in seine Werkstatt holen, doch gestattete dies Pfarrer Krebs nicht – ganz im Gegenteil: Er verbot Pfarrer Hofmann sogar, die Oberwarngauer Kirche künftig zu betreten. Zum Glück waren aber bereits zahlreiche Fotos angefertigt worden, nach denen der Bildschnitzer arbeiten konnte. Gefasst wurde auch diese Plastik von Heinrich Götz in München, allerdings für über 800 DM.

Als Vesperbild bezeichnet man die Darstellung der von Schmerz ergriffenen Muttergottes mit ihrem toten Sohn auf dem Schoß. Seinen Namen hat es von der Karfreitagsvesper. Zwischen dem Gedenken an Kreuzigung und Grablegung wurde während des Vespergottesdienstes (von lateinisch vesper = Abend) eine Betrachtung des toten Christus auf dem Schoß seiner Mutter eingefügt, mit besonderer Verehrung seiner heilbringenden Wunden.

Der Legende nach wurde der Leichnam des Herrn nach der Kreuzabnahme auf einen Stein gelegt und dort von Maria beweint. Der Stein, zugleich Stätte der Totensalbung Christi, wurde später in Konstantinopel als Reliquie verehrt. Die Tränen der Gottesmutter Maria sollen daran wie Wachstropfen sichtbar gewesen sein. Aus der byzantinischen Darstellungsform der Grablegung Christi entwickelte sich das selbständige Thema der Beweinung. Erstmals zu Beginn des 14. Jahrhunderts treten die plastischen Vesperbilder in deutschen Frauenklöstern auf, Italiener und Franzosen haben nach 1400 dieses Thema übernommen. Das bekannteste Vesperbild dürfte St. Peter in Rom beherbergen: die um 1500 von Michelangelo in Marmor gehauene Pieta.

Die katholische Kirche

St. Jakobus d. Ä. von Norden

Auch die Plastik der Anna Selbdritt brachte Pfarrer Hofmann gewissermaßen mit aus Oberwarngau, das heißt, er ließ auch diese Plastik von Heinrich Demetz im Grödnertal nach Fotos des spätgotischen Oberwarngauer Originals schnitzen. Im Jahr 1980 konnte dieses Bildwerk aus privaten Spenden für 1840 DM angekauft werden – wieder gefasst von Heinrich Götz.

Als Anna Selbdritt bezeichnet man die Darstellung der heiligen Mutter Anna mit ihrer Tochter Maria und ihrem Enkel, dem Jesuskind. Entstanden im späten Mittelalter mit einsetzender Verehrung der heiligen Anna, entwickelte sich die Darstellung in der Kunst unterschiedlich. Früheste Beispiele stammen aus dem 14. Jahrhundert – eine der ältesten und bedeutendsten befindet sich in der Nikolaikirche in Stralsund. Das berühmteste Gemälde zu diesem Thema hängt im Pariser Louvre, gemalt von Leonardo da Vinci zwischen 1500 und 1507.

1982 entdeckte Pfarrer Josef Hofmann auf dem Kirchenspeicher zwischen altem Gerümpel ein völlig verdrecktes und geschwärztes Ölgemälde. Er gab es nach München zu Heinrich Götz, der es Millimeter um Millimeter reinigte und mit einem neuen Rahmen versah.

Es handelt sich, wie sich bald herausstellte, um eine in Südbayern sehr seltene Darstellung einer Maria lactans, einer das Jesuskind stillenden Muttergottes. Von hinten blickt Nährvater Joseph auf das Mutterglück. Die Kunstgeschichte kennt diese Darstellung seit dem Konzil von Ephesus (431), das Maria als Gottesgebärerin anerkannte. Das barocke Feldkirchner Gemälde dürfte aus dem 18. Jahrhundert stammen.

Der Volkskundler Helmut Sperber[30] hat festgestellt, dass es in den Kirchen unseres Raumes nur eine einzige plastische Nachbildung der in den romanischen Ländern, in Oberdeutschland, im Rhein-Maas-Gebiet oder in England im 12. und 13. Jahrhundert häufig

Der Kirchenraum von St. Jakob

dargestellten nährenden Gottesmutter gibt, nämlich in Ainhofen, Landkreis Dachau, aus der Zeit um 1130 – übrigens die älteste Marienfigur im mitteleuropäischen Raum und eines der ältesten Schnitzwerke Süddeutschlands überhaupt!

In den Münchner Museen hängen einige Ölbilder zum Thema Maria lactans, gemalt von italienischen oder spanischen Meistern. Wie die stillende Maria nach Feldkirchen kam und von wem sie stammt, ob Original oder Kopie, ist nicht bekannt.[31]

Die barocke Kanzel mit dem Relief des hl. Augustin aus der Zeit um 1700 entstammt noch dem alten Gotteshaus St. Michael. Der Kanzel- oder Schalldeckel wird von einem gleichseitigen Dreieck mit Auge, dem seit dem 15./16. Jahrhundert verwendeten Symbol für die Heilige Dreifaltigkeit, bekrönt und umrankt von Akanthusblättern; darunter eine plastische Taube im Strahlenkranz als Sinnbild des Heiligen Geistes.

Die Stirnseite der Kanzelbrüstung trägt in ovalem Feld ein Relief des heiligen Augustinus, einem der vier Kirchenväter, in Bischofsornat mit Mitra, Stab und brennendem Herzen als Zeichen für seine feurige Liebe zu Gott. Der große Philosoph und geniale Theologe war im Jahr 354 in Nordafrika als Sohn des Heiden Patricius und der Christin Monika geboren worden. Nach einer ausschweifenden und freudvollen Jugend wurde er Professor an der Universität in Mailand, ließ sich im Jahr 387 taufen, legte seine Ämter nieder und kehrte nach Karthago zurück, wo er früher die Hochschule besucht hatte. 391 wird er zum Priester und drei Jahre später zum Bischof einer nordafrikanischen Diözese geweiht. Während eines Vandaleneinfalls stirbt er im Jahre 430. Das Kanzelkreuz stammt – ebenso wie die Mater dolorosa und die vergoldete Ewiglichtampel – aus dem 18. Jahrhundert.

Die katholische Kirche

Glockenweihe durch Pfarrer Hobmaier und Prälat Dr. Michael Hartig (vorne in der Menge). Vermutlich die Weihe der Glocke Maria Regina Pacis am 25. Juli 1948.

Die Glocken von St. Jakobus d.Ä.

Die kleine Michaelsglocke, die den Zweiten Weltkrieg an ihrem angestammten Platz überdauerte, hat die Inschrift:

SANCTE MICHAEL ARCHANGELE
DEFENDE NOS IN PROELIO
(Heiliger Erzengel Michael
verteidige uns im Kampfe)
gegossen von Josef Bachmair in Erding
1925

Die mittlere, der Patrona Bavariae geweihte, hat die Inschrift:

MARIA REGINA PACIS
(Maria, Königin des Friedens)
Mich goß Carl Czudnochowsky
J. Bachmair Nachfolger zu Erding.

Die große, dem Kirchenpatron St. Jakobus geweihte Glocke, hat die Inschrift:

ST. JAKOB
APOSTEL WAR ICH,
APOSTEL WILL ICH SEIN
GEGOSSEN
ZUM SILBERNEN JUBILÄUM
DER PFARRKIRCHE
1927
ZU FELDKIRCHEN BEI MÜNCHEN
1952

DIE VOR MIR AUF DEM TURME KLANG
DES KRIEGES WUT UND HASS
VERSCHLANG
1942
DER PFARRGEMEINDE OPFERKRAFT
HAT MICH SO HOCH
HERAUF GESCHAFFT
1952
gegossen von Karl Czudnochowsky Erding

Laut einer Beschreibung des Erzbistums aus dem Jahr 1880 hatte die Filialkirche in Feldkirchen zwei Glocken[32], die vermutlich den Ersten Weltkrieg nicht überlebten, denn damals – wie auch im Zweiten Weltkrieg – wurden jeweils über 40 % aller bayerischer Glocken in der sogenannten Glockenabgabe eingesammelt und eingeschmolzen.

Zwischen den beiden Weltkriegen klangen vom Turm der Jakobs-Kirche dann sogar drei Glocken, doch am 20. April des Kriegsjahres 1942 ließen zwei von ihnen ihr Abschiedsgeläute über das Dorf ertönen.[33] Noch am gleichen Tag begann die Abnahme unter der Aufsicht des Zimmermeisters Baumgartner aus München. Die große Glocke wurde aus dem Lager gehoben und bereits am nächsten Tag, dem 21. April, durch französische Kriegsgefangene zerschlagen und die Trümmer mit einem Flaschenzug von der Glockenstube herabgelassen. Am Nachmittag desselben Tages begann man mit der Demontierung der zweiten, der mittleren Glocke.

Sie wurde am nächsten Tag ebenfalls zerschlagen. Im Turm verblieb nur die kleinste, die im Jahr 1925 gegossene Michaelsglocke.

Nach dem Krieg ruhte Pfarrer Hobmair nicht eher, bis er wieder drei Glocken im Turm von St. Jakob hängen sah. Am 7. Juli 1946 beriet die Kirchenverwaltung erstmals über die Anschaffung einer neuen Glocke. Am 6. April 1947 konnte der rührige Pfarrer seiner Gemeinde verkünden, dass er in Erding bei der Firma Bachmair eine Glocke bestellt habe; am 7. Juli 1948 beschloss der Gemeinderat, der katholischen Kirche einen einmaligen Zuschuss von 150 DM zu einer neuen Kirchenglocke zu gewähren. Am 13. Juli 1948 wurde die Glocke mit der Aufschrift „MARIA REGINA PACIS" gegossen, am 24. Juli geliefert und am 25. Juli war es dann so weit: Prälat Dr. Michael Hartig (1878–1960) konnte die Glocke feierlich weihen.

Doch noch war Pfarrer Hobmair nicht ganz zufrieden. Er ließ nicht locker, bettelte bei der politischen Gemeinde, bei ortsansässigen Firmen und bei seinen Pfarrkindern. Schließlich konnte mit den Spendengeldern eine dritte Glocke erworben werden. Rechtzeitig zum Patroziniumsfest und zum 25-jährigen Jubiläum des Kirchenbaus kam die neue, dem hl. Jakobus dedizierte Glocke. Sie wurde am 27. Juli 1952 ebenfalls durch Prälat Hartig geweiht. Seither hängen wieder drei Glocken am Glockenstuhl.

Die katholische Kirche

Die evangelische Kirchengemeinde und das Kinderheim

In einer Hinsicht unterscheidet sich Feldkirchen deutlich von sämtlichen übrigen Orten der Region: Schon in der ersten Hälfte des 19. Jahrhunderts gab es hier eine evangelische Kirche und Schule. Nur vier Jahre nachdem in München 1833 die erste evangelische Kirche in der Sonnenstraße, die 1877 den Namen Matthäuskirche erhielt, in Gebrauch genommen werden konnte, wurde auch in Feldkirchen eine evangelische Kirche geweiht. Da die alte Matthäuskirche in München jedoch 1938 abgebrochen wurde, kann das Feldkirchner Gotteshaus für sich beanspruchen, im weiten Umkreis die älteste evangelische Kirche überhaupt zu sein. 1987 konnte die Gemeinde ihr 150-jähriges Bestehen feiern und 2012 ihr 175-jähriges Jubiläum.

So vertraut heute ökumenische Gottesdienste sind und die Tatsache, dass Protestanten und Katholiken Tür an Tür wohnen – es ist noch nicht lange her, dass es zwischen Vertretern beider Konfessionen zu größeren Differenzen kam. Von Mischehen wurde sogar noch bis weit ins 20. Jahrhundert hinein mit Nachdruck abgeraten.

Die 1837 erbaute evangelische Kirche

Die ersten Protestanten in Altbayern
Um die Mitte des 18. Jahrhunderts stand das religiöse Leben des katholischen altbayerischen Volkes auf seinem Höhepunkt; das tägliche Leben war bestimmt vom Kirchenjahr. Kennzeichnend für das 17. und 18. Jahrhundert waren Wallfahrten, deren Zahl unüberschaubar groß war. Ende des 18. Jahrhunderts zählte man allein mehr als 80 Marienwallfahrtsorte in Bayern. Unzählig waren auch die Prozessionen und Bittgänge, vor allem auf dem Lande – in Feldkirchen führte der Weg wohl oft zur Kapelle des hl. Emmeram, der zu den beliebten kleinen Wallfahrten gehörte. Jede Pfarrgemeinde unternahm jährlich zwischen 12 und 16 Bittgänge und in der Zeit vom 3. Mai bis zum 14. September an jedem Sonntag einen Feldumgang mit Wettersegen. Obendrein fanden mehrmals im Jahr die von alters her beliebten Pferdeumritte statt. Nach Westenrieder gab es nicht weniger als 124 Feiertage, nämlich 52 Sonntage, 19 „gebotene" und 53 „übliche" Feiertage.

Kurfürstliche Mandate versuchten die Zahl der Feiertage und Prozessionen zu dezimieren. 1788 wurden sämtliche Wallfahrten außer Landes und solche, bei denen man länger als eine Nacht außer Haus verbringt, untersagt. Unter Karl Theodor verging kaum ein Jahr, in dem nicht ein alter Brauch dem Vergessen anheim gestellt werden sollte.

Dass diese Verbote bei der Allgemeinheit nicht auf Gegenliebe stießen, bedarf keiner Erwähnung. Die Masse berief sich auf altes Herkommen; man wollte nicht mit Gewalt zu Lutheranern gemacht werden in einem Land, das Ende des 18. Jahrhunderts 28.709 Kirchen und Kapellen zählte, eine Zahl, die in keinem Verhältnis zu den etwa 1.160.000 Einwohnern stand.[1]

Es ist ein unglücklicher Umstand, dass diese „aufklärerischen" Aktivitäten am Vorabend der Säkularisation mit dem Eintreffen der ersten Protestanten zusammenfielen und diesen den Einstand nicht gerade erleichterten. Zu schreiben, die Altbayern hätten die Neuankömmlinge mit Misstrauen begrüßt, hieße die Sache verharmlosen. Man war entschieden gegen sie.

1799 folgte Kurfürst Maximilian IV. Joseph (der künftige König Maximilian I. von Bayern) aus der Linie Pfalz-Zweibrücken-Birkenfeld dem ohne legitimen Erben verstorbenen Karl Theodor. Mit Maximilian zog seine evangelische Frau Karoline von Baden nach München und mit ihr einige evangelische Hofdamen und Kammerjungfern. Somit gilt das Jahr 1799 als Anfang des Protestantismus in Altbayern. Man nennt den 12. März 1799, den Tag des feierlichen Einzugs der evangelischen Kurfürstin in München, oder den 1. Mai 1799, den Tag, an dem ihr Kabinettsprediger Dr. Ludwig Friedrich Schmidt in München eintraf, oder den 12. Mai 1799, als Schmidt im neu eingerichteten protestantischen Betsaal in Schloss Nymphenburg den ersten evangelischen Gottesdienst hielt und über Psalm 84, 1–4, 11–13 predigte mit dem Thema „Über die Notwendigkeit öffentlicher Gottesverehrung und über den Segen, der sie begleitet".

Die folgenden Jahre brachten dann auch für die Bevölkerung außerhalb des Hofes einschneidende Veränderungen: 1801 erhielt der erste Protestant das Bürgerrecht in München.

Es war dies der 1755 in Mannheim geborene Wirt sowie Wein- und Pferdehändler Johann Balthasar Michel. Der Rat der Stadt hatte es noch verhindern wollen, allein der Kurfürst setzte sich persönlich dafür ein: *„Nach reiflicher Überlegung und in der Gewißheit, daß das Recht auf meiner Seite ist, befehle ich hiemit meinem Stadtmagistrat, bis spätestens morgen abend 6 Uhr dem Handelsmann Michel aus Mannheim das Bürgerrecht zu erteilen, widrigenfalls ich mich genötigt sehen würde, mit strengsten Mitteln einzugreifen"* (29. Juli 1801). Mit der Zeit scheint man sich in München dann doch an den Protestanten gewöhnt zu haben, denn als Michel 1818 starb, schrieb man auf seinen Grabstein: *„Hier ruht der erste Protestant, dem Baierns Hauptstadt das Bürgerrecht verlieh, und er war dieser Ehre wert."*[2]

Nun trafen auch schon die ersten „Überrheiner" ein. Die Annexion des linksrheinischen Gebietes durch Frankreich veranlasste einige Familien, ihrem Kurfürsten in das ihm zugefallene bayerische Kernland zu folgen.

Bereits Kurfürst Karl Theodor hatte unter anderem durch seine in Angriff genommene Moorkultivierung viele Pfälzer Familien zum Siedeln im Donaumoos oder in den Räumen um Rosenheim und Schleißheim bewogen. Oberbayern hatte verhältnismäßig weite Flächen von Moosgründen, die ausgenützt werden konnten. Doch fehlte es an Arbeitskräften; auf einen Quadratkilometer kamen nur 29 Bewohner. Hier griff die Regierung ein, indem sie sich Siedler aus der Pfalz, aus Baden und Württemberg holte. Gerade die Pfälzer hatten schon immer einen Wandertrieb. Eine erste große Auswanderungswelle, die vorwiegend Protestanten ergriff, vollzog sich bereits im Jahre 1709. Damals trieb sie die nackte Not. Tausende von Pfälzern zogen, oft überstürzt und unbedacht, in Gruppen von Hunderten rheinabwärts über Holland nach London. Schwer gequält durch steuerliche Ausplünderung hatten sich schließlich nahezu

15.000 auf den Weg gemacht. London war allerdings nur eine Zwischenstation auf dem Weg nach Nordamerika. Die Pfälzer, denen der Sprung über den großen Teich gelang, bildeten den Grundstock einer wesentlich deutschstämmigen lutherischen Kirche in Pennsylvania.

Ein Jahrhundert später zogen nun erneut viele Pfälzer mit Sack und Pack fort aus ihrer Heimat. Als Einwanderungsgebiet in Bayern waren vor allem das Donaumoos bei Neuburg an der Donau, 2.000 Moosgründe in der Rosenheimer Gegend, das Schleißheimer Moos und die Schleißheimer öden Gründe bestimmt worden. Den Siedlern hatte man Zusagen gemacht, die einen Anreiz zum Kommen schufen: Zuteilung von Land, Steuerbefreiung, völlige Religionsfreiheit, weitgehende Militärfreiheit, Beibehaltung der heimischen Dorforganisation. Man sorgte dafür, dass die Überrheiner nach Religion und Herkunft möglichst in einem Gebiet zusammengefasst wurden. Die Siedler waren lutherischen, reformierten und katholischen Glaubens. Man gab auch Bauvorschüsse, billiges Bargeld, Naturalien, nur kein Reisegeld. So zogen diese Bauern in Trupps von etwa 15 Familien auf ihren zweirädrigen Ochsenkarren über Heidelberg oder Schwetzingen, Stuttgart, die Geislinger Steige und Ulm in das Donaumoos oder in die Münchner und Rosenheimer Gegenden. Damit entstanden schon bald nach 1800 protestantische Gemeinden in Großkarolinenfeld bei Rosenheim, Kemmoden und Oberallershausen, Brunnenreuth, Karlshuld, Ludwigsmoos und Untermarxfeld im Norden bzw. Nordwesten der Landeshauptstadt sowie im Osten bzw. Südosten Perlach und Feldkirchen.

In den Jahren 1802 und 1803 fiel dem Kurfürstentum Bayern obendrein eine Reihe von Gebieten zu, die ganz oder überwiegend protestantisch waren, besonders die Reichsstädte. Nunmehr musste einen Schritt weitergegangen werden.

Im Religionsedikt vom 10. Januar 1803 wurde nicht nur Gewissens- und Religionsfreiheit gewährt, sondern es wurden auch den Bekennern der katholischen, reformierten und lutherischen Religion gleiche bürgerliche Rechte verliehen: Der moderne bayerische Staat war geboren. In ihm konnte sich jetzt die Ausbreitung der einzelnen Konfessionen auf einer neuen Basis vollziehen.

Bisher hatten sich die Münchner Protestanten auf eine Hausandacht beschränken müssen. Wollten sie eine Kirche besuchen, so mussten sie bis in die ehemalige freie Reichsstadt Augsburg reisen. In der Residenz war zwar das alte Hofballhaus in ein protestantisches Bethaus umgewandelt worden, doch nur für die Kurfürstin und ihren Hofstaat. Erst im Jahr 1803 wurde den Protestanten in München gestattet, eine Gemeinde zu bilden, wozu ihnen die Salvatorkirche angewiesen wurde. Doch allem kurfürstlichen Wohlwollen zum Trotz blickten die Münchner skeptisch auf ihre neuen Nachbarn. Und der Kabinettsprediger Schmidt musste in der Residenz wohnen, weil kein Münchner Bürger ihn in seinem Haus aufnehmen wollte aus Furcht, der Blitz könne einschlagen, wenn man den „Ketzer" beherberge. Als am Karfreitag des Jahres 1803 zum ersten Mal die Glocken zum Gottesdienst für die bereits 800 Münchner Protestanten läuteten, entstand ein Aufruhr unter den Katholiken, sodass die Polizei zur Aufrechterhaltung der öffentlichen Ordnung einschreiten musste. 1818 wurde in der bayerischen Verfassung schließlich die rechtliche Gleichstellung von Katholiken und Protestanten im Königreich Bayern verankert. Die Rede war von einer „Protestantischen Gesamtgemeinde", die Lutheraner und Reformierte umschloss. Die Leitung dieser Gesamtgemeinde wurde dem Oberkonsistorium in München übertragen. Oberster Bischof war der (katholische) König von Bayern. Den Namen „Kirche" durfte die protestantische Gesamtgemeinde jedoch erst ab 1824 führen.

Bilder oben:
Barbara Lehrer, geb. Bodmer, und Philipp Lehrer
Bild unten:
Regina Lehrer, ihre Tochter

Die ersten protestantischen Familien in Feldkirchen

Regina Lehrer hielt in einer maschinenschriftlichen Aufzeichnung am 28. Mai 1956 neben der Familie Bodmer folgende evangelische Familien fest:

„Die Familien Wurth und Adam sind aus Baden eingewandert (darunter Andreas Adam, der von 1818 bis 1854 Gemeindevorsteher in Feldkirchen war).

Auch die Familien Lehrer stammen aus Baden. Der eingewanderte Philipp Lehrer war der Sohn eines Chirurgen in Diersburg, Baden. Ein Enkel dieses Philipp Lehrer, namens Jakob Lehrer, war in Feldkirchen Bürgermeister von ungefähr 1900 bis 1905 oder 1906 [tatsächlich 1.1.1900 bis 31.12.1905].

Eine Wiederwahl hatte er aus Gesundheitsrücksichten abgelehnt. In seine Amtszeit fällt die Erbauung des Wasserturms, die Einrichtung der Wasserleitung, die Anlage des neuen Friedhofes, die Baulinienfestsetzung auf einem Grossteil der Gemeindeflur und die Neuanlage von Strassen.

Rudolf und Barbara Fahrner, aus der Schweiz gebürtig, kauften unterm 31. Dezember 1831 von Georg Trenker, Wirt in Riem, aus dessen Besitztum Haus Nr. 14 in Salmdorf, den reluirt eigenen Pockelhof (später genannt „Neubau"). Der Volksmund sagte vorher lange Zeit beim „Fahrner". Am Kauftag gehörten zu diesem Hof 124 Tagwerk, 48 dec. (Kaufpreis: 6.000 fl.). Der Sohn dieser Fahrnerschen Eheleute heiratete eine Tochter des oben erwähnten Philipp Lehrer.

Bilder oben:
Barbara Adam, geb. Walter und Jakob Adam, Besitzer des Hölzlhofs und Blutegelhändler

Bild unten:
Joseph Adam, deren Sohn

Das jetzige Gut des Freiherrn von Tucher war unterm 23. September 1808 von Hr. Anton von Bachmair an Christian Gingerich (auch einmal Gyngerich geschrieben) verpachtet. Die Grösse des Besitzes ist im Pachtvertrag mit allen Wohn- und Ökonomiegebäuden, Äckern, Garten, Feldern, Wald- und Holzgründen mit ungefähr 7 bis 800 Tagwerken angegeben. Bei diesem Pächter Christian Gingerich war der eingewanderte Hans Jakob Bodmer Privatlehrer bis 1811.

Interessant dürfte noch sein, daß ein Lorenz Kauderer mit seiner Ehefrau Benonnie, geb. von Bachmair, mit Hr. Generalsekretär Wolfgang von Glockner unterm 11. September 1840 einen Kaufvertrag in Höhe von 25.600 fl. abschloss, wobei als Grösse 539 Tagw, 98 dec. angegeben werden.

Eine Tochter dieser Besitzer der Schwaige Oberndorf, Johanna Kauderer, heiratete den Sohn des eingewanderten Philipp Lehrer, nämlich den Ludwig Lehrer (genannt zum „Freibauer", vorher hieß dieses Anwesen zum „Baderbäck"). Das Elternhaus des Ludwig Lehrer war das heutige alte Stimmerhaus.

Die Schwaige zu Hergolding mit Gebäudlichkeiten und Grundstücken (473 Tagwerk, 15 dec.) wurde unter 28. Dezember 1858 von Joseph und Barbara Holly von den Eheleuten Xaver und Theres Plosetl um den Preis von 31.700 fl. gekauft. Hr. Ökonomierat Holly, der ebenfalls schon Bürgermeister der Gemeinde Feldkirchen war, stammt aus diesem Geschlecht."

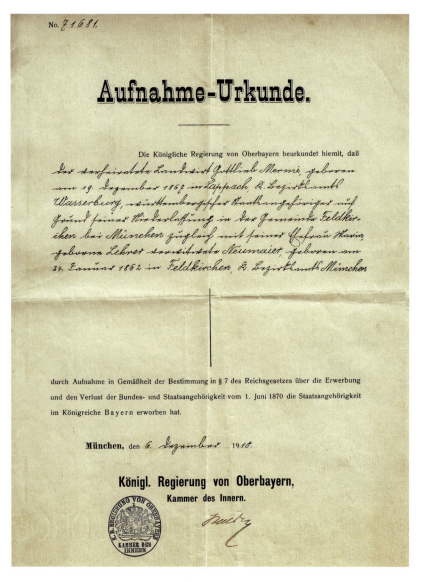

Verleihung der bayerischen Staatsbürgerschaft an Gottlieb Mermi aus Württemberg und seine Frau Maria, geborene Lehrer, 6. Dezember 1910

Die Anfänge der evangelischen Kirchengemeinde

Man kann sich vorstellen, dass es die protestantischen Zuwanderer auf dem Land eher noch schwerer hatten als ihre Glaubensgenossen in der Stadt, und so darf sicher nicht angenommen werden, dass die Feldkirchner ihre neuen Mitbürger mit offenen Armen empfangen haben.[3]

Bereits im Jahr 1803 zog die erste evangelische Familie, die Deibels aus Oberlustadt in der Pfalz, in das Gebiet der künftigen Evangelisch-Lutherischen Kirchengemeinde Feldkirchen, genauer gesagt, nach Angelbrechting. In Feldkirchen selbst trafen die ersten protestantischen Familien erst zwei Jahre später ein: Zusammen mit etwa 30 anderen Familien kamen die Familien Matern Adam (Hausname Oettl) und Jakob Adam (Hausname Weberjokel) aus Altenheim bei Lahr in Baden und die Familien Jakob Wagner aus Dudenheim, ebenfalls in Baden. Die übrigen Familien siedelten sich in der näheren Umgebung an. Ebenfalls aus Baden kamen 1806 Johann Burkkard und Christian Klingler, jeweils mit ganzer Familie. 1806 erreichten dann auch die ersten Pfälzer Protestanten Feldkirchen.[4]

Die Neusiedler dachten zunächst gar nicht an eine eigene evangelische Kirche, sondern zuerst einmal an eine Schule für ihre etwa 60 schulpflichtigen Kinder, die, wie sie in einem Schreiben nach München versicherten, aus Mangel an Unterricht *„roh und verwildert"* aufwüchsen. Die Protestanten baten um Unterstützung aus einem Schulfonds; sie hätten einen des Lesens, Schreibens und Rechnens kundigen Mann, der auch hinreichende Religionskenntnisse besäße. Sie selbst könnten ihn aber nicht aus eigener Tasche bezahlen. Das Gesuch, obwohl vom Kabinettsprediger Schmidt wärmstens empfohlen, blieb zunächst ohne Erfolg. Am 11. Februar 1811 kam dann aber doch die Genehmigung zur Errichtung einer protestantischen Schule in Feldkirchen sowie die Zusicherung eines jährlichen Staatsbeitrags. Gleichzeitig wurde die Anstellung eines Lehrers bewilligt, der regelmäßig an den Sonntagen zudem Lesegottesdienste halten sollte. Die Eltern aus Feldkirchen und den umliegenden Ortschaften wurden im Gegenzug verpflichtet, jährlich 44 Gulden zum Unterhalt des Lehrers und vier Klafter Holz zur Heizung des Schulhauses aufzubringen. Der Kauf des Schulhauses wurde durch großzügige Spenden der inzwischen zur Königin aufgestiegenen Karoline und der ebenfalls protestantischen Kronprinzessin Therese (der Frau König Ludwigs I.) ermöglicht.

1810 war Hans Jakob Bodmer aus Zürich als Hauslehrer auf dem Gut Oberndorf zugezogen. Er konnte als Lehrer für Feldkirchen gewonnen werden, nachdem er alle Hürden staatlicher und kirchlicher Stellen überwunden hatte und in München auf Herz und Nieren geprüft worden war. Bis 1837 fand nun der Unterricht für die evangelischen Schulkinder in einem armseligen Raum in einer mehr als bescheidenen Hütte statt. Bis 1822 wirkte Bodmer als Schulmeister an der protestantischen Bekenntnisschule in Feldkirchen, danach Johann Leonhard Düring (1823–1833), nachdem Bodmers Tochter die lehrerlose Zeit überbrückt hatte.[5]

1833 entstand schließlich das Pfarrvikariat Feldkirchen, nachdem vorher die Predigtamtskandidaten aus München, Friedrich Alt, Georg Pachtner, Aureus, Wilhelm Rau, Dr. Heinrich Puchta, der auch religiöse Lieder dichtete, Bischof, Feldner, Wagner und Dr. Kaiser seit 1830 alle 14 Tage Gottesdienst in Feldkirchen gehalten hatten.

Das neue protestantische Pfarrvikariat Feldkirchen wurde mit jungen lutherisch geprägten Pfarrvikaren besetzt. Diese Pfarrvikare, die auch als Schullehrer tätig waren, hatten zumeist hervorragende Examina abgelegt. Einige sind sogar außerhalb der Feldkirchner Gemeindegrenzen bekannt geworden.

Das im Jahr 1837 erbaute, heute noch bestehende Kirchengebäude verband dann Betsaal, Schule und Vikarswohnung. Darüber hinaus hat Feldkirchen durch die im Jahr 1853 gegründete Rettungsanstalt mit Konfirmandenanstalt, jetzt evangelische Kinder- und Jugendhilfe, über den Rahmen seiner eigenen Gemeinde hinaus für München und für die oberbayerische Diaspora bald weitere Bedeutung gewonnen.

Das protestantische Pfarrvikariat
Während der Zeit des Lehrers Düring trat in der kirchlichen Versorgung Feldkirchens ein entscheidender Fortschritt ein. Spätestens seit diesem Zeitpunkt kann nicht mehr nur von der evangelischen Schule und ihrer Geschichte gesprochen werden. Nun muss von der evangelischen Kirchengeschichte in Feldkirchen die Rede sein, jedoch ist diese untrennbar mit der Schulgeschichte verwoben.

Die ersten Lehrer hatten noch an den Sonntagen Lesegottesdienste gehalten. Dies änderte sich im Jahre 1830 schlagartig. Zwei Münchner Kandidaten, die Hofmeisterstellen in der Hauptstadt versahen – Friedrich Alt, der beim Oberkonsistoriumspräsidenten von Roth angestellt war, und Georg Pachtner, der die Erziehung der Söhne des Kaufmanns Scherl übernommen hatte –, hatten sich unentgeltlich für Feldkirchen zur Verfügung gestellt. Die beiden wurden am 2. Mai 1830 in der Hofkirche ordiniert und am 9. Mai desselben Jahres erlebten die Feldkirchner ihren ersten Gottesdienst, den ersten Religionsunterricht und die erste Taufe. Am Himmelfahrtstag fand die erste Abendmahlfeier statt.

Ein katholischer Lehrer aus München mit Namen Hämmerle stellte so lange eine Hausorgel zur Verfügung, bis die Gemeinde eine eigene Orgel anschaffen konnte. Dies gelang bereits ein Jahr später (1831).

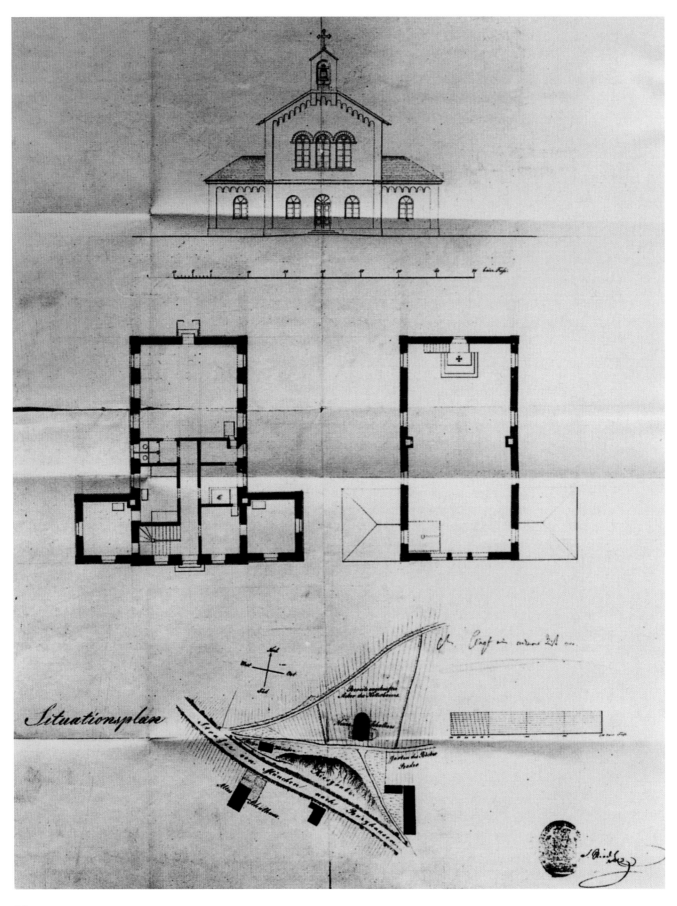

oben:
Die evangelische Kirche heute

linke Seite:
Plan für „ein neu zu erbauendes protestantisches Schul- und Bethaus",
Staatsarchiv München
AR 2939/445

Eine eigene Chaise wurde angekauft, um die Kandidaten nach Feldkirchen und zurück nach München zu fahren. Mithilfe der Kandidaten scheint ein neuer Eifer in der Gemeinde erwacht zu sein. Wohltäter und Leihgeber traten auf, um den hoffnungsvollen Beginn zu unterstützen. So wurde z. B. ein Abendmahlskelch, da noch kein eigener vorhanden war, vom katholischen Pfarrer Schön vom Herzogsspital geliehen. Den ersten Kandidaten folgten weitere.

Als Lehrer Düring 1833 Feldkirchen den Rücken kehrte, stellten einige Beauftragte der Gemeinde den Antrag, ein ständiges Pfarrvikariat zu errichten und dem Vikar zugleich den Schuldienst zu übertragen. Am 15. August 1833, nach dem üblichen Hin und Her, wurde vom Oberkonsistorium dem Dekanat München mitgeteilt, dass in Feldkirchen ein der Pfarrei München untergeordnetes Pfarrvikariat entstehen solle. Erster Pfarrvikar wurde der Kandidat Johann Adam Schuler, geboren 1808 in Würzburg, der die Schule wie bisher weiterführte. Ein Amtssiegel mit der Aufschrift „Königlich Bayerisches Pfarramt München, Vikariat Feldkirchen" wurde beschafft.

Am 18. August 1833 führte Dekan Boeckh Johann Adam Schuler, einen strengen Lutheraner, feierlich in sein Amt ein. Damit war die protestantische Gemeinde Feldkirchen auf lange Zeit in geordnete kirchliche Obhut gelangt, wenn auch die Verbindung von Pfarr- und Schulamt mancherlei Schwierigkeiten mit sich bringen sollte.

Wie es für die oberbayerische Diaspora üblich war, fing auch das Vikariat Feldkirchen sein Bestehen in größter Armut an. Der Vikar war gleichzeitig Organist und Schulmeister.
Ein Kirchenvermögen war nicht vorhanden. Anstelle einer Kirche diente das armselige feuchte Schulzimmer im baufälligen Schulhaus, das eher den Namen Schulhütte verdient hätte, als Betsaal. Die Einrichtungsgegenstände können als spärlich bezeichnet werden. Für 50 mühsam zusammengetragene Gulden wurden Kelch, Hostien-Kapsel, Patene und Futteral beim Münchner Juwelier Zahn erworben, nachdem man sich jahrelang mit geborgten katholischen Kelchen hatte begnügen müssen. Eine Weinkanne aus Zinn und ein Abendmahlstischlein schenkte Rudolf Fahrner vom Pockelhof (Neubau). Ein katholischer Pfarrer spendete eine Taufkanne und eine Schüssel, ebenfalls aus Zinn. Für den Altartisch gab eine ungenannte Wohltäterin eine gestickte Decke.

In das Jahr 1837, also noch während der Zeit Schulers, der als energischer Mann beschrieben wurde, fielen der Baubeginn und die Vollendung eines kombinierten Kirchen- und Schulgebäudes mit Vikariatswohnung. Vor allem Schulers ausgedehnten Sammeltätigkeiten war der Bau zu verdanken. Das Grundstück – auch das gab es damals – hatte ein katholischer Bauer namens Michael Sennes gestiftet.

Das protestantische Vicariats-Gebäude in Feldkirchen.

Beschreibung des neuen Vikariatshauses durch den Pfarrvikar und Lehrer Johann Georg Hacker (um 1840)

„Die in den oberen Stock führende Stiege ist wie bemerkt, gleich links von der Hausthüre angebracht. Oberhalb dieser ist ein Fenster von welchem die beiden Glockenstränge herunter hängen. Correspondierend dem ersten Zimmer unten rechts ist oben gleichfalls ein ditto gegen W[esten] liegendes mit 2' erhöhtem Fußboden, eigenem Ofen und einer wunderlieblichen Aussicht auf den zu Füßen liegenden kleinen Blumengarten, auf das Dorf, welches durch seine Strohdächer (zum Theil), das kath. Kirchlein und einige auf der Wiese stehende Eschenbäume einen idyllischen Anblick von hier aus gewährt, auf die Stadt und auf die nahen Alpen mit ihren stattlichen Häuptern (Zugspitze). Links von diesem Zimmer führt eine Stiege auf den Boden. Zwischen diesen und dem beschriebenen Zimmer befindet sich der Eingang in den Kirchensaal, welcher von hier den übrigen ganzen Raum des Gebäudes inclusive des Ovals einnimmt. Den Pondos [Pendant] stellt gleichsam der zwischen Bodenstiege und dem W. Zimmer befindlichen kleinen Raum vor; das Schiff von der Thüre an bis zum Anfang des Halbkreises (Parterre der Schule), hat zwei gleiche Hälften, in dem rechts 12 Stühle für die Mannesund links eben so viele für die Weibsleute angebracht sind. Im quasi Chor (dem Raum des Halbkreises) befinden sich: links der Pfarrstuhl, rechts die Orgel, in der Mitte zwischen beiden der Taufstein, im östl. Hintergrunde die Kanzel (gerade oberhalb des Schulkatheders im untern Stock), welche eigentlich keine Kanzel sondern eine Art Hühnerstiege mit doppeltem Aufgang rechts und links und ohne Pult, ohne Brüstung rechts und links, ohne Thüre, ohne Decke ist endlich der Altar, unmittelbar vor [...?] unter der Kanzel, mit 1 Crucifix, 2 Altarleuchtern, je einen zu jeder Seite des Crucifix, der Altarbibel vor dem Crucifix und 2 auf denselben führenden Stufen. Der Gang, welcher wie oben bemerkt, das Schiff in 2 gleiche Hälften trennt, führt von der Thür aus, also in gerader Richtung, an den Taufstein oder von demselben vorbei an den Altar, von dem aus man an der rechten oder linken Seite auf die Kanzel gelangen kann. Dieses freundliche, wunderliebliche Kirchlein gehört zu den Lichtseiten des Feldkirchner Dienstes. Man braucht es nicht in besonders feierlicher Gemüthsstimmung zu betreten, um sich in derselben wohl und heimlich, ja erhaben und zur Andacht gestimmt zu sehen. Das Herz, wolle es oder wolle es nicht, muß hier die selige Empfindung sich gefallen lassen, an einer heiligen Stätte, in Bethel zu sein. Brächten nur Lehrer und Zuhörer immer mit herein und hinaus, was sie sollten!"

(Zitiert nach Gerd Welle im Gemeindeblatt der evangelisch-lutherischen Kirchengemeinde Feldkirchen Nr. 54, 1987)

Das protestantische Vicariats-Gebäude von 1837

Von König Ludwig I. von Bayern wurde eine Kollekte bewilligt, obwohl er als gläubiger Katholik immer etwas skeptisch auf die Protestanten sah und die Benennung „evangelisch" nicht duldete: *„Die Verfassungsurkunde und ihre Edikte kennen die Benennung ‚evangelisch' nicht, sondern die Benennung „protestantisch (diese ist hiernach bey Ausfertigung von Urkunden zu gebrauchen)."* [6] Es war dies derselbe König, der drei Jahre zuvor eine Kollekte für die Emmeramskapelle genehmigt hatte. Der Kreisschulfonds spendete, da das Haus ja auch den Schulraum enthalten sollte, obendrein 600 Gulden. Der Erlös aus dem Verkauf des bisherigen Eigentums wurde dazu gelegt und so war es möglich, mit 8.519 Gulden und 25 Kreuzern das Gebäude zu erstellen.

Am 11. Juni 1837 waren die Planungen abgeschlossen, die Aufträge an die Handwerker verteilt und die Baugrube ausgehoben. Der Grundstein konnte feierlich gelegt werden: Am frühen Morgen fuhren die geschmückten Pferdefuhrwerke mit Feldkirchner Schulkindern den Münchner Ehrengästen bis Riem entgegen. Begleitet wurden die Wagen von 20 Reitern mit Fahnen. Unter den Ehrengästen befanden sich der evangelische Dekan von München, Dr. Boeckh, Landrichter Kuttner und Bauinspektor von Langemantel. Der feierliche Zug begab sich von Riem aus erst zur alten evangelischen Schule in der damaligen Ortsmitte. Dort traf man sich mit den übrigen geladenen Gästen und den Mitgliedern der protestantischen Gemeinde Feldkirchen, um gemeinsam zum festlich geschmückten Bauplatz zu ziehen.

Singend führte die Schuljugend zusammen mit dem Pfarrvikar den Festzug an. Ihnen folgten sechs Mädchen mit den in den Grundstein zu legenden Gegenständen. Die Gäste und die versammelte Gemeinde schlossen sich an. Am Bauplatz war ein Altar errichtet, auf dem die Mädchen ihre Gaben für den Grundstein legten. Mit dem Choral *„Nun danket alle Gott"*

und einer Festansprache des Dekans wurde die Feierstunde eröffnet. Die Ehrengäste gaben am Altar den Inhalt in den hohlen Grundstein, und zwar: Dekan Boeckh eine Bibel, der Landrichter die Bildnisse Ihrer Königlichen Majestäten, König Ludwigs I. und seiner evangelischen Gemahlin, Königin Therese, der Bauinspektor den Grund- und Aufriss des zu errichtenden Gebäudes, ein Kirchendiener aus München Münzen, die in den letzten Jahren geprägt worden waren, der Feldkirchner Vikar Schuler eine historische Nachricht mit den Namen aller Gemeindemitglieder und das Ergebnis der Sammlung in den bayerischen protestantischen Gemeinden sowie ein Feldkirchner Kirchenvorsteher die Nachricht über die Grundsteinlegung selbst. Es folgte eine Ansprache des Landrichters – heute würde man ihn als „Landrat" bezeichnen –, dann wurde der Grundstein zugemauert. Mit den symbolischen drei Hammerschlägen, verbunden mit entsprechenden Bibelsprüchen, erbaten die Ehrengäste den Segen Gottes für den Kirchenbau.

Zur feierlichen Protokollierung der Grundsteinlegung zog die Festversammlung zur alten Schule zurück. Mit einem Gebet und der letzten Strophe des bereits eingangs angestimmten Chorals entließ Dekan Dr. Boeckh nach dem Segen die Festgemeinde. Soweit der Bericht über die Grundsteinlegung.[7]

Die Einweihung der Kirche konnte noch im selben Jahr, am 12. November 1837, stattfinden. Somit hatten die Gemeindemitglieder und ihr Pfarrvikar einen neuen Betsaal, die Schulkinder aber neue Schulräume und der Vikar eine menschenwürdige Wohnung erhalten. Als erster Mesner wird Gottlieb Adam genannt.

Nur noch kurz konnte sich Vikar Schuler jedoch an dem neuen Gebäude erfreuen, denn bereits im Jahre 1839 wurde er nach Großkarolinenfeld versetzt und von Johann Georg Hacker abgelöst.

Die evangelische Kirchengemeinde und das Kinderheim

Der aus der Bamberger Gegend stammende Lehrersohn leitete die Geschicke der Feldkirchner Gemeinde, bis auch er im Jahr 1843 nach Großkarolinenfeld versetzt wurde und dort wiederum Vikar Schuler ablöste. Hacker wurde später Dekan im fränkischen Hersbruck.

Lehrer Hacker war begeistert von dem Feldkirchner Neubau, wie seine Schilderung beweist. Und wenn schon der Neuankömmling Hacker dieses Kirchlein so liebte – wie viel mehr musste es erst für die Schüler und die Gemeinde bedeutet haben, die sich jahrelang in einem feuchten, manchmal wegen Überschwemmung kaum benutzbaren, viel zu engen Schulsaal jeden Sonntag versammelt hatten! Der neue Schulsaal war groß und licht und – wie häufig extra betont wurde – trocken. Der Vikar fand in diesem Haus obendrein eine menschenwürdige Wohnung.

Leider wies der unter Aufsicht der Baubehörde München I erstellte Mehrzweckbau jedoch bald beachtliche Mängel auf. In einer Pfarrbeschreibung ist zu lesen: *„Beim ersten starken Regenguss fiel der Bewurf der Nord- und Ostseite ab und die Blechbeschläge am Dach und an den Fenstern wurden vom Winde weggeweht."* Erst 1846, also neun Jahre nach der Fertigstellung 1837, wurden diese Schäden nach zahlreichen Eingaben behoben.

In interkonfessioneller Hinsicht ergaben sich in den Jahren zwischen 1833 und 1843 in Feldkirchen relativ wenige Schwierigkeiten. Hie und da gab es zwar Ärger bei Beerdigungen, doch im Großen und Ganzen war es eine ruhige Zeit.

1843 wurde Hacker durch Vikar Johann Konrad Rüger ersetzt, einen ebenfalls aus dem Fränkischen stammenden Kunstmalersohn. War Schuler ein energischer, aber beherrschter Seelsorger gewesen, hatte sein Nachfolger Hacker sich mit unbeugsamer sittlicher Strenge durchgesetzt und seines Amtes gewaltet, so war der neue Vikar ein wohl nicht gerade kluger Eiferer, dem offensichtlich die Besonnenheit bei seinen Handlungen fehlte. Hatten seine beiden Vorgänger bestimmte Ordnungen in das kirchliche und religiöse Leben gebracht, ohne dadurch das Vertrauen der Gemeinde zu verscherzen, so eckte Rüger aller Orten mit seiner übertriebenen Strenge an. Es kam zu Streitigkeiten mit den Katholiken, die bis vor Gericht ausgetragen wurden. Für eine Gemeinde, die in der Diaspora mit der katholischen Bevölkerung einvernehmlich leben musste, war er nicht der richtige Mann. Aber auch seinen Gemeindemitgliedern machte er sich zunehmend unbeliebt, was schließlich zu Beschwerden gegen ihn im Dekanat und beim Oberkonsistorium führte. Als auf diese zum Teil kleinlichen Beschwerden der ungeliebte Vikar nicht entfernt wurde, fuhren die Feldkirchner immer stärkere Geschütze auf. Zuerst versuchten es seine Feinde mit Störung der Predigt durch laute Schimpfworte; bald folgten eingeworfene Fensterscheiben und zuletzt, im Januar 1849, wurde in einer Nacht von Samstag auf Sonntag in sein Schlafzimmer geschossen. Wie durch ein Wunder blieb der Vikar unverletzt. Am Sonntag hielt Rüger – tapfer wie er war – noch eine Abschiedspredigt. Dann aber verließ er noch vor Einbruch der Dunkelheit sein Haus in Richtung München. Er kam nie mehr zurück nach Feldkirchen. Auf Anraten des Theologen Pfarrer Wilhelm Löhe aus Neuendettelsau (1808–1872), der nicht nur das Mutterhaus in Neuendettelsau gründete, sondern auch im Geiste des Neuluthertums tätig war und mit dem sich Rüger geistesverwandt fühlte, trat er aus der bayerischen Landeskirche aus und folgte dem Ruf der neu gegründeten lutherischen Freikirche nach Köln. Mitte 1852 reiste er zu einer Synode der lutherischen Freikirchen Preußens nach Breslau, wo ein schweres Nervenfieber ausbrach. Bereits im Alter von 34 Jahren ist er an Lungenschwindsucht gestorben. Er wurde in Breslau beerdigt.

Verweigerung von Grabgeläut für Protestanten

Besonders hoch her scheint es zum Thema *„Grabgeläut für Protestanten"* im Jahr 1844 gegangen zu sein, als im Juli ein Kind, der Sohn des protestantischen Bauern Georg Hoppler, beerdigt werden sollte. Für den 12. Juli um 9.00 Uhr war die Beerdigung angesetzt; am 10. Juli begannen die Streitereien. Während vorher angeblich kein Widerspruch gegen die Glockenbenützung erhoben worden war, erweigerte nun das katholische Pfarramt Kirchheim, zu dem die Filialkirche in Feldkirchen gehörte, die Benützung der Kirchenglocken. Evangelischer Pfarrvikar war zu jener Zeit der wegen seiner allzu großen Strenge allseits unbeliebte Johann Konrad Rüger. Er ging nach München ans Königliche Landgericht und erhielt das Recht auf Glockenbenützung. Allerdings nützte ihm dies in Feldkirchen herzlich wenig. Der Mesner Oberhauser hat ihn nach Aussage Rügers nur *„verlacht"* und mit der *„lügenhaften Ausrede"*, der katholische Pfarrer von Kirchheim habe ihm den Schlüssel abgenommen, weitergeschickt. Pfarrer Castulus Schallamayer – er war von 1842 bis 1845 Pfarrer in Kirchheim – bestätigte jedoch die Aussagen des Mesners. Er, der Pfarrer, habe den Mesner beauftragt, bei Verlust seines Dienstes das Geläute bei Beerdigung protestantischer Leichen nicht zu gebrauchen. Pfarrer Schallamayer berief sich darauf, dass zwar bei Kirchhofkapellen die Glocke bei Beerdigungen zu läuten sei, nicht aber die Glocken einer Kirche, und außerdem, meinte er, solle das Landgericht erst die Protestanten anhalten, die Gebühr für das Grabgeläut zu zahlen, was sie fortwährend verweigert hatten.

Die Beerdigung des Hoppler-Kindes wurde mehrmals verschoben. Laut Anzeige vom 15. Juli durch Vikar Rüger, hat er das Kind am 13. Juli um 16.00 Uhr beerdigt – ohne Grabgeläut, versteht sich!

Inzwischen wurde der Mesner vom Landgericht zur Zahlung einer Strafe von zwei Gulden aufgefordert – eine Aufforderung, der er natürlich nicht nachkam. Kurzerhand wurden ihm deshalb die Stiefel gepfändet. Jetzt schaltete sich das Ordinariat ein, das sich beim Landgericht beschwerte, dass sich diese *„untergeordnete Behörde"* (= Landgericht) herausnehme, über Fragen, die einen *„Gegenstand ernster Verhandlungen zwischen geistlichen und weltlichen Behörden bilden, auf eigene Autorität frei zu entscheiden und Zwangsmaßregeln zu verfügen"*. Pfarrer Schallamayer wurde von Seiten des Ordinariats in Schutz genommen, indem er bezüglich kirchlicher Gegenstände keine Befehle vom Kgl. Landgericht zu empfangen habe. Am 13. Juli hatte Pfarrer Schallamayer nämlich alles an den Erzbischof berichtet, auch dass er den Mesner angehalten hatte, nicht zu läuten und dass dann der Gerichtsdiener kam, um die Stiefel zu pfänden. Das Ordinariat war entschlossen, *„von seinen Rechten auch um kein Haar breit zu weichen und gegen den Zwang die Stimme lauter Beschwerde"* zu erheben.

Am 19. September 1844 – inzwischen wurden noch verschiedene Aktendeckel in dieser Sache gefüllt – wandte sich auch das Kgl. Protestantische Oberkonsistorium an die Kgl. Regierung. In der Zwischenzeit war nämlich erneut das Problem *„Grabgeläut oder nicht?"* in Feldkirchen aufgetreten. Catharina Meißner sollte am 15. September 1844 beerdigt werden; Pfarrer Schallamayer weigerte sich erneut und verbot dem Mesner zu läuten.

Am 16. November 1844 beendet die Kgl. Regierung von Oberbayern, Kammer des Innern, die Streitereien vorläufig zugunsten der Protestanten, jedoch mit dem Beisatz: *„Die Protestanten, welche bey Beerdigungen von dem Geläute der Kirche Feldkirchen Gebrauch machen, sind auf dem Grund des § 103 der 11 Beilage zur Verfassungs-Urkunde anzuhalten, hierfür die bey den Katholiken üblichen Gebühren zu entrichten"*. Pfarrer Schallamayer musste die Gebühr von zwei Gulden für den Mesner Oberhauser zahlen – danach bekam dieser seine Stiefel wieder zurück.

Doch wer glaubt, damit sei die Sache erledigt gewesen, täuscht sich gewaltig!

Das Ganze wurde am 9. Juni 1845 nochmals aufgerollt, allerdings mit dem gleichen Ergebnis zugunsten der Protestanten. Und noch in den Jahren 1885 und 1901/02 grub man den alten Streit erneut aus.

Die Angelegenheit scheint nicht nur eine Bösartigkeit des katholischen Pfarrers gewesen zu sein. Der Pfarrvikar Rüger war offenbar auch nicht ganz unschuldig an der unguten Stimmung anno 1844. In den eigenen Reihen scheint er immer wieder versucht zu haben, den Unmut zu schüren. Am 30. März 1847 berichtete das Landgericht München an die Kgl. Regierung von Oberbayern über Vernehmungen wegen der Störung eines protestantischen Gottesdienstes in Feldkirchen.

Entweder der Gütler Hoppler von Feldkirchen oder der Gütler Meißner von Ammertal, beide Protestanten und beide nahe Verwandte der beiden Beerdigten, denen das Grabgeläut verweigert wurde, habe über den Text der Predigt, der vom Pfarrvikar gewählt worden war – es ging wieder einmal um das Grabgeläut! –, durch die lauten Worte *„jetzt fängt er schon wieder mit den alten Geschichten an"* seinen Unmut geäußert. Pfarrvikar Rüger erschien auf zweimalige Ladung nicht, entschuldigte sich mit dringenden Geschäften. Die polizeiliche Untersuchung dieser Angelegenheit konnte daher nicht abgeschlossen werden. Lang hielt es der Pfarrvikar dann auch nicht mehr aus in Feldkirchen. Den Störungen der Predigten folgten bald eingeworfene Fenster, schließlich der Schuss durchs Schlafzimmerfenster und Rügers Abzug aus Feldkirchen – und das nicht nur aufgrund der Grabgeläutgeschichten, sondern wegen seiner übertriebenen Strenge, wie es hieß.

(StA Mü RA 657 Nr.11507,
RA 657 Nr.11508, LRA 58960,
LRA 58967)

Nach Rügers Weggang wurde Feldkirchen einige Monate von Pfarrvikar Florenz Stammberger von Perlach mitbetreut. In dieser Zeit hielt der damalige Kandidat des Münchner Predigerseminars Otto Schamberger bereits Gottesdienste in Feldkirchen, wo er schließlich am 24. Mai 1849 seinen Dienst als Pfarrvikar und Schullehrer aufnahm.

Otto Schamberger war genau das Gegenteil von seinem Vorgänger Johann Konrad Rüger. Der allseits beliebte Sohn eines Münchner Oberkirchen- und Studienrats war der geeignete Mann für die erregte Gemeinde. Er heiratete die Feldkirchner Bauerntochter Karoline Lehrer. Nach Ansicht des späteren Feldkirchner Pfarrers Johannes Karl Crämer hat kein anderer der in Feldkirchen eingesetzten Vikare so zum inneren und äußeren Aufbau der evangelischen Gemeinde beigetragen wie Schamberger. In seiner Zeit wurde die Protestantische Erziehungs- und Rettungsanstalt Feldkirchen eröffnet; in München machte er sich als Mitbegründer des Evangelischen Handwerkervereins beliebt. In die Zeit Schambergers fällt auch ein Großteil der Neuausstattung des Kirchenraums. Im Jahr 1856 wurden der „Hochaltar", die hohe seitliche Kanzel und der Tauftisch erworben, die bis zum heutigen Tag erhalten sind. Aus demselben Jahr stammt auch die Uhr am Dachreiter.

13 Jahre leitet er die Geschicke der Feldkirchner Gemeinde. Dann bat er – obwohl ihm die Gemeinde nach eigener Aussage sehr ans Herz gewachsen war – um seine Versetzung. Grund waren Meinungsverschiedenheiten mit der in München ansässigen Leitung der „Protestantischen Erziehungs- und Rettungsanstalt Feldkirchen" über die Erziehung der dort untergebrachten Kinder. Zudem scheinen auch verwandtschaftliche Probleme innerhalb der Gemeinde durch seine Einheirat aufgetreten zu sein, nachdem er 1858 die Feldkirchner Bauerntochter Karoline Lehrer aus einer aus Baden zugezogenen protestantischen Familie geehelicht hatte. Am 21. Oktober 1862 verließ Schamberger Feldkirchen. Später wurde er Pfarrer und Dekan in Unterfranken. Er starb 1884 in einem Würzburger Hotel. Bereits am 1. Oktober 1849 war ihm ein Schuldienstexpektant zur Verfügung gestellt worden mit dem Beifügen, dass dessen vollständige Sustentation (= Unterhalt) der dortige Pfarrvikar Schamberger zu bestreiten habe.

Im Jahr 1862 wurde Vikar Schamberger durch den fränkischen Bauernsohn Georg Michael Neumeister in seinem Amt abgelöst. Dieser schenkte seine besondere Aufmerksamkeit den Kindern im Rettungshaus. Der freundliche, jedoch von viel persönlichem Leid verfolgte Neumeister leitete die Geschicke der Feldkirchner Gemeinde nur etwa sechs Jahre. 1868 zog er sich ein Lungenleiden zu, das ihn zur Aufgabe der Vikarstelle in Feldkirchen zwang. Im Alter von 39 Jahren ist er schließlich an Lungenschwindsucht gestorben.

Nun folgten kurz aufeinander zwei Pfarrvikare, die auch über die Gemeinde, ja sogar über die Landesgrenzen hinaus Bedeutung erlangen sollten. Von 1868 bis 1871 wirkte Friedrich Ludwig Ranke in Feldkirchen. Der Sohn des bekannten Theologen und Pädagogen Dr. Friedrich Heinrich Ranke und Bruder des bedeutenden Mediziners Heinrich Ranke galt als glänzender lutherischer Prediger und großer Freund der Armen. Trotz seines nur kurzen Aufenthalts in Feldkirchen erwarb er sich ein bleibendes Andenken mit der lange gewünschten Errichtung des Türmchens auf dem Kirchengebäude sowie der Anschaffung neuer Glocken nach der lutherischen Reformbewegung. Die Kosten wurden zum größten Teil aus Sammlungen gedeckt, die von Ranke initiiert worden waren. Der einstige Pfarrvikar von Feldkirchen erlangte später die Ehrendoktorwürde der Theologie und wurde schließlich Vorsitzender sämtlicher evangelisch-lutherischer Geistlicher der Lübeckschen Landeskirche. Die Verbindung zu Feldkirchen jedoch riss über all die Jahre nicht ab. Alljährlich – bis zu seinem Tod im Jahr 1918 – schickte Ranke zu Weihnachten ein Geschenk für die Christbescherung in der Erziehungsanstalt.

Noch bedeutender war Rankes Nachfolger, Albert Heinrich Hauck, der die Feldkirchner Vikariatsstelle von 1871 bis 1875 versah. Der 1845 als Sohn eines Juristen im mittelfränkischen Wassertrüdingen geborene Hauck studierte ab 1864 Theologie, erst in Erlangen und danach in Berlin, von wo er den Einfluss Leopold von Rankes mitbrachte. 1868 legte er ein erstes Examen in Ansbach ab, ging ans Predigerseminar nach München und wurde 1870 Vikar in München, ein Jahr später in Feldkirchen. Dort begann mit dem Ausbau der Bahnlinie München–Simbach ein Umschwung der Verhältnisse im Ort und ein starkes Anwachsen der evangelischen Diaspora. Von seinem Nachfolger Wiesinger wurde Hauck als *„begabter Mensch, gründlich gebildeter Theologe, im Amte treu und gewissenhaft, im Verkehr wortkarg und peinlich schweigsam, ohne jede praktische Begabung"* geschildert. In der Gemeinde sei er sehr geachtet gewesen.

1875 wurde er als Pfarrer ins hohenlohische Frankenheim bei Schillingsfürst gerufen. Doch auch dort hielt es ihn nicht lange: 1878 wurde Hauck außerordentlicher Professor für Kirchengeschichte und Christliche Archäologie an der Universität in Erlangen. Doch war damit seine Karriere noch lange nicht beendet. 1882 folgte die Ernennung zum ordentlichen Professor, 1889 erreichte ihn ein Ruf an die Universität in Leipzig. Dort ist er mit 72 Jahren am 7. April 1918 gestorben. Durch zahlreiche theologische Schriften aber ist er unsterblich geworden. Sein Hauptwerk ist die 5-bändige „Kirchengeschichte Deutschlands" sowie die Herausgabe der zweiten und dritten Auflage der 23-bändigen „Realencyklopädie für protestantische Theologie und Kirche". Für die Feldkirchner aber war bedeutend, dass er sich bis zu seinem Lebensende immer mit ihrer Gemeinde verbunden fühlte. Bis zu seinem Tod war er Mitglied des „Evangelischen Kirchen- und Pfarrhausbauvereins Feldkirchen" und treuer Leser des von Pfarrer Crämer ab 1903 herausgegebenen Evangelischen Gemeindeblattes.[8]

1875 folgte der aus dem niederbayerischen (protestantischen) Ortenburg stammende Christian Wiesinger bis 1879 auf das Feldkirchner Vikariat. Er wurde als unruhiger Geist bezeichnet, der sich vor allem für die Missionsarbeit interessierte. In seine Zeit fiel der Brand der evangelischen Kirche in Feldkirchen, ebenso die Stiftung einer Turmuhr durch den Turmuhrenfabrikanten Neher in München für den bereits 1870 errichteten Turm mit zwei Glocken. In seiner Amtszeit erfolgte 1879 zudem die Trennung von Schuldienst und Vikariat. Die Vikare behielten jedoch die Lokalinspektion für die Schule bis zum Ende des Ersten Weltkriegs. Am 1. Februar 1879 kam mit Friedrich Kraus der erste selbständige evangelische Lehrer nach Feldkirchen; am 1. September desselben Jahres wurde der Nürnberger Johann Kaspar Zahn Pfarrvikar.

Bereits am 15. August 1879 hatte Wiesinger Feldkirchen verlassen. Schließlich erreichte er doch noch sein Ziel: 1882 wurde er Leiter der Missionsanstalt im estnischen Reval.

Sein Nachfolger Johann Kaspar Zahn blieb knapp drei Jahre in Feldkirchen. Krankheitsbedingt verließ er Feldkirchen am 1. August 1882. Doch zum 50-jährigen Jubiläum der Erziehungsanstalt im Jahr 1903 kehrte er noch einmal zurück, um die Festpredigt im Anstaltshof zu halten.

Von Johann Georg Glungler, einem fränkischen Bauernsohn, der von 1882 bis 1888 die Geschicke der protestantischen Gemeinde versah, ist wieder etwas mehr überliefert. 1885 ließ er das neue evangelische Schulhaus in der Bahnhofstraße mit zwei Schulsälen im

Die evangelische Kirchengemeinde und das Kinderheim

Georg Albrecht Jäger, Vikar in Feldkirchen von 1892 bis 1897

ersten Stock und der Lehrerwohnung sowie der Gemeindekanzlei im Parterre errichten. Glungler war auch mit den Vorbereitungen für den Neubau des Mädchenhauses der Erziehungsanstalt beschäftigt. Auf ihn gehen ferner die Anfänge einer Gemeindesparkasse zurück, aus der später die Raiffeisenkasse Feldkirchen hervorging. Am 7. Dezember 1885 heiratete er Eleonore Babette Charlotte Blank, eine Verwandte der damaligen Hausmutter der Erziehungsanstalt. Am 1. Oktober 1888 versetzte man Glungler nach München-Haidhausen. 1913 promovierte er in Geologie und wurde 1918 noch mit dem Titel eines Königlichen Kirchenrats ausgezeichnet. Mit dem Feldkirchner Pfarramt blieb er durch die Seelsorge in der zu dieser Pfarrei gehörigen Heil- und Pflegeanstalt Eglfing (Haar) verbunden.

Wiederum nur für kurze Zeit kamen seine Nachfolger Johannes Jakob Blaufuß und Georg Albrecht Jäger nach Feldkirchen. Blaufuß, der Sohn des Hausvaters der Erziehungsanstalt in Trautberg bei Castell, war von 1888 bis 1892 als Pfarrvikar in der Gemeinde Feldkirchen. Er förderte in besonderem Maße die Baumaßnahmen der Protestantischen Rettungsanstalt und nahm sich engagiert den Kindern des Heims an. In seiner Amtszeit wurde das neue Mädchenhaus errichtet und im Betsaal die beiden äußeren Chorfenster neu gestaltet. Sie wurden vom Münchner Künstler K. Voß entworfen und von der Hofglasmalerei Franz Xaver Zettler in München gefertigt. Auch Blaufuß verließ Feldkirchen, um später in der Wissenschaft Verdienste zu erwerben. Er promovierte zum Dr. phil. und wurde Gymnasialprofessor.

Danach folgte für fünf Jahre Georg Albrecht Jäger als Pfarrvikar. Seinen Bemühungen ist es zu verdanken, dass 1896 eine neue Orgel angeschafft wurde. Dennoch blieb sein Verhältnis zur Gemeinde schwierig. Es kam zu Streitigkeiten. Auf roten Plakaten forderten die Feldkirchner seinen Weggang. Am 1. Mai 1897 wurde er, obwohl sich die Wogen wieder etwas geglättet hatten, ins Dekanat Dinkelsbühl versetzt. Kurz darauf, am 24. Mai, heiratete er die Gutsbesitzerstochter Katharina Walter aus Neubau (bei Feldkirchen). Der Hilfsgeistliche Heinrich Walter aus Neubau wurde wenige Jahre später auf Vorschlag des Freiherrlich von Tucher'schen Kirchenpatronats zum Prediger am Hl. Geistspital in Nürnberg ernannt.[9]

Jäger wurde von Johannes Karl Crämer abgelöst. Mit dem fränkischen Baumeisterssohn Crämer kam endlich wieder ein Vikar nach Feldkirchen, der über eine längere Zeitspanne die Gemeinde kontinuierlich führen konnte. Bis 1925 stand er der hiesigen evangelischen Gemeinde vor. Er war der Erbauer des evangelischen Pfarrhauses; in seiner Zeit wurde Feldkirchen Pfarrei und erhielt ein eigenes Pfarramt. Zahlreiche kleine und größere Neuerungen und Errungenschaften fallen unter seine Ägide, seien es Umbauten und Instandsetzungsarbeiten an der Kirche oder ab 1903 die Herausgabe eines „Evangelischen Gemeindeblattes für die Kirchensprengel Perlach und Feldkirchen". Es wurde später um weitere Bezirke vergrößert und hatte bis Ende 1928 Bestand.

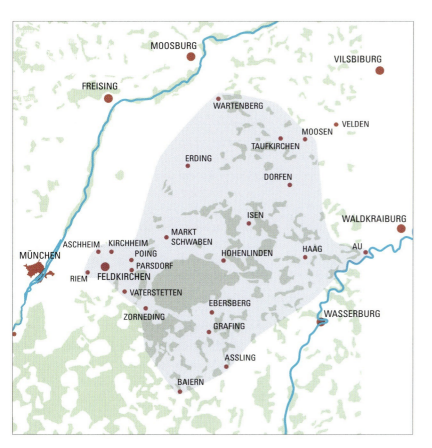

Gemeindegebiet der evangelischen Kirchengemeinde Feldkirchen bis 1924

Zunächst ließ Crämer jedoch 1901 das Äußere der Kirche in Stand setzen. Dann ging er das Thema „eigenständige Pfarrei" an. Und war erfolgreich: Am 10. April 1905 wurde auf *„Allerhöchste Entschließung"* durch Prinzregent Luitpold das protestantische Vikariat zur selbständigen *„Königlich Bayerischen Protestantischen Pfarrei Feldkirchen"* erhoben und gleichzeitig der einstige Vikar Crämer als Pfarrer installiert. Inzwischen war die evangelische Gemeinde auf 882 Seelen angewachsen; in Feldkirchen selbst wurden 265 gezählt. Der Einzugsbereich war groß, er umfasste 117 Gemeinden in den Bezirksämtern München, Ebersberg, Erding (mit Amtsgericht Dorfen) und Wasserburg (mit Amtsgericht Haag). Am 14. Oktober 1900 hatte Pfarrvikar Crämer den ersten evangelischen Gottesdienst in Erding gehalten.

Nachdem man nun Pfarrei war, sollte auch eine neue evangelische Kirche und ein neues Pfarrhaus in Feldkirchen entstehen. 1906 wurde der „Protestantischer Kirchen- und Pfarrhausbauverein Feldkirchen" gegründet. Aus praktischen Gründen erbaute man zunächst das Pfarrhaus nach Plänen des Münchner Architekten Robert Kosenbach, das am 15. Oktober 1911, dem Kirchweihsonntag, durch Pfarrer Crämer eingeweiht und zwei Tage später von ihm, seiner Frau und seinen fünf Kindern bezogen wurde. Stolz schwärmte er in seinem „Gemeindeblatt": *„Es wird nicht viele Landpfarrhäuser geben, die das Feldkirchner Pfarrhaus an Schönheit und praktischer Raumaufteilung übertreffen."*[10]

1912 begannen die Planungen für einen Kirchenneubau in Feldkirchen. 1913 hatte man die Erhebung einer Landeskirchensammlung für die Kirche und das Pfarrhaus der Gemeinde durchgesetzt, doch der Ausbruch des Ersten Weltkriegs verhinderte die Ausführung. 1915 wurde die Pfarrei Feldkirchen dem Dekanat München II zugeteilt. 1917 löste moderne Elektrik die alte Kerzenbeleuchtung des Kirchenraums ab.

Der Erste Weltkrieg zog durchs Land, die Novemberrevolution mit der Aufhebung der geistlichen Schulaufsicht und die Räterepublik. 1919 wurde das evangelische Pfarrhaus im Kampf zwischen Regierungstruppen und Münchner Räterepublikanern von einer Granate getroffen und vier Zimmer verwüstet. Im gleichen Jahr fand auch die Tagung der Diözesansynode des Protestantischen Dekanats München II in Feldkirchen statt. Und schließlich brach gegen Ende der Zeit von Pfarrer Crämer die große Inflation über das Land herein und damit auch der Verfall des für den Feldkirchner Kirchenneubau gesparten Betrages von rund 90.000 Mark. Damit mussten die Umbaupläne für einen neuen Kirchenbau, die im Herbst 1920 kein Geringerer als Prof. Theodor Fischer aus München ausgearbeitet hatte, in der Schublade verschwinden.[11] Und da an den *„längst beabsichtigten Kirchenneubau in absehbarer Zeit nicht zu denken war"*, wurde der Betsaal, der zwölf Jahre zuvor nur notdürftig renoviert worden war, im Sommer 1922 erneut instandgesetzt. Die Neuausmalung des Betsaals übernahm Malermeister Joseph Wolf aus Feldkirchen nach Ratschlägen von

Kleine Konfessionsstreitigkeiten

Auch wenn immer wieder das überraschend gute Auskommen zwischen Katholiken und Protestanten erwähnt wird – ganz so harmonisch scheint es doch nicht gewesen zu sein. Als der neue gemeindliche Friedhof im Juni 1907 eröffnet wurde, traten die Differenzen öffentlich zu Tage. *„Wo der Grund dieser bedauerlichen und völlig unchristlichen Verschärfung der konfessionellen Gegensätze zu suchen ist und welche Leute hauptsächlich daran arbeiten, ist hier ein offenes Geheimnis."* Auch nach der Einweihung des Friedhofs ließen die Schwierigkeiten offensichtlich nicht nach. Wie anders erklärten sich sonst etwa folgende Nachrichten im Evangelischen Gemeindeblatt vom Mai 1908:

„Seit mehr als 100 Jahren leben in Feldkirchen Protestanten und Katholiken friedlich neben und mit einander. Ein Zeichen des guten Einvernehmens zwischen den beiden Konfessionen ist auch dies, daß die Protestanten aus Rücksicht auf ihre katholischen Mitbürger alle katholischen Feiertage wenigstens in der Weise mitfeiern, daß sie sich an diesen Tagen aller lärmenden Arbeit und überhaupt aller Arbeit in der Öffentlichkeit enthalten; umgekehrt feiern die Katholiken in der gleichen Weise mit den Protestanten deren höchsten Feiertag, den Karfreitag. Leider gab es in diesem Jahre mehrere sehr auffällige und höchst unliebsame Störungen der in Feldkirchen herkömmlichen Karfreitagsstille. So ließ das Kgl. Bayer. Straßen- und Flußbauamt München bezw. dessen beauftragter Bauführer, der durch einen prot. Bürger Feldkirchens vorher schon darauf aufmerksam gemacht worden war, daß in Feldkirchen am Karfreitag auch seitens der Katholiken alle öffentliche und laute Arbeit unterbleibe, dennoch in rücksichtsloser Weise gerade am Karfreitag mitten im Dorfe, teilweise in unmittelbarer Nähe der protestantischen Kirche, durch den Straßenwächter und mehrere Taglöhner die Staatsstraße mit Basaltsteinen beschottern und gleichzeitig in nächster Nähe und zum Teil auch innerhalb des Dorfes die Straßendampfwalze arbeiten. […]

Eben solchen Mangel an Rücksicht legte der Tändler Klement Kloo von München an den Tag, der eine Anzahl Arbeiter auf seine Baustelle unmittelbar neben der prot. Kirche (es wird dort ein Getreidestadel zu einem Wohnhaus umgebaut) während des ganzen Karfreitags, auch zur Zeit des Hauptgottesdienstes, unter seiner persönlichen Aufsicht arbeiten ließ wie an jedem beliebigen Werktag."

Theodor Fischer, der auch Vorschläge für die Kriegergedächtnistafel in Aussicht stellte.[12] Ob die 1924 im Kirchenraum angebrachte Gedächtnistafel dann wirklich ein Entwurf von Fischer war, ist nicht überliefert.

Bereits während des Ersten Weltkriegs hatte sich Pfarrer Crämer als großer Patriot erwiesen. Er betreute seine Gemeindemitglieder auch an der Front, schickte ihnen Pakete und Andachtsbüchlein sowie sein „Evangelisches Gemeindeblatt". Über 1.500 Feldpostbriefe und -karten an ihn haben sich erhalten. Allerdings hat den Schatz erst Pfarrer Krauth Ende des 20. Jahrhunderts völlig verstaubt auf dem Dachboden wieder entdeckt. Durch das Engagement einiger Gemeindemitglieder wurden die Briefe und Karten schließlich per Computer erfasst und schließlich im November 2008 in einer Ausstellung im Rathaus und einer Publikation der Öffentlichkeit bekannt gemacht.[13]

Am 19. Juni 1924 fand die fünfte Bezirkssynode des Dekanats München II in Feldkirchen statt. Über 170 Gäste konnten begrüßt werden. Im selben Jahr wurde der Umfang der Kirchengemeinde von ursprünglich 121 Gemeinden auf 17 reduziert. Ein Jahr später verließ Pfarrer Crämer Feldkirchen und übernahm die Stadtpfarrei Donauwörth. Mit seinem Wegzug aus Feldkirchen enden auch die ausführlichen Nachrichten über die Gemeinde im Evangelischen Gemeindeblatt. Unter seinem Nachfolger sind außer einer ausführlichen historischen Abhandlung kaum mehr Nachrichten zu Feldkirchen darin enthalten. Wenige Jahre später ging das Blatt dann gänzlich ein.

1925 wurde Pfarrer Crämer durch Pfarrer Ludwig Turtur, den Sohn eines fränkischen Studienrats, abgelöst. Er hatte es als Seelsorger nicht leicht. Nach den wirtschaftlich schwierigen Jahren seiner Anfangszeit in Feldkirchen kam ab 1933 der immer stärker werdende Druck durch den Nationalsozialismus.

Dies mag für ihn auch der Grund gewesen sein, die Pfarrbeschreibung 1938 einzustellen. Pfarrer Turtur führte die Gemeinde nicht nur durch die Wirren der NS-Zeit, sondern auch der Kriegs- und schließlich der Nachkriegsjahre, als durch den Zustrom von Flüchtlingen die evangelische Gemeinde anwuchs und neue Probleme zu bewältigen waren. Er war Mitverfasser des Buches über die „Geschichte des protestantischen Dekanats und Pfarramtes München 1799–1852". Nach einem Herzinfarkt wurde er zum 1. November 1954 in den Ruhestand versetzt, arbeitete aber auch danach an einer Materialsammlung zur heimatlichen Kirchengeschichte. Er starb 1965 in München und wurde in Feldkirchen, das ihn bereits 1954 zum Ehrenbürger ernannt hatte, in einem Ehrengrab beigesetzt. Seine Frau galt als der gute Engel von Feldkirchen. Friedrich (Frieder) Turtur, einer seiner beiden Söhne, wurde später Gemeinderat in Feldkirchen und ist vor allem als Arzt unvergessen.

Am 14. November 1954 wurde Adolf Track, ein Münchner Kaufmannssohn, Pfarrer in Feldkirchen. Sein bedeutendstes Werk war der Bau des Gemeindezentrums in München-Riem. Seit der Errichtung des protestantischen Pfarrvikariats 1833 wurde auch die evangelische Bevölkerung in Riem von Feldkirchen aus betreut. Daran änderte auch die Eingemeindung des Dorfs am 1. Januar 1937 nach München nichts. Der erste evangelische Gottesdienst fand dort jedoch erst in den 1950er Jahren mit Pfarrer Track statt. Regelmäßig hatte er ihn in der katholischen Kirche St. Martin feiern dürfen, bis das neue Gemeindehaus 1969 eingeweiht wurde.[14]

Von 1955 bis 1961 war Track zudem Seelsorger für die Heil- und Pflegeanstalt Haar. In seiner Amtszeit wurde 1967 die evangelische Bekenntnisschule in eine Gemeinschaftsschule umgewandelt und 1969 mit der katholischen Bekenntnisschule zur „Christlichen Gemeinschaftsschule Feldkirchen" zusammengelegt. Für einige Verwirrung unter seinen Gemeindeschäfchen sorgte die Annordnung, den bisher roten Abendmahlswein durch seinen geliebten weißen Frankenwein zu ersetzen. Doch man gewöhnte sich schließlich auch daran. 1970 ging Pfarrer Track in den Ruhestand.

Danach wurde Andreas Hildmann die Pfarrstelle übertragen, dem Sohn des Pfarrers und späteren Kirchenrats Gerhard Hildmann. Andreas Hildmann, der zuletzt Vikar an der Himmelfahrtskirche in München-Sendling gewesen war, wurde am 24. Januar 1971 durch Prodekan Theodor Glaser als Pfarrer in Feldkirchen eingesetzt. Die Feier wurde sogar aufgezeichnet und am 13. Juni vom Bayerischen Rundfunk ausgestrahlt. Mit Pfarrer Hildmann zog nicht nur die Familie in das frisch renovierte Pfarrhaus, sondern auch die Kunst. Über 50 Ausstellungen mit den verschiedensten Künstlern ließ „Kunst im Pfarrhaus" weit über die Grenzen von Feldkirchen hinaus bekannt werden.

Im Parterre des evangelischen Pfarrhauses war im Jahr 1971 ein kleiner, zweckmäßig eingerichteter Gemeindesaal geschaffen worden. Doch als es um die künstlerische Ausgestaltung ging, stellten sich verschiedene Fragen: Sollte ein Wandteppich bestellt werden? Oder ein Glasbild? Und welches Motiv sollte gewählt werden? Und welchen Künstler beauftragen? Es wurde an den 1919 geborenen Künstler Hubert Distler aus Grafrath gedacht, der seit den 1950er Jahren zahlreiche Kirchenausstattungen vorgenommen hatte. Man bat ihn, einige seiner Arbeiten im Saal zu zeigen. Die improvisierte Ausstellung fand ein erstaunlich großes Interesse; die Meinung, dass „Kunst im Pfarrhaus" ein sehr sinnvolles Element des Gemeindeaufbaus sein könnte, verfestigte sich. Es wurde schließlich kein bestimmter Künstler mit einer Arbeit beauftragt, sondern die Idee der ständig wechselnden Ausstellungen fortgesetzt.

Pfarrer Alfred Krauth bei einer Taufe am 4. Oktober 2008

Rund 50 durchgeführte Ausstellungen beweisen, dass die Entscheidung richtig getroffen wurde. Im Sommer 1989 überraschte Pfarrer Andreas Hildmann anlässlich seines 50. Geburtstages die Kirchenbesucher sogar mit einer Ausstellung eigener Aquarelle.[15]

Literaturabende, die Herausgabe kleiner besinnlicher Heftchen und die von ihm geleiteten Studienreisen zeugen ebenfalls vom künstlerischen Verständnis des Pfarrers. Auf seine Initiative hin wurde 1978 eine neue Orgel angeschafft. Die Liebe zur Musik teilte er mit seiner Frau, die einen Kammermusikkreis, ein Flötenquartett und einen Kinderchor gründete. Von Pfarrer Hildmann stammt der Text der „Kirchheimer-Kantate", die anlässlich der Einweihung der unter seiner Leitung erbauten Cantate-Kirche mit Gemeindezentrum 1985 in Kirchheim uraufgeführt wurde (die Cantate-Kirche wurde 1988 zur Filialgemeinde und 1995 zur rechtlich selbständigen Pfarrei ernannt).

Berühmt wurden auch Hildmanns „Hoagascht-Abende", die schließlich Anregung gaben für die Gründung von Volksmusikgruppen in verschiedenen Orten im Bereich der Kirchengemeinde (die Tradition der „Hoagascht-Abende" wird bis heute von der Feldkirchner Außenstelle der VHS fortgeführt). Hildmann knüpfte an frühere Traditionen unter Pfarrer Crämer an und gab erneut ein „Gemeindeblatt" heraus, das als „Gemeindebrief" viermal im Jahr erscheint. Auch kam es in seiner Amtszeit zu Neuerungen wie den Berggottesdiensten, Glaubensseminare, Abende für junge Ehepaare oder die Einführung der Osternacht. Seniorennachmittage wurden ins Leben gerufen und ein Frauengesprächskreis. Über das Prodekanat München-Ost knüpfte man Beziehungen zu Tansania und begründete schließlich eine Partnerschaft mit Igongolo.[16]

1987 wurde das 150-jährige Jubiläum der evangelischen Kirche in Feldkirchen gefeiert. Aus diesem Anlass wurden im Vorfeld durch Gerd Welle und Helmut Hagenacker zwei neue Nischen im Kirchenraum geschaffen, um zum einen das Geschenk der Kommune Aschheim, einen vermutlich fränkischen Auferstehungschristus (eine farbig gefasste Holzskulptur des 17. Jahrhunderts) aufzunehmen, und zum anderen eine segnende Christkindfigur, vermutlich um 1770 in Neapel oder Süditalien entstanden.

Mit dem zu Hildmanns Amtszeit ebenfalls neu nach Feldkirchen gekommenen katholischen Pfarrer Karl Büchl verband ihn ein gutes Verhältnis, das zu regelmäßigen ökumenischen Gottesdiensten in beiden Kirchen führte. Während sich nach dem Weggang von Pfarrer Büchl eine Abschwächung in Feldkirchen selbst abzeichnete, wurden die guten Kontakte zu den katholischen Nachbargemeinden ausgeweitet. Bereits 1975 war Hildmann zudem zum Lehrpfarrer berufen worden. Im Laufe von 15 Jahren hat er sieben Lehrvikare und fünf Religionspädagogen in die praktische Gemeindearbeit eingeführt.

Zwei Jahrzehnte wirkte Pfarrer Hildmann in Feldkirchen. Zum 1. November 1990 ernannte man ihn zum ersten „Landeskirchlichen Beauftragten für Fragen der Kunst in Bayern" und gleichzeitig zum Kirchenrat, nachdem er kurz zuvor die zweite Feldkirchner Pfarrstelle in Kirchheim an die neue Kirchengemeinde Kirchheim übergeben und die Installation von Pfarrer Roßmerkel begleitet hatte. Auch an der Planung und dem Erwerb eines Grundstücks für die neue Kirche in Aschheim war er noch beteiligt. Bereits vorher konnte er mit dem katholischen Pfarrer Franz Xaver Haindl von Aschheim vereinbaren, dass die evangelischen Christen in der katholischen Kirche St. Peter und Paul in Aschheim einmal im Monat einen Gottesdienst abhalten dürfen. Das war der Beginn des evangelischen Gemeindelebens in Aschheim, das am 15. Dezember 1996 durch die feierliche Weihe der Segenskirche durch Kreisdekan Dr. Martin Bogdahn gekrönt wurde.[17]

Am 17. Oktober 1990 dankte die Kommune Andreas Hildmann mit der Verleihung der „Ehrenmedaille in Gold", die Bürgermeister Ludwig Glöckl in einer Sondersitzung des Gemeinderats überreichte. Die Verabschiedung folgte vier Tage später mit einem Festgottesdienst und einem Empfang seiner Kirchengemeinde im Hotel Bauer.

Am 14. April 1991 übernahm Pfarrer Alfred Krauth die Pfarrstelle der Kirchengemeinde Feldkirchen. Er zog mit Ehefrau Monika und vier Buben in das frisch renovierte Pfarrhaus. Während sein Vorgänger – wie es heißt – mehr den barocken Stil pflegte, galt Pfarrer Krauth als eher bodenständig. Der Theologe, der sein Studium in Neuendettelsau, Heidelberg, Tübingen und Erlangen absolviert hatte, war eher praktisch veranlagt, krempelte die Ärmel hoch. Unter seiner Aegide wurden die Mutter-Kind-Gruppen, die Väter-Kinder-Wochenenden, Mitarbeiter-Wochenenden, Seegottesdienste am Heimstettener See sowie Krabbelkinder-Gottesdienste zu festen Institutionen. Auch in der Ökumene konnte er Fortschritte verzeichnen. So findet alljährlich eine ökumenische Kinderbibelwoche in Feldkirchen und Aschheim statt, die jeweils mit einem ökumenischen Sommerfest im Pfarrgarten von Feldkirchen ihren Abschluss findet. Für Kinder und Jugendliche wurde als Aufenthaltsraum ein Blockhaus im Pfarrgarten geschaffen. Im Jahr nach seiner Berufung begann zudem die Kirchenpartnerschaft mit Rietschen in der Oberlausitz in Sachsen.[18]

Die evangelische Kirche, Innenraum

Als das Mesnerehepaar Gaber Ende 1996 in den Ruhestand ging, wurden unter der Leitung der Münchner Architektin Marga Lang Umbaumaßnahmen in der seit 1983 unter Denkmalschutz stehenden Kirche in Angriff genommen. Gottesdienste konnten von Ostern bis in den Herbst hinein nur in der neuen Segenskirche in Aschheim abgehalten werden. Mit einem Festgottesdienst am Erntedankfest (3. Oktober 1999) konnte die Einweihung der Kirche nach dem dreijährigen Umbau gefeiert werden. Gleichzeitig kam es zur Einweihung des Regina-Lehrer-Hauses, des Mitarbeiterhauses im Pfarrgarten, das durch die großzügige Grundstücksstiftung von Regina Lehrer, die Mathilde Holly 1979 erfüllte, ermöglicht worden war.[19] Damit wird an Regina Lehrer (1894–1955, Jugendbild siehe S. 86) erinnert, Tochter von Philipp Lehrer (1863–1928), Enkelin von Ludwig Lehrer (1834–1914) und seiner Frau Regine, geborene Bodmer, und Urenkelin von Johann Bodmer sowie Ur-Urenkelin des ersten evangelischen Schullehrers nicht nur in Feldkirchen, sondern in ganz Oberbayern, Jakob Bodmer. Regina Lehrer selbst war Autorin des Krippenspiels „Gloria in excelsis deo", das 1928 im Verlag der Evangelischen Vereinsbuchhandlung München erschienen ist und das u. a. zu Weihnachten 1929 im Feldkirchner Kinderheim aufgeführt wurde, sowie anderer Veröffentlichungen.

2012 konnte das 175-jährige Jubiläum der evangelischen Kirche in Feldkirchen festlich begangen werden. Zum Kirchenbaujubiläum leistete man sich auch neue Paramente, gefertigt in den Kunstwerkstätten in Neuendettelsau. Unmittelbar nach den Feierlichkeiten verabschiedete sich Pfarrer Alfred Krauth in den Ruhestand, um den Stab an seine Nachfolgerin zu übergeben. Noch zum Neujahrsempfang 2012 hatte ihm Bürgermeister Werner van der Weck die „Goldene Ehrennadel" der Gemeinde

Pfarrhaus der evangelischen Gemeinde

unten:
Der gute Hirte, Relief am evangelischen Pfarrhaus

Feldkirchen überreicht. Am 29. April 2012 wurde er in den verdienten Ruhestand verabschiedet und im Rahmen der Gemeinderatssitzung am 10. Mai desselben Jahres ihm das Ehrenbürgerrecht der Gemeinde Feldkirchen verliehen.

Am 1. Oktober 2012 übernahm Pfarrerin Ghita Lenz-Lemberg die Pfarrstelle in Feldkirchen, jedoch für nicht einmal zwei Jahre. Bereits ihr Einzug war von Hindernissen begleitet: Die Kirche war wenige Wochen zuvor überraschend für die Nutzung gesperrt worden. Umfangreiche Renovierungsarbeiten an der Kirche und am Pfarrhaus waren nötig. Deshalb fand die Amtseinführung der neuen Pfarrerin durch Dekan Volker Herbert am 7. Oktober auch in der Segenskirche in Aschheim statt. Damit endete die Interimszeit, in der die Pfarrerinnen Martina Hirschsteiner (Haar) und Susanne Kießling-Prinz (Kirchheim) Feldkirchen mitbetreut und Gottesdienste organisiert hatten.

Am 1. August 2014 verließ Pfarrerin Lenz-Lemberg in Folge von Unstimmigkeiten in der Kirchengemeinde Feldkirchen und nahm eine Stelle in Glonn und Grafing an; Pfarrer Manfred Groß aus Zorneding vertrat daraufhin die vakante Pfarrstelle in Feldkirchen bis 30. April 2015. Seit dem 1. Mai 2015 versieht Pfarrer Torsten Bader den Dienst in Feldkirchen und Aschheim. Am 3. Mai erfolgte seine Amtseinführung durch Dekan Dr. Peter Marinkovic.

Während zu Beginn der evangelischen Gemeinde der Einzugsbereich von Erding bis Rosenheim reichte, umfasst sie heute nur noch wenige Ortschaften mit insgesamt etwa 2.500 Mitgliedern. Laut einer Zählung aus dem Jahr 2011 waren es genau 2.535, von denen 1.096 in Feldkirchen wohnen, 1.106 in Aschheim und Dornach sowie in Weißenfeld, Parsdorf, Purfing, Neufarn und Hergolding zusammen 333.[20]

Die evangelische Kirchengemeinde und das Kinderheim

**Die Pfarrvikare bzw. ab 1905 Pfarrer
der evangelischen Kirchengemeinde Feldkirchen**

Johann Adam Schuler
von August 1833 bis 1. Mai 1839
Pfarrvikar und Schullehrer in Feldkirchen
geb. 30. 12. 1808 in Würzburg
gest. 10.12.1879 in Obernbreit

Johann Georg Hacker
von Anfang Mai 1839 bis Ende Mai 1843
Pfarrvikar und Schullehrer in Feldkirchen
geb. 15.1.1815 in Schney bei Lichtenfels
gest. 4. 3. 1891 in Hersbruck

Johann Konrad Rüger
von 26. 5. 1843 bis 28. 1. 1849
Pfarrvikar und Schullehrer in Feldkirchen
geb. 4.10.1818 in Bayreuth
gest. Oktober 1852 in Breslau

Johann Heinrich Schamberger
von 12. 3. 1849 (als Pfarrverweser)
und ab 24. 5. 1849 bis 21. 10. 1862
Pfarrvikar und Schullehrer in Feldkirchen
geb. 18. 7. 1825 in München
gest. 13. 12. 1884 in Würzburg

Georg Michael Neumeister
von 13. 10. 1862 bis 1868
Pfarrvikar und Schullehrer in Feldkirchen
geb. 3. 8. 1831 in Egnarhofen bei Uffenheim
gest. 16. 1. 1871 in Lüdern

Friedrich Leopold Ranke
von 1.10. 1868 bis 30. 4. 1871
Pfarrvikar und Schullehrer in Feldkirchen
geb. 30. 9. 1842 in Bayreuth
gest. 27. 3. 1918 in Lübeck

Albert Heinrich Hauck
vom 1. 5. 1871 bis April 1875
Pfarrvikar und Schullehrer in Feldkirchen
geb. 9. 12. 1845 in Wassertrüdingen
gest. 7. 4. 1918 in Leipzig

Christian August Wiesinger
von 5. 4. 1875 bis 15. 8. 1879
Pfarrvikar und Schullehrer in Feldkirchen
geb. 21. 10. 1839 in Ortenburg
gest. 7. 2. 1918 in Wilhelmsdorf/Brandenburg

Johann Kaspar Zahn
von 1. 9. 1879 bis 1. 8. 1882
Pfarrvikar in Feldkirchen
geb. 27. 3. 1854 in Nürnberg
gest. 1. 7. 1924 in Nennslingen

Johann Georg Glungler
von 8. 8. 1882 bis 1. 10. 1888
Pfarrvikar in Feldkirchen
geb. 10. 5. 1857 in Dornsbrunn
gest. 5. 7. 1941 in München

Johannes Jakob Blaufuß
von 16. 10. 1888 bis 15. 8. 1892
Pfarrvikar in Feldkirchen
geb. 8. 9. 1863 in Trautberg/Castell
gest. 7. 8. 1946 in Nürnberg

Georg Albrecht Jäger
von 15. 8. 1892 bis 1.5. 1897
Pfarrvikar in Feldkirchen
geb. 20. 1. 1868 in Nürnberg
gest. 25. 3. 1947 in Augsburg

Johannes Karl Crämer
von 1. 5. 1897 bis 1. 7. 1925
Pfarrvikar in Feldkirchen
geb. 12. 10. 1870 in Waizenbach
gest. 21. 3. 1955 in Nürnberg

Ludwig Turtur
von 5. 7. 1925 bis 1. 11. 1954
Pfarrer in Feldkirchen
geb. 16. 2. 1891 in München
gest. 21. 1. 1965 in München

Adolf Track
von 14. 11. 1954 bis 1. 10. 1970
Pfarrer in Feldkirchen
geb. 19. 9. 1905 in München
gest. 26. 11. 1983 in Gräfelfing

Andreas Hildmann
von 24. 1. 1971 bis 1. 11. 1990
Pfarrer in Feldkirchen
geb. 23. 7. 1939 in München
am 4. 10. 2004 wurde Kirchenrat Andreas
Hildmann in den Ruhestand versetzt

Alfred Krauth
von 14. 4. 1991 bis 29. 4. 2012
Pfarrer in Feldkirchen
geb. 11. 1. 1947 in Augsburg
am 29. 4. 2012 in den Ruhestand versetzt

Ghita Lenz-Lemberg
von 1. 10. 2012 bis 31. 7. 2014
Pfarrerin in Feldkirchen
geb. 30. 11. 1961 in München
am 1. 8. 2014 Pfarrerin in Grafing
und Glonn

Manfred Groß
von 1. 8. 2014 bis 30. 4. 2015 Pfarramtführer
in der Vakanz in Feldkirchen

Torsten Bader
seit 1. 5. 2015 Pfarrer in Feldkirchen
geb. 1. 12. 1964 in Gelsenkirchen

Die Orgel von 1978 im Gehäuse der alten Orgel von 1896

Die Orgeln der evangelischen Kirche

Am 8. Oktober 1978 wurde durch Prodekan Dr. E. W. Wendebourg die neue Orgel in der evangelischen Kirche Feldkirchen eingeweiht. Aus diesem Anlass erschien im Gemeindeblatt Nr. 23 eine Geschichte sämtlicher Orgeln dieses Gotteshauses, geschrieben vom Mitglied des Kirchenvorstandes, Gerhard Welle:

„148 Jahre ist es her, daß zu Cantate 1830 zum ersten Mal in unserer, damals noch jungen Protestantischen Gemeinde eine Orgel den Gottesdienst musikalisch begleitete. Wie aus einem Protokoll des Jahres 1830 ersichtlich ist, war diese Orgel geliehen. Da wird uns berichtet, daß der kath. Lehrer Hämmerle aus München ‚uns seine schöne Hausorgel zum Gebrauch überließ, ohne sich etwas dafür zahlen zu lassen'.

Ende des Jahres 1830 wurde in der Feldkirchner Gemeinde der Wunsch nach einer eigenen Orgel wach. Zu dieser Zeit fanden in der 1811 gegründeten Protestantischen Schule Feldkirchen alle 14 Tage Predigtgottesdienste statt, die von Münchner Predigtamtskandidaten gehalten wurden. Eine Sammlung wurde beschlossen und eine Orgel bei Orgelbauer Feldschmied in Hohenbrunn bestellt. Während des Gottesdienstes an Judica 1831 wurde sie in Gebrauch genommen. Die Orgel war mit 4 Registern und 4 Oktaven ausgestattet; sie kostete 133 Gulden und 42 Kreuzer. Zu jener Zeit verdiente ein Handwerksgeselle pro Tag 50 Kreuzer (1 Pfund Schweinefleisch kostete 10 Kreuzer, 1 Maß Märzenbier rund 4 Kreuzer).

Die zweite Orgel wurde 1837 in dem neuerbauten ‚Vicariatsgebäude', unserer heutigen Kirche, aufgestellt. Im Laufe der Jahre wurde sie immer reparaturanfälliger. Auf Initiative von Vikar K. Rüger wurde im Jahre 1849 eine neue Orgel gekauft. Orgelbauer Zimmermann aus München lieferte dieses Instrument zu einem Preis von 500 Gulden. Auch dieser Betrag kam aus Spenden zusammen. Einen großen Spendenbetrag von 218 Gulden sammelte Pfarrer Dietzl in seiner Nürnberger Gemeinde. Der Restbetrag kam von der damals nicht gerade reichen Feldkirchner Kirchengemeinde. Schlechte klimatische Verhältnisse im Kirchenraum setzten im Lauf der Jahrzehnte auch dieser Orgel zu. Zwei größere Reparaturrechnungen von fast 300 Gulden mußten von der Kirchengemeinde bezahlt werden. Durch falsche oder sogar fehlende Töne störte die Orgel immer mehr den Gottesdienst, so daß der damalige Pfarrvikar A. Jäger und seine damalige evang. Gemeinde mit Eifer und Erfolg die Anschaffung einer neuen Orgel verfolgten.

1896 war es dann soweit. Unsere Feldkirchner Gemeinde erhielt erstmals eine richtige große Kirchenorgel. Diese, von der Firma Steinmeyer, Oettingen, hergestellte Orgel ist den meisten der heutigen Kirchenbesucher bestens bekannt. Die Orgel war mit einem Manual und sieben Registern ausgestattet. Die zum Spielen notwendige Luft wurde durch einen Blasebalg erzeugt, der bis zur Elektrifizierung in den 50er Jahren von den jeweiligen Konfirmanden getreten werden mußte. Die Kosten für diese Orgel beliefen sich damals auf 2000,- Mark, die Finanzierung erfolgte abermals durch Spenden. Durch ein Vermächtnis des Hausvaters der damaligen Protestantischen Erziehungsanstalt Feldkirchen, Herrn Chr. Gruber, erhielt die Gemeinde für diese Orgel den Betrag von 912,- Mark.

Seit dem Bestehen des Vikariatsgebäudes im Jahre 1837 waren die Orgeln an der Stelle der heutigen Pfarrbank, gegenüber der Kanzel aufgestellt. Für die 1896 gekaufte Orgel mußte an der Südwestseite des Kirchenraumes eine Mauer zu einem Raum durchgebrochen werden. Seitdem stehen die Orgeln an dem uns heute bekannten Platz.

Im Kriegsjahr 1917 mußten die Prospektpfeifen ausgebaut und an die Heeresverwaltung in München angeliefert werden. Die Pfeifen waren aus Zinn, damals ein begehrter Rohstoff für die Kriegsmaschinerie. Die Gemeinde erhielt dafür die geringe Entschädigung von nur 201,- Mark.

Nach über 80 ‚Dienstjahren' wurde auch dieses Instrument altersschwach. Eine Überholung war nicht mehr möglich. Die Bemühungen, eine neue Orgel für unsere Kirche anzuschaffen, gehen bis in das Jahr 1960 zurück. Der damalige Kantor, F. Reikowski; berichtete dem Kirchenvorstand über auftretende Alterserscheinungen der Orgel. Der heutige Kantor, K. Schmidt, wiederholte im Jahr 1973 die Klagen über den immer noch schlechter werdenden Spielzustand der Orgel.

Finanzschwierigkeiten und andere vordringliche Aufgaben der Kirchengemeinde stellten jedoch die Anschaffung eines neuen Instruments immer wieder zurück. Das Thema ‚Orgel' jedoch verschwand nun nicht mehr von den Tagesordnungen des Kirchenvorstandes. Dafür sorgte schon unser junger Kantor.

1977 war es dann soweit, Pfarrer A. Hildmann und der Kirchenvorstand sahen grünes Licht für die Finanzierung, und so wurde gemeinsam der Kauf einer neuen Orgel beschlossen. Die eingeleitete Spendenaktion brachte ein überraschend schönes Ergebnis. Nun steht die neue Orgel, die einen Kaufwert von rund 94.000,- DM hat, fast schuldenfrei in unserer Kirche und läßt ihre Stimme zum Lobe Gottes erschallen.

In den Julitagen 1978 wurde unsere neue Orgel aufgestellt und intoniert. Die Firma Steinmeyer & Co., Oettingen/Bayern, von der auch unsere bisherige Orgel stammte, hat für uns diese ‚Königin der Instrumente' gebaut. Es ist die 2338. Orgel dieser Firma. Das Instrument besitzt eine rein mechanische Traktur, d. h., die Tasten und Register werden über mechanische Hebelübersetzungen, nach dem Urprinzip des Orgelbaues, betätigt.

Von den insgesamt 918 Pfeifen der Orgel sind 833 aus einer Zinn/Blei-Legierung und die restlichen 85 Pfeifen aus Holz gefertigt. Aus unserer alten Orgel konnten 158 Orgelpfeifen wieder verwendet werden. Die Orgel besitzt 2 Manuale und 14 Register. Auf Beratung des Amts für Denkmalpflege wurde das alte Gehäuse der 1896 angeschafften Orgel beibehalten.

Handwerkliches Geschick und Liebe zum Detail bestimmten die Arbeiten der Orgelbauer und so wurde diese Orgel ein Kunstwerk für sich und damit ein Kleinod für unsere Kirche."

Das evangelische Kinderheim, 1853

Das evangelische Kinderheim – Evangelische Kinder- und Jugendhilfe Feldkirchen

Im Jahr 1853 wurde in Feldkirchen das „Rettungshaus für verwahrloste Kinder protestantischen Glaubens" gegründet, nur wenige Jahre nach der Anerkennung der Aufgaben der Inneren Mission (29. November 1849). Der protestantische Bauer Johannes Bodmer hatte den Hof einer nach Amerika ausgewanderten Familie erworben und stellte ihn zur Verfügung. Der damalige evangelische Pfarrvikar Otto Schamberger, der den Rettungshausgedanken mit nach Feldkirchen gebracht hatte, konnte das Anwesen gegen Übernahme der darauf ruhenden Hypotheken für die Errichtung eines Rettungshauses übernehmen.

Kreisheimatpfleger Fritz Lutz hat die Vorgeschichte anhand eines dicken Folianten mit Briefprotokollen des Amtes Perlach im Landgericht München, zu dem Feldkirchen damals zählte, aufgedeckt. In diesem Bestand befand sich ein Vertrag zu 1.816 Gulden und 12 Kreuzern über den Kellmairhof (auch Kill- oder Köllmaierhof geschrieben, im Volksmund beim „Kelmer", später Mermi) mit der Hausnummer 11 in Feldkirchen. Um diesen Preis verkaufte der Bauer Johann Meßner, nunmehr auf dem Kotterhof in Salmdorf (heute zur Gemeinde Haar gehörig) ansässig, seinen zur Kirche Feldkirchen mit Freistift grundbaren Hof (d. h. ein jährlich kündbares bäuerliches Lehensverhältnis) samt ca. 37 Tagwerk Wiesen- und Ackerland an den ledigen Lehrersohn Johannes Bodmer (den „Schullehrerhans"), gebürtig von Hombrechtikon im Kanton Zürich in der Schweiz, den Sohn jenes Hans Jakob Bodmers, der 1810 nach Oberndorf gekommen und der erste protestantische Lehrer in Feldkirchen geworden war.

Der Feldkirchner Bauer Meßner, der den Hof erst am 20. Januar 1830 erworben hatte, erhielt von Johannes Bodmer die stattliche Summe von 1.366 Gulden und 12 Kreuzern in bar; die auf dem Hof liegende Hypothek von 450 Gulden musste der Käufer jedoch mit übernehmen.

Protestantisches Erziehungsheim, um 1910

Der Erwerb eines Grundbesitzes war zu jener Zeit einem Ausländer allerdings nicht ohne weiteres möglich. Zuerst musste Bodmer jun. um seine Freigabe durch die Schweizer Heimatgemeinde nachsuchen, von der er am 19. Januar 1825 den Heimatschein und damit das Bürgerrecht erhalten hatte. Am 22. März 1832 bekam er von dem für seinen Geburtsort Hombrechtikon zuständigen Statthalteramt Meilen und dem Regierungsrat des Kantons Zürich die Genehmigung zur Aussiedlung. Dabei wohnte der junge Bodmer schon seit 1812 bei seinem Vater Jakob Bodmer in Feldkirchen, jedoch ohne hier ein Heimatrecht erworben zu haben. Damit der Kaufvertrag rechtsgültig werden konnte, musste Johannes Bodmer nun in die Gemeinde Feldkirchen eingebürgert werden.

Mit „Gemeindebeschluß" (heute Gemeinderatsbeschluss) vom 7. Februar 1833 verfügte der Ortsvorsteher Andreas Adam zusammen mit den Ausschussmitgliedern Melchior Oberhauser, Paulus Glasl und Emeran Huber:

„Johann Bodmer, aus der Schweiz gebürtig, sich aber seit 1812 ununterbrochen dahier aufhaltend, wird nicht nur wegen seines ersparten Vermögens von 1500 Gulden, sondern auch wegen seines unermüdeten Fleißes und jetzt so selten anzutreffenden guten Aufführung sehr gerne von hiesiger Gemeinde an- und aufgenommen, indem er sich durch Ankauf des Kellmairhofes in Feldkirchen ansässig machen will."

Nachdem aber ein Bauernhof von einem Ledigen ohne eine tüchtige Bäuerin schlecht zu bewirtschaften war, brauchte Johannes noch eine Braut. Als strenggläubiger Protestant musste er natürlich eine aus dieser Glaubensgemeinschaft nehmen. Er fand sie in der Tochter des Pächters Christian Gerber von der Schwaige Oberndorf, der das große Gut mit rund 300 Tagwerk Äckern, 470 Tagwerk Wiesen und 90 Tagwerk Wald der Familie von Bachmair bewirtschaftete. Die Braut war zudem eine Landsmännin aus der Schweiz.

Die Jungfrau Veronika Gerber musste eine ähnliche Behördenprozedur wie ihr Zukünftiger durchstehen. Da sie ‚nur' eine Frau war und es damals mit der Gleichberechtigung noch nicht weit her war, verzichtete die Regierung des Isarkreises (wie Oberbayern damals hieß) auf Empfehlung des Landgerichts München (auf dem Lilienberg in der Au) mit Entschließung vom 22. Januar 1833 huldvollst auf eine förmliche Aussiedlung durch den Schweizer Heimatkanton Bern. Die Einbürgerung nach Feldkirchen jedoch blieb der jungen Veronika nicht erspart. Bereits am 11. November 1832 verfügte der Gemeindeausschuss: *„Veronika Gerber, von Senneswald, Kanton Bern/Schweiz, gebürtig, die sich mit ihren Eltern seit 1820 als Pächter auf der Schwaige Oberndorf aufhält und die gesonnen ist, den Kellmairhofbesitzer Johann Bodmer in Feldkirchen zu heiraten, ein Vermögen von 200 Gulden besitzt (100 erspart, 100 vom Vater) und die, so lange sie sich hier aufgehalten hat, bekannt ist, eine ausgezeichnete, rechtschaffene, gute Aufführung gepflegt zu haben, wird von der Gemeinde Feldkirchen aufgenommen."*

Nach all den Formalitäten war der Weg frei für das Brautpaar, zum Gerichtsschreiber nach Perlach zu fahren, um dort am 9. Februar 1833 den Ehevertrag abzuschließen. Da jedoch Veronika als Frau damals vor Gericht nicht rechtsfähig war, musste sie ihren Vater Christian Gerber als Beiständer mitnehmen. Die Brautleute entschlossen sich für die allgemeine Gütergemeinschaft. Der Bräutigam brachte seinen Hof im Wert von 1.366 Gulden mit in die Ehe, die Braut eine Mitgift von nunmehr 300 Gulden. Jetzt konnte die Ehe der beiden gebürtigen Schweizer vom ersten Feldkirchner Pfarrvikar Schuler kirchlich eingesegnet werden.

Wie erfolgreich Johannes Bodmer wirtschaftete, zeigte der bereits nach drei Jahren mögliche Kauf von rund 17 Tagwerk Äckern und rund 9 Tagwerk Wiesen um ca. 660 Gulden aus dem zertrümmerten Kotterhof.

Zwei Jahrzehnte bewirtschaftete Bodmer den Hof, dann stellte er ihn für die Einrichtung eines Rettungshauses zur Verfügung. Ob Bodmers Tochter Veronika (1844–1924) nach dem Tod des Vaters 1856 auch im Rettungshaus erzogen wurde, ist nicht überliefert. 1870 allerdings übernahm sie als Schwester Veronika die Stelle der Hausmutter im Rettungshaus Altdorf bei Nürnberg, später im Versorgungshaus in Fürth und im Anstaltsgutshof in Polsingen. Der Kontakt zu Feldkirchen scheint jedoch über die Jahre nicht abgerissen zu sein. Testamentarisch vermachte sie Feldkirchen Wertpapiere zum Kirchenbau.[22]

Schon wenige Jahre nach der offiziellen Gründung der evangelischen Kirchengemeinde hatten die Feldkirchner begonnen, über ihre Familie und ihre Gemeinde hinauszudenken. Die Familie Bodmer und die aus dem Badischen stammenden protestantischen Familien Adam, Lehrer und Wurth hatten arme evangelische Tagelöhnerkinder oder Kinder aus der Diaspora aufgenommen, um ihnen eine protestantische Schulbildung und Erziehung zu ermöglichen. Die Kinder aus den Orten wie Aittersteinering oder Niederried (heute beide Gemeinde Forstinning) oder aus Heiligkreuz (heute Gemeinde Anzing) hatten bis Feldkirchen einen Schulweg von drei bis vier Stunden. Für den Konfirmandenunterricht fanden sie vorübergehend Aufnahme in Feldkirchner Familien. Unterstützt wurden sie in der Folgezeit tatkräftig durch den Vikar und durch andere *„Glaubensgenossen in Feldkirchen"*, die für die Pflegefamilien *„regelmäßig und in reichem Maße Viktualien"* beisteuerten. Später kamen auch *„verwahrloste"* Kinder aus München hinzu, die dringend körperlicher und geistiger Pflege bedurften.

Als die Zahl der Pflegekinder jedoch immer weiter zunahm, ließ man sich auch in Feldkirchen durch Ideen von Johann Hinrich Wichern, dem Begründer des „Rauhen Hauses" und er sogenannten Inneren Mission in Deutschland, und von seiner Rettungshausbewegung anregen. Der gebürtige Hamburger Theologe Wichern hatte in seiner Heimatstadt die Leitung der Sonntagsfreischule für arme Kinder übernommen und gründete dort 1833 die Rettungsanstalt im „Rauhen Haus", die für viele ähnliche Anstalten in Deutschland, aber auch in Frankreich, England und Holland zum Muster wurde. Später war Wichern tätig für die Stiftung eines Zentralvereins für die Innere Mission, der 1848 auf dem Kirchentag in Wittenberg zustande kam. Auf einer Reise durch Bayern im Jahr 1849 hat er auch hier seine Ideen verbreitet.

Die Feldkirchner Protestanten übernahmen die Gedanken von Wichern; Johannes Bodmer ergriff die Initiative und stellte seinen Bauernhof kostenlos zur Verfügung. Andere Feldkirchner, vor allem die Familien Lehrer und Wurth, unterstützten ihn, stellten Grundstücke und finanzielle Mittel bereit und Vikar Schamberger bemühte sich in München um die nötige Unterstützung. Nachdem der Kirchenvorstand der protestantischen Pfarrei München den vorgelegten Plan für die Gründung eines „Rettungshauses" in Feldkirchen einstimmig begrüßt hatte, wurde ein Komitee gegründet, das sich um die notwendigen behördlichen Genehmigungen bemühte, und schließlich einen Verein zur Begründung eines protestantischen Rettungshauses zu Feldkirchen ins Leben rief. Vom 24. Januar 1853 datiert die Bekanntmachung und Einladung zu diesem Verein.

Tatsächlich konnte am 4. April 1853 die „Protestantische Rettungsanstalt" für evangelische Kinder aus der oberbayerischen Diaspora feierlich eingeweiht werden – noch zu Lebzeiten von Johannes Bodmer. Ihre Majestät Königin Marie, die Gemahlin König Maximilians II. und Mutter von König Ludwig II. von Bayern, die selbst protestantisch am preußischen Hof erzogen worden war, übernahm das Protektorat und stiftete die ersten 1.000 Gulden.

Das Rettungshaus soll sogar in Anwesenheit der Königin durch den Dekan Dr. von Burger eröffnet worden sein. Auch in späteren Jahren durfte das Feldkirchner Rettungshaus auf ihre finanzielle Unterstützung bauen. Angeblich soll sie sogar sechs eigenhändig genähte Knabenhemden gespendet haben.

Ein Bub aus Erding und drei Töchter eines im Zuchthaus einsitzenden Bürodieners waren die Ersten, die zusammen mit dem aus Nördlingen stammenden ersten Hausvater, Christoph Gruber, einziehen konnten. Als Hausmutter wurde, nachdem zuerst die Pfarrerswitwe Luise Stapf aus Lohr am Main ausgeholfen hatte, die Pfarrerstochter Eleonore Blank aus der Gegend von Hersbruck ernannt. Die Hauseltern haben die Anstalt über 40 Jahre lang geführt, unterstützt durch Regine Bankel als Gehilfin der Hausmutter. Als sie 1909 auf dem neuen Friedhof in Feldkirchen beerdigt wurde, folgte eine große Trauergemeinde dem Sarg.

Um 1859 war die evangelische Gemeinde in Feldkirchen bereits auf 400 Seelen angewachsen. Die Kirchengemeinde unterhielt nicht nur das Bet-, Schul- und Vikarhaus, sie trug auch zur Besoldung des Vikars und wesentlich zur Neugründung und Weiterentwicklung der Rettungsanstalt bei. Dennoch waren finanzielle Sorgen ständige Begleiter der Geschichte des Rettungshauses. Entsprechend oft musste der Posten des Kassiers neu besetzt werden. Bereits im Jahr 1860 rief die Münchner Neue Zeitung zu einer „Rettungsaktion für die Rettungsanstalt Feldkirchen" auf. Offensichtlich war der Hilferuf von Erfolg gekrönt. Von Seiten des Staates erfuhr das Haus Unterstützung. So wurden etwa 1864 in der Sitzung des Landrats von Oberbayern für die inzwischen acht Rettungshäuser in Oberbayern Gelder bewilligt, unter anderem 300 Gulden für das Rettungshaus in Feldkirchen.[23]

Jubiläumsgedenkblatt für das protestantische Erziehungs- und Rettungshaus zum 29. Juni 1903, gedruckt bei J. B. Obernetter in München

Doch immer wieder steht im Protokoll der Jahresversammlung: *„Die Ausgaben übersteigen bedrohlich die Einnahmen."* 1905 schickte der Münchner Dekan gar einen Brandbrief an die Pfarrer seines Dekanats, in dem es hieß: *„Entweder die Pfarrgeistlichkeit nimmt sich der Anstalt an oder das Rettungshaus geht ein und sein Jubiläum ist sein Grabgeläute geworden."* Gleichzeitig war es im protestantischen Rettungshaus langsam zu eng geworden. In den Jahren 1890 und 1891 erbaute man ein neues Mädchenhaus; 1905/06 folgte ein neues Knabenhaus. Nun war Platz für 54 Mädchen und 66 Buben. Konzeptionell orientierte man sich in dieser Zeit an den großen Kadettenanstalten. Das ehemalige „Familienprinzip" wurde weitgehend aufgegeben. Die Neubauten galten als vorbildlich, sodass die Grund- und Aufrisse sogar in Fachblätter Eingang gefunden haben sollen.

Viele Jahre hindurch hat das Rettungs- und Erziehungshaus seine Doppelfunktion beibehalten: Die Rettung verwahrloster Kinder und das Angebot der protestantischen Erziehung für die Kinder der Familien in der Diaspora. Buben und Mädchen aus ganz Oberbayern besuchten die „Konfirmandenlehranstalt", um durch einen entsprechenden Unterricht auf die Konfirmation vorbereitet zu werden, der am eigenen Wohnort nicht möglich gewesen wäre. Lange Zeit beherbergte die Einrichtung auch einen Teil der protestantischen Schule. Über Generationen haben Feldkirchner und die Kinder aus dem Heim gemeinsam die Schulbank gedrückt – vielleicht war dies auch ein Grund für die gute Integration des Kinderheims in Feldkirchen.

Bekanntmachung und Einladung zur Gründung einer protestantischen Erziehungs- und Rettungsanstalt zu Feldkirchen vom 24. Januar 1853

„Unser Verein hat sich heute in allgemeiner Versammlung seiner Mitglieder constituirt, die Unterzeichneten als Comite bestellt und die Satzungen genehmigt, wie sie entworfen waren. Wir übergeben diese nunmehr der Oeffentlichkeit und fügen diejenigen höchsten Entschließungen bei, welche die Regierungs-Genehmigung unsers Beginnens enthalten.

Das Anwesen zu Feldkirchen ist laut Kaufs-Urkunde vom 20. Dez. v. Js. in das volle Eigenthum des Vereins übergegangen, das Aufsichts-Personal gewonnen und die Anstalt selbst soll, so Gott will, am 4. April l. Js. eröffnet werden. Indem wir noch einen summarischen Auszug aus unserer Rechnung anschließen, glauben wir uns dem Vertrauen hingeben zu dürfen, daß unser bisher so sichtlich gesegnetes Unternehmen nunmehr durch weitere Theilnahme sich kräftigen und seine Zukunft gesichert sein werde. Zu dem Ende erlauben wir uns noch schließlich denjenigen verehrten Wohlthätern unsers Vereins, welche mit Zusage jährlicher Beiträge noch nicht beigetreten sind, um deren freundliche Zusicherung auf dem beigefügten Formular zu bitten."

Unterzeichnet ist dieses Schreiben von:

„Dr. Burger, Dekan,
Thon-Dittmer, k. Staatsrath,
A. v. Schlichtegroll, k. Oberbaurath,
Dr. Knapp, k. Oberconsistorialrath,
G. Fischer, städtischer Baumeister,
Dr. Meyer, Pfarrer,
Heinrich Hummel, Kaufmann,
Gustav Schulze, Kaufmann
und derzeit Kassier,
Dr. Hamberger, Professor,
Otto Schamberger, Pfarrvikar
von Feldkirchen."

Die Statuten des Vereins zur Gründung einer protestantischen Erziehungs- und Rettungsanstalt zu Feldkirchen vom 24. Januar 1853

„§ 1 Zweck des Vereins ist die Errichtung und Unterhaltung eines protestantischen Erziehungs- und Rettungshauses in Feldkirchen, k. Landgerichts München.

§ 2 Mitglied des Vereins ist jeder, der dessen Zweck durch Beiträge fördert.

§ 3 Den Vorstand des Vereins bildet das Comité, welches zur Errichtung der Anstalt zuerst zusammengetreten ist und welches alljährlich von denjenigen Vereins-Mitgliedern, welche ständige Beiträge geben, bestätigt oder ergänzt wird.

§ 4 Das Comité besteht aus dem jeweiligen protestantischen Dekan und Disrikts-Schulinspektor und 9 gewählten Mitgliedern, von welchen jährlich ein Drittheil austritt und durch Neuwahl wieder ergänzt wird; doch können die austretenden Mitglieder wieder gewählt werden.

§ 5 Gewählt wird durch einfache Stimmenmehrheit bei der jährlich zu haltenden General- Versammlung.

§ 6 Der Austritt des zu ergänzenden Drittheils geschieht die beiden ersten Male durch's Loos, später so, daß immer die früher eingetretenen zuerst wieder austreten.

§ 7 Das Comité übernimmt die Leitung der Anstalt und die Vertretung des Vereins nach außen. Es wählt aus seiner Mitte das Direktorium nach III. § 2 des Erziehungsplanes und außerdem einen Cassier und einen Sekretär. Ueber die Befugnisse des Direktoriums enthält der Erziehungsplan das Nöthige.

§ 8 Jährlich einmal, am Gedächtnistag der förmlichen Eröffnung des Vereins, werden die Vereins-Mitglieder zu einer Versammlung eingeladen, um den Rechenschafts-Bericht zu vernehmen, Anträge zu stellen und gemäß § 3–6 den Vorstand zu bestätigen oder zu ergänzen. Außerordentliche Versammlungen werden im Falle des Bedürfnisses vom Comité berufen.

§ 9 Jedes Vereins-Mitglied hat das Recht, Kinder zur Aufnahme vorzuschlagen; die Entscheidung darüber steht dem Comité zu.

§ 10 Vorschläge zu Aenderungen der Statuten stehen jedem Mitglied frei; müssen aber durch den Vorstand vorberathen und der Entscheidung der Jahres-Versammlung unterbreitet werden."

(zitiert nach Festschrift 125 Jahre Kinderheim Feldkirchen 1978).

Protestantisches Erziehungsheim

1937 wurde die Anstalt aus politischen und finanziellen Gründen vom Verein für Innere Mission München unter dem Namen „Kinderheim Feldkirchen" übernommen. Die bisher zum Heim gehörende ausgedehnte Landwirtschaft wurde abgetrennt. In den Kriegswirren musste die Arbeit unterbrochen werden.
Die Kinder kamen in Häuser des Waisenhausvereins München: die Buben nach Freimann, die Mädchen ins Löhehaus in der Blutenburgstraße. In Feldkirchen zogen Neuendettelsauer Schwestern ein. Die Innere Mission hatte kurz zuvor ein Mädchenheim des Evangelischen Magdalenenvereins in München-Gern, der sich 1937 aufgelöst hatte, übernommen. Dieses wurde nun nach Feldkirchen verlegt. Noch 1940 sprach das Bayerische Landesjugendamt dem Heim die Eignungserklärung als „Fürsorge-Erziehungsanstalt" zu. In den Kriegsjahren konnte die Erziehungsarbeit aus Personalmangel jedoch nicht mehr geleistet werden. Die Mädchen wurden zu Näh- und Flickarbeiten für die Wehrmacht und zu anderen kriegsbedingten Hilfen herangezogen.

1944 musste das Mädchenheim schließlich geschlossen werden und diente nacheinander der Einquartierung der Fliegerstaffel des Generals Adolf Galland, als Lager für polnische Kriegsgefangene und schließlich für Bedürfnisse der US-Armee. Die Feldkirchner und ihr Bürgermeister hatten sich bemüht, die zerstörte Münchner Rotkreuz-Klinik nach Feldkirchen verlegen zu lassen. Man wollte damit erreichen, dass bei Kriegsende das Haus unter dem Schutz der Rotkreuz-Flagge stehen würde und damit nicht anders genutzt werden konnte. Wieder waren es die Feldkirchner Bauern, die unter großem persönlichem Engagement und trotz der ständigen Fliegerangriffe in München die Klinikeinrichtungen abholten. Zur Eröffnung kam es jedoch nicht mehr.

Zwei volle Jahre dauerte nach dem Krieg das Ringen des Pfarrers Leonhard Henninger von der Inneren Mission sowie Regina Lehrers (der besagten Urenkelin von Johann Bodmer) und all ihrer Mitstreiter mit der Militärregierung um die Freigabe des inzwischen von der Besatzungsmacht beschlagnahmten Hauses. Im September 1947 konnte man in dem Gebäude, das in einem unbeschreiblich

Im Garten des Erziehungsheims

verwüsteten Zustand war – sogar die Lichtschalter waren gestohlen –, wieder eine pädagogische Einrichtung eröffnen. Mit 32 ostpreußischen Flüchtlingskindern begann die Arbeit von neuem. Bald war die Zahl der Kinder, die nach den Wirren des Krieges Schutz suchten, auf 110 angewachsen. Allen voran schaffte es das Diakonen-Ehepaar Schölzl, den Kindern hier wieder eine Heimat zu geben. Am 26. Oktober 1947 konnte das Kinderheim feierlich wiedereröffnet werden. Die Zahl der Kinder wuchs bald auf 120 an.

Seit 1952 wird das Haus vom Verein für Innere Mission betrieben, der 1955 einen Verkauf des Heimes erwog. Das Vorhaben scheiterte jedoch nicht zuletzt am Protest der Feldkirchner Bürger. Von 1958 bis 1967 wurde das Heim unter der Leitung des Diakonehepaars Wachs mehrfach modernisiert, die Belegungszahl der Zimmer vermindert, um dadurch mehr Platz und Lebensraum für die einzelnen Kinder zu schaffen.

Durch Einziehen von Trennwänden wurden aus den großen Schlafsälen kleinere Kinderzimmer, die Größe der Gruppen langsam auf zwölf Kinder reduziert, die von zunehmend besserem pädagogischem Fachpersonal betreut werden.

Dennoch waren die Sitten oft rau, Schläge offensichtlich an der Tagesordnung. Dies entsprach gängigen Erziehungsmethoden an Schulen und in Heimen. Erst 1973 wurde in der Bundesrepublik Deutschland die „Verhängung körperlicher Strafen" abgeschafft. Es gab „Tatzen" mit dem Vierkantholz, auch von der Oberin im Evangelischen Kinderheim Feldkirchen, und das oft schon aufgrund von leichten Vergehen. Ein ehemaliges Heimkind, das 1955 als 8-jährige nach Feldkirchen kam, erinnerte sich jedoch nicht nur an die Bestrafungen – „es war halt eine andere Zeit", meinte sie –, sondern auch an gute Tage. Und daran, dass die Amerikaner mit Bussen kamen und sie mit ins Casino nahmen, wo es dann Kaugummi, Stifte und den neuesten Micky-Maus-Film gab. Verboten war allerdings fast alles, was Spaß machte, auch jede Form von Zärtlichkeit, nach der sie sich gesehnt habe. Sie kann sich nicht erinnern, jemals von einer Erzieherin in den Arm genommen worden zu sein.

Leben im Kinderheim um 1913

Wie der Alltag im Kinderheim Feldkirchen einst aussah, erzählte die Praktikantin Lina Klotzbücher aus dem christlich sozialen Frauenseminar in Augsburg, die im Jahre 1913 nach Feldkirchen kam:

„Ja, da konnte man viel lernen, besonders wenn man – wie ich – noch nicht vom elterlichen Hause fort war, außer zum Vergnügen und in der Schule.

Ein Anstaltsbetrieb war für mich ganz etwas Neues; hier in Feldkirchen sollte ich ihn zur weiteren Ausbildung als Fürsorgerin kennenlernen. Mit gemischten Gefühlen zog ich unter den blühenden Kastanien der Bahnhofstraße dem Anstaltstor entgegen, war aber als ‚Schwester Lina' bald in die Hausordnung eingefügt.

Es war auch 1913 – in Deutschlands herrlichster Friedenszeit – nicht leicht, für täglich 33 (dreiunddreißig!) Pfennige ein Kind zu ernähren, zu kleiden, seine Schulsachen zu beschaffen, bei Bedarf für einen Arzt und die Apotheke zu sorgen usw.

Aber die gute Hausmutter Hüner mit ihrem hervorragenden Organisationstalent, ihrer unendlichen Liebe und Güte, ihrem Weitblick und Ordnungssinn, war hier auf dem rechten Platz, mit dem lieben, immer gleichmäßig stillen Hausvater, dessen Reich die Ökonomie und der große Gemüsegarten war.

Den Hauseltern standen für 130 Kinder, Haushalt mit Küche und Wäsche, Garten und Landwirtschaft nur 7 Erwachsene zur Hilfe zur Seite. Der ganze mustergültige Betrieb war aufgebaut auf größte Regelmäßigkeit, Einfachheit und Sparsamkeit. Auch die Kinder durften hier nicht müßig sein. Gleich nach dem Frühstück versammelte die Hausmutter ihre großen und kleinen Arbeitskräfte um sich, um die Tagesarbeit einzuteilen. Die Buben trugen blaue Arbeitsschürzen und halfen nach der Schule und nach einer kurzen Spielpause im Garten und in der Landwirtschaft. Die Mädchen bekamen in der Flickstube und in der Küche eine geeignete Arbeit oder durften Wäsche zum Bügeln zusammenlegen. Die Kleinsten konnten schon damit beschäftigt werden, nach der Wochenwäsche die ca. 140 Paar Strümpfe nach ihrer Zusammengehörigkeit zu sortieren. Wie wichtig hatten es dabei die Sechsjährigen! Über Tische und Bänke im Aufenthaltsraum wurden die Strümpfe gebreitet und eine Freude war's, wenn sich der passende Partner dazu fand. Ach, die Flickerei! Das war eine fast unübersehbare, nie endende Arbeit.

Bis zum äußerst möglichen wurden von dem fleißigen ‚Frl. Klara' die Bubenhosen und Jacken mit Flicken versehen und die Mädchenkleider immer wieder erneuert und nach Bedarf geändert oder aus zwei alten Stücken ein neues gemacht.

Haus- und Gartenarbeit in der protestantischen Erziehungsanstalt zu Beginn des 20. Jahrhunderts

Sehr erstaunt war ich über das Geschick, das sich 12–13jährige Mädchen im Kunststopfen angeeignet hatten, was besonders bei den rot-weiß-karierten Bettbezügen zur Geltung kam. Diese wurden so kunstgerecht und fein nach dem Muster gestopft, daß man wirklich nicht sehen konnte, wie stark sie schon mit solchen Stellen versehen waren.

An Appetit fehlte es im Hause niemand. Wir waren größtenteils Selbstversorger. Die gute, kräftige, einfache Landkost machte rote Wangen und starke Glieder. Wie beliebt waren z. B. ‚Schlachtschüsseln' oder ‚Waffeln mit Kakao'. Für mich waren die unglaublichen Mengen, die vertilgt wurden, etwas ganz Neues, immer wieder Überraschendes. Die Kinder, die sonntags geschwisterlich gleich gekleidet waren, durften nie ungesehen das Haus verlassen. Paarweise spazierten sie an der Hausmutter vorbei zur Schule und zur Kirche, und jedes wurde mit mütterlich-sorgendem Blick von ihr verabschiedet. War alles in Ordnung? Hatte jedes ein reines Taschentuch? Sind die Zöpfe sauber geflochten? Die Schuhe ordentlich gebunden? Ja, – dann: ‚Behüt Euch Gott.'

Samstag abends gab's regelmäßig großes Badefest mit Kopfwäsche. Heute ist mir noch in bester Erinnerung, wie lebhaft und vergnüglich es hier bei dieser großen Kinderzahl zuging. Nach einem solchen Badeabend fielen wir wie die Säcke in unsere Betten und schliefen prima. An Sonntagen wurden nachmittags kleine Spaziergänge gemacht oder gespielt. Die Kinder sahen bei diesem einfachen, regelmäßigen Leben stets sehr gut aus und waren abgehärtet. Die Schlafsäle konnten nicht geheizt werden, und mit Wonne kuschelten sich die Zöglinge in ihre Betten und Decken.

An Arbeit fehlte es natürlich nie. Ich bekam 25 Mädel zur Betreuung und war von früh 5.30 bis abends spät beschäftigt. Als einmal für Kuchen ein Zentner Zwetschgen ausgesteint werden mußte, saßen wir weiblichen Erwachsenen, nachdem die Kinder alle zu Bett gebracht worden waren, noch vergnügt bei dieser Arbeit bis 1 Uhr nachts.

Trübe Mienen kannte man nicht. Hausmutters Fröhlichkeit, Fleiß und Zufriedenheit, nicht zuletzt ihr unbegrenztes Gottvertrauen, wirkte ansteckend und beispielgebend auf Groß und Klein, und ich bin fest davon überzeugt, daß sich der Segen, der davon ausging, auch heute noch in vielen Familien auswirkt."

(Zitiert nach Festschrift 125 Jahre Kinderheim Feldkirchen, 1978, S. 26 ff.)

Erziehungsabend im Kinderheim im Jahr 1926

Auch die nichtschulische Erziehung der Kinder wurde gefördert:

„Vor kurzem fand im Speisesaal der evangelischen Erziehungsanstalt ein ‚Erziehungsabend' statt, dem zahlreiche Gemeindemitglieder beiwohnten. Nach einer Einführungsansprache des Herrn Pfarrers Turtur hielt Herr Lehrer Freytag ein ausführliches Referat über die so überaus wichtige Frage der Kindererziehung.

An Hand sehr geschickt zusammengestellten Materials wies der Redner den Kampf um unsere heranwachsende Jugend nach, der von allen Seiten, namentlich von politischer, geführt wird. Es ist daher Pflicht aller Eltern und Jugendbildner, mit erhöhter Aufmerksamkeit und Liebe sich des kommenden Geschlechtes anzunehmen und sie zu echten christlich-deutschen Menschen zu erziehen."

(Vorort und Siedelung, 26. Juni 1926)

Bis heute ist die „Evangelische Kinder- und Jugendhilfe Feldkirchen", wie die Einrichtung seit 1993 heißt, im Ort fest verwurzelt und integriert. Eng sind die Verflechtungen mit der evangelischen Kirchengemeinde. Die Heimleiter Karl Wachs, Willi Reimann und Hartmut Schulz wurden jeweils in den Kirchenvorstand gewählt. Zur finanziellen Unterstützung begannen in den 1960er Jahren verschiedene Institutionen mit Spendenaktionen für das Kinderheim, etwa die Süddeutsche Zeitung und der Münchner Merkur, der CVJM (Christlicher Verein junger Menschen) oder die Besatzung des „Zerstörers Bayern". Auch viele Feldkirchner unterstützten das Heim. Eine besondere Unterstützung erfuhr es durch den früheren Besitzer des Gutes Oberndorf, Baron von Tucher. Anlässlich seines 60. Geburtstags wünschte er sich statt Geschenken Geldspenden für das Kinderheim. 30.000 DM kamen so zusammen. Und als er im August 1968 beerdigt wurde, flossen an Stelle von Kranzspenden noch einmal 70.000 DM an das Heim, die in die Finanzierung der neuen Turnhalle flossen.

Evangelisches Kinderheim in Feldkirchen 1993
Bild unten Gruppenraum

Erst in jüngster Zeit ist das Thema „Heimkinder" aktuell geworden. Man untersucht Missstände, die erst jetzt bekannt geworden sind, auch in kirchlichen Einrichtungen. Auch wenn allgemein verschiedentlich ehemalige Heimkinder noch heute unter dem Aufenthalt leiden, war ein Heim für viele die Rettung, zumindest aber das kleinere Übel im Gegensatz zu einem lieblosen kriminellen Elternhaus.[24]

Um die Jahrtausendwende kam es zu umfangreichen mehrjährigen Umbau- und Sanierungsarbeiten am Kinderheim. Am 18. Mai 2001 konnte die Einrichtung in Anwesenheit zahlreicher Gäste feierlich wiedereröffnet werden. Am 4. April 2003 wurde das 150-jährige Gründungsfest gefeiert. Welche Bedeutung die Einrichtung für den Raum München und ganz Oberbayern noch immer besitzt, lässt sich daran ermessen, dass 2003 auch der damalige Bundespräsident Johannes Rau aus Anlass des 150-jährigen Gründungsjubiläums zu Besuch kam. Am 10. Mai 2003 trug er sich auch in das kurz zuvor erworbene „Goldene Buch" der Gemeinde Feldkirchen ein.

Feldkirchner Gemeindeblatt

30. Jahrgang   Juni 2003   Ausgabe 06/2003

Besuch des Bundespräsidenten in Feldkirchen

Anlässlich der 150Jahrfeier des evang.Kinderheims bekam die Gemeinde Feldkirchen hohen Staatsbesuch. Durch die Vermittlung von Freunden des Heims stattete der Bundespräsident Johannes Rau am Samstag, 10. Mai 2003, der Evang.Kinder- und Jugendhilfe und der Gemeinde einen Besuch ab.

Umringt von den Kindern und Jugendlichen begrüßten der Leiter des Heims, Herr Achim Weiss, Herr Dr.Günter Bauer von der Inneren Mission und 1.Bürgermeister Leonhard Baumann den hohen Gast und hießen ihn herzlich willkommen.
Nach einem Rundgang durch die Wohngruppe der "Germanen" fanden sich alle zu einer Gesprächsrunde mit Johannes Rau im großen Saal ein.
Der Bundespräsident zeigte sich sehr aufgeschlossen, offen und menschlich zugänglich und wich keiner Frage aus. Die Jugendlichen quittierten seinen sympathischen Auftritt mit Beifall.

Bürgermeister Leonhard Baumann nutzte den Besuch des höchsten Repräsentanten der Bundesrepublik in Feldkirchen, um mit dem Namenszug von Johannes Rau das vor Kurzem beschaffte "Goldene Buch" der Gemeinde zu eröffnen.

Feldkirchner Gemeindeblatt mit einem Bericht zum Besuch des Bundespräsidenten am 10. Mai 2003.

Leben im Kinderheim im Jahr 2003

Die 13 Jahre alte Svetlana schilderte in der Festschrift zum 150-jährigen Gründungsjubiläum den Tagesablauf in der Wohngruppe Aladdin:

„Wir Kinder stehen in der Früh um 6.45 Uhr auf, damit wir um 7 Uhr am Frühstückstisch sitzen. Gegessen wird bis ca. 7.20 Uhr, dann beginnt der Morgendienst seine Arbeit zu erledigen, indem er den Tisch abräumt und sauber macht. In der Zwischenzeit macht sich der Rest der Kinder für die Schule fertig. Wenn wir uns gewaschen haben, dann werden die anderen Dienste erledigt. Um 7.45 Uhr gehen alle Kinder zur Schule.

Nach dem Essen machen wir eine Mittagsrunde, in der Aufgaben verteilt werden und dass die Erzieher wissen, was wir bis zu der Lernzeit machen. Die Lernzeit ist dann von 15 bis 16 Uhr. Dann dürfen die Kinder bis 17.55 Uhr noch raus. Um 18.00 gibt es dann Abendessen, das uns manchmal schmeckt und manchmal nicht. Das geht bis ca. 18.30 Uhr.

Nach dem Essen machen wir die Abendrunde, wo jeder sagt, was er macht. Viele gehen raus bis 20 oder 21 Uhr. Das kommt darauf an, wie alt man ist. Wenn die Kinder reingekommen sind, geht es je nach Alter um 20.15 oder 21.15 Uhr ins Bett. Wer die Zeit überschreitet, darf am nächsten Tag eine halbe Stunde früher ins Bett. Die Erzieher erzählen den Kleineren (manchmal sind die Großen auch dabei) eine Gutenachtgeschichte."

(150 Jahre Leben begleiten.
Festschrift zum 150. Geburtstag der Evangelischen Kinder- und Jugendhilfe Feldkirchen, S. 24)

Das Schulwesen

Volksschule Feldkirchen,
1. bis 3. Klasse mit
Frl. Öchsner, 1929

Bis zur Wende vom 18. zum 19. Jahrhundert gingen die Feldkirchner Kinder – wenn überhaupt – zu den Eremiten bei der St. Emmeramskapelle in die Schule. An einen Kindergarten, eine Krippe oder Hort war seinerzeit nicht zu denken. Die Kinder halfen zu Hause mit – Schulbildung wurde weitestgehend als störend empfunden.

Als der letzte Klausner, Casimir Humpmayer, 1804 gestorben war, wurde der Schulweg für die Feldkirchner Kinder zunächst länger. Sie mussten nun in Kirchheim mit den Kindern der anderen umliegenden Ortschaften die unbequeme Schulbank drücken.

Wann der Maurergeselle Caspar Degele, der noch vom Geistlichen Rat in München geprüft worden war, mit dem Unterricht in Kirchheim begonnen hat, ist ungewiss. Wie aus einem Brief des Kirchheimer Pfarrers Josef Sagstätter hervorgeht, scheint die Dorfschule, deren Anfänge noch im 18. Jahrhundert liegen, nicht stark frequentiert gewesen zu sein. Die 1803 laut Verordnung eingeführten Feiertagsschulen waren in Kirchheim noch lange Zeit gänzlich unbekannt. Erst Josef Sagstätter, seit 1808 Seelsorger in dieser Gemeinde, richtete eine solche ein, deren erste durch Franz Xaver Kefer im Jahre 1793 in München eröffnet worden war.

In einem ausführlichen pfarrherrlichen Schreiben vom 27. Februar 1809, das tiefe Einblicke in das kümmerliche Schulwesen jener Tage erlaubt, bat er um Unterstützung (siehe folgende Seiten).

In der Folge gingen Briefe hin und her, heute noch erhaltene Pläne wurden eingefordert und letztlich wurde an den Neubau einer Zentralschule in Kirchheim oder Aschheim auch für die Kinder der umliegenden Gemeinden gedacht. Im März 1811 schließlich stand fest: Die Zentralschule kommt nach Aschheim. Mehrere Gründe gaben den Ausschlag für diese Entscheidung: zum einen der geografische Aspekt – die Kinder kamen bis aus Riem und Trudering –, zum anderen finanzielle Gründe.

Schulische Verhältnisse anno 1809

Schreiben des Kirchheimer Pfarrers Josef Sagstätter vom 27. Februar 1809:

„Zu meinem größten Erstaunen mußte ich nach und nach erfahren, daß nicht allein in Kirchheim keine Schule sei, sondern in der ganz umliegenden Gegend keine. Keine zu Kirchheim, keine zu Hainstetten, keine zu Feldkirchen, keine zu Hausen, keine zu Aschheim, keine zu Salmdorf, keine zu Ottendichl, keine zu Weissenfeld, keine zu Pastorf, keine zu Neufahrn, keine zu Landsham – ringsum nichts – alles todt! […]

Es wundert mich daher nicht bei dem Volke alte grobe Vorurtheile, gänzliche Unwissenheit im Sitten- und Religions-Unterricht, hartnäckige Vertheidigung aller althergebrachten gemeinschädlichen Vorurtheile anzutreffen. Mit Mißmuth arbeiten, sein Leben im dumpfen Mißmuth dahin schleppen; in 100 Feiertagen Spielen und Treiben und gedankenloses Rosenkranzbeten; das ist so in Leben und Weben.

Meine erste Sorge war nun etwas Licht in dieses Kaos zu bringen, aber wo anfangen – bei der Schule, am Grunde! Da war aber der Schullehrer ein Maurer, sein Haus, das Schulhaus, ohne Frage das schlechteste im Dorfe, denn er kittete es auf seine Kosten von auf der Straße zusammengelesenen Kieselsteinen zusammen und deckte es, durchsichtig genug, mit zusammengebetteltem Strohe. Die sogenannte Schulstube, niedrig, enge, finster, feucht und unreinlich, die einzige in der Hütte, zum Arbeiten, Wohnen, Schlafen, Kochen und Waschen bestimmt, ist noch verengt durch den Stall der gleichfalls da einlogierten Hüner.

Im gänzlichen Mangel aller andern Hilfsmittel war mir doch die[s] ein Grund, etwas darauf fortzubauen. Jezt erhielt ich zu meinem innigen Vergnügen dies, in Abschrift hier beigefügte Schreiben von der k. Administration des Kultus.

Laut dieses sollte also ein gewisser Magazin Lieferant Pammer, gemäß Kontrakt, für zwei abgebrochene Kirchen ein Schulhaus in Kirchheim bauen. Ich sollte auf der Stelle anzeigen, ob es schon vollendet, oder wie weit der Bau gediehen sei. Allein ich konnte nichts einberichten, als daß nicht einmal ein roher Stein noch vorhanden, nicht einmal ein Platz angewiesen sei.

Diese Geringschätzung der k. Befehle, in der Nähe der Hauptstadt München, stimmte freilig meine Freude wieder tief herab. Doch hoffe ich, jezt wird es gehen, allein schon sind wieder sieben Monate verflossen, alles ruht in tiefer Vergessenheit!

Ich begann gleichwohl die Schule, besuchte sie alle Tage einige Stunden, lobte die vorhandenen sieben Kinder, beschenkte sie öfters, zeichnete diese öffentlich in der Kirche aus, sprach öffentlich über den Nutzen und das Glück bei wohlerzogenen Kindern, gewann einige Hausväter im Stillen, und so schlichen nach und nach immer mehr in dem engen Gemach zusammen, so daß jedes Eck, selbst der Hünerstall als Schulbank besezt wird, iezt ein notwendiger, obwohl Strafort, für die Unaufmerksamen.

Ich theilte sie in Klassen, ließ gleichförmige Bücher und Vorschriften kommen; und es wurde ordentlich gelehrt. Auch war meine Mühe nicht umsonst – nicht blos die Pfarrkinder von Kirchheim, Hausen, Hainstetten und Feldkirchen erscheinen nun fleißig und gerne, selbst auswärtige von Aschheim, Pastorf und Landsham kommen und wollen theil nehmen.

Die Zahl steigt bereits über 50 Köpfe – Katholiken, Protestanten und Reformirte mit gleichem Eifer, Liebe und beispielvoller Verträglichkeit. Nur noch wenige wiederspänstige giebt es, die sich nicht wollen lehren lassen, obwohl ich in Verlegenheit wäre, wenn sie kämen, wohin ich sie stellen sollte. Ich kann bloß noch stehen. Wie lästig, wie ungesund dieses für Lehrer und Kinder ist, weiß jeder Schulmann, vorzüglich da viele Kinder weit hergehen, oft ganz durchnäßt sind und vom Schweiße dampfen.

Die Schulstube muß daher vergrößert werden! Mein zweites Augenmerk war, dem Schullehrer, bisher mehr Maurer, so viel möglich für die Schule zuzurichten; da wir doch kaum hoffen dürfen einen geprüften Schullehrer, der wenigst 2–300 fl Salarium fordern würde, zu erhalten.

Zum Glücke ist der vorhandene, Kaspar Degele mit Namen, gar nicht unempfänglich für Unterricht; und ich darf sagen, ich bin mit ihm sehr zufrieden. Er ist sehr willig, merkt ausnehmend auf, hat viele bis iezt schlafende Schullehrerfähigkeiten, begreift die Methode leicht und ist durch einige Erleichterungen seiner kümmerlichen Umstände zum größten Fleiße angespornt.

In der Schule herrscht Fleiß, Ordnung, Ruhe und Nacheiferung, und das ohne Ruthen und Ochsenschere, einzelne Verweise, Zurücksetzung auf dem häßlichen Hüner-Platz, bringen hier die nehmlichen Früchte – Thränen der Reue und Besserung – hervor.

Außerdem schränkt sich der Schullehrer in seinem Hause äußerst ein. Er richtet Bänke und schaft mitunter für die wenigen Schulkreutzer manches her. Denn auch meine sehr geringen Pfarrerträgnisse erlauben mir nicht, meinem Herzen zu folgen in dem Maaße, womit man am sichersten die Herzen der Aeltern und Kinder gewinnt, um so mehr, da ich nicht einmal mein Salarium als Kooperator zu Obergiesing, seit zwei Jahren noch erhalten habe, seit elf Jahren eine alte Mutter und kränkliche Schwester zu ernähren, und als Taglöhnerssohn kein Erbgut, wohl aber wegen Uebernahm der Pfarre und zweijähriges Guthaben meines Kooperatorgehalts von der hohen Regierung, nothwendige, drückende Schulden habe.

Der Schullehrer hat aber gar nichts, nicht einmal Holz zum Einheitzen, keinen Gemeingrund – Nichts! Ueberdieß opfert er ganz jede Bequemlichkeit auf um so mehr, da die meisten Kinder über Mittag da bleiben, er also nie für sich, nie ruhig sein kann.

In Erwägung aller dieser Umstände bitte ich das k. Generalkreiskommissariat alleruntertähnigst gehorsamst, sich dieser Gegend zu erbarmen.

Ich weiß es, der Schulfond leidet nicht starke Ausgaben, daher bitte ich nur um das Allernothwendigste, ohne welche auch dieser schöne Anfang in sein Nichts zurückfallen müßte.

Ich bitte nur um Anweisung von wenigst 50 fl zur höchstnöthigen Erweiterung des Schulzimmers; denn, zur Erfüllung des Kontrakts, die Baumaterialien zu liefern, angehalten, so könnte mit 50 fl kein zwar mustervolles, aber doch hinlänglich geräumiges, ordentliches, gesundes Schulzimmer hergestellt werden.

Meine zweite Bitte ist dann diesen Schullehrer, Kaspar Degele, der sich wirklich immer mehr vervollkommnet und das Gute annimmt und sich leiten läßt, Empfänglichkeit mit gutem Willen verbindet, wenigst alle Jahre 60 fl Besoldung, gewiß sehr wenig, anzuweisen. Denn um einen eigenen gut geprüften, ganz fähigen Schullehrer zu bitten wage ich kaum, obwohl es die Menge der Kinder aus Kirchheim und der herumliegenden Gemeinden in hohem Grade erheischte. Denn erhalten wir keinen eignen Schullehrer, und erhält der vorhandene gar keinen Zuschuß, so erschläft aufs Neue alles. Mir ist es zwar das größte Vergnügen an der Bildung der gegenwärtigen und künftigen Generation nach Kräften zu arbeiten, alles zu leisten ist mir aber bei den Pfarrverrichtungen unmöglich, vorzüglich auch, da ich so oft auf die, eine Stunde weit entlegene Filiale exkuriren muß, und ohne feste Ordnung ist alles Stückwerk.

Erhält aber dieser Degele nicht einmal diese Gratifikation, so ist er leider gezwungen bei besserer Witterung wieder dem Mauern und Ofenrichten nachzugehen; dieß für die Hauptsache, und die Schule für einen Nothbehelf anzusehen.

Doch ich vertraue auf die königliche Milde, welche schon unansehnlicheren Gemeinden eigene Schullehrer gab, auf die königliche Gnade, gemäß der in einigen Orten selbst Schullehrer-Gehilfinnen mehr, als meine geringe Bitte beträgt, beziehen.

Und dann wäre doch für eine Klasse Menschen gesorgt, allein das ganze Volk soll gut werden, Ueberzeugung von seinen Pflichten erhalten, lieber zum Guten, und lieber sie zu erfüllen, die Hilfsmittel sich darin zu unterrichten, und zu bestärken. Um dieß so viel möglich zu bewirken, war eine Feiertagsschule nothwendig. Ich zeige daher allerunterthänigst gehorsamst dem k. General-Kreiskommissariate an, daß ich hier in Kirchheim eine eröffnet habe. Bereits besuchen 26 junge Leute diese Schule. Da es aber wieder am Platze fehlte, so war ich gleichwohl gezwungen selbe in meiner Baustube im Pfarrhofe zu halten. Aus dem Bisherigen zu schließen, hoffe ich deren gute Früchte. Sie scheinen selbst das Bedürfniß einer besseren Bildung zu fühlen, erscheinen ordentlich, fleißig, sind sehr auf merksam. [...]."

(StA Mü LRA20168)

Die Obmänner von Kirchheim sahen nämlich nicht ein, Geld zur Verfügung stellen zu müssen, hielten nicht einmal eine Versammlung ab, wie in einem amtlichen Schreiben empört konstatiert wurde, während die Aschheimer Beiträge anboten. Im Gegensatz zu Kirchheim stellte Aschheim den Baugrund kostenlos zur Verfügung, gab sogar noch einen Garten gratis dazu. Der Neubau sollte laut Plan von 1810 1.318 Gulden und 36 Kreuzer kosten; eine Bausumme, die in Aschheim wiederum verringert werden konnte durch kostenloses Bereitstellen des benötigten Holzes und Kalkes. Kein Wunder also, dass sich das Ministerium für Aschheim entschied.

Die Schulakten über Aschheim im Staatsarchiv München beginnen mit einem Bericht des königlichen Landgerichts München vom 5. März 1814, in dem der Regierung die Fertigstellung des Schulhauses gemeldet wurde. Das königliche Generalkommissariat gab in einem Bericht vom 16. Juli 1814 eine Bausumme von 1.800 Gulden an, die der Stiftung aus dem Vermögen der St. Emmeramskapelle in Höhe von 4.870 Gulden und 15 Kreuzer entnommen wurden. Der Betrag von 159 Gulden und 30 Kreuzer, der sich aus der 5-prozentigen Verzinsung des verbleibenden Stiftungsvermögens in Höhe von 3.070 Gulden ergab, fand für den laufenden Schulfonds Verwendung, wurde aber offensichtlich weiterhin von der Gemeinde Kirchheim verwaltet (und ausgegeben).[1] Als erster Lehrer der Zentralschule ist der Schulgehilfe Max Eisner bekannt. Er hatte 1816 in Freising seine Anstellungsprüfung abgelegt und wurde nun auf eigene Bitte der Schule in Aschheim zugewiesen.[2]

Aschheim hatte mit der laufenden Finanzierung der Schule und der Lehrerbesoldung offensichtlich seine Sorgen und so suchte man nach geeigneten Finanzquellen. Der Aschheimer Pfarrer Erhard Cholemar spürte schließlich den aus dem Vermögen der Emmeramskapelle stammenden Schulfonds im Besitz der Pfarrei Kirchheim auf, den er für die Zentralschule zurückforderte. Eine Anfrage beim Ordinariat im März 1832 war jedoch nicht von Erfolg gekrönt. Der Pfarrer wiederholte seine Forderungen bei der offensichtlich dafür zuständigen weltlichen Behörde, sodass im Jahr 1835 wenigstens ein Teilerfolg verbucht werden konnte: *„Der berechtigte Protest Aschheims erreicht die Teilung des durch den frommen Sinn der Aschheimer angesammelten Kirchenvermögens von St. Emmeram (3/8 nach Kirchheim)."*[3]

Übertrieben worden ist die Ausbildung damals sicher nicht, stand doch selbst König Ludwig I. von Bayern auf dem Standpunkt: *„Nicht sogenannte Volksbildung, die nicht glücklich, sondern unzufriedener macht, sondern Erziehung zu guten Christen und Unterthanen thut Noth. Zweckmäßig ist, daß man Kinder nicht ewig in den Schulen hält, sondern sie den Eltern auch zur Arbeit überläßt. Lesen, Schreiben und Rechnen für den Hausbedarf und höchstens etwas Geschichte im monarchischen Sinn, das genügt. Vor allem aber das Christenthum und dessen Pflichtenlehre. Leben und des Lebens freuen sollen die Menschen sich, nicht unausgesetzt lernen und arbeiten."*[4]

Jahrzehntelang wanderten die katholischen Buben und Mädchen nun tagein, tagaus ins benachbarte Aschheim zur Schule.[5] Erst gegen Ende des Jahrhunderts wurde der Schulweg auch für die Katholiken kürzer: Im Jahre 1892 wurde die katholische Schule an der Münchner Straße in Feldkirchen errichtet. Da hatten es ihre protestantischen „Kollegen" schon länger etwas angenehmer.

Das 1885 errichtete evangelische Schulhaus in der Bahnhofstraße dient als „Bürgerhaus" bzw. „Ludwig-Glöckl-Haus" Vereinen für verschiedene Veranstaltungen.

Die ersten Jahre der evangelischen Schule

Die evangelischen Kinder hatten bereits seit 1811 ihre eigene Bekenntnisschule. Die Anfänge der evangelischen Schule in Feldkirchen reichen bis ins Jahr 1806 zurück. Damals stand Kabinettsprediger Schmidt den Feldkirchner Protestanten zur Seite. Vom 22. Januar 1806 datiert die erste erhaltene Eingabe an den König: *„Die protestantischen Einwohner (Badenser, Pfälzer, Württemberger, Schweizer) bitten um gnädigste Anstellung eines protestantischen Schullehrers"*. Als Begründung heißt es weiter: *„Es geht nicht bloß um Lesen, Schreiben und Rechnen, sonst könnten die Kinder die dortige katholische Schule besuchen, vorausgesetzt, daß dort gute Unterrichtsanstalten bestehen. Allein"*, heißt es weiter, *„da bei der Entlegenheit von München und dem Mangel eines protestantischen Religionslehrers es hauptsächlich darauf ankommt, den Kindern einigen Religionsunterricht zu geben, wenn sie nicht unwissend bleiben sollen, wie es bis jetzt der Fall ist, so möchte ihr Gesuch um einen kleinen Gehalt für einen eigenen Lehrer allergnädigste Rücksicht verdienen, bis einst die Vermehrung der dortigen Protestanten die Aufstellung eines Geistlichen möglich und nötig machen wird."*

Auf dem Amtsweg trug daraufhin die bayerische Landesdirektion dem Kabinettsprediger auf, das von den Feldkirchnern vorgeschlagene *„Subjekt"* in Hinsicht auf seine Religionskenntnisse zu prüfen. Danach geschah erst einmal gar nichts. Warum? Das ist heute nicht mehr feststellbar. Die Angelegenheit blieb vier Jahre liegen. Dann ging erneut ein Gesuch von Schmidt, inzwischen zum Münchner Stadtpfarrer ernannt, vom protestantischen Pfarramt aus. Es richtete sich am 14. Februar 1810 an das *„Kgl. Generalkommissariat des Isarkreises als protestantisches Generaldekanat"* und enthielt u. a. die interessante Feststellung, dass sich in den Gemeinden Feldkirchen,

Das Schulwesen

Johann Jakob Bodmer, Zentralbibliothek Zürich

Gemeindevorsteher gewesen, hatte zur Zeit der Französischen Revolution fliehen müssen, war nach langem Umherirren in Bayern gelandet und hatte in der Familie eines Mennoniten in Oberndorf Aufnahme als Privatlehrer gefunden.

Den Eintragungen in den Matrikelbüchern zufolge, die heute im Staatsarchiv des Kantons Zürich liegen [6], war Hans Jakob Bodmer am 4. August 1767 als Sohn des Jakob Bodmer aus Uerikon und seiner Frau Barbara getauft worden. Er zog im Jahr 1797 in die Gemeinde Hombrechtikon, doch wechselte er immer wieder die Wohnung. Er starb am 26. November 1822 als Schullehrer in Feldkirchen, wo er am 28. November begraben wurde. In erster Ehe hatte er am Nikolaustag des Jahres 1791 noch in Stäpfa die ebenfalls 1767 geborene Anna Barbara Gretler geheiratet, doch starb sie bereits im Jahr 1803. Seine zweite Frau Anna Kunz, für die es ebenfalls die zweite Ehe war, heiratete Bodmer gute drei Monate nach dem Tod seiner ersten Frau in Hombrechtikon. Sie war einige Jahre älter als ihr Ehemann, am 5. März 1764 geboren. Sie zog mit ihrem Mann nach Bayern. Als Witwe allerdings musste sie in die Schweiz zurückkehren, wo sie am 26. April des Jahres 1843 starb.[7]

Heimstetten, Vaterstetten, Trudering und Weißenfeld 20 protestantische Familien befänden mit zusammen sechzig Kindern. Diese Leute baten um Erlaubnis, auf ihre Kosten einen gewissen Bodmer aus der Schweiz, der gute Zeugnisse besitze und sich prüfen lassen wolle, zum Schullehrer anzunehmen, weil sie für den Unterricht ihrer Kinder sonst keine Gelegenheit hätten.

Der in Stäpfa im Kanton Zürich geborene Hans Jakob Bodmer hielt sich zur damaligen Zeit in der Schwaige Oberndorf als Privatlehrer auf. Bodmer war in seiner Schweizer Heimat 1793 als Schullehrer geprüft worden und dann

Bodmer hatte zehn Kinder, das älteste 1792 geboren, das jüngste 1806; acht von der ersten Frau, zwei aus der zweiten Ehe. Vier starben bereits vor der Wende zum 19. Jahrhundert als Kinder. Vier Söhne und zwei Mädchen aber folgten den Eltern nach Bayern: Hans Jakob, 1797 geboren, lebte später in München, doch scheint er auch in Österreich als Gärtner gearbeitet zu haben. Der im Jahr 1800 geborene Johannes lebte ebenfalls seit 1812 in Bayern und gründete später in Feldkirchen das Rettungshaus. Er heiratete 1832 die ebenfalls aus der Schweiz stammende Veronika Gerber, die Tochter des damaligen Pächters des Gutes Oberndorf. Vom 1801 geborenen Hans Kaspar ist bekannt, dass er das Gärtnerhandwerk erlernte, München jedoch verließ, um 1824 in Hombrechtikon eine Landsmännin, Anna Meyer aus Wädenswil, zu heiraten – die Ehe wurde allerdings im Jahr 1827 wieder geschieden. Später soll er in „Warchau in Preußen", einem nicht näher bestimmten Ort, gelebt haben. Er scheint auch ein zweites Mal geheiratet zu haben, denn im Juli 1856 berichtet er, dass seine Frau gestorben sei.

Der 1804 noch in Hombrechtikon geborene vierte Sohn Gottlieb Bodmer soll hier ebenfalls kurz erwähnt werden. Er machte als Maler und Lithograph in München und Wien Karriere. Unter Anleitung von Karl Stieler begann er ab 1820 mit der Malerei. Später begründete er das Münchner Lithographische Institut, in dem er zahlreiche Gemälde mit Darstellungen von Ereignissen seiner Zeit in Stichen herausgab. Allerdings starb er bereits 1837 in München.

Im Gegensatz zu den Brüdern kehrten die beiden das Kindesalter überlebenden Mädchen in die Schweiz zurück: Die 1799 geborene Anna Barbara heiratete im Jahr 1827 in Zürich den Schweizer Heinrich Brunner; Veronika, 1806 geboren, in Richterswil, ebenfalls im Jahr 1827, den Zuckerbäcker Heinrich Theiler.

Noch im Jahr 1806 lebte die Familie Bodmer in der Gemeinde Hombrechtikon; im Jahr 1810 wohnt sie in Oberndorf, wo Hans Jakob Bodmer offensichtlich nicht nur die Kinder der dort lebenden protestantischen Familie unterrichtete, sondern auch eine Reihe weiterer kleiner Feldkirchner. Vom Jahr 1810 datiert dann die bereits erwähnte Bitte um einen protestantischen Lehrer im Ort Feldkirchen selbst. Mit diesem Wunsch verband die Eingabe auch das Gesuch *„um einige Unterstützung aus dem Schulfonds"*, da die Protestanten *„meist arm sind"*.

Frühe Unterstützer der evangelischen Schule

Folgende protestantische Siedler von Feldkirchen, Heimstetten, Weißenfeld, Vorderstätten (Vaterstetten) und Neufarn gaben am 12. Juli 1811 eine Erklärung ab über den jeweiligen Beitrag für ein zu errichtendes Schulhaus in Feldkirchen.

Matern Adam, Feldkirchen	10 Gulden
Michael Bottler, Feldkirchen	7 Gulden
Jacob Adam (Mesner), Feldkirchen	7 Gulden
Christian Klingler, Feldkirchen	7 Gulden
Jacob Wagner, Feldkirchen	6 Gulden
Jacob Adam, Feldkirchen	3 Gulden
Johann Gasser, Heimstetten	7 Gulden
Jsak Hauswirth, Heimstetten	7 Gulden
Peter Berz (?), Heimstetten	7 Gulden
Conrad Jung, Heimstetten	5 Gulden
Adam Traut, Heimstetten	2 Gulden
Disbolt Klagenherz, Weißenfeld	11 Gulden
Georg Messner, Weißenfeld	3 Gulden
Adam Teubel, Vaterstetten	7 Gulden
Conrad Griedermann, Vaterstetten	3 Gulden
Michael Kunnenmacher, Vaterstetten	2 Gulden
Johann Keller, Neufarn	3 Gulden
Michael Kunz, Neufarn	3 Gulden
Summe	100 Gulden

Darüber hinaus wollten die Gutsbesitzer des sogenannten Mayrhofs in Alberstanering zusammen alljährlich 3 Gulden und 30 Kreuzer geben, egal ob sie Kinder haben oder nicht, zum Unterhalt des Schullehrers Bodmer – zumindest so lange sie nicht fortzögen. Es waren dies Johannes Hill, Bernhard Weissenburger, Konrade Weber und Georg Schmalzl.

(*„Auszug aus dem Protokoll beim königlichen Landgericht unter dem königlichen Landrichter Sartori"*, nach alten Aufzeichnungen im Besitz von Helmut Kreitmayer).

Das Schulwesen

Am 14. März, am 7. April und am 28. Mai des Jahres 1810 berichtete der Münchner Stadtpfarrer Schmidt, offenbar im Auftrag des königlichen Generalkommissariats, er habe mit dem Obmann Matern Adam und dem Bauern Michael Böttler von Feldkirchen gesprochen. Demnach lebten in und um Feldkirchen 57 protestantische Kinder unter 14 Jahren. Von diesen seien *„dermalen 23 schulfähig und künftiges Jahr kämen 13 hinzu"*, ohne dass von den älteren welche austräten. Weiter meinte er, die Kinder könnten die benachbarten katholischen Schulen nicht besuchen, *„teils, weil die protestantischen Bauern täglich erfahren mußten, daß die Duldung unter ihren katholischen Mitbrüdern noch keine einheitliche Tugend sei, wodurch sie mancherlei Kränkungen ausgesetzt seien, die befürchten ließen, daß ihre Kinder in der katholischen Schule keine gute Aufnahme finden würden"* (entgegen der Aussage Pfarrer Sagstätters aus Kirchheim, der *„Katholiken, Protestanten und Reformirte mit gleichem Eifer, Liebe und beispielvoller Verträglichkeit"* beieinander sitzen sah). Daneben offenbarte sich auch, wie schlecht es trotz anlaufender Lehrerbildung und trotz Lehrplan noch um die Schulen, besonders um die Landschulen stand: *„Die benachbarten Schulen sind zum Teil nicht mit gelernten Schullehrern besetzt."* In Kirchheim etwa erteilte der Maurer Degele den Unterricht, in Aschheim war noch gar keine Schule. Darüber hinaus sprachen die weiten Entfernungen gegen einen Gastbesuch. Der Weg sei zum Teil stundenweit. Feldkirchen dagegen eigne sich besonders für eine evangelische Schule. Dort, in der Schwaige Oberndorf, fänden sich auch Lehrerwohnung und Schulstube.

Offenbar beigelegt war eine entsprechende Eingabe Feldkirchner und Heimstettener Bauern, die besagt: *„Wir haben in unserer Gemeinde einen des Lesens, Rechnens und Schreibens kundigen Mann, der auch hinreichend Religionskenntnisse besitzt."* Dieser würde sich gerne dem Schulunterricht unterziehen. Auch von der Bitte um Besoldung durch den deutschen Schulfonds spricht dieses Gesuch. Daneben erboten sich die inzwischen auf 22 Familien angewachsenen Siedler, dem Lehrer selbst je zwei Gulden jährlich zu zahlen. Auch das nötige Land zum Gemüseanbau sollte ihm gestellt werden, jedoch nicht als ewige Besoldung, sondern auf Widerruf.

Das Generalkommissariat fand, falls Bodmer die Prüfung bestehe, die Sache unbedenklich und empfahl die Angelegenheit dem Ministerium des Innern. Am 11. Februar 1811 erteilte Minister Montgelas der Generalkommission des Isarkreises den Auftrag zur Errichtung einer Schule in Feldkirchen. Bereits am 22. Januar 1811 hatte der König einen jährlichen Betrag von 56 Gulden für den Lehrer bewilligt; am 11. Februar machte das Ministerium die Eröffnung einer Schule davon abhängig, dass die protestantischen Bittsteller ihre Angebote aufrechterhalten, nämlich die 44 Gulden jährlich für den Lehrer, die freie Wohnung, die zweckmäßigen Lokale für die Schule samt der erforderlichen vier Klafter Holz für die Beheizung und das nötige Land zum Gemüseanbau zu leisten.

Hans Jakob Bodmer hatte sich für dieses armselige Angebot – die Münchner Stadtlehrer waren mit ihren 500 Gulden dagegen reich – der Prüfung in der Stadt unter Weichselbaumer unterzogen, hatte sich über seine Sittlichkeit beim Landgericht ausgewiesen und wurde nun provisorisch angestellt unter der Spezialaufsicht des Vikars der protestantischen Stadtpfarrei. Die Schule wurde ihm am 18. Mai 1811 zugeteilt. Bodmer war zu jener Zeit 43 Jahre alt. Nun begann sein Amt – als erster protestantischer Lehrer an einer öffentlichen Schule in Oberbayern.

Gemeindebeschluss
19. Mai 1878

Jede Familie, auch in den umliegenden Gemeinden, musste sich verpflichten, jährlich zwei Gulden für den Unterricht zu bezahlen. Einige Siedler gaben zudem zusammen 100 Gulden für einen Schuhausbau (siehe S. 129). Vom Königlichen Rentamt kamen 44 Gulden und das Nutzrecht auf 15 Tagwerk Ackerland sowie freie Wohnung hinzu. Seine Haupteinnahmen musste er freilich mit Arbeit auf dem Feld verdienen. In den Jahren der Missernten 1816–1818 reichte der kärgliche Ertrag jedoch bei weitem nicht aus, um ihn und die Familie mit sieben Kindern zu ernähren, denn die Wohnung war „windig", das Ackerland nicht sehr ertragreich und die Gemeinde wenig zahlungswillig.

Nicht, wie zuerst gedacht, in Oberndorf, sondern in Feldkirchen selbst (an der Stelle des sogenannten Mädchenbaus des Evangelischen Kinderheims) wurde der erste Unterricht erteilt. Schon beim Kauf musste das kleine Gebäude in einem sehr schlechten baulichen Zustand gewesen sein, ein armseliges Häuschen im Schätzwert von 1.600 Gulden und mit 40 Tagwerk Gründen, von denen 25 sofort verkauft werden mussten. Vorbesitzer war ein Michael Kißl, Bauer in Feldkirchen. Der Erwerb erfolgte nach mühseligem Hin und Her; die Gemeinde sammelte die bescheidenen Mittel von 100 Gulden aus eigenen Mitteln, Königin Karoline und Kronprinzessin Therese spendeten aus ihren Privatschatullen 600 Gulden. Der teilweise Verkauf der 25 Tagwerk Land ergab den Rest des Kaufschillings.

Das Haus war noch immer in einem äußerst unwirtlichen Zustand, als Bodmer es bezog. In einem Gesuch vom 22. Oktober 1812 betonte Schmidt: *„Kein einziges Mitglied der Gemeinde hat noch einen Schritt dazu getan, das Wohl der Schule zu fördern."* Er bat das Landgericht, dafür zu sorgen, dass sofort ein brauchbarer Ofen auf Kosten der Gemeindemitglieder gesetzt und das nötige Brennholz beigeschafft werde. Der Winter stand vor der Tür und *„man überläßt es dem Schullehrer, mit eigener Arbeit und auf eigene Kosten das erkaufte Haus bewohnbar zu machen"*.
1818 liest man in Eingaben, dass das Schulhaus ein neues Schindeldach brauchte, dass der Hausflur keinen Boden hatte, sodass er sich im Frühjahr in einen Sumpf verwandle, durch den die Kinder in das Schulzimmer wateten. Auch ein Ofen musste beschafft werden; der Brunnen war unbenutzbar und sollte erneuert werden. Die Fensterstöcke wurden als verfault bezeichnet. Bodmer hatte – was blieb ihm auch anderes übrig – einen Teil der notwendigen Reparaturen aus eigener Tasche übernommen. Er musste 59 Gulden von seinen kärglichen Einkünften opfern, um das Haus überhaupt bewohnbar zu machen.

Das Schulwesen

Bis 1821 waren seine Ausgaben auf 63 Gulden und 51 Kreuzer angewachsen, *„um das Haus nicht ganz dem Einsturz preis zu geben"*.

Endlich im Jahr 1821, kurz vor Bodmers Tod, wurden Handwerker mit Voranschlägen beauftragt. Kistlermeister Janson von Feldkirchen erklärte am 4. Juli 1821, dass elf Türen und elf Fensterstöcke – viel mehr dürfte das Anwesen nicht gehabt haben – kaputt seien. Der Voranschlag des Maurermeisters Pretzl aus der Vorstadt Au sprach von einem neuen Pflaster, neuen Öfen etc. Hatte der Kistler für die nötigen Reparaturen 197 Gulden und 27 Kreuzer errechnet, so sollten die Kosten für die Maurerarbeit 294 Gulden 24 Kreuzer betragen. Wenn man noch erfährt, dass zu Zeiten das Haus zwei bis drei Fuß unter Wasser stand, weswegen sogar der Unterricht unterbrochen werden musste und der Aufenthalt anschließend für die Kinder und den Lehrer samt Familie in dem durchnässten Haus äußerst ungesund blieb, dass neben den genannten Reparaturen Dach- und Herdausbesserungen sowie Dachrinnenerneuerung und die Erstellung eines Abtrittes anfielen, bekommt man einen ungefähren Begriff vom seinerzeitigen Aussehen des Feldkirchner Schulhauses.

Johann Jakob Bodmer

Natürlich sollten nur – wann hätte eine Behörde je anders gedacht! – die unaufschiebbaren Schäden behoben werden, die immer noch auf 152 Gulden kamen, und dem armen Schulmeister Bodmer seine Auslagen erstattet werden. Er befand sich bis 1818 in größter finanzieller Not. Die erbetene Remuneration (= Aufwandsentschädigung) wurde abgelehnt, sie konnte gegenwärtig nicht bewilligt werden. Auch die ihm zustehenden Schulgelder und das Holz blieben zum Teil aus. Bereits 1812 hatte Stadtpfarrer Schmidt das Generalkommissariat gebeten, die ausstehenden Schulgelder (viele Bauern waren das Schulgeld seit zwei Jahren schuldig!) sogleich einzutreiben, um den Schullehrer von seiner bitteren Not zu befreien. Das Landgericht Ebersberg zwang daraufhin die protestantischen Einwohner, die zum Teil ihre Kinder auch weiterhin in näher gelegene katholische Schulen geschickt hatten, die Besoldungsbeiträge bzw. das Besoldungsholz binnen acht Tagen zu liefern; im Weigerungsfall wurde exekutive Eintreibung angedroht.

Ein hässliches Kapitel sind die anhaltenden Kämpfe der Landgerichte um die zwei Gulden jährliches Schulgeld. Im Jahr 1818 wurden zwei Protestanten vom Landgericht Ebersberg als die *„unordentlichsten, zweifelhaftesten Menschen, als zahlungsflüchtige Untertanen, die sich um das Wohl des Staates und der Gemeinde nicht bekümmern"*, bezeichnet. Dieses Urteil steht in der Akte über Johann Kelber, Kainzenhofbesitzer bei Neufarn. Er ließ seine Kinder sogar zum Katholizismus konvertieren, um sich die Ausgabe von Schulgeld zu sparen. Mit heuchlerischer Schmeichlerei begründete er dies der Regierung des Isarkreises gegenüber in einem Schreiben vom 29. September 1818: Die Tatsache, dass Seine Majestät die Gnade gehabt hatte, seine Kinder aus der Taufe zu heben, habe seine Frau und ihn bewogen, seine Kinder in der christlich-katholischen Religion unterrichten zu lassen. Der zweite Grund in seinen Vorstellungen ist aber wohl wahrer: *„Daß unsere Kinder dereinst im Bayerlande ihr weiteres Fortkommen desto leichter zu finden imstande sind."* Auch Johann Kunz, der seine Kinder ebenfalls nach Anzing zur Schule schickte, fand *„das nötig in einer Gegend, wo die katholische Religion die allgemein angenommene ist"*. Beide Bauern hatten sich jedoch seinerzeit vor dem Landgericht auf die Bezahlung von zwei Gulden jährlicher Besoldung für Bodmer unterschriftlich verpflichtet. Kelber hatte sogar drei Gulden zum Bau des Schulhauses gestiftet.

Neben den finanziellen gab es aber auch noch andere Nöte in der evangelischen Schule in Feldkirchen. So heftig die Einrichtung der Schule erkämpft worden war – schon im Jahr 1812 klagte Pfarrer Schmidt über den schlechten Schulbesuch und die Fülle von Versäumnissen. Er bat das Landgericht, Strafen zu verhängen. Im Jahre 1815 betonte Diakon Rabus, Schulinspektor von München, dass die Schule aus mangelndem Fleiß der Schulpflichtigen den Sommer über fast ganz eingestellt werden musste. Die Zeit der Prüfungen musste deshalb sogar auf das Frühjahr verlegt werden. Erschwerend kam hinzu, dass die Zahl der Protestanten und besonders der protestantischen schulpflichtigen Kinder im weiteren Umkreis nicht festgestellt werden konnten, reichte der Sprengel doch über das Landgericht München hinaus. Eine Schwierigkeit lag auch darin, dass im Vollzug der Amtshilfe die katholischen Pfarrer für die verstreuten Protestanten z. B. die Taufe übernahmen. Nicht, dass der Täufling dadurch seine Konfession verloren hätte! Aber weder die katholischen Pfarrämter noch die protestantischen Eltern teilten die so vollzogenen Taufen dem protestantischen Pfarramt München mit. Es bestand darüber hinaus überhaupt kein Verzeichnis der protestantischen, zur Gemeinde Feldkirchen gehörigen Familien. Deshalb – folgerte Rabus im Oktober 1815 – könne von ihm vorläufig kein vollständiges Verzeichnis der Gemeindeglieder und der Schulpflichtigen erstellt werden. Er schlug dem Generalkommissariat vor, sämtliche einschlägigen katholischen Geistlichen zu veranlassen, ein Verzeichnis aller Protestanten in ihrem Distrikt dem protestantischen Pfarramt München einzureichen, nach Namen, Alter sowie Stand und jede Taufe an protestantischen Kindern dem Münchner Pfarramt zur Registrierung zu melden und auch die Protestanten zu verpflichten, Anzeige über „Kasualien", die durch ein katholisches Pfarramt vollzogen wurden, an das Münchner protestantische Pfarramt zu melden. Es ist zu vermuten, dass diese Einführung nicht nur des Schulbesuchs wegen, sondern auch aus anderen Gründen in allen umliegenden Gemeinden üblich wurde. Im Fall von Feldkirchen war die Pfarrei München allein dadurch in der Lage, die Pfarrkinder jener Bezirke, die sich selbst nicht rührten, zu registrieren und sich ihrer anzunehmen.

Überblickt man die ersten zehn bis zwölf Jahre der evangelischen Schule in Feldkirchen mit allen Schwierigkeiten durch Eltern und Schüler, dann bewundert man die geduldige Hingabe des Lehrers, der neben seiner Schularbeit auch jenen Einwohnern von Feldkirchen, die ihm das Leben schwer gemacht haben, sonntags einen Lesegottesdienst hielt und ihre Toten beerdigte. Von Bodmer selbst findet man wenig in den Akten. Er wird als braver Mann bezeichnet, der ständig in Armut lebte, denn nicht nur die Eltern seiner Schüler, auch die Behörde ließ ihn in seinen letzten Lebensjahren ohne Erfolg um Unterstützung bitten. Erst wenige Wochen vor seinem Tod erhielt er 15 Gulden vom Kreisschulfonds bewilligt.

Im Hungerjahr 1817, als der Weg ins Nachbardorf zu weit und das Brot zu knapp wurde, kamen auch katholische Kinder in die protestantische Schule. *„Durch den heurigen Schauer sind die Eltern außerstande, ihre Kinder, welche mittags* [von Aschheim] *nicht heimkommen, mit Brot zu versehen."* Auch katholische Kinder aus den Nachbardörfern kamen nun in die evangelische Schule. 23 Katholiken neben 24 Protestanten waren im Unterricht. Der katholische Religionsunterricht wurde gesondert vom Ottendichler Pfarrer Bergheimer erteilt. Später gingen die katholischen Kinder dann offensichtlich wieder nach Aschheim zur Schule, bis zur Ausschulung im Herbst 1890.

Am 26. November 1822 starb Hans Jakob Bodmer im Alter von 55 Jahren[8], wohl in Folge der ständigen Überlastung, der leiblichen Not, des ungesunden feuchten Hauses und der Sorge um Familie und Ernte.

Das Schulwesen

Weihnachtsfeier in der evangelischen Schule im Jahr 1849

Reich waren die Feldkirchner bestimmt nicht, in jenen Jahren des 19. Jahrhunderts. Eine Weihnachtsbescherung war eher eine Seltenheit. 1849 kam Otto Schamberger als Seelsorger, Lehrer und Lokalschulinspektor nach Feldkirchen. Er hatte ein Herz für Kinder, wie nicht nur die Tatsache zeigt, dass in seiner Zeit die Protestantische Erziehungs- und Rettungsanstalt Feldkirchen eröffnet wurde. Gleich in seinem ersten Jahr in Feldkirchen bereitete er den Buben und Mädchen ein unerwartetes Weihnachten. Im Visitationsbericht vom 13. Januar 1850 erzählt er davon:

„Durch den Beitrag eines Gemeindegliedes wurde es möglich, sämtliche Kinder der Werktagsschule mit Papier, Federn, Bleistiften, Tafeln, Schieferstiften, Heften, Büchern, Bildchen, etwas Obst und Zuckerwerk zu beschenken. Das Schulzimmer wurde zu diesem Zweck ausgeräumt und gereinigt. Lange Tafeln wurden aufgestellt, ein Baum geputzt, sechzig Wachslichter, zwölf Stearinkerzen und zwei Lampen angezündet. Die näher wohnenden Kinder, dreißig an der Zahl, hatten sich gegen sechs Uhr abends versammelt und standen sehnsuchtsvoll wartend im Hausgang. Auf der Schulorgel wurde ein Präludium gespielt, dann sangen der Schulgehilfe und die Feiertagsschüler im Schulzimmer das Lied ‚O du selige ...' Endlich öffnete sich die Türe. Das Staunen und die Freude der Kinder, die meist Ähnliches noch nie gesehen hatten, läßt sich denken!
Nachdem Überraschung und Jubel sich etwas gelegt hatten, erzählte ein Kind die Festgeschichte. Anschließend hielt der Pfarrvikar eine kurze Ansprache. Später wurde von allen Anwesenden das Lied Nr. 56 (aus dem Gesangbuch) angestimmt."

(Hans Porzner, in: Münchner Merkur vom 24. Dezember 1983, nach Akten im Staatsarchiv München)

Man versteht die Befürchtung der Distriktsschulinspektion, dass *„für diese äußerst gering dotierte Stelle nicht so bald ein passendes Individuum ausgemittelt werden dürfte"*.

Nach Bodmers Tod meldete die Distriktsschulinspektion der königlichen Regierung, dass ihr kein *„Subjekt"* für diese Schulstelle bekannt sei, *„da die Besoldung äußerst gering sei; und jener Teil, den die protestantischen Einwohner aufbringen sollen, sehr unvollkommen einzugehen pflege!"*

Umso erstaunlicher ist es, dass ein Gesuch des Sohnes, Jakob Bodmer jun., um die Lehrerstelle in Feldkirchen abschlägig beschieden wurde. Er war aus dem niederösterreichischen Amstetten angereist, um die Mutter mit den sieben Kindern zu unterstützen und bat, wenigstens sechs Monate den Dienst des Vaters übernehmen zu dürfen. Am 23. Januar 1823 aber wurde das Gesuch abgelehnt, *„da er nach eigener Angabe das Gärtnergewerbe erlernt und sich für das Schulamt, welches er übernehmen will, nicht eignet"*.

Da das jüngste Kind bereits 16 Jahre alt sei, meinte man in der Regierung, könnten die Bodmers ihren Lebensunterhalt nun selbst bestreiten. Auch die Mutter sollte erst eine Arbeit annehmen, doch dann besann man sich anders. Nach Ausstellung eines Heimatscheines beschloss man, sie in die Schweiz zurückzuschicken und ihr aus dem allgemeinen Schuldotationsfonds ein Reisegeld von 20 Gulden anzuweisen. Der damalige Lokalschulinspektor Diakon Beck erteilte der Witwe des Lehrers den Auftrag, *„einstweilen die vom Vater unterrichtete 17jährige Tochter die Schule verwesen zu lassen"*. Veronika heiratete später den Bauern, Weber und Zuckerbäcker Heinrich Theiler, der schließlich 1838 einen Hof in Feldkirchen erwarb, an der Stelle, an der zu Beginn des 21. Jahrhunderts das neue Rathaus errichtet wurde.

Am 15. März 1823 traf der Nachfolger Bodmers ein: Lehrer Johann Leonhard Düring. Er wurde im Jahr 1798 in Adelshofen bei Rothenburg ob der Tauber geboren, hatte bereits Erfahrungen im Schuldienst gesammelt und heiratete später, in seiner Feldkirchner Zeit, eine geborene Doll aus Perlach. Düring setzte die Arbeit Bodmers fort, hielt auch wie dieser sonntags Lesegottesdienste, doch verfeindete er sich rasch mit der Gemeinde. Er soll sich dem *„Trunk, Spiel und andern Lastern"* ergeben haben. Sei dem, wie es sei. Auf jeden Fall verließ er 1833 die ärmliche Schulstelle in Feldkirchen, um eine herrschaftliche Verwalterstelle in Österreich anzunehmen. Im selben Jahr erfolgte die Vereinigung der Schulstelle mit dem Vikariat Feldkirchen. Von da an bis 1879 waren die Pfarrvikare gleichzeitig Lehrer an der protestantischen Schule. Von 1834 an wurde ihnen auch die Lokalschulinspektion übertragen, bis nach dem Ersten Weltkrieg die Trennung von Staat und Kirche erfolgte.

Nach dem Bau des neuen „Bet-, Schul- und Vikariatshauses" im Jahr 1837 zog die Schule dorthin um und das alte marode Gebäude wurde verkauft. Der Schulsprengel umfasste inzwischen 13 Ortschaften im Münchner Osten, deren Entfernung von Feldkirchen mit bis zu zwei Stunden angegeben wurde. Und es wurden immer mehr. 1847 gehörten zum Schulsprengel Feldkirchen folgende Orte, die heute allerdings meist keine eigenständigen Gemeinden sind: Aittersteinering (Forstinning), Aschbach (Anzing), Aschheim, Baldham (Vaterstetten), Dornach (Aschheim), Eichenlohe, Heimstetten (Kirchheim), Kirchheim, Neufarn (Vaterstetten), Oberndorf (Feldkirchen), Putzbrunn, Salmdorf (Haar), Neubau (Feldkirchen), Straßham (Forstern), Vaterstetten, Niederried (Forstinning), Weißenfeld mit Gut Ammerthal (Vaterstetten), Haar und Eglfing (Haar). Für Aittersteinering und Niederried bestanden Sonderregelungen, da diese Schüler einen Weg von drei bis vier Stunden gehabt hätten. Sie besuchten deshalb bis zum 12. Lebensjahr die katholische Schule in Forstinning, erst dann mussten sie wegen der Vorbereitung zur Konfirmation nach Feldkirchen kommen, wo sie in protestantischen Familien Aufnahme fanden. Als im April 1853 dann das Kinderheim eröffnet wurde, fanden alle Konfirmanden dort eine Bleibe. Auch die Heimkinder besuchten die protestantische Schule in Feldkirchen und sorgten für deren dauerhaften Bestand. 80 bis 90 Schüler besuchten damals die Werktagsschule.

1879 kam es wieder zur Trennung von Schule und Vikariat. Als Schulleiter wurde nun Fritz Kraus aus Rohr angestellt, der bereits drei Jahre zuvor als Lehrer nach Feldkirchen gekommen war. Gegen Ende der 1870er Jahre war die protestantische Schule längst zu klein geworden; ein Neubau wurde erwogen. Im Gemeinderat wurde überlegt, ob die Gemeinde nicht etwas Geld zu diesem Bau zuschießen solle, dafür aber die Schule als Simultanschule, also für Schüler beider Bekenntnisse, zu errichten. Am 19. Mai 1878 trafen sich die Feldkirchner. Doch der Gemeindebeschluss lautete abschlägig: *„Die heute stattgehabte Gemeindeversammlung war von sämtlichen Bürgern bis auf drei besucht. Eröffnet wurde diese Versammlung mit der Bekanntmachung des bezirksamtlichen Berichtes vom 12. Mai 1878, den Schulhausbau dahier von Seiten der pol. Gemeinde betreffend. Nach erfolgter hingehender Besprechung und Hinweis auf den großen Vorteil, den eine Simultanschule gerade hauptsächlich für die Katholiken der Gemeinde hätte, wurde abgestimmt und danach beschlossen, daß die pol. Gemeinde fest auf irem Vorsatz verharrt, keinen Zuschuß*

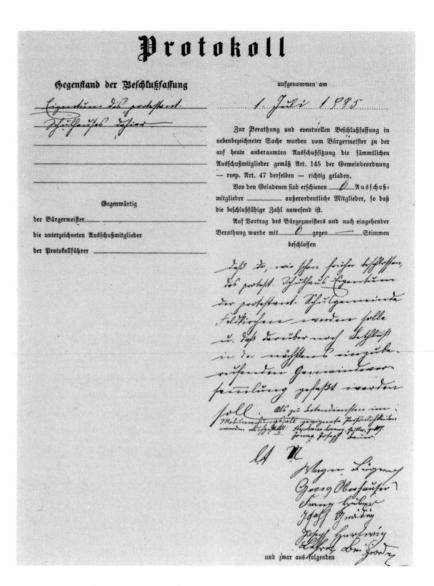

Protokoll Gemeinderatssitzung vom 1. Juli 1885

„… Auf Vortrag des Bürgermeisters und nach eingehender Berathung wurde mit 6 gegen – Stimmen beschlossen, daß da, wie schon früher beschlossen, das prot. Schulhaus Eigentum der protestant. Schulgemeinde Feldkirchen werden solle, u. daß darüber noch Beschluß in der nächstens einzuberufenden Gemeinderatsversammlung gefaßt werden soll …"

Das Schulwesen

Evangelische Schule, 1. Klasse 1911

zum Schulhausbau zu leisten, daß also die Katholiken ire Kinder wie bisher nach Aschheim in die Schule zu schicken gesonnen sind. Infolge dieses bleibt der Schulhausbau der protestantischen Kirchengemeinde Feldkirchens auszuführen allein überlassen."

Besonders stark wird sich Bürgermeister Jakob Wagner nicht für die Simultanschule gemacht haben, wurde doch bereits am 14. April über das Problem debattiert und danach im Protokollbuch kategorisch festgehalten: *„Da die hiesige pol. Gemeinde gemischt ist und die Katholiken zum Schulsprengel Aschheim gehören, jedweden Zuschuß von Seiten der politischen Gemeinde nach Art. 7 des Gesetzes, die Aufbringung des Bedarfes für die deutschen Schulen betreffend, abzulehnen."* Erst gute zehn Jahre später taucht das Stichwort „Schulhaus" erneut in den Protokollbüchern auf.

Die Protestanten mussten das neue Schulhaus aus eigenen Mitteln errichten. 1885 wurde das Gebäude an der Bahnhofstraße fertig gestellt, mit zwei Schulsälen im ersten Stock, einer Lehrerwohnung, der Gemeindekanzlei im Erdgeschoß sowie einer Waschküche im Garten. Am 1. Oktober 1885 begann dort der Unterricht.

1895 übernahm Heinrich Priehäußer die Leitung der protestantischen Schule – für eine lange Periode. Am 10. Oktober 1925 feierte Priehäußer, der 1917 zum Hauptlehrer und 1923 zum Oberlehrer befördert worden war, sein 30-jähriges Ortsjubiläum als Lehrer und Organist. Aus diesem Anlass wurde ihm auch das Ehrenbürgerrecht der Gemeinde verliehen. Am 5. Juli 1932, nach 37-jähriger Tätigkeit in Feldkirchen, wurde er aufgrund einer schweren Krankheit in den dauerhaften Ruhestand versetzt. Er starb am 27. Januar 1935 in einem Münchner Krankenhaus. Unter großer Anteilnahme der Bevölkerung und der Spitzen der Gemeinde setzte man ihn drei Tage später auf dem Friedhof in Feldkirchen bei.[9]

Evangelische Schule, 1. Klasse um 1914

Lehrer Priehäußer, 1929, Mitarbeiter des Bayerischen Rundfunks

Schulausflug anno 1912

„Die Oberabteilung der protestantischen Schule Feldkirchen veranstaltete am Montag den 15. Juli unter der Führung von Pfarrer Crämer und Herrn Lehrer Priehäußer mit 68 Kindern und etwa 12 Erwachsenen eine Schülerfahrt an den Kochel- und Walchensee, die einen sehr schönen Verlauf nahm und für die Kinder, die zum großen Teil noch keinen See und keinen Alpenberg in der Nähe gesehen hatten, ein großes Fest bedeutete. Die weite Ausdehnung der Schülerfahrt war dadurch möglich geworden, daß die Lokalbahn-Aktiengesellschaft in München die große Liebenswürdigkeit hatte, unseren Kindern auf der Isartalbahn volle Freifahrt zu gewähren, wofür der Direktion auch an dieser Stelle herzlichster Dank gesagt sei.

Einen Höhepunkt des Tages bildete die Autofahrt in 4 großen Motorwagen auf der neuen Kesselbergstraße von Kochel nach Urfeld, deren Kosten einige Freunde unserer Schule übernommen hatten. Der Rückweg nach Kochel auf der alten Kesselbergstraße an den schönen Kesselbachwasserfällen vorbei wurde zu Fuß zurückgelegt. Beim Jäger am See in Urfeld und im Garten der Bahnhofswirtschaft in Kochel bekamen die Kinder endlich auch Gelegenheit, ihre eigens gelernten Gedichte an den Mann zu bringen. Daß fleißig und eifrig gesungen wurde, mit besonderer Begeisterung das bekannte Zeppelinlied, versteht sich von selbst. Den Kindern wird der schöne Ausflug, der nicht nur großes Vergnügen bereitete, sondern auch überaus belehrend wirkte für unsere an Wald und Wasser, an Berg und Tal nicht gewöhnten Schüler, gewiß fürs ganze Leben in angenehmer Erinnerung bleiben."

(Evangelisches Gemeindeblatt, August 1912, S. 61)

Das Schulwesen

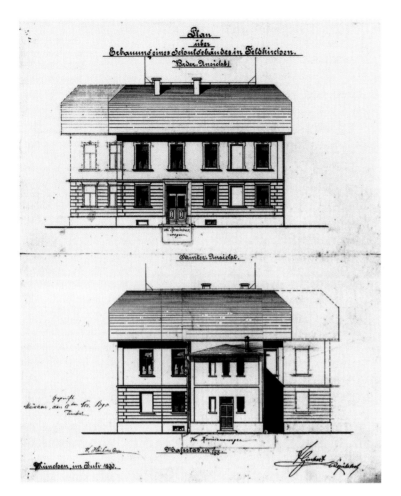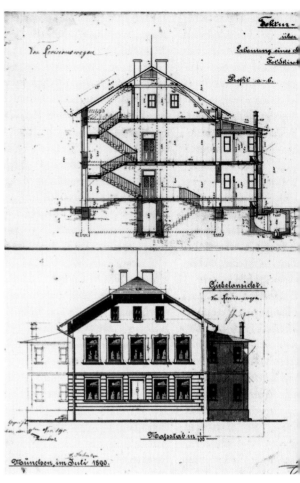

Pläne für das neue katholische Schulhaus, 1890
Staatsarchiv München
LRA 19550

Die katholische Schule

Wenige Jahre vor der Fertigstellung des protestantischen Schulneubaus hat man auch den Bau einer katholischen Volksschule ins Auge gefasst. 1877 wurden erste Überlegungen angestellt, mögliche Bauplätze inspiziert, die zu erwartende Kinderschar hochgerechnet und Kostenvoranschläge eingeholt. Noch aber gingen die Kinder nach Aschheim in die Schule und die Feldkirchner Gemeinderäte sahen 1889 keinen Anlass, die von Seiten des Bezirksamts erwogene Ausschulung der Feldkirchner Kinder aus Aschheim zu unterstützten. *„Dem Antrage des Kgl. Bezirksamtes gegenüber – von Aschheim sich ausschulen zu lassen – sich entschieden ablehnend zu verhalten; sollte in Aschheim die Schülerzahl so groß werden, daß in Aschheim ein neues Schulhaus gebaut werden müßte, so bauen die hiesigen Glieder des Schulsprengels mit."*

Am 6. Januar 1890 allerdings erklärte sich die Gemeindeversammlung *„einstimmig mit der in Aschheim abgegebenen Erklärung ihrer Schulsprengelvertreter, an einem Schulhausneubau in Aschheim zu konkurieren, nicht einverstanden, sondern es ist der Bau eines kathol. Schulhauses und die Errichtung einer kathol. Schule in Feldkirchen in Erwägung zu ziehen."* Ganz im Gegenteil: Nun erwartete Feldkirchen sogar Geldmittel von Aschheim. Bei der Aufstellung der Mittel für den geplanten Schulhausneubau in Feldkirchen findet sich unter Punkt 2: *„Die Gemeinde Aschheim leistet seinen Zuschuß von 2000 Mk aus dem dortigen Schulfond."*

Plötzlich drängten die Feldkirchner mit Vehemenz weg von Aschheim. Noch bevor die Schule fertig gestellt war, sollte der Schulbetrieb für die 42 aus Aschheim ausgeschulten

Das katholische Schulhaus an der Münchner Straße beherbergte später die Gemeindeverwaltung und ist heute u. a. Sitz der Volkshochschule im Osten des Landkreises München (vhs olm).

Kinder in Feldkirchen aufgenommen werden: *„In heutiger* [17. Juli 1890] *Versammlung der katholischen Umlagepflichtigen wurde mit allen gegen eine Stimme beschlossen, für die Zeit vom Beginn des Winterhalbjahres 1890/91 bis zur Fertigstellung des neuen Schulhausbaues hier eine provisorische Schule mit einem Hilfslehrer zu errichten. Die Versammelten übernehmen die Verpflichtung der Beheizung des Schulzimmers und der Lehrerwohnung. Als Schulsaal wurde der Tanzsaal in dem Neubau des Wirtes Quirin Steininger in Aussicht genommen; für Benützung dieses Saales sowie für 1 Wohnzimmer für den Hilfslehrer verlangt der Besitzer 20 Mk monatlich. Zum Unterhalt des Lehrers liefert die Gemeinde einen jährlichen Beitrag von 300 Mk einschließlich des Schulgeldes."*

Bereits wenige Wochen vorher hatte man begonnen, Nägel mit Köpfen zu machen. Als Erstes musste ein Bauplatz gefunden werden. Im Mai 1890 hatte man sich auf einen Standort für das Schulhaus, zu dem auch schon verschiedene Entwürfe und Pläne existierten, geeinigt: *„In der auf heute anberaumten Versammlung der umlagenpflichtigen Katholiken Feldkirchens wurde die Genehmigung der Hohen Kgl. Regierung zum Baue eines Schulhauses u. zur Errichtung einer selbständigen Schulstelle bekannt gegeben. Es wurde mit 10 gegen 7 Stimmen beschlossen, das neue katholische Schulhaus auf die zum Anwesen No. 39 gehörige Wiese zu bauen und von dem Besitzer derselben, Josef Glasl, einen Teil vis-à-vis dem Anwesen des Bäckermeisters Reither zu erwerben. Feldkirchen, den 14. Mai 1890."*

Volksschule Feldkirchen, „Unterklasse", 5. Juni 1929

Nun häuften sich die Einträge im Protokollbuch der Gemeinde. Als Erstes ging es um das liebe Geld, das beschafft werden musste. Zum 8. Februar 1891 finden sich folgende Gemeinderatsbeschlüsse:

„1. Das zum Baue des kath. Schulhauses nötige Baukapital soll als Gemeindeschuld aufgenommen und mit 6%igen Annuitäten getilgt werden.

2. Das Kapital, welches seiner Zeit zum Baue des prot. Schulhauses aufgenommen wurde und jetzt von 6500 M auf 5300 Mk zurückgezahlt wurde, soll auf 11000 Mk erhöht und diese Summe dann mit 7%igen Annuitäten getilgt werden. Das kgl. Bezirksamt soll ersucht werden, an geeigneter hoher Stelle die Bewilligung zu genannter Erhöhung erwirken zu wollen.

3. Als Bauausschußmitglieder wurden Leonh. Stockinger, Johann Huber und Josef Hartwig gewählt."

Um das gleiche Thema ging es eine Woche später erneut im Gemeinderat: „Das zum Baue des kath. Schulhauses nöthige Baukapital von 28550 Mk soll durch folgende Mittel gedeckt werden: 1900 Mk sind bereits aus dem Ertrag des Bierpfennigs (1/3 desselben) als Baukapital vorhanden. 26000 Mk nimmt die Gemeinde für den kathol. Schulsprengel Feldkirchen auf; diese Summe wird mittels 7 1/2 % Annuitäten, welche durch Schulumlagen vom katholischen Teil der Gemeinde erhoben werden, in 19 1/2 Jahren getilgt. Die noch restierenden 65 Mk werden voraussichtlich beim Baue erspart."

Bereits im September 1890 war mit dem Bau begonnen worden. „Das Schulhaus nach dem entworfenen Plane zu bauen; aber vom Baue eines Wohnhauses mit Holzlege vorläufig noch Umgang zu nehmen u. ein diesbezügliches Gesuch dem Kgl. Bezirksamte vorzulegen." Und am 13. Oktober 1890 war beschlossen worden, „den Bedarf an Ziegelsteinen [...] schon jetzt zu bestellen u. die Bestellung dem

Volksschule Feldkirchen,
1. Klasse mit Frl. Böltl, 1937

Schäfflermeister Joh. Huber u. dem Schuhmachermeister Leonh. Stockinger zu übertragen."

Doch so schnell, wie sich die Gemeinderatsmitglieder den Neubau gedacht hatten, ging er auch wieder nicht voran. Im Sommer 1891 war erst der Rohbau fertig. Am 3. Juni 1891 wurde vom Gemeinderat beschlossen:

„1. die Bedachung des Schulhauses durch Schieferdeckermeister August Franz in München ausführen zu lassen.

2. die Malerarbeiten am Schulhause gegen ein Abgebot von 12 % den Malern Mathias Lang und Franz Meyer in München zu übergeben.

3. die Fuhrwerksbesitzer werden zu Gemeindediensten in derart verpflichtet, daß jeder 6mal fahren muß.

4. Zur Hebefeier sollen aus der Baukasse 50 Mk verwendet werden."

Erst im Jahr 1892 war das katholische Schulhaus durch den Maurermeister Joseph Berlinger aus Berg am Laim endgültig fertig. Nun kamen aber noch ein paar Feinheiten dazu, das bedeutete, wiederum Ausgaben für die Gemeinde. Für den Lehrer musste die Gemeinde jährlich 600 Mark aufwenden. Zur Desinfektion der beiden Schulaborte sollte aus der Gemeindekasse die nötige Karbolsäure besorgt werden und für die vorschriftsmäßige Reinigung des Schulzimmers wurden pro Jahr 35 Mark veranschlagt. Bereits 1908 war ein Anbau unumgänglich, der bis zum Frühjahr 1909 ebenfalls durch das Baugeschäft Joseph Berlinger ausgeführt wurde.[10]

Das Schulwesen

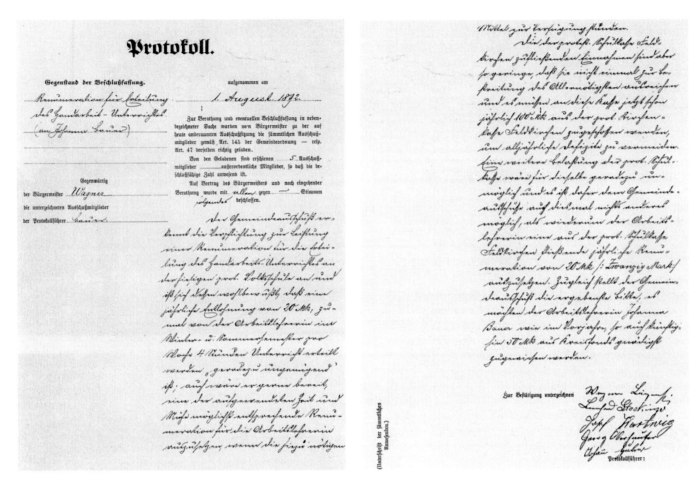

Gemeinderats-Protokoll vom 1. August 1892

An schulischen Begebenheiten ist wenig aus schriftlichen Quellen zu erfahren, denn im Zweiten Weltkrieg sind im Kultusministerium die Schulakten der Gemeinden A–G verbrannt und damit auch die Feldkirchen betreffenden Unterlagen. Auch der Name des ersten Lehrers an der neuen Schule ist deshalb nicht mit Sicherheit bekannt. Helmut Kreitmayer vermutet aufgrund verschiedener Nennungen im Evangelischen Gemeindblatt, dass es sich um Christian Schmid handeln könnte. Für das Jahr 1900 sind Schulgelder an die Lehrer Kern und Schmid erwähnt und im Protokollbuch der Gemeinde wurde am 21. September 1900 vermerkt, dass der Handarbeitsunterricht an der katholischen Schule der Lehrergattin Anna Schmid, die schon mehrere Jahre diesen Unterricht erteilt hatte, übertragen wird.

1904 wurde der katholische Schuldienst an den Volksschullehrer Franz Xaver Stechl aus Deining übertragen. Als er zwei Jahre später eine Brauerei in Mühldorf übernahm, quittierte er den Schuldienst. So kam 1906 zunächst aushilfsweise der Hilfslehrer Joseph Herbst aus München nach Feldkirchen. Anschließend reaktivierte man Christian Schmid, der die Stelle bereits früher mehrere Jahre inne gehabt hatte, für den Schuldienst in Feldkirchen. 1909 zählte die katholische Schule 119 Kinder, die von Hauptlehrer Schmid und Hilfslehrerin Ida Lüttich aus Berchtesgaden unterrichtet wurden. 1913 ist erstmals Hauptlehrer Aloys Werndl erwähnt, der zusammen mit der Hilfslehrerin Lutz die in zwischen auf 128 Kinder angewachsene Schar unterrichtete. Werndl, der 1923 zum Oberlehrer befördert

> **Honorierung der Handarbeitslehrerin**
>
> *„1. August 1892 Remuneration für Erteilung des Handarbeits-Unterrichtes (an Johanna Bauer).*
>
> *Der Gemeindeausschuß erkennt die Verpflichtung zur Leistung einer Remuneration für die Erteilung des Handarbeitsunterrichtes an der hiesigen prot. Volksschule an und ist sich dessen wohl bewußt, daß eine jährliche Entlohnung von 20 Mk, zumal von der Arbeitslehrerin im Winter- u. Sommersemester pro Woche 4 Stunden Unterricht erteilt werden ‚geradezu ungenügend' ist; auch wäre er gerne bereit, eine der aufgewendeten Zeit und Mühe möglichst entsprechende Remuneration für die Arbeitslehrerin aufzusetzen, wenn die hierzu nötigen Mittel zur Verfügung stünden. Die der protest. Schulkasse Feldkirchen zufließenden Einnahmen sind aber so geringe, daß sie nicht einmal zur Bestreitung des Allernötigsten ausreichen und es müssen an diese Kasse jetzt schon jährlich 100 Mk aus der prot. Kirchenkasse Feldkirchen zugeschossen werden, um alljährliche Defizite zu vermeiden.*
>
> *Eine weitere Belastung der prot. Schulkasse wäre für dieselbe geradezu unmöglich und es ist daher dem Gemeindeausschusse auch diesmal nichts anderes möglich, als wiederum der Arbeitslehrerin eine aus der prot. Schulklasse Feldkirchen fließende jährliche Remuneration von 20 Mk auszusetzen. Zugleich stellt der Gemeindeausschuß die ergebenste Bitte, es möchten der Arbeitslehrerin Johanna Bauer wie im Vorjahre, so auch künftighin 50 Mk aus Kreisfonds gnädigst zugewiesen werden.*
>
> *Wagner Bürgermeister*
> *Leonhard Stockinger*
> *Josef Hartwig*
> *Georg Oberhauser*
> *Johann Huber."*

wurde, blieb bis zu seiner Versetzung in den Ruhestand am 1. Mai 1929 im Amt. Sein Nachfolger wurde Hauptlehrer Johannes Hartan aus Reichertshausen.[11]

Im letzten Kriegsjahr 1917 wurden allerorten Schulspeisungen eingeführt. Man debattierte auch in Feldkirchen über eine entsprechende Einrichtung, doch war der Gemeinderat dagegen, da ein Bedürfnis nicht erkannt wurde. *„Den Familienvätern ist hier beste Gelegenheit geboten, so viel zu verdienen, um seine Familie ordentlich ernähren zu können. Auch die alleinstehenden Frauen stehen in solchen Verhältnissen, daß sie ihre Kinder richtig verköstigen können. Durch Arbeit (Fabrik Schüle) sind nur 3 Frauen, die abgehalten sind, ihren Kindern das Essen zu bereiten. Hier sind aber Familienangehörige vorhanden, die für die Kinder sorgen, oder es nehmen sich fernere Leute, die im gleichen Hause wohnen, der Kinder an. Es ist nicht unwahrscheinlich, daß viele Frauen die Schulspeisung nur deshalb begrüßen, da sie dadurch ihrer häuslichen Arbeit enthoben werden."* Dieses Protokoll stammte vom 10. Januar 1917; am 16. September des gleichen Jahres war das Thema immer noch nicht ausgestanden, doch wurde kurzerhand im Gemeinderat beschlossen, *„daß für die Wiedereröffnung der Volksküche nebst Schülerspeisung in Feldkirchen ein Bedürfnis nicht besteht."*

Erster Bauabschnitt der Volksschule, Eingang Richthofenstraße, erbaut 1958/59

Die Gemeinschaftsschule

Bis 1937 bestanden je eine zweiteilige katholische und eine zweiteilige protestantische Schule, die laut Beschluss vom 1. April 1937 zum Schuljahr 1937/38 zu einer vierteiligen Gemeinschaftsschule zusammengefasst wurden.[12] Wegen der spinalen Kinderlähmung, die zwar in Feldkirchen selbst nicht auftrat, war der Unterrichtsbeginn allgemein vom 1. September auf den 15. September 1937 verschoben worden. Von diesem Tag an wurde die Gemeinschaftsschule nur noch dreiteilig geführt.

Das evangelische Schulhaus war durch Kauf Eigentum der politischen Gemeinde Feldkirchen geworden. Dort befanden sich die Jahrgänge 5–8 unter Hauptlehrer Johann Rall, der den am 1. Juli 1937 nach Obermenzing versetzten Johann Hartan abgelöst hatte, sowie die Jahrgänge 3 und 4 unter der 1937 neu nach Feldkirchen gekommenen katholischen Lehrerin Therese Maurus. Im katholischen Schulhaus verblieben die Jahrgänge 1 und 2 unter der katholischen Hauptlehrerin Therese Böltl.

Der zweite Schulsaal im katholischen Schulhaus diente nun sowohl als Heim für die Jugendarbeit der NSDAP als auch für die Erteilung des evangelischen Religionsunterrichts. Die Sonntagsschule wurde aufgelöst – dafür das achte Schuljahr eingerichtet und eine vierstündige landwirtschaftliche Berufsschule, die 1949 jedoch wieder aufgegeben wurde.[13]

Nach dem Zweiten Weltkrieg, bereits im Jahr 1948, wurde die Schule wieder in zwei Konfessionsschulen unterteilt. 1958 kam es zum Bau des ersten Abschnittes der neuen Schule an der Richthofenstraße, die am 18. März 1959 feierlich eröffnet wurde, 1968–1970 dann zu Erweiterungen durch den Architekten Weinert.[14] Die evangelische Volksschule wurde im Jahr 1969 in eine christliche Gemeinschaftsschule umgewandelt, während die katholische Volksschule weiter als Bekenntnisschule Bestand hatte. Erst mit dem Bau des zweiten Abschnitts des Schulgebäudes an der Richthofenstraße wurden beide Schulen zu einer christlichen Gemeinschaftsschule Feldkirchen zusammengelegt, mit gleichzeitiger Einführung des 9. Pflichtschuljahres und der Möglichkeit eines qualifizierenden Hauptschulabschlusses.

Die Volksschule Feldkirchen war eine Vollschule, d. h., Grund- und Hauptschule waren unter einer Schulleitung zusammengefasst; alle Kinder von der ersten bis zur neunten Jahrgangsstufe wurden unter einem Dach unterrichtet. Zeitweise besuchten nun auch Schüler der fünften bis neunten Jahrgangsstufe aus Kirchheim und Aschheim die Hauptschule Feldkirchen.

Im Schuljahr 1978/79 ergänzte man die Schule um die Mehrzweckhalle, eine Doppelturnhalle und die Außensportanlagen mit dem 1980 fertig gestellten Schulbrunnen.[15] Im Oktober 1980 wurde dieser Brunnen bei Blasmusik, Würstl und Freibier eingeweiht. Ursprünglich war der Brunnen gar nicht geplant, doch im Zuge der Errichtung der Außenanlagen machten die Garten- und Landschaftsarchitekten den entsprechenden Vorschlag. Trotz der Kosten von rund 12.000 DM fand die Idee bald die Befürwortung im Gemeinderat. Die Findlinge suchten die Planer und Gestalter der Außenanlage und des Brunnens, Kirschnek und May, im Bayerischen Wald aus. Auch die Brunnenmulde ist aus Naturstein. Die Gemeinde Feldkirchen hatte mit diesem Brunnen nicht nur einen Beitrag zur Verschönerung der Schulanlage geleistet, sondern auch zur gesamten Ortsverschönerung.

Seit dem 1. August 2006 wird die Schule in Feldkirchen nur noch als Grundschule geführt; die Hauptschule verlegte man nach Kirchheim. Zwei Jahre später begann die grundlegende Sanierung und teilweise Neugestaltung des Feldkirchner Schulgebäudes. 2011 wurde dann das neue Kapitel in der Schulgeschichte aufgeschlagen: Vier Jahre Sanierungsarbeiten lagen hinter den Schülern und Lehrern und Rektor Stephan Vogel konnte jubeln: *„Hurra, wir spielen in der Champions League!"*,

sprach sogar von *„Superschule"*. Jedes der 16 Klassenzimmer war nun 70 Quadratmeter groß und modern ausgestattet mit interaktivem Whiteboard, Lehrernotebook, Farblaserdrucker und PC-Stationen für die Schüler. Akustikdecken, elektrische Jalousien, Parkettböden und ein Mobiliar aus Holz schufen eine angenehme Lernatmosphäre. Die großzügig geplante Aula, der Pausenverkauf, der Beamer und die Leinwand waren nicht nur ideal für informative Veranstaltungen, sondern auch für

Bild oben:
Einweihung des Schulbrunnens im Oktober 1980
Bild unten:
5. und 6. Klasse 1958/59 mit Klassenleiter Harrer

Das Schulwesen

7. und 8. Klasse 1958/59
mit Hauptlehrer Haller
und Pfarrer Hobmair

2. Klasse 1989/90
mit Frau Büschgen

Schulfeste bestens geeignet. Die Mittagsbetreuung wurde mit einem eigenen Speiseraum im Schulhaus integriert, ein Hausaufgaben- und ein Spielraum standen nun ebenfalls zur Verfügung, dazu die nötigen Räume für die Lehrer, Lehramtsanwärter, Seminarräume, Lernwerkstatt, Musikzimmer und ein Gymnastikraum. In den Pausen durften die Schüler von nun an nicht nur in den Pausenhof, sondern auch auf den Sportplatz.

Und die Hortkinder gelangten über das Schulgelände direkt ins Hortgebäude. Die Haustechnik war nun ebenfalls auf dem neuesten Stand. Solarzellen auf dem Dach und der Anschluss an die neue Geothermie machten dies möglich. Am 8. Oktober 2011 fand die offizielle Einweihung und Segnung statt.[16] Auch überregional fand die umgebaute Grundschule Anerkennung: Das Gebäude ebenso wie die Außenanlagen wurden in den illustren

Lehrerkollegium 1964, von links nach rechts: Manlik, Kredatus, Böltl, Pfarrer Hobmair, Turba, Harrer, Karl, Sr. Claudine

Kreis der „Architektouren 2012" aufgenommen, bei denen alljährlich besondere Bauten bayernweit vorgestellt werden.

Die beiden alten Schulhäuser, sowohl das evangelische in der Bahnhofstraße als auch das katholische an der Münchner Straße, wurden neuen Bestimmungen zugeführt. Im katholischen Schulhaus hatte bereits seit 1959 die Gemeindeverwaltung Aufnahme gefunden. Nun wurde es bis zum Bau des neuen Rathauses als „Rathaus" bezeichnet und auch als solches genutzt (ein 1962 kurzzeitig überlegter Vorentwurf des Architekten Eduard Schmid für einen Rathausneubau an der Bodmerstraße war nicht zur Ausführung gekommen[17]). Heute hat in dem ehemaligen Schulgebäude die Volkshochschule ihre Heimstatt gefunden. In den Wohnräumen, die zunächst als Gastzimmer für Besucher aus den Partnerstädten gedacht gewesen waren, sind seit dem 2. Dezember 2014 zwölf Asylbewerber untergebracht, nachdem auf Antrag der Fraktion der Grünen am 5. August 2014 ein Antrag gestellt worden war. Dies ist jedoch nur eine vorübergehende Unterbringungsmöglichkeit. Derzeit wird noch nach einer dezentralen Unterbringungsmöglichkeit gesucht.

Die ehemalige evangelische Schule wurde im Jahre 1987 umgebaut und dient seither den Vereinen als gelegentlicher Versammlungsort. Vor allem aber haben die Senioren einen Treffpunkt in den eigens für sie eingerichteten Räumen gefunden. Zunächst hatte dort auch die Blaskapelle ihren Proberaum erhalten. Inzwischen ist die Blaskapelle jedoch in den Probenraum in der Kindertagesstätte Bienenhaus umgezogen.

Am 15. November 2012 schließlich beschloss der Gemeinderat einstimmig, dass das „Bürgerhaus Alte Schule" in Anerkennung der Verdienste des 2006 verstorbenen Altbürgermeisters in „Ludwig-Glöckl-Haus" umbenannt werden soll. Dem war ein Antrag des Billardclubs Feldkirchen vorausgegangen, eine Straße nach Ludwig Glöckl zu benennen, was jedoch vor allem aus juristischen Gründen abgelehnt wurde. Das Bürgerhaus jedoch hat den neuen Namen zu Recht erhalten, war es doch Ludwig Glöckl, der das abbruchreife Schulhaus zu einem Schmuckstück werden ließ. Anfang Mai 2013 wurde das Bürgerhaus „Alte Schule" in einer kleinen Feierstunde offiziell in „Ludwig-Glöckl-Haus" umbenannt und eine entsprechende Tafel vor dem Gebäude enthüllt.

Das Schulwesen

Lehrer von Feldkirchen

Protestantische Schule
Schulleiter:
1811 Lehrer Jakob Bodmer (bis Nov. 1822)
1822 Schulverweserin: Tochter Veronika (bis März 1823)
1823 Lehrer Johann Leonhard Düring aus Adelshofen (bis März 1833)
1833 Pfarrvikar Johann Adam Schuler aus Würzburg (bis 1839)
1839 Pfarrvikar Johann Georg Hacker aus Bamberger Gegend (bis 1843)
1843 Pfarrvikar Johann Konrad Karl Friedrich Rüger aus Bayreuth (bis 1849)
1849 Pfarrvikar Johann Heinrich Christian Otto Schamberger (bis 1862)
1862 Pfarrvikar Georg Michael Neumeister aus der Gegend Uffenheim (bis 1868)
1868 Pfarrvikar Friedrich Leopold Ranke aus Bayreuth (bis 1871)
1871 Pfarrvikar Albert Hauck aus Wassertrüdingen (bis 1875)
1875 Pfarrvikar Christian August Siegfried Wiesinger aus Ortenburg (bis 1879)
1879 Lehrer Fritz Kraus aus Rohr (bis 1885?)
1895 Lehrer Heinrich Priehäußer aus München (Hauptlehrer 1917, Oberlehrer 1923) bis 1932
1933 Hauptlehrer Johann Rall aus Ingolstadt (bis 1937, dann Leiter der Gemeinschaftsschule bis 1945, bis 1950 Leiter der ev. Bekenntnisschule)
1950 Hauptlehrer Heinrich Fackler aus München (bis 1957; Oberlehrer)
1958 Frau Dr. Maria Beek aus Danzig (bis 1962)
1962 Friedrich Reikowski aus Manching (bis 1967 bzw. bis 1969)

Schulgehilfen, Hilfs- und Aushilfslehrer etc.:
1846 Schulgehilfe Leonhard Buck aus Altenmuhr
1849 Schulgehilfe Christian Bickel aus München
1851 Schulgehilfe Carl Immel aus Friedrichshofen
1855 Schulgehilfe Wilhelm Blaufuß aus Roth
1857 Schulgehilfe Gustav Wenz aus Weißenburg
1864 Lehrgehilfe Johann F. Eizinger aus Hechlingen
1871 Lehrgehilfe Albert Hermann aus Memmingen
1874 Hilfslehrer Christian Kraus aus Perlach
1876 Fritz Krauß aus Rohr (Lehrer bis 1878)
1878 Hilfslehrer Karl Heber aus Nördlingen
     Aushilfslehrer Georg Hessel aus Unterherrieden
1880 Aushilfslehrer J. Schlumbrecht aus Karlsberg
1882 Aushilfslehrer Friedrich Derbfuß aus Großkarolinenfeld
1884 Aushilfslehrer Jakob Stolz aus Ingolstadt
1885 Aushilfslehrer Johann Werner aus Lanzenried
1887 Aushilfslehrer August Bauer aus Großkarolinenfeld
1890 Aushilfslehrer Heinrich Priehäußer aus München
1891 Aushilfslehrerin Karolina Käb aus München
1892 Aushilfslehrer Johann Henne aus Lanzenried
1895 Aushilfslehrer Friedrich Thyroff aus Kemmoden
1896 Handarbeitslehrerin Anne Raunert
1900 Hilfslehrerin Helene Steinl aus München
1903 Hilfslehrerin Friederike Schreiber aus Großkarolinenfeld
1904 Hilfslehrerin Emilie Schamel
1905 Hilfslehrer Eugen Loos aus München
1907 Hilfslehrerin Karoline Wunderer aus München
1908 Hilfslehrerin Maria Will aus München
1909 Hilfslehrerin Maria Mühlbauer aus München
     Hilfslehrerin Frieda Burger aus München
     Hilfslehrerin Emma Vogtherr aus München
1910 Hilfslehrerin Gisela Göbel aus München
     Hilfslehrer Max Merkel aus München
1911 Schulverweser Bernhard Schilling aus Lanzenried
     Aushilfslehrer Albrecht Augsberger aus München
     Hilfslehrerin Kunigunde Münzer aus München
1912 Schulverweser Johann Rall aus Brunnenreuth
1913 Hilfslehrerin Barbara Fauth aus München
     Hilfslehrerin Maria Krahmer aus München
1913 Mathilde Moser
1914 Hilfslehrer Josef Ortner von Unsernherrn, Ingolstadt
     Aushilfslehrerin Emilie Großmann aus München
1915 Irene Fiek, München (für Ortner) dann wieder Ortner
1916 Kriegsbedingt reger Wechsel im Lehrpersonal: für Ortner kommt Konrad Held, dann Praktikant Karl Ammon, dann Frl. Rosa Käfferlein, dann wieder Ortner
1918 für Ortner kommt Schulverweser Eduard Ritzinger, Freising
1919 Schulverweser Ritzinger wegen Krankheit beurlaubt, dafür Hilfslehrer Rudolf Kerschensteiner aus München.
1920 Hans Klein aus München
1921 Unterrichtsvertretung durch Elise Schlee aus München
1924 Lehrer Karl Freytag aus München
1926 Schulamtsbewerber Friedrich Schmidt (für erkrankten Freytag)

1928 Am 16. Januar wird Lehrer Freytag erneut beurlaubt. Die bisher dreiteilige Schule wird zweiteilig.

1929 Hauptlehrer Hofmann von Trautberg bei Castell wird mit der Übernahme der zweiten Schulstelle (in der Erziehungsanstalt) und der Leitung der Anstalt in Feldkirchen betraut. Auch die dritte Schulstelle wird wieder weitergeführt.

1930 Die dritte Schulstelle wird abgebaut, Hauptlehrer Hofmann geht nach München. Am 30. Juni erleidet Oberlehrer Priehäußer einen Schlaganfall und wird beurlaubt. Schulamtsbewerber Hubert Stadler aus München führt bis 15. Juli die Oberklasse.

1931 Auch die zweite Schulstelle wird aufgehoben. Fräulein Göbel übernimmt eine Schulstelle in Bad Reichenhall. Die Schülerzahl kommt nicht erheblich über die 70 hinaus. Die Schule ist einklassig.

1932 Anstelle von Oberlehrer Priehäußer kommt Schulamtsbewerber Richard Pöbing zur Aushilfe an die einklassige Schule. Am 5. Juni wird Oberlehrer Priehäußer in Ruhestand versetzt. Am 31. Dezember wird Lehrer Pöbing nach München versetzt.

1933 1. Januar Hauptlehrer Rall von der ev. Schule in Unsernherrn bei Ingolstadt wird auf Ansuchen an die ev. Schule in Feldkirchen versetzt. Am 1. Mai wird die weibliche Lehrstelle wieder errichtet. Diese erhält die Schulamtsbewerberin Lieselotte Wittmann, die zugleich den Handarbeitsunterricht übernimmt. Die Schule ist damit wieder zweiteilig.

1934 Aushilfslehrerin Adelheid Merkle Schulamtsbewerberin Thusnelda Klingele aus Ingolstadt Schulamtsbewerberin Sophie Frosch aus München

1937 Aushilfslehrerin Helga Cronenberg Hauptlehrerin Thekla Selb

Gemeinschaftsschule bis 1945

1945 Unterricht durch Frau Rall

1947 Dr. Maria Beek aus Danzig kommt als Lehrerin zu den ev. Schülern. Am 3. September 1948 ist die Schule wieder offiziell Bekenntnisschule:

1948 Lehrer Heinrich Fackler aus München (später Haupt- dann Oberlehrer)

1950 Lehrer Jakob Gerhardt aus Oberschlesien (bis 1963)
Lehrer Riedel (ab 1952? bis 1957)

1957 Lehrer Hans U. Rhinow aus Frankfurt/Oder (bis 1962)
1958 Lehrer Friedrich Reikowski aus Manching
Lehrerin Almut Evers aus Hamburg (bis 1962)
1962 Lehrerin Barbara Dahlgrün-Mihm aus Celle (bis 1965)
Lehrerin Rosemarie Schorn aus Celle (bis 1964)
1963 Lehrerin Heidrun Richter aus Berlin (bis 1970)
1964 Lehrerin Elke Böttcher aus Vaterstetten (bis 1967)
Lehrer Siegbert Winkler aus Haar (bis 1970)

1966 Lehrerin Hannelore Stumpf aus Franken (bis 1970)

1967 Umwandlung der ev. Bekenntnisschule in eine christliche Gemeinschaftsschule. 1969 Zusammenlegung der beiden Feldkirchner Schulen zur christlichen Volksschule Feldkirchen.

Katholische Schule (soweit bekannt)
Schulleiter

vor 1904 Lehrer Christian Schmid (bis 1904?)

1904 Lehrer Franz Xaver Stechl aus Deining (bis 1906)

1906 Hilfslehrer Joseph Herbst aus München, Aushilfe 1906

1906 Lehrer Christian Schmid (bis 1913?)

1913 Hauptlehrer Aloys Werndl (ab 1923 Oberlehrer; bis 1. Mai 1929)

1929 Hauptlehrer Johannes (Hans) Hartan (bis April 1937, dann als Lehrer an der Gemeinschaftsschule bis 15. Juli 1937)

1945 Hauptlehrerin Therese Böltl (?)
Hauptlehrer Johannes Haller (erwähnt 1950)
Hauptlehrer Kredatus (erwähnt 1964)
Rektor Rödig (erwähnt im Tagebuch Hobmair als neuer Schulleiter am 30. August 1968)

Lehrer, Hilfs- und Aushilfslehrer:

1908 Hilfslehrerin Ida Lüttich aus Berchtesgaden (Stelle 1908 neu geschaffen)

1913 Hilfslehrerin Lutz (erwähnt im Ev. Gemeindeblatt)

1929 Frau Öchsner (auf Foto)

1932 Handarbeitslehrerin Rosa Reither (erwähnt)

1935 Hauptlehrerin Therese Böltl (ab 7. April 1935?)

1937 Lehrerin Therese Maurus

1950 Sutor, Biebl, Böltl und Haller (erwähnt im Tagebuch Hobmair)

1964 Frau Manlik, Frau Böltl, Frau Turba, Herr Harrer, Frau Karl (Leiter Kredatus) Klassenbild

1989 Frau Büschgen (kath.? – Klassenbild)

Gemeinschaftsschule ab Herbst 1969
Schulleiter:

1969 Josef Rödig (bis 1971)

1971 Richard Harrer (bis 1987)

1987 Peter Herzmansky (bis 1999)

1999 Ronhard Enders (bis 2005)

2005 Stephan Vogel

(Zusammenstellung von Helmut Kreitmayer)

Die Volkshochschule im ehemaligen katholischen Schulhaus

Die Volkshochschule im Osten des Landkreises München vhs olm

Zu Beginn der 1970er Jahre taten sich Aschheim, Feldkirchen, Heimstetten und Kirchheim zu einem Zweckverband Volkshochschule im Osten des Landkreises München (vhs olm) zusammen. Nach mehreren Vorgesprächen und einer Bürgerentscheidung in einer Bürgerversammlung im Januar 1973 fand die konstituierende Verbandsversammlung statt. Die zugehörige erste Satzung trat am 23. Februar 1973 nach Veröffentlichung im Amtsblatt des Landratsamtes München in Kraft. Im Dezember 1973 trat die Gemeinde Dornach dem Zweckverband bei. Zum Vorsitzenden wurde damals Bürgermeister Franz Ruthus aus Aschheim gewählt, zu seinem Stellvertreter der spätere 1. Bürgermeister von Feldkirchen, Ludwig Glöckl.

Nach einer kurzen Zeit der kommissarischen Leitung durch Karl Finsterwald übernahm im Herbst 1974 Johanna Kinzebach die Leitung der Volkshochschule. Das erste, bereits gut angenommene VHS-Programm, bestehend aus 29 Kursen, fand noch auf einer DIN-A 4 Seite Platz.

Während in den ersten zehn Jahren die Einwohnerzahlen von Aschheim um 50 Prozent und die von Kirchheim/Heimstetten sogar um 100 Prozent zunahmen, stagnierten die Feldkirchner wegen der Baubegrenzung durch die Flughafen-Nähe. Erst nach dem Umzug ins Erdinger Moos stiegen auch hier die Einwohnerzahlen bis zu 100 Prozent. Doch zunächst fehlte der VHS in Feldkirchen der Anteil an Neubürgern, der bis heute ein stark aktivierendes Element darstellt. Dennoch bot Feldkirchen von Anfang an wichtige Bausteine für den VHS-Betrieb. So stand in der ehemaligen Hauptschule – damals wie heute – die einzige Schulküche zur Verfügung. Schreibmaschinen

Team der vhs olm 2017

Hintere Reihe (von links nach rechts): Susanne Dhein, Ilona Brecht, Anne Weingarten, Marion Heintz, Isabelle Peters,

vordere Reihe auf der Bank (von links nach rechts): Katja Kohrs, Sabine Rieke-Eisen, Gertraud Schack, Carmen Stahl (vhs-Leitung)

Leiter und Leiterinnen der VHS Feldkirchen

Herbst 1973 bis Herbst 1974	Karl Finsterwald (kommiss. Leiter)
Herbst 1974 bis Herbst 1997	Johanna Kinzebach
Herbst 1997 bis Mai 2014	Dr. Diana Koch
seit Herbst 2014	Carmen Stahl

Außenstellenverantwortliche in Feldkirchen

Herbst 1973 bis Sommer 1976	Leonhard Baumann
Winter 1976 bis Sommer 1978	Anneliese Turba
Winter 1978 bis Sommer 1981	Hildegard Waldhör
Winter 1981 bis Sommer 1987	Gerda Toll
Winter 1987 bis Winter 1997	Marianne Baumann
Winter 1997 bis Sommer 1998	Heike Würschnitzer
Winter 1998 bis Sommer 2002	Elisabeth Fischer
Winter 2002 bis Sommer 2010	Hannelore Soyer
Winter 2002 bis Sommer 2003	Christa Korder
seit Sommer 2010	Katja Kohrs

ermöglichten ein Training für private und berufliche Belange. Nach dem Bau der Mehrzweckhalle wurde der Gymnastikraum der Schule (außerhalb der Schulunterrichtszeiten) frei für Tanzkurse verschiedenster Art, Yogakurse, Ballett und Geräteturnen. Nach einem Beschluss des Gemeinderats Ende 2006 zur Nutzung des alten Rathauses entstanden – neben Räumen für die Partnergemeinden – neue Räumlichkeiten für die VHS. Im Februar 2008 wurde das umgebaute Rathaus eingeweiht; der Seminarbetrieb konnte am 18. Februar 2008 wieder aufgenommen werden.

Durch die Jahre stellten auch immer mehr Institutionen und Privatpersonen der VHS Räumlichkeiten zur Verfügung. Die Kirchen öffneten ihre Pforten für Konzerte und musikalische Semesterabschlüsse. Besonders der katholische Pfarrsaal an der Kreuzstraße wurde und wird häufig genutzt.

Die Frau des damaligen evangelischen Pfarrers, Ina Hildmann, und Anneliese Turba unterrichteten in den ersten Jahren unzählige Kinder in den Fächern Flöte, Querflöte und musikalische Früherziehung. In der eigenen Werkstatt führte zum Beispiel Kfz-Meister Suchy Pannenkurse durch. Die Firmen Marathon und Farben Huber luden zu Besichtigungen ein. Aus der Familie des Gartenbaubetriebs Kahl vermittelten Helene Kahl und Margit Prylinski lange Jahre hindurch in stets ausgebuchten Veranstaltungen den geschickten Umgang mit Pflanzen und anderen Naturmaterialien.
Die örtliche Filiale der Raiffeisenbank (heute VR Bank München Land eG) stellte ihre Räume immer wieder für Ausstellungen zur Verfügung, in denen die Ergebnisse der verschiedenen Malkurse gezeigt werden konnten.

Das Kammerorchester unter der Leitung von Ulrike Grafarend und Daniel Beyer, initiiert durch Bürgermeister Leonhard Baumann, setzte bereits in den Anfängen der VHS erste kulturelle Akzente. Eine 1974 ebenfalls vom späteren Bürgermeister Baumann ins Leben gerufene Theatergemeinde vereinte rund 120 Mitglieder aus allen drei Gemeinden zum gemeinsamen Besuch ausgewählter Vorstellungen vor allem in Münchner Theatern.
1992 wurde von Heinke Linser der Hoagart'n gegründet, bei dem in geselliger Runde Volksmusik aus dem Alpenraum gespielt, gesungen und Gedichte vorgetragen werden. Die Tradition, einst von Bürgermeister Glöckl viermal pro Jahr veranstaltet, wird bis heute an zwei Terminen im Jahr gepflegt.

Die Programmgestaltung ist Aufgabe der Gesamtleitung und der drei örtlichen Außenstellenleiter in Feldkirchen, Aschheim und Kirchheim. Seit 1973 ist sowohl das Unterrichtsangebot als auch die Teilnehmerzahl kontinuierlich angewachsen. Besuchten 1974 nur 285 Teilnehmer die 29 Kurse, waren es im Jahr 1988 bereits 1.219.

Das Angebot umfasste damals 2.222 Unterrichtseinheiten. Das Programm wurde stetig erweitert, zunächst auf dem Gebiet der Sprachen und der EDV, nachdem eigene Computer angeschafft werden konnten. Der Kauf eines Brennofens in Feldkirchen förderte auch in den beiden anderen Gemeinden die Kreativität im Bereich Kunsthandwerk.

Heute beschäftigt die vhs olm neun feste Mitarbeiterinnen und rund 300 freie Mitarbeiter/Dozenten im Jahr. Das Bildungsangebot umfasst mehr als 1.100 Veranstaltungen jährlich, zu denen sich jeweils rund 12.000 Besucher anmelden. Die vhs olm erwies sich als Erfolgsgeschichte: Am 28. Juni 2013 konnte das 40-jährige Jubiläum feierlich im Aschheimer Kulturhaus begangen werden.

Unter dem Vorsitz von Bürgermeister Helmut Engelmann (Aschheim) wurde die Gemeinde Feldkirchen durch die Bürgermeister Ludwig Glöckl (23 Jahre) und Leonhard Baumann (12 Jahre) als Vertreter des Vorsitzenden im Zweckverband vertreten. Seit 2008 vertritt der Erste Bürgermeister Werner van der Weck den heutigen Zweckverbandsvorsitzenden Thomas Glashauser (1. Bürgermeister von Aschheim seit 2014) in VHS-Fragen.[19]

Das Gymnasium in Kirchheim

In den 1980er Jahren haben sich die Gemeinden Kirchheim, Aschheim und Feldkirchen obendrein zusammengetan, um gemeinsam ein anderes Schulprojekt in Angriff zu nehmen. Zusammen mit dem Landkreis München gründeten sie 1979 nach langem, zähem Ringen um die Finanzierung einen Zweckverband zur Errichtung eines staatlichen Gymnasiums – die höchste von Gemeinden erreichbare Schulform. Das Ergebnis einer Umfrage in den drei Verbandsgemeinden war eine eindeutige Befürwortung eines naturwissenschaftlichen Gymnasiums. 1980 wurde ein Architektenwettbewerb ausgeschrieben, den die Münchner Karin und Eckhart Krebs gewannen. Am 26. Juli 1982 kam es in Kirchheim zur Grundsteinlegung durch Landrat Dr. Joachim Gillessen und durch die drei Bürgermeister Hermann Schuster (Kirchheim-Heimstetten), Franz Ruthus (Aschheim) und Ludwig Glöckl (Feldkirchen); ein Jahr später, am 12. Juli 1983, konnte das Richtfest gefeiert werden. Rechtzeitig zum Schuljahresbeginn 1984/85 war das Schulgebäude fertig gestellt und der Schulbetrieb konnte mit elf Klassen aus drei Schülerjahrgängen in den neu geschaffenen Räumen aufgenommen werden. Zu diesem Zeitpunkt besuchten 325 Kinder das Gymnasium, wobei aus der Gemeinde Kirchheim 214, der Gemeinde Aschheim 64, dem Landkreis Ebersberg (besonders aus Poing und Pliening) 28, aus der Landeshauptstadt München drei Schüler und aus der Gemeinde Feldkirchen 16 kamen. Am 27. September 1984 wurde das neue Gymnasium bei einer Feier erstmals der Öffentlichkeit vorgestellt.[20]

Drei Jahrzehnte später stellte sich erneut die Frage nach einem Gymnasium in der Region. Die gestiegene Einwohnerzahl in Feldkirchen und Riem macht ein weiteres Gymnasium nötig. Die Entscheidung darüber ist jedoch noch nicht gefallen.

Die Kindergärten

Wurden die Kleinkinder in der Frühzeit stets zu Hause betreut, wenn nicht sogar für kleinere Dienstleistungen herangezogen, kam es nach dem Ersten Weltkrieg zu einem ersten Kindergarten in Feldkirchen. Doch erst nach dem Zweiten Weltkrieg und in zunehmendem Maße seit der Jahrtausendwende waren immer mehr und unterschiedliche Angebote zur Kinderbetreuung vonnöten. Weitere Kindertagesstätten wurden gebaut, eine Kinderkrippe, Mittagsbetreuung angeboten, ein Hort eingerichtet und diverse Ferienprogramme gestartet.

Längst gehören der Bau und der Betrieb von Kindergärten und Krippen zu den gesetzlich verankerten Pflichten der Kommunen, die bis heute jedoch verschiedene Träger haben können. So wurde neben dem ersten, dem katholischen Kindergarten St. Jakob, in den 1990er Jahren der Kindergarten Arche Noah durch die Gemeinde erbaut, die Betriebsträgerschaft jedoch in die Hände der evangelischen Kirche gelegt. Weitere Einrichtungen folgten zu Beginn des 21. Jahrhunderts. Seit 1996 bietet die Gemeinde zudem ein Ferienprogramm für die Kinder.

Der Kindergarten St. Jakob

Bereits im Jahr 1920 wurde in Feldkirchen ein erster Kindergarten in der Münchner Straße 9 eröffnet. Die Feldkirchnerin Claudia Öchsner leitete ihn. Die Arbeit wuchs und war bald nicht mehr zu bewältigen. Im Jahr 1931, rund zehn Jahre nach der Gründung des Kindergartens, bat deshalb die erste Vorsitzende des Katholischen Frauenbundes, Katharina Klumm, um Hilfe in Obernzell bei Würzburg, wo Schwestern für Krankenpflege und Kindergarten mit dem Namen von der Heiligen Kindheit Jesu zu finden waren. Gleichzeitig stellte der Frauenbund an die Gemeinde einen Antrag um Gewährung eines Darlehens für die auf rund 7.000 RM bezifferten Um- und Ausbaukosten.

Als zwei Jahre später, am 6. August 1933, durch den Katholischen Frauenbund in der Bahnhofstraße 16 der Kindergarten mit dem Namen „Bruder-Konrad-Heim" errichtet war, kamen die ersten Schwestern der Heiligen Kindheit Jesu nach Feldkirchen. 40 Jahre lang sollten nun die Schwestern nicht nur die kleinsten Feldkirchner beaufsichtigen, sondern auch Handarbeitsunterricht erteilen und Kranke pflegen.

Von der Gemeinde wurde 1941 das noch heute bestehende Kindergartengebäude an der Zeppelinstraße, früher Hechheimerhaus, später auch Gemeindebücherei, umgebaut, doch noch im gleichen Jahr musste der Kindergarten auf Weisung des Landratsamtes wieder geschlossen und Soldaten einquartiert werden, während 1940 gleichzeitig Pläne für die Errichtung einer Kindertagesstätte geprüft wurden. Anstelle des katholischen Kindergartens wurde am 1. Juli 1941 ein NSV-Kindergarten (ein Kindergarten der Nationalsozialistischen Volkswohlfahrt) eröffnet, in dem sämtliche in Frage kommenden Kinder der Gemeinde untergebracht werden konnten. Erst nach dem Zweiten Weltkrieg, bereits am 22. Oktober 1945, wurde der Beschluss des Landratsamtes München vom Juli 1941 wieder zurückgenommen und das Haus an der Zeppelinstraße konnte erneut als „Bruder-Konrad-Heim" seinem ursprünglichen Zweck zugeführt werden, nachdem bereits die Arbeit am 1. August wieder aufgenommen worden war: Etwa 50 Kinder fanden dort tagsüber eine Heimstätte.[1]

Im Oktober 1958 feierte die Gemeinde das 25-jährige Bestehen des von den Schwestern geführten Kindergartens. Im Jahre 1973, zum 40-jährigen Bestehen, gab es dann keine frohe Feier mehr, denn bereits seit Juli 1972 war die traurige Botschaft von Haus zu Haus gedrungen: *„Unsere Schwestern kommen weg!"* Durch die Auflösung der Schwesternstation kehrten die allseits äußerst beliebten Schwestern ins Mutterhaus nach Obernzell zurück.

Kindergarten Arche Noah in der Jahnstraße

Bild oben rechts:
Der Kindergarten St. Jakob

Bild unten:
Faschingstreiben im Kindergarten

Trauer schwang auch in der Würdigung mit, die zum Abschied im Pfarrbrief der katholischen Kirche St. Jakob zu Ostern 1973 zu lesen war:

„Jahrelang haben die Schwestern in aller Bescheidenheit im Stillen gewirkt. Jetzt, zum Abschied, möchten wir noch einmal ihre Arbeit ins Gedächtnis rufen.

Mater Oberin Siegmutis Löw hat seit 1952 selbstlos und aufopfernd unsere Kranken und Schwerkranken betreut, seit 1962 Mesnerdienst verrichtet, die Ministranten eingewiesen und an den Festtagen unser Gotteshaus mit einem unvergleichlichen Blumenschmuck zu einer wahren Augenweide gestaltet. Handarbeitsschwester Egilfreda Schneider hat vier Jahre lang die Mädchen in der Schule in Stricken, Nähen, Häkeln usw. unterwiesen, die Nähschule der Frauen geleitet und durch ihr Orgelspiel den Gottesdienst verschönert.
15 Jahre lang betreute Mater Virgilia Schrod unsere Vier- bis Sechsjährigen. Sie hat die Kinder bei fröhlichem Spiel mit sachter Hand auf die Schule vorbereitet.

Bild oben links:
Einweihung des Kinderhortes durch Pfarrer Sajdak, 1989

Bild rechts:
Sr. Virgilia, Sr. Abiatha, Frau Kronberger (Helferin), Sr. Sigmutis, Sr. Egilfreda

Mater Abiatha Meuslein war von 1963 bis 1969 Oberin in unserem Kindergarten und sorgte die letzten drei Jahre für das leibliche Wohl ihrer Mitschwestern und der Kindergartenkinder.

Unvergessen wird uns auch Mater Claudine Hohner bleiben. Sie war am längsten hier und hat uns 25 Jahre als Handarbeitsschwester und Organistin ihre Arbeitskraft geschenkt." [2]

Parallel zum Fortgang der Schwestern der Heiligen Kindheit Jesu wurde ein neuer Kindergarten an der Zeppelinstraße erbaut. Der von der Gemeinde Feldkirchen als achtgruppiger Kindergarten errichtete Bau konnte im Mai des Jahres 1973 seiner Bestimmung übergeben werden. Damals zogen vier Halbtagsgruppen und eine Ganztagsgruppe ein. Seither sind viele hundert Kinder durch den großzügig eingerichteten Kindergarten St. Jakob gegangen. Träger war die Katholische Kirchenstiftung.[3]

Der Kindergarten wurde immer wieder erweitert. 1979 wurden mehrere Einrichtungen integriert. In kleinen Gruppen wurde für schulpflichtige, aber noch nicht schulreife Kinder ein Schulkindergarten angegliedert. Im gleichen Jahr hat sich eine Orff-Spielgruppe gebildet, und seit diesem Jahr werden den Kindern auch regelmäßig Schwimmkurse angeboten. Ebenfalls im Jahre 1979 fand erstmals die Aufstellung eines Maibaums im Kindergarten statt. Die Kinder hatten hierzu die Bilder selbst gemalt.

Die Feste des Jahresablaufs, wie das Herbstfest, die St. Martin- und die Nikolausfeier, die Weihnachtsfeier, das Frühlings- und das Maifest, das Sommerfest und die Abschlussfeier sind kleine Höhepunkte, für die sich die Kinder besonders engagieren. Aber auch das Elternfaschingsfest hat seinen Zweck: Von dessen Erlös konnte z. B. 1981 eine Spielbühne gekauft werden. Ein besonderes Ereignis für die Kleinen aber war die Feier zum 10-jährigen Bestehen im Juli 1983, als die Leiterin des Kindergartens, Brigitte Günther, zusammen mit Ilse Kappl, Hildegard Strasser und Georgine Maier ein großes Fest mit Märchenspiel organisiert hatte. Ende 1988 wurde die Renovierung des Kindergartens mit einer neuen Außenspielanlage abgeschlossen; 1989 konnte ein Hortbetrieb aufgenommen werden. 2005 wurde die katholische Kirchenstiftung in der Trägerschaft durch die Caritas abgelöst.

Die Kindergärten

Kindergarten Arche Noah an der Jahnstraße

Die Hummelgruppe

Kein öffentlicher Kindergarten im eigentlichen Sinn war die Hummelgruppe, die im Februar 1968 als Kleinkindergruppe im evangelischen Kinderheim eröffnet wurde. Sie bot 18 Kindern im Alter von drei bis sechs Jahren ein Zuhause. In den ersten Jahren machte die Gruppe „Kindergartenbetrieb", wozu auch einige Kinder aus der Gemeinde Feldkirchen aufgenommen wurden. Im schulpflichtigen Alter wechselten die Hummelkinder dann in eine andere Gruppe. Im Jahr 1973 wurde jedoch die Konzeption des Hauses generell geändert: Aus den gleichaltrigen Gruppen sollten Familiengruppen werden. Die Kinder sollten nicht mehr wechseln müssen, sondern in ihrer Gruppe verbleiben können, gewissermaßen als familienersetzende Heimat. Manche Kinder blieben bis zu 15 Jahre in ein und derselben Gruppe. Durch diese neue Konzeption konnten auch keine auswärtigen Kinder aus der Gemeinde mehr aufgenommen werden.[4]

Mittagsbetreuung und Kinderhort St. Jakob

1996 wurde die Mittagsbetreuung der Grundschulkinder ins Leben gerufen, *„da die Lebenshaltungskosten gestiegen sind und deshalb oft die Berufstätigkeit beider Eltern nötig ist"*, so Bürgermeister Leonhard Baumann. Träger der Mittagsbetreuung war die Innere Mission, das Essen kam von der Evangelischen Kinder- und Jugendhilfe Feldkirchen.

Doch im Dezember 2005 entschied sich der Gemeinderat für das eigene Projekt „Kinderbetreuungskonzept 2007", gewissermaßen ein „Netz für Kinder", mit einem sechsgruppigen Hort, der auch eine Kinderkrippe beherbergt.

Im Juni 2006 setzten Bürgermeister Leonhard Baumann, seine Stellvertreter und einige Gemeinderäte zusammen mit dem Architekten Peter Jäger und dem Bauleiter Paul Wimmer den ersten Spatenstich für den Neubau des Kinderhorts St. Jakob an der Raiffeisenstraße 9. Ein Jahr später war das knapp fünf Millionen Euro teure Gebäude fertig gestellt und konnte

Kindertagesstätte Bienenhaus an der Beethovenstraße

am 19. Oktober 2007 im Beisein von Staatsministerin Christa Stewens feierlich eingeweiht werden. Dem Hort standen nun rund 1.900 Quadratmeter zur Verfügung. Die Trägerschaft des neuen Horts hat der Caritasverband übernommen und damit den kirchlichen Träger St. Jakob abgelöst. Im Untergeschoß des neuen Hortgebäudes erhielten auch die Altschützen neue Vereinsräume.[5]

Arche Noah
1993 wurde ein zweiter Kindergarten an der Jahnstraße errichtet. Man rechnete mit seiner Fertigstellung für Januar 1994. Um aber allen Kindern bereits ab September 1993 einen Kindergartenplatz anbieten zu können, plante man zunächst eine Gruppe in Ausweichräumen, unterzubringen. Am 26. Mai 1993 war Grundsteinlegung und gleichzeitig Richtfest für den neuen Kindergarten. Bauherr war die Gemeinde Feldkirchen; die Planungen übernahm das Architekturbüro Kastner & Scheidel. Ein Jahr später, am 23. April 1994, konnte der Kindergarten mit Namen „Arche Noah" eingeweiht werden. Stolz wies Bürgermeister Ludwig Glöckl anlässlich der Einweihung, die von der Blaskapelle Feldkirchen musikalisch umrahmt wurde, darauf hin, dass Feldkirchen mit einem nahezu 134%igen Kinderplatzangebot an der Spitze im Landkreis München liege. Bei einem „Tag der offenen Tür" konnte der neue Kindergarten von den Feldkirchnern besichtigt werden.

Der neue Kindergarten war als eingruppige Gastgruppe in den Räumen des katholischen Kindergartens St. Jakob (Caritas Kinderhaus) gestartet. Nach dem Umzug in das neu erbaute Heim wurde die Arche Noah mit zwei Gruppen begonnen; ein Jahr später kam eine dritte Gruppe dazu. Am 8. Juli 1995 wurde bei strahlendem Sonnenschein zudem die benachbarte neue Spielanlage eingeweiht und eröffnet. Später erfolgten noch der Ausbau des Kellers und der Anbau einer Fluchttreppe. Bereits im März 1992 waren die Landschaftsarchitekten Bauer und Keiser mit der Erstellung eines Vorentwurfs beauftragt worden. Ihre Planungen wurden schließlich durch die Firma Volker May ausgeführt.[6]

Die Kindergärten

Kindertagesstätte Bienenhaus an der Beethovenstraße

Kindertagesstätte „Bienenhaus"

Zu Beginn des Jahres 2001 wurden die Pläne für den neuen Kindergarten an der Beethovenstraße vorgestellt. Mit den Entwürfen war das Architekturbüro Lanz in München beauftragt worden. Am 11. April 2002 wurde Richtfest gefeiert und im Juli 2003 das „Bienenhaus" im Neubaugebiet Dornacher Feld feierlich als dritter Kindergarten von Feldkirchen eingeweiht. Eigentlich war der Einzug bereits für den 1. September 2002 geplant gewesen, doch die Handwerker wurden im Neubau an der Beethovenstraße nicht rechtzeitig fertig. Im Kinderheim und in der Arche Noah fanden die Kinder vorübergehend in Notgruppen Unterschlupf, bevor sie Anfang Dezember 2002 umziehen konnten. Bei der Eröffnungsfeier im Sommer wurde die von der Gemeinde erbaute Kindertageseinrichtung der Obhut der Innern Mission München übertragen.

Zunächst beherbergte das „Bienenhaus" drei Kindergartengruppen, im November 2004 kam eine Krippengruppe im ersten Stock dazu, da der Bedarf an Krippenplätzen auch in Feldkirchen sprunghaft angestiegen war, später noch eine zweite, sodass in Feldkirchen insgesamt vier Krippengruppen zur Verfügung standen. Zum zehnjährigen Jubiläum fühlten sich 75 Kindergartenkinder und 24 Krippenkinder im „Bienenhaus" in fünf altersgemischten Gruppen wohl.

Bereits 2002 hatte der Gemeinderat einige Künstler eingeladen. Der erste Preis für die Kunst am Bau wurde Gottfried Brenner aus Ramerberg (Landkreis Rosenheim) für ein Relief im Innern des Gebäudes zugesprochen. Nahezu zeitgleich ging man auch auf Namensuche für die neue Kindertagesstätte. Mit Schreiben vom 1. August 2002 hatte die Innere Mission München „Bienenhaus" vorgeschlagen. In der Gemeinderatssitzung am 12. September einigten sich die 16 Abstimmungsbevollmächtigten ohne Gegenstimme für die Bezeichnung: „Gemeindliche Kindertagesstätte Bienenhaus".

Im Sommer 2007 gab es einen Wasserschaden. Das bedeutete für die „Blumengruppe", dass sie vom Erdgeschoß zu den Krippenkindern der „Sternengruppe" im ersten Stock

Kinderkrippe Feldmäuse an der Kreuzstraße

ziehen mussten und die „Wurzelgruppe" machte es sich ein halbes Jahr in der Turnhalle „gemütlich". Immer wieder gab es rund ums Bienenhaus etwas zu tun: In den Sommerferien 2011 wurde die Terrasse neu belegt und eine neue Nestschaukel angeschafft, die bald zum Lieblingsspielzeug der Kinder wurde.

Bereits 2004 wurde das erste Maibaumfest gefeiert. Mit viel Freude und großem Elan gingen Eltern und Kinder an die Bemalung und Aufstellung des Baums. 2008 wurden die Schilder erneuert und bei einem weiteren Maifest mit Tanz und Gesang wieder angebracht. Zum zehnjährigen Jubiläum am 26. April 2013 wurde erneut ein Maibaum aufgestellt, nachdem der alte morsch gewordene Baum im Winter zuvor aus Sicherheitsgründen von Mitarbeitern des Bauhofs abtransportiert worden war.

Von Anfang an wurden im Kellergeschoß des „Bienenhauses" Räume für die Blaskapelle geplant, die sie nicht nur für Proben nutzt, sondern auch zur musikalischen Früherziehung für die Kinder.[7]

Die Kinderkrippen

Der Bedarf an Kinderbetreuung wurde immer größer und so beschloss der Gemeinderat in seiner Sitzung vom 12. Februar 2009, die Planung für den Bau eines Krippenhauses vorzubereiten. Als Standort wurde die „Postwiese" an der Bahnhofstraße vorgesehen, als Träger die Arbeiterwohlfahrt. Das Krippenhaus wurde für vier Gruppen zu je zwölf Kindern angelegt; die Pläne lieferte das Architekturbüro Jäger in Oberhaching.

Nach Freiwerden der alten Bücherei (nach dem Umzug der Bücherei in das neu errichtete Rathaus) wurde das Gebäude in den Jahren 2005/06 mit erheblichen Kosten von Grund auf saniert, um zudem Platz für zwei Kinderkrippengruppen zu schaffen.

Mit einer Feier am 30. Juli 2014 wurde eine weitere Kinderkrippe unter Trägerschaft der Inneren Mission München auf dem Gelände der Evangelischen Kinder- und Jugendhilfe an der Hohenlindner Straße eingeweiht.

Die Kindergärten

Die Friedhöfe

Der erste Hinweis auf einen Friedhof in Feldkirchen findet sich – wie auch der erste Hinweis auf die Kirche – in den ältesten Matrikeln der Diözese Freising von 1315, in den sogenannten Conradinischen Matrikeln. Dort ist die Filialkirche Feldkirchen *„cum sepultura"*, mit Begräbnisstätte, genannt. Auch die jüngeren Matrikeln erwähnen diese Sepultur. Bis ins 20. Jahrhundert fanden die Feldkirchner die letzte Ruhe am Kirchhof um St. Michael. Die ungetauft gestorbenen Kleinkinder allerdings wurden in früheren Zeiten bei der St.-Emmeram-Kapelle beerdigt.

Der alte katholische Friedhof

Wie in fast allen Orten lag auch in Feldkirchen der Friedhof in früherer Zeit in unmittelbarer Umgebung der Kirche. Als die ersten Protestanten kamen, stand noch keine evangelische Kirche – also mussten auch die Protestanten auf dem katholischen Gottesacker bestattet werden. Auch als die evangelische Kirche errichtet war, wurden weiterhin Katholiken und Protestanten Seite an Seite zur letzten Ruhe gebettet, allerdings die Katholiken auf der Seite zur Münchner Straße hin, die Protestanten in Richtung Aschheim.

Es dauerte nicht lange, bis es zu Streitereien kam. Im Staatsarchiv München finden sich bis heute zahlreiche Akten zum Thema *„Streit um Grabgeläut in Feldkirchen"* (siehe S. 95).

Um 1900 jedoch wurde der Kirchhof um St. Michael zu eng. Man plante einen neuen gemeindlichen Friedhof.

Bild links:
Die alte Aussegnungshalle mit dem Grabmal von Pfarrer Joseph Hobmair

Bild rechts:
Ehemaliger Friedhof um die alte Michaelskirche

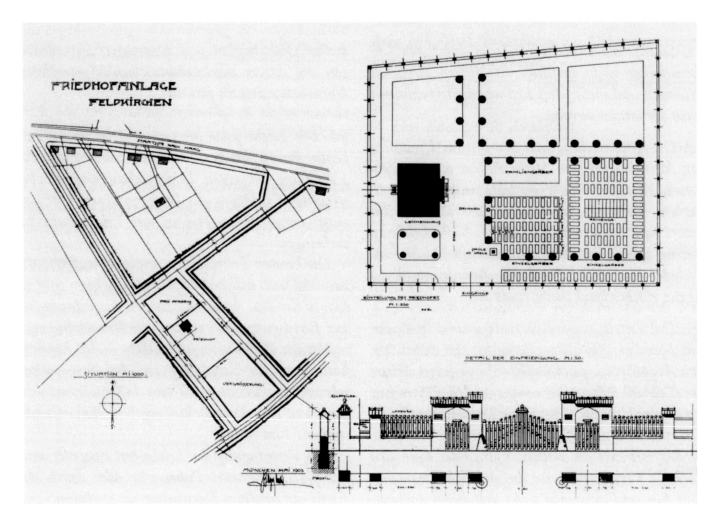

Plan zum neuen Friedhof von 1903
Staatsarchiv München
LRA 20425

Der neue Gemeindefriedhof

Im November 1902 beschloss der Gemeinderat, 20.000 Mark zur Anlage eines neuen Friedhofs als Darlehen aufzunehmen. Die Friedhofsneuanlage zog sich dann jedoch noch ein paar Jahre hin. Das Aktenmaterial füllt dicke Ordner.[1] Bis Oktober 1905 sollte der Friedhof nach Plänen des Distriktstechniker Bayer fertig gestellt und der alte Friedhof an der katholischen Kirche aufgelassen werden. Die Anlage des Friedhofs wurde Joseph Berlinger aus Berg am Laim übertragen. Am 20. April 1906 begann er mit seinen Arbeiten.[2] Das neue Leichenhaus wurde im selben Jahr erbaut. Am 22. Februar 1906 waren einige Baumeister in Poing, Laim, Trudering, Perlach und Markt Schwaben aufgefordert worden, Pläne einzureichen. Eingezäunt sollte der Friedhof an drei Seiten mit Eichensäulen werden; an der vierten, der Vorderseite, aber entstand eine durchbrochene Betonmauer, wie es der Bezirkstechniker vorgeschlagen hatte.

Im Sommer 1907 war es dann endlich so weit: Der neue Friedhof an der Friedensstraße konnte eröffnet werden. Allerdings ging die Feier am Sonntag den 2. Juni nicht ganz reibungslos über die Bühne. Die Gemeinde hatte die Geistlichen beider Konfessionen eingeladen, den Friedhof kirchlich zu weihen, doch der katholische Expositus lehnte unter Berufung auf das erzbischöfliche Ordinariat die Vornahme der Weihe ab, da es sich um keinen kirchlichen, sondern um einen gemeindlichen Friedhof handle. Auch die von der Gemeindeverwaltung eingeladene Freiwillige Feuerwehr lehnte angeblich aus konfessionellen Gründen die Beteiligung an der nun ausschließlich vom protestantischen Geistlichen vorgenommenen Weihe ab. Unter Glockengeläut zog man von der protestantischen Kirche zum neuen Friedhof. Nach der Weihe durch den evangelischen Pfarrer Crämer hielt Bürgermeister Stockinger im Namen der Gemeinde eine kurze Ansprache. Damit war der Friedhof eröffnet.

Die Bestattungs- und Friedhofsordnung für den neuen Friedhof vom 5. Juli 1907

„Der Gemeindeausschuß erläßt unter Aufhebung der einschlägigen Bestimmungen der ortspolizeilichen Vorschriften vom 16. Juli 1891 gemäß Art. 3 Art. 61, Abs. 1 Ziffer 3, Art. 83 Abs. I Ziffer 3, Art. 95 des Polizeistrafgesetzbuches vom 26. Dezember 1871 nachstehende ortspolizeiliche Vorschriften:

A. Beisetzung, Überführung und Beerdigung der Leichen.

§ 1. Solange der Eintritt des Todes durch den Leichenschauer nicht bestätigt ist, dürfen riechende Pflanzen und mehr als 3 Lichter im Sterbezimmer nicht verwendet werden.

§ 2. Die Ansammlung und das längere Verweilen von Menschen in dem Sterbezimmer oder in dem Raum, in welchem der Verlebte zwar nicht verstorben, aber doch nach Antritt des Todes aufbewahrt war, ist verboten, solange sich die Leiche in diesem Lokale befindet und dasselbe nicht hinreichend ausgelüftet bzw. den Anordnungen des Arztes entsprechend desinfiziert ist.

§ 3. Der Zutritt zum Beisetzungsraum ist außer den hiezu verpflichteten Personen nur den nächsten Angehörigen des Verstorbenen gestattet. Wenn der Tod in Folge einer ansteckenden Krankheit eingetreten ist, der Verwesungsprozeß durch die sich entwickelnden Gase sich bemerkbar macht, so ist das Betreten des Beisetzungsraumes auch den nächsten Verwandten nur auf ärztliche Begutachtung hin, und zwar nur unter den durch die bestehenden Vorschriften und besonderen Verordnungen des Arztes oder Leichenschauers getroffenen Vorsichtsmaßregeln gestattet.

§ 4. Die Leiche jeder im Gemeindebezirk verstorbenen Person ist in tunlichster Bälde nach der Vornahme der ersten Leichenschau und der bestimmten Erklärung des Leichenschauers über den sicher eingetretenen Tod in das Leichenhaus zu verbringen. Die Leichen Ertrunkener, sowie die aufgefundenen und noch nicht identifizierten Leichen sind in Särgen in den dazu bestimmten Lagerraum bis zur Beerdigungsgenehmigung zu verwahren. Vor der Verbringung der Leiche in das Leichenhaus muß der Sargdeckel auf den Sarg aufgeschraubt werden in der Weise, daß zwischen dem Sarg und dem Deckel ein Zwischenraum von wenigstens 1 cm bleibt. Die Verbringung der Leiche hat entweder mittels eines geeigneten Fuhrwerks oder durch die eigens aufgestellten Totenträger zu geschehen. Die Verbringung der Leichen von Kindern bis zum vollendeten 2. Lebensjahr in das Leichenhaus ist durch die Leichenwanne zu betätigen. Nach dem Abendläuten sollen Beisetzungen abgesehen von Epidemiezeiten in der Regel nicht mehr vorgenommen werden.

§ 5. Das Öffnen der Leiche darf außer auf Anordnungen der zuständigen Behörden nur mit Einwilligung der nächsten Angehörigen und nur in dem Sterbezimmer des Leichenhauses vorgenommen werden.

§ 6. Von auswärts eingebrachte Leichen sind in tunlichster Bälde zu beerdigen. Falls die Beerdigung nicht sofort erfolgen kann, sind die Leichen sofort in das Leichenhaus zu verbringen.

§ 7. Ausschmückungsgegenstände, welche bei einer Leiche einer in Folge ansteckender Krankheit verstorbenen Person Verwendung gefunden haben, dürfen in die Wohnung der Angehörigen oder sonst wohin nicht verbracht werden, müssen vielmehr entweder vernichtet, oder wenigstens auf dem Friedhofe zurückgelassen werden.

B. Verkehr auf dem Friedhof und Benützung desselben.

§ 8. Die Zugänge zum Friedhof sind von jedem Besucher nach erfolgten Ein- und Austritt zu schließen.

§ 9. Eigenmächtige Abänderung der angebrachten Gräber und eigenmächtige Anlage von Gräbern auf leeren Plätzen ist verboten.

§ 10. Die im Friedhof befindlichen, ihrem Zwecke nicht mehr dienenden und entsprechenden Denkmäler, Pflanzen etc. sind zu beseitigen.

§ 11. Das auf Gräbern wachsende Unkraut und Gras ist zu entfernen und an die von der Friedhofsverwaltung bestimmten Plätze zu verbringen.

§ 12. Verboten ist:

1. Das Abpflücken und Ausheben von Blumen, Wegnehmen von Dekorationen, Abbrechen von Zweigen und Ästen.
2. Das Betreten und Überschreiten der Grabhügel sowie sonstige Beschädigungen.
3. Das Bewerfen und Bestreuen der Wege mit Ausschmückungsgegenständen.
4. Jede Störung der Ruhe im Friedhof, der Leichenfeierlichkeiten sowie jedes Ärgernis erregende, ungebührliche Benehmen.
5. Alles Fahren, mit Ausnahme der zur Aufstellung von Grabdenkmälern, zu Dekorationszwecken notwendigen Fahrten.
6. Das Feilhalten von Gegenständen aller Art innerhalb des Friedhofes.
7. Das Rauchen in demselben.
8. Das Mitbringen von Hunden auf den Friedhof
9. Das Weiden lassen von Vieh im Friedhofe.
10. Das Betreten des Friedhofes durch Kinder ohne Aufsicht.
11. Das Verrücken oder die Beschädigung der eingeschlagenen Nummernpfähle.

§ 13. Zuwiderhandlungen gegen vorstehende Vorschriften werden nach den eingangs erwähnten gesetzlichen Bestimmungen bestraft. Totengräber, welche eine solche Übertretung ausführen oder dazu Beihilfe leisten, werden an Geld bis zu 45 Mark oder mit Haft bis zu 8 Tagen bestraft.

5. Juli 1907."

Bild oben:
Die alte Aussegnungshalle dient seit 2013 als Kolumbarium

Bild unten:
Brunnen bei der alten Aussegnungshalle.

Die erste Bestattung fand neun Tage später statt. Es war die Beerdigung des katholischen Schuhmachers Franz Matheser, „zu welcher der prot. Teil der Bevölkerung absichtlich nicht eingeladen wurde".[3]

1908 wurde dann zudem eine Anzahl von Nadelbäumen gepflanzt, „die dem bisher ziemlich kahlen Friedhof ein sehr freundliches Gepräge geben". Auch der neue Friedhof diente den Verstorbenen beider Konfessionen. Den katholischen Geistlichen und der katholischen Lehrerschaft wurden im Feld südöstlich vom Kreuz je zwei Grabnummern kostenfrei zugewiesen, den protestantischen Geistlichen und protestantischen Lehrern das gleiche südwestlich des Kreuzes. Dort erhielt auch die Verwaltung des evangelischen Kinderheimes drei Nummern zu festgesetzten Gebühren. Anlässlich der Eröffnung des neuen Friedhofs gab die Gemeinde auch eine neue Bestattungs- und Friedhofsordnung heraus.

Tafel an der „Gedenkstätte der Flüchtlinge und Heimatvertriebenen"

„Nach Ende des Zweiten Weltkrieges wurde im Sommer 1945 von den Hauptalliierten das Potsdamer Abkommen geschlossen. Aus diesem ging die Entscheidung hervor, die noch in Polen, in der Tschechoslowakei, in Ungarn und anderen Mittel- und Osteuropäischen Ländern wohnhaften Deutschen in das verbleibende deutsche Staatsgebiet ‚in ordnungsgemäßer und humaner Weise' zu überführen.

Jedoch setzte die Flucht und Vertreibung schon vor Abschluss des Potsdamer Abkommens ein, dabei kamen im Winter 1944/45 tausende Deutsche und Deutschstämmige um. Millionen von Flüchtlingen erreichten jedoch das Altreich, unter anderem Bayern. Mehrere hunderttausend Menschen allerdings wurden in Lagern inhaftiert oder mussten, teilweise jahrelang, Zwangsarbeit leisten.

Es werden heute etwa 600.000 Todesopfer geschätzt, die in den Jahren 1944 bis 1947 starben. Die Überlebenden wurden in Sammeltransporten in das verbleibende Deutschland gebracht. Diese Menschen mussten sich teilweise ohne jegliches Eigentum in dem damaligen verwüsteten Deutschland zurechtfinden.

Erst nach einem langen Prozess der sozialen und wirtschaftlichen Integration wurden die zunächst unerwünschten Flüchtlinge und Heimatvertriebenen, welche von Anfang an deutsche Staatsangehörige waren, als deutsche Staatsbürger mit allen Rechten und Pflichten anerkannt.

Auch Feldkirchen war ein Ort, in den Flüchtlinge und Heimatvertriebene überführt worden sind und in welchem sie ein neues Zuhause fanden. Diese Gedenkstätte dient der Erinnerung an die verstorbenen Angehörigen der Flüchtlinge und Heimatvertriebenen in der verlassenen Heimat.

Das Holzkreuz wurde lt. einem Kalendereintrag von Pfarrer Hobmair im Jahre 1956 aufgestellt und damals als Flüchtlingskreuz bezeichnet."

Im Jahr 1921 bekam Bürgermeister Holly die Vollmacht, einen Leichenwagen zu kaufen. Falls die Kosten einen Betrag von 4.000 Mark überschreiten sollten, dachte man an eine Anschaffung gemeinsam mit Heimstetten. Es konnte ein Wagen erstanden werden; nun benötigte man dafür eine Garage. Wenige Wochen später beschloss man daher, eine Leichenwagenhalle von H. Kurz für 2.200 Mark erbauen zu lassen.

Anlässlich der Einweihung des Friedhofes im Jahre 1907 wurde auch ein Friedhofskreuz errichtet. Es ist aus Eisen, in Beton fest verankert und trägt einen vergoldeten Christus. Ein weiteres Kreuz erinnert an die Toten, die nach dem Zweiten Weltkrieg von vielen Neu-Feldkirchnern in den Ostgebieten zurückgelassen werden mussten. Wiederum verdanken wir die genauen Daten Pfarrer Hobmair, der unter dem 21. Oktober 1956 in seinem Kalender eingetragen hat, dass auf dem Friedhof ein „Flüchtlingskreuz" errichtet worden sei. Am 1. November, am Allerheiligentag, wurde dieses Kreuz nach dem Umgang und der Gräbersegnung geweiht. 1989 ersetzte man dieses inzwischen längst verfaulte alte Erinnerungsmal der Heimatvertriebenen von Seiten der Gemeinde durch ein neues Eichenkreuz. Im Rund dieser Anlage befindet sich auch ein Gedenkstein mit der Inschrift „Unseren Toten in ferner Heimat". Die Anlage wurde im Herbst 2015 – wiederum durch die Gemeinde – neu gestaltet und mit einer Tafel versehen (siehe Text oben).

Die neue Aussegnungshalle

Zu Beginn des 21. Jahrhunderts war die alte Aussegnungshalle in die Jahre gekommen und man dachte von Seiten der Gemeinde über einen Neubau nach. Der Kölner Architekt Dipl.-Ing. Miroslav Volf, von dem auch der Rathausneubau stammt, legte 2006 Pläne für eine neue Aussegnungshalle vor, die in der Gemeinderatssitzung vom 18. Januar 2007 mehrheitlich angenommen und bis 2010 realisiert wurden. Im Februar 2008 war die Baugenehmigung durch das Landratsamt eingetroffen, worauf hin der erste Spatenstich noch unter Bürgermeister Leonhard Baumann gemacht werden konnte. Am 28. November 2009 wurde die neue Aussegnungshalle durch Bürgermeister Werner van der Weck und den Ortsgeistlichen feierlich eingeweiht. Damit war ein rund drei Jahrzehnte alter Wunsch der Feldkirchner in Erfüllung gegangen. Seither müssen die Trauergäste nicht mehr unter freiem Himmel im Regen, in der Hitze oder bei Kälte ausharren.

Die über 100 Jahre alte ursprüngliche Aussegnungshalle aber wollte man deswegen nicht aufgeben. Zu viele Erinnerungen waren an sie geknüpft. Und so wurde sie parallel zum Neubau zu einem Kolumbarium umgestaltet, da Urnenbestattungen auch in Feldkirchen zugenommen haben. Bereits seit Beginn des Jahres 2010 bot die Gemeinde Urnengräber an. In seiner Sitzung am 16. Februar 2012 entschied sich der Gemeinderat dann mehrheitlich für eine Sanierung der alten Aussegnungshalle und des gemeindlichen Friedhofs. Bis 2013 entstand das Kolumbarium, ein besonderer Raum zur Aufnahme von Urnen, im alt-ehrwürdigen Gebäude. Am 2. November 2013 konnte es nach einer Umbauzeit von sieben Monaten offiziell durch Bürgermeister Werner van der Weck zusammen mit Pfarrer Dr. Sajdak und Pfarrerin Heubeck eingeweiht werden. Seit Januar 2014 können nun Urnen in 126 Nischen würdevoll bestattet werden.

Das Friedhofskreuz von 1907

Friedhof der unschuldigen Kinder

Ein ganz kleiner Friedhof war einst auch bei der Emmeramskapelle. Er diente als Begräbnisplatz für Kinder, die noch vor der Taufe starben bzw. tot geboren wurden. Im ganzen Land gab es in früheren Zeiten diese „Friedhöfe der unschuldigen Kinder". Meist handelte es sich dabei um ein kleines, eigens gemauertes Areal innerhalb des allgemeinen Gottesackers oder an diesen angebaut, von diesem aber durch eine verschließbare Türe getrennt. Wenn sich nicht außerhalb der Friedhofsmauern ein kleines Fleckchen für dieses Mauergeviert bot, legte man den Friedhof der unschuldigen Kinder meist in die Nordostecke des Friedhofes, also an den unfreundlichsten Platz. Diesen „Engelsgottesäckern", wie sie auch genannt wurden, blieb die kirchliche Weihe versagt. Die kleinen Grabstätten blieben schmuck- und namenlos; man setzte weder Kreuze, noch pflanzte man Blumen, Bäume oder Sträucher; man war froh über alles, was von selbst wuchs und möglichst bald das Areal überdeckte. Die Ungetauften durften ebenso wie die Andersgläubigen, Landfremden oder Verbrecher nicht die Ruhe der Gläubigen stören, die in geweihter Erde ruhten.

Man versuchte die Kleinkinder vor dieser unwürdigen Bestattung durch vielfache Formen der Nottaufen oder durch nicht unumstrittene Taufen von Toten, die durch allerlei „Wundermittelchen" kurzzeitig wieder „zum Leben erweckt" worden waren, zu bewahren und so der ewigen Verdammnis zu entreißen. Deshalb waren trotz der hohen Kindersterblichkeit Bestattungen von unschuldigen Kindern relativ selten.

Ob der „Engelsgottesacker" bei St. Emmeram, der in einer Pfarrvisitation des Jahres 1652 erwähnt wird – *„unschuldige Kindel werden zu St. Emeraner Capellen negst dabey im Veldt stehend, neber der Pfarr Aschheim, begraben"* [4] –, fest ummauert war, ist nicht belegt, doch kann es angenommen werden. Den von der ewigen Glückseligkeit Ausgeschlossenen war nämlich nach altem (Aber-)Glauben kein Seelenfrieden geschenkt; sie konnten „wiederkommen". Man musste sie deshalb in einer Ummauerung, in einem eigenen „Häuslein" verwahren oder in ihr Grab „einbinden". Obendrein meinte man, dass die toten Kinder wegen ihrer Unerlöstheit beständig weinen müssen.

Heute sind die Friedhöfe der unschuldigen Kinder allerorts verschwunden. Sie waren schon seit längerem nicht mehr zu entdecken; seit 1972 sind die Priester offiziell berechtigt, auch ungetauft verstorbene Säuglinge kirchlich zu bestatten.[5]

Eigentumsverhältnisse in früherer Zeit

Betrachtet man die Flurkarte von 1812 und vergleicht sie mit den Archivalien vergangener Jahrhunderte, kann man ungefähre Eigentumsverhältnisse erkennen. Eine schematische Darstellung erweist sich jedoch als äußerst problematisch, da die Eigentumsverhältnisse durch Käufe und Verkäufe immer wieder verändert wurden, ohne dass sie alle bis heute urkundlich belegt sind.

Der erste Katasterplan stammt aus dem Jahr 1812 und spiegelt den Bestand der zu den einzelnen Höfen gehörenden Fluren zu jener Zeit wider. Interessanter aber sind die Verhältnisse vor der Säkularisation, also vor der Wende zum 19. Jahrhundert, als die Höfe noch zu Grundherrschaften gehörten.

In Feldkirchen teilten sich die Fluren verschiedene Eigentümer. Neben dem Gotteshaus Feldkirchen, dem die meisten Höfe zugehörten, waren es vor allem das Angerkloster in München, das hier – wie auch in den umliegenden Orten – reich begütert war, die Klöster Tegernsee und Benediktbeuern, die Stifte St. Veit und St. Johann in Freising und in früheren Zeiten zudem das Kloster Frauenchiemsee. Auch der Pfarrer von Kirchheim besaß in Feldkirchen Grundeigentum. Darüber hinaus erscheinen auch Münchner Patrizier und bayerische Adelige als Eigentümer.

Nur ein verschwindend kleiner Rest war Gemeindeeigentum. Dank der verschiedenen Eigentümer wirkt die Gemarkung Feldkirchen um 1800 noch wie ein bunter Fleckerlteppich.

Je jünger der untersuchte Zeitraum ist, desto dichter werden die schriftlichen Quellen. Für die Frühzeit lassen sich nur einzelne „Mosaiksteinchen" finden, die sich aber, zusammen mit Archivalien späterer Zeit, zu einem relativ geschlossenen Bild zusammenfügen lassen.

Ein früher Beleg stammt aus der Zeit um 1300. Es handelt sich um das Verzeichnis von Mannlehen eines ungenannten Herrn und seines Neffen Ludwig. Wir wissen nicht, wer dieser Herr gewesen sein könnte, doch hatte der „Hirs von Veltchirchen" von ihm einen „Zehetn". Dass es sich bei diesem „Veltchirchen" um unser Feldkirchen handeln muss, beweist der in diesem Verzeichnis an nächster Stelle genannte Lehenträger, „Fridrich von Chirchaim" [1].

Urpositionsblatt Nr. 693, von 1852
Bayerische Vermessungsverwaltung

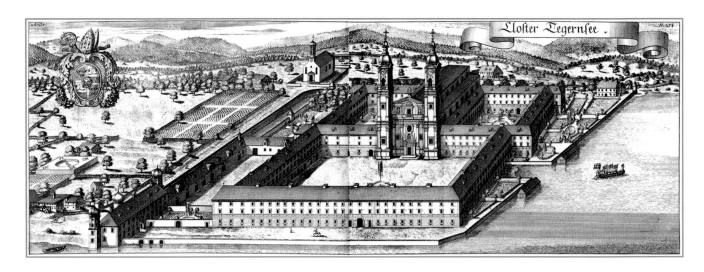

Kloster Tegernsee, Michael Wening, 1701

Wappen der Familie Ridler

Kloster Tegernsee

Mit die ältesten Nachrichten über Besitz in unserem Gemeindegebiet erhält man aus Kloster Tegernsee. Aus einem Urbar, den Besitzaufzeichnungen des Klosters von 1289 geht hervor, dass zu dieser Zeit ein Hof nach Tegernsee abgabepflichtig war. Dieser Hof, der eindeutig in unserem Feldkirchen zu suchen ist, worauf die Lokalisierung im *„Amt auf dem Gefild"*, also der Gegend nördlich und östlich von München, hinweist, schuldete dem Kloster Weizen, Gerste, Hafer, ein Schwein, das 20 Denare kostete, vier Hühner und 50 Eier.[2] Der Hof mag bereits längere Zeit im Besitz des Klosters Tegernsee gewesen sein, da schon in der Zeit um 1186/87 ein Tegernseer Ministeriale namens *„Albero de Veltchirchen"* in den Tegernseer Traditionen auftrat.[3] Vermutlich handelte es sich um einen Ministerialen in unserem Feldkirchen, da sich der Rechtsinhalt dieser Urkunde auf das nicht weit entfernte Poing bezieht. Kloster Tegernsee war im hohen und vermutlich auch im frühen Mittelalter der bedeutendste Herrschaftsträger im ehemaligen Landgericht Wolfratshausen, doch da der größte Teil des frühmittelalterlichen Urkundenbestandes verloren ist, lassen sich Besitz- und Machtverhältnisse nur noch bedingt rekonstruieren. Die häufig zitierte Tegernseer Urkunde von 804, in der von einem *„Zehnt von der Kirche zu Feldkirchen"*[4] die Rede ist, wird sich jedoch auf einen der zahlreichen anderen Feldkirchen-Orte beziehen, da zu jener Zeit vermutlich keine Kirche in unserem Feldkirchen stand.

Stift St. Johann in Freising

Das Stift St. Johann in Freising besaß in Feldkirchen einen Viertelhof sowie den dritten Teil des Zehnten. Erstmals wurde dieser Besitz 1469 erwähnt, als am 28. Dezember die Brüder Jörg und Hans Santager dem Domherrn Paul Nanner zu Freising, Inhaber der Kapelle St. Katharina in Freising, den Empfang eines Lehens zu Freising bestätigten und den Zehnten unter anderem zu Feldkirchen, Kirchheim, Heimstetten, Hausen, die sie als Leibgeding (= Leibrente) erhalten hatten.[5]

Einige Jahre jünger ist die Urkunde, die für Nanners Nachfolger, den Freisinger Domherrn Peter Ridler aus dem bekannten Münchner Patriziergeschlecht, ausgestellt wurde. Am 25. September 1488 gab ihm *„Hanns Sayntager von Veltkirchen auf dem Gevilt"* einen Gegenbrief, dass der Domherr ihm das Gütel zu Feldkirchen und dazu ein Drittel des großen und kleinen Zehnts zu Feldkirchen, Kirchheim, Hausen, Oberndorf und Heimstetten gegen eine Jahresgilt von elf Pfund Pfennig, elf Pfund Flachs, acht Diensthühner, zwei Gänse und 18 Käse zu 45 Pfennig sowie gegen die Pflicht, jährlich mit acht Pfennig in das Stift zu kommen, überlassen hat. In dieser Urkunde wird die Kapelle im Freisinger Dom allerdings St. Lienhart genannt.[6]

Am 10. Dezember 1572 bestätigte dann Sebastian Kotter zu Feldkirchen, dass er vom Kapitel des Stifts St. Johann, vertreten durch den Dechant Georg Perger, dessen Eigengut zu Feldkirchen als Freistift erhalten habe.[7]

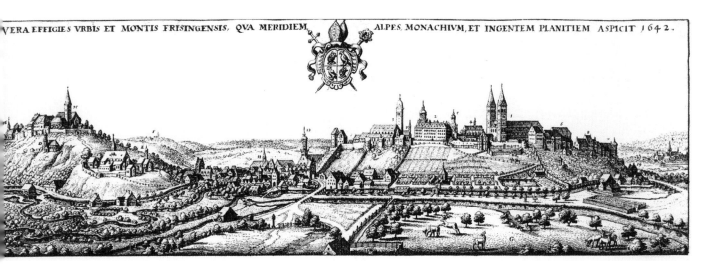

Wappen der Familie Bart

Bild ganz oben:
Freising, Michael Wening, 1701

Wenige Jahre später trat bereits erneut ein Besitzerwechsel ein. Vom 7. November 1580 datiert ein Reversbrief von Wernhardt Ruerdorffer zu Feldkirchen im Perlacher Gericht, in dem versichert wird, dass ihm das Kapitel unter Propst Michael Vogtt das Eigengut zu Feldkirchen zu Freistift gegen in der Urkunde näher beschriebene Steuerverpflichtungen verliehen habe.[8] In den Steuerlisten des 17. und 18. Jahrhunderts wird noch Balthasar Staudhammer und Simon Strasser als Besitzer genannt. Bis in die heutige Zeit ist jedoch der Hofname Kotter überliefert.

Stift St. Veit in Freising

Das zweite Freisinger Stift, das Besitz in Feldkirchen hatte, war St. Veit. Erstmals 1438 wird ein Hof samt Zehnt zu Feldkirchen, der zu einer ewigen Messe in der „Kapelle Unserer Lieben Frau auf St. Veits Berg" gehört, erwähnt. Am 18. Mai stellte Heinrich Schmid von Feldkirchen zusammen mit seiner Ehefrau Christine und seinem Sohn Konrad einen Leibgedingsrevers aus.[9] Für das Stift St. Veit unterfertigte die Urkunde übrigens Propst Johann Tulbeck, der später als Johann IV. Bischof von Freising wurde (1453–1473). Johann Tulbeck war der Sohn eines Münchner Goldschmieds. Die Familie gehörte seit langem zu den angesehensten Familien der Stadt; sie bekleidete Ratsherrenposten und besaß in der Frauenkirche eine eigene Kapelle. Johann Tulbeck selbst war eine Persönlichkeit von überragendem Ansehen. Das Grabmal des Bischofs befindet sich noch heute in der Münchner Frauenkirche.[10]

Eine weitere interessante Urkunde stammt aus dem Jahr 1465. Es ist ein Leibgedingsrevers von Hans Bart dem Älteren, Bürger zu München, und seiner drei Söhne Heinrich, Hans und Jörg für das Stift St. Veit über das bereits erwähnte Gut, das zur Kapelle unserer Lieben Frau gehörte, sowie den dritten Teil des großen und kleinen Zehnts von den Gütern zu Oberndorf, von dem Hof des Hans Hundertpfund zu Feldkirchen, von dem zum Kloster Tegernsee gehörigen Hof, von den drei Lehen, die zu St. Emmeram gehören, und den vier der Michaelskirche in Feldkirchen zugehörigen Gütern.[11]

Die Familie Bart gehörte ebenfalls zum Münchner Patriziat, war ebenfalls eine der angesehensten Familien. Die Barts saßen 452 Jahre im Inneren Rat der Stadt München; keine andere Familie war so lange mitverantwortlich für die Geschichte der Stadt. Auch sie hatte eine eigene Kapelle in der Frauenkirche, in der noch heute zahlreiche Epitaphien der Familie zu sehen sind. Aber auch die Hundertpfunds gehörten, wie die Barts, zu den etwa 20 Geschlechtern, wie die Patrizier in München eigentlich hießen, und die untereinander versippt und verschwägert waren. Mit dem Hof von Hans Hundertpfund ist übrigens jener Hof gemeint, der später im Besitz des Angerklosters war.

Am 5. Mai 1463 versprach Hans Bart der Ältere, der angesehene Münchner Patrizier und „landschaftliche Commissär" der Stadt, für die ihm und seinen Erben zu Lehen gegebenen

Eigentumsverhältnisse in früherer Zeit

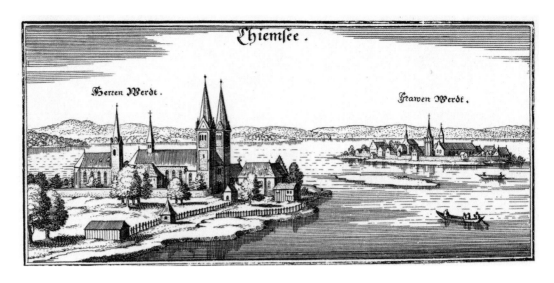

Kloster Herrenchiemsee, Matthäus Merian, 1644

Ländereien bei Feldkirchen, genannt Marharting und in der Nähe der Emmeramskapelle gelegen, einen jährlichen Zins von 10 Schilling Pfennig an den Kasten zu München zu entrichten.
Da zu jener Zeit von einer Landesvermessung noch nicht einmal geträumt wurde – man kennt sie erst rund 350 Jahre später –, war die genaue Lagebeschreibung eines Grundstücks äußerst umständlich. Der Familie Bart gehörte neben vier Höfen in Oberndorf und dem erwähnten St. Veiter Hof zudem die Einöde Marharting. Sie wird folgendermaßen lokalisiert:
„Die ainöd, die genant ist Marharting und seyder menschen gedächtnüss unerpawt gelegen ist und noch ligt, und dieselb öd lanndes ligt zenagst enhalb Feltkirchen und hebt sich an ain ackerlenng wegs von Sand Haimrans kirchen und dieselb ackerlenng gehört gen Veldkirchen und ain weg get von Sand Haimran hinüber, der hayst Sand Haimransweg; derselb weg geht an dem veld zu Oberndorf hin und zwischen Marharting bis gen Weyssenfelden und die öd lanndes stösst an dem andern ortt an Hainsteter veld und geht nach Hainsteter veld hinumb bis an Weyssenvelder veld und nach Weyssenfelder veld widerumbe pis an Sand Haimransweg und an das wismad das zu Oberndorf gehört."[12]

Doch zurück zum St. Veiter Besitz: Er ist erneut in einem Freistiftsrevers des Leonhard Ursprenger zu Feldkirchen vom 14. Juli 1538 erwähnt[13], danach am 20. November 1551 in einer Urkunde von Georg Hierschdarffer, Chorherr des Stifts St. Andreas in Freising und Inhaber des St.-Leonhards-Altars im Domstift.[14]

Nur wenige Tage jünger ist die Bevollmächtigung des Prokurators beim fürstlichen Regiment in München, Silvester Koch, zu allen Rechtshandlungen in der Streitsache des Stifts St. Veit mit der Familie Bart in München bezüglich eines Gutes zu Feldkirchen.[15]

Vom 10. Oktober 1553 datiert ein weiterer Freistiftsrevers, diesmal vom Nachbesitzer des Leonhard Ursprenger, von Hans Zehentner zu Feldkirchen.[16] Dessen Nachfolger wurde wiederum Christoph Zehentner, wie aus einem Revers vom 19. Oktober 1579 hervorgeht.[17]
Aus dem 17. und 18. Jahrhundert kennt man als Besitzer dann noch Hans Schmidt und Andre Öttl, doch noch 1800, als der Hof bereits Eigentum des Klosters Benediktbeuern geworden war, ist als Hofnamen noch immer Ursprenger – heute Ursprínger – überliefert.

Kloster Frauenchiemsee
Bereits sehr früh besaß auch das Kloster Frauenchiemsee in Feldkirchen Güter. Vom 9. Mai 1266 datiert eine Urkunde, in der der Richter Meinhard von München einen Streit zwischen den Klosterfrauen und dem Münchner Bürger Pilung, dem Sohn eines gewissen Konrad Hantlin, gütlich regelte. Dabei ging es um Besitzungen in Feldkirchen, Haching und Trudering.[18] Diese Güter wurden erneut in einem Leibgedingsrevers vom 17. März 1352[19] genannt, doch da in späterer Zeit kein Frauenchiemseer Besitz in Feldkirchen selbst nachzuweisen ist, dagegen reicher in Oberndorf, werden sich diese Urkunden wohl auf Oberndorf beziehen.

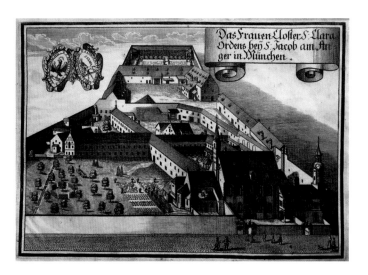

Frauenkloster St. Klara bei St. Jakob am Anger in München, Michael Wening, 1701

Wappen der Familie Hundertpfund

Frauenkloster St. Klara in München

Umfangreichen Grundbesitz in Feldkirchen und den umliegenden Dörfern hatte das Kloster St. K1ara in München, das Angerkloster. Seit 1284 waren die Klarissen in München ansässig, nachdem die Franziskaner, die seit 1221 im Kloster am Anger lebten, ihre neuen Gebäude am heutigen Max-Joseph-Platz, in etwa an der Stelle des Bayerischen Nationaltheaters, errichtet und ihre ehemaligen dem Frauenorden übergeben hatten. Die Klarissen sind der zweite Orden des hl. Franz, von dem die 1194 ebenfalls in Assisi geborene hl. Klara 1212 das Bußkleid angenommen und gleichzeitig das Gelübde zusammen mit anderen Frauen abgelegt hatte. Am 11. August 1253 starb sie und schon 1255 wurde sie heilig gesprochen. Vermutlich seit 1235 waren die Klarissen in Deutschland ansässig; um 1600 gab es insgesamt rund 900 Klöster dieses Ordens, um 1900 nur noch 150, davon sieben in Deutschland. Das Angerkloster in München, in das auch einige hochgeborene Wittelsbacherinnen eintraten, wie Agnes, die Tochter Kaiser Ludwigs des Bayern (1317–1347), Barbara, die Tochter Herzog Albrechts III. (1438–1460), und Maria Anna, die Tochter des Türkenbezwingers Kurfürst Max II. Emanuel (1679–1726), die im Kloster den Namen Emanuela Theresia annahm, trugen zum Ruhm und hohem Beliebtheitsgrad des Klosters bei.[20] Viele Münchner Bürger schenkten deshalb bevorzugt an das Angerkloster, meist, wenn ihre ledigen Töchter dort Aufnahme fanden.

1803, während der allgemeinen Säkularisation, wurde allerdings auch das Kloster St. Klara aufgelöst; 1841 jedoch rief König Ludwig I. von Bayern erneut klösterliches Leben am Anger wach, indem er das Kloster den Armen Schulschwestern übergab, die dort bis zum heutigen Tag junge Mädchen ausbilden. Der ehemalige Besitz aber war für das Angerkloster verloren.

Um 1500 hatte das Kloster St. Klara Besitz in Feldkirchen übereignet bekommen, und zwar als Dorothea Hundertpfund, die Tochter einer bedeutenden Münchner Patrizierfamilie, ins Kloster am Anger eintrat. Ursprünglich gehörte der Hof Konrad Åwenhouer aus Aichach. Am 11. Juni 1445 hatte er ihn auf Hans Teyninger, Bürger zu München, der von Åwenhouer in Feldkirchen einen Hof zu Lehen hatte, auf dem zu dieser Zeit Konrad Stosser saß, gegen eine Entschädigung für diesen Hof unter Verzicht auf alle seine Lehensrechte übertragen.[21] Hans Teyninger verkaufte bereits am 4. November 1445 diesen Hof sowie zwei Sölden mit Hofstätten, Zimmer und Gärten in Feldkirchen, auf deren eine Lienhart Mötscher, auf der anderen Ulrich Wurm saß, mit Zubehör an Hans Hundertpfund, Bürger zu München, um 100 Pfund Münchner Pfennig in bar zu Eigen.[22] Daraufhin blieb der Besitz einige Jahrzehnte Eigentum der Familie Hundertpfund. Vom 3. April 1505 datiert dann der nächste urkundliche Beleg dieses Hofes. Anna, die Witwe von Caspar Hundertpfund, und ihre Kinder Niclas Hundertpfund, Bürger zu Weilheim, Antonia und Barbara einigten sich mit Katharina Adlmannin, Äbtissin des Angerklosters,

Wappen der Familie Ruepp

Wappen der Familie Pfetten

über den Erbteil ihrer Tochter bzw. Schwester Dorothea, die ins Angerkloster eingetreten war, dahin gehend, dass der Hof und die beiden Sölden in Feldkirchen dem Kloster verbleiben sollten, und verzichteten dementsprechend auf alle Rechte. Hierzu erteilten auch die Ehemänner der beiden Hundertpfund-Schwestern, Friedrich Heinstetter und Lienhard Weiler, ebenfalls aus bedeutenden Geschlechtern und Bürger zu München, ihre Zustimmung.[23]

Weiteren Besitz in Feldkirchen erhielt das Angerkloster laut eines Testaments vom 2. Oktober 1534. Darin vereinbarten Heinrich Kögl von Feldkirchen und seine Frau Magdalena, die zwei noch unmündige Kinder hatten, mit der Äbtissin Regina Ligsalzin Folgendes: Falls das Ehepaar gemeinsam stirbt, soll ihr gesamtes Hab und Gut mitsamt den unvogtbaren Kindern an das Kloster gelangen, das seinerseits die Erziehung der Kinder übernehmen sollte. Sterbe aber einer der beiden Elternteile vor dem anderen, so solle der überlebende Teil im Falle seiner Wiederverheiratung die Hälfte des Nachlasses erhalten. Die andere Hälfte solle den Kindern zufallen; diese sollten beim überlebenden Ehegatten bleiben. Wenn nicht, so sollten sie im Kloster erzogen werden, damit ihnen *„ihr Gütl bei dem Kloster behalten werde"*. Außerdem stifteten die Aussteller mit einer ihrer Armut entsprechenden kleinen Geldsumme einen Jahrtag beim Angerkloster. Für den Fall, dass sie und ihre Kinder, bevor diese volljährig geworden, sterben, vermachten sie all ihr Vermögen dem Gotteshaus, ausgenommen 20 Gulden, die Verwandte erhalten sollten. Und abschließend vermerkte das Testament, dass, wenn die Verwandtschaft damit nicht zufrieden sein sollte, sie gar nichts erhalten solle. Besiegelt wurde die Urkunde von Anton Roesch, Unterrichter in München, und fünf Handwerkern, alle Bürger von München, am Freitag, den 2. Oktober 1534.[24]

Bis zur Säkularisation blieb der Feldkirchner Besitz Eigentum des Klosters St. Klara am Anger zu München. Noch heute sind die Anwesen in Feldkirchen unter den Namen Neumaier für den Hof sowie Gabahell und Schmid für die beiden Sölden bekannt.

Adeliger Besitz

Jüngeren Datums sind die Hinweise auf einschichtige Güter, die zu adeligen Hofmarken gehörten. Erstmals im 18. Jahrhundert liest man von zwei Höfen, die im Besitz des Baron Pfetten auf Oberarnbach waren. *„Sigmund Marquard Freiherr von Pfetten auf Ober- und Niederarnbach, Prunnen, Hochenriedt und Podenhausen, Königswiesen, Solln und Hochenkirchen, der Römischen Kaiserlichen Majestät und kurbayerischer Kämmerer, Revisionsrat, dann Hofrat Vizepräsident"* erwarb das Gut 1701. 1665 hatte Kurfürst Ferdinand Maria die Familie mit Schloss und Hofmark Niederarnbach belehnt. Sigmund Marquard, der im Jahr 1708 oder 1709 gestorben ist, war mit Maria Johanna von Herwarth verheiratet und hatte mit ihr einen Sohn, Maximilian Leopold Anton, auf den das Erbe überging. Noch um die Mitte des 18. Jahrhunderts waren die Feldkirchner Höfe Eigentum der Familie Pfetten. Ob sie auf dem Wege des Erbgangs, Heirat oder Kauf an die Familie der Grafen Ruepp gingen, ist ebenso ungewiss wie der genaue Zeitpunkt des Übergangs. 1752 war der Besitz noch in Händen der Pfetten, 1768 bereits in denen der Grafen Ruepp. Dazwischen muss der Übergang stattgefunden haben

Als am 1. August 1768 Karl Ferdinand Graf von Ruepp als letzter männlicher Nachfahre des Geschlechts kinderlos starb, wurde seine einzige noch lebende unvermählte Schwester Maria Leopoldina (geboren am 5. November 1736) als Universalerbin des gesamten Rueppschen Besitzes eingesetzt, mit der Verbindlichkeit allerdings, seine Schulden zu bezahlen. Um die Gläubiger befriedigen zu können, war sie genötigt, große Teile des

Besitzes zu verkaufen, doch den Feldkirchner Hof behielt die damalige Hofdame. Später heiratete sie einen Freiherrn Segesser von Brunegg aus altem Schweizer Adel, der damals auf Notzing saß.

Am 18. Mai 1785 stellte Maria Leopoldina Freifrau von Segesser, geb. Gräfin von Ruepp, Obersthofmeisterin, einen Revers darüber aus, dass von den ihr bei ihrer Verehelichung belassenen einschichtigen Gütern zu Aschheim, Feldkirchen und sonst im Pfleggericht Wolfratshausen, die dem Pfleggericht geschuldeten Abgaben richtig geleistet und diese Güter von ihr nicht zu ihrem adeligen Sitz Brandeck gezogen werden. In Feldkirchen handelte es sich um die Leersölde des Hufschmieds Michael Bartl und die ohne Gebäude solchen Orts vorhandenen Gründe des Hintermayr.[25]

Die letzte Gräfin von Ruepp wurde als eine sehr große, stattliche, leutselige Dame beschrieben, die *„begleitet von ihrer Zofe, die ihr, nach damaliger Sitte, den langen Schlepp ihres Kleides nachtrug, die Häuser ihrer Gutsangehörigen besuchte, und sich gar freundlich mit den Leuten zu unterhalten pflegte"*.[26]

Am 5. Januar 1803 starb Maria Leopoldina – nicht auf ihrem Schlösschen Brandeck bei Bad Aibling, wo sie sich die meiste Zeit aufgehalten hatte, sondern in ihrem Münchner Haus, außerhalb der Stadtmauer, neben der Theatinerkirche. Maria Leopoldina, die inzwischen zur Obersthofmeisterin der Herzogin Anna (Gemahlin des Herzogs Clemens von Bayern) avanciert war, wurde 67 Jahre alt. Sie liegt neben ihrer Nichte, verheiratete Gräfin von Lerchenfeld, und deren Mann auf dem Alten Südlichen Friedhof in München. Mit Maria Leopoldina, die keine Kinder hatte, ist das Geschlecht der Ruepp endgültig erloschen. Die Grafen von Lerchenfeld erbten ihr gesamtes Vermögen.

Die Nichte von Maria Leopoldina, Maria Franziska Leopoldina Walburga Ruepp (geboren am 5. März 1758), hatte im Jahr 1779 Max Emanuel Graf von Lerchenfeld-Brennberg-Gabelkofen, kurfürstlicher Kämmerer, Generallieutenant und General-Kapitän der Leibgarde der Hartschiere, geheiratet. Dieser starb anno 1833 im Alter von 76 Jahren in München. Der Feldkirchner Besitz wurde in Lerchenfeldischer Zeit zu ihrer Hofmark Pertensdorf gezählt. Doch schon zur Jahrhundertwende scheint Graf Lerchenfeld ihn abgegeben zu haben. Es handelt sich um die beiden Höfe mit den Namen *„Bartl"* und *„Maier"*. Letzterer wurde Eigentum der Überrheinerfamilie Wurth.

Im Zuge der Vereinfachung der Abgaben und Dienste der Bauerngüter, Grundlasten genannt, waren 1808 die letzten Reste der Leibeigenschaft beseitigt worden. Gleichzeitig kam es zur sogenannten „Bauernbefreiung", die sich das ganze 19. Jahrhundert hinzog. Schon 1803 hatte man den Grundholden der säkulierten Klöster die Ablösung des an den Staat übergegangenen Obereigentums ihrer Güter angeboten. Bald folgte die Möglichkeit der Ablösung der Grundlasten, d. h. die Ablösung des Obereigentums der Grundherren. Die Folge war das volle Eigentum der Bauern an Grund und Boden.

Diese Umstrukturierung nach 1800 war auch die Chance für die neu zugezogenen Protestanten. So kam es, dass sie – wie z. B. die Familien Wurth, Adam, Klingler, Hobler und Wagner – mitunter ehemals klösterliches Eigentum erwerben konnten, eine Entwicklung, die auch durch die staatlichen Subventionen, die die Einwanderer damals erhielten, gefördert wurde.

Eigentumsverhältnisse in früherer Zeit

Die Schwaige Oberndorf

In den 30er Jahren des 20. Jahrhunderts wurde Oberndorf als eigene Ortschaft aufgehoben und der Gemeinde Feldkirchen zugeordnet, nachdem es zuvor bereits rechtlich damit verbunden war. Der Name dieser ehemals eigenständigen Ortschaft bedeutet oberhalb oder außerhalb des Dorfs (womit vermutlich Feldkirchen gemeint ist) gelegen, was auf eine frühe Zugehörigkeit beziehungsweise Abhängigkeit von diesem deutet. Das Kloster Frauenchiemsee hatte in der Gegend um Feldkirchen reichen Besitz. Da das Gebiet östlich von München sich ausgezeichnet als Weideland nutzen ließ, wandelten die Klosterschwestern alle ihre Vollbauernbetriebe in dieser Gegend in Schwaigen um, also in eine mehr oder weniger ausschließlich auf Milchwirtschaft eingestellte Sonderform der Landwirtschaft. Gerade die für Ackerbau ungeeigneten feuchten Niederungen der Flussauen und Moosgegenden wurden nachweislich seit dem Ende des 11. Jahrhunderts als Weideland genutzt. Besonders die Schwaigen in der Nähe von Städten wurden obendrein mehr und mehr zu Fleischlieferanten.

Der Besitz Oberndorf scheint schon sehr früh an das Frauenkloster im Chiemsee gekommen zu sein, doch erst vom 9. Mai 1266 ist eine Urkunde bekannt, in der der Richter Meinhard von München einen Streit zwischen den Klosterfrauen und dem Münchner Bürger Pilung, dem Sohn eines gewissen Konrad Hantlin, gütlich regelte. Dabei ging es um Besitzungen in Feldkirchen, Haching und Trudering.[1] Der Name Oberndorf existierte damals noch nicht.

Diese Güter werden erneut am 17. März 1352 in einem Leibgedingsrevers genannt, in dem Ulrich der Ragaus, Bürger zu München, und seine eheliche Hausfrau Haylwig der Äbtissin Offmey, der Dechantin Irmgart und dem gesamten Konvent auf Frauenwörth die Übernahme der Urbarsgüter zu Feldkirchen auf dem Gefild bestätigt.[2] Da in späterer Zeit kein Frauenchiemseer Besitz in Feldkirchen selbst bekannt ist, dagegen reicher in Oberndorf, sind diese beiden Urkunden mit einiger Sicherheit auf Oberndorf zu beziehen.

Gut Oberndorf,
Postkarten
Anfang 20. Jahrhundert

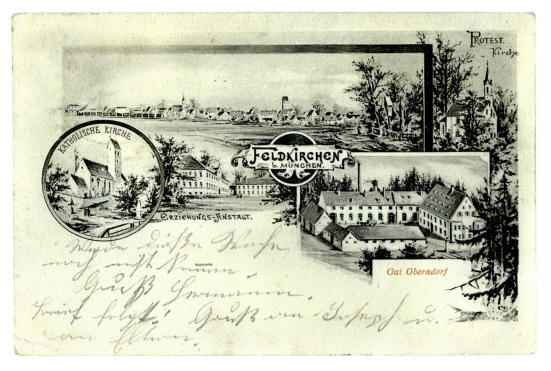

Ein Jahrhundert später handelte es sich dann nachweislich um Oberndorf, das damals in vier Höfe unterteilt und bereits seit Generationen an die Münchner Patrizierfamilie Bart, dem wohl reichsten Besitzer der Gegend, verliehen war. Am 5. Mai 1463 verhandelte Hans Bart der Ältere über eine Einöde, die unbebaut war. Sie wurde Marharting genannt und lag seit Menschengedenken unmittelbar neben Oberndorf.[3]

Am 5. August 1625 verstiftete das Kloster Frauenchiemsee unter seiner Äbtissin Maria Magdalena Haydenpuecherin die ehemals vier Höfe, die nunmehr zur Schwaige *„Oberndorff"* zusammengelegt worden waren, an Samson Lauginger von Kirnstein und Wolfesing zu Erbrecht.[4] Vom selben Tag stammt auch der Gegenbrief Laugingers.[5] Am 26. Mai 1627 bestätigten Präsident und Räte des geistlichen Konsistoriums zu Salzburg, wohin Chiemsee damals gehörte, diese Verstiftung auf Bitten der Klosterfrauen.[6] In diesem Fall scheinen die Nonnen auf Frauenwörth aber besonders vorsichtig gewesen zu sein, denn am 5. August desselben Jahres ließen sie es sich auch noch durch den bayerischen Kurfürsten Maximilian I. bestätigen.[7] Am 17. März 1638 schließlich verkaufte Samson Lauginger, *„gewester Erbrechter der Schwaige Oberndorf"*, seine Erbgerechtigkeit an das Kloster.[8]

Danach zogen die Söldner des Dreißigjährigen Krieges durch das Land; die Schwaige Oberndorf blieb von ihnen nicht verschont. Am 8. März 1650 genehmigte die Äbtissin Maria Magdalena Haydenpuecherin von Frauenchiemsee, dass der damalige Leibgedinger auf der Schwaige, Hans Kaysersperger, seine Gerechtigkeiten an dieser Schwaige an das Kloster Weyarn unter Propst Valentin Steyrer für 800 Gulden verkauft. In dieser Urkunde ist von den Kriegszerstörungen des Jahres 1648 die Rede.[9]

Endgültig verkaufte die neu gewählte Frauenchiemseer Äbtissin Anna Maria Widmann (1650–1660) gegen Übernahme von 2.000 Gulden Schulden die Schwaige Oberndorf am 11. Oktober 1654 im Einverständnis mit Erzbischof Guidobald von Salzburg und Kurfürst Ferdinand Maria von Bayern komplett an Kloster Weyarn.[10] Propst Valentin gelang damit gewissermaßen ein „Schnäppchen". Das Kapital war gut angelegt, denn bereits drei Jahrzehnte später wurde der Wert der Schwaige auf 10.000 bis 12.000 Gulden geschätzt. Oberndorf entwickelte sich bald zum zweiten Standbein der Weyarner Klosterökonomie. Ein neues Ökonomiegebäude wurde errichtet. Der verwilderte Grund wurde so weit kultiviert, dass der Getreideertrag in guten Jahren bis zu 130, sogar 150 Scheffel Weizen betrug, wovon 100 nach Weyarn abgegeben wurden. Die Heuernte brachte bis zu 380 Zentner; 200 Schafe und 60 bis 70 Stück Vieh konnten auf die Weiden getrieben werden. Für das an Weiden arme Kloster Weyarn bildete daher der Erwerb der Schwaige Oberndorf eine höchst willkommene Bereicherung. Später wurde fast jedes Jahr das Vieh um den 20. Mai aus dem Weyarner Klosterstall nach Oberndorf auf die Weide getrieben. Mit dem Klostervieh gewann man Milch und Topfen für die Dienstboten, Geflügelfutter und Dünger. Aus der Milch konnten im Jahr zwischen 200 und 400 Zentner Butterschmalz gewonnen werden. Das erzeugte Schmalz kam ebenfalls nach Weyarn.

Es versteht sich von selbst, dass die Augustiner-Chorherren von Weyarn unter diesen Umständen nicht an eine Verstiftung der Schwaige dachten, sondern die Bewirtschaftung durch Leibeigene unter der Leitung eines Konventualen selbst vornehmen ließen. Zunächst hatte der Pfarrvikar von Ottendichl diese Aufgaben mitzuübernehmen, der bereits 1654 klagte, er sei *„mehr mit Temporalien als mit Spiritualien beschäftigt"*.

Kloster Weyarn, Michael Wening, 1701

Die Ökonomen des Klosters Weyarn in Oberndorf

1655–1661	Martin Schmidtner, Laienbruder
1661–1670	Theoton Baur, Chorherr
1670–1671	Thomas Christian, Chorherr
1671–1684	Martin Schmidtner, Laienbruder
1684–1687	Herkulan Widmann, Chorherr
1687–1689	Malachias Propst, Chorherr
1689–1692	Donatian Keller, Chorherr

Verwaltung durch einen Angestellten

1698–1709	Laetus Baumeister, Chorherr
1709–1714	Anian Daller, Chorherr
1714–1718	Franziskus Maller, Chorherr
1718–1733	Präsidius Cronseder, Chorherr
1733–1736	Franziskus Maller, Chorherr
1736–1742	Guarin Kirnberger, Chorherr
1742–1753	Ubaldus Stubmpöck, Chorherr
1753–1755	Anian Stenger, Chorherr
1755–1756	Georg Springer, Chorherr
1756–1763	Franz Xaver Freisinger, Chorherr
1763–1765	Johannes Schlutt, Chorherr
1765–1773	Valerius Sailer, Chorherr
1773–1776	Frigdian Mayr, Chorherr
1776–1780	Alois Rieger, Chorherr
1780–1782	Paulus Grandauer, Chorherr
1782–1800	Petrus Pritzl, Chorherr
1800–1802	Konrad Grueber, Chorherr
1802–1803	Gilbert Staudinger, Chorherr

Nach Florian Sepp, Weyarn. Ein Augustiner-Chorherrenstift zwischen Katholischer Reform und Säkularisation (= Studien zur altbayerischen Kirchengeschichte Bd. 11), München 2003, S. 591 u. ö.

Ein Jahr später war mit dem Laienbruder Martin Schmidtner dann ein eigener Ökonom in Oberndorf. In der Folge waren es dann jedoch meist Chorherren, die als Ökonomen in Oberndorf tätig waren. Zugleich dienten sie als Kooperatoren oder Hilfspriester der Pfarrei Ottendichl und lasen gelegentlich auch in deren Filialen Dornach, Putzbrunn, Salmdorf, Weißenfeld und Vaterstetten Messen. Die Pfarrei Ottendichl, die von Weyarn pastoriert wurde, liegt nur zwei Kilometer von Oberndorf entfernt. Viele der Ökonomen in Oberndorf wurden später Vikare in Ottendichl, darunter Malachias Propst. Da sich die Wirte von Salmdorf und Parsdorf jedoch über seinen Bierausschank empörten, wurde er 1699 schließlich nach Weihenlinden versetzt, wo er 1714 verstarb.[11]

Alle Erwerbungen durch Propst Valentin behielt das Kloster bis zu seiner Aufhebung durch die Säkularisation im Jahr 1803.[12] Noch in diesem Jahr übertraf der Bestand in Oberndorf mit 33 Melkkühen und Jungrindern den Bestand in Weyarn. Dazu kamen noch 24 Kühe, die zum Überwintern nach Weyarn getrieben wurden, und 200 gepachtete Schafe. In den Säkularisationsakten erscheint die Schwaige als landwirtschaftlicher Großbetrieb, der von 13 Dienstboten bewirtschaftet wurde, darunter der 90-jährige taube und beinahe blinde Viehhüter, der seit Jahren auf der Schwaige unterhalten worden war. Es gab drei Kuhställe, je einen Pferde-, Jungvieh-, Schweine- und Schafstall, drei Dreschtennen und weitere Gebäude. Auf den Dreschtennen wurde auch das aus Oedenstockach, Putzbrunn und Solalinden abgegebene Getreide gedroschen (nur die Körner hatte man nach Weyarn gebracht). Die Gesamtfläche an Wiesen, Weiden, Felder und Wald (Oberndorfer Taxet) betrug 826 Tagwerk.[13]

Propst Valentin beziehungsweise seine Nachfolger scheinen Oberndorf ausgebaut und hie und da auch besucht zu haben.

Die durch den Schwedeneinfall 1648 zerstörte Schwaige wurde zwischen 1651 und 1654 neu aufgebaut, jedoch bereits 1713 als baufällig bezeichnet. Angeblich wurde das ehemalige Klostergebäude, das später als Wohnhaus diente und in der Nacht vom 15. auf den 16. Februar 1914 vollständig nieder brannte, im Jahr 1714 erbaut. Die Hauskapelle war kurz zuvor repariert worden (Weihe 1714). Nach den Aufzeichnungen des Klosters kam es jedoch erst 1733 zu einem Neubau der Schwaige.[14]

Aus dem Jahr 1721 stammt ein Bericht, in dem *„diejenigen Dörffer, welche unter der Seelsorg der Pfarr Khürchham gehörig seindt"* verzeichnet wurden. Es waren dies Heimstetten und Hausen, die beide weder Kirche noch Kapelle besaßen, die Filiale Feldkirchen mit Gotteshaus St. Michael und die zum Kloster Weyarn gehörige Schwaige Oberndorf. Von dieser heißt es: *„In dieser neu erbauten Schwaig hat dermahlig. gnediger Herr Praelat zu Weyarn eine schöne Haußcapellen, dem glaubwürdtigen Vernemmen nach, bloß für Ihn und seine untergebene Herrn Geistliche, aufrichten lassen, darinnen zu celebriren, wann sie dorthin khommen, will nit zweifeln cum consens des hochfürstl. ordinariats Freysing"*.[15]

Der Weyarner Grund um Oberndorf war groß, vornehmlich als Weideland genutzt, jedoch kaum als Ackerland geeignet. Der größte Teil des Grundes war in 18 Schläge eingeteilt, von denen jeweils fünf bebaut wurden. Jedes Jahr begann in einem anderen Schlag die Fruchtwechselfolge von Roggen, Gerste und dann drei Jahre Hafer. Alle anderen 13 Schläge dienten als Weiden, womit ein 18-jähriger Zyklus entstand. Als 1803 der Agrarwissenschaftler Schönleutner (1777–1831) als Gutachter befragt wurde, hielt er diese Nutzung für schlecht, da der Boden mit der fünfjährigen Bebauung überfordert war. Die Erträge waren folglich sehr gering. Die Schwaige wurde daher für Weyarn in manchen Jahren zur Belastung.

Und es sagt viel aus, wenn beim Tod des von 1718 bis 1733 in Oberndorf tätigen Ökonomen Präsidius Cronseder besonders hervorgehoben wurde, er habe in den 15 Jahren seiner Tätigkeit so gut gewirtschaftet, dass er den Propst niemals um Geld bitten musste, trotz eines verheerenden Hagelschlags.

Als der letzte Propst Rupert Sigl noch 1802 bei erheblichen wirtschaftlichen Problemen des Stifts Weyarn ein Kaufangebot über 16.000 Gulden ablehnte, entstand im Konvent größere Unruhe. Einige Chorherren meinten, die Schwaige schade mehr, als sie nutze. Die Rechnungen wiesen seinerzeit beträchtliche Defizite auf, wobei auch die Kriegseinwirkungen zu berücksichtigen sind. So war der als Administrator eingesetzte Chorherr Konrad Grueber bei Gefechten so schwer verwundet worden, dass er wenige Wochen später starb. Die Kriegsschäden wurden mit 5.571 Gulden beziffert; eine Missernte im Jahr 1802 führte wegen des Mangels an Streu auch im Folgejahr zu größeren Problemen. Doch Propst Sigl weigerte sich, den Verkauf abzuwickeln, da er wegen der dort befindlichen Kapelle die Schwaige auf keinen Fall einem Protestanten überlassen wollte[16] (was einige Jahre später dann doch passierte).

Am 25. Februar 1803 kam es beim sogenannten Reichsdeputationshauptschluss zur Aufhebung der Klöster, zur allseits bekannten Säkularisation. Auch das Kloster Weyarn war davon betroffen. Viele ehemals geistliche Besitzungen wurden versteigert. Im Fall der Schwaige Oberndorf bekamen die Grafen La Rosée den Zuschlag. Am 11. Juli 1803 wechselte die Schwaige Oberndorf für 14.500 Gulden den Besitzer.[17] Die Grafen Basselet de La Rosée, aus altem spanischen Adelsgeschlecht, hatten im Jahr 1765 die kurbayerische Anerkennung ihres 1764 in Frankfurt am Main verliehenen Reichsgrafentitel erhalten. Vermutlich war Graf Joseph Adolf der erste Eigentümer des ehemaligen Klosterbesitzes.

Doch wechselten in der Folgezeit die Eigentümer mehrfach und rasch. Schon bald verkauften die Grafen La Rosée das Gut wieder. Am 23. September 1808 wurde Anton von Bachmair neuer Eigentümer, verpachtete das Gut jedoch an Christian Gingerich. Gingerich, auch Güngerich oder ähnlich geschrieben. Dieser war aus dem Hessischen gekommen und hatte 1804 zunächst die säkularisierte Kommende Blumenthal des Deutschen Ordens (Landkreis Aichach) übernommen, bevor er 1808 nach Oberndorf kam. Allerdings verließ er es 1812 wieder und zog auf das Gut Wolfersdorf bei Regensburg. Verschiedene andere Mennoniten dieses Namens sind von dort in die USA ausgewandert, vorzüglich nach Pennsylvania und Iowa [18]. Seit 1820 wird Christian Gerber als Pächter in Oberndorf genannt, der aus der Schweiz, genauer aus Senneswald im Kanton Bern, zugezogen war. Seine Tochter heiratete im Jahr 1833 wiederum den Sohn seines Landsmanns Johann Jakob Bodmer. So war nun eingetreten, was Propst Rupert Sigl auf jeden Fall vermeiden wollte: Die Schwaige Oberndorf war in protestantische Hände gelangt.

Am 11. September 1840 erwarb Lorenz Kauderer von Wolfgang von Glockner und seiner Ehefrau Benonnie, geb. von Bachmair, die Schwaige Oberndorf für 25.600 Gulden[18], 1847 ist Lorenz Kauderer erneut als Schwaighofbesitzer von Oberndorf erwähnt [19], 1859 Josef Gruber [20] und 1869 der Sohn des ehemaligen Besitzers, Ludwig Kauderer.[21]

Im Topographisch-historischen Handbuch des Königreichs Bayern aus dem Jahre 1867 wurde Oberndorf unter der Gemeinde Feldkirchen aufgeführt, allerdings als eigener Ort. Damals hatte der Weiler fünf Gebäude, in denen 73 Einwohner lebten, von denen wiederum 24 evangelischen Glaubens waren. Am 3. Februar 1873 beschloss man im Gemeinderat von Feldkirchen, dass dem *"nunmehrigen Besitzer der Schwaig Oberndorf, Herrn Theodor Weng, das Heimathrecht nach Bezahlung einer Taxe von 50 fl. in hiesiger Gemeinde verliehen werde"*.

In der Folge wechselten die Besitzer noch mehrmals. Im Juni 1909 schließlich verkaufte Karl Desch das Gut Oberndorf an Richard Krauß aus Wiesbaden, der es im Februar 1910 an Herrn Wollenberg, ebenfalls aus Wiesbaden, weiterveräußerte. 1914, nach der Zerstörung des alten Weyarn'schen Klostergebäudes durch Feuer, wurde ein Doppelhaus *„für die Herrschaft und den Verwalter"* durch Georg Berlinger in Berg am Laim neu errichtet. Die *„Herrschaft"* hieß damals noch immer Wollenberg bzw. Wollenberger und wohnte inzwischen in Mannheim. Zwei Jahre später verkaufte dieser das Gut an den Hutfabrikanten Martin Rosenthal von Luckenwalde bei Berlin, der die Absicht hatte, nach dem Ersten Weltkrieg nach Oberndorf zu übersiedeln. In der Folge kaufte er Ländereien hinzu; betrieb auch eine eigene Jagd.[22]

In den 1920er Jahren hatte das Gut unter dem Besitzer Martin Rosenthal eine Größe von insgesamt 233 ha Land, wovon 213 ha Äcker und Gärten waren, 20 ha Wiesen. Auch der Viehbestand war beachtlich: 32 Pferde, davon 6 Fohlen, 100 Stück Vieh, davon 80 Milchkühe, und 150 Schweine (zum Vergleich: Die beiden größten Bauernhöfe in Feldkirchen dieser Zeit, der Hölzlhof von Philipp Holly und der landwirtschaftliche Betrieb, der zur Evangelischen Erziehungsanstalt gehörte, hatten nur insgesamt 79 bzw. 51 ha Land und 30 bzw. 20 Rinder im Stall).[23] Schon damals hatte das Gut in Oberndorf ein Telefon; der Besitzer konnte mit der Rufnummer 8 erreicht werden.

Im Jahr 1927 verkaufte der Guts- und Fabrikbesitzer Martin Rosenthal das Gut Oberndorf und zog mit seiner Familie nach Berlin. Neuer Eigentümer wurde die Freiherrlich von Tucher'sche Stiftung in Nürnberg, die die Villa samt Garten vermietete. Als Verwalter wurde Georg Schmid eingesetzt.[24]

In den 1930er Jahren hörte Oberndorf als eigenständige Ortsbezeichnung auf zu existieren. Bereits am 12. Dezember 1933 wurde dies beschlossen, nachdem man festgestellt hatte, dass im Ortsverzeichnis des Statistischen Landesamtes der Weiler Oberndorf eigens aufgeführt war. Da aber Oberndorf mit Feldkirchen zusammengebaut und durch einheitliche Straßenbezeichnungen verbunden war, wurde die Aufhebung des Ortsnamens Oberndorf beschlossen. Dieser Beschluss scheint jedoch nicht auf ungeteilte Gegenliebe gestoßen zu sein. Offensichtlich hat sich irgendjemand dagegen ausgesprochen. Ohne Erfolg allerdings, denn am 3. April 1936 steht unter dem Betreff „Ortschaft Oberndorf" im Protokollbuch der Gemeinde Feldkirchen zu lesen: „Der Gemeinderatsbeschluß vom 12. Dezember 1933, wonach die Ortsbezeichnung des Weilers Oberndorf aufgehoben werden soll, wird aufrecht erhalten." Seit 1937 wird Oberndorf offiziell als Gutshof zu Feldkirchen gezählt.

Nach dem Zweiten Weltkrieg wurde auf dem Gutshof eine Großbäckerei betrieben; das Gut war noch immer Eigentum der Freiherren von Tucher, die im Jahr 1930 dort eine Schlachtanlage einrichten ließen.[25] Zum 18. Dezember 1947 findet sich im Protokollbuch der Gemeinde Feldkirchen folgender Eintrag: „*Eine Umschreibung der Lizenz für die Gutsbäckerei Oberndorf in Feldkirchen von dem Namen des verstorbenen Herrn Karl Schropp auf den Inhaber ‚Freiherrlich von Tucher'sche Gutsverwaltung Oberndorf in Feldkirchen, Oberndorferstr. 22' wird bestens befürwortet, nachdem die Gutsverwaltung schon früher viele Jahre lang als Betriebsinhaber gewerbepolizeilich und zur Versteuerung gemeldet war. Damit soll lediglich der frühere Zustand wieder hergestellt werden.*"

Ein Großbrand am 8. November 1963 vernichtete weite Teile der Gutsanlage, die in der Folge wiederaufgebaut wurde. Danach erwarb August Zehentmair aus Perlach, der durch den Verkauf von ehemals landwirtschaftlichem Gelände für die Neubauten in Neuperlach zu Vermögen gekommen war, das Gut Oberndorf.

Brand in Oberndorf 1963

Seit 1963 betrieb er dort neben dem eigentlichen Gutsbetrieb eine Metzgerei, eine Bäckerei, eine Brennerei (für Mais) und eine landwirtschaftliche Gärtnerei mit angeschlossenem Einzelhandel für Gärtnereierzeugnisse (bis 1971).[26] Noch bis zur Jahrtausendwende war dort der größte landwirtschaftliche Betrieb in Feldkirchen mit rund 100 Mitarbeitern, dann wurde ein Teil der einstigen Äcker und Wiesen als Gewerbegebiet ausgewiesen. Zur Anbindung des neuen Gewerbegebiets an die Autobahn (und damit die Zufahrt nicht durch den Ort Feldkirchen erfolgen muss) wurden von Zehetmair in den 1990er Jahren verschiedene Verträge geschlossen und Straßen verlängert.

Heute ist das Gut Oberndorf, von dem noch immer Landwirtschaft betrieben wird und das noch immer zur Gemeinde Feldkirchen gehört, durch die Autobahn A 94 von der Ortschaft getrennt und nur über eine 1974 errichtete Überführung der B 471 damit verbunden. Auch der Tucherpark, einst Agrarfläche von Oberndorf, befindet sich auf der „Gemeindeseite" der Autobahn. Im Jahr 2015 wurde die Brücke einschließlich der sich auf dem Bauwerk befindlichen Lärmschutzwand abgebrochen und neu gebaut. Dazu musste die Brücke für den öffentlichen Verkehr komplett gesperrt werden. Lediglich Fußgänger und Radfahrer konnten während der gesamten Bauzeit die Autobahn an dieser Stelle überqueren. Die Arbeiten an den neuen Lärmschutzwänden zogen sich sogar bis ins Jahr 2016 hin.

Der inzwischen mit Wohnhäusern bebaute Tucherpark, wo einst neben einer Parkanlage, die Baron von Tucher selbst häufig besuchte, Kühe grasten, erinnert noch immer an den ehemaligen Besitzer des Gutshofs. Auch die kleinen Anwesen in der Schwalbenstraße halten die Erinnerung an ihn wach. Den Grund und Boden hatten ehemalige Angestellte äußerst günstig von dem sozial eingestellten und großzügigen Gutsherrn erwerben können.

Die Schwaige Oberndorf

Abgaben und Steuern, Verwaltungsorganisation, Gemeinde- und Siedlungsentwicklung

Eine allgemeine, die gesamte Bevölkerung erfassende Steuerpflicht gab es im Bayern der Frühzeit nicht. Erste Ansätze für die Existenz einer funktionsfähigen Abgabenverwaltung lieferte das zu Zeiten von Herzog Ludwig I. des Kelheimers (1172–1231) um ca. 1230 in dessen Kanzlei entstandene sogenannte ältere bayerische Herzogsurbar (Urbarium Ducatus Baiuwariae Antiquissimum) und das in die Geschichte als zweites Herzogsurbar eingegangene Urbarium Ducatus Baiuwariae Posterius aus der Zeit um 1280.[1]

Das ältere Herzogsurbar erlaubt erstmals Einblick in eine bestehende und zugleich auch bereits ausgeprägte Verwaltungsorganisation. Die in den Jahren zwischen 1230 und 1280 stattgefundenen Gebiets- und Rechtstitelerwerbungen sowie die anno 1255 erfolgte erste Landesteilung machten eine Überarbeitung notwendig und führten zu dem um 1280 entstandenen jüngeren Herzogsurbar.
Im Gegensatz zum ersten Urbar, das 36 Ämter beschreibt, weist das zweite bereits das Viztumamt als die den einzelnen Ämtern vorgeschaltete Behörde aus. Danach umfasste das seit 1255 Ludwig II. dem Strengen (1229–1294) zugesprochene Oberbayern mit dem oberen Viztumamt und mit Sitz in München 47 Ämter, das untere mit Sitz in Lengenfeld 32 Ämter.[2]

Das Amt Kirchheim, zu dem auch Feldkirchen gehörte, ist im Herzogsurbar von 1230 als Schergenamt des Landgerichts Landshut aufgeführt; bei der 1255 erfolgten Landesteilung jedoch wurde der Ort dem Landgericht Wolfratshausen zugeteilt.

Das Landgericht war für alle Aburteilungen in seinem Gerichtsbezirk zuständig mit Ausnahme der niederen Gerichtsbarkeit in den Hofmarken. Ihm standen ein Pfleger und ein ihm beigeordneter Landrichter vor, während im Schergenamt ein Scherge in den Gerichtsverhandlungen den Aufruf der Parteien und Zeugen besorgte und insgesamt mit der Durchführung polizeilicher Maßnahmen betraut war. Die Verhandlungen fanden vermutlich an wechselnden Orten innerhalb des Landgerichtssprengels alle zwei Wochen statt. Da Kirchheim als Schergenamt aufgeführt ist, darf angenommen werden, dass dort ein Scherge ansässig war und dass dort auch Gericht gehalten worden ist.

Im Zuge des stetigen Ausbaus des Territorialstaats kam es zur Einteilung in Verwaltungsbezirke, sogenannte Viztumämter. Die Viztume (vom lateinischen Vicedominus) übten als Stellvertreter des Herzogs die Aufsicht über Verwaltung, Finanzen, das Kastenamt und das Gerichtswesen aus.

Im zweiten Herzogsurbar von 1280 wird im oberen Viztumamt mit Sitz in München Kirchheim erneut als Unteramt erwähnt. Herzoglicher Besitz scheint in Feldkirchen selbst keiner gelegen zu haben, doch erscheint der Ort in der Liste der Abgaben aus Vogteien. Dies waren geistliche oder weltliche Herrschaftsgebiete, in denen ein Vogt die Schirmherrschaft und die Gerichtsrechte ausübte. Die Gewinnung der Vogteirechte über solche Herrschaften, in denen er nicht selbst Grundherr war, bedeutete deshalb für den Herzog eine Stärkung seiner Machtposition und eine Vermehrung der daraus resultierenden Einnahmen.

Zu den beim Amt Kirchheim erfassten Vogteien gehörten außer Feldkirchen auch Hausen, Salmdorf, Perlach, Trudering, Riem, Baldham, Bogenhausen, Landsham, Pullach, Grasbrunn, Gerharding, Solln und Möschenfeld.[3]

Möglicherweise stand in Kirchheim ein herzoglicher Speicher, Kasten genannt, in dem die im Urbar aufgeführten Abgaben gesammelt wurden.

Luftaufnahme 1970er Jahre

Später ging das Amt Kirchheim im Bereich der Kastenverwaltung in das Hofkastenamt München, im Bereich der Gerichtsorganisation in das Amt Perlach über.

Das Amt Perlach gliederte sich in die Gebiete Perlach, Haching und Trudering. Feldkirchen zählte zum Gebiet Trudering, zusammen mit Gronsdorf, Kirch- und Straßtrudering, Riem, Dornach, Aschheim, Putzbrunn, Ödenstockach, Kirchheim, Hausen, Heimstetten, Ottendichl, Salmdorf, Eglfing und Haar. In Perlach saß ein Amtmann; um aber in Perlach an der Schranne zu richten, musste der Landrichter von Wolfratshausen siebenmal im Jahr nach Perlach reiten – worüber er sich aktenkundig nicht wenig geärgert haben soll.[4] Ungeachtet der Nähe von Perlach zur Haupt- und Residenzstadt München blieb bis zum Jahr 1803 Wolfratshausen der Bezugspunkt.

Der Staatshaushalt des Herzogtums Bayern wurde im Mittelalter im Wesentlichen aus den Einnahmen des herzoglichen Kammergutes bestritten. Eine allgemeine Steuerpflicht gab es, wie gesagt, nicht. Bei besonderen Anlässen, etwa bei Kriegsgefahr oder bei Verheiratung einer Fürstentochter, musste jedoch das Land dem Herzog finanziell beistehen. Das starke Ansteigen des herzoglichen Finanzbedarfs führte zu einer immer häufigeren Inanspruchnahme dieser Notsteuern, sodass sie sich allmählich zu allgemeinen Steuern entwickelten. Der Landschaft des Herzogtums, die sich aus Adel, Geistlichkeit, Städten und Märkten zusammensetzte, gelang es im Laufe des Spätmittelalters, nicht nur das Steuerbewilligungsrecht zu erringen, sondern auch die Steuern durch eine eigene landständische Steuerverwaltung selbst einzuheben. Seit dem 16. Jahrhundert war daher das Herzogtum Bayern durch ein dualistisches Erhebungssystem geprägt, wobei die Landsteuer durch die Landschaft erhoben und verrechnet wurde, die Einnahmen aus dem Kammergut aber durch herzogliche Beamte.[5]

Es entstanden Scharwerksregister, Steuerlisten, Güter- und Hofmarksbeschreibungen. Aus einem Scharwerksverzeichnis des Jahres 1666 lassen sich auch die Besitzverhältnisse für Feldkirchen erkennen. Zudem heißt es in diesem Verzeichnis: *„All obbeschriebene haben vor unfürdencklhichen Jahren allzeit dem Ambtmann von Perlach die Scharwerk verrichten müssen."* Abschließend wurde die Summe der Anwesen in Feldkirchen aufgestellt. Demnach befanden sich hier drei ganze Höfe, sieben Huben, ein Lehen und je drei Bau- und Leersölden, also insgesamt 17 Anwesen.[6]

Eine weitere Steuerbeschreibung stammt aus dem Jahr 1725. Danach folgten noch einige Äcker des Simon Strasser und Wolf Hindermayr, die zu den größten Bauern des damaligen Feldkirchen zählten. Eine Wiesmad von sechs Tagwerk, die im Besitz des Simon Strasser war, hatte den Namen „Auckhen". Eine weiter nicht genannte Sölde scheint mit der Schwaige Oberndorf an das Kloster Weyarn gekommen zu sein, doch fehlen hierüber nähere Angaben. Im Jahr 1725 hatte Feldkirchen somit 19 Anwesen und ein ebenfalls erwähntes Hüterhaus der Gmain, also der dörflichen Wirtschaftsgemeinschaft. Im Einzelnen waren es drei ganze Höfe, sieben Huben, ein Lehen, zwei Bausölden und sechs Leersölden.[7]

Man kann daraus erkennen, dass sich in der Zeit zwischen 1666 und 1725 kaum etwas verändert hat, sogar die Namen der Besitzer sind größtenteils gleich geblieben. Lediglich drei kleine Leersölden sind dazugekommen. 1725 wird auch die Zehntabgabe erwähnt, die vermutlich schon seit langem je zu einem Drittel an St. Veit und St. Johann in Freising sowie an den Pfarrer in Kirchheim gezahlt werden musste.

Besitzverhältnisse gemäß Scharwerksverzeichnis aus dem Jahr 1666

Hofgröße	Besitzer	Eigentümer	Anzahl Pferde
Hube	Haimeran Öttl	Gotteshaus Feldkirchen	3
Hof	Melchior Westermair	Melchior Zächerl, Wirt in Aschheim	5
Bausölde	Georg Ettl	Pfarrwidum Kirchheim	muß löhnen
Bausölde	Hans Zehetmair, Mesner	Gotteshaus Feldkirchen	muß löhnen
Hube	Haimeran Öttl	Gotteshaus Feldkirchen	3
Leersölde	Balthasar Sedlmair	Gotteshaus Feldkirchen	muß löhnen
Hube	Wolf Mihler	Gotteshaus Feldkirchen	2
Hube	Balthasar Staudhammer	Gotteshaus Feldkirchen	3
Hof	Simon Sedlmair	Angerkloster München	3
Hube	Hans Schmidt	St. Veit Frühmesse, Freising	2
Leersölde	Simon Khürchmair	Angerkloster München	
Hof	Hans Schmidt/Georg Öttl	Kloster Benediktbeuern	3
Hube	Georg Öttl	Gotteshaus Feldkirchen	2
Leersölde	Hans Hunger	Melchior Zächerl, Wirt in Aschheim	muß löhnen
Lehen	Balthasar Staudhammer	St. Johann Freising	2
Hube	Hans Mayr	Gotteshaus Aschheim	2

(BayHStA Kurbayern Hofkammer Hofanlagsbuchhaltung 130, fol. 156v ff.)

Besitzverhältnisse gemäß Steuerbeschreibung aus dem Jahr 1725

Hofgröße	Besitzer	Eigentümer	Anzahl Pferde	Kühe
1/2	Balthasar Öttl	Gotteshaus Feldkirchen	2	4
1	Wolf Hindermayr	Baron Pfetten zu Oberärnbach (Lehenträger Joseph Zächerl, Wirt in Aschheim)	4	6
1/8	Balthasar Probst	Pfarrei Kirchheim		
1/16	Melchior Müller	Angerkloster München		
1/8	Balthasar Zechetmayr	Gotteshaus Feldkirchen		
1/2	Balthasar Öttl	Gotteshaus Feldkirchen	2	4
1/16	Lambrecht Eberl	Gotteshaus Feldkirchen		
1/2	Wolf Müller	Gotteshaus Feldkirchen	2	4
1/2	Balthasar Scherer	Gotteshaus Feldkirchen	2	3
1	Melchior Vöstl	Angerkloster München	4	4
1/2	Joseph Veichtmayr	St. Veit Freising	3	4
1/16	Balthasar Pozmayr	Angerkloster München		
1	Andre Öttl	Kloster Benediktbeuern	4	6
1/2	Corbinian Öttl	Gotteshaus Feldkirchen	2	4
1/16	Hans Obermayer	Baron Pfetten zu Oberärnbach (Lehenträger Joseph Zächerl, Wirt in Aschheim)		
1/16	Gmain (bodenzinsiges Häusl und Schmiede)	Kurfürstl. Hofkasten München		
1/4	Simon Strasser	St. Johann Freising	2	2
1/2	Simon Strasser	St.-Emmeram-Kapelle	2	4
1/16	Wolf Ziegler	Kurfürstl. Hofkasten München		

(BayHStA GL Wolfratshausen 12)

Aus Gründen der Zweckmäßigkeit wurden die Naturalleistungen seit der zweiten Hälfte des 17. Jahrhunderts nach und nach in Geldzahlungen umgewandelt. Man nannte diese Abgaben Anlagen. 1789 z. B. bildeten die Hofanlagen mit rund 524.000 Gulden Nettoeinnahmen jährlich einen der wichtigsten Posten unter den Kameralgefällen. Noch gab es jedoch keine zuverlässigen Untertanenverzeichnisse und dadurch bedingt konnten auch keine gerechten Anlagen erwartet werden. Vorallem Inhaber von Hofmarken verstanden es, die tatsächliche Anzahl hofmärkischer Untertanen zu verschleiern, sodass nicht wenige Höfe überhaupt keine Anlage entrichteten oder – gemessen an ihrer Größe – einen viel zu geringen Betrag.[8]

Feldkirchen selbst war zwar nie Hofmark, doch lagen dort „einschichtige Güter", d. h. Güter, die außerhalb eines geschlossenen Hofmarksprengels lagen, über deren Grundholden die Hofmarksherren aber die gleichen Herrschaftsrechte wie in der Hofmark selbst ausübten. Diese Rechte waren die niedere und mittlere Gerichtsbarkeit (für alle einfachen und mittleren Vergehen in Straf-, Zivil- und Polizeisachen mit Ausnahme jener Delikte, die ein Todesurteil nach sich ziehen, und der Prozesse um Grund und Boden), die freiwillige Gerichtsbarkeit, die Polizeigewalt, die Einhebung der Steuern im Auftrag der Landschaft, die Durchführung der Musterung und die Heranziehung der Untertanen zum Scharwerk, also zu öffentlichen Arbeiten.

Da diese rechtlich geschlossenen kleinen Herrschaftssprengel, die Hofmarken, kein landesherrlicher Beamter betreten durfte, gab es für die kurfürstlichen Beamten keine Kontrollmöglichkeit. Um diesem Übelstand abzuhelfen, aber auch um den durch die Kriegswirren der Jahre 1742 bis 1744 ausgelösten Verfall der landesherrlichen Einkünfte und den willkürlichen unerlaubten Änderungen des Hoffußes langfristig entgegenzutreten, ordnete Kurfürst Max III. Joseph (1745–1777) mit Generalmandat vom 27. Juli 1752 als Kontrollinstrument für die Erhebung der Anlagen die Anfertigung einheitlicher Güterkonskriptionen an. So kam es zu den heute noch erhaltenen Conscriptiones oder Hofanlagsbüchern, die in ihrer Zeit dann jedoch nur wenig Verwendung gefunden haben.[9] Auch für das Gemeindegebiet Feldkirchen verzeichnen diese Hofanlagsbücher die Besitzverhältnisse.

Der Zehnt musste auch 1760 wie von alters her folgendermaßen abgeführt werden: Das Collegiatsstift St. Veit in Freising erhielt ein Drittel, das es allerdings Josef Foichtmayr mit Freistiftsgerechtigkeit überlassen hat, ein weiteres Drittel erhielt das Stift St. Johann in Freising und das letzte Drittel die Pfarrei Kirchheim.[10]

Mit der Auflösung der Hofkammer im Jahr 1799 sind auch die Aufgaben der Hofanlagsbuchhaltung, soweit sie überhaupt noch aktuell waren, an die neu errichtete Generallandesdirektion übergegangen.

Die völlige Abschaffung der als problematisch erkannten Festsetzung der Abgaben nach dem Hoffuß scheiterte im 18. Jahrhundert an der noch fehlenden Bodenvermessung.[11] Die Landesvermessung setzte zu Beginn des 19. Jahrhunderts in Bayern ein[12]; es wurden Flurpläne und Kataster angelegt, die fortlaufend mithilfe der sogenannten Umschreibebücher weitergeführt wurden. Die Uraufnahme des Grundsteuerkatasters stammt von 1809, das erste Kataster von 1812. In diesen neuen Häuserlisten wurde neben dem Hoffuß auch erstmals der Grundbesitz durch die Flächenangabe in Tagwerken aufgenommen. Die Umwandlung der bayerischen Katasterflächen in Meter-Angaben erfolgte in Feldkirchen erst im Dezember 1876.

Hoffuß zur Berechnung der Abgaben

Seit dem 15. Jahrhundert erfolgte die Einteilung der Güter nach dem sogenannten Hoffuß, der als Grundlage für die Berechnung der Abgaben diente.
Man unterschied im Einzelnen:

1/1	Hof =	ganzer Hof mit ungefähr 120 bis 200 Tagwerk
1/2	Hof =	Hube mit ungefähr 80 bis 120 Tagwerk
1/4	Hof =	Lehen mit ungefähr 60 Tagwerk
1/8	Hof =	Bausölde, gute Sölde, Hofstatt mit ungefähr 20 bis 30 Tagwerk
1/16	Hof =	Leersölde, schlechte Sölde, ohne Ackerland, aber mit Garten (Gütler)
1/32	Hof =	Leersölde, ohne Ackerland und Garten, besonders nach dem Dreißigjährigen Krieg verbreitete Form von Neugründungen (Häusler).

Gütler und Häusler verdienten sich vor allem als Tagelöhner und Handwerker ihren Lebensunterhalt – sie mussten „löhnen".

(Sebastian Hiereth, Die bayerische Gerichts- und Verwaltungsorganisation vom 13. bis 19. Jahrhundert, Historischer Atlas von Bayern, Teil Altbayern, Einführung, München 1950)

Auszug aus den Hofanlagsbüchern für das Gemeindegebiet Feldkirchen, um 1750

Hoffuß	Bauer, Hofname	Grundherr
1/2	Johann Spündler, Öttl	Gotteshaus Feldkirchen
1/2	Zubau	Gotteshaus Feldkirchen
1/1	Melchior Hintermayr, Mayr	Baron von Pfetten
1/8	Johann Ehrl, Schuster-Hans	Pfarrei Kirchheim
1/16	Lorenz Volbert, Schmid	Angerkloster
1/8	Michael Zehetmayr, Mösner	Gotteshaus Feldkirchen
1/16	Hans Sedlmayr, Jell	Gotteshaus Feldkirchen
1/2	Gregori Nunmayr, Köllmeyer	Gotteshaus Feldkirchen
1/2	Jonas Straßmüller, Feith	Gotteshaus Feldkirchen
1/1	Caspar Kayser, Neumayer	Angerkloster
1/2	Johann Huber, Pawschmid	Stift St. Veit, Freising
1/16	Balthasar Pazmayer, Gabahell	Angerkloster
1/1	Andre Öttl, Urspringer	Kloster Benediktbeuern
1/2	Balthasar Öttl, Pfeffermayr	Gotteshaus Feldkirchen
1/16	Balthasar Vager, Partl	Baron von Pfetten
1/16	der Gmain Hedthaus	Gmain
1/4	Jacob Heiler, Kotter	St. Johann, Freising
1/2	Zubau, Feichten-Hube	St. Emmeram zu Aschheim
1/16	Jonas Huttinger, Schuster	Hofkastenamt
1/16	die Gmains-Schmidten	Hofkastenamt

Als einschichtige Güter wurden in Feldkirchen genannt:
Melchior Heilmayer	Baron von Pfetten
Anton Schweinhuber aus Heimstetten	aigen
Georg Liebel von Hausen (ein Joch Acker im Kirchheimer Feld)	aigen

(BayHStA Kurbayern Hofkammer Hofanlagsbuchhaltung 566, 422 ff.)

Abgaben und Steuern, Verwaltungsorganisation, Gemeinde- und Siedlungsentwicklung

Die Gemeindeflur von Feldkirchen umfasste im Jahr 1812 insgesamt 1847,17 Tagwerk. Allein der Grundbesitz des Gutes Oberndorf, mit Abstand des größten Anwesens in Feldkirchen, betrug 857,84 Tagwerk und setzte sich folgendermaßen zusammen: Haus und Gebäude 2,24 Tagwerk, Ackerland 295,95 Tagwerk, Wiesen und Weiden 468,13 Tagwerk sowie Wald 91,05 Tagwerk.

Die Zeit um 1800 hatte in vielerlei Hinsicht Neuerungen gebracht, auch die Neuorganisation der Behörden. Der gewaltige Gebietszuwachs, den Bayern in der napoleonischen Zeit durch den Erwerb von 83 Ländern und Ländchen mit ihrer vielfältigen Struktur erfahren hatte, machte es notwendig, aus den vielen verschiedenartigen Einzelteilen einen einheitlichen modernen Staat zu schaffen. Dieser schwierigen Aufgabe nahm sich der Freiherr und spätere Graf Maximilian von Montgelas an. Mit kalter Leidenschaft, wie es heißt, unbeeinflusst von romantischen Gefühlen und frei von Illusionen begann er, ohne Rücksicht auf Bestehendes, einzig aus der Vernunft heraus, den neuen Staat zu bauen und schon nach wenigen Jahren stand so eine straffe und zentralistische Staatsorganisation. Alle Sonderregierungen einzelner Landesteile und die altbayerischen Zentralbehörden wurden aufgelöst; dafür wurden fünf Fachministerien einheitlich für das ganze Land geschaffen. Die ehemaligen Provinzen, Länder und Ländchen lösten die „Kreise" mit ihren „Generalkommissariaten" nach französischem Vorbild ab. 1808 waren es noch 15, die nach Flussnamen unterschieden wurden; 1810 wurde ihre Zahl auf neun, 1817 auf acht verringert. 1837 erhielten die Kreise ihre heute noch gebräuchlichen Namen: Oberbayern, Niederbayern usw.[13]

Die Land- und Pfleggerichte wurden durch die Verordnung vom 24. März 1802 einheitlich für das ganze Land in Landgerichte umgewandelt, wobei ihre Begrenzung ohne Rücksicht auf historische Zusammenhänge mehr den geografischen Gegebenheiten angepasst wurde. So gehörte zu dem 1803 errichteten Landgericht München (älterer Ordnung), das für das Münchner Umland zuständig war, neben anderen das Amt Perlach des alten Landgerichts Wolfratshausen, das auch für Feldkirchen zuständig war. Die neuen Landgerichte waren wie die früheren zugleich Gerichts- und Verwaltungsbehörden.[14] Den adeligen Gutsherren wurden jedoch ihre Hofmarken noch bis 1848 als Patrimonialgerichte mit Polizeigewalt und Niedergerichtsbarkeit belassen. Zum Zwecke der Einnahme und Verrechnung der Staatsgefälle schuf man die Rentämter als selbständige Ämter neu. Die Kastenämter wurden aufgelöst und ihre Untertanen bezüglich der grundherrlichen Abgaben den einzelnen Rentämtern zugeteilt.

Die Reformmaßnahmen wirkten sich bis in das kleinste und abgelegendste Dorf aus. Die alte Dorfgmain, eine reine Wirtschaftsgemeinde, die keinerlei hoheitsrechtliche Funktionen auszuüben hatte, wurde abgelöst. Montgelas wollte durch rücksichtsloses Zusammenschließen größere gemeindliche Selbstverwaltungs- und zugleich Staatsverwaltungsbezirke schaffen, denen man die Erfüllung bestimmter Aufgaben, wie die Ausübung niederer Polizeigewalt, Musterungs- und Konskriptionssachen, die Unterhaltung von Ortsverbindungsstraßen usw., übertragen konnte.

Nach dem Gemeindeedikt vom 28. Juli 1808 sollten die nun neu zu bildenden Gemeinden den neuen Steuerdistrikten, die durch die gleichzeitig durchgeführte Landesvermessung entstanden waren, angeglichen werden. Auf eine Quadratmeile sollten vier Steuerdistrikte treffen; zum Distrikt Feldkirchen zählte demnach auch Oberndorf.

In Gebieten mit alten Hofmarken, in den sogenannten „gemischten" Distrikten, kam es zu unüberwindlichen Schwierigkeiten und letztlich sah man ein, dass eine neue Gemeindebildung aufgrund der Steuerdistrikte undurchführbar sei. Dieser Erkenntnis wurde im revidierten Gemeindeedikt vom 17. Mai 1818 Rechnung getragen. Man rückte von der Bildung der Gemeinden nach Steuerdistrikten ab und ließ die alten Dorfgmainen als politische Gemeinden fortbestehen, wenn sie wenigstens 20 Familien umfassten.[15]

An der Spitze der Ruralgemeinden, wie die neuen Landgemeinden genannt wurden, ein Begriff, der um die Mitte der 1830er Jahre bereits wieder verschwand, stand der Gemeindevorsteher. Er hatte das Gemeindebuch zu führen und zu verwahren, das Inventar über die der Gemeinde gehörenden Gerätschaften, Anlagebücher etc. auf dem Laufenden zu halten; er sammelte und bewahrte die Duplikate der Kirchenbücher.

Vor allem aber war er Dorf- und Feldpolizei. Aus diesem Amt ging das des heutigen Bürgermeisters hervor. Da nicht alle Schriftstücke vergangener Tage erhalten sind, lassen sich die Namen der Gemeindevorsteher nicht bis zu den Anfängen zurückverfolgen.

Das Hauptorgan der Ruralgemeinde war der Gemeindeausschuss. Er setzte sich aus dem Gemeindevorsteher, dem Gemeindpfleger, dem Stiftungspfleger und den Gemeindebevollmächtigten zusammen. In allen Gemeinde-, Stiftungs-, Schul- und Armenpflegesachen gehörte ihm auch der Ortspfarrer an. Gemeindeschreiber war der Ortsschullehrer. Dem Gemeindeausschuss stand die Verwaltung der eigentlichen Gemeindeangelegenheiten wie die Aufnahme neuer Gemeindemitglieder, die Armenpflege, die Mitwirkung bei der Schulaufsicht, das Gemeindebauwesen, die Regulierung und Verteilung der Gemeindedienste und Umlagen, die Bestrafung geringer Dorf- und Feldfrevel, die Güteverfahren in Streitfällen der Gemeindemitglieder und die Aufstellung gemeindlicher Hilfsorgane zu.[16] Diese Hilfsorgane waren Dorf-, Flur- und Nachtwächter (im Jahr 1891 wurde im Feldkirchner Gemeinderat beschlossen, eine Brandwache von zwei Personen neben dem Nachtwächter anzuordnen. Jeweils einer sollte in jeder Nacht von 21 bis 1 Uhr wachen).

1854 kam es wiederum zu einer Neuordnung der Gerichte. Unter anderem, bedingt durch die Eingemeindung ehemals selbständiger Orte in die wachsende Haupt- und Residenzstadt München, entstanden die Landgerichte München links und rechts der Isar. Letzteres bestand aus Teilen des ehemaligen Landgerichts Au; dazu kamen alle Orte rechts der Isar innerhalb der Grenzen von Ismaning, Aschheim, Kirchheim, Heimstetten, Grasbrunn, Höhenkirchen, Hofolding, Grünwald und Siegertsbrunn – somit also auch Feldkirchen.[17]

Im Zuge der „Trennung von Verwaltung und Justiz auf der unteren Ebene" wurden 1862 aus den Landgerichten die Bezirksämter, wobei das Landgericht rechts der Isar nun mit dem Landgericht Wolfratshausen zu einem Bezirksamt vereint wurde. Die beiden Münchner Bezirksämter wurden 1879 zu einem vereint. Aufgrund des Reichs-Gerichtsverfassungsgesetzes vom 27. Januar 1877 traten in Bayern im Jahr 1879 an die Stelle der bisherigen Land- und Stadtgerichte 269 Amtsgerichte. Sie sind der Zuständigkeit nach Niedergerichte. Seit der Einführung des Bürgerlichen Gesetzbuches im Jahr 1900 fungieren sie auch als Grundbuchämter. Als Träger der höheren Zivil- und Strafgerichtsbarkeit wurden 1879 28 neue Landgerichte als reine Gerichtsbehörden an Stelle der erst 1856 geschaffenen Bezirksgerichte eingeführt. Damit war die Umorganisation des bayerischen Verwaltungs- und Gerichtswesens im 19. Jahrhundert beendet.

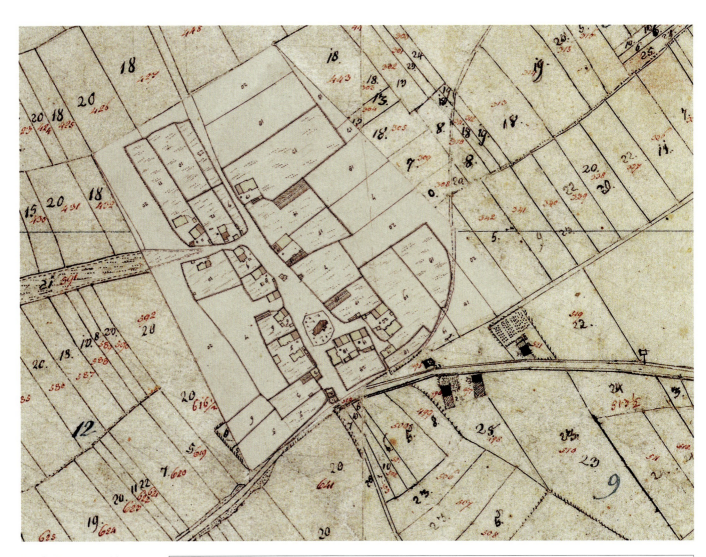

Uraufnahme von 1809, Bayerische Vermessungsverwaltung

Die Hausnummern beziehen sich auf das rechts abgebildete Kataster

Bayerische Vermessungsverwaltung

Die Besitzverhältnisse nach der Uraufnahme (siehe auch Abb. S. 420)

Hausnr.	Hoffuß	Hausname	ehemalige Grundherrschaft
14	1/2	Pfeffermaier	Ortskirche, vorher
15	1/2	Pfaffel	Kloster Tegernsee
S	1/2	Stadelhof, abgegangen	Kirche St. Emmeram Aschheim
13	1/2	Veit	Ortskirche
20	1/1	Urspringer	Kloster Benediktbeuern, vorher St. Veit Freising
19	1/2	Bauernschmid	Domkapitel Freising
18	1/4	Kotter	Hochstift Freising.
23	1/1	Maier	Hofmark Pertensdorf
24		Maierhofausbruch	
9	1/16	Hofschmid	Hofmark Pertensdorf
4	1/2	Oettl	Ortskirche
5	1/2	Oettl-Zubau	Ortskirche
11	1/2	Köllmaier	Ortskirche
22	1/16	Bäck	Ortskirche
7, 6, 10, 25		Neumaier-Ausbrüche	Angerkloster München

Das erste Kataster zeigt folgende Grundbesitzverhältnisse:

Hausnr.	Name	Hofname	Tagwerk in Feldkirchen	in Aschheim	insgesamt
1	Michael Jillmaier	Schuster	0,02		0,02
2	Andrä Holzinger		0,03		0,03
3	Jakob Adam	Meßmer	27,41	14,80	42,21
4	Martin Adam	Ötlhauer	103,05	70,47	191,74
	Anwesen Nr. 2				18,22
5	Maria Huberin	Schmidin	19,17	6,26	25,43
6	Jakob Wagner	Neumaier	59,10	24,02	83,12
7	Melchior Oberhauser	Schusterhansl	12,28		12,28
8	Michael Hufschmid	Bartl	21,63	10,65	32,28
9	Joseph Gnädig	zum Gabriel	14,47	7,12	21,29
10	Xaver Marx	Killmaier	28,21	13,65	41,86
11	Sebastian Sedlmaier	Jackl	8,98	12,31	21,29
12	Joseph Zellermaier	Faicht	53,59	25,79	79,38
13	Johann Mathäser		34,20	18,02	52,22
14	Benedikt Jonas		33,04	18,08	51,07
15	Maria Huberin		0,2		0,2
16	Michael Sennes	Kotterhof	162,14	60,72	222,86
17	Michael Huber	Bauernschmid	67,49	32,73	100,22
18	Paulus Glasl	Urspringer	138,49	64,02	202,51
19	Gemeinde		4,11		4,11
20	Anton Kühle	Bäck	31,25	13,68	44,93
21	Michael Bettler	Maier	71,59	18,07	89,66
22	Protestantischer Schulfonds		46,92	16,66	63,58
23	Christian Klingler		38,45	16,65	55,10
24	Urban Aberle, Söldner		12,09	6,12	18,21
25	Kirche Kirchhof		0,40		0,40
26	Bachmaier Oberndorf		857,37	0,47	857,84

Die Bezirksämter, die 1939 im zentralisierten NS-Staat nach preußischem Vorbild den Namen Landratsämter erhielten (bzw. die Bezirke in Landkreise umbenannt wurden), blieben bis heute bestehen, auch wenn sich der Zuschnitt der Landkreise und die Zahl der Gemeinden bis zur Gebietsreform der 1970er Jahre stark verändert haben. Große Teile wurden zwischen 1864 und 1942 nach München eingemeindet, wodurch sich der geschlossene Ring des Landkreises um die Landeshauptstadt zu einer Art offenen Halskrause entwickelt hat. Die Bevölkerungszahl nahm dennoch stetig zu. Heute leben im Landkreis München rund 325.000 Menschen, davon gut 7.000 in der Gemeinde Feldkirchen, die an der schmalsten Stelle des Landkreises im Osten der Stadt München liegt.[18]

Auch Feldkirchen selbst ist seit 1800 stetig angewachsen, zunächst vor allem dank der zugezogenen Protestanten. Zählte man nach dem ersten Kataster von 1812 neben dem Gut Oberndorf noch 25 Anwesen, waren es etwa 50 Jahre später bereits *„42 Hausnummern"*.[19] Noch um 1800 sollen hier nur etwa 100 Einwohner gezählt worden sein. 1867 kann man bereits lesen:

„Feldkirchen, Gemeinde, 339 Einwohner, 64 Gebäude, in zwei Orten.

Feldkirchen: Dorf, katholische Pfarrei Kirchheim, protestantisches Vikariat, Dekanat München, 235 Einwohner (davon 56 Protestanten), 59 Gebäude, 2 Kirchen, 1 protestantische Schule, protestantische Erziehungsanstalt für verwahrloste Kinder.

Oberndorf: Weiler, katholische Pfarrei Kirchheim, 73 Einwohner (24 Protestanten), 5 Gebäude."[20]

Die Volkszählung vom 1. Dezember 1905 brachte für Feldkirchen folgendes Ergebnis: 106 bewohnte Gebäude, 143 Haushalte, 876 Einwohner (davon 330 Protestanten, der Rest Katholiken).

Von der Gemeindegebietsreform, die am 1. Mai 1978 gültig wurde, war Feldkirchen nicht betroffen, obwohl bei den Überlegungen, die im Vorfeld angestrengt worden waren, auch über eine Neuaufteilung des Landkreises München nachgedacht worden war, nach der Feldkirchen zusammen mit Ismaning, Aschheim, Kirchheim und Heimstetten zum Landkreis Erding hätten kommen sollen. Nach intensiven Diskussionen, bei denen von Seiten des Landkreises München eine Fülle von Argumenten für die Erhaltung des gürtelartigen Landkreises um die Landeshauptstadt vorgetragen wurden, blieb es letztlich beim Erhalt des bisherigen Landkreises, der allerdings im Süden um einige Gemeinden ergänzt wurde. Die entsprechende Verordnung zur Neugliederung Bayerns trat am 1. Juli 1972 in Kraft. Am 1. Mai 1978 kam es im Zuge der Gemeindegebietsreform noch zu kleinen Veränderungen, etwa zur Eingemeindung von Dornach nach Aschheim oder von Heimstetten nach Kirchheim.[21] In Feldkirchen selbst führten die Umstrukturierungsmaßnahmen zu keinen Veränderungen. Da die Gemeinde die benötigte Grundausstattung und ein gutes Gewerbesteueraufkommen hatte, war am 11. April 1973 im Feldkirchner Gemeinderat beschlossen worden, sich keiner anderen Gemeinde anzuschließen und die Selbständigkeit zu bewahren.[22] Das ehemals selbständige Oberdorf war bereits früher nach Feldkirchen eingemeindet worden.

Eine weitere einschneidende Veränderung war in der Ära Montgelas eingeleitet worden: Im Zuge der Vereinfachung der Abgaben und Dienste der Bauerngüter, Grundlasten genannt, wurden 1808 die letzten Reste der Leibeigenschaft beseitigt.

Der Mermihof 1928

Die Scharwerksdienste wurden genau bemessen und in eine Geldabgabe umgewandelt, desgleichen versuchte man die bisher nach dem Ertrag wechselnden Abgaben als jährliche, gleich bleibende Abgaben festzulegen. Man nannte sie Bodenzins. Dieser Prozess ging Hand in Hand mit der sogenannten „Bauernbefreiung", die sich das ganze 19. Jahrhundert hinzog. Die Ablösung der Grundlasten war gleichbedeutend mit der Ablösung des Obereigentums der Grundherren. Die Folge war das volle Eigentum der Bauern an Grund und Boden.

Schon 1803 hatte man den Grundholden der säkularisierten Klöster die Ablösung des an den Staat übergegangenen Obereigentums ihrer Güter angeboten; von dem Angebot wurde jedoch aufgrund der zu hohen Ablösesummen wenig Gebrauch gemacht. 1834 wurden den Staatsgrundholden neue Bedingungen vorgeschlagen, unter denen sie ihre Grundlasten in Bodenzinse umwandeln und ablösen konnten. Das Gesetz vom 4. Juni 1848 verfügte neben der Aufhebung der Hofmarksgerichtsbarkeit auch die Möglichkeit der Umwandlung und Ablösbarkeit der Grundlasten für die Güter Adeliger. Ein Gesetz von 1872 brachte dann die zwangsläufige Umwandlung aller Grundlasten in Bodenzinse, die Ablösung derselben aber konnte das Gesetz nicht erzwingen. Mit dem Gesetz von 1898 nahm der Staat die Ablösung unabhängig vom Willen der Bodenzinspflichtigen selbst in die Hand, indem ein Amortisationsfonds gebildet wurde, aufgrund dessen im Jahr 1942 alle Bodenzinse abgelöst sein sollten. Die Inflation nach dem Ersten Weltkrieg beendete den ganzen Prozess schon 20 Jahre früher. Nachdem der Staat die Ablösung der Grundlasten durch Amortisation der Bodenzinse 1898 übernommen hatte, wurden die noch bodenzinspflichtigen Bauern nun endlich Eigentümer ihrer Güter. Die Sicherung des Grundeigentums trat vollständig durch die Bestimmung des am 1. Januar 1900 in Kraft getretenen Bürgerlichen Gesetzbuches ein, das die Gültigkeit der Grundeigentumsübertragung vom Eintrag in das Grundbuch abhängig machte.[23]

Öffentliche Dienstleistungen

Moderne Erfindungen veränderten das Gesicht der ländlichen Gemeinden, auch das von Feldkirchen. Eine Poststation verband den Ort mit der großen weiten Welt, das Telefon bot weitere Möglichkeiten der Kommunikation. Neue Ver- und Entsorgungsmöglichkeiten wurden angeboten. Nicht mehr der eigene Brunnen lieferte nun das Wasser, sondern das Wasserwerk. Der Müll – soweit er in früheren Zeiten anfiel – wurde nicht mehr im Ofen verbrannt oder auf den Komposthaufen geworfen, sondern von der Müllabfuhr abgeholt. Geheizt wurde nicht mehr ausschließlich mit Holz und für die Beleuchtung brauchte man keine Kerzen mehr. Der Strom kam nun aus der Steckdose und das Gas aus der Leitung. Immer „städtischer" wurden auch die Landgemeinden.

Post und Telefon
Bereits am 1. Dezember 1861 erhielt Feldkirchen seine erste „Postexpedition". Damit kann die Gemeinde auf eine beachtliche Postgeschichte von mehr als 150 Jahren zurückblicken. Die Einrichtung dieser ersten Poststelle wurde am 14. Januar 1862 im „Verordnungs- und Anzeige-Blatt für die Königlich Bayerischen Verkehrsanstalten" bekannt gegeben: *„Verliehen wurde die Brief- und Fahrexpedition 24, Feldkirchen, dem Hausvater Christoph Gruber beim Protestantischen Rettungshause daselbst."*

Im Herbst 1903 wurde in Feldkirchen ein Postamt III. Klasse in einem der Neubauten von Gottlieb Adam eingerichtet und am 16. Dezember desselben Jahres eröffnet. Besetzt war das Postamt mit dem Expeditor Georg Frey, zwei Postgehilfen und vier Postboten. Die Telefonumschaltstelle wurde vom 1. Januar 1904 an in das neue Postamt verlegt, nachdem zwei unterirdische Telefonkabelstränge in der Wasserburger Straße und in der Dorfstraße verlegt worden waren.[1] Am 3. Juni 2006 schloss die Postfiliale, die noch immer in der Aschheimer Straße 5 untergebracht war, nach über 100 Jahren ihre Pforten – sehr zum Leidwesen der Feldkirchner. Trotz intensiver Gespräche und Beratungen war die Post nicht von ihren Planungen abzubringen. Dafür wurde drei Tage später eine Postagentur in der Kirchenstraße 4 eröffnet.[2]

Die Gemeinde war offensichtlich immer allem Neuen gegenüber aufgeschlossen. So verwundert es nicht, dass bereits am 16. Juni 1871 eine Telegraphenstation in Feldkirchen eingerichtet wurde. 1910 war die „Bahntelegraphenanstalt Feldkirchen" täglich von 21 Uhr abends bis 5 Uhr in der Früh geöffnet. *„In der übrigen Zeit steht das K. Postamt für den telegraphischen Verkehr zur Verfügung."* Wenn diese Notiz im Evangelischen Gemeindeblatt korrekt war, hatte das Postamt ausgesprochen lange geöffnet. Auch die Zustellzeiten lassen Postempfänger zu Beginn des 21. Jahrhunderts vor Neid erblassen: Ausgetragen wurde in der Früh nach 7 Uhr und abends nach 17 Uhr. Und dennoch war man unzufrieden. Doch *„eine Besserung soll nicht möglich sein, da diese eine Personalmehrung bedingt"*. Man verwies von Seiten des „Vereins zur Hebung Feldkirchens" auf Perlach, wo zu dieser Zeit dreimal am Tag die Briefpost zugestellt wurde.[3] Ob in der Folge auch in Feldkirchen die Post dreimal am Tag zugestellt wurde, ist nicht überliefert. Am 1. April 1934 allerdings wurde laut Protokollbuch die Sonntagsbriefzustellung eingeführt, ein Service, der längst wieder der Vergangenheit angehört.

1962 wurden die zunächst zweistelligen (Gebiets-) Postleitzahlen in der gesamten Bundesrepublik durch vierstellige ersetzt. Die Postleitzahl für Feldkirchen lautete nun „8016", seit der Einführung der fünfziffrigen Postleitzahl im Jahr 1992 (im Zuge der deutschen Wiedervereinigung) dann „85622".

Der 1904 errichtete Wasserturm

Eintrag im Fernsprechbuch für Bayern, Ausgabe 1949/50

Ascher Hans Elektro-Installation, Sonnenstr. 6	188
Bayermann O. Essenzen und Fruchtsäfte Hohenlindner Str. 17	127
Begus Richard Dr. med. Arzt und Geburtshelfer Aschheimer Str 11	151
Böhler Georg Schreinermeister, Hohenlindner Str. 14	178
Bogner Ludwig Bäckerei Konditorei und Kolonialwaren Münchner Str. 2	182
Branntweinbrennerei Feldkirchen GmbH	206
Burkhart Lorenz Kaufmann, Hohenlindner Str. 17a	169
Dillitzer Jakob Reparatur v. Kraftfahrzeugen, Bahnhofstr. 1	232
Egger Regina Elektro-Installations-Geschäft Oberndorfer Str. 12	135
Gaube Richard Fahrzeug- und Baggerbau, Bahnhofstr. 3	118
Gemeindeverwaltung Feldkirchen bei München	146
Genossenschaftskasse Feldkirchen b. Mchn.	125
Gschwander A. Sägewerk und Holzhandlung	132
Hartmann Hans Gasthof und Metzgerei, Kirchenstr. 6	212
Haselbach & Co. GmbH Hohenlindner Str. 34	101
Hausladen Emmeram Landesproduktenhandel, Transportunternehmen	117
ders.: Lager	110
Heiß Hanns Dr. prakt. Tierarzt, Richthofenstr. 8	142
Heitzer Franz K.G. Bauunternehmung, Eisenbahn-, Brücken-, Straßen- u. Wasserbauten, Spannbetonwerk, Kies- u. Quetschwerk	126
Hiebl Otto Ankäufer für Landesprodukte, Velaskostr. 4	185
Holly Philipp Bauer Hölzlhof P. Feldkirchen	138
Holzmann Alfons Leichtbauplatten	102
Kapser Ludwig Sauerkrautfabr.	114
Kartoffel-Trocknungsanstalt München u. Umgebung GmbH	139
Kinderheim Evang.	183
Klinger Stefan & Co. Schuhfabrik, Aschheimer Str.	184
Knidlberger W. Molkereiprodukten-Geschäft Münchner Str. 10	170
Koch Arwed von Stellv. Organis.-Leiter d. Allianz Lebensvers.-AG Stuttgart, Hohenlindner Str. 17	100
Kreissparkasse München, Hauptzweigstelle Feldkirchen	180
Kurz Hans Zimmerei u. Schreinerei, Münchner Str. 16	167
Landpolizei: Posten Feldkirchen b. Münch.	164
Lehrer Fritz Gastwirt u. Viehkaufmann, Hohenlindner Str. 9	109
Mahler Andreas Zimmermstr.	243
Münch-Bräu GmbH Feldkirchen b. München	102
Pfarramt Evang.-Luth. Feldkirchen, Pfarrer Turtur	134
Post: Postamt Feldkirchen b. München Amtsvorsteher	233
Schalter	231
Telegraphen- u. Fernsprechschalterdienst: W 8–12 15–18; S 10–11	
Rauch Emma Hebamme Sonnenstr. 8	128
Reichsbahn: Bahnhof u. Güterabfertigung Feldkirchen b. München	281, 160
Riedl Hans Aufzüge Krane Hebezeuge, Sonnenstr. 24	152
Rinecker Ludwig Dr. pr. Arzt und Geburtshelfer Münchner Str. 12	228
Röhrl Max Viehhandlung und Transportgeschäft Kirchenplatz 1	165
Scherzl Hans Schreinerei Hobelwerk u. Treppenbau	149
Schleicher Hans Architekt	172
Schmid-Meil Konrad Kunstmaler, Zeppelinstr. 4	201
Seibert Albr. Textilvertretungen, Emmeramstr. 1	230
Stimmer Georg jun. Landmaschin. u. Rep.-Werkstätte Aschheimer Str. 1a	105
Südd. Lackwerk GmbH	173
S.W.F. Süddeutsche Waggon- und Förderanlagen-Fabrik Feldkirchen von Bechtolsheim & Stein KG.	150
Tucher'sche Frhrl. Gutsverwaltung Oberndorf	238
Vetter Gebrüder Nutzholzhandlung Zweiglager Velascostr. 11	195
Privatwohnung Wilhelm Vetter, Ottostr. 3	(195)
Vetter Siegfried Teilhaber der Fa. Gebr. Vetter Theresienstr. 3	108
Wald Franz Gastwirt und Viehhändler Hohenlindner Str. 38	116
Weidner K. Kaufmann, Ottostr. 3	195
Weiller Centa Heilpraktikerin und Landwirtschaft Weißenfeld 28	106
Wening Walter von, Feldkirchen Farben- und Lackfabrik	153
Winkelmayr Josef Butter- und Käsegroßhandlung Münchner Str. 10	170
Wurth Carl Bierdepot u. Fuhrunternehmen Aschheimer Str. 6	141
Wurth Philipp Landwirt, Hohenlindner Str. 46	186
Zauser Martin Gastwirtschaft u. Metzgerei Hohenlindner Str.	122
Zehetmayr Bernhard Landwirt Weißenfeld	227

Auch Telefonanschlüsse gab es bereits seit der Jahrhundertwende. Das Pfarrvikariat wurde im Mai 1902 angeschlossen.[4] Am 11. Juli 1906 ist unter dem Gegenstand „Erweiterung der Telephonanlage" auf Vortrag des Bürgermeisters und nach eingehender Beratung mit allen Stimmen beschlossen worden, *„daß gegen die Anlage einer Leitung an der Heimstetterstraße kein Einspruch zu erheben sei."*

Am 1. Oktober 1908 hatte laut Evangelischem Gemeindeblatt die Zahl der *„Teilnehmer an der Ortstelephonanlage"* 50 überschritten. Im Lauf der Zeit schlossen sich weitere Fernsprechteilnehmer an, doch ist ihre Zahl über Jahrzehnte hinweg sehr gering. Zudem kam es zu verschiedenen Veränderungen, etwa als ein Teil der Telefonanschlüsse verloren ging, nachdem im Juni 1913 ein neues Ortstelefonnetz in Haar in Betrieb genommen wurde. Haar wie Zorneding waren damals bereits an das Münchner Netz angeschlossen. In Feldkirchen war die Umschaltestelle der Telefone für den ganzen Bezirk. Im Jahre 1914 wurde dann – laut Protokoll vom 7. Januar 1914 – in der Gemeindekanzlei ein Telefon eingerichtet. Im selben Jahr 1914 wurde das Ortstelefonnetz Feldkirchen weiter aufgeteilt. An seine Stelle traten zudem die Ortstelefonnetze von Riem und Aschheim. Zu Feldkirchen gehörten jetzt nur noch Heimstetten, Grub, Hergolding, Parsdorf und Neufarn mit damals 28 Teilnehmern. Damit änderten sich auch die Tarife. Die Gespräche nach Neubau (das nun zu Riem zählte), nach Riem, nach Aschheim oder Kirchheim (das zum Aschheimer Netz gehörte) kosteten nun 20 Pfennig. Da die Verbindungen nun auf halbautomatischem Weg hergestellt wurden, versprach man sich eine Verbesserung und einen ununterbrochenen Tag- und Nachtdienst innerhalb des Ortstelefonnetzes und im Verkehr mit München und dessen Vororten, soweit sie an München unmittelbar angeschlossen waren. In München arbeiteten die Fräuleins vom Amt rund um die Uhr. In Feldkirchen brachen die Verbindungen offensichtlich in der Nacht vorübergehend ab.

„Ob dieser eine Vorzug die mancherlei Nachteile des neuen Systems wie Verteuerung des Sprechverkehrs, längeres Warten auf Verbindungen usw. aufwiegen wird", war dem Evangelischen Gemeindeblatt im Juni 1914 *„noch sehr zweifelhaft"*. Zudem ging man damals noch davon aus, dass auch das Feldkirchner Ortsnetz an München angeschlossen werde, was jedoch nicht der Fall war. So weit war es noch lange nicht. Noch viele Jahre erreichte man den Fernsprechbezirk „Feldkirchen (Obb.) bei München" unter der Vorwahl 0281. Vermutlich erst im Jahr 1955 wurde Feldkirchen an das Ortsnetz München mit der Vorwahl 089 angeschlossen, offenbar nachdem neue Kabel verlegt worden waren.[5]

Das Fernsprechbuch für Bayern weist in seiner zweiten Ausgabe von 1949/50 (Stand 1. September 1949) nur wenige Telefonnummern im Gemeindegebiet auf. Dies waren in der Regel gewerbliche Fernsprechteilnehmer. Die Situation änderte sich jedoch grundlegend. Im örtlichen Fernsprechbuch von 1986/87 füllten die Feldkirchner Telefonnummern rund 13 Seiten. Heute – im Zeitalter der Mobiltelefone – sind Telefonbücher nicht mehr aussagekräftig.

Poststempel
von Feldkirchen

Öffentliche Dienstleistungen

Gendarmerie – Polizei

Eigentlich ging es in Feldkirchen in der Regel friedlich zu – abgesehen von den üblichen Vorkommnissen. Da fiel ein Dieb besonders auf und beschäftigte immer wieder den Gemeinderat. Einstimmig wurde am 14. April 1889 deshalb beschlossen, *„den Georg Stahl aus Reinhausen aus der hiesigen Gemeinde auszuschließen, da als sicher angenommen werden darf, daß er durch Diebstähle der Gemeinde lästig fallen wird"*. Doch im Winter war er noch immer in Feldkirchen und die Gemeinde musste am 19. Dezember erneut das kgl. Bezirksamt um eine Ausweisung der Familie Stahl bitten.

Man war in Feldkirchen mit Verbrechern ziemlich allein, denn der Gendarmerieposten saß in Riem. Deshalb sann man auf Abhilfe und wünschte einen eigenen Posten in Feldkirchen.

Am 5. April 1910 bewegte dieses Problem den Gemeinderat. Einstimmig wurde beschlossen, *„es sei das K. Bezirksamt München hiemit zu ersuchen, dahin zu wirken, daß in Feldkirchen eine eigene Gendarmeriestation errichtet oder die Station Riem nach Feldkirchen verlegt werde."* Zur Begründung des Gesuches erlaubt sich die Gemeindeverwaltung anzuführen:

„Feldkirchen liegt ziemlich in der Mitte des jetzigen Gendarmeriebezirks, hat über 100 Häuser, wovon mehr wie 50 % Miethäuser sind, die von ca. 1000 Personen bewohnt werden. Im Orte selbst sind 5 Gastwirtschaften und eine Weißbierschänke. Der Verkehr ist äußerst rege und besonders zur Zeit der Getreide- und Kartoffelernte und jetzt während des Bahnbaues sind viele fremde Arbeiter, auch solche zweifelhafter Existenz, am Platze. Eine Unterstützung der Ortspolizei durch Gendarmerie wäre oft nötig, zudem würde die ständige Anwesenheit derselben viel zur Sicherheit des Ortes beitragen; die in letzter Zeit so häufig vorgekommenen Brandstiftungen wären wohl nicht vorgekommen.

Für die Mannschaft bietet wohl kein Ort des ganzen Bezirkes so viele Vorteile wie Feldkirchen. Feldkirchen ist Bahnstation und besitzt ein Postamt mit der Umschaltestelle der Telephone für den ganzen Bezirk. Für Wohnungen wäre bestens gesorgt, ebenso für die Beschaffung von Lebensmitteln, da alle Betriebe der Lebensmittelbranche mehrfach vorhanden sind. Ein Arzt mit Handapotheke ist am Platze. Für verheiratete Gendarmen wäre besonders günstig, daß neben einer kath. Kirche und Schule auch eine prot. Kirche und Schule im Orte sind."

Der Gemeinderat scheint beim Bezirksamt nicht auf taube Ohren gestoßen zu sein. Man hatte berechtigte Hoffnungen auf eine eigene Gendarmeriestation, nachdem der Wachtmeister von Riem den Auftrag erhalten hatte, nach einer geeigneten Lokalität in Feldkirchen Umschau zu halten.[6]

Vorort und Siedelung
Münchner Ostzeitung

Einbrecherbande gefasst

„Die Einbrecherbande, die schon in Aufkirchen mit ihrem Beutezug begonnen hatte, wurde hier mitten im schönsten Handwerk festgenommen. Sie waren gerade damit beschäftigt, das auf dem Lagerplatz des Schmiedemeisters Stimmer aufgestapelte Holz sorglos in das Auto zu schlichten, als sie durch Herrn Hauptwachtmeister Schied, der durch den entstandenen Lärm aus dem Schlafe geweckt worden war, überrascht wurden. Als sie ihm so plötzlich mit gezogenem Revolver vor sich stehen sahen, mußten sie notwendig auf jede Gegenwehr verzichten. Das Auto, in dem sie ihre überreiche Beute an gestohlenen Äpfeln und Gänsen sorgsam verstaut hatten, brachte nun sie selbst in das Gerichtsgefängnis Neudeck nach München."

(Vorort und Siedelung, 15. Oktober 1932)

Am 4. September desselben Jahres wurde bereits von einem kostenlos von der Gemeinde der Gendarmerie zur Verfügung gestellten Haftlokal gesprochen und am 1. Januar 1911 beherbergte das Haus Nr. 42a (heute Aschheimer Str. 25) einen Wachtmeister und einen Gendarmen. Am 24. Februar 1911 erhielt *„der Besitzer des Anwesens 42a, Hörmüller, für das der k. Gendarmerie zur Verfügung gestellte Arrestlokal eine jährliche Miete von 20 M"*. Im Jahr 1943 wurde in der Gemeinschaftswaschküche an der heutigen Münchner Straße 1 ein neuer Gemeindearrest eingebaut.

Mit Schreiben vom 19. April 1960 löste man die Polizeistation Feldkirchen wieder auf.[7] Zuständig war nun die Polizeiinspektion 27 in Haar. Doch um die Verbindung zur Bevölkerung aufrechtzuerhalten, wurde ein Kontaktbeamter in Feldkirchen eingesetzt.

Kaminkehrbezirk Feldkirchen
Am 1. Januar 1914 wurde in Feldkirchen ein Kaminkehrbezirk errichtet, der dem Kaminkehrermeister Anton Hopf, der bis dahin in Ismaning tätig gewesen war, übertragen wurde. Der neue Kehrbezirk Feldkirchen umfasste die Orte Feldkirchen, Aschheim, Daglfing, Dornach, Heimstetten, Kirchheim, Salmdorf (ohne Haar), Ismaning, Unterföhring und Trudering.[8]

Stromversorgung
Wann Feldkirchen elektrifiziert wurde, ist nicht bekannt; es dürfte in den letzten Jahren des 19. Jahrhunderts gewesen sein. Die Anfrage der Siemens & Halske AG, München, an die „wohllöbliche Gemeindeverwaltung" betreffend „Elektrizitätswerk" datiert vom 7. Juni 1898. Laut dem Schreiben wollte Siemens für die Orte im Münchner Osten eine Erhebung durchführen, ob die Errichtung eines gemeinschaftlichen Elektrizitätswerks für diese Orte in Frage käme. In einem Vertrag vom 19. September desselben Jahres verpflichtete sich Feldkirchen dann, auf dem Gemeindegebiet Leitungen und sonstige Anlagen zur Lieferung von elektrischem Strom für Beleuchtung, Kraftübertragung, Heiz- und sonstige elektrotechnische Zwecke zu errichten und zu betreiben. Siemens dagegen verpflichtete sich, sowohl der Gemeinde zur Beleuchtung der öffentlichen Straßen, Plätze und gemeindlichen Gebäude als auch den Anwesenbesitzern und Einwohnern den elektrischen Strom im benötigten Umfang zu liefern. Im Jahr 1900 stellte man die ersten elektrischen Straßenlaternen auf.[9] Der Strom wurde von dem kurz vor der Jahrhundertwende durch die Berliner Aktiengesellschaft Siemens & Halske in Riem erbauten Elektrizitätswerk des Ostens von München geliefert. Eigentlich war von Siemens & Halske im Herbst 1898, nach *„mehrfachen Anregungen der im Osten von München gelegenen Gemeinden"*, an die Errichtung eines Elektrizitätswerks in Feldkirchen gedacht worden. Dieses sollte den Strom nicht nur für Feldkirchen, sondern auch für die umliegenden Gemeinden liefern. Doch zum Jahresende (29. Dezember 1898) teilte die Firma mit, *„daß sich die Notwendigkeit ergeben hat, das Elektrizitätswerk nicht nach Feldkirchen, sondern nach Haar zu verlegen"*.[10] Welcher Art diese „Notwendigkeit" war, wird nicht gesagt. Auch ob Feldkirchen zunächst kurzfristig Strom aus Haar bezog, ist nicht überliefert, allerdings eher unwahrscheinlich, da er kurz darauf aus Riem kam.

Zu Beginn des Jahres 1910 ging das Riemer Elektrizitätswerk in den Besitz der Amperwerke München über (später Isar-Amperwerke AG bzw. E.ON und Bayernwerk). Die Gemeindeverwaltung Feldkirchen erneuerte mit der Elektrizitätsaktiengesellschaft Amperwerke den früheren mit Siemens & Halske geschlossenen *„Vertrag über die Zuleitung elektrischer Kraft und elektrischen Lichtes unter teilweise günstigeren Bedingungen"*. Die Verträge der einzelnen Abnehmer wurden ebenfalls erneuert.[11] Bis 1910 war das Werk ausschließlich auf Dampfkraft angewiesen gewesen.

Öffentliche Dienstleistungen

Dann wurde es an eine Wasserkraftanlage angeschlossen.[12] Am 20. September 1917 erstrahlte der protestantische Betsaal erstmals in elektrischem Licht, installiert durch Johann Rückert in München; ein Jahr später hatte man im katholischen Schulhaus auch elektrische Beleuchtung.[13]

Doch schon bald häuften sich die Klagen über die schlechte elektrische Beleuchtung. *„An einzelnen Abenden sind diese so minderwertig, daß die Lampen nur mehr glühen."* Doch die Amperwerke wollten Abhilfe leisten, indem sie einen weiteren starken Transformator an der Aschheimer Straße errichteten.[14] Ein Jahr später beendeten die Amperwerke den groß angelegten Umbau in Feldkirchen. Da die Leitung von nun an über Dachständer erfolgte, wurden die bisherigen Masten überflüssig. Man versprach sich durch die Neuerung eine erhebliche Verbesserung der Beleuchtung.[15]

Im Dezember 1905 war bereits *„eine weitere"* elektrische Straßenbeleuchtung angebracht worden. Der größte Teil der Feldkirchner Straßen allerdings wurde erst in den 1920er Jahren mit elektrischen Straßenlampen versehen. 1935 zählte man in Feldkirchen genau 48 Beleuchtungskörper, die mit 100-Watt-Glühbirnen ausgestattet waren. Zwecks Verbilligung der Straßenbeleuchtung wurde am 28. Oktober 1935 im Gemeinderat beschlossen, künftig 26 davon nur noch mit 60-Watt-Birnen auszustatten. Obendrein wurde gleichzeitig in der damaligen Adolf-Hitler-Straße (Münchner Straße) zwischen den Anwesen 2 und 6 eine neue Straßenlampe errichtet und dafür die beim Gasthaus Glasl in westlicher Richtung verlegt. Doch scheint die Beleuchtung nach dem Zweiten Weltkrieg nicht alle Bedürfnisse befriedigt zu haben. Deshalb wurden in den 1980er Jahren viele der alten Straßenlampen durch neue ersetzt. 2014 schließlich wurde die Straßenbeleuchtung auf LED umgerüstet.

Über die Jahrzehnte blieb der Stromanbieter mehr oder weniger derselbe, auch wenn sich der Name änderte. 1955 hatten sich die Isarwerke mit der 1908 gegründeten Amperwerke Elektrizitäts-AG zusammengeschlossen. Aus den Isar-Amper-Werken, die 1997 eine Tochtergesellschaft der Bayernwerk AG geworden war, wurde zusammen mit anderen regionalen Stromanbietern E.ON Bayern AG, und daraus schließlich zum 1. Juli 2013 wiederum die „Bayernwerk AG".

In den letzten Jahren wird vermehrt auch auf erneuerbare Energien gesetzt, unter anderem auf Fotovoltaik. Die erste Fotovoltaik-Gemeinschaftsanlage wurde zu Beginn des Jahres 2006 auf dem Dach des Kindergartens Arche Noah angebracht und am 3. November 2006 in Betrieb genommen. Der erfolgreiche Start wurde im darauffolgenden Frühjahr auch mit einem Einspeisefest gefeiert. 144 Module auf 225 Quadratmetern Dachfläche verrichten seither ihren Dienst. Pro Jahr werden rund 22.500 kWh (Kilowatt pro Stunde) Strom erzeugt, was sich für die 23 Anteilseigner als lohnend erwies. Das Kindergartendach stellt die Gemeinde kostenlos zur Verfügung. Es folgte eine Anlage auf dem Kinderhort. Auch auf dem Dach des Feuerwehrhauses wurde eine Fotovoltaikanlage installiert und auf vielen anderen Gebäuden. In der Folge wurde zudem bei Neubauten von Privatleuten oder bei der Sanierung der Schule durch die Anlage einer Fotovoltaikanlage auf die Umwelt geachtet.

Mehr Strom durch die MIAG

Eine einschneidende Maßnahme, die Auswirkungen auf die gesamte Region hatte, war der Ausbau der Mittleren Isar durch die Mittlere Isar AG (kurz MIAG) in den 1920er und 1930er Jahren. Durch den Bau des Abfanggrabens, des Grundwassersammlers der Mittleren-Isar-Kraftwerksanlage änderte sich auch die Situation in Feldkirchen. Am 23. März 1919 wurde vom Finanzausschuss des Bayerischen Landtags der Kanalbau bewilligt. Baubeginn war 1921; 1928 war der Abfanggraben, 1930 die gesamte Anlage fertig gestellt und der Stausee konnte gefüllt werden. Die gesamte Isarstrecke, von Wolfratshausen bis Landshut wurde für die Deckung des rasch zunehmenden Strombedarfs ausgebaut. Entlang der Isar entstanden Stauwehre und Kraftwerke. Bei Oberföhring steht noch heute das Stauwehr, das die Isar in den Kanal der Mittleren-Isar-Werke umleitete.

Bereits 1908 war der Plan aufgetaucht, die Mittlere Isar zwischen München und Moosburg auf einer Länge von gut 50 Kilometern und einem Gefälle von 88 Metern für die Stromgewinnung zu nutzen. Die Ideen gehen auf Oskar von Miller zurück, dem unter anderem auch das Walchenseekraftwerk zu verdanken ist. Der Erste Weltkrieg hatte zunächst die Planungen und Vorarbeiten verzögert. Doch nach Kriegsende ging die Bayerische Staatsregierung mit Vehemenz an den Ausbau der Mittleren Isar und den Bau des rund 54 Kilometer langen Mittleren Isar-Kanals.

Mit dem Projekt konnte man gleich mehrere „Fliegen mit einer Klappe schlagen". Neben der Stromgewinnung wurde das Problem der Abwässer der Stadt München in Angriff genommen, durch die Anlage von Fischteichen, in denen die in der ebenfalls zu bauenden Kläranlage Gut Großlappen vorgeklärten Abwässer weiter gereinigt wurden Die Nahrungsmittelversorgung der Bevölkerung wurde verbessert und die Kultivierung des Erdinger Mooses konnte weiter vorangetrieben werden.

Ein weiterer positiver Nebeneffekt war: Ein Teil der zahlreichen Erwerbslosen in München konnte so auf dem ersten Abschnitt der Kanalstrecke zwischen Oberföhring und Finsing Arbeit finden.

Am 25. März 1919 genehmigte der Bayerische Landtag den sofortigen Baubeginn, zumal die Kraftwerke nicht nur Strom für die Privatwirtschaft, sondern auch für den Umbau der großen Bahnstrecken von Dampf- auf elektrischen Betrieb liefern sollten. Zwar regte sich bereits damals Widerstand aus den verschiedensten Richtungen – auch aus Feldkirchen und Umgebung –, doch die Befürworter hatten die Vorteile dieses Unterfangens eindeutig auf ihrer Seite. Am 5. Januar 1921 wurden vom Freistaat die Mittlere Isar AG (MIAG) und die Walchensee AG gegründet, um die beiden Projekte zu bauen und zu betreiben. Als Aktiengesellschaft berichtete die MIAG in Jahresberichten über das Fortschreiten der Tätigkeiten. Am 23. September 1942 wurde die MIAG ebenso wie das Walchenseekraftwerk AG mit der Bayernwerk AG vereinigt.

Als erster Bauabschnitt wurde vorläufig nur das Oberföhringer Wehr und der Kanal bis Berglern mit den Kraftwerken in Finsing, Aufkirchen und Eitting in Angriff genommen. Tatsächlich konnte der Bau dieses Abschnitts in den Jahren 1920 und 1921 begonnen und trotz der Inflation im Jahr 1925 abgeschlossen werden. Zu Beginn dieses Jahres floss zum ersten Mal Strom von der Mittleren Isar über die Hochspannungsleitungen zu den südbayerischen Verbrauchern und zur Reichsbahn.

Der zweite Bauabschnitt umfasste die Fortsetzung des Kanals bis Moosburg. Außerdem musste nun ein großes Becken für die Schwankungen zwischen Hoch- und Niederwasser geschaffen werden: der Ismaninger Speichersee. Auch die Fischweiher, der Abfanggraben und zahlreiche Regulierungen der einzelnen Bäche im Moos gehörten zum zweiten Bauabschnitt vom Frühjahr 1926 bis zum Herbst 1929. Die in den 1920er Jahren entstandenen Kraftanlagen waren bis 1950 unverändert in Betrieb. Nach dem Zweiten Weltkrieg wurden lediglich zwei kleinere Kraftwerke, das Speicherseekraftwerk am Einlauf des Kanals und das Bachsammlerwerk in Finsing, neu errichtet. Außerdem ersetzte man in den Jahren 1959 bis 1961 die alten Maschinen des Werkes Finsing durch modernere.[16]

Des einen Freud, des andern Leid. Die MIAG lieferte nicht nur Strom, sie brachte auch verschiedene Veränderungen bzw. entschiedene Nachteile für die Umwelt und vor allem für den Grundwasserspiegel. Dass Veränderungen dieses Ausmaßes, eines Unterfangens, das in unseren Tagen am allgemeinen Widerstand vermutlich gescheitert wäre, nicht von allen kritiklos hingenommen wurden, bedarf keiner Erwähnung. Wasserversorgungsschäden wurden nicht nur befürchtet, sie traten auch tatsächlich ein. Verschiedene Gemeinden und Einzelpersonen klagten. Feldkirchen bildete zusammen mit Aschheim, Pliening, Dornach, Gelting, Heimstetten und Kirchheim, vertreten durch ihre Bürgermeister, im Jahr 1926 einen Interessenverband zum Zweck der Verfolgung von Ersatzansprüchen wegen der durch den Kanal der MIAG erfolgten Grundwasserspiegelabsenkung und des damit verbundenen Wasserentzugs in den einzelnen Gemeinden. Zusammen, meinte man, wäre man stärker.[17] Geholfen hat es freilich nur wenig. Die Kanäle wurden gebaut; als Ausgleich erhielten die Gemeinden jedoch nach langem zähem Ringen schließlich Zuschüsse zum Bau beziehungsweise zur Verbesserung der eigenen Wasserwerke.

Gasversorgung

In den 1920er Jahren dachte man auch erstmals über die Einführung einer Gasversorgung in Feldkirchen nach. Unter dem 12. Januar 1927 ist im Protokollbuch der Gemeinde vermerkt: *„Die Stadt München wäre nicht abgeneigt, die Gemeinde Feldkirchen mit Gas zu versorgen. Es soll jedoch vorher unverbindlich mitgeteilt werden, wieviele Hausbesitzer bereit sind, Brennanlagen in ihren Anwesen einrichten zu lassen. Auf dem Zirkularwege ist zu erfragen, welche Hauseigentümer die Gasversorgung wünschen."*

Es dauerte jedoch noch Jahre, bis das Thema Gas wirklich spruchreif wurde. Erst 1939 vermerkte Pfarrer Hobmair in seinem Tagebuch, dass die Gasleitung von München her eingeführt wird. Am 16. Mai 1939 wurde durch H. Bacher die Gasleitung in den Pfarrhof gelegt. Bald darauf strömte das erste Gas von München nach Feldkirchen.[18] Bis heute wird das Gas von den Stadtwerken München GmbH, München Oberanger 37, geliefert.

Energiezentrale der Geothermie GmbH

Zukunft durch Geothermie

Am 13. März 2008 wurde die AFK-Geothermie GmbH gegründet, als lokaler Energieversorger für die Orte Aschheim, Feldkirchen und Kirchheim, nachdem im Jahr zuvor bereits eine Arbeitsgemeinschaft gegründet und das Interesse bei den Haus- und Wohnungseigentümern eruiert worden war. Die AFK-Geothermie GmbH war das erste interkommunale Geothermieprojekt in Deutschland. Gesellschafter sind die drei Gemeinden. Ziel ist die gemeinsame Gewinnung und Verteilung von Erdwärme. Bei der neu entwickelten Geothermie (Erdwärme) handelt es sich um eine klimaschonende und preiswerte Alternative der Wärmegewinnung. Bei der ersten Bohrung am 22. Oktober 2008 auf dem Gemeindegebiet von Aschheim unmittelbar am Autobahn-Anschluss zur A99 wurde durch die Bohrfirma a eine Tiefe von 2.130 Metern erreicht. Dabei wurde festgestellt: Die Energie für diese Art der Wärmeversorgung ist langfristig vorhanden.

Geothermie ist die Wärme, die aus dem Kern unseres Planeten bis an die Erdoberfläche strömt und Gesteinsschichten und Grundwasser erwärmt. Der tiefengrundwasserführende Malmkarst des süddeutschen Molassebeckens zwischen Alpennordrand und Donau gilt als das bedeutendste Gebiet für die geothermische Energienutzung in Deutschland. Die AFK nutzt diese natürliche Erdwärme zur Gewinnung von Energie. Dadurch wird auch ein Betrag für den Umweltschutz geleistet.

Im Mai 2009 begann der Bau der Energiezentrale an der Förderbohrung Th1 (fertig gestellt und feierlich eingeweiht am 6. Mai 2010) und der erste Bauabschnitt von rund 17 Kilometern des Fernwärmenetzes. Bereits im Oktober 2009 konnten die ersten Häuser in Feldkirchen mit Wärme versorgt werden. Zwei Monate später kürte die Agentur für Erneuerbare Energien die Kommunen Aschheim, Feldkirchen und Kirchheim gemeinsam zur „Energie-Kommune des Monats". Der vorbildliche Charakter des interkommunalen Geothermieprojekts wurde damit gewürdigt.

In den folgenden Jahren wurde das Fernwärmenetz kontinuierlich erweitert, um die viel beschworene Energiewende mitzurealisieren, eine Notwendigkeit angesichts schwindender fossiler Brennstoffe wie Öl und Gas.
Am 27. August 2012 verlängerte das Bayerische Wirtschaftsministerium die Bewilligung zur

Energiezentrale der Geothermie GmbH

Gewinnung von Erdwärme im Feld AFK-Ascaim bis zum 28. Februar 2060. Grundlage für diese langfristige Bewilligung bis auf 50 Jahre war die Erstellung bzw. die positiven Ergebnisse eines Wärmebergbaugutachtens.

Das innovative Vorzeigeprojekt lockte von Beginn an nicht nur zahlreiche interessierte Bürger anlässlich der „Tage der offenen Tür" in die Energiezentrale neben dem Autobahnanschluss, sondern auch Energiefachleute und Wirtschaftsexperten aus vielen Ländern, unter anderem aus Thailand und Nordkorea. Für den Betrieb der Mittellastanlage wurde eine Erdgasleitung zur Energiezentrale verlegt. Durch ein erdgasbetriebenes Blockheizkraftwerk (BHKW) mit ca. 800 kW elektrischer Leistung wird eine Mittellastanlage zur Deckung von rund 50 Prozent des Eigenstrombedarfs realisiert, wobei die bei der Stromerzeugung entstehende Abwärme des Blockheizkraftwerks in das Fernwärmenetz eingespeist wird.

Derzeit wird das Thermalwasser aus 2.700 Metern Tiefe mit 85,7 °Celsius aus der Förderbohrung gewonnen. Über zwei Titanplattenwärmeüberträger gibt das Thermalwasser seine Energie an das Fernwärmewasser ab. Mit rund 55 °Celsius wird das abgekühlte Thermalwasser über die Reinjektionsbohrung wieder in den Untergrund geleitet. Mittels einer mit Erdgas direkt befeuerten Absorptionswärmepumpe (AWP) wird dem bereits abgekühlten Thermalwasser weitere Energie entzogen, sodass zusätzliche Wärme in das Fernwärmenetz eingespeist werden kann. Als Übertragungsmedium für die Fernwartung und Zählerstandsauslesung der Wärmeübergabestationen wird von der AFK ein Glasfasernetz genutzt, das den Kunden zusätzlich für Telefonie, Internet und Fernsehen zur Verfügung steht.[19]

Wasserversorgung

Feldkirchen bekam bereits im Jahr 1903 eine erste zentrale Wasserversorgungsanlage, die die alten privaten Brunnen ersetzen sollte. Da durch die ebene Lage des Ortes kein natürliches Gefälle vorhanden ist bzw. für eine Wasserleitung zu erhalten war, musste ein Wasserturm errichtet werden. Im Herbst 1902 nahm man ein Darlehen bei der Bayer. Hypotheken- und Wechsel-Bank in Höhe von 50.000 Mark auf, um den Wasserturm mit Pumpe und Wasserleitung errichten zu können. Es war ein kostspieliges Unternehmen; allein die Pumpe, bestellt bei der Firma Riedinger in Augsburg, kostete 3.130 Mark. 1903 wurde der Wasserzins festgelegt und kurze Zeit später ergänzt, dass die Wasserzähler mindestens jedes halbe Jahr abgelesen werden sollten. Dazu wurden Bürgermeister Stockinger und der Privatier Wagner eingeteilt, die für diese Tätigkeit je 20 Mark pro Jahr als Aufwandsentschädigung erhielten. Alle Anwesen im Dorf mussten sich einen Anschluss legen lassen. Die Entscheidung, eine zentrale Wasserversorgung in Angriff zu nehmen, mag durch ein Unglück im Sommer 1902 (siehe S. 210), bei dem zwei Arbeiter bei Brunnenbauarbeiten ums Leben gekommen waren, einen entscheidenden Schub bekommen haben.

Im Januar 1903 konnte das Evangelische Gemeindeblatt bereits melden, dass *„derzeit rüstig am Bau einer Wasserleitung"* gearbeitet wurde. *„Der Brunnen, aus welchem das nötige Wasser genommen und mittels elektrischer Kraft in einen zu errichtenden Wasserturm gefördert werden soll, ist bereits gegraben und ausgemauert."* Die Gesamtkosten wurden inzwischen auf 60.000 Mark geschätzt. Und auf einer Zeichnung aus dem Sommer 1903 ist „der neue Wasserturm" bereits in das Ortsbild integriert (Postkarte S. 5 unten, ganz rechts im Bild).

Der Wasserturm

> **1903 wurde der Wasserzins wie folgt festgelegt:**
>
> a) bei einer täglichen Wasserabnahme von 200 kbm ist der Wasserzins 28 M und die Miete für den Wassermesser 2 M. Bei einem täglichen Wasserverbrauch von 1 kbm ist der jährliche Wasserzins 40 M. und die Miete für den Wassermesser 2 M.
>
> b) daß der Wasserzins monatlich, die Miete für den Wassermesser halbjährlich und zwar im April und Oktober eingehoben werden.

Unglück beim Brunnenbau am 4. Juni 1902

Vor dem Haus des damaligen Bürgermeisters Jakob Lehrer wurde an einem neuen Brunnen gegraben. Man hatte bereits eine Tiefe von rund 9 Metern erreicht und mit dem Aufmauern des Mauerrings begonnen, als um 14 Uhr ein Teil der Erde und des Rollkieses in der schlecht gesicherten Grube in Bewegung geriet. Zwei Brunnenarbeiter wurden teilweise verschüttet. Eine Rettung aus eigener Kraft war nicht möglich. Auch die sofort zu Hilfe geeilten Feldkirchner konnten die ungeheuren Erdmassen nicht ohne weiteres beseitigen und mussten hilflos – ebenso wie der Feldkirchner Arzt Dr. Ludwig Rinecker, der sofort zur Stelle war – mit ansehen, wie der Rollkies immer wieder nachrutschte.

Telegraphisch wurden Pioniere aus München angefordert, die Bahn stellte einen Extrazug von München nach Feldkirchen für die Soldaten bereit. Gegen 19 Uhr trafen 30 Soldaten, vier Unteroffiziere und ein Offizier in Feldkirchen ein. Der Kommandeur des dritten Pionierbataillons, Major Kuchler, leitete die Rettungsaktion. Die Soldaten gingen mit Schaufeln und Pickeln ans Werk. Gegen 22 Uhr hörte man noch immer Hilferufe aus dem Schacht; man sprach mit den Verletzten und reichte ihnen durch einen Schlauch Verpflegung und Getränke hinab. Die Pioniere, die sich stündlich ablösten, arbeiteten schwer.

Tag und Nacht wurde gearbeitet. Die Firma Siemens & Halske, die seinerzeit in Riem ein Elektrizitätswerk unterhielt, beleuchtete die Unfallstelle bei Nacht. Man versuchte über einen zweiten (Not)Schacht zu den Verschütteten vorzudringen; andere Pioniere waren damit beschäftigt, das Erdreich um den Brunnen abzuflachen. Das Erdreich in der Endmoränenlandschaft der Gegend ist äußerst instabil.

Am übernächsten Tag, in der Früh des 6. Juni, erfolgte ein zweiter Erdrutsch. Kein Lebenszeichen war mehr zu hören. Obwohl nach den seinerzeitigen Militärbestimmungen die Rettungsarbeiten sofort nach Feststellung des Todes hätten abgebrochen werden müssen, befahl der Kommandeur entgegen der Vorschrift, die Bergung fortzusetzen. Doch selbst die Bergung der Toten gestaltete sich schwierig und gefährlich, da immer wieder gewaltige Erdmassen nachrutschten. Balken, Bolzen und Eisenringe, die zwischen den Toten eingeklemmt waren, mussten beseitigt und mindestens 1.200 Kubikmeter Erdreich bewegt werden. Bis zum 7. Juni arbeiteten die Pioniere, die in der Zwischenzeit auf insgesamt 85 Mann verstärkt wurden. Dann waren die Toten geborgen und wurden im Feldkirchner Feuerwehrhaus aufgebahrt. Am Sonntag, den 8. Juni 1902, schließlich überführte man die beiden unter großer Anteilnahme der Bevölkerung in ihre Heimatorte, wo sie noch am selben Tag feierlich bestattet wurden. Bei den Verunglückten handelte es sich um den Brunnenbauer Josef Hafenmeyer aus Poing und seinen Helfer Andreas Schmidt aus Gelting.

Der Kommandeur hat keine Kritik erfahren. Ganz im Gegenteil wurde mehreren Angehörigen des Bataillons eine Anerkennung des Kriegsministeriums ausgesprochen, darunter auch dem jungen Leutnant Wilhelm List (1880–1971), dem späteren Generalfeldmarschall. Bis heute sind Zeichnungen zu den Bergungsarbeiten im Bayerischen Kriegsarchiv erhalten.

(Münchner Neueste Nachrichten, 5. Juni 1902; Bayern und seine Armee, Nr. 97, S. 171 f. (mit Abbildung); Welle, Friedensdienst bayerischer Soldaten)

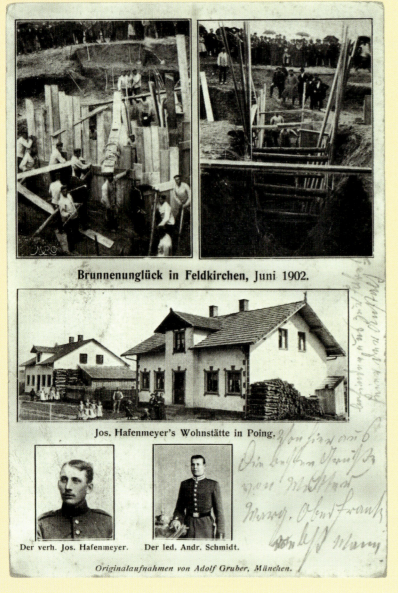

Brunnenunglück in Feldkirchen, Juni 1902.
Jos. Hafenmeyer's Wohnstätte in Poing.
Der verh. Jos. Hafenmeyer. Der led. Andr. Schmidt.
Originalaufnahmen von Adolf Gruber, München.

Wasserturm
Schnitt-Zeichnung
der Baufirma Gebr. Rank

1904 wurde der Wasserturm errichtet. Bei den Feuerlöscharbeiten beim Anwesen des Gastwirts Gottlieb Adam, das am 21. März 1904 durch Brandstiftung in Flammen aufging, *„traten zum ersten Mal die Hydranten der neuen Wasserleitung in Tätigkeit".*[20] Doch nicht immer wollte es mit der Wasserversorgung so klappen, wie sich das die Feldkirchner gedacht hatten: Die Wasserleitung versagte manchmal vorübergehend den Dienst, weil der das Pumpwerk treibende Motor im Winter 1910/11 Schaden gelitten hatte und die Ersatzmotoren nicht geeignet waren. An Stelle des früheren Kurzschlussmotors wurde ein Motor mit Schleifenringanker angebracht. Und die Pumpe wurde durch die Firma Riedinger repariert. Am 13. Februar 1924 schließlich wurde beschlossen, das Wasserwerk mit einer zweiten, leistungsfähigeren Pumpe auszustatten, da 1923 die Wasserversorgung sehr zu wünschen übrig gelassen hatte. Eingebaut wurde die neue Pumpe Ende 1924.

Das alte Wasserwerk stand hinter dem Anwesen von Ludwig Heinrich, Münchner Straße 22, auf einem Feld, das die Gemeinde für 100 Mark von ihm erworben hatte und das von der Ludwig-, der Westend- und der Brunnenstraße eingegrenzt wird. Letztere Straße ist die jüngste und hat ihren Namen im Zusammenhang mit der Errichtung des Wasserturms erhalten. Erstmals ist der Name Brunnenstraße 1904 belegt.

Der Feldkirchner Wasserturm wurde, wie der in Putzbrunn, 1904 nach Entwürfen des Kgl. Technischen Bureaus für Wasserversorgung von der Baufirma Gebr. Rank in dem seinerzeit äußerst modernen Baustoff Eisenbeton ausgeführt. Die im Zuge der Hygienebemühungen 1878 gegründete und im Innenministerium angesiedelte Stelle hatte die Aufgabe, *„für die Gemeinden Wasserversorgungsanlagen zu entwerfen und auszuführen sowie den Gemeinden dabei mit Rat und Tat an die Hand zu gehen".* Das Wasserversorgungsbureau hatte bis 1904 (mit deutlichem Schwerpunkt auf den Jahren unmittelbar davor) rund 1.000 ausführliche Entwürfe vorgelegt. Die beiden Türme in Putzbrunn und Feldkirchen, von den Gebr. Rank als „Versuche" ausgeführt, ernteten allgemeines Lob und man war überzeugt, dass sie *„wegen der nach allen Seiten befriedigenden Resultate zu weiteren Wiederholungen Anlass geben"* – so nachzulesen 1904 in der Süddeutschen Bauzeitung. Man hatte sich bei der Ausführung an der *„heimatlichen Bauweise"* orientiert, was auf große Gegenliebe stieß. Und dank der Verwendung des modernen Baustoffs Eisenbeton waren die Baukosten *„trotz der gefälligen Durchbildung des Äusseren […] niedriger als diejenigen bisheriger Bauweisen".*[21]

Luftschutzmaßnahmen anno 1943

„Für den weiteren Ausbau der Luftschutzmaßnahmen in hiesiger Gemeinde ist für die Förderung des Wassers bei Ausfall elektrischen Stromes im Wasserturm ein Benzinmotor mit 40 PS anzukaufen und aufzustellen. Zwecks Beschaffung von Löschwasser sind die Brunnenstuben in dem Anwesen Adolf-Hitlerstraße 8 und Hohenlindnerstraße 8 tieferzulegen und auszubauen. Die Grube beim Hause Hohenlindnerstraße 20 ist für die Gewinnung und Aufspeicherung von Löschwasser auszubauen und einzurichten. Der bestehende Brunnen im Brennereigelände Sonnenstraße 2 ist ebenfalls für die Wassergewinnung allgemein dienstbar zu machen.

Für den Luftschutz selbst werden neben dem bereits bestehenden Werkluftschutz und den Betrieben des erweiterten Selbstschutzes 12 Selbstschutztrupps gebildet, welche aus je fünf Mann unter Führung eines Luftschutzblockwartes bestehen. Sie haben innerhalb eines Bereiches immer dort einzugreifen, wo im Bedarfsfall zusätzliche Hilfe notwendig ist. Im Übrigen sind alle vorbeugenden Maßnahmen zu treffen, soweit sie von höherer Stelle angeordnet werden."

(Protokollbuch der Gemeinde vom 9. August 1943)

Der Wasserturm war 20 Meter hoch und bestand im Wesentlichen aus einem Hochbehälter mit einem Fassungsvermögen von 60 Kubikmetern. Zwei Pumpen förderten das Wasser mit einer Leistung von zusammen 132 Kubikmetern je Stunde. Es wurde aus dem Brunnen sofort in den Hochbehälter gepumpt und von dort in einer Fallleitung ins Ortsnetz verteilt. Über das Ortsnetz und die Hausanschlussleitungen mit eingebauten Wasserzählern der Marke Spanner erreichte das Wasser den Verbraucher. Da es damals in Feldkirchen keine höheren Gebäude gab, genügte für den Wasserdruck das natürliche Gefälle nach dem physikalischen Gesetz der kommunizierenden Röhren.

Ende der 1950er Jahre machte sich der Gemeinderat in Feldkirchen Gedanken über eine Neuregelung der Wasserversorgung. Durch die rege Bautätigkeit in den Nachkriegsjahren war das alte Wasserwerk von Wohnhäusern eingekreist worden, stand also nicht mehr außerhalb des Ortes. Die Bestimmungen sahen Mindestabstandsflächen vor, die eine weitere Bebauung in diesem Gebiet unmöglich gemacht hätten. Andererseits ließen die Anforderungen an das Quellschutzgebiet, die aus hygienischen Gründen erhoben wurden, das alte Wasserwerk innerhalb der Ortschaft als nicht mehr vertretbar erscheinen. Überlegungen, ob man nicht überhaupt auf ein eigenes Wasserwerk verzichten und dafür lieber das Wasser aus München beziehen solle, wurden angestrengt, Gutachten eingeholt, Anfragen an die Landeshauptstadt geschickt, Argumente dafür und dagegen abgewogen. Zum Schluss entschied sich der Gemeinderat aber dennoch für den Bau einer neuen Wasserversorgungsanlage.

Aus diesem Grund wurde im Jahr 1960 ein ca. 1,7 ha großes Grundstück im Südosten von Feldkirchen erworben. Von der Straße nach Haar aus kann man auf der linken Seite in der Ferne ein mit Bäumen bepflanztes Areal in den Feldern erkennen. Dies ist das Brunnenwäldchen. Die bakteriologische und chemische Untersuchung einer probehalber erfolgten Grundwasserförderung verlief äußerst positiv. Die Probebohrung und ein 100-stündiger Förderversuch – bei einer Förderleistung von 40 Litern pro Sekunde – bestätigten außerdem, dass der Platz gut gewählt und genügend Wasser vorhanden war. Der Ruhewasserspiegel senkte sich nach diesem Dauerversuch nur um 45 Zentimeter. Im November und Dezember 1962 wurde der erste Brunnen gebohrt. Er hatte eine Tiefe von 25 Metern – man bezeichnet diese Tiefenschicht als zweiten Grundwasserstock –, einen Durchmesser von 35 Zentimetern und eine Endlichtweite von 1 Meter. Um auf einen aufwendigen und groß dimensionierten Reservebehälter verzichten zu können, bohrte man in 100 Metern Entfernung einen zweiten Tiefbrunnen als natürliche Wasserreserve. Beide Brunnen wurden mit Rohren verbunden.

Der Abbruch des Wasserturms im Sommer 1970

Von Anfang an plante man, Tiefbrunnen und andere durch einen Wassermeister zu bedienende Anlagen zu trennen. Der Gemeinderat beschloss, das Windkesselwerk, die Tiefbehälter und die Schalt- und Trafostationen möglichst gemeindenah zu errichten, um im Schadensfall rasch die Maschinen reparieren zu können. Im Fall von Zusammenlegung der Pumpstation mit sonstigen Anlagen hätte man darüber hinaus die Versorgungsleitung über eine zu weite Strecke verlegen müssen.

Von den Tiefbrunnen lief in der Folge eine 800 Meter lange Wasserleitung aus Gussrohr mit einem Durchmesser von 250 Millimetern in das Wasserwerk in der Finkenstraße. Von dort strömte das Wasser in das vom alten Wasserwerk übernommene Versorgungsnetz. 1964 konnte das neue Wasserwerk in Betrieb genommen werden.[22]

Das bedeutete das Ende für den alten, romantisch wirkenden Wasserturm, dessen Westseite seit 1910 zum Schutz gegen das Wetter mit Wellblech verkleidet war[23]. Er wurde nach der Errichtung der neuen Anlage im Sommer 1970 gesprengt, was später vielfach zu Recht bedauert wurde.

1995 schließlich trat die Gemeinde Feldkirchen der 1962 gegründeten Wasserversorgung Zornedinger Gruppe mit Sitz in Poing bei, die sich wiederum am 1. Januar 2009 mit dem Abwasserzweckverband München Ost zur VE-München Ost (Versorgung und Entsorgung) zusammenschloss.

Öffentliche Dienstleistungen

Abwasserbeseitigung
Bis in die 1960er Jahre waren die einzelnen Hausbesitzer selbst für die Entsorgung ihrer Ab- und Schmutzwässer verantwortlich. Bereits bei den einzelnen Baugenehmigungen wurde jeweils ein Entwässerungsplan von den Behörden zur Vorlage gefordert. Dieser sah meist eine Zwei- oder Dreikammerklärgrube auf dem Grundstück vor. In diesen Klär- oder Versitzgruben wurde das Abwasser gesammelt, bis diese von Zeit zu Zeit durch ein Abfuhrunternehmen geleert wurden. Bei dieser Form der Abwasserbeseitigung ist nach dem geltenden Wasserhaushaltsgesetz von 1957 eine dichte Besiedelung und Bebauung unmöglich. Deshalb beschlossen verschiedene Gemeinden im Siedlungsraum München-Ost, einen Zweckverband zur gemeinsamen Abwasserbeseitigung zu gründen. Das Verbandsgebiet umfasste eine Fläche von etwa 150 Quadratkilometern. Angeschlossen waren die Gemeinden Aschheim, Feldkirchen, Grasbrunn, Heimstetten-Kirchheim aus dem Landkreis München, Anzing, Kirchseeon (Eglharting), Pliening-Gelting, Poing, Vaterstetten-Parsdorf, Zorneding-Pöring aus dem Landkreis Ebersberg und Finsing aus dem Landkreis Erding. 1962 wurden nach zähen Verhandlungen mit den einzelnen Gemeinden die Verträge unterzeichnet, von den beteiligten Stellen genehmigt und der Zweckverband zur Abwasserbeseitigung mit Sitz in Poing gegründet.

Die Einrichtung der Abwasseranlage setzte eine gewisse Planung der zukünftigen Entwicklung voraus, sollte sie doch auch den Erfordernissen der nächsten Jahre gewachsen sein. In der Berechnung der Größe ging man von sogenannten Einwohnergleichwerten aus, d. h., man errechnete je Einwohner einen bestimmten Abwasserbedarf. Eine großzügig angenommene Wachstumsquote der angeschlossenen Gemeinden auf 220.000 Einwohnergleichwerte (sowohl Einzelpersonen als auch Industrie) – Feldkirchen sprach man 8.000 Personen- und 8.000 Industrie-Einwohnergleichwerte zu – hatte eine entsprechende Anlage zur Folge. Bei Neufinsing wurde ein geeigneter Grund gefunden und eine Kläranlage errichtet. Im Herbst 1969 wurde das Kanalnetz, über das bereits seit Jahren nachgedacht worden war, begonnen und im Sommer 1973 konnte das Klärwerk in Betrieb genommen werden.[24]

Seit der endgültigen Fertigstellung des Kanalisationsnetzes wird das Abwasser in einem 350 Kilometer langen System von Ortskanälen, Neben- und Hauptsammlern dem Klärwerk zugeführt. Die geklärten Abwässer werden in den Isarkanal eingeleitet.

In Feldkirchen sind heute alle Haushalte an die Kanalisation angeschlossen. Die Abwässer gelangen durch Abwasserrohre aus dem Haus in die ca. 3 bis 4 Meter tief liegenden Straßenkanäle. Über Neben- und Hauptsammler werden die Abwässer ins Klärwerk Neufinsing geleitet, wohin im Jahr 2003 auch die Verwaltung von Poing gezogen ist. 2009 erfolgte schließlich die Verschmelzung mit der Wasserversorgung Zornedinger Gruppe zur VE-München Ost (Versorgung und Entsorgung).

Müllentsorgung
Zunächst war das Thema „Müllbeseitigung" kein Problem. Es gab kaum etwas zu beseitigen. Das meiste wurde entweder wieder verwendet, einer neuen Bestimmung zugeführt oder schlichtweg verbrannt. Einzig die Beseitigung von Tierkadavern stellte aus hygienischen Gründen eine gewisse Herausforderung dar, weswegen in den einzelnen Gemeinden eigene Wasenmeister aufgestellt wurden. Für Feldkirchen sind die Namen der Wasenmeister Josef Lindinger, der 1876 einen diesbezüglichen Vertrag mit der Gemeinde abschloss, und Georg Klopf, der das Amt 1912 antrat, überliefert. Nach dem Zweiten Weltkrieg wurde den Gemeinden dringend angeraten, die Sache nicht mehr selbst in die Hand zu nehmen, sondern Verträge mit speziellen Tierkörper-

Der Bauhof der Gemeinde Feldkirchen an der Kapellenstraße

verwertanstalten abzuschließen, ein Aufruf, dem Feldkirchen erstmals 1956 nachkam. Zunächst wurde die Aufgabe von der Tierkörperverwertungsanstalt, die seit 1949 Hans Demeter leitete, übernommen, seit 1963 von der Tierkörperbeseitigungsanstalt Oberding.[25]

Heute ist das Abfall- und Wertstoffsammelsystem der Gemeinde gekennzeichnet durch ein kombiniertes Hol- und Bring-System. Am 1. Januar 1999 führte Feldkirchen als letzte Gemeinde im östlichen Landkreis die Biotonne ein, sodass nun neben dem Restmüll auch der Biomüll frei Haus gesammelt wird. Die Entsorgung des Biomülls erfolgt in der Biomüllvergärungsanlage des Landkreises München in Kirchstockach (Gemeinde Brunntal). Dabei handelt es sich um eine hochmoderne Anlage, in der aus Biomüll Strom, Heizwärme und ein Torfersatzsubstrat gewonnen werden. Der „gelbe Sack" für Verkaufsverpackungen aus Kunststoff und Metall wird von allen Haushalten der Gemeinde gesammelt und Sortier- beziehungsweise Verwertungsanlagen zugeführt.

Für die Sammlung im Bringsystem verfügt die Gemeinde über eine Reihe von Wertstoffinseln für Altglas, Papier und Weißblech/Alu sowie den Wertstoffhof an der Kapellenstraße 4.

Ergänzt wird das Entsorgungs- und Verwertungssystem in Feldkirchen durch die Erfassung von Problemabfällen durch das Giftmobil des Landkreises München. Und pflanzliche Abfälle der privaten Haushalte können am Bauhof oder wie eh und je durch Eigenkompostierung entsorgt werden.

Auch der Wertstoffhof wurde zu Beginn des 21. Jahrhunderts erneuert. Am 23. Juni 2007 fand nach Abschluss der Um- und Erweiterungsmaßnahmen am Bau- und Wertstoffhof an der Kapellenstraße 4 ein „Tag der offenen Türe" anlässlich der Neueröffnung statt. Rund 500 Besucher feierten ein fröhliches Fest bei Freibier und Brotzeit, verschiedenen Attraktionen und Infoständen.

In drei Bauabschnitten wurden die Wertstoffhallen und das Salzsilo realisiert, fünf Werkhallen errichtet, die bestehenden Hallen erneuert und die Außenanlagen mit Parkplätzen, Asphaltierung, Begrünung, einem Hochregallager für Holz und einem Steinlager geschaffen worden. In rund fünf Jahren war auf dem 7.500 Quadratmeter großen Areal für 1,3 Millionen Euro Baukosten ein funktionaler moderner Bau- und Wertstoffhof entstanden.

Öffentliche Dienstleistungen

Die Landwirtschaft

Kartoffelernte auf dem Hölzlhof, 1931

Betrachtet man die zum Teil sehr spezialisierten landwirtschaftlichen Vollerwerbsbetriebe der 1980er Jahre, erinnerte nur noch wenig an die armen Bauernhöfe vergangener Zeiten. Die Gegend um München zeichnete sich – bedingt durch ihre Endmoränenlage – nicht gerade durch fruchtbaren Boden aus. Jahrelang lagen die Äcker brach, bis sich das Erdreich wieder regeneriert hatte. Noch 1842 wird in einem kirchlichen Abgabenverzeichnis vermerkt, dass im ersten Jahr Korn angebaut wird, im zweiten Gerste, im dritten und vierten Jahr Hafer und dass danach die Äcker drei Jahre lang brach liegen müssen.[1] Die frühen Aufzeichnungen sprechen davon, dass vor allem Weizen, Gerste und Hafer angebaut und abgegeben werden musste, z. B. die Tegernseer Besitzaufzeichnungen des Jahres 1289. Das hat sich grundlegend geändert.

So ärmlich und bedauernswert die Verhältnisse der Feldkirchner Bauern über viele Jahrhunderte waren, so war die Landwirtschaft doch die einzige Möglichkeit, sich in einem Agrarstaat, wie Bayern einer war, den Lebensunterhalt zu erarbeiten. Noch um die Jahrhundertwende um 1900 war Feldkirchen ein reines Bauerndorf mit ungefähr dreißig Höfen. Jedoch waren es meist kleinere Anwesen. Eine Viehzählung am 2. Dezember 1907 ergab in Feldkirchen 77 Pferde, 326 Rinder, keine Schafe, 149 Schweine, 2 Ziegen, 102 Gänse, 16 Enten, 1.631 Hühner, 5 Truthähne, 29 Kaninchen und 17 Bienenstöcke.

Sechs Jahre später: 297 Rinder, 256 Schweine, 14 Ziegen und 336 Schafe, die sich jedoch nur vorübergehend hier aufhielten. Und am 3. Dezember 1935 zählte man insgesamt 332 Rinder, 438 Schweine, kein einziges Schaf und 35 Ziegen. Für das Jahr 1933 ist auch die Zahl von 593 Hühnern überliefert.[2] Die Schafweide der Gemeinde Feldkirchen wurde immer wieder neu auf begrenzte Zeiten an verschiedene Schäfereibesitzer aus München und Umgebung verpachtet.[3] Nicht gemeldet wurden die Tauben, von denen es einst mit Sicherheit zahlreiche gegeben hat. In einer Erhebung des Kreisheimatpflegers Fritz Lutz aus dem Jahr 1982 geht hervor, dass sich in der Gemeinde Feldkirchen zwei Taubenkobel (Taubenhäuser) erhalten haben: in den Anwesen von Magdalena Weber (Münchner Straße 5) und von Richard Wurth (Hohenlindner Straße 46).[4] Auch Obstbau wurde in Feldkirchen betrieben. Anfang 1913 etwa wurden hier 1.163 Obstbäume gezählt: 593 Apfelbäume, 326 Birnbäume, 143 Zwetschgenbäume, 87 Kirschbäume, 7 Walnussbäume und 7 Pfirsichbäume. Laut Obstbaumzählung im Jahr 1933 wurden 2.222 Stück angegeben, darunter Apfel-, Birn-, Pflaumen-, Süßkirschen-, Pfirsich- und Walnussbäume, und im Jahr 1965 waren es immerhin noch 2.022, darunter Apfel-, Birn-, Süßkirschen-, Sauerkirschen-, Pflaumen-, Mirabellen-, Reneklonen-, Aprikosen-, Pfirsich- und Walnussbäume sowie Sträucher mit roten, weißen und schwarzen Johannisbeeren.[5]

Bild oben:
Anwesen Theiler in den 1920er Jahren

Bild unten:
Anwesen Hartwig (Ertl) an der Hohenlindner Straße in den 1920er Jahren

Bild oben links:
Haus an der Ottostraße, 1928

Bild rechts:
Russischer Fremdarbeiter, 1916

Im Landwirtschaftlichen Güter-Adreßbuch der Güter und größeren Höfe in Bayern aus dem Jahr 1923 sind nur drei in Feldkirchen erwähnt (alle anderen waren kleinere Anwesen): der Hof der evangelischen Erziehungsanstalt mit Pächter Johann Scheu mit 4 Pferden, 20 Stück Vieh und 35 Schweinen, der Hölzlhof von Philipp Holly mit 9 Pferden, 30 Stück Vieh und 22 Schweinen und das Gut Oberndorf vom Besitzer Martin Rosenthal, das mit 32 Pferden, 100 Stück Vieh und 150 Schweinen der größte Hof in der Gemeinde war.

In einer heimatkundlichen Aufzeichnung aus der Mitte der 1950er Jahre werden immerhin noch 16 Anwesen aufgeführt: Gut Oberndorf, Gut Hölzlhof, Innere Mission (Anstalt), Oberhauser Josef, Gnädig Georg, Wurth Philipp, Wurth Philipp (Sames), Mermi Johann, Lehrer Jakob, Wurth Philipp (Moar), Heinrich Ludwig, Mehringer Georg, Taubenhuber Xaver, Ertl Martin, Theiler Jakob, Oberhauser Georg. Die land- und forstwirtschaftlich genutzte Fläche wird 1953 mit insgesamt 445,549 ha angegeben. Zur Getreideernte standen den Feldkirchnern sieben Mähdrescher zur Verfügung.[6]

Und auch das gab es in Feldkirchen: Die „Gemeinde-Hilfsliste zur Erhebung über den erwerbsmäßigen Anbau von Blumen und Zierpflanzen auf dem Freiland und in Unterglasanlagen im Jahre 1959" an das Bayerische Statistische Landesamt verzeichnete in der Gemeinde drei Betriebe, die Blumenzwiebeln und Blumen aller Art anpflanzten (Maria Haberlik, Johann Kahl und die von Tucher'sche Gutsverwaltung), wobei Heinrich Freiherr von Tucher das Gewerbe „Gärtnerei und Einzelhandel für Obst und Gemüse" 1963 an August Zehentmair übergab.[7]

Noch in der zweiten Hälfte des 20. Jahrhunderts war weit mehr als die Hälfte der Gemeindefläche landwirtschaftlich genutzt. Einer Statistik vom 31. Dezember 1980 zufolge betrug die Gesamtfläche 641,39 ha, die landwirtschaftliche 473,66 ha. An zweiter Stelle stand die Gebäude- und Freifläche mit 96,36 ha, dann die Verkehrsfläche mit 44,66, die Betriebsfläche mit 16,30, die Erholungsfläche mit 8,07, die Waldfläche mit 1,43 und Flächen anderer Nutzung mit 0,91 ha. Aus derselben Statistik geht die Bodennutzung im Jahr 1979 hervor: Von den landwirtschaftlich genutzten 467 ha sind 448 Ackerland, die folgendermaßen

Die Landwirtschaft

Bild oben:
Getreideernte auf dem Hölzlhof mit einem Benz Sendling-Traktor um 1927

Bild rechts:
Getreideernte an der B12, 1931

bebaut wurden: Weizen 52 ha, Sommergerste 186 ha, Hafer 20 ha, Kartoffeln 100 ha, Grünmais 60 ha. 16 ha sind Wiesen. Der Rindviehbestand betrug am 31. Dezember 1980 531 Stück. Ingesamt verteilten sich diese auf sechs Rindviehhalter, darunter einen Milchkuhhalter. Nur je ein Bauer hielt auch Hühner und Pferde.[8] Der Viehbestand sollte jedoch kurz darauf massiv zurückgehen.

Ende des 20. Jahrhunderts existierten in Feldkirchen neben den beiden außerhalb der Ortschaft gelegenen Gütern Oberndorf (Zehetmair) und Hölzlhof (Holly) noch fünf landwirtschaftliche Betriebe. Alle hatten sich infolge der Strukturveränderung in der Landwirtschaft auf einige wenige Produktionszweige spezialisiert:

Genossenschafts-Dreschmaschine auf dem Weg zum Hölzlhof, Oktober 1925

Gut Oberndorf: Mastbetrieb, Getreide- und Kartoffelbau mit eigener Branntweinbrennerei. Gut Hölzlhof Holly: Saatgetreidevermehrung, Kartoffelanbau für Brennerei und Verarbeitung im Pfanni-Werk, Viehhaltung auswärts. Gruber Hermann, Aschheimer Straße 13, Gnädig Georg, Ottostraße 1, Mermi Georg, Ottostraße 2: Alle drei betrieben Bullenmast, Saatgetreidevermehrung, Kartoffelanbau für Brennerei und Verarbeitung im Pfanni-Werk. Wurth Ludwig, Münchner Straße 35: Kuhmast, Kartoffelanbau für Brennerei und Verarbeitung im Pfanni-Werk. Wurth Richard, Hohenlindner Straße 46: Erzeugung von Vorzugsmilch, Kartoffelanbau für Brennerei und Verarbeitung im Pfanni-Werk.

An der Wende zum neuen Jahrtausend veränderte sich auch die Landwirtschaft in Feldkirchen, nicht allein wegen der veränderten Situation in Riem. Pfanni zog in den 1990er Jahren um nach Mecklenburg-Vorpommern. Der Absatz an Kartoffeln war damit weggebrochen. Dazu kam später noch der Wegfall des Branntweinmonopols und damit die Möglichkeit, größere Mengen an Kartoffeln in der Brennerei vor Ort zu verwerten. Dadurch fiel auch das Abfallprodukt, die Schlempe, weg, die für die Bullenmast verwendet wurde. Das Ende vom Lied: 2015 gab es in Feldkirchen keine Viehhaltung mehr. Die letzten Bauern bauten nur noch in geringem Maße Mais, Raps oder Luzerne an. Ein Teil des Agrarlands wurde Bauland, Gewerbebetriebe siedelten sich an, ehemalige Stadel wurden an Gewerbeunternehmen verpachtet.

Die Landwirtschaft

Kartoffelsetzen auf dem Mermihof, 1936

Kartoffelanbau

In der Gegend um Feldkirchen wurden Ende des 20. Jahrhunderts Silomais für die Bullenmast, Braugerste und vor allem Kartoffeln angebaut. Die bei uns so beliebte und im Münchner Osten vielfach angebaute Kartoffel wächst jedoch gerade einmal 200 Jahre auf unseren Äckern. Lange nachdem die Kartoffel aus dem neu entdeckten Amerika, genauer aus Virginia, nach Europa gekommen war, legte sich langsam das anfängliche Misstrauen gegen die giftige Pflanze. In Notzeiten, wie dem Spanischen Erbfolgekrieg (1701–1714), wurde sie vereinzelt für den eigenen Bedarf angebaut. Mit Kurfürst Karl Theodor (1777–1799) kam die Kartoffel erneut nach Oberbayern, doch waren die Altbayern auch in dieser Hinsicht den Pfälzer Neuerungen gegenüber sehr skeptisch. Nur sehr zögernd hielt die Kartoffel um 1800 Einzug als Handelsware; durch die Missernte von 1816 und die dadurch bedingten Teuerungen sowie das fehlende Saatgut für den Anbau 1817 wurde der Kartoffelanbau gefördert. Seither ist diese Feldfrucht aus unserer Gegend und von unseren Tischen nicht mehr wegzudenken.

Noch im Jahr 1952 betrug die Kartoffel-Anbaufläche in Feldkirchen insgesamt 81 Hektar (ha), die sich elf Anwesen teilten (Ludwig Holly 17 ha, Evangelische Erziehungsanstalt 11 ha, Philipp Wurth/Sames 8 ha, Jakob Lehrer 5,5 ha, Georg Gnädig 8 ha, Johann Mermi 6,5 ha, Philipp Wurth/Oberndorf 5,5 ha, Josef Oberhauser 8 ha, Philipp Wurth II 5,5 ha, Ludwig Heinrich 3 ha und Georg Mehringer 3 ha).[9]

Ein Teil der Feldkirchner Kartoffeln wurde an die heimische Brennerei geliefert. Durch die Gründung von zwei Brennereigenossenschaften in Feldkirchen im Jahre 1906 – jede Brennerei hatte sieben Mitglieder – mit einem Gesamtbrennrecht von 1.000 Hektoliter konnte ein Teil der anfallenden Kartoffelernte aus dem Markt genommen werden. Von den Brennereien kam wiederum die Schlempe, das billige Kartoffel-Abfallprodukt beim Schnapsbrennen, zurück an die Bauern, sodass diese relativ billig füttern konnten und somit für sie die Spezialisierung auf Bullenmast rentabel wurde. Doch war auch im Fall der Brennereigenossenschaften anfangs der Weg sehr dornig.

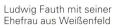
Ludwig Fauth mit seiner Ehefrau aus Weißenfeld

Die wenigen Mitglieder mussten bei der Gründung und auch nach der Währungsreform erhebliche finanzielle Opfer zur Herstellung und Verbesserung der Betriebsanlagen erbringen. In den späteren Jahren wurden die beiden Brennereigenossenschaften zu einer Branntweinbrennereigenossenschaft vereinigt, da der Staat jeder Genossenschaft nur in beschränktem Maße Brennrecht zur Verfügung stellte. Durch Brennrechtszukäufe hatte sie bereits 1960 ein reguläres Brennrecht von 2.060 Hektoliter Sprit, was einer Kartoffelverarbeitung von rund 20.000 Doppelzentnern pro Jahr entsprach.

Noch Ende des 20. Jahrhunderts gehörten der Brennereigenossenschaft Landwirte aus Feldkirchen, Heimstetten und Aschheim an. Durch Brennrechtszukäufe hatte die Brennereigenossenschaft ein reguläres Brennrecht von 3.250 Hektoliter Sprit, was einer jährlichen Kartoffelverarbeitung von rund 32.500 Doppelzentnern entsprach. Das Brennereigebäude stand ursprünglich an der Münchner Straße (jetzt Firma Deschler) und an der Sonnenstraße (heute Firma Stettmeier); seit 1959 befand es sich an der Emeranstraße 47.

Nach rund einem Jahrhundert kam das Aus: Nach wiederholten Verlängerungen und Übergangsregelungen wird das Monopolgesetz für Branntwein mit Wirkung zum 31. Dezember 2017 endgültig außer Kraft gesetzt. Die staatlichen Beihilfen für die Kartoffel- und Getreidebrennereien waren bereits Ende 2013 ausgelaufen. Für die rund 20.000 deutschen Klein- und Obstbrennereien endet das Branntweinmonopol Ende 2017. Auch in Feldkirchen gibt es nun keine Brennerei mehr. Die alten Gebäude wurden abgetragen und Neubauten an ihrer Stelle errichtet.

Die Brennereigenossenschaft war eine Möglichkeit, größere Mengen von Kartoffeln zu verwerten. Sie reichte jedoch nicht für die geernteten Kartoffelmassen aus. Um die Jahrhundertwende stürzte nämlich infolge der Zollgesetze der Reichsregierung Caprivi von 1902 die deutsche Landwirtschaft in eine Dauerkrise. Die Senkung der deutschen Landwirtschaftszölle hatte zur Folge, dass die Bauern größtenteils auf ihren Ernteerträgen sitzen blieben. Dies traf die Feldkirchner Bauern besonders hart, die – bedingt durch die niedere Bodenqualität und deren Anbaumöglichkeiten – nur beschränkt Getreide, dafür aber

Die Landwirtschaft

Bild oben und rechts:
Kartoffel-Trocknungs-
anstalt 1927

Bild unten:
Kartoffeltrocknung,
1926

reichlich Kartoffeln anbauten. Ein zweiter Weg der Kartoffelverwertung wurde seit dem Jahr 1915 bzw. 1916 beschritten: Am 9. Oktober 1915 gründeten in München 46 Landwirte auf genossenschaftlicher Ebene die „Kartoffel-Trocknungsanstalt München und Umgebung" mit Sitz in Feldkirchen, die am 4. November im Gemeinderat gebilligt wurde. In den Vorstand gewählt wurden Gutsverwalter Georg Stadelmann vom Kreisgut Eglfing, Gastwirt Jakob Fauth in Weißenfeld und Gutsbesitzer Philipp Holly in Feldkirchen. Ökonomierat Franz Kaffl leitete die Versammlung und wurde unter anderen in den Aufsichtsrat gewählt. Die Trocknungsanstalt der Genossenschaft wurde in Feldkirchen nahe dem Bahnübergang errichtet, wofür über vier Tagwerk Grund von der Aktiengesellschaft Rüttgerswerke in Berlin angekauft wurden. Die Pläne für das Gebäude stammten vom Kreisbaumeister August Lang in Eglfing. Bis Frühjahr 1916 waren die Maschinen einsatzbereit und die neuartige Anstalt, die für die ganze Region von Bedeutung war, wurde Ziel zahlreicher interessierter Besucher, angefangen vom bayerischen König, verschiedenen Würdenträgern und Fachleuten. Schnell erwies sich das Unternehmen als Erfolg.[10]

Die Kartoffel-Trocknungsanstalt – ein Erfolgsmodell im Jahr 1916

König Ludwig III. und die Kartoffel-Trocknungsanstalt

„Am Donnerstag den 11. Mai 1916 bekam das in reichem Flaggenschmuck prangende Feldkirchen hohen Besuch. Seine Majestät der König kam in Begleitung des Obersthofmeisters Freiherrn v. Leonrod, um die seit kurzem in Betrieb befindliche Kartoffel-Trocknungsanstalt zu besichtigen. Von der gesamten Schuljugend und einem Teil der Bevölkerung mit Hochrufen empfangen, ließ sich der König durch die Herren Kgl. Ökonomierat Kaffl, Kgl. Verwalter Stadelmann und Kgl. Landwirtschaftslehrer Gerner den interessanten und sauberen Betrieb zeigen und eingehend erklären. Bei einem kurzen Imbiß im Kreise der Vorstands- und Aufsichtsratsmitglieder der Genossenschaft verschmähte der König auch den aus den Erzeugnissen der Anstalt gebackenen Kartoffelkuchen nicht. Vor der Abreise wurden auch die Herren Pfarrer Crämer, Expositus Fuchshuber, Lehrer Priehäußer und Hauptlehrer Werndl, die von Bürgermeister Stockinger dem König vorgestellt wurden, durch eine Ansprache erfreut. [...] Nach ¾ Stunden kehrte der König wieder nach Leutstetten zurück.

Am Mittwoch darauf, den 17. Mai, wurde die Anstalt durch Vertreter der Kgl. Kreisregierung von Oberbayern, der benachbarten Bezirksämter und landwirtschaftlicher Vertretungskörper besichtigt. Der Vorstand der Anstalt, Herr Kgl. Gutsverwalter Stadelmann von Egling, begrüßte die Erschienenen und gab einen lehrreichen Überblick über die Entstehungsgeschichte und die Bedeutung der neuen Anlage, in welcher täglich 300 Zentner Kartoffeln getrocknet und so für Jahre hinaus haltbar gemacht werden können. Zurzeit sind 40.000 Zentner von 70 Genossenschaften zur Trocknung angemeldet. Im Bedarfsfalle kann aber die Anstalt ohne Schwierigkeiten so erweitert werden, daß die doppelte Zentnerzahl verarbeitet werden kann."

(Evangelisches Gemeindeblatt Mai 1916, S. 44)

„Die Kartoffel-Trocknungsanstalt Feldkirchen, die Ende September ihren Betrieb wieder aufnahm, mußte einen zweiten Dampfkessel und einen zweiten Trocknungsapparat aufstellen, um den an sie gestellten Anforderungen gerecht zu werden. Von 101 Genossen sind 44.300 Zentner Kartoffeln zum Trocknen gezeichnet. Außerdem hat das Reich 40.000 Zentner zum Trocknen angemeldet. Der neue Apparat wurde von der Kartoffel-Trocknungsgesellschaft Berlin um 16.300 Mark geliefert. Ein bereits gebrauchter Dampfkessel konnte vom Tonwerk Geisenbrunn um 1.200 Mark erworben werden (der erste Kessel hatte 5.500 Mark gekostet). Auch die Kohlenschuppen müssen erweitert werden. Endlich sollen noch weitere Vorratsräume für angelieferte Kartoffeln geschaffen werden. Es wurde deshalb in der letzten Mitgliederversammlung, in welcher die Rechnung über das erste Geschäftsjahr vorgelegt und anerkannt wurde, ein weiterer Kredit von insgesamt 30.000 Mark genehmigt. Das Geld wird von der Bayerischen Zentraldarlehenskasse gegen hypothekarische Sicherheit zur Verfügung gestellt. Die neue Anlage hat sich bereits glänzend bewährt und wird immer mehr Freunde und Anhänger finden."

(Evangelisches Gemeindeblatt Oktober 1916, S. 69)

Hoher Besuch

Nicht nur König Ludwig III. stattete der Kartoffel-Trocknungsanstalt eine Besuch ab. Auch nach dem Ersten Weltkrieg stand sie stets auf dem Besichtigungsprogramm hochrangiger Gäste:

„Am Donnerstag, den 19. April unternahm Regierungspräsident von Oberbayern Dr. von Knözinger in Begleitung des Bezirksamtsvorstandes München-Land, Freiherrn von Stengel, eine Besichtigungsfahrt, die ihn über Freimann, Großlappen, Unterföhring und Ismaning auch in unseren Ort führte. Die hohen Herren kamen gegen 11 Uhr im Kraftwagen hier an und wurden von einem Ortskomitee, bestehend aus den Bürgermeistern Holly und Schüle, Altbürgermeister Stockinger und den Gemeinderäten Winter und Wurth, empfangen. Als erstes Gebäude wurde die Kartoffeltrockungsanstalt München und Umgebung besichtigt; der Vorsitzende des Aufsichtsrates, Landesökonomierat Kaffl-München und der Vorstand, Oekonomierat Stadelmann-Eglfing, waren ebenfalls anwesend. Der Präsident folgte mit größtem Interesse dem eigenartigen Arbeitsprozeß, zumal ja in Oberbayern nur noch ein derartiger Betrieb (bei Freising) besteht. Bei einem nachfolgenden Frühstück in den Räumen der Gesellschaft begrüßte 1. Bürgermeister Holly den Regierungspräsidenten aufs herzlichste und legte ihm in ausführlicher Weise die Entwicklungsgeschichte des Ortes dar.

Präsident von Knözinger dankte dem Bürgermeister und Oekonomierat Holly für den freundlichen Empfang, sprach sich lobend über die gutgeleitete Gemeinde aus, die zu den führenden des Bezirksamtes München-Land gehöre und gerade für das Siedlungswesen im Münchner Osten einen wertvollen Stützpunkt darstelle. Unter Führung des katholischen Ortsgeistlichen, Pfarrer Axenböck, fand hierauf eine Besichtigung der neuerbauten katholischen Pfarrkirche statt, deren imposanter Bau die Verwunderung des hohen Besuches hervorrief. Auch die evangelische Pfarrkirche wurde einer Augenscheinnahme unterzogen, wobei allgemein der Wunsch zum Ausdruck kam, daß auch hier der längst projektierte Erweiterungsbau baldigst in Angriff genommen würde. Der Abschluß des Aufenthaltes der Herren bildete ein Besuch der evangelischen Erziehungsanstalt, wobei Pfarrer Turtur als Inspektor und die Hauseltern Scheu die Führung übernahmen. Auch dieser modern eingerichtete Betrieb fand den vollen Beifall. Zu Ehren des Regierungspräsidenten brachte ihm die Knabenkapelle des Instituts ein Ständchen. Nach fast zweistündigem Aufenthalt verabschiedete sich Regierungspräsident von Knözinger unter Dankes- und Anerkennungsworten von den Vertretern der Gemeinde, um am gleichen Tage noch den Gemeinden Haar und Trudering seinen Besuch abzustatten."

(Vorort und Siedelung, 28. April 1928)

Zweck dieser innovativen Einrichtung war es, die unverkäuflichen Kartoffeln durch Trocknung vor dem Verderb zu bewahren. Welche Bedeutung dieser Gründung damals zukam und wie aufsehenerregend dieses Projekt war, macht die Tatsache deutlich, dass sogar König Ludwig III. von Bayern zur Eröffnung kam. Bei einer 24-stündigen Arbeitsleistung in Tag- und Nachtschichten konnten seinerzeit täglich rund 350 Doppelzentner Kartoffeln zu Flocken verarbeitet werden. Modernisierung und technische Verbesserungen der maschinellen Anlagen ermöglichten später eine tägliche Verarbeitung von 900 Doppelzentnern.

Bei der Mitgliederversammlung am 17. November 1918 im Gasthof Glasl konnte bereits die Verwertung von über 120.000 Zentner Kartoffeln für das Betriebsjahr 1917/18 vermeldet werden, wovon 12.000 Zentner an den Hauptverteiler in Berlin geliefert wurden, 12.000 an das 1. und das 14. Armeekorps, 30.000 an die Lebensmittelversorgungsgesellschaft München und 67.000 an verschiedene Kommunalverbände.[11] Die Kartoffelflocken dienten als hervorragendes Aufzuchtfutter, vor allem für die Schweinemast.

Infolge der Strukturveränderung der Landwirtschaft, der Aufgabe von kleineren landwirtschaftlichen Betrieben und der Kartoffelvermarktung auf der einen Seite, der steigenden Betriebskosten des Werks auf der anderen, verlor die Kartoffelflockenfabrik nach einem erneuten Aufschwung in der Zeit unmittelbar nach dem Zweiten Weltkrieg langsam ihre frühere Bedeutung. 1964 kam man überein, die Genossenschaft aufzulösen und das Werk an der Straße nach Aschheim, unmittelbar rechts nach der Bahnunterführung, stillzulegen.[12]

Außerdem hatte man inzwischen einen anderen Abnehmer: Nach dem Zweiten Weltkrieg kamen nun viele Feldkirchner Kartoffeln auf dem Umweg über die 1949 von Werner Eckart (1909–1997) gegründete Firma Pfanni in vielfältiger Form in bayerische und außerbayerische Küchen. 1965 etwa verarbeitete Pfanni in seinem Werk drei Millionen Zentner Kartoffeln. Da waren auch einige aus Feldkirchen dabei. Allerdings zog das Unternehmen, das 1993 an CPC Deutschland verkauft wurde, kurz darauf nach Mecklenburg-Vorpommern. Der Absatzmarkt für die Feldkirchner Landwirte fiel damit gänzlich weg.

Abbruch der Kartoffel-Trocknungsanstalt

Die Landwirtschaft

Haferernte auf dem Hölzlhof, 1926, im Vordergrund Philipp Holly

Milchwirtschaft und Viehzucht

Sehr viel länger bekannt als der Kartoffelanbau sind Milchwirtschaft und Viehzucht auf den Bauernhöfen östlich von München. Gerade Flußauen und größere Moore – das Erdinger Moos reichte früher viel weiter nach Süden als heute – wurden nachweislich gegen Ende des 11. Jahrhunderts als Weideland genutzt. Ackerbau war in diesen feuchten Niederungen kaum möglich. Es entstanden Schwaigen, ländliche Anwesen für Viehzucht. Besonders die Schwaigen in der Nähe der Städte wurden mehr und mehr zu Fleischlieferanten. Das Kloster Frauenchiemsee etwa wandelte in dieser Gegend alle seine Vollbauernbetriebe in Schwaigen um, so auch in Oberndorf.
Um 1300 hatte die Entwicklung der bayerischen Milchwirtschaft ihren Höhepunkt erreicht, danach sank das Interesse etwas. Warum ist nicht klar; vielleicht verlor der Käse an Beliebtheit. Allgemein ist festzustellen, dass für Käse zunehmend Schmalz an die Klöster abgegeben wurde.

Kurz vor dem Dreißigjährigen Krieg hatte ein oberbayerischer Betrieb von ca. 30 Tagwerken durchschnittlich zwei Kühe und ein Jungvieh; 100 Jahre später war der Viehbestand etwa um 15 Prozent gestiegen.[13] Spezielle Angaben über den Viehbestand in Feldkirchen liegen für die frühen Zeiten nicht vor. Für die Schwaige Oberndorf, die jedoch eine Ausnahmestellung einnahm, ist für das 17. Jahrhundert bekannt, dass die Heuernte jährlich etwa 380 Zentner einbrachte und etwa 200 Schafe und 60 bis 70 Stück Vieh auf die Weiden getrieben wurden, wobei zu diesem Viehbestand auch von Kloster Weyarn herüber getriebene Tiere zählten.

Ansonsten ist für frühere Jahrhunderte auch die Haltung von Schweinen und natürlich Hühnern überliefert, in der ersten Hälfte des 20. Jahrhunderts zudem von Ziegen. Am 23. Oktober 1936 erhielt der Ziegenzuchtverein Feldkirchen zur Anschaffung eines Ziegenbocks einen Zuschuss von 50 RM. Am 13. Juni 1940 beschloss der Gemeinderat, dass die Ziegenbockhaltung in Feldkirchen im Einvernehmen mit dem Verband oberbayerischer Ziegenzüchter in München neu zu regeln sei. Dem

bisherigen Bockhalter wurden die Mehrausgaben für das abgelaufene Geschäftsjahr mit 42 RM aus der Gemeindekasse vergütet.

Zusammenarbeit in der Landwirtschaft war von jeher notwendig und vor allem kostensparend. So beschloss man am 9. August 1874, dass gemeinschaftlich gehütet werden sollte (nachdem sich im Jahr zuvor bereits einige Bauern zu einer „Stiergenossenschaft Feldkirchen" zum Zweck einer guten Viehhaltung und Pflege der Kälber für die Rinderaufzucht zusammengeschlossen hatten[14]). Die beiden Bullenbesitzer Philipp Lehrer und Lorenz Wisgigl konnten ihre Bullen gegen ein Honorar von acht Gulden mit austreiben. Für einen Wochenlohn von drei Gulden wurde ein eigener Hirte angestellt. Gras von gemeindeeigenen Gründen wurde verkauft. So hat man zum Beispiel das Gras am Friedrichsplatz für das Jahr 1912 um drei Mark an Fritz Lehrer abgegeben.

Im Jahr 1890 wurde erstmals ein Viehmarkt in Feldkirchen abgehalten. Im Juni wählte der Gemeinderat dafür drei Preisrichter und legte fest, dass beim Einnehmen der Gebühren der

Gemeindediener je durch ein Mitglied des Gemeindeausschusses unterstützt werden sollte, und zwar abwechselnd nach dem Alter. Johann Huber war der Erste. Am 8. Juli 1890 traf die Genehmigung zur Abhaltung von Viehmärkten aus München ein. Die „hohe königliche Regierung" hatte sie genehmigt.

Bild oben:
Heuernte auf dem Hölzlhof, Anfang der 1930er Jahre

Bild unten:
An der Friedensstraße gegenüber Asam

Die Landwirtschaft

Bild oben:
Heuernte auf dem Hölzlhof,
Anfang der 1930er Jahre

Bild unten:
Ludwig Holly mit Benz-Sendling beim Ackern, 1925

Laut Bayerischem Jahrbuch von 1904 fand der Markt an jedem zweiten Donnerstag eines Monats statt; wenn dies allerdings ein Feiertag war, wurde er auf den Mittwoch vorverlegt. Wie lange dieser Viehmarkt bestand, ist ungewiss. Ab 1912 wird er in den Bayerischen Jahrbüchern nicht mehr erwähnt.

Für das Jahr 1921 ist auch eine „Milchabsatzgenossenschaft Feldkirchen" erwähnt, die vom Kommunalverband München-Land angehalten wurde, die für die Verbraucher in Feldkirchen benötigte Frischmilchmenge nach wie vor in Feldkirchen zum Ausschank zu bringen. Der Preis wurde pro Liter auf 2 Mark 30 Pfennig festgesetzt. Da es mit der Genossenschaft Preisdifferenzen über den örtlichen Milchpreis gab, beschloss man im Gemeinderat, der Genossenschaft die Milch um 1 Mark 90 Pfennig pro Liter abzunehmen und um diesen Preis an die Verbraucher abzugeben.[15] Die „Milchabsatzgenossenschaft Feldkirchen" ist noch für das Jahr 1942 erwähnt.

Alles in allem gesehen, haben sich die genossenschaftlichen Einrichtungen in Feldkirchen besonders auf die Landwirtschaft segensreich ausgewirkt.[16]

Bild oben:
Hanomag Schlepper-Zug 1932 mit
200 Zentner Kartoffeln vor dem Hölzlhof

Bild unten:
Dampfmaschine auf dem Hölzlhof,
Januar 1925

Grünfutter-Trocknungswerk

Angeregt durch die günstigen Versuchsergebnisse mit der künstlichen Trocknung von Grünfutter im nahe gelegenen Staatsgut Grub hatten mehrere fortschrittliche Landwirte die Idee, auch in Feldkirchen ein Grünfutter-Trocknungswerk zu errichten, um aus jungem Grüngut wirtschaftseigenes Kraftfutter herzustellen. Am 9. April 1952 wurde auch auf diesem Gebiet eine Genossenschaft gegründet, der 18 Landwirte als Mitglieder beitraten. Doch erst in der Versammlung vom 8. Dezember 1953, bei der prominente Vertreter der Landwirtschaft über die Bedeutung der künstlichen Trocknung und die Wirtschaftlichkeit im landwirtschaftlichen Betrieb durch Verfütterung von Grünkraftfutter referierten, fiel die Entscheidung zur Errichtung des Werkes. Am 2. Juni 1955 konnte mit der Herstellung von Grünkraftfutter begonnen werden. Die Gesamtkosten für den Bau einschließlich der maschinellen Einrichtungen beliefen sich auf 450.000 DM. Mit rund 200.000 DM haben sich die Mitglieder, deren Zahl inzwischen auf 146 angewachsen war, durch Geschäftsanteilseinzahlungen an der Finanzierung beteiligt. Doch nach wenigen Jahren (am 31. Dezember 1964) wurde die Trocknung wieder eingestellt.[17]

Das Aufrichten von „Strohmandln" gehörte noch zwischen den Weltkriegen zum landwirtschaftlichen Alltag. Beim Hölzlhof 1931

Alltag auf dem Bauernhof in Feldkirchen einst und um 1980

Wie es auf den Höfen zuging, erzählte Hermann Gruber sen. in den 1950er Jahren:
„Unser Hof [Oberhauser] umfaßt eine landwirtschaftliche Nutzfläche von 35 ha. Vor 50 bis 60 Jahren [um 1900] wurden auf dem Hof vier Pferde für die Zugarbeit gehalten. In den Ställen standen ungefähr zwölf Kühe, zwanzig Schweine, fünfundzwanzig Hühner und zehn Gänse. Die Kühe wurden nicht selber nachgezogen, sondern als Milchkühe gekauft und „abgemolken". Die Futterbedingungen ließen eine Zucht nicht zu. Bedenkt man, daß über den Winter nur Schlempe, wenig Stroh und Heu gefüttert werden konnte, so wird die letzte Behauptung leicht verständlich. Auf den Feldern wurden Roggen, Hafer, Gerste und Kartoffeln angebaut. Die Ernteerträge betrugen beim Getreide zehn bis fünfzehn Zentner und bei den Kartoffeln 100 bis 150 Zentner je Tagwerk. An festen Arbeitskräften waren neben dem Besitzer und der mitarbeitenden Familie auf dem Hof ein Melker und zwei Knechte bzw. Dienstmägde beschäftigt. Zu diesen für die Größe des Hofes verhältnismäßig wenigen Arbeitskräften kamen in der Getreide- und Kartoffelernte noch sechs Saisonarbeitskräfte, die meist aus dem Bayerischen Wald stammten, hinzu.

Die meisten Arbeiten mußten damals – die Mechanisierung der Landwirtschaft stand erst in den Anfängen – von Hand verrichtet werden. Pflüge, Grubber [Gerät zur Lockerung des Erdreichs], Eggen, Kartoffelroder, Sämaschine, Grasmäher und Dreschmaschine standen dem Landwirt schon zur Verfügung. Die Sense wurde in der Getreideernte etwa 1935 von einem Bindemäher abgelöst. Ebenfalls schon vor dem Krieg half ein Traktor beim Ziehen schwerer Lasten."

Nach dem Zweiten Weltkrieg hat der Landwirt Gruber seine landwirtschaftliche Nutzfläche durch Pacht von Ackerflächen aufgegebener Anwesen beträchtlich erweitern können. Er bestellte nun 57 ha Acker und 10 ha Wiesenfläche. Die Wiesen lagen auf dem damaligen Flughafengelände München-Riem. Neben der Familie half nun nur noch eine zusätzliche, fest angestellte Arbeitskraft. Der Betrieb war auf Bullenmast spezialisiert. Kälber wurden im Alter von ca. drei Wochen gekauft und in drei verschiedenen altersspezifischen Ställen zu schlachtfertigen Bullen gemästet. Das Mastfutter – Mais, Futtergetreide und Sojaschrot – wurde in Silos gespeichert. Neben den ca. 100 bis 150 Bullen gab es auf dem Hof keine weiteren Tiere.

Um die großen Ackerflächen kostengünstig und arbeitssparend bewirtschaften zu können, stand den Bauern nun eine Reihe modernster Maschinen zur Verfügung: Wendepflüge, Sämaschinen, Pflanzenschutzspritzen, Mähdrescher (der erste Mähdrescher wurde im Jahr 1952 angeschafft), Hochdruckpressen für die Strohballen, Feldhäcksler für die Silage, Heumaschinen, Kartoffelsetzmaschinen und Kartoffelvollernter. Bei langer Trockenheit konnte Herrmann Gruber seine Felder durch eine eigene Beregnungsanlage aus einem eigenen Brunnen feucht halten. An Zugmaschinen besaß der Hof drei Schlepper.

Die Mechanisierung und vor allem die Einführung von Mineraldüngemitteln hatten eine erhebliche Steigerung der Erträge zur Folge gehabt. Hermann Gruber bebaute etwa die Hälfte seiner Ackerfläche mit Getreide, vor allem mit Braugerste und Weizen als Futtermittel sowie Raps; die andere Hälfte wurde etwa zu gleichen Teilen für den Anbau von Kartoffeln und Mais genützt. Beim Getreide erzielte er jetzt rund 25 bis 35 Zentner, bei den Kartoffeln 200 bis 250 Zentner je Tagwerk. Umgerechnet auf die Erträge der Landwirtschaft rund ein halbes Jahrhundert früher war dies eine Steigerung um das Zwei- bis Zweieinhalbfache.

(Leonhard Baumann, Die Landwirtschaft in Feldkirchen, in: Heimatkundliche Stoffsammlung, S. 85 ff.)

Die Feldgeschworenen

Hüter der Felder und vor allem ihrer Grenzen waren seit langem die Feldgeschworenen, die noch heute in jeder Gemeinde aufzustellen sind. Die Feldgeschworenen, die wegen ihrer ursprünglichen Anzahl von sieben Personen je Gemeinde auch „Siebener" genannt wurden, sind bereits im 13. Jahrhundert aus alten Mark- und Feldgerichten hervorgegangen. Ihre Aufgabe war es, Schiedssprüche in Grenzangelegenheiten zu fällen. Als „Hüter der Grenzen und Abmarkungen" werden die Feldgeschworenen seit Jahrhunderten geschätzt und im Bedarfsfall angerufen, speziell wenn jemand heimlich einen Grenzstein zum eigenen Vorteil versetzt hatte. Sie kennen das sogenannte Siebenergeheimnis, die geheimen Zeichen, mit deren Hilfe die Feldgeschworenen die Echtheit und den richtigen Standort der von ihnen gesetzten Grenzsteine feststellen können, und bewahren darüber striktes Stillschweigen – zeitlebens! Das Geheimnis selbst wird mündlich überliefert; schriftliche Aufzeichnungen könnten zu leicht in falsche Hände geraten. Allerdings wurde 1983 in einer Notiz festgehalten: *„In unserer Gemeinde existiert kein ‚Siebenergeheimnis'".*[18]

Die Institution der Feldgeschworenen gibt es bis heute und immer wieder wird von Seiten der Gemeinde nach Personen gesucht, die in dieser Funktion fallweise das Vermessungsamt München bei den Vermessungen und Abmarkungen im Gemeindegebiet unterstützen. Die ehrenamtliche Tätigkeit genießt noch heute – in Zeiten der Grundstücksvermessung mit modernsten Techniken – ein hohes Ansehen. Die Ortskenntnisse der Feldgeschworenen und ihre vermittelnde Tätigkeit zur Aufrechterhaltung des Grenzfriedens werden sowohl von Grundstückseigentümern als auch vom Vermessungsamt gleichermaßen geschätzt.

Reinhaltung der Fluren

Mit Datum vom 18. August 1908 erließ die Gemeindeverwaltung Feldkirchen folgende ortspolizeiiche Vorschriften:

„§ 1. Es ist verboten, auf Feldwegen, welche nicht unter § 1 der Distriktspolizeilichen Vorschriften vom 1. Juni 1908 betr. den Schutz des Verkehres auf öffentlichen Wegen fallen, Bierflaschen, Glasscherben, altes Eisen, überhaupt Gegenstände wegzuwerfen oder liegen zu lassen, durch welche diese Wege in ihrer Benützbarkeit beeinträchtigt oder durch welche landwirtschaftliches Eigentum, insbesondere landwirtschaftliche Gerätschaften und Maschinen beschädigt werden können.

§ 2. Es ist verboten, auf Äckern und Wiesen Bierflaschen, Glasscherben oder andere Gegenstände wegzuwerfen, bezw. liegen zu lassen, welche geeignet sind, die Bewirtschaftung oder den Ertrag der Grundstücke zu beeinträchtigen oder anderes landwirtschaftliches Eigentum, insbesondere landwirtschaftliche Maschinen und Gerätschaften zu beschädigen."

Die Landwirtschaft

Schäden durch Unwetter

Waren die Bauern in der Regel sowieso schon alles andere als gut gestellt – manchmal traf sie ein Unwetter oder eine Schädlingsplage noch zusätzlich. Diese konnten immer wieder eintreten.

Ein kurzer Hagelschlag genügte, um die Ernte zu vernichten. Selten wurden diese Unwetter allerdings schriftlich niedergelegt. Einen frühen Hinweis verdanken wir dem Münchner Architekturmaler Anton Höchl, der in seinen Tagebüchern Brandschäden, Unwetterkatastrophen, Hochwasser und Ernteschäden aus ganz Bayern verzeichnete. Am 13. Juli 1894 heißt es dort: *„Das Gewitter in Feldkirchen, Gronsfeld, Ottendichl, Salmdorf und Möschenfeld hat großen Schaden angerichtet; Schlossen wie Hühnereier fielen. Viele Hunderte von Vögeln sind tot. Am ärgsten ist Forstinning betroffen: Von 100 Häusern sind 80 total verwüstet, auch Schwaberwegen. Die Orte bieten ein schreckliches Bild des Jammers."*[19] Die Katastrophe muss beachtlich gewesen sein, da den betroffenen Gemeinden in der Folge sogar die Stundung von Steuern zugestanden wurde.[20]

Auch der Physikatsbericht für München rechts der Isar aus dem Jahr 1862 erwähnt die häufigen „Hagelschauer", die oft extreme Schäden anrichteten. Und der Arzt Karl Kaltdorff, der Autor des Berichts, ergänzte: *„Im Allgemeinen gehört der Bezirk mit zu den Gegenden Oberbayerns, wo der Hagel am häufigsten schlägt."*[21] Das konnte man auch in Feldkirchen bestätigen. Immer wieder ist von Hagelschäden die Rede. In der Nacht vom 3. auf den 4. Juni 1909 etwa vernichtete ein starker Hagel einen Großteil der Ernte, besonders der Roggenernte auf den Fluren von Feldkirchen, Riem und Umgebung. *„Der Hagelschaden der Erziehungsanstalt Feldkirchen wurde von der Kgl. Versicherungskammer auf 2965 Mark festgelegt."* Die Entschädigung für erlittenen Hagelschaden in der Gemeinde insgesamt betrug rund 72.000 Mark.[22] Damals war dies eine enorme Summe. Gut, dass die Gemeinde bereits 1884 der staatlichen Hagelversicherungs-Anstalt beigetreten war, die im Schadensfall einspringen konnte.[23]

Immer wieder berichtete das Evangelische Gemeindeblatt vom „starken Hagelschaden" in Feldkirchen. Auch für die Jahre 1928, 1929 und 1930 sind immense Hagelschäden überliefert.[24] 1929 kam es durch herabhängende Stromleitungsdrähte sogar zu einem weiteren Unglück: Einen Landwirt, der mit dem Rad in der Sonnenstraße fuhr, traf dadurch ein

---

Das Hagelunwetter am Sonntag, den 10. Juni 1928

„Die drückende, fast tropische Hitze, die bereits am Samstag in den Mittagstunden herrschte und auch in der Nacht zum Sonntag eine schwüle Atmosphäre zur Folge hatte, lastete in verstärktem Maße am Sonntag über dem Oberland. Der Himmel blieb klar und nur einige Strichwolken durchzogen das strahlende Blau. Gegen 5 Uhr aber zogen schwarzgelbe Wolken auf, Blitze zuckten aus dem Gewölk und ein Hagelschlag folgte, wie ihn, vor allem die Gebiete südlich, südwestlich und östlich von München seit Menschengedenken nicht gesehen haben. In kurzer Zeit war der Boden weiß vom Hagel, der von abgeschlagenen Ästen und Blättern durchsetzt war. Schlossen in der Größe von Tauben-, ja sogar Hühnereiern, die ein Gewicht bis zu 65 Gramm, in Deisenhofen bis zu 100 und mehr Gramm erreicht haben, prasselten herab, mit einer Wucht, daß es klang wie stärkstes Scharfschützenfeuer.

Wen das Wetter im Freien mit unbedecktem Haupte überraschte, dem schlugen die Schlossen blutende Wunden und allenthalben konnte man später, als das Wetter sich verzogen hatte, Leute mit blutigen Köpfen antreffen, vor allem waren es Frauen mit Kinderwagen, die nicht schnell ein schützendes Dach erreichen konnten. [...]

Von dem Unwetter wurden am stärksten das Isartal und die Gegend von Deisenhofen, dann aber der Münchner Osten getroffen. Wie groß der in Wäldern, Feldern und Gärten angerichtete Schaden ist, läßt sich noch nicht feststellen. Vielfach wird berichtet, daß von Bäumen dicke Äste abgeschlagen wurden, daß man häufig tote Vögel fand, daß Getreidehalme wie abgemäht dalagen und daß in Gärten das junge Gemüse stellenweise vollständig vernichtet wurde, wie auch die Obst- und Zierbäume und -sträucher stark beschädigt worden seien. [...]"

(Vorort und Siedelung, 16. Juni 1928)

Stromschlag. *„Bis der Strom abgeschaltet werden konnte, erlitt er gräßliche Schmerzen"*. Doch scheint er den Unfall überlebt zu haben. Am 18. August 1964 vermerkte Pfarrer Hobmair in seinem Tagebuch: *„Kurzer, starker Hagelschlag. In der Kirche 35 Scheiben eingeschlagen oder zersprungen."* Und an das Unwetter und den starken Hagel vom 12. Juli 1984 können sich viele selbst noch erinnern. Hagelkörner, so groß wie Tennisbälle, fielen und hinterließen vor allem im Südwesten von Feldkirchen schreckliche Spuren. Die Gärtnerei Kahl etwa bot ein Bild der Verwüstung. Kaum ein Dach war unbeschädigt geblieben, Dachdecker in der Folge Mangelware. Aus ganz Deutschland, bis aus Schleswig-Holstein reisten sie an, um die Schäden zu beheben.

Zudem wurde Feldkirchen immer wieder von heftigen Stürmen heimgesucht – mit zum Teil verheerendem Schaden. 1963 etwa wurden viele Bäume vernichtet, die Landwirtschaft hatte hohe Verluste. Der Friedhof wirkte wie ein Schlachtfeld. Sogar der Maibaum und der Kamin der Kartoffelflockenfabrik fielen dem Sturm vom 27. August 1963 zum Opfer.

Bilder oben und unten:
Sturmschäden im Friedhof
1963

Immer wieder kam es zu Sturmschäden. In der Nacht vom 2. auf den 3. Januar 2003 fegte erneut ein gewaltiger Sturm mit hoher Geschwindigkeit über Feldkirchen. Dabei hatte zwar die Landwirtschaft weniger zu leiden als die Anwohner des Anwesens in der Beethovenstraße 23, die allesamt mit dem Schrecken davon kamen. Der Sturm deckte das Haus völlig ab; das Dach kippte auf den Hof. Ansonsten: umgestürzte Bäume und abgebrochene Äste. Ende März 2015 kam es ebenfalls zu umgestürzten Bäumen und anderen (kleineren) Schäden, als der Orkan Niklas über Deutschland hinwegfegte. Doch immerhin meldete die Freiwillige Feuerwehr Feldkirchen für den 31. März und den 1. April 49 Einsatzstellen.

Seuchen und Schädlingsplagen

Auch wenn nur wenige schriftliche Nachrichten erhalten sind: Seuchen brachten immer wieder schwere Verluste. Bekannt ist etwa die Maul- und Klauenseuche im Jahr 1920, wobei die größten Bauern, nämlich Bürgermeister Holly im Hölzlhof und das Gut Oberndorf, auch die größten Verluste zu verzeichnen hatten.[25]

In früheren Zeiten musste man sich ohne DDT, Paral oder anderen Mitteln behelfen, denn Raupen und anderes Ungeziefer ließen es sich auch in vergangenen Tagen an Blättern, Blüten und Baumstämmen gutgehen. Immer wieder werden z. B. die Obstbaumbesitzer aufgefordert, ihre Bäume nach Raupennestern abzusuchen und sie dann davon zu befreien. Sogar das kgl. Bezirksamt befasste sich mit der „Abraupung" der Bäume. Ob auch Feldkirchen von der großen Nonnenplage der Jahre 1890 bis 1892 betroffen war, die weite Teile des Ebersberger Forstes zerstörte, ist nicht überliefert. Nahe Anzing auf jeden Fall erinnert noch heute der „Nonnenstein" an die Schäden und an den Zyklon, der 1894 weitere Schäden anrichtete.[26]

Doch gehören Krankheiten und Insektenplagen beileibe nicht nur der Vergangenheit an. 2011 wurden die Eschen von einer Pilzkrankheit, dem sogenannten Eschentriebsterben, befallen, dem man durch geeignete Baumschnittmaßnahmen entgegentrat. Viel schlimmer waren jedoch Schädlinge, die erst vor wenigen Jahren eintrafen: der Asiatische Laubholzbockkäfer (ALB) und sein noch schrecklicherer Verwandter, der Zitronenbockkäfer. Diese Neozoen – so der Fachausdruck für tierische Neuankömmlinge – kamen als blinde Passagiere auf Bananen- oder anderen Dampfern zu uns. Der Laubholzbockkäfer war vermutlich irgendwo in China oder Korea auf eine Holzpalette, auf der er sich besonders wohlfühlt, gehüpft und auf dieser in einem Container nach Deutschland geschippert. Bis in den Großraum München, genauer gesagt in den östlichen Landkreis, speziell nach Feldkirchen, wurde er geliefert und machte es sich dort in Birken, Weiden, Kastanien und anderen Laubbäumen gemütlich. Der nahe Containerbahnhof könnte ein mögliches Einfallstor gewesen sein, doch ist dies reine Spekulation. Allerdings wurden vor allem im südlichen Gemeindegebiet die meisten Käfer entdeckt.

Das erste Feldkirchner Exemplar fand ein Gartenbesitzer im Oktober 2012 und schickte es, neugierig geworden, an die Bayerische Landesanstalt für Landwirtschaft in Freising. Feldkirchen war damit der vierte Ort in Deutschland, in dem der Laubholzbockkäfer, der hier erstmals 2004 gesichtet worden war, nachgewiesen wurde. Feldkirchen aber erhielt den zweifelhaften Ruhm eines der größten „Käfer-Krisengebiete" europaweit zu sein. Im Mai 2013 bezogen Fachleute sogar ein Büro im Feldkirchner Rathaus. Sie berieten die Gartenbesitzer, die aufgefordert sind, die Augen nach weiteren Exemplaren offen zu halten.

Man vermutete, dass der Käfer bereits zehn Jahre zuvor hier eingetroffen war, man ihn aber erst so spät entdeckte.

Seit den ersten Entdeckungen im Oktober 2012 ist in Feldkirchen viel geschehen. Der Käfer kann mit Pestiziden nicht bekämpft werden; natürliche Fressfeinde gibt es – anders als in China – in Europa nicht. Wenn ein Baum befallen ist, hilft nichts anderes als ihn zu fällen. Erste Abholzaktionen wurden gestartet, Flugblätter verteilt, Informationsabende veranstaltet. Baumsteiger und speziell ausgebildete Spürhunde sind unterwegs, um ja kein Exemplar zu übersehen. Immerhin gilt der bis zu vier Zentimeter große Käfer als einer der gefährlichsten Schädlinge weltweit. Noch ist es zu früh, großflächig zu roden, doch im Auge behalten muss man die unangenehmen Tierchen – und jedes entdeckte Exemplar den EU-Behörden melden. In Feldkirchen wurde durch die Landesanstalt für Landwirtschaft bereits eine Quarantänezone von fünf Kilome-

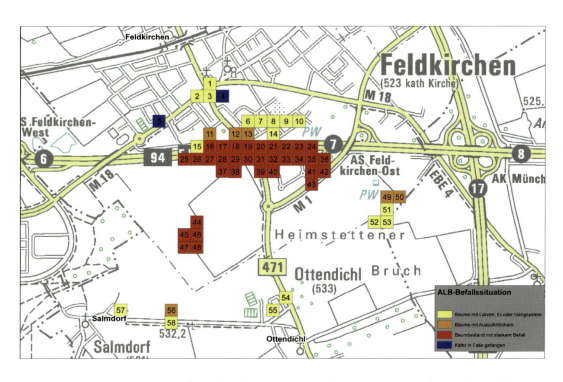

Bild oben rechts:
ALB-Befallsituation, Stand 12. 9. 2014 (Gemeindeblatt November 2014)

Bild unten:
Der Laubholzbockkäfer

tern Durchmesser eingerichtet.[27] Im Befallsschwerpunkt wurden Laubbäume mit ALB Befall bereits bis Frühjahr 2013 flächig gefällt und entsorgt, im Juli 2013 dann nochmals rund 230 Laubbäume allein im Ortsbereich Feldkirchen. Diesen Fällaktionen fiel auch das Ortsbild prägende Tucherwäldchen zum Opfer.[28] Auch in anderen Orten werden immer wieder aufs Neue Exemplare entdeckt und Baumfällaktionen angeordnet, was zu heftigen Diskussionen mit Umweltverbänden führt, stets begleitet von einem großen Medieninteresse.[29]

Noch ist die ALB- Gefahr längst nicht gebannt, schon ging im Herbst 2014 das große Krabbeln in die nächste Runde – ebenfalls östlich von München: Ein Verwandter des Laubholzbockkäfers, der Zitrusbockkäfer ist eingetroffen. Er hatte einen Zwischenstopp in einem Gartencenter eingelegt und kam dann mit einem Bäumchen in einen Garten bei Anzing. Andere Exemplare verschlug es nach Neubiberg. Wie der Laubholzbockkäfer ist auch er meldepflichtig, befällt – anders als sein Name vermuten lässt – nahezu alle Laubbäume und gilt als noch gefährlicher als dieser. Erste Bäume wurden schon zwangsgefällt, allerdings wurde bislang kein Zitrusbockkäfer in Feldkirchen gesichtet.[30]

Ein anderes Problem waren die Feldmäuse. Häufig wird in der Gemeinderatssitzung überlegt, wie man gemeinsam gegen die Feldmäuse vorgehen könnte. Und als Friedrich August Johannes Löffler (1852–1915), der ehemalige Mitarbeiter von Robert Koch und spätere Professor in Greifswald beziehungsweise ab 1913 Direktor des Instituts für Infektionskrankheiten in Berlin, im Jahre 1891 den Mäusetyphus entdeckt hatte, war das für die Landwirtschaft von großem Interesse. Am 5. September 1893 wurde dann auch im Protokollbuch der Gemeinde Feldkirchen vermerkt, dass beschlossen wurde, *„zur Vertilgung der Feldmäuse den von Professor F. Löffler in Greifswalde entdeckten Mäusebazillus zu erwerben und von diesem Mittel 100 Reagenzgläser zu bestellen"*.

Die Landwirtschaft

Auch die Ratten scheinen den Feldkirchnern, wie den Bewohnern der umliegenden Ortschaften, zu schaffen gemacht zu haben. Das Thema „Rattenbekämpfung" erscheint ab 1938 häufig. Am 18. Januar 1938 heißt es im Protokollbuch: *„Im Vollzuge eines Auftrages des Bezirksamtes München vom 12. November 1937 soll innerhalb des Gemeindebezirkes Feldkirchen die Rattenbekämpfung durchgeführt werden. Sie wird den Gebrüdern Blechinger in Unterhaching, Tegernseerlandstraße 31, übertragen. Die Kosten sind auf sämtliche Hausbesitzer zu verteilen und werden entsprechend der Anwesengröße nach drei Stufen erhoben."* Diesen Auftrag wiederholte das Bezirksamt jährlich für die kommenden Jahre, möglicherweise auch nur als vorbeugende Maßnahme.

Im Bereich der Flora kam es in den vergangenen Jahren ebenfalls zu Zuwanderungen, auch wenn diese im Fall von Feldkirchen nicht wirklich als „schädlich" einzustufen sind. Andernorts jedoch ist die Schadwirkung der neu zugezogenen Pflanzen – in der Fachsprache Neophyten genannt – teilweise beträchtlich. Erst in jüngster Zeit hat man den schädlichen Auswirkungen größere Aufmerksamkeit geschenkt, nachdem man sie vor wenigen Jahrzehnten noch freudig begrüßt oder zumindest unbeachtet gelassen hatte. Dazu zählt etwa der bis zu vier Meter hohe Riesen-Bärenklau, dessen Saft die menschliche Haut reizt und Jucken, Blasen und Verbrennungen hervorrufen kann. Im 19. Jahrhundert wurde er als Zierpflanze aus dem Kaukasus eingeführt und später ausgewildert. Zwar wurde in enger Zusammenarbeit mit dem Kieswerk Obermayr und der Landeshauptstadt München erfolgreich versucht, das örtliche Vorkommen einzudämmen, doch aufgrund der enormen Wuchskraft der Pflanze konnte sie nicht gänzlich beseitigt werden. Und so blieb der Gemeinde nur, stets vor der giftigen Pflanze zu warnen und Vorsichtsmaßnahmen zu nennen.[31]

Wald und Bäume
Nach der Statistik vom 31. Dezember 1980 verfügte Feldkirchen lediglich über 1,43 ha Waldfläche. Zehn Jahre später war es sogar noch weniger[32], obwohl die Gemeinde großes Augenmerk auf Umwelt- und Naturschutz legt, unter anderem durch die Pflege grüner Oasen mitten im Ort, vor allem auf den kleinen Hain rund um die Emmeramskapelle.

Die Außenflächen allerdings waren durch die Jahrhunderte dank der landwirtschaftlichen Nutzung stark beansprucht und verdrängten ehemalige Waldgebiete. Die Waldarmut war nicht immer so groß. Noch zu Beginn des 19. Jahrhunderts lassen Flurnamen auf weit mehr Wald schließen. Namen wie Holzfeld, Holzweg oder Holzacker deuten unmissverständlich auf Wald, wobei etwa im letzteren Fall bekannt ist, dass der Holzacker im Oberndorfer Feld früher ein großer Wald war, später gerodet und zu Äckern umfunktioniert wurde. Ähnlich verhält es sich mit dem Ottendichlerholz. Auch die Schusterspitze im Oberndorfer Feld war ein später abgeholztes Waldgebiet; verbliebener Rest ist das Schwaiger Hölzl. Noch 1812, im Urkataster, umfasste dieser Wald gut 90 Tagwerk, d. h. etwa 30 ha.

Und nicht zuletzt sei in diesem Zusammenhang der Hölzlhof genannt. Nach mündlicher Überlieferung sei dort noch Ende des 19. Jahrhunderts in Richtung Weißenfeld ein Wald gewesen, der niedergebrannt ist. Der Name des Gutes lässt diese Aussagen als sehr wahrscheinlich annehmen.

Auch die Beschreibung des Kartografen Philipp Apian aus der zweiten Hälfte des 16. Jahrhunderts ist ein Indiz für mehr Bäume in vergangenen Zeiten. Er fand die Emmerams-Kapelle *„in tillis, vulgo in Linden"*, vermutlich ähnlich wie in allerjüngster Zeit wieder.[33]

Dass es sich bei den Wäldern um Feldkirchen nicht ausschließlich um Laubwald handeln

Pflanzen der Dorfeiche, 1979
Altbürgermeister Richard Berneth, 1. Bürgermeister Ludwig Glöckl und 2. Bürgermeister Josef Kammel

musste, zeigt der Flurname Im Taxet. Taxen bzw. Daxen sind die Zweige von Nadelbäumen; Taxet bedeutet eine Ansammlung von solchen Zweigen, ein Nadelgehölz also.

Heute sind die Wälder längst verschwunden; sie wurden vermutlich bereits zu Beginn des 19. Jahrhunderts weitgehend geschlagen, zum einen, um dem Land mehr Ackerflächen abzutrotzen, zum anderen herrschte in der ersten Hälfte des vorletzten Jahrhunderts eine beängstigende Brennmaterialknappheit.

Seit dem Ende des 19. Jahrhunderts wurde dafür im Ort selbst für mehr Grün gesorgt. Lange bevor der Gartenbauverein tätig wurde, pflanzte die Gemeinde Bäume. Am 18. Juni 1891 wurde zum Beispiel beschlossen, an der Bahnhofstraße vom Schulhaus bis zum Haus Nr. 48 eine Allee von Ahornbäumen zu pflanzen. Am 6. Mai 1892 entschied man ergänzend, von Paulus Glasl auf beiden Seiten der Bahnhofstraße je 1 m Grund, und zwar pro Dezimal zu 15 Mark zur Anlage der Allee anzukaufen. Zur Ausführung aber scheint das Vorhaben erst im Frühjahr 1901 gekommen zu sein. Fünf Jahre später (1906) wurde dann die Bepflanzung der Distriktsstraße nach Aschheim ins Auge gefasst. Die Ulmenallee zwischen Feldkirchen und Ammertal war bereits vollendet und zur Ausschmückung der Bahnhofstraße stellte Gutsbesitzer Desch dem Verschönerungsverein 40 Bäume in Aussicht. In der Sonnenstraße entstand eine der ältesten Birkenalleen im Landkreis. Sie musste im Jahr 1980 allerdings einer Krimlindenallee weichen, da die alten Birken zum Teil kaputt waren. So konnte auch im Rahmen des Straßenausbaues ein Gehweg angelegt werden.

Ob auch vor dem Bahnhof Bäume gepflanzt wurden, ist nicht sicher, doch konnte das Evangelische Gemeindblatt im Juli 1914 frohgemut vermelden: *„Die Bevölkerung von Feldkirchen und die fremden Besucher unseres Dorfes haben mit hoher Befriedigung gesehen, wie die Gemeindeverwaltung und der Verein zur Hebung Feldkirchens gemeinsam die freien Plätze am Bahnhof und an der Kreuzung der Hohenlindner- und Heimstettnerstraße neu hergerichtet haben, so daß die beiden Plätze, die in den letzten Jahren einen stark verkommenen Eindruck machten, nun wieder einen Herz und Auge erfreuenden Anblick bieten."* Und ergänzend merkte der Schreiber an: *„Möge der Verschönerungseifer nicht allzubald wieder erkalten".* Seine Hoffnungen dürften allerdings nicht erfüllt worden sein: Kurz nach dieser Verschönerungsaktion brach der Erste Weltkrieg aus.

Die Pflanzung einer Linde zum Prinzregentengeburtstag 1911 hatte mehr symbolischen Charakter, ähnlich wie das Pflanzen einer Dorfeiche auf dem Wolfgangsplatz im November 1979. Diese Eiche wurde jedoch durch einen Sturm am 3. August 2001 so stark beschädigt, dass sie nicht mehr zu retten war und man sich schweren Herzens zur Fällung entschließen musste. Als Ersatz pflanzte Bürgermeister Leonhard Baumann im Beisein von Altbürgermeister Glöckl am 27. April 2002 eine neue Eiche am Wolfgangsplatz.

Die Landwirtschaft

Pflanzaktion mit den Schülern der Grundschule Mitte der 1990er Jahre

Auch sonst wurden gerade in den letzten Jahrzehnten verstärkt Bäume im Gemeindegebiet gepflanzt. Im September 1988 konnte man in den Zeitungen die damals neuesten Baum-Ideen lesen: Die Aschheimer wollten einen St.-Emmerams-Gedächtnishain um die Kapelle anlegen. Lockere Bepflanzung – *„aber net bloß wieder Eschen!"* – sollte eine dauernde grüne Oase schaffen. Am Emmeramstag 1989 war es dann so weit: Die ersten sechs Linden wurden gepflanzt: symbolisch je zwei an den drei Wegen nach Aschheim, Feldkirchen und Kirchheim-Heimstetten. Mit der Wahl der Bäume wurde an eine alte, bereits von Apian beschriebene Tradition angeknüpft. Im November, in der günstigeren Pflanzzeit, kamen noch weitere 70 Laubbäume hinzu.

Am 3. Oktober 1990 pflanzte die Gemeinde Feldkirchen aus Anlass der Wiedervereinigung Deutschlands einen Lindenbaum beim Kriegerdenkmal am Hindenburgplatz, zu dem später weitere Bäume und Sträucher anlässlich der Platzumgestaltung in den Jahren 1994/95 kamen.

Immer wieder gab es einen Anlass zum Pflanzen eines neuen Baums, etwa zum „85. Geburtstag" des Gartenbauvereins Feldkirchen auf dem Bahnhofsvorplatz (13. April 1996).

Am 26. Oktober 2002 fand sogar eine ganze Pflanzaktion in der südlichen Gemeindeflur statt, bei der über 40 freiwillige Helfer, darunter die drei Bürgermeister, rund 2.400 Bäume und Sträucher, aus denen eine Feldhecke und ein kleines Wäldchen entstehen sollten, einsetzten. Eine erneute Pflanzaktion wurde für den 24. November 2007 geplant, nachdem wiederum einmal bedauert worden war, dass in der Feldkirchner Flur so wenig Wald vorzufinden ist. Die Gemeinde hatte von der Flughafen München GmbH 3,5 ha ökologische Gestaltung (sogenannte Ausgleichsflächen) erworben. Dadurch war die Möglichkeit zur Anlage eines neuen Waldes gegeben, wozu alle Bürger eingeladen wurden. Bepflanzt werden sollte das Grundstück der westlichen Gemeindeflur zwischen dem De Gasperi Bogen und der Münchner Straße mit Eichen, Linden, Hainbuchen und anderen Gehölzpflanzen.[42] Viertklässler der Grundschule Feldkirchen hatten bereits im Oktober auf einer von der Gemeinde erworbenen Fläche neben dem Riemer Wäldchen Heckenrosen, Haselnusssträucher, Kornelkirschen, Holunder und andere Pflanzen eingegraben. Die „große" Pflanzaktion allerdings musste wegen des schlechten Wetters auf das kommende Frühjahr verschoben werden. Im April 2008 hat es dann jedoch geklappt: Gut 2.000 Bäume und Sträucher wurden gepflanzt und auf der Kahlfläche Wildblumen ausgesät.

Feldkirchner Wald
Ausgleichspflanzungen neben dem Riemer Wäldchen

Doch immer wieder kam es auch zu Verlusten, wie etwa im Sommer 1993, als ein Ulmensterben im Ort grassierte. Man nahm an, dass die Ursache ein Pilz war, der bereits im Jahr 1918 aus Asien eingeschleppt worden war und sich langsam über ganz Europa verteilte. Überall in Feldkirchen war nun das Absterben der Ulmen (Rüster) zu bemerken. Die einzige Möglichkeit, dem Sterben entgegenzuwirken war Gesundschneiden oder Fällen der betroffenen Bäume. 1998 richtete dann die Kastanienminiermotte erhebliche Schäden an.

Bedingt durch die Laubholzbockkäferplage musste seit 2012 dann eine ganze Reihe von Bäumen gefällt werden. Inzwischen gibt es verschiedene Neupflanzungen. Die Bürgergemeinschaft für Landschaftspflege Ismaning hat der Gemeinde Feldkirchen ihr Bedauern über die Abholzungen ausgesprochen und als Zeichen der Solidarität im Sommer 2013 eine „Baumspende" in Höhe von 150 Euro für Wiederaufforstungsmaßnahmen überreicht. Nachdem das Brunnenwäldchen im September/Oktober 2013 zu rund zwei Drittel aufgrund des Befalls des Laubholzbockkäfers gefällt werden musste, wurde bereits im November desselben Jahres die Fläche wieder mit Eichen, Hainbuchen, Kiefern und Lärchen bestockt. Rund 4.000 Pflanzen wurden gesetzt.

Dabei handelt es sich um Forstpflanzen. Diese dienen dem Käfer nicht als Material, in dem er sich weiterentwickeln könnte, da es sich um sehr kleine Bäumchen handelt und der Käfer zur Entwicklung mindesten 4 cm Durchmesser starkes Holz benötigt, damit sich darin seine Larven entwickeln können. Zusätzlich zu der Wiederaufforstung des Brunnenwäldchens wurden auf der angrenzenden, kahl geschlagenen Fläche (Ausgleichsfläche Gewerbegebiet Süd) und im Gewerbegebiet Süd zahlreiche Kiefern als Beimischung zu dem im Frühjahr 2015 aus den Stöcken wieder ausschlagenden Laubgehölzen und Sträuchern gepflanzt.

Dazu kamen auch Einzelaktionen: So stiftete etwa 2014 die Unabhängige Wählervereinigung Feldkirchen eine Echte Mehlbeere für die Hauptkreuzung im Zentrum der Gemeinde.

Auch neu errichtete Wohngebiete in den letzten Jahrzehnten zogen weitere Anpflanzungen nach sich. So wurde 2012 im Wohngebiet Tucherpark ein Spielplatz eingerichtet mit einer Randbepflanzung aus Hainbuchen und Vogelkirschen, die zudem als Schattenspender dienen sollten. Am 27. April 2013 allerdings musste das ortsbildprägende Tucherwäldchen auf Anordnung des Amtes für Landwirtschaft, Ernährung und Forsten in Ebersberg gefällt werden. Schuld war auch hier der Asiatische Laubholzbockkäfer.

Ganz in der Nähe wurden vom Gartenbauverein zusammen mit Bürgermeister Werner van der Weck im Frühjahr 2014 zwei Traubeneichen (der Baum des Jahres 2014) am Bildstock in der Oberndorfer Straße gepflanzt. Und schließlich gibt es ein Feuchtbiotop im Dornacher Feld. Dieses wurde im Frühjahr 2012 saniert und von Ablagerungen und Einwüchsen befreit.

Die Landwirtschaft

Die Jagd

Alle sechs Jahre wurde und wird noch immer von der Gemeinde die Jagdpacht neu vergeben.[34] Mit den Bedingungen, die im Jahr 1904 besonders ausführlich in den Protokollbüchern ausgeführt wurden, erklärte sich damals etwa Gottlieb Adam einverstanden. In der nächsten Periode ging die Jagd an andere Pächter. Für die Zeit vom 1. Januar 1911 bis zum 31. Dezember 1916 übertrug die Gemeinde die Pacht an Franz Paul Haindl, Rittmeister a. D. Ludwig Breg und Hauptmann a. D. Oskar Bischoff aus München.

Nun betrug der Pachtschilling allerdings 1.260 Mark jährlich. In der Folgezeit änderten sich die Namen der Pächter und die Höhe der Pacht, doch hat sich bis heute kaum Grundlegendes verändert. Neu allerdings ist, dass sich das „Haus der bayerischen Jäger" in Feldkirchen befindet. Der Landesjagdverband Bayern e. V. (BJV), der am 26. November 1949 gegründete Verband der Jäger Bayerns, hat sich Feldkirchen als Sitz auserkoren. Ende August 1996 ist die BJV-Geschäftsstelle aus der Münchner Innenstadt nach Feldkirchen gezogen.

Am 3. Dezember 1996 fand in Anwesenheit hochrangiger Vertreter aus Politik, Staatsverwaltung und Gesellschaft, darunter Staatsminister Reinhold Bocklet, Werner-Hans Böhm, Regierungspräsident von Oberbayern, und Landrat Heiner Janik, die Eröffnung der neuen Geschäftsstelle durch den Präsidenten des Jagdverbands, Dr. Jürgen Vocke, statt. Der Erste Bürgermeister von Feldkirchen, Leonhard Baumann, gab in seinem Grußwort seiner Freude darüber Ausdruck, dass sich der bayerische Landesjagdverband mit seinen 43.000 Mitgliedern hier niedergelassen habe. Es sei für ihn ein erhebender Gedanke, dass Feldkirchen sich in Zukunft als die „Hauptstadt aller bayerischen Jäger" fühlen darf.

Im „Haus der bayerischen Jäger" arbeitet auch die „Wildland Gesellschaft", eine Tochtergesellschaft des BJV. Zudem ist hier die Zentrale der BJV-Landesjagdschule untergebracht, die regelmäßig Kurse zur Aus- und Weiterbildung der Jäger veranstaltet und der größte Prüfungsstandort für die staatliche Jägerprüfung in Bayern ist. Regelmäßig werden außerdem Ausstellung und Vorträge angeboten, auch für Nichtjäger und Schulklassen. Besonders herauszuheben ist die gute Verbindung zur evangelischen Kinder- und Jugendhilfe, für die auch Wanderungen durch den Ebersberger Forst durchgeführt werden, um die Wildtiere vor Ort kennenzulernen.

Die Jagdpacht anno 1904

„Die Gemeindejagd für die nächste Periode 1905/1910 wird wieder an den seitherigen Pächter, den Gastwirt Gottlieb Adam, zum bisherigen Pachtschilling (1000 M pro Jahr) verpachtet und zwar unter folgenden Bedingungen:

1. Die Pachtzeit dauert vom 1. Januar 1905 bis 31. Dezember 1910.

2. Der jährliche Pachtschilling betr. 1000 M, welcher im Voraus bis längstens 5. Januar jd. Js. dem Gemeindekassier zu Feldkirchen gegen Quittung bar zu erlegen ist. Wird der Zahlungstermin nicht eingehalten, so ist die Gemeinde berechtigt, den Vertrag als aufgehoben zu betrachten und die Jagd anderweitig zu vergeben oder zu versteigern.

3. Der Pächter hat die Jagd laut gesetzlichen Vorschriften pfleglich auszuüben und für den Jagdschutz selbst Sorge zu tragen.

4. Hunde, welche nicht jagen und bei ihrem Herrn sind, sowie Katzen in der Nähe der Wohnungen müssen von dem Pächter geschont werden.

5. Der Pächter verpflichtet sich, im Falle die Gemeinde Feldkirchen in dem durch Gesetz vom 30. Juni 1850 vorgesehenen Verfahren zum Ersatz von Wildschaden verurteilt werden sollte, denselben der Gemeinde zu vergüten.

6. Der Pächter verpflichtet sich, die Jagd der Gemeindeflur im ganzen oder teilweise an weitere Personen nicht zu verpachten.

7. Sollte der Pächter die Jagd durch übermäßiges Ausschießen in Abnahme gebracht haben, so ist er schuldig bei seinem Austritt aus der Pacht eine angemessene Vergütung an die Gemeindekasse zu leisten."

Am 6. Juni 2000 fiel im Gemeinderat einstimmig die Entscheidung, dem „Verein zur Förderung der freilebenden Tierwelt e. V." beizutreten. Damit wollte die Gemeinde nicht zuletzt ihre Verbundenheit mit dem BJV unterstreichen. Durch dessen vielfältige Aktionen gehen von deren Landesgeschäftsstelle auch für das Gemeindeleben bereichernde Impulse aus. Zudem wird durch die inzwischen über 50.000 Mitglieder des Jagdverbands der gute Name Feldkirchens weit über die Region hinaus in ganz Bayern bekannt.

Gemeinsam enthüllten Jäger und Gemeinde am 24. Juli 2000 ein zeitlich begrenztes und inzwischen längst wieder verschwundenes „Nach-Denk-Mal" in unmittelbarer Nähe zum Kriegerdenkmal, um an die vielen Wildunfälle und ihre teils dramatischen Folgen zu erinnern. „Mit dem Hinweis auf die getöteten Menschen wollen wir zeigen, dass die Verhütung von Wildunfällen in erster Linie auch Menschenschutz bedeutet", so der Präsident des Jagdverbands, Dr. Vocke, bei der Enthüllung des vom Aktionskünstler Otto Dressler (1930–2006) geschaffenen Mahnmals. Der weltweit agierende Münchner Künstler hatte in der Region um das Jahr 2000 auch mit seinen kurzlebigen Denkmälern zur Erinnerung an die Schlacht von Hohenlinden für Aufsehen gesorgt.

Füchse in und außerhalb von Feldkirchen

Am 19. Februar 1976 berichtete der Jagdpächter Rudolf Taubenhuber im Mitteilungsblatt der Gemeinde:

„Bei meinem täglichen Reviergang in Feldkirchen zum Sportlerheim entdeckte ich viele Fuchsspuren. Diese führten ca. 100 m weiter zur nahegelegenen Kiesgrube. Ich durchsuchte die Kiesgrube und sah plötzlich in einer geschützten Ecke zwei Füchse nebeneinander kauern, die jedoch meine Gegenwart sofort wahrnahmen und fluchtartig ihren Platz verließen.

Einen dieser Füchse konnte ich erlegen, der zweite war inzwischen wie vom Erdboden verschwunden. Als Hegeleiter ist es meine Pflicht, die Bevölkerung darauf aufmerksam zu machen und zu warnen.

In Feldkirchen gibt es viele Lagerplätze, zum Teil mit aufgestapelten Waggons, die einen guten Unterschlupf für Füchse und anderes Raubzeug (Marder, Iltis, wilde Katzen) bieten.

Nachdem das Haupttollwutgebiet nicht weit von uns entfernt ist, möchte ich hiermit alle Hunde- und Katzenbesitzer darauf aufmerksam machen und gleichzeitig bitten, ihre Lieblinge stets unter Aufsicht zu halten, und besonders nachts darauf zu achten, daß sich die Tiere im Haus befinden. […] Besonders aber den Kindern bitte ich klarzumachen, daß sie nie Tiere anfassen und streicheln.".

Doch war dies kein Einzelfall, obwohl Füchse in waldarmen Gegenden wie Feldkirchen relativ selten auftreten. Auch im Herbst 2012 etwa wurde Meister Reinecke im Ortsbereich gesichtet und im Gemeindeblatt wurden Verhaltensmaßregeln veröffentlicht.

Handel und Gewerbe, Handwerk und Industrie

Noch bis zur Jahrhundertwende um 1900 war Feldkirchen ein typisches Bauerndorf, doch parallel zur Entwicklung des Landes Bayern vom Agrar- zum Industriestaat entstand auch in Feldkirchen zunehmend Industrie und Gewerbe. In dem behäbigen Bauerndorf von 1900 hatte es lediglich ein paar Handwerksbetriebe gegeben, die in ihrer Produktion oder Dienstleistung meist in irgendeiner Weise mit der Landwirtschaft zu tun hatten: Schmied, Sattler, Wagner usw. Doch schon bald siedelten sich kleinere Fabriken und Fertigungsbetriebe an, angezogen durch die günstigen Verkehrsbedingungen, die Nähe zur Landeshauptstadt und sicherlich auch durch billigere Grundstücke und geringere Löhne. Die ansässigen Bauern sahen diese Entwicklung mit einem lachenden und einem weinenden Auge. Auf der einen Seite war man jedem Neuen gegenüber skeptisch, auf der anderen boten die Fabriken jedoch Arbeitsplätze für ihre Kinder, denn den Hof konnte ja immer nur einer übernehmen.

Nachdem die deutsche Wirtschaft nach der Machtergreifung durch die Nationalsozialisten im Jahr 1933 deutlich angestiegen war, kam es im Landkreis München zu einem Zuwachs von Unternehmen aus der Stadt. So ließ sich in Feldkirchen 1938 etwa die mechanische Werkstätte Hans Riedl nieder, die sich später auf Aufzugbau spezialisierte.

Umgekehrt zogen die Arbeitsplätze wiederum neue Bürger an. Dazu kamen nach dem Zweiten Weltkrieg Flüchtlinge und Heimatvertriebene. Eine Erhebung von 1948 verzeichnete 101 Firmen in Feldkirchen, davon hatten 18 zehn oder mehr Beschäftigte, nachdem 1945 nur 73 Namen von Betrieben und Geschäften in der Gemeinde gezählt worden waren. 1958 wurden dann sechs Firmen mit 50 und mehr Beschäftigten genannt.[1] Doch bald wurde jede Menge neuer Gewerbe angemeldet.[2] Unter anderem stellte die Willy Bogner KG in den 1960er Jahren in Feldkirchen Skihosen her.[3]

Die zunehmende deutschlandweite, ja sogar europaweite Sogwirkung Münchens seit den späten 1960er Jahren beeinflusste auch die Entwicklung des Landkreises. Nicht nur, dass die Bevölkerungszahlen weiter stiegen – es breitete sich auch eine urbane städtische Lebensweise aus, auf die die Gemeinden reagieren mussten, sei es im Bereich der schulischen Angebote, der kulturellen oder der sozialen, sei es in Bezug auf Freizeit, Sport und Naherholung, Versorgung und Entsorgung und nicht zuletzt im Hinblick auf die öffentlichen Verkehrsmittel. Es gab eine Fülle neuer Handlungsfelder, auch Maßnahmen zur Stärkung der finanziellen Leistungskraft, vor allem eine gewerbefreundliche Kommunalpolitik. Grenzüberschreitende kommunale Zusammenarbeit (Zweckverbände) waren Reaktionen auf diese Entwicklung, die auf der anderen Seite zu einem Niedergang traditioneller Gewerbe- und Industriezweige und vor allem zu einem Bedeutungsverlust der Landwirtschaft führte.[4]

So schraubte die Industrie die Einwohnerzahlen nach oben. Im letzten Viertel des 20. Jahrhunderts allerdings wurde dieser Entwicklung durch die Baubeschränkungen beziehungsweise den Baustopp auf Grund der Nähe des Flughafens in Riem ein Riegel vorgeschoben. Erst als der Flughafen im Jahr 1992 ins Erdinger Moos umgezogen war, konnte es zu weiteren Neuansiedlungen kommen. Feldkirchen nahm durch die Gewerbeansiedlung einen mächtigen Aufschwung. Es gilt als wohlhabend. Die Gemeinde wies – auf dem einmal beschrittenen Weg fortschreitend – weitere Gewerbegebiete aus und hat seit Ende des 20. Jahrhunderts im Vergleich zu den Einwohnerzahlen eine hohe Dichte an Industrie und Gewerbe. Statistisch betrachtet, könnte jeder zweite bis dritte Feldkirchner im Ort einen Arbeitsplatz in einem der rund 600 Unternehmen erhalten.

Das 1970/71 erbaute Raiffeisen-Lagerhaus wurde 2012 abgerissen, Foto kurz nach der Erbauungszeit.

Auf dem Areal zwischen Raiffeisen- und Richthofenstraße ist ein Quartier mit Vorbildcharakter geplant, mit Wohnungen für Familien und Senioren sowie verschiedenen Einrichtungen für die Allgemeinheit, wie einem Bürgercafé.

Feldkirchen im „Adreßbuch für Münchens nähere und weitere Umgebung“ von 1912

	Hausnr.
Bürgermeister Stockinger Leonh.	38 1/2
Beigeordneter Wurth Philipp	32
Pfarrer Crämer Karl	26
Expositus Fuchshuber Sebastian	48d
Hauptlehrer Werndl Alois	
Hilfslehrer Augsberger A.	
Hilfslehrerin Göbl Gisela	
Schulverweserin Lutz A.	
Arzt Dr. Rinecker Franz	
Bader Hörmüller Josef	38a
Bäckermeister	
Argauer Josef	48c
Keil Ludwig	21 1/2
Reither Georg	3
Buchbinder Kleinkonrad Johann	48a
Dampfsäge- und Dreschmaschinenbesitzer Haindl Franz Paul	51
Fabrik für photogr. Gummidruckpapiere Höchheimer & Co.	53
Gastwirte	
Bücherl Johann	2
Garnreiter Wolfgang	21
Lehrer Fritz	27 1/2
Meyer Karl	25
Taubenhuber Georg	43 1/3
Hebamme Reß Katharina	18
Krämer	
Huber Therese	31 1/2
Kleinkonrad Johann	48a
Müller Regina	36a
Oberhauser Georg	9
Pfanzelter Ludwig	42
Schmiedemeister	
Adam Jakob	4
Klebl Josef	37
Stimmer Georg	5
Schneidermeister	
Ott Gustav	48 1/2
Wisma Johann	54
Wurth Jakob	48 1/3
Schreinermeister	
Boneberger Josef	38b
Kurz Joh. u. Hobelwerk	1b
Raak Hermann	43b
Reißmann Johann	43b
Schuhmachermeister	
Ruhsam Josef	41a
Stockinger Bernhard	38 1/2
Spenglermeister	
Adam Jakob	4
Löslein Johann	31 1/3
Steinbrechmaschinenbesitzer	
Wimmer Math.	54
Wagnermeister	
Hartwig Josef	36
Weißbierbrauerei	
Rauscher Johann	31f

Feldkirchen

Adam Georg Privatier	28
Adam Gottlieb Privatier	26
Ammon August Brennmeister	38a
Arneth Georg Gendarmeriewachtmeister	
Ascher Johann Maurer	11
Auenheimer Karl Postexp. a. D.	
Braun Josef Privatier	1a
Desch Karl Privatier	31f
Dürmann Max Wechselw.	48c
Ev. Erziehungs- und Rettungsanstalt	35
Filgis Ulrich Postbote	48b
Fischer Johann Stationsdiener	
Frey Georg k. Postexpeditor	7
Glasl Simon Bauer	16
Gnädig Georg Bauer	11
Göth Josef Waschanstaltsbesitzer	38 1/2
Heinrich Ludwig Oekonom	38
Hüttner Emil Kaufmann	3
Huber Josef Geflügelhändler	41
Hupfauer Kaspar Schneider	48f
Kahlfleisch Johann Postbote	38 1/2
Kellner Ferd. p. Straßenwärter	41 1/2
Kleinhempel Georg Kaufmann	3
Kloo Clement Altertumshändler	26a, 26b, 46 1/2
Kratzer Gust. Zollverwalter a. D.	46 1/3
Kreitmeier Josef Posamentier	3
Kutzner A. Faktor	46 1/2
Lang Robert Eisenbahnsekretär	51
Lehrer Jakob Bauer	39
Lehrer Ludwig Privatier	27
Liebl Joh. städt. Bauaufseher	60
Listl Sebast. Kaufmann	38 1/3
Löhr Franz Installationsgeschäft	4
Lust Joh. Eisenbahnsekretär	46
Maulwurf Karl Präparator	38 1/8
Mermi Gottlieb Bauer	12
Müller Regina Kaufmannswitwe	36 1/2
Oehl Georg Fliesenleger	48
Prößl Karl Bankbeamter	26 1/2
Sauter Max Postadjunkt	48 1/2
Schafbauer Joh. Mich. pens. Lehrer	1
Schmidt J. Gendarmeriesergeant	
Schlesinger Max Werkmeister	3
Schober Wilhelm Postadjunkt	7
Schüle & Gruber Maschinenfabrik und Apparatebau	
Schrank Kaspar Bauer	22
Schweikart Johann Bauer	17
Schweikart Karl k. Steuerverwalter	31a
Seemüller Ludwig Musiker	56
Söllner Magdalena Gütlerswitwe	23
Sterzer Viktoria Privatiere	53
Theiler Jakob Bauer	34
Trepte Josef Bahnadjunkt	1b
Ullrich Josef k. Werkmeister	41
Vetter Wilhelm Kaufmann	62
Wagner Jakob Privatier	9
Walser Johann Kaufmann	46 1/3
Weiß Ignaz Lehrer a. D.	1
Wiehr Adolf Maler	31 1/4
Wunderlich Johann Porzellanmaler	38 1/5
Wurth Balth. Bauer	33
Wurth Gottlieb Gütler	18

Oberndorf (Gem. Feldkirchen)

Bäum Albert Gutsverwalter
Holly Philipp Oekonom
Jelika Gärtner
Stierstorfer Emeran
Wollenberger Bernhard Gutsbesitzer
Wurth Philipp Oekonom

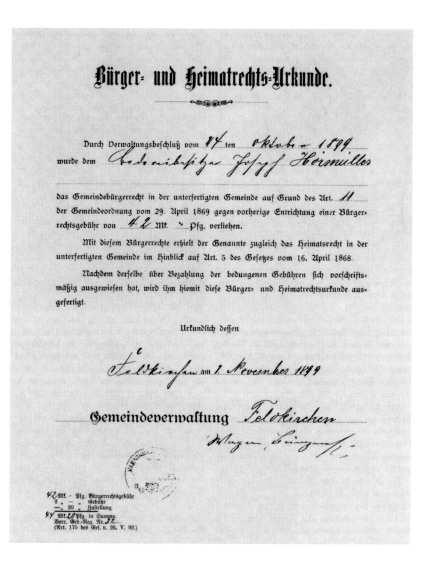

Bürger- und Heimatrechts-Urkunde, 24. Oktober 1899 für den Badereibesitzer Joseph Hörmüller.

Das wirtschaftliche Leben zu Beginn des 20. Jahrhunderts

Die Struktur einer Gemeinde ist am besten aus der Zusammensetzung der Bevölkerung zu erkennen. Nichts ist dafür aufschlussreicher als ein Adressbuch. Die Frage nach den ansässigen Gewerben, den Wirtschaften und Institutionen wird dort ebenso beantwortet wie die Neugierde befriedigt wird, welche Familien schon über einen längeren Zeitraum hier leben. Eines der ältesten Adressbücher ist das „Adreßbuch für Münchens nähere und weitere Umgebung" von 1912. Dort sind die Namen mit Angabe von Beruf und Hausnummern vermerkt, doch darf dabei nicht übersehen werden, dass in der Regel nur Hausbesitzer und Gewerbetreibende erfasst wurden. Knechte und Mägde blieben dabei ebenso unbeachtet wie ledige Schwestern, Kinder oder Großeltern, die in einem Familienverband lebten.

Für Feldkirchen ergibt sich daraus das Bild eines autarken Gemeinwesens, in dem alle nötigen Gewerbe vertreten waren. Geprägt war der Ort seinerzeit aber vor allem von der Landwirtschaft. Das sollte sich jedoch bald ändern.

Zu Beginn des 20. Jahrhunderts setzte auch in Feldkirchen ein kleiner Bauboom ein. Die Nähe zur immer weiter anwachsenden Großstadt München, die über die Bahn leicht zu erreichen war, und der zunehmende Wunsch der Städter, im Grünen zu leben, ließ nicht nur am Stadtrand neue Villenkolonien und Gartensiedlungen entstehen, sondern auch eine Reihe moderner Villen in den Gemeinden an der Peripherie, meist umgeben von wohl gepflegten Gärten. Die Bevölkerungsstruktur wurde zunehmend städtischer und ein erster Ausländer wurde in Feldkirchen gesichtet, wenngleich nur auf Zeit. Er war dem Evangelischen Gemeindeblatt im Juli 1903 sogar eine Notiz wert: „In der evangelischen Erziehungsanstalt ist gegenwärtig ein echter Araber vorübergehend als Schneidergehilfe tätig. Er heißt Nassiv Mattar, ist in Nazareth geboren und im syrischen Waisenhaus in Jerusalem erzogen."

Nach dem Ersten Weltkrieg und der Inflationszeit wurden viele Feldkirchner arbeitslos oder wie das Gemeindblatt schrieb: „Die wirtschaftliche Krisis macht sich auch in unserem Ort sehr bemerkbar." Nach Mitteilung der Gemeinde gab es im Sommer 1926 rund 50 unterstützungsberechtigte Erwerbslose. Da kam den Gemeinden gerade recht, dass sich die Staatsstraße zwischen Riem und Feldkirchen „in einem schrecklichen Zustand" befand. Eine ganze Anzahl der Feldkirchner Erwerbslosen haben so bei der Instandsetzung im Jahr 1927 Arbeit gefunden.[5] Noch immer aber war Feldkirchen eher ländlich strukturiert. Dies änderte sich erst nach dem Zweiten Weltkrieg.

Handel und Gewerbe, Handwerk und Industrie

Zahn-Atelier
Joseph Hörmüller & Sohn
Feldkirchen bei München

empfiehlt sich zur Anfertigung ganzer Gebisse, sowie einzelner Zähne, Stiftzähne, Goldkronen etc. Umsetzen nicht gut sitzender Gebisse und Reparaturen. Reinigen und Plombieren der Zähne bei gewissenhafter und schonender Behandlung. Schmerzloses Zahnziehen.

Besitzer von:
Lokomobilen in diversen Grössen
Fahrbaren and stationären **Säge-Gattern**
Kompletten **Dampfsäge-Einrichtungen**
Fahrbaren und stationären **Steinbrech-Anlagen**
Zentrifugal-Pumpen
Dampf-Dresch-Maschinen
zu Verleihzwecken.

FRANZ P. HAINDL
Feldkirchen bei München. Telefon No 13. Telegr.-Adr. Haindl, Feldkirchen-München.

Unternehmer für:
Sägen grosser Holzbestände
im Wald oder sonstigen Plätzen des In- und Auslandes.
Steinbrech-Arbeiten und **Entwässerungen** etc.
Eigene Reparatur-Werkstätte mit Kraftbetrieb.

Bürstengroßhandlung Hiebl-Feldkirchen b. M.
empfiehlt

Putzbürsten Ia.
Schrubber Ia. } mexikanische Reiswurzel
Viehbürsten Ia.
Waschbürsten in nur erstklassiger Qualität zu äusserst billigen Preisen,
Reisstrohbürsten in verschiedenen Preislagen.
— — Für Wiederverkäufer besonders billige Bezugsquelle. — —

HANS KURZ elektr. Hobelwerk Feldkirchen b. M.

Quittung.

Von Herr Jakob Holtz

III Zentner für Bullenbündn

Eintausend Mark.

erhalten zu haben bescheinige

Feldkirchen b. M., den 11 Juni 1914

Für 1000

Hans Kurz.

Genossenschaftskasse, später Raiffeisen-Lagerhaus, um 1950.

VR Bank München Land eG

Auf eine lange Geschichte kann die Raiffeisenbank in Feldkirchen zurückblicken, die seit der Fusion mit der Volksbank-Raiffeisenbank Oberhaching-Wolfratshausen eG am 3. Juni 2004 allerdings den Namen VR Bank München Land eG trägt.[6]

Bereits einige Jahre vor der Gründung des Darlehenskassenvereins Feldkirchen war hier ein Sparkassenverein gegründet worden. Im Protokoll zur Gemeinderatssitzung vom 3. Mai 1883 heißt es dazu: *„Ferner wurde nach vorhergegangener Besprechung ein Sparkassaverein gegründet und genehmigt, die Kosten zur Anschaffung der hiezu nöthigen Bücher und sonstigen Utensilien aus Gemeindemitteln zu bestreiten."* Was aus diesem Sparkassenverein geworden ist, verschweigen die Akten. Vermutlich ist er im späteren Darlehenskassenverein aufgegangen.

Am 27. Januar 1895 wurde von 26 Landwirten auf besondere Initiative des Bürgermeisters und Landwirts Jakob Wagner und des Landwirts Balthasar Wurth der Darlehenskassenverein Feldkirchen, eine Kreditgenossenschaft des gewerblichen und landwirtschaftlichen Mittelstands zur Vermittlung von Krediten, ins Leben gerufen. Schon ein Jahr später war der Verein auf 30 Mitglieder angewachsen.

Die Kasse und den Schriftverkehr leitete vom 1. Oktober 1900 bis zum 31. März 1914 der rührige Bankkaufmann Karl Prößl, der auch im Vorstand zahlreicher Feldkirchner Vereine saß. Ein erster bescheidener Gewinn konnte zu Beginn des 20. Jahrhunderts verbucht werden. Der Anfang einer „Karriere" war gemacht; auch wenn aus den folgenden Jahren nichts Spektakuläres zu berichten ist. Am 23. Mai 1922 kam es zur Umbenennung in Genossenschaftskasse Feldkirchen bei München GmbH.

Graue Wolken zogen in der Inflationszeit über das Genossenschaftsleben. Die Pflichteinzahlungen auf die Geschäftsanteile mussten zur teilweisen Deckung des Verlustes herangezogen werden. Erst gegen Ende der 1920er Jahre ging es wieder bergauf. In den folgenden Jahren, in der Zeit von 1935 bis 1938, kam es dann zur Fusion der umliegenden Raiffeisenkassen aus Rationalisierungsgründen, eine Maßnahme, die in anderen Gebieten erst nach dem Zweiten Weltkrieg vorgenommen wurde.

Auch in den benachbarten Gemeinden entstanden Kreditgenossenschaften, nach der Idee des Begründers des deutschen landwirtschaftlichen Genossenschaftswesens, Friedrich Wilhelm Raiffeisen (1818–1888).

Als Bürgermeister kannte Raiffeisen die Not der Landwirtschaft um die Mitte des 19. Jahrhunderts, wusste von den Überschuldungen und Zwangsversteigerungen. Aus konservativ christlich-sozialer Richtung kommend, stieß er auf den Genossenschaftsgedanken. Seine ersten Vereinsgründungen basierten noch auf dem Prinzip der Wohltätigkeit; bei späteren Gründungen betonte er den Selbsthilfecharakter.

Die Grundsätze seiner Genossenschaftsgründungen waren örtliche Beschränkung auf das Nachbarschaftsgebiet, ehrenamtliche Leitung durch Ortsansässige, uneingeschränkte Haftung sowie Vereinigung des Feld- und Warengeschäfts. Für den überregionalen Ausgleich wurden Zentralkassen auf Provinzebene gegründet, die ihrseits Mitglieder der 1874 in Neuwied gegründeten „Landwirtschaftlichen Generalbank" waren. Ihre Funktion übernahm 1876 die als AG in Neuwied eingerichtete „Landwirtschaftliche Zentral-Darlehenskasse für Deutschland". Beim Tod von Raiffeisen 1888 bestanden bereits 423 Raiffeisenvereine; das Organisationsschema mit örtlichen Kreditgenossenschaften, Zentralkassen und Revisionsverband war in seinen Grundzügen angelegt.

In den Jahren 1935 bis 1938 schlossen sich nun die Darlehensvereine von Aschheim, Gronsdorf, Salmdorf, Parsdorf, Weißenfeld, Kirchheim und Heimstetten mit der von Feldkirchen zusammen. 1954 kam auch noch die Spar- und Darlehenskasse Trudering hinzu. Doch zur Änderung des Firmennamens in „Raiffeisenbank Feldkirchen bei München eG" kam es erst im Jahr 1972. Bis dahin trug die Vereinigung noch den Namen „Genossenschaftskasse Feldkirchen".

Der Umsatz war gegen Ende der 1920er Jahre so rasch angestiegen, dass bereits nach zwei Jahren das 1925 neu erbaute Lagerhaus vergrößert werden und man zur hauptamtlichen Geschäftsführung übergehen musste.

Der erste Geschäftsführer, Daniel Wurth, war nur zwei Jahre tätig und wurde von Heinrich Prößl abgelöst. Nach dessen Tod 1931 bestimmte man Theodor Schramm zum Nachfolger. Die in den folgenden Jahren wesentliche Erhöhung des Umsatzes ermöglichte 1935 den Bau eines Geschäftsgebäudes und eines Getreidesilos mit 750 t Fassungsvermögen. Die Durchführung dieser Bauvorhaben wurde besonders von Ökonomierat Holly, jahrzehntelang Vorsitzender des Vorstandes, unterstützt und gefördert.

Ein erneuter Aufschwung kam nach der Währungsreform 1949. Die Genossenschaftskasse war in den Jahren nach dem Zweiten Weltkrieg besonders rege. Im Zeitraum zwischen 1952 und 1955 wurde unter anderem ein Großlagerhaus errichtet, um die im Zuge der Mechanisierung der Landwirtschaft innerhalb kurzer Zeit anfallenden Getreidemengen reibungslos aufnehmen zu können. In dieser Zeit kam es auch zur Ausdehnung des Geschäftsbereichs auf die Stadtteile Trudering und Waldtrudering durch Fusion mit der Raiffeisenkasse Trudering.

In den Jahren 1970 bis 1971 musste die Lagerkapazität bereits wieder durch eine neue Getreide- und Düngerhalle erweitert werden. Noch zu Beginn des 21. Jahrhunderts war das markante Bauwerk des alten Raiffeisen-Lagerhauses weithin sichtbar. Anfang 2012 wurde es abgerissen. An seiner Stelle sollen Wohnungsneubauten entstehen.

Das 2003 errichtete neue Lagerhaus Am Kiesgrund 6 für Mais und Getreide, aber auch für Dünger, wurde 2006 von den Landwirten vor Ort gekauft, nachdem bekannt wurde, dass die Raiffeisenbank den Standort verkaufen wolle.

Die Hauptstelle der Raiffeisenbank Feldkirchen, die am 8. November 1969 eingeweiht worden war[7], wurde 1978 umgebaut und vergrößert. In den 1980er Jahren umfasste die Genossenschaft über 10.000 Mitglieder.

Ehemaliges Gebäude der Kreissparkasse, Ecke Aschheimer/Münchner Straße (heute Europaplatzl), um 1950

Mit zehn Bankstellen in den Orten Feldkirchen, Kirchheim, Heimstetten, Aschheim, Trudering, Waldtrudering, Haar, Neubaldham und Parsdorf sowie *„einem umfangreichen Warengeschäft stellt die Raiffeisenbank in ihrem Einzugsbereich einen bedeutsamen Wirtschaftsfaktor dar"* – so der Vorsitzende Erich Klein bei der feierlichen Versammlung anlässlich des 90-jährigen Bestehens im Juli 1985. Dank einer ausgezeichneten Wirtschaftsführung in den Jahren davor konnte die Bank eine überdurchschnittliche Zuwachsrate aufweisen, die Bilanzsumme war in einem Maße angestiegen, dass die Feldkirchner Genossenschaft bereits 1985 die fünfte Rangstelle von allen 931 bayerischen Raiffeisenbanken einnahm.

Zu Beginn des 21. Jahrhunderts bedurfte es erneut umfangreicher Renovierungsarbeiten. Vom 3. bis 5. März 2015 wurde die Geschäftsstelle Feldkirchen der VR Bank München Land eG nach dem großen Umbau mit einem bunten Veranstaltungsprogramm wiedereröffnet.

Kreissparkasse München Starnberg Ebersberg

1934 eröffnete in Feldkirchen auch eine Zweigstelle der Kreissparkasse München als zehnte Filiale im Landkreis. Erst 1931 war die Bezirks-Sparkasse München-Land – wie sie zunächst hieß – gegründet worden.[8]

Schon zu Beginn des 20. Jahrhunderts hatte es in der Anstalt Feldkirchen eine Sparkasse gegeben, doch war diese ein relativ kleines Privatunternehmen. Während des Rechnungsjahres 1907 etwa wurden 574,60 Mark eingelegt und 451,26 Mark zurückgenommen. Die Gesamtsumme der Einlagen einschließlich der Zinsen für 1907 betrug zum Jahresende 3304,28 Mark.[9] In den 1930er Jahren aber kam es zur Gründung einer überörtlichen Sparkasse. Die Reichsverfassung von 1919 hatte den Gemeinden eine Vielzahl kostspieliger Aufgaben aufgebürdet – sei es das Wohnungswesen, die Wohlfahrtspflege oder die Erwerbslosenfürsorge. Gleichzeitig waren jedoch die kommunalen Einnahmequellen im darauffolgenden Jahr durch Finanzreformen empfindlich beschnitten worden.

Blick in die Aschheimer Straße 2017

Die Gemeinden mussten also mehr denn je ein Interesse daran haben, den Finanzbedarf über ein eigenes Kreditinstitut abwickeln zu können. Zu den lokalen Darlehenskassenvereinen pflegten sie in der Regel keine Geschäftsbeziehungen. Mit der Bezirks-Sparkasse München-Land erhielten die Gemeinden ein Finanzinstitut, über das sie in der Folgezeit ihre sämtlichen Finanzgeschäfte abwickeln konnten. Als Gewährsträger stand der Bezirk für etwaige Geschäftsausfälle der Sparkasse in der Haftung, was gerade in der Bankenkrise von 1931 nicht unwesentlich zum Vertrauen in die neu gegründete Institution beigetragen haben mag.

Das Bayerische Sparkassengesetz vom 21. Dezember 1933 verfügte dann allerdings die rechtliche Verselbständigung der Sparkassen gegenüber ihren Gewährsträgern und verlieh der Münchner Bezirks-Sparkasse den Status einer rechtsfähigen Anstalt des öffentlichen Rechts. Das Vermögen der Bezirks-Sparkasse war von da an getrennt von dem des Bezirks, der aber mit seiner Steuerkraft auch weiterhin unverändert für etwaige Ausfälle der Sparkasse haftete.

1939 wurden die bayerischen Bezirksämter nach preußischem Vorbild in Landratsämter umbenannt und die Bezirke in Landkreise. In der Folge wechselte damals auch die Bezirks-Sparkasse München-Land ihren Namen. Sie hieß von nun an Kreissparkasse München.

Nach dem Zweiten Weltkrieg kam es zu einem Bauboom, bedingt durch den Wiederaufbau und den Zuzug zahlreicher Heimatvertriebener. Die Bevölkerungszahl des Landkreises München vervierfachte sich. Die Versorgung des Landkreises mit Wohnraum ist traditionell eine der Säulen des Kundenkreditgeschäfts der Kreissparkasse. Schätzungsweise ein Viertel bis ein Drittel aller Bürger des Landkreises München erhielten in den Jahren seit der Währungsreform 1948 bis 1969 mit Unterstützung der Kreissparkasse eine Wohnung.

Mehr als einen bloßen Namenswechsel bedeutete dann der Zusammenschluss mit der Kreissparkasse Starnberg, was den neuen Namen Kreissparkasse München Starnberg nach sich zog. Damit wurde ein neues Kapitel in der Geschichte der Kreissparkasse aufgeschlagen.10 Ein weiteres kam 2011 dazu, als sich auch noch die Kreissparkasse Ebersberg anschloss und die neue Kreissparkasse München Starnberg Ebersberg zur drittgrößten Sparkasse in Bayern wurde (nach der Stadtsparkasse München und der Sparkasse Nürnberg).

Bis heute hat die Kreissparkasse München Starnberg Ebersberg ihre Feldkirchner Filiale im Herzen der Gemeinde in der Aschheimer Straße 2 behalten. Im Juli 1957 war sie in die ehemaligen Räume der Gastwirtschaft Neuwirt gezogen.

Handel und Gewerbe, Handwerk und Industrie

Gemeinnützige Baugenossenschaft Feldkirchen und Umgebung eG

Die große Wohnungsnot und die Schwierigkeiten, das Geld zur Erbauung von neuen Wohnungen aufzubringen, führten – wie in vielen Gemeinden rund um München – auch in Feldkirchen nach einer lebhaften Aussprache zur Gründung einer Baugenossenschaft. Am 21. November 1924 schlossen sich 18 Feldkirchner Bürger unter dem damaligen Bürgermeister Philipp Holly im Nebenzimmer des Meyer'schen Gasthauses (Neuwirt) zur Gemeinnützigen Baugenossenschaft Feldkirchen und Umgebung zusammen.[11] Ziel und Zweck war, gesunde und zweckmäßig eingerichtete Wohnungen zu angemessenen Preisen zu errichten, die allerdings ausschließlich für Mitglieder zur Verfügung standen.

Der Vorstand setzte sich zusammen aus: Postassistent Friedrich Winter (1. Vorsitzender), Bürgermeister Philipp Holly (2. Vorsitzender), Heinrich Klier (3. Vorsitzender sowie Rechungs- und Schriftführer). Als Aufsichtsräte fungierten: Holzgroßhändler Wilhelm Vetter, Verwalter Otto Hiebl, Werkmeister Erhard Neupert, Sägemeister Franz Homaner, Tierarzt Dr. Hans Heiss und Elektroinstallateur Josef Egger.

Am 23. Dezember 1924 kaufte die neu gegründete Baugenossenschaft, vertreten durch den geschäftsführenden Vorstand Heinrich Klier und Bürgermeister Holly, für 5.500 Goldmark ein Grundstück an der Wittelsbacherstraße. Durch den Anstieg der Mitglieder innerhalb eines Jahres auf 47 konnte der Grunderwerb innerhalb von zwei Jahren in Raten abbezahlt werden. Die ersten acht Wohnungen wurden in den Jahren 1926 bis 1928 errichtet. Bereits im Herbst 1926 konnte Vorstand Winter bei der Vorstands- und Aufsichtsratssitzung die gewaltigen Fortschritte verkünden. Das erste Haus mit vier Wohnungen, *„das eine Zierde des Ortes"* geworden war, entworfen vom Architekten Kranebitter aus München, war bereits bezugsfertig. Sämtliche Arbeiten waren an Feldkirchner Handwerker vergeben worden. Und zum Abschluss der Sitzung, die in einer kleinen Feier endete, wurde der Wunsch laut, dass es möglich sein möge, in dem Tempo weiterzuarbeiten und ein zweites Genossenschaftshaus im nächsten Jahr fertig zu stellen.[12]

Vier Wohnungen konnten noch gebaut werden. Die geplante Weiterentwicklung wurde jedoch durch den Ausbruch des Zweiten Weltkriegs unterbrochen, obwohl die Anerkennung als gemeinnütziges Wohnungsunternehmen am 17. März 1933 mit Wirkung vom 25. Juli 1931 erfolgt war. Ende 1943 drohte gar die Auflösung der Baugenossenschaft; die eingeleitete Liquidierung wurde am 28. Oktober 1945 in Anbetracht der damals herrschenden Wohnungsnot wieder aufgehoben.

Nun bemühte sich die Genossenschaft um Gemeindegrund und konnte schließlich Anfang der 1950er Jahre einen Teil des Desch-Grunds zwischen dem Gangsteig und der Westendstraße in Erbpacht übernehmen. In einem ersten Bauabschnitt wurden 24 Wohnungen an der Westend- und der Rübezahlstraße gebaut. Richtfest war 1953. Weitere 18 Wohnungen folgten zwei Jahre später, sechs weitere 1969 – alle in der Westendstraße. Im 1969 erbauten Haus Westendstraße 22 wurden vorwiegend Mieter aus dem Anwesen Aschheimer Straße 1 – dem ehemaligen Maierhaus – untergebracht, das daraufhin abgebrochen wurde. Damit war der Platz geschaffen, den bereits lange geplanten Ausbau der Kreuzung in der Ortsmitte von Feldkirchen in Angriff zu nehmen. Bemühungen der Baugenossenschaft, Grundstücke für weitere Wohnungen zu erwerben, scheiterten am damals verhängten Baustopp wegen der Flughafennähe.

Der Bau neuer Sozialwohnungen in Feldkirchen wurde der zwischenzeitlich gegründeten Baugesellschaft München-Land übertragen, bei der die Gemeinde Feldkirchen Gesellschafter ist. Dadurch änderte sich der Aufgabenbereich der Baugenossenschaft, die nun – anstatt bezahlbare Wohnungen zu bauen – bezahlbare Wohnungen erhält. In den Jahren 2003 bis 2014 wurden 21 Wohnungen generalsaniert. Mit ihren 56 Wohnungen in 16 Gebäuden, 32 Garagen und 5 Stellplätzen (alle gelegen in der Rübezahl-, Westend- und Wittelsbacherstraße) ist die Baugenossenschaft Feldkirchen eine der kleinsten in Bayern, im Landkreis jedoch die älteste. Die Baugenossenschaft Feldkirchen wird ehrenamtlich geführt.[13]

Riedl Aufzugbau.
Im Bild oben das neue Werk 2 im Gewerbegebiet Süd, unten die erste Produktionshalle an der Kreuzstraße.

Firmenansiedlungen im 20. und 21. Jahrhundert

Betrachtet man das Adressbuch von 1912 (S. 246), finden sich nur wenige Betriebe: drei Bäckereien, ein Buchbinder, ein Dampfsäge- und Dreschmaschinenbesitzer, eine Fabrik für photographische Gummidruckpapiere, fünf Kramer, drei Schmiedemeister, ebenso viele Schneidermeister, vier Schreinermeister, je zwei Spengler- und Schuhmachermeister, ein Steinbrechmaschinenbesitzer, ein Wagnermeister und eine Weißbierbrauerei. Daneben noch die auf genossenschaftlicher Basis eingerichtete Branntweinbrennerei. Doch bald kamen weitere dazu.

Die Maschinenfabrik Friedrich Schüle, die sich auf Hebetechnik spezialisiert hatte, existierte bereits 1912. Sie wurde nach dem Konkurs im Jahr 1931 von der SWF, der Süddeutschen Winden- und Förderanlagenfabrik, übernommen. Bis heute stellt die inzwischen in SWF Krantechnik GmbH umbenannte Firma Laufkräne, Elektrozüge und Elektrowinden her. Ungefähr 350 Menschen hatten hier ihren Arbeitsplatz. 1973 übernahm die Firma MAN die SWF als Tochterunternehmen, 1996 begannen die Abbrucharbeiten. In der Folge entstand dort das Wohngebiet-Ost.

Hans Riedl (1899–1996), ein Bauernsohn und gelernter Schmied, arbeitete seit 1917 als Aufzugsmonteur bei Schüle auf Baustellen in ganz Deutschland und betreute nach dem Konkurs seines Auftraggebers ab 1930 als Ein-Mann-Betrieb weiterhin Aufzüge. 1934 bestand Hans Riedl die Prüfung zum Schlossermeister und gründete die Firma Riedl in der Schleißheimer Straße in München. Das Unternehmen mit 20 Mitarbeitern wuchs, sodass man eine neue Produktionsstätte in Feldkirchen errichtete. Im Zweiten Weltkrieg kam die Produktion fast vollständig zum Erliegen. Nach Kriegsende gelang mit drei Mitarbeitern ein Neuanfang. 1947 wurde der erste Riedl-Aufzug hergestellt. Dabei handelte es sich um einen Bieraufzug für die Gaststätte und Metzgerei Glasl in Heimstetten.

Die Ausführung der Freianlagen im Münchner Olympiapark lag bei der Firma May, Garten- und Landschaftsbau. Es wurden allein ca. 3.000 Großbäume gepflanzt.

Nach der Währungsreform 1949 kam das Geschäft dann richtig in Schwung: In ganz Bayern entstanden neue Lagerhäuser mit Riedl-Aufzügen. 1954 wurde der erste Riedl-Personenaufzug in Rosenheim eingebaut, ein Jahr später zählte die Firma bereits 60 Mitarbeiter, eine neue Fertigungshalle musste errichtet werden. In der Folge wurde die Produktpalette immer weiter ausgedehnt. Seit 2001 führen Peter Andrä und Christoph Lochmüller, die beiden Enkel des Firmengründers, den Familienbetrieb in dritter Generation. Zum 75-jährigen Jubiläum im Jahr 2009 hatte die Firma rund 100 Mitarbeiter, über 8.000 Riedl-Aufzüge waren inzwischen in Betrieb. Den 10.000 Aufzug kann die Firma Riedl im Jahr 2013 in ein Jugendstilgebäude im Münchner Stadtteil Lehel einbauen und zwei Jahre später expandiert Riedl auf ein neues Firmengelände im Gewerbegebiet Süd.

1914 hat sich die Firma Philipp Hauck KG in Feldkirchen niedergelassen, die 1902 in der Münchner Veterinärstraße gegründet wurde. Sie stellte zunächst technische Uhren und Apparaturen her; später umfasste ihre Produktion auch elektromechanische und elektronische Geräte.

Am 1. Januar 1922 begann dann die Süddeutsche Lackwerk GmbH ihren Betrieb. Und weiterhin siedelten sich immer mehr Firmen an.

Zu den bis heute in Feldkirchen ansässigen Firmen gehört auch das Unternehmen May Landschaftsbau. 1960 wurde es von Volker May als Zwei-Mann-Betrieb gegründet. Die umfangreiche Beteiligung an der Erstellung des Olympiaparks 1972 in München, der Ausbau des Westparks anlässlich der IGA 1983 und die Erstellung des Landschaftsparks Riem im Zusammenhang mit der Buga 2005 führten zu einer kontinuierlichen Vergrößerung der Personal- und Maschinenstärke. 2015 leitet Christoph May, der von 1996 bis 2008 auch im Gemeinderat saß, als Geschäftsführer die Firma mit ihren rund 100 Mitarbeitern und zahlreichen Auszubildenden, die häufig auch außerhalb der Firma Karriere machten, wie Korbinian Black und Florian Lentner, die ihre Ausbildung bei May absolviert hatten und 2014 zu Vizemeistern der Landschaftsgärtner auf dem Gelände der Landesgartenschau in Deggendorf gekürt wurden.

Bereits in den 1960er Jahren kamen erste Gastarbeiter aus Italien in die Firma May. Sie hielten über Jahrzehnte den Kontakt zu ihrer Heimatgemeinde Bisignano aufrecht, was knapp 50 Jahre später zu einer Städtepartnerschaft führte. Von Anfang an war die Firma May zur Stelle, wenn es um landschaftliche Gestaltung in Feldkirchen ging. So war sie maßgeblich an der Anlage des Heimstettener Sees beteiligt oder an den Aktivitäten des Gartenbauvereins.

Handel und Gewerbe, Handwerk und Industrie

Tanklager an der Kapellenstraße

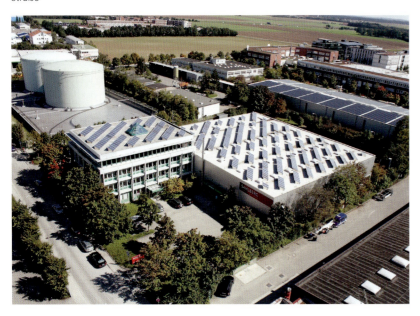

Sahlberg GmbH an der Friedrich-Schüle-Straße

1967 wurde die Pipeline für ein Ölprodukte-Verladetanklager der Marathon Petroleum GmbH in Feldkirchen errichtet,[14] das später von der OMV AG (früher ÖMV, Österreichische Mineralölverwaltung), dem größten Industrieunternehmen Österreichs, übernommen wurde. Zur OMV Deutschland GmbH als 100%ige Tochter gehört unter anderem das Tanklager in Feldkirchen, das vor der Übernahme durch die OMV im Jahr 1987 von der damaligen „Deutschen Marathon Petroleum GmbH" betrieben wurde. Vom Ölhafen Triest wird Rohöl über die Mineralölfernleitung der TAL (Transalpine Ölleitung) zum Zwischenlager in Steinhöring (Landkreis Erding) gepumpt und weiter nach Ingolstadt oder Burghausen. Von Burghausen wird das weiter verarbeitete Öl über eine OMV-eigene Pipeline zum Verkaufslager in Feldkirchen und zum Tanklager des neuen Großflughafens im Erdinger Moos geleitet. Das OMV Tanklager Feldkirchen besteht aus sieben Lagertanks und dient der Zwischenlagerung für Heizöl und Diesel.

1980 zog die Firma Sahlberg aus München nach Feldkirchen. Am 1. Oktober 1907 hatte Wilhelm Sahlberg in der Niesergasse, im Herzen von München, mit zwei Mitarbeitern seine „Gummiwarenhandelung nebst Flaschenwein-, Delikatess- und Spirituosenhandel" eröffnet. Die Firma wuchs, verlegte ihren Schwerpunkt auf technische Gummiprodukte zur Instandhaltung und Wartung von Maschinen, später auch auf Kunststoffhalbzeuge und -formteile. 2007 erfolgte die Einweihung des Sahlberg Polymer-Centers für Kunststoff- und Elastomerhalbzeuge in Feldkirchen. Mit der neuen Halle und Fertigungsstätte baute das Unternehmen seine Lager- und Fertigungskapazität auf 11.000 Quadratmeter aus. Anlässlich des 100-jährigen Firmenjubiläums im Jahr 2007 konnte die Firma einen Umsatz von rund 50 Millionen Euro bei 170 Mitarbeitern vorweisen.[15] Seit 2016 ist die Sahlberg GmbH ein Unternehmen der Haberkorn Gruppe.

Bild ganz oben
Luftbild um 2003

Gewerbegebiet Süd

Nach einer Übersicht der Gemeindeverwaltung der in Feldkirchen gemeldeten Gewerbebetriebe gab es im August 1989 rund 450 Betriebe. In der Folge kamen weitere hinzu. Nach dem Abzug des Flughafens Riem im Mai 1992 wurde im Jahr 1998 die Neue Messe München in unmittelbarer Nachbarschaft eröffnet, was neue Chancen für den Wirtschaftsstandort Feldkirchen brachte. Namhafte Firmen ließen sich in Feldkirchen nieder. Im Gewerbegebiet Nord an der Dornacher Straße eröffnete der bayerische Ministerpräsident Horst Seehofer zusammen mit Intel-Verwaltungsratschef Craig Barrett mit dem Forschungszentrum Intel Open Lab München die deutsche Hauptstelle der amerikanischen Halbleiterfirma. Doch auch andere Firmen der Computer-Branche wie Hitachi, Nissei Sangyo, Cadence Design Systems GmbH oder die Compaq Computer Deutschland GmbH Holding siedelten sich dort an und ersetzten damit Apple, das hier bis 2009 kurzzeitig einen Firmensitz unterhielt.

Der Hauptsitz der Cramo AG in Deutschland

Die Nanotec Electronic GmbH & Co. KG mit Sitz in Feldkirchen bei München gehört zu den führenden Herstellern von Motoren und Steuerungen für hochwertige Antriebslösungen.

Ein weiteres Gewerbegebiet ist das Gewerbegebiet Ost an der Kapellenstraße, in dem sich ebenfalls moderne Gewerbe ansiedelten: Anfang 2007 weihte der damalige bayerisches Ministerpräsident Dr. Edmund Stoiber zusammen mit Bürgermeister Leonhard Baumann und BrainLAB-Geschäftsführer Stefan Vilsmeier den neuen Firmensitz der BrainLAB AG an der Kapellenstraße ein. Anschließend trug sich der Ministerpräsident ins Goldene Buch der Gemeinde ein. 1989 hatte Stefan Vilsmeier das Unternehmen im Keller seines Vaters gegründet. Inzwischen war das Unternehmen, das komplette Hardware entwickelt und vermarktet, vielfach ausgezeichnet worden. In Feldkirchen wurde der fünfte Firmenstandort bezogen. Im Jahr zuvor hatte BrainLAB einen Umsatz von 154 Millionen Euro erzielt.

2011 siedelte sich die Firma Nanotec Electronic GmbH & Co. KG, ein Hersteller von Motoren und Steuerungen für Antriebslösungen, ebenfalls an der Kapellenstraße an. Als eines von nur rund 380 Unternehmen in Bayern erhielt die Firma Anfang Juni 2014 das OHRIS-Zertifikat. OHRIS steht für Occupational Health- and Risk-Managementsystem. Es wurde von der bayerischen Gewerbeaufsicht und der Wirtschaft entwickelt, um Beschäftigte nachhaltig vor arbeitsbedingten Gefahren zu schützen und die Sicherheit von technischen Anlagen zu dokumentieren. Auch die debis PCM Computer AG fand im Gewerbegebiet Ost seinen Standort, ebenso die Alcatel SEL AG, die Crown Gabelstapler GmbH & Co. KG, einer der weltweit größten Hersteller von Gabelstaplern, sowie die Cramo AG, ein Händler von Arbeitsbühnen und Baumaschinen, Felderer, der führende Großhändler für lufttechnische Produkte in Süddeutschland, Head, ein weltweit führender Hersteller und Anbieter von Marken-Sportausrüstungen, der LKW-Service Rudolf Sedlmeier, Konica Minolta Business Solutions Deutschland GmbH und Qioptiq, das Bauunternehmen Probat sowie das Recyclingunternehmen Gebr. Bergmann GmbH an der Weißenfelder Straße und viele andere.

Bild rechts
Gewerbegebiet Süd

Die Crown Gabelstapler GmbH & Co. KG hat ihre europäische Unternehmenszentrale für 164 Standorte in Feldkirchen.

Ab dem Jahr 2000 siedelten sich im Neuen Gewerbegebiet Süd (südlich der Bundesautobahn A 94, zwischen der B 471/Oberndorfer Straße und der Anschlussstelle Feldkirchen-Ost der BAB A 94) weitere Firmen aus den Bereichen Messeservice, EDV-Technik, Einzelhandel, Automobilverkauf und -services, unter anderem für Opel und Mercedes, sowie Hotels unterschiedlicher Preiskategorien an. Weitere Flächen wurden für Büro- und Lagernutzung ausgewiesen. 2002 etwa zog die Firma Alois Dallmayr Automaten-Service an den Otto-Lilienthal-Ring 14 in Feldkirchen.

An der Wende vom 20. zum 21. Jahrhundert konnten in Feldkirchen rund 550 Gewerbebetriebe im Ort gezählt werden. Im Jahr 2015 waren hier bereits fast 600 Gewerbebetriebe ansässig. Und noch ist kein Ende dieser Entwicklung abzusehen.

Gastronomie und Brauwesen

Das Gasthaus „Zum Altenwirt" auf einer Postkarte, um 1900

1903 eröffnete Fritz Lehrer in seinem Neubau an der Wasserburger Straße mit dem „Gasthaus zu Sonne" eine fünfte Wirtschaft in Feldkirchen. Älter waren der „Alte Wirt", der „Neuwirt", das Bahnhofsrestaurant Taubenhuber und eine heute nicht mehr bekannte weitere Gastwirtschaft. Doch bald sollten es mehr werden. In den Jahren 1931 und 1938 mussten einige Schankkonzessionen in Feldkirchen erneuert werden. Es gaben darum ein: Johann Zacherl, Gastwirt und Metzger, Hohenlindner Straße 1, Therese Hartmann, verwitwete Garnreiter, geb. Haller, als Wirtsnachfolgerin ihres verstorbenen Mannes erster Ehe Wolfgang Garnreiter, Kirchenstraße 6, Sophie Glasl, geb. Meyer, als Betriebsnachfolgerin ihres verstorbenen Ehemanns Anton Glasl, Adolf-Hitler-Straße 2 (= Münchner Straße 2), Xaver Taubenhuber, als Betriebsnachfolger seines verstorbenen Vaters Georg Taubenhuber, Franz-von-Epp-Straße 19 (= Bahnhofstraße 19), Wilhelmine Schweiger, wegen Ausübung eines Baukantinenbetriebs auf dem Grundstück, das der Deutschen Reichsbahn gehörte, Pl. 488, Franz-von-Epp-Straße 3 (= Bahnhofstraße 3), und Fritz Prößl, Konditormeister, auf Ausübung eines Kaffeebetriebs, Emeranstraße 14 (zum Ausschank sollten dort aber nur Kaffee, Tee, Wein, Branntwein und Weißbier gelangen). Der Antrag des Gastwirtes Franz Xaver Falter aus München zur Leitung der Baukantine wurde aufgrund seiner Vorstrafen nicht genehmigt. Daneben gab es durch die Jahre weitere gastronomische Einrichtungen im Ort.

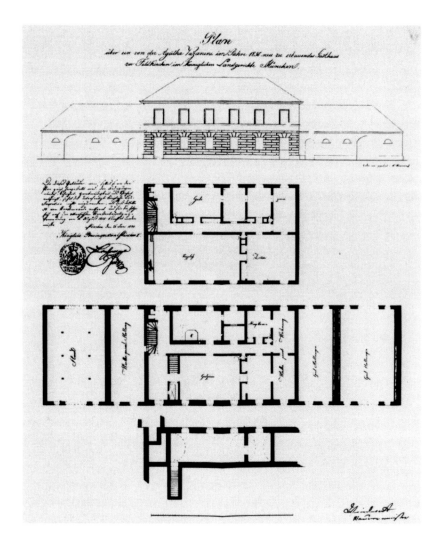

Plan für ein neues Wirtshaus, den späteren Alten Wirt, von 1830
Staatsarchiv München LRA 22846

Alter Wirt – Hotel Bauer

Das älteste Gasthaus in Feldkirchen ist der „Alte Wirt", an dessen Stelle sich heute das Hotel Bauer befindet. Im Jahr 1829 hatte sich eine Frau um eine Gastwirtskonzession in Feldkirchen beworben: die Witwe Agatha Vazanini, *„ehemalige Gastwirthsfrau von Dietersheim, kgl. Landgerichts Freising, dermal privatisierend zu München und wohnhaft im Thal Mariae Nr. 448"* (heute nördliche Straßenseite des Tals, in etwa Höhe Dürnbräugasse). Am 1. beziehungsweise 2. Mai des Jahres 1829 erhielt sie vom königlichen Landgericht München die Gastwirtschaftsgerechtsame, nachdem sie zugesichert hatte, ein „ganz modernes" Wirtshaus zu errichten. Doch das wollte sich der in Feldkirchen ansässige Bauer Andreas Adam, der im Jahr 1826 ebenfalls um eine Konzession nachgesucht hatte und abgewiesen worden war, nicht gefallen lassen.

Er klagte gegen diese Entscheidung mit dem Erfolg, dass die königliche Regierung des Isarkreises in zweiter Instanz am 27. Juni 1829 die Bittstellerin Vazanini abwies. Doch diese gab noch lange nicht auf. In einem ausführlichen Schreiben wandte sie sich am 17. Juli 1829 an das Staatsministerium des Innern. Und da sie zu Recht ahnte, dass sie als Frau nur geringe Chancen hätte, unterschrieb dieses Gesuch auch ihr Verlobter Sebastian August Berr als „Beyständer". Natürlich sprach sich die Regierung des Isarkreises am 10. August erneut in einem Schreiben an das Ministerium gegen die Gewährung des Gesuchs der Vazanini aus, unter anderem weil *„uns Weibspersonen für den Betrieb einer ehrsamen Wirthschaft gar nicht geeignet scheinen"*.

Die zuständigen Herren im Ministerium des Innern sahen das wohl nicht ganz so und forderten deshalb am 3. Oktober sämtliche Unterlagen an, die dann am 2. November auch zur Verfügung gestellt wurden. Den Akten zufolge hatte Andreas Adam erneut im Jahr 1829 um die Verleihung einer Bierschankgerechtsame nachgesucht. Auch ein Martin Bader zu Feldkirchen bemühte sich darum. Gleichzeitig erbat Valentin Janson die Verleihung eines „Krammersgewerbes".

Die Verhandlungen zogen sich bis ins nächste Jahr. Nach einigem Hin und Her, in dem vorwiegend die Frage erörtert wurde, ob es eine dritte Instanz geben kann (und anderer juristischer Formalien), wurde in der Sitzung am 25. Mai 1830 vom Staatsministerium des Innern der Beschluss gefasst, dass *„der Vollziehung des landgerichtlichen Beschlusses vom 1. May v. J. kein weiteres Hinderniß zu setzen"* sei. Dies bedeutete einen Sieg der Agatha Vazanini. Damit brechen aber auch die diesbezüglichen Akten im Bayerischen Hauptstaatsarchiv ab.[1] Die Fortsetzung der Geschichte ist dann im Staatsarchiv München nachzulesen:

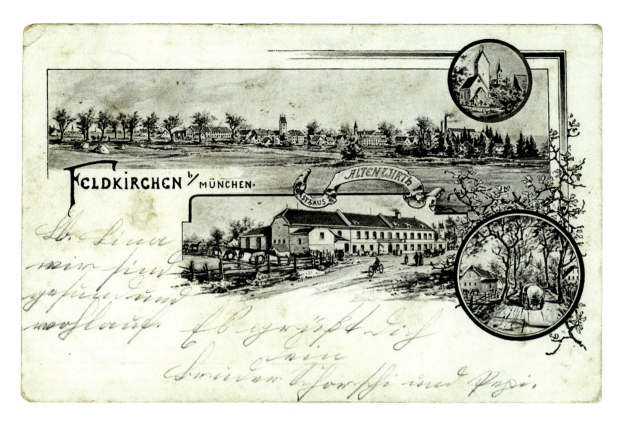

Das Gasthaus „Zum Altenwirt" auf einer Postkarte, um 1900

Nach ihrem Sieg ging die Vazanini gleich ans Werk und ließ von F. Tunermann einen Plan für ein großes modernes Wirtshaus an der Hauptstraße entwerfen. Und da der Plan den Bestimmungen und Vorbedingungen an Sicherheit, Schönheit und Zweckmäßigkeit entsprach, hatte die Königliche Bauinspektion München I nichts dagegen einzuwenden, außer, dass das Gasthaus 50 m vom Straßenrand entfernt errichtet werden sollte. Am 26. Juni 1830 wurde der Plan genehmigt.

Danach scheint für zwei Jahre Ruhe eingekehrt zu sein, doch am 19. November 1832 hatte das Königliche Landgericht wieder in Sachen Gasthaus in Feldkirchen zu tun. In der Zwischenzeit scheint die Vazanini das Wirtshaus erbaut zu haben, doch werden ihr die Feldkirchner das Leben recht schwer gemacht haben, da sie im Jahr 1832 die Gastwirtschaftsgerechtsame, das Wohngebäude, Stallungen und Remise, den Grund, der mit Planken und Staketen eingezäunt war, an Jakob Herz, den Wirt von Heimstetten, und seine Frau Catharina für 75.000 Gulden verkaufen wollte. Doch die Gemeindeverwaltung in Feldkirchen war dagegen – kein Wunder, denn Gemeindevorsteher war in jenen Tagen kein anderer als Andreas Adam.

Als Gründe wurden die vielen Kinder und das wenige Geld der Familie Herz angeführt, Gründe, die das Königliche Landgericht aber nicht gelten ließ. Am 10. Dezember wurden Andreas Adam sowie die Bevollmächtigten Melchior Oberhauser und Paul Glasl nach München zitiert. Am 15. Dezember 1832 erschien erneut Jakob Herz vor dem Landrichter Kuttner. In dem damaligen Protokoll steht unter anderem zu lesen, dass die Vazanini jährlich sieben- bis achthundert Eimer Bier verkauft habe. Ein Eimer entsprach etwa 64 Maß, d. h. dass die Gastwirtin jährlich um die 400 Hektoliter Bier ausgeschenkt hat, im Durchschnitt täglich also mehr als 100 Maß. Gut besucht scheint das Gasthaus somit schon gewesen zu sein. Es wurde in die Gasthäuser erster Klasse eingereiht. Damit war auch der Verkaufspreis gerechtfertigt, der der Gemeinde natürlich zu hoch erschien.

Am 22. Dezember 1832 wurde „*die von der Verwaltung der Gemeinde Feldkirchen verweigerte Aufnahme des Jacob Herz und seiner Familie durch den Erwerb der dortigen Gastwirtschaft als unbegründet erklärt, sohin die Aufnahme des Jacob Herz als Mitglied der Gemeinde Feldkirchen landgerichtlich ergänzt*".

Hotel Bauer an der Münchner Straße

Am 24. Dezember traf man sich wieder beim Landrichter in München: der Gemeindevorsteher Andreas Adam, die Bevollmächtigten Melchior Oberhauser und Paul Glasl, Jakob Herz und für Agatha Vazanini ihr bevollmächtigter Geschäftsführer Sebastian August Berr, eben jener, der sie bereits drei Jahre zuvor als Verlobter begleitet hatte. Am 27. Januar 1833 war der Streit endlich ausgestanden: Agatha Vazanini konnte ihr Gasthaus in Feldkirchen, das sie nur kurze Zeit führen durfte und das ihr doch so viel Ärger eingebracht hatte, an den Wirt Jakob Herz aus Heimstetten verkaufen.[2]

Lange Zeit schweigen danach die Akten zu diesem Wirtshaus. Erst im Jahre 1875 ist erneut von dem Wirtsanwesen Haus Nr. 2 in Feldkirchen die Rede. Am 1. April hatte es der aus Ingershausen bei Würzburg stammende Jakob Zimmermann gekauft und bat um eine Konzession, die ihm auch erteilt wurde. Bereits ein Jahr später, am 29. September 1876, veräußerte er die Wirtschaft an Ludwig Adam, der sie wiederum am 12. November 1889 an seinen Sohn Gottlieb übertrug.

Am 21. März 1904 brannte *„das große Anwesen des Gastwirts Gottlieb Adam fast vollständig nieder"*. Sofort wurde mit dem Neubau eines großen Saals begonnen; die Ökonomiegebäude sollten im Sommer folgen.[3] Ob sich Gottlieb Adam bei den Ausgaben übernommen hat, kann nur spekuliert werden. Auf jeden Fall verkaufte er die Gastwirtschaft am 7. Juni 1905 an Paul Glasl. In der Eingabe an das Bezirksamt wurde das Wirtshaus ausführlich beschrieben. Demnach bestand es *„aus einem Gastlokal, Nebenzimmer, Küche mit Speise, Abort mit Pissoiranlage im alten Hausteil. An diesen angebaut befindet sich ein großer Saal mit angefügter Kegelbahn mit eigenem Abort und Pissoiranlage für Damen und Herren. Im Obergeschoß befinden sich zehn Zimmer zur Fremdenbeherbergung. Sämtliche Fremdenzimmer haben einen eigenen Eingang, sehr gediegenes Mobiliar und reinliche Betten."* Zum Anwesen gehörte auch ein eigenes Schlachthaus.

Bereits fünf Jahre später verkaufte Paul Glasl das Gasthaus mit allem Zubehör allerdings an einen Wirtssohn aus der Dachauer Gegend, an Johann Bücherl. Der wiederum veräußerte im Jahr 1917 das Gasthaus erneut an ein Mitglied der Familie Glasl, an Anton, den Sohn von Simon Glasl und Therese, geb. Wisgigl. Anton Glasl und seine Ehefrau Sophie, geb. Meyer, hatten bereits 1913 um eine Schankkonzession nachgesucht – und diese auch erhalten –, allerdings für die Gast- und Tafernwirtschaft im Haus Nr. 25, den „Neuwirt" oder „beim Kistler", das davor Karl Meyer besessen hatte.

Dieses Ehepaar führte den Gasthof nun über eine lange Zeit. Und als im Jahr 1938 Anton Glasl verstarb, erhielt die Witwe Sophie Glasl weiterhin die Konzession. Als sie um diese nachsuchte, musste sie einige Angaben über ihr Geschäft machen. Demnach waren in der Zeit vom 1. September 1937 bis zum 31. August 1938 360 Hektoliter Bier, 1,5 Hektoliter Wein, 0,20 Hektoliter Branntwein, 100 Tassen Kaffee und 2.000 Flaschen Limonade ausgeschenkt worden. Im gleichen Zeitraum beherbergte sie 45 Fremde.[4]

Kinoplakat, Bahnhofstraße, im Hintergrund das Baywa-Lagerhaus,
Foto: 25. Dezember 1961

Nach dem Krieg betrieben verschiedene Pächter den „Alten Wirt", bis die Familie Bauer aus Markt Schwaben das Anwesen erwarb. 1980 wurde es zum heutigen großen „Hotel Bauer" ausgebaut.

Kurzzeitig gab es in den Räumen des Alten Wirts sogar ein Kino. Am 2. Juli 1949 eröffneten Willi und Luise Westner das Lichtspieltheater mit dem Programm „Kleine Melodien aus Wien". Noch 1954 existierten die Central-Lichtspiele.[5] In den 1960er Jahren allerdings verlor das Kino, das von der Schwester des Wirts Glasl betrieben wurde, langsam seine Attraktivität und die Räumlichkeiten wurden Teil der bestehenden Wirtschaft.

Weitere Gasthäuser – zunächst nicht gewünscht

Im Jahr 1869, als die Eisenbahn und der Bahnhof Feldkirchen in Sicht waren, bemühten sich verschiedene Interessenten, ein zweites Gasthaus zu eröffnen. Florian Bader bewarb sich um eine Wirtschaftskonzession, doch wurde das Gesuch abgewiesen. Da nützte es auch nichts, dass er anführte, eine Wirtschaft für eine Gemeinde, die nunmehr 42 Hausnummern zählt, sei zu wenig. Darüber hinaus führte er die evangelische Kirche ins Feld. Für einige Mitglieder der evangelischen Kirchengemeinde, die zum Gottesdienst zwei oder gar drei Stunden zu gehen hatten, wäre eine Wirtschaft ein besonderes Bedürfnis. *„Die bereits im Ort sich befindliche Wirtschaft wird in einer Weise betrieben, daß stete Klagen und Unzufriedenheit unter den Gästen sich verlautbar machen"*, führte Florian Bader weiter an. Außerdem wäre die alte schlechte Wirtschaft etwa eine Viertelstunde vom neuen Bahnhof entfernt – eine gute Wirtschaft in der Nähe der Haltestelle wäre also wirklich vonnöten! In München sah man dies jedoch zu jener Zeit noch anders.[6]

Gastronomie und Brauwesen

Gast- und Tafernwirtschaft von Quirin Steininger, um 1907

Kurz darauf, im Jahr 1871, wurde erneut ein Gesuch abgewiesen. Diesmal bat Franz Janson um eine Konzession.[7] Doch bald änderte sich die Meinung in München. Der neue Bahnhof wird ein Übriges getan haben, denn nun wurden zahlreiche Ausflügler aus der Hauptstadt in Feldkirchen gesichtet. Der „Neuwirt" wurde errichtet.

Doch kurz danach schmetterte das Bezirksamt erneut eine Eingabe ab: Mehrmals hatte Maria Reischl aus Hollern im Landkreis Freising, die damals in Feldkirchen wohnte, um eine Konzession nachgesucht. Ihr Mann war wegen Meineids zu zwei Jahren und acht Monaten Zuchthaus verurteilt worden. Weder ihr noch ihrem 1877 aus dem Zuchthaus wieder entlassenen Mann Georg wurde die Konzession erteilt. Die letzte Absage stammt aus dem Jahr 1877. Dann war es gut, dass die Familie Reischl von Feldkirchen wegzog. Damit hatte sich auch dieser Fall erledigt.[8]

Neuwirt – Gasthof Garnreiter – Gasthof Hartmann

Im Jahr 1873 versuchte es Mathias Steininger und suchte um eine Wirtschafts-Konzession nach. Dieses Mal erhielt die Eingabe einen positiven Bescheid. Am 9. April 1873 gestattete man ihm, einen Gasthof zu errichten. Es muss alles ganz schnell gegangen sein, denn im kommenden Jahr konnte er die bereits florierende Wirtschaft an seinen Sohn Quirin übergeben. Fast 40 Jahre blieb der Gasthof im Besitz der Familie Steininger. Auf Quirin folgte sein gleichnamiger Sohn, 1877 in Feldkirchen geboren.

Im April 1912 kaufte der 1876 in Grafing geborene Metzger Wolfgang Garnreiter das Anwesen Haus Nr. 21 mit einer Gaststube, einem Nebenzimmer, drei Fremdenzimmern, einer Küche mit Speise sowie Metzgerei.[9]

Gasthof Garnreiter auf einer Ansichtskarte, um 1913

Am 10. April 1912 setzte sich der Gemeinderat „für die Erteilung einer Konzession für die Gast- und Tafernwirtschaft im Hause Nr. 21 (früher Steininger) in Feldkirchen an Wolfgang Garnreiter ein, da die Wirtschaft ein Bedürfnis ist". Obendrein wurden die Örtlichkeiten als in gutem Zustand beschrieben und über den Gesuchsteller war auch nichts Nachteiliges bekannt. So erhielt er die Konzession. 1913 schenkte das „Gasthaus Garnreiter" Bier vom Unionsbräu aus, bot einen Garten und eine Kegelbahn.[10] Garnreiter führte das Wirtshaus bis zu seinem Tode am 21. Mai 1931. Dann übernahm es seine um viele Jahre jüngere Witwe Therese, die im Jahr 1901 in Aschheim geboren wurde. Sie musste, nachdem sie im Mai 1937 eine zweite Ehe mit Johann Hartmann aus der Dachauer Gegend eingegangen war, erneut um die Konzession nachsuchen,

die 1938 auch gewährt wurde. Inzwischen hatte sich die Wirtschaft nicht nur räumlich vergrößert, auch der Ausschank war beachtlich: Jährlich wurden ca. 300 Hektoliter Bier, 2 Hektoliter Wein, 150 Tassen Kaffee und 1.500 Flaschen Limonade ausgeschenkt.[11]

So war mit der Zeit aus dem im Jahre 1873 als „Neuwirt" – im Gegensatz zum ehemals einzigen Gasthaus, das daraufhin den Namen „Alter Wirt" erhielt – das „Gasthaus Garnreiter" und später der „Gasthof Hartmann" geworden (als „Neuwirt" wurde dann das spätere Gasthaus „Zacherl" bezeichnet). Unter dem Namen Hartmann besteht der Gasthof noch heute an der Kirchenstraße 6. Manche sprachen und sprechen deswegen auch vom „Kirchenwirt".

Gastronomie und Brauwesen

Gasthof Taubenhuber an der Bahnhofstraße

Bahnhofsrestaurant – Gasthof Taubenhuber

Über die Geschichte des Bahnhofsrestaurants, auch Gasthof Taubenhuber genannt, sind seltsamerweise keine Archivalien erhalten. Nach der Einrichtung der Bahnlinie München – Mühldorf und dem 1871 erbauten Bahnhof, scheint ein Mitglied der Familie Taubenhuber die Wirtschaftskonzession erhalten zu haben. Als Zeitpunkt der Errichtung müssen die frühen 1870er Jahre angenommen werden. In den Eingaben von 1869 und 1871 wird nur der „Alte Wirt" genannt, woraus geschlossen werden darf, dass die Bahnhofswirtschaft jüngeren Datums ist.

Ortspolizeiliche Verordnung über den Flaschenbierhandel vom 20. Juli 1900

„Der Gemeindeausschuß Feldkirchen erläßt auf Grund des Art. 1 A bs. 3 und Art. 3 Abs. 1 des Polizeistrafgesetzbuches zu Art. 75 dieses Gesetzes nachstehende ortspolizeiliche Vorschrift:
§ 1. In den Flaschenbiergeschäften dürfen Flaschen, in welchen sich zuvor Petroleum oder ähnliche Flüssigkeiten befunden haben, zur Abfüllung nicht verwendet werden.
§ 2. Unmittelbar vor der Füllung sind die Flaschen einer gründlichen und sorgfältigen Reinigung zu unterstellen.-
§ 3. Zur Abfüllung benützte Gummischläuche müssen stets in reinlichem Zustand gehalten werden und dürfen mit dem Munde nicht angesaugt werden."

Um die Jahrhundertwende um 1900 ist der Wirt Georg Taubenhuber erwähnt. Viel ist für die Zeit allerdings über dieses Gasthaus nicht bekannt, lediglich, dass in der Nacht vom 30. November auf den 1. Dezember 1913 durch Brandstiftung ein Feuer in den Ökonomiegebäuden des Bahnhofsrestaurants Taubenhuber ausgebrochen sei.[12] Am 19. Oktober 1938 gab Xaver Taubenhuber als Betriebsnachfolger seines Vaters Georg um die Konzession zur Betreibung der Gastwirtschaft in der heutigen Bahnhofstraße 19 ein, die ihm auch gewährt wurde. Über die weibliche Linie und mit Namen Schamberger war die Bahnhofswirtschaft, die noch immer den Namen „Taubenhuber" trägt, obwohl Georg Taubenhuber am 17. März 1983 als letzter seines Namens gestorben ist, in der Hand der Familie.[13]
2015 wurde das Gasthaus als griechisches Lokal „Poseidon" geführt, doch ist der Name Taubenhuber noch immer präsent.

Gasthof zur Sonne

Im Herbst 1903 eröffnete Fritz Lehrer in seinem Neubau an der Wasserburger Straße das „Gasthaus zur Sonne" – als fünfte Wirtschaft im Ort. „Die Sonne" wurde bald ein beliebter Versammlungsort. In den ersten Jahren des 20. Jahrhunderts werden der Wirt und sein Gasthof immer wieder genannt, 1913 sogar als „Gasthof Lehrer".[14]

Gasthof Zur Sonne auf einer Ansichtskarte von 1904
Bild unten: Werbeanzeige von 1913

Erstaunlicherweise wurde dann aber am 25. Februar 1915 im Protokollbuch der Gemeinde vermerkt: *„Gegen die Erteilung einer [erneuten?] Konzession für den Betrieb einer Schankwirtschaft mit der Befugnis zum Ausschank von Branntwein an Fritz Lehrer und dessen Ehefrau Berta, geborene Ulmer, in dem Anwesen Nr. 27 1/2 besteht keine Erinnerung, nachdem 1. das Bedürfnis für die bereits seit 1907 bestehende Wirtschaft vorhanden ist, 2. die Lokale den Anforderungen in jeder Hinsicht entsprechen, 3. gegen den Leumund der Wirtsleute Nachteiliges nicht bekannt ist. Gegen die Erbauung einer Schweinestallung, einer Remise etc. besteht keinerlei Erinnerung."*

Am 16. Januar 1924 wurde die Bitte wiederum erneuert. Gegen das Gesuch des Landwirts Fritz Lehrer in Feldkirchen um die Erlaubnis zum Betrieb einer Schankwirtschaft im Anwesen Haus Nr. 27 1/2 in Feldkirchen wurden auch dieses Mal keine Einwände erhoben und die „Bedürfnisfrage" bejaht.

Am 24. November 1926 bemühte sich dann der Metzgermeister und Gastwirt Johann Nepomuk Huber um die Konzession zum Betrieb einer Schankwirtschaft auf dem Anwesen, das nun die Adresse Hohenlindner Straße 9 hatte. Der Gemeinderat sprach sich dafür aus, doch *„bezüglich der Personalfrage vermag sich der Gemeinderat nicht zu äußern, weil Huber erst seit kurzer Zeit hier wohnhaft und dessen Person noch zu wenig bekannt ist"*. Genau ein Jahr später, am 10. November 1927, beantragte dann erneut die Landwirtswitwe Berta Lehrer die Erlaubnis zum Betrieb der Wirtschaft, was wiederum befürwortet wurde. Im Jahr 1954 kauften Josef und Anna Glasl den Gasthof mit Metzgerei. Nach dem Tod von Josef Glasl wurde die „Sonne" verpachtet und um 1980 als italienisches Ristorante betrieben; die Besitzerin Anna Glasl führte die zum Anwesen gehörige Pension. 2014 schließlich wurde das Gebäude abgerissen, um einem Wohnungs-Neubau Platz zu machen.

Gastronomie und Brauwesen

Hochzeitsbild des Neuwirts Karl Meyer mit Ehefrau Lina, geb. Adam

Neuwirt – Gasthof Zacherl

Wann der zweite „Neuwirt" seinen Anfang nahm, ist nicht überliefert. Allerdings ist er bereits im Jahr 1905 zwangsversteigert worden. Damals erwarb ihn David Walter, Privatier in Feldkirchen, der die Wirtschaft jedoch sofort um 65.000 Mark weiter an den Gastwirt und Metzger Karl Meyer aus Milbertshofen veräußerte, dessen Frau vermutlich aus der Wirtsfamilie Adam (vom Alten Wirt) stammte. Seit dem Jahr 1905 war das Gasthaus also im Besitz der Familie Meyer. Am 20. Mai 1917, gleichzeitig mit der Befürwortung der Wirtskonzession für Anton und Sophie Glasl vom „Alten Wirt", wurde dem Vater von Sophie, Karl Meyer, die Konzession erteilt, im Haus Nr. 21 eine Gast- und Tafernwirtschaft zu unterhalten. *„Gegen die Erteilung an Karl Meyer, geb. am 25. Dez. 1878, und dessen Ehefrau Karolina Meyer, geb. Adam, geb. am 14. Jan. 1885, besteht seitens der Gemeinde keinerlei eine Erinnerung, nachdem die Wirtschaft ein Bedürfnis ist, die erforderlichen Wirtschaftsräume (Gastzimmer, Neben-, Fremdenzimmer u. s. w.) vorhanden sind und sich im bestem*

Bilder oben:
Gasthof Neuwirt
von Karl Meyer

Zustand befinden; vorschriftsmäßige Aborte und Pissoire sind vorhanden. Gegen den Leumund des Gesuchstellers nebst seiner Ehefrau ist Nachteiliges nicht bekannt." Das Gesuch des Ehepaars Schleich zur Eröffnung einer weiteren Gast- oder Schankwirtschaft im Haus Nr. 31 f wird am gleichen Tag allerdings abgelehnt. *„Für eine weitere Wirtschaft in Feldkirchen ist ein Bedürfnis nicht gegeben, nachdem schon fünf Wirtschaften und zwei Flaschenbiergeschäfte vorhanden sind."*

Im Jahr 1923 wurde die Konzession für Karl Meyer wiederum erneuert, am 10. November 1937 dann allerdings die Konzession für die Wirtschaft, nun Hohenlindner Straße 1, an Johann Zacherl übertragen. Nach dem Tod von Johann Zacherl heiratete die Witwe Martin Zauser. Der zweite Sohn Balthasar übernahm die Wirtschaft (der älteste Sohn Johann war im Zweiten Weltkrieg gefallen).

Schon lange befindet sich in dem Anwesen keine Wirtschaft mehr. Nachdem es ausgebrannt war, wurde dort 1957 die Kreissparkasse errichtet.

Branntweinschenke

Neben den 1917 erwähnten fünf Wirtschaften gab es noch eine Branntweinschenke im Haus Nr. 9. *„Schon immer"* hatte Georg Oberhauser Branntwein in seiner Kramerei an Stehgäste ausgeschenkt, doch das Bezirksamt wollte Klarheit schaffen. Es war nämlich einem Beamten aufgefallen, dass 1872 Anton Kastenmüller eine Konzession zum Betrieb einer Schankwirtschaft für das Haus Nr. 15 erteilt worden war. Im Verzeichnis der Schankwirtschaften von 1894 war er jedoch nicht mehr verzeichnet, dafür im Haus Nr. 9 eine Branntweinschenke von Georg Oberhauser, der aber offensichtlich keine Konzession besaß. Seit dem 18. Juli 1882 hatte er sie neben seiner Kramerei betrieben. Im Jahr 1900 macht der Gemeinderat eine Eingabe um nachträgliche Genehmigung der Konzession, da der Ausschank schon seit mehr als 70 Jahren bestünde. *„Als Bedürfnis kann die Branntweinschenke zwar nicht angesehen werden, aber nachdem sie schon so lange besteht und von den Oekonomseheleuten Georg Oberhauser, geb. 19. 1. 1858 in Feldkirchen, und dessen Ehefrau Maria, geb. Pritzl, geb. 5. 2. 1860 in Heimstetten, so wie schon von dessen Eltern Georg und Ursula Oberhauser in musterhafter Weise geführt wurde, so möge bewilligt werden,*

Bild oben:
Branntweinschenke Josef Oberhauser, um 1930

Bild unten:
Die Branntweinschenke von Josef Oberhauser gegenüber der katholischen Kirche, im Vordergrund das Kriegerdenkmal für die Teilnehmer des Kriegs von 1870/71, Foto 2015

daß sie fortbestehen darf." Das Bezirksamt hatte ein Einsehen und Georg Oberhauser durfte weiterhin an Stehgäste ausschenken. Als Maria Oberhauser am 3. März 1924 ihrem Mann ins Grab folgte, übernahm der Sohn Josef Oberhauser das elterliche Geschäft. Natürlich versäumte er nicht, beim Bezirksamt erneut um eine Konzession nachzusuchen.

In seinem Antrag sprach er von einem seit 120 Jahren bestehenden Realrecht, doch der zuständige Sachbearbeiter strich dies ganz dick rot an und versah es am Rand mit einem energischen *„Nein!"* Peinlicherweise hatte Josef Oberhauser dann auch noch vor der Konzessionsverleihung Ärger mit der Gendarmerie. Am 6. Juni 1924 hatte er in der Früh zwischen 2 und 3 Uhr Schnaps an Gäste ausgeschenkt. Es ging dann aber doch noch gut aus. Am 31. Juli 1924 wurde ihm die Konzession gewährt.[15] Noch immer verrät die Aufschrift „Jos. Oberhauser Molkereiprodukte, Kolonialwaren, Branntweinschenke", dass das Gebäude in der Aschheimer Straße weiterhin im Besitz der Familie Oberhauser ist, zunächst noch als Dorftreff betrieben von der Tochter Therese, derzeit jedoch geschlossen.

Zigarettenautomat

Im Jahr 1939 erhielt Feldkirchen den ersten Zigarettenautomat. Mussten die Zigaretten bis dahin im Kramerladen in der Bahnhofstraße 9 oder in der Drogerie in der Aschheimer Straße 2 gekauft werden, wo der Verkauf schon seit Jahren genehmigt war, so konnten die Feldkirchner ab 1939 auch noch nachts Zigaretten am Automaten ziehen. Am 9. Dezember sprach sich der Gemeinderat dafür aus: *„Gegen die Aufstellung eines Zigarettenautomaten durch den Drogerie- und Tabakwarengeschäftsinhaber Josef Hörmüller sen. vor seinem Anwesen Aschheimer Str. 2 in Feldkirchen besteht keine Erinnerung. Ein diesbezüglicher Antrag ist dem Bezirksamte München befürwortend zuzuleiten."*

Kaffeehäuser

Für ein Kaffeehaus konnte sich Feldkirchen lange Zeit nicht erwärmen. Am 15. Oktober 1916 erachtete es der Gemeinderat nicht für notwendig, *„daß eine Erlaubnis erteilt wird zum Ausschank von Kaffee, für ein Auskochgeschäft, für Ausschank von Wein und alkoholfreien Getränken im Hause Nr. 26d, nachdem in Feldkirchen ohnedies fünf Gastwirtschaften sind, in denen Speisen und Getränke verabreicht werden."*

Die Einstellung der Gemeinde zu einem Café änderte sich auch in den folgenden Jahrzehnten nicht entscheidend. *„Ein Antrag des Konditors Rudolf Beichel auf Genehmigung zur Errichtung eines Kaffeehauses auf dem*

Gelände der Reichsbahn Ecke Bahnhof- und Raiffeisenstraße wird mangels vorhandenen Bedürfnisses abgelehnt".[16]

Nur der Konditormeister Fritz Prößl hatte Erfolg gehabt. Bereits 1919 durfte er eine Konditorei betreiben. Gegen die Ausübung eines Kaffeebetriebes auf dem Anwesen Emeranstraße 14 (ehemals Bräustüberl) durch ihn bestand auch später aus Sicht der Ortspolizei kein Einwand. Ausgeschenkt werden sollte Kaffee, Tee, Wein, Branntwein und Weißbier.[17] 1963 gab er das Ladengeschäft auf; das Konditorenhandwerk hatte er schon früher an den Nagel gehängt.[18] Als Emeranstüberl existierte sein Kaffeehaus jedoch noch bis Ende des 20. Jahrhunderts.

Baukantine

Im Jahr 1938 wurde auf dem Gelände der Reichsbahn eine Baukantine errichtet. Um die Konzession bewarben sich sowohl Franz Xaver Falter als auch Wilhelmine Schwaiger. Der Gemeinderat entschied sich am 19. Oktober für Letztere: *„Gegen die Ausübung eines Baukantinenbetriebes auf dem der deutschen Reichsbahn gehörigen Grundstück Pl. No. 488 der Steuergemeinde Feldkirchen durch Wilhelmine Schwaiger in Feldkirchen, Franz von Eppstr. 3, besteht von ortspolizeiwegen keine Erinnerung. Versagungsgründe im Sinne des § 33 R. G. O. bestehen nicht. Die Bedürfnisfrage wird bejaht. Die Personal- und Lokalfrage ist in Ordnung. […] Der Antrag des Gastwirtes Franz Xaver Falter auf Erteilung der Erlaubnis zum Betriebe einer Baukantine auf dem Grundstück kann mit Rücksicht auf die Vorstrafen des Gesuchstellers zur Genehmigung nicht befürwortet werden."* Das Ende der Baukantine ist nicht bekannt, doch nach dem Zweiten Weltkrieg existierte sie nicht mehr. Dafür wurde nun der lang ersehnte Bahnhofs-Kiosk Wirklichkeit.

Bahnhofs-Kiosk

Lange Zeit scheint es am Bahnhof Feldkirchen keinen Kiosk gegeben zu haben. Der „Bahnhofs-Kiosk" ist ein in den Protokollbüchern immer wiederkehrendes Thema, doch alle diesbezüglichen Eingaben wurden abschlägig beantwortet. Der älteste Eintrag stammt vom 23. Juli 1920: *„Das Gesuch des Herrn Max Huber in Kirchseeon für Errichtung eines Kioskes am Bahnhof in Feldkirchen wird abgelehnt, da eine Bedürftigkeit hierfür nicht besteht."*

Erst 30 Jahre später, im Sommer 1950, durfte am Bahnhof ein Kiosk eröffnet werden, wie Pfarrer Hobmair am 10. August notierte.

In den folgenden Jahren scheint der Bahnhof Feldkirchen dann ein beliebter Treffpunkt der Dorfjugend gewesen zu sein, denn in den Protokollbüchern findet sich unter dem 4. März 1954 folgender Eintrag: *„Mit Schreiben vom 8. Februar 1954 beklagt sich die Bahnhofsverwaltung Feldkirchen darüber, daß hiesige Jugendliche die Bahnhofsanlagen in starkem Maße beschmutzen und verschmieren. Ferners werden innerhalb des Bahnhofsbereiches Reisende und Straßenpassanten angepöbelt. Nach eingehender Beratung wird festgesetzt, daß für diese Übergriffe der heranwachsenden Jugend zum großen Teil die Eltern mitschuldig sind, zumal diese der Aufsichtspflicht ihren Kindern gegenüber nicht in genügender Weise nachkommen. Es wird daher beschlossen, die in Frage kommenden Elternkreise zu verwarnen mit dem Hinweis, daß in Wiederholungsfällen Strafanzeige erstattet wird. Zugleich ist zu veranlassen, daß durch Presseveröffentlichung auf die gerügten Mißstände entsprechend hingewiesen wird."*

Von 1958 bis 1967 betrieb Maria Schmidt den Bahnhofskiosk, dann übernahm für zwei Jahre August Toussaint den Betrieb.[19]

Brauereien

Bei so viel Bierkonsum in den Wirtshäusern ist es nur zu verständlich, dass eine Brauerei als einträgliches Gewerbe angesehen wurde. Um die Jahrhundertwende erkannten dies die Eheleute Jakob und Mathilde Lehrer, geb. Wurth. Am 19. Juni 1900 kauften sie von Johann und Babette Schweickart um 650 Mark den Straßenacker im Heimstetterfeld, im Osten der Gemeinde. Das 0,112 ha große Gelände gehörte einst zum Kotterhof, der damals im Besitz der Familie Schweickart war. Bereits am 23. März des folgenden Jahres jedoch verkaufte das Ehepaar Lehrer das Grundstück um 750 Mark weiter an August und Regina Hetzel. Offenbar bereuten sie den Verkauf aber sehr bald, denn ein Jahr später, am 1. März 1902, kauften sie dasselbe Grundstück um 800 Mark zurück. Kurz darauf müssen sie auf dem Grundstück gebaut haben, denn bereits im Februar 1903 werden ein Wohnhaus mit Brunnen und Hofraum zu 0,067 ha sowie ein dazugehöriger Garten zu 0,045 ha beschrieben. Allem Anschein nach gingen sie dann auch bald an die Errichtung eines Bräuhauses für Weißbier, denn zum 22. April 1904 weist das Grundbuch ein Wohnhaus, Weißbierbräuhaus, Stall, Brunnen und Hofraum aus. Doch scheint dem Unternehmen zunächst kein großer Erfolg beschieden gewesen zu sein.

Vermutlich ist dem Ehepaar Lehrer das Geld ausgegangen, denn bereits am 2. Mai desselben Jahres veräußerten sie den Besitz an die Weißbierbrauer-Eheleute Gottlob Kübler und seine Frau Margareta, geb. Lautenbacher, in allgemeiner Gütergemeinschaft in Feldkirchen. Sie stammten möglicherweise aus dem Fränkischen, denn ihr Ehevertrag war im Jahr 1897 in Nürnberg beurkundet worden.

Bereits ein Jahr später wechselte der Eigentümer aber bereits wieder. Die Brauerei scheint auf die Gant gekommen zu sein, das heißt sie musste aufgrund von Insolvenz zwangsversteigert werden. Den Zuschlag bekam am 11. April 1905 der Münchner Privatier Karl Gaffron. Doch einige Monate später, am 6. Juni 1905, erstanden das Anwesen wiederum die ehemaligen Eigentümer Jakob und Mathilde Lehrer, Ökonom- und Bürgermeister-Eheleute in Feldkirchen, in allgemeiner Gütergemeinschaft. Erstaunlicherweise stießen sie den Besitz am 3. Oktober desselben Jahres bereits wieder ab. Neuer Eigentümer wurde nun der 1879 in Traunstein geborene Johann Rauscher, Weißbierbrauer in Aibling, der eine „Weißbier- und Kaffeeschenke" eröffnen wollte.

Rauscher nahm alsbald bauliche Veränderungen vor und errichtete ein Bräustüberl. Am 12. Mai 1907 wurde im Gemeinderat beschlossen, Joseph Hörmüller zu genehmigen, *„in dem vom Weißbierbrauer Joh. Rauscher in Haus Nr. 7 in Feldkirchen errichteten Bräustüberl, den Weißbierausschank wie derselbe bisher von Rauscher selbst geübt, zu betreiben, nachdem z. Zt. kein anderer selbständiger Weißbierausschank besteht. Die Lokale sind entsprechend. Gegen die ausübenden Personen, Joseph und Katharina Hörmüller ist nichts einzuwenden."*

Doch die Konkurrenz schlief nicht. Nur wenige Tage, nachdem der Bader Joseph Hörmüller, 1868 in Grafing geboren, und seine Frau Katharina, 1870 bei (Fürstenfeld-)Bruck geboren, das Bräustüberl übernommen hatten, machte Fritz Lehrer (Wirt in der „Sonne") eine Eingabe beim Bezirksamt. Er ließ kein gutes Haar an den Räumlichkeiten und den sanitären Anlagen. Die anderen ortsansässigen Wirte, Georg Taubenhuber, Paul Glasl und Quirin Steininger, schlossen sich an. Sie sagten darüber hinaus aus, dass Johann Rauscher auch in seinem Haus Nr. 31 Weißbier ausschenke. Eine eigene Kommission zur Überprüfung reiste von München nach Feldkirchen, fand die Räume jedoch in gutem Zustand, nur wurde beanstandet – etwas auf das die Konkurrenz gar nicht gekommen war –, dass es sich eigentlich um ein umgebautes Privathaus handelte.

Die Wand zwischen dem Wohn- und Schlafzimmer war nur herausgerissen worden, um eine Wirtsstube zu schaffen. Daraufhin wurde am 7. Juni 1907 der Ausschank verboten. Einige Schreiben gingen hin und her, Rauscher legte Berufung ein.

Auch die Gemeinde scheint kein ungetrübtes Verhältnis zu Rauscher bzw. zu seinem Weißbierstüberl gehabt zu haben. Am 10. April 1908 sprach sich der Gemeinderat nämlich dafür aus, *„dem Weißbierbrauer Johann Rauscher eine Konzession für den Ausschank von Weißbier und Kaffee nicht zu genehmigen, da ein Bedürfnis nicht vorhanden ist, nachdem in Feldkirchen ohnedies fünf Wirtschaften sich befinden."* Am 18. Dezember 1908 kam dann das endgültige „Nein!" aus München. Doch Rauscher konnte es nicht lassen und die liebe Konkurrenz war wach: Am 5. September 1910 wurde der Weißbierbrauer Johann Rauscher schließlich wegen unbefugter Wirtschaftsausübung verurteilt.[20]

Bald setzten zudem finanzielle Schwierigkeiten ein. Am 12. Juni 1911 ist im Protokollbuch der Gemeinde erneut über die Weißbierbrauerei zu lesen: *„Seitens der Gemeinde Feldkirchen besteht keine Erinnerung, wenn dem Weißbierbrauer Johann Rauscher von dem K. Bezirksamt München die Erlaubnis erteilt wird, in der Zeit vom 15. Juni bis 15. Oktober 1911 in seinem Anwesen No. 31f die von ihm selbst erzeugten Getränke (Weißbier und Limonade) auszuschenken. Die Gemeinde Feldkirchen erhebt gegen den Ausschank Einspruch, wenn Rauscher sich nicht verpflichtet, von seinen gemeindlichen Gefällen, mit denen er noch im Rückstand ist, monatlich 70 M abzubezahlen."*

Ein Jahr später, am 28. August 1912, musste Rauscher schließlich aufgeben und verkaufen. Neue Eigentümer wurden die Privatierseheleute Xaver und Franziska Schleich aus München.

Auch das Ehepaar Schleich hatte seine Schwierigkeiten in Feldkirchen. Am 20. Mai 1917, als Anton und Sophie Glasl ihre Konzession für den „Alten Wirt" erhielten sowie Karl und Karolina Meyer für ihr Gasthaus an der Hohenlindner Straße 1, wurde die Konzession für das Bräustüberl wiederum nicht genehmigt. *„Das Gesuch des Schleich für Eröffnung einer Gast- oder Schenkwirtschaft im Hause Nr. 31f in Feldkirchen kann nicht genehmigt werden. Für eine weitere Wirtschaft in Feldkirchen ist ein Bedürfnis nicht gegeben, nachdem schon fünf Wirtschaften und zwei Flaschenbiergeschäfte vorhanden sind. Schleich hat doch in seinem Anwesen eine Weißbierbrauerei mit Ausschank und eine Limonadefabrik. Bei dem jetzigen Biermangel bildet gerade das Limonadegeschäft eine gute Einnahmequelle; zudem hat die Familie alle Monate c. 130 M Unterstützung, so daß von einer großen Not, wie es im Gesuch heißt, nicht gesprochen werden kann."* Dennoch scheint es, dass sich das Ehepaar Schleich nicht halten konnte. Nach dem Ersten Weltkrieg kam es erneut zu einem Eigentümerwechsel. Die neuen Eigentümer hießen nun Michael und Maria Meichelbeck, geb. Frasberger, Landwirtseheleute aus Mintraching. Es war noch kein ganzes Jahr verstrichen, schon ging der Besitz erneut in andere Hände über.

Am 19. Juli 1920 erstanden ihn Johann und Anna Wald, geb. Würstl, Landwirtseheleute aus Grashausen in der Gemeinde Ottenhofen. Nun folgten ein paar Jahre in beständigeren Händen. Nach knapp sieben Jahren allerdings starb Johann Wald; seine Witwe war nun Alleineigentümerin. Knapp ein Jahr später folgte sie ihrem Mann ins Grab. Nun waren laut Erbschein des Amtsgerichts München die Kinder Magdalena, Franz Xaver und August die gemeinsamen Erben.

In der Ära Wald scheinen einige Umbauten erfolgt zu sein. Im Jahr 1933 wurde für die frühen 1920er Jahre im Grundbuch nachgetragen: *„Wohnhaus mit Anbau, Eiskeller, Weissbräuhaus, Teil des Stalles und der Remise und Hofraum zu 0,093 ha."* Die Söhne der Familie Wald zahlten die Schwester offensichtlich aus, denn in der Folgezeit gehörte den beiden Landwirten Franz Xaver und August Wald der Besitz je zur Hälfte. 1930 erwarben sie weiteren Grund dazu. Am 12. Dezember 1932 allerdings verkauften sie an Xaver Münch und seine Frau Rosa, geb. Bichler.

Die Brauerei-Pächterseheleute aus Wifling im Landkreis Erding – dort existiert noch heute eine Brauerei – kauften den gesamten Besitz, der im Jahr 1938 wie folgt beschrieben wurde: *„Wohnhaus mit Anbau, Eiskeller, Weißbierbräuhaus, Teil des Stalles und der Remise und Hofraum 0,093 ha; Garten vor dem Hause zu 0,045 ha; Baugelände, Wiese zu 0,382 ha; Teil des Stalles und der Remise 0,011 ha; Oberndorferacker zu 1,090 ha und Bauplatz, Wiese 0,324 ha."* Zur gleichen Zeit wurde das Bräustüberl in ein Kaffeehaus umfunktioniert. Der Konditormeister Fritz Prößl schenkte dort neben Kaffee, Tee, Wein und Branntwein vor allem Weißbier aus.

Beim Limonadenausschank bekam das Bräustüberl anno 1930 Konkurrenz. Am 26. Juni dieses Jahres beschloss der Gemeinderat, dass *„der Antrag des Karl Wurth auf Erteilung der Konzession zum Limonadenausschank an Stehgäste in seinem neuerrichteten Kiosk an der Aschheimerstraße 6 befürwortend an das Bezirksamt München weiterzuleiten ist. Die Befürwortungsfrage wird bejaht. Gegen den Antragsteller liegen Versagungsgründe im Sinne des § 33 Abs. 111 R. G. O. nicht vor."*

1933 stellte die Brauerei in Feldkirchen ihr erstes „richtiges" Bier her – übrigens damals als einzige Brauerei neben der Ayinger im ganzen Landkreis München. *„Um der starken Nachfrage nach den geschmackvollen ‚süffigen' Bieren gerecht zu werden"*, wurde die Firma am 2. Dezember 1942 in eine GmbH umgewandelt und erhielt den Namen Firma Münch-Bräu, der im Jahr 1955 in X. Münch-Bräu GmbH Feldkirchen verändert wurde. Hauptgesellschafter waren Xaver und Rosa Münch. Mitte der 1950er Jahre trat schließlich zudem Eugen Fürst zu Oettingen-Wallerstein als Hauptgesellschafter ein. Inzwischen waren zu den bereits bestehenden Gebäuden noch eine Mälzerei, ein Lagerraum, ein Maschinenhaus und ein Kraftwagenschuppen gekommen.

Münch-Bräu Feldkirchen, Werbeschild und Bierdeckel

Erst am 15. Juni 1970 trat erneut eine Veränderung ein: Das Vermögen ging an die Dortmunder Union-Schultheiss Brauerei Aktiengesellschaft mit Sitz in Berlin und Dortmund über. Mit dem Olympiajahr 1972 erreichten München und sein Umland einen wirtschaftlichen Höhepunkt, danach setzte ein deutlicher Konjunktureinbruch ein, der auch den Konkurrenzdruck in der Brauindustrie verschärfte. Die Feldkirchner Brauerei wurde 1980 von der Ayinger Brauerei (Besitzer Franz Inselkammer) übernommen. Noch einige Jahre wurde im Feldkirchner Sudhaus Bier unter dem Namen „Münch-Bräu" gebraut, das man allerdings in Aying in Flaschen abfüllte.

Das Bräustüberl aber wurde am 6. April 1962 an Eugen Fürst von Oettingen-Wallerstein in Wallerstein verkauft, in dessen Besitz mehrmals geteilt und am 21. Februar 1969 von der Münch-Bräu GmbH wieder zurückerworben, die es als Gasthaus mit Fremdenzimmern weiterführten.[21]

Inzwischen gehören Brauerei und Bräustüberl der Vergangenheit an. Das alte Brauereigebäude wurde abgerissen und das Xaver-Münch-Bräu-Gelände zwischen Fasanweg und Hohenlindner Straße komplett umgestaltet.

Im Sommer 2011 befürwortete der Bauausschuss zunächst Pläne des Planungsbüros Goergens und Miklautz, nach denen auf dem rund 18.300 Quadratmeter großen Areal 99 Wohnungen entstehen sollten. Die Gaststätte „Bräustüberl" und das seit Jahren nicht mehr genutzte Brauerei-Gelände mit seinem alles überragenden Giebeln sollten ebenso wie der Edeka-Flachbau umgebaut werden. Die alten Bäume allerdings sollten als Grünbereiche erhalten bleiben.[22]

Am 10. Februar 2015 fand der traditionelle erste Spatenstich als Startzeichen für den Baubeginn der neuen Wohn- und Geschäftshausanlage „Feldkirchner Höfe" auf dem ehemaligen Brauereigelände statt. Die Firma Ten Brinke Wohnungsbau wird nun nach Plänen des Architekten Stefan Bonnet auf den mehr als 18.000 Quadratmetern sieben dreigeschoßige Wohnhäuser mit 121 Wohnungen, ein Geschäftshaus mit einem Edeka-Supermarkt, drei Tiefgaragen und Außenstellplätze errichten. Der Supermarkt wurde im Herbst 2016 eröffnet, die Wohnungen 2017 bezogen.

Gastronomie und Brauwesen

Als letzte, wenngleich auch kleine Brauerei hielt sich der 1991 gegründete „Fliegerbräu" in der Sonnenstraße 2, der seinen Namen dem damals noch nahen Flughafen in Riem verdankt. Den Namen behielt er auch nach dem Umzug des Flughafens bei. Zwei Jahrzehnte später allerdings wurde das Bierbrauen in der Minibrauerei eingestellt. Lediglich der Gastbetrieb lief weiter. Allerdings wurde 2014/15 der Wunsch laut, auch das Lokal zu schließen, das Gebäude abzureißen und durch einen größeren Wohnbaukomplex zu ersetzen, obwohl gerade das Sicht-Ziegelmauerwerk des Gebäudes in unmittelbarer Nachbarschaft zum ebenfalls in Ziegel errichteten neuen Rathaus besonders gut harmoniert. 2016 hat ein neuer Pächter das Lokal übernommen und führt es unter dem Namen Flugwerk weiter.

Der Fliegerbräu

Gastronomie und Brauwesen

Ausflüge rund um München – Ziel Feldkirchen

Seit dem 19. Jahrhundert wanderte man. Alles drängte hinaus aus der Großstadt, sei es ins Isartal, an den Starnberger See oder nach Dachau. Doch waren nicht nur diese „touristischen Zentren" besucht. Seit Ende des 19. Jahrhunderts wanderte man auch durchs Land, interessierte sich für Landschaft und Natur, sah sich nebenbei kleine Dorfkirchen am Wegesrand an. In zunehmendem Maße erschienen Wegbegleiter, Heftchen und Bücher mit praktischen Hinweisen, manch gutem Rat, gastronomischen Tipps und vielen kunsthistorischen und historischen Erklärungen.

Auch die verschiedensten Vereine wählten nun gern ein Gasthaus in der Umgebung von München für Versammlungen, häufig mit einem geeigneten Rahmenprogramm versehen. Am 24. Mai 1908 etwa veranstaltete die Ortsgruppe München-Ost des Deutschen Flottenvereins eine kleine Feier im Glasl'schen Gasthaus, bei der der Bankbeamte August Nicklas aus München einen „lehrreichen Vortrag" über den Wert einer starken Flotte hielt. *„Die Ausführungen des Vortragenden wurden durch eine Reihe wohlgelungener und interessanter Lichtbilder veranschaulicht, die Herr K. Rechnungsrat Uebelacker von München mit seinem eigenen Apparat vorführte".* Der Flottenverein zählte damals in Feldkirchen ganze 13 Mitglieder. Kurz darauf, am 21. Juni 1908, besuchte der Evangelische Handwerkerverein München zum wiederholten Male Feldkirchen. Der Ort ihrer Zusammenkunft war das Gasthaus zur Sonne.

Im Dezember 1912 hatte der Ackerbau-Bezirksverband München eine „gut besuchte Gauversammlung" im Bücherlsaal [1]; am 10. Oktober 1915 fand ebenfalls im Bücherlsaal die Frühjahrsversammlung des Landwirtschaftlichen Bezirksvereins München r. d. Isar unter dem Vorsitz von Ökonomierat Franz Kaffl statt. Und so ließen sich wohl noch viele Veranstaltungen aufzählen. Die Anreise stellte ja auch kein Problem mehr dar, nachdem Feldkirchen 1871 an das Eisenbahnnetz angeschlossen war, ein Anschluss, der auf der anderen Seite auch den Feldkirchnern den Weg in die Haupt- und Residenzstadt erleichterte. Ab 1913 konnten die Münchner Feldkirchen zudem als Ausgangspunkt für einen längeren Sonntagsspaziergang wählen und bequem mit dem Autopostbus zurück zum Bahnhof von Feldkirchen kommen. *„Wohl ratterte auch manchmal ein Auto vorbei"*, kann man im Führer von 1913 lesen, doch ansonsten hieß die Devise: per pedes!

Ansichtskarte von Feldkirchen, 1898

Ansichtskarte von Feldkirchen, gelaufen 1902

Die Bahnlinie nach Simbach und der Bahnhof Feldkirchen

Lange vor der Entwicklung des Kraftfahrzeugs war Münchens Bedeutung als Eisenbahn-Knotenpunkt wesentlich für seinen Aufstieg in der zweiten Hälfte des 19. Jahrhunderts. Der ersten Eisenbahnlinie von München nach Augsburg, die 1839/40 erbaut wurde, folgten 1854 die Linie nach Starnberg, 1857 die nach Holzkirchen, 1858 eine nach Freising und Landshut, 1867 die nach Ingolstadt, 1871 eine Linie nach Rosenheim und im selben Jahr eine nach Simbach am Inn. Letztere, die wichtige Ost-West-Verbindung, die Verbindung München – Simbach – Wien, verlief durch Feldkirchen. 1867 wurde die neue Bahntrasse festgelegt, ein Jahre später war Baubeginn, am 1. Mai 1871 wurde der Bahnhof in Feldkirchen eingeweiht und am 1. Juni 1871 fuhr der erste Zug von München nach Simbach.[2]

Bedeutende Überlandzüge wechselten sich auf der Strecke mit Vorortzügen ab. Kaiserin Elisabeth reiste auf dieser Strecke 1878 mit dem Sonderzug von München nach Wien. Von 1883 bis 1897 verkehrte hier sogar zweimal in der Woche der legendäre Orientexpress, auch wenn er in Feldkirchen keinen Halt einlegte. Dennoch war Feldkirchen durch den neuen Bahnanschluss außergewöhnlich verkehrsgünstig gelegen, auch wenn sich die Feldkirchner durchaus mehr Züge mit Halt in ihrem Ort gewünscht hätten.

Am 15. Februar 1906 *„durchfuhr die Bahnstation Feldkirchen ein Probezug mit Dampfmotorwagen"*, der von München über Walpertskirchen nach Haag ging und *„außer von Beamten des Verkehrsministeriums von einer Anzahl Reichsräte, den meisten Landtagsabgeordneten und mehreren Vertretern der Presse besetzt war"*. Die Probefahrt verlief nach Wunsch und man hoffte, *„daß als sog. Nachtzug auf der Vorortslinie München-Ostbahnhof-[Markt] Schwaben künftig ein solcher Dampfmotorwagen verkehrt"*.

Der Bahnhof Feldkirchen

Monatskarte für die Bahnfahrt von Feldkirchen nach München-Ost, September 1926

Zu Beginn des 20. Jahrhunderts mehrten sich die Klagen vieler Feldkirchner über die Verschlechterung der Anbindung, weil zu wenige Züge hier hielten. Im Jahre 1909 etwa konnten am Bahnhof Feldkirchen 57.792 Fahrkarten für den Verkehr nach München verkauft werden. Wegen der „schlechten" Bahnverbindungen München Ost – Feldkirchen wurden Proteste laut, denn wer den Abendzug um 19.49 Uhr am Ostbahnhof versäumt hatte, musste sich vier Stunden gedulden. Der nächste Zug nach Feldkirchen fuhr um 23.30 Uhr. Ein eigener „Verein zur Hebung des Verkehrs auf der Linie Ostbahnhof – Schwaben" wurde gegründet. Unter anderem kam es am 3. November 1907 wegen der *„schlimmen Verkehrsverhältnisse auf der Bahnlinie München-Ostbahnhof – Schwaben"* zu einer *„außerordentlich zahlreich besuchten Protestversammlung"* im Glasl'schen Saalbau, bei der neben den 450 Personen aus 27 Gemeinden auch die Landtagsabgeordneten Löweneck aus München (liberal), Cadau von München-Land (ultr.), Ed. Schmidt aus München (soz.), Ecker aus Erding (ultr.), Wagner aus Ebersberg (ultr.) und der Reichs-

Ausflüge rund um München – Ziel Feldkirchen

Versammlung des Vereins zur Förderung des Verkehrs auf der Bahnlinie München – Schwaben am 29. März 1908 im Glasl'schen Gasthaus

Nach eingehender Besprechung wurde folgende Resolution verfasst:

„1. Die nach dem bekannt gegebenen Entwurf der Sommerfahrordnung vorgesehenen Verbesserungen des Fahrplans werden freudig und dankbar begrüßt.

2. Die Versammlung erklärt sich damit einverstanden, daß der sogenannte Nachtzug (Theaterzug) bis Erding durchgeführt wird, wünscht aber, daß die Abfahrt von München-Ostbahnhof nicht früher als 11.30 Uhr gelegt wird, daß die Haltestellen nicht etwa verkürzt werden und daß dieser Zug, wenn irgend möglich beschleunigt wird.

3. Die für die Sonn- und Feiertage vorgesehenen Nahpersonenzüge 5099 und 5100 zwischen Ostbahnhof und Schwaben sollen auch an den Vorabenden von Sonn- und Feiertagen und an den Mittwochen durchgeführt werden.

4. Der Personenzug 946 soll auch an den Stationen Poing, Feldkirchen und Riem anhalten.

5. Dringend gewünscht wird im Interesse der Arbeiterbevölkerung der Vororte eine frühzeitige Morgenverbindung von Schwaben nach München, die sich am besten dadurch herstellen ließe, daß nicht der Erdinger Lokalzug die letzte Verbindung zwischen München und Erding herstellt, sondern der bisherige Nachtzug um 11.30 bis Erding fährt, dort übernachtet und am anderen Morgen als Arbeiterzug so bald nach München zurückkehrt, daß er spätestens um 5.30 am Ostbahnhof ankommt.

6. Endlich wird von den bäuerlichen Interessenten gewünscht, daß der Nahpersonenzug 5086 auch zur Milch- und Viehbeförderung benützt werden darf, wobei er bis zum Südbahnhof durchgeführt werden müßte. Die Interessen der auf Münchener Schulen angewiesenen Schüler müßten dabei gewahrt bleiben."

(Evangelisches Gemeindeblatt Mai 1908, S. 44)

tagsabgeordnete Irl aus Erding (ultr.) teilnahmen. Der Vorstand des Feldkirchner Vereins zur Hebung des Verkehrs auf der Bahnlinie, Brauereibuchhalter Sauer aus Feldkirchen, kritisierte, dass die Simbacher Linie, obwohl sie wirtschaftlich eine gute Rendite abwarf, *„das stiefste Stiefkind der bayerischen Staatsbahnverwaltung zu sein scheint"*, eine Äußerung, die heftige Diskussionen nach sich zog. Allerdings stimmten alle Redner überein, dass die Zustände unhaltbar seien. Erste Verbesserungen wurden in unmittelbarer Folge durch zusätzlich Züge erreicht.

Mehrfach tagte der Verein in Feldkirchen. Bei der Versammlung am 28. Februar 1909 wurde zudem die Gründung von einzelnen Ortsvereinen als „Verkehrs- und Verschönerungs-Vereine" in Angriff genommen. In Feldkirchen machte sich auch in diesem Verein der äußerst rührige Bankbeamte Prößl stark. Bald waren erste kleine Erfolge zu vermelden, doch der große Durchbruch ließ noch auf sich warten, auch die seit Jahren gewünschte Doppelgleisführung, von der man sich eine erhebliche Erleichterung versprach. In der Versammlung des „Vereins zur Förderung des Verkehrs auf der Bahnlinie München – Schwaben" am 29. März 1908 wurde allerdings mitgeteilt, dass die Verlegung der Doppelgleise zwischen Riem und Schwaben, die noch im selben Frühjahr hätten beginnen sollen, *„mit Rücksicht auf die Landwirtschaft, der man nicht in der notwendigen Zeit die Arbeitskräfte entziehen wolle […] auf den Herbst verschoben worden sei. Es ist jedoch bestimmt zu hoffen"*, hieß es weiter, *„daß bis zur Sommerfahrordnung 1909 das Doppelgleis hergestellt sei"*, ein frommer Wunsch, der leider nicht in Erfüllung ging.

Postkarte von Feldkirchen, um 1911

Das Beispiel von Feldkirchen machte Schule. Kurz nach der Versammlung im Glasl'schen Gasthaus fanden ähnliche Versammlungen in Zorneding und Pöring statt zur Besprechung der Verkehrsverhältnisse auf der Bahnlinie München-Grafing, wobei auch sonstige Verkehrsfragen des Münchner Ostens zur Sprache kamen. Die Versammlungen hatten die Gründung eines Fremdenverkehrsvereins zur Folge. Die Gemeinde Heimstetten strebte die Errichtung einer Aus- und Einladestelle in Heimstetten an. Und noch eine ganze Reihe weiterer Gemeinden machte sich nun für Verbesserungen im Eisenbahnwesen stark.

Und schon bald konnten erste Erfolge vermeldet werden: *„Der Sommerfahrplan wird, wie mitgeteilt wurde, insbesondere die unter 2 und 5 [der Resolution vom 29. März 1908; siehe S. 288] geäußerten Wünsche berücksichtigen. Der Nachtzug wird also künftig bis Erding verkehren, ein Erfolg, zu dem wir der Stadt Erding gratulieren. Die Fahrzeit soll 1 Stunde und 20 Minuten betragen. Es verlautete auch, daß die alten morschen Wagen der Erdinger Lokalbahn nun doch endlich bald zum alten Eisen geworfen werden sollen, wohin sie gehören."*[3]

Die Doppelgleisführung von Riem nach Feldkirchen wurde jedoch erst am 15. März 1911 durch die Königlich Bayerische Eisenbahn in Betrieb genommen, die Fortsetzung bis Poing am 12. April desselben Jahres. Die Züge hielten daraufhin zudem häufiger.[4] Und im Jahr darauf konnte vermeldet werden: *„Die K. Eisenbahnverwaltung hat sich in dankenswerter Weise entschlossen, den seit langer Zeit vorgetragenen Bitten der Interessenten an der München Ostbahnhof – Schwaben gelegenen Strecke stattzugeben und den Nahpersonenzug Nr. 5099 (der bis jetzt nur an Sonn- und Feiertagen gefahren wurde) ab 2. November auch an den Vorabenden der Sonn- und Feiertage vorläufig probeweise von München Ostbahnhof bis Schwaben und retour verkehren zu lassen."*[5] Doch auch in der Folge rissen die Wünsche nach Verbesserung der Anbindung an München nicht ab.[6]

Bild rechts:
Bahnwärterhaus an der Aschheimer Straße, 1936

Bild unten:
Schrankenposten 4a an der Aschheimer Straße, 1931

Am 1. Januar 1942 wurde zudem eine Güterbahnlinie zwischen der Abzweigung Nordost (bei Johanneskirchen) und Feldkirchen in Betrieb genommen: die sogenannte Feldkirchner Tangente. Diese Linie wurde jedoch bereits 1949 wieder stillgelegt und die Schienen größtenteils abgebaut.[7] Ob auf der eingleisigen, acht Kilometer langen Strecke jedoch je Waggons gerollt sind, ist nicht mit letzter Sicherheit zu sagen. Das zurückgebaute Gleisbett ist heute als Biotop von rund drei Kilometern Länge unter Naturschutz gestellt. Allerdings lassen sich an ihrem Verlauf noch Spuren entdecken, darunter Blöcke, die einst Eisenbahnschienen getragen haben könnten, große schwarze Schottersteine, zum Teil auch meterlange Gleisreste im Boden sowie entsprechende Brückenbauwerke.[8]

Als in den 1960er Jahren das Verkehrsnetz der Landeshauptstadt ausgebaut wurde und die ersten Tunnel für U- und S-Bahnen gegraben wurden, hatte auch Feldkirchen Glück. Auf der alten, 1972 elektrifizierten Eisenbahnlinie verkehrt seit dem 28. Mai 1972 anstelle des alten Schienenbusses eine S-Bahn, zunächst die S6 von Erding über München nach Tutzing am Starnberger See, später die S2 von Erding nach Petershausen. Somit ist Feldkirchen sehr gut an das Münchner Verkehrsnetz angebunden.

Der Feldkirchner Bahnhof, 1930

Alle Regionalzüge der Südostbayernbahn passieren den Bahnhof seither ohne Halt. Die Züge der Linie S2 von Petershausen nach Erding verkehren von München bis Feldkirchen im 20-Minuten-Takt.

Im Mai 2000 gab es Änderungen am bestehenden Busnetz, das Feldkirchen mit den Nachbargemeinden verbindet. Dadurch wurde das öffentliche Verkehrsnetz dichter und für die Bewohner bzw. Pendler im Angebot verbessert. Die ehemalige Linie 285 (Ismaning–Haar) wurde in die neuen Linien 228 (Ismaning–Messestadt Ost mit U-Bahn-Anschluss) und 285 (Haar–Feldkirchen) aufgeteilt. Dafür wurden die Linien 265 und 263 zu einer Linie 263 zusammengelegt, die nun von Feldkirchen über Heimstetten, Kirchheim, Aschheim und Dornach zur U-Bahn in der Messestadt West fuhr. Somit war Feldkirchen an die U-Bahn (U 2) angeschlossen sowie an die S-Bahnen (S 5 und S 8 Flughafenlinie). Weitere Buslinien führen zur U 2 in der Messestadt Ost (wobei diese Buslinie 228 nicht auf uneingeschränkte Gegenliebe stieß, da sie in manchen Straßen als *„unzumutbare Belastung und tödliche Gefahrenquelle"* betrachtet wird), nach Heimstetten, nach Haar, Pliening-Poing- Anzing sowie nach Gars.

Die unsichtbare Bahnhofsuhr

„Unser Bahnbetriebsgebäude, das seit der letzten Renovierung einen ganz passablen Eindruck macht, hat leider immer noch einen großen Fehler – die unsichtbare Uhr. Wohl ist eine vorhanden, aber derart ungeschickt angebracht, daß sie nur dem Eingeborenen nach langem Studium sichtbar wird. Man hat die Uhr nämlich unterhalb des Vordaches des Bahnsteigs so hoch angebracht, daß sie ihren Zweck als öffentliche Uhr vollkommen verfehlt. Den durchfahrenden Reisenden ist ein Blick auf die Uhr überhaupt unmöglich. Neuerdings hat man wohl für die Nacht eine Beleuchtung für die Uhr geschaffen, aber, wie gesagt, die ganze Anbringung der Uhr ist alles mehr als praktisch und verkehrstechnisch richtig. Es wäre wirklich an der Zeit, an einem Bahnhof wie Feldkirchen, den täglich 500 – 800 Reisende benutzen, eine richtige Bahnhofsuhr – sogenannte Nasenuhr – anzubringen. Es ist traurig, daß man die Verkehrsverwaltung wegen jeder Kleinigkeit erst durch die große Öffentlichkeit aufmerksam machen muß".

(Heinrich Priehäusser, in: Vorort und Siedelung vom 28. August 1926)

Bild oben:
Bahnhof und Gleise, um 1970, mit Bahnwärterhaus, Quetschwerk und dem Fidschi im Hintergrund

Bild rechts:
Bahnhof um 1960

Der 1871 eröffnete Bahnhof bedurfte immer wieder einer Renovierung oder Modernisierung. Zuletzt zu Beginn des 21. Jahrhunderts. Im Sommer 2004 begannen nach langen Planungen und zähen Verhandlungen mit der Deutschen Bahn AG die Neugestaltungsmaßnahmen des Bahnhofumfelds mit der Errichtung eines zentralen Omnibusbahnhofs und der Neuanlage von gut 100 Park & Ride Stellplätzen. Am 14. Juli erfolgte der erste Spatenstich.

Auf Initiative des Ersten Bürgermeisters fand 2014 im Rathaus eine Besprechung mit Vertretern der Deutschen Bahn statt, die versprachen, den S-Bahnhof bis spätestens 2018 barrierefrei auszubauen. Bereits 2014 begannen die Vorarbeiten zur Ausschreibung der Planungsleitungen.
Die Arbeiten werden im Jahr 2017 erfolgen.

Von Ismaning nach Feldkirchen anno 1916

Mit der Eisenbahn fuhr man vom Ostbahnhof auf der 1909 angelegten Linie der königlich bayerischen Lokalbahn die 15 Kilometer bis Ismaning für 35 Pfennig. Auf dem Rückweg, von Feldkirchen bis München-Ost, konnte man dann wählen: II. Klasse kostete für die 10 Kilometer 45 Pfennig, III. Klasse 20 Pfennig.

„Vom Bhf. Ismaning links am Bahnkörper entlang, bei der ersten Querstraße den Bach nach rechts umgehend, beim dritten Bahnübergang über die Schienen Straße östlich, über den Seebach und erst 8 Min. Überschreitung des Kanals rechts, an dessen rechter Seite Fußpfad südl., stets mit Bergansicht, über eine 8 Min. Brücke und auf der andern Seite des Kanals südl. weiter, bei einem 1/2 Std., Föhrenwäldchen links über einen Steg und entweder rechts nahe dem Mühlbach, dem Oberlauf des Seebachs, dahin (interessante Fauna: Fasanen, Feldhühner, Igel, Tauchenten u. dgl.) – oder bei Trockenheit durch das hübsche, aber moorige Wäldchen (Moosflora), nach 12 Min. Fahrweg rechts, bei trockenem Boden um die 2 Min. Hintermühle nach rechts und an deren Südende ans linke Ufer des Mühlbaches – sonst durch den Hof der Mühle und Fahrweg links am rechten Bachufer – zur 8 Min. Grassermühle; nun Fußweg am rechten Ufer, an der 5 Min. Wendelmühle vorüber, vor der 5 Min. Görgelmühle nach links auf die Straße, die 4 Min. Vordermühle bleibt rechts, 20 Min. Aschheim (vorher links auf die 10 Min. entfernt, ein hübscher Eichen- und Birkenhain, rechts in nächster Nähe ein dichtes Fichtenholz); durch das langgestreckte Dorf; Straße mit Telegraph südostl. bei herrlichem Bergblick, nach Überschreitung der Schienen links, 5 Min. Bhf. Feldkirchen (vorher rechts Restaurant). Wanderzeit insgesamt 2 1/2 bis 3 Stunden."

(240 Ausflüge von München auf einen halben Tag bis zu drei Tagen, zusammengestellt von H. Tillmann, München 1916, S. 21)

Von Vaterstetten über Ottendichl nach Feldkirchen anno 1926

Von der Bahnstation Vaterstetten, die man für 60 Pfennig von München aus erreicht hat (zurück galt die Karte ab Heimstetten), ging es auf einer 8 Kilometer langen Strecke, die laut Führer München-Ost zwei Stunden entsprach, *„auf ziemlich sonnigem Weg"*.

„[…] Wir wandern [von Ottendichl] *in der eingeschlagenen Richtung (nicht links nach Salmdorf) weiter gegen Feldkirchen. Die Straße ist schattenlos und führt an dem Musterökonomiegut Oberndorf vorbei. Nach 1 1/2 stündiger Wanderung ab Vaterstetten ist Feldkirchen erreicht. Auch hier macht sich die Nähe der Großstadt fühlbar; zierliche Einfamilienhäuser stehen rechts und links neben der Straße, gepflegte Gärtchen vor denselben bieten einen reizenden Anblick.*

Feldkirchen ist abgesehen von Perlach die eigentlich einzige protestantische Gemeinde der östlichen Umgebung Münchens; es ist dort eine Konfirmandenanstalt für 120 Kinder aus Oberbayern, doch befindet sich im Ort auch eine kath. Schule und Kirche. Sehenswert ist das Kriegerdenkmal [gemeint ist der Obelisk aus weißem Marmor, der noch heute vor der katholischen Kirche an die Teilnehmer am Siebziger-Krieg erinnert]. *An Gasthäusern sind zu erwähnen: Neuwirt, eine alte Tafernwirtschaft mit Garten, sowie an der Hauptstraße die Weißbierbrauerei, ferner der „alte Wirt" mit Garten, Gasthaus Sonne und Garnreiter. […] Zehn Minuten östlich des Ortes ist eine Emmeramskapelle, welche an demselben Platze steht, wo der heilige Emmeram infolge der erlittenen Verstümmelung zu Helfendorf seinen Geist aufgab. […] Die Gegend östlich von Feldkirchen in Richtung Kirchheim – Pliening bietet, wenn auch landschaftlich nicht mit besonderen Reizen ausgestattet, immerhin historisches Interesse."*

(Führer München-Ost, Ausflüge in die östliche Umgebung von München. Fuß- und Radtouren, hg. von der Delegierten-Vereinigung für den Osten Münchens, München 1909, 2. Auflage 1926, S. 60)

Im Museum von Hohenlinden befindet sich ein Foto vom 1. März 1913, das die Ankunft der mit Blumen geschmückten Motorpost in Hohenlinden zeigt.

Die Kraftwagenlinie Feldkirchen – Hohenlinden

Am 1. März 1913 wurde die Autopostlinie von Feldkirchen nach Hohenlinden eröffnet und damit von Seiten der Oberpostdirektion München *"ein langgehegter Wunsch der Anrainer des historischen Verkehrsweges erfüllt"*.⁹
Der Kraftomnibuslinie waren umfangreiche Bemühungen vorausgegangen. Die Idee zu dieser Kraftomnibuslinie war zwei Jahre vor ihrer Eröffnung, im Frühjahr 1911, vom Hohenlindener Oberlehrer Ludwig Stöckl und von Lehrer Georg Günther aus Parsdorf geboren worden, die das Unternehmen zusammen mit den Bürgermeistern der Gemeinden Parsdorf, Anzing und Feldkirchen vorantrieben. Gemeinsam machten die Gemeinden Feldkirchen, Parsdorf, Anzing, Forstinning, Mittbach und Hohenlinden eine entsprechende Eingabe bei der Königlichen Oberpostdirektion, die positiv beschieden wurde, nachdem sich die Gemeinden verpflichtet hatten, zwei Autohallen an den jeweiligen Endstationen – also eine in Hohenlinden und eine in Feldkirchen – zu errichten. 22.000 Mark wurden dafür veranschlagt.¹⁰

Am 17. Juni 1911 kam es zu einer ersten Probefahrt; dann musste geklärt werden, ob die Straßen überhaupt genügend befestigt seien und auf der ganzen Strecke eine Mindestbreite von 4,5 Metern besäßen.¹¹ Am 29. Dezember 1911 ist im Protokollbuch der Gemeinde vermerkt: *"Zur Durchführung der Motorpostlinie Hohenlinden – Feldkirchen wird seitens der Gemeinde Feldkirchen zu der verlangten Garantiesumme ein Zuschuß von 5% gewährt."*

Immer konkreter wurden die Überlegungen. Am 17. Januar 1912 fand dann eine Besprechung in der Postdirektion in München statt und im Anschluss daran erneut eine Probefahrt, die – wie aus der Zeitung zu erfahren war – *"zu einer Feier für die Bewohner in und zwischen den beiden Orten liegenden Gemeinden"* wurde. *"Mittag 1 Uhr fuhren zwei Postauto-Omnibusse, angenehm durchwärmt vom Bahnhof Feldkirchen ab, auf der prachtvollen Mühldorfer Landstraße dahin über Parsdorf, Neufahrn, den Neufahrner Berg, Anzing und Forstinning nach Hohenlinden"*, wo eine Versammlung abgehalten wurde. Dabei wurde auch der Fahrplanentwurf vorgestellt, der auf ungeteilten Beifall stieß.¹²

Am 8. März 1912 war die Motorpostlinie erneut Gegenstand der Gemeinderatssitzung: Es wurde beschlossen, für die Errichtung einer Autohalle aufzukommen und ein entsprechendes Grundstück zu erwerben, doch am 23. Juli desselben Jahres kann man lesen: *„Die Gemeinde Feldkirchen sieht vorerst von der Erwerbung von Grund ab, nachdem eine geeignete Zufuhr des Motorwagen auf Grund des jetzigen Lageplans gegeben ist."* Auch bei der Versammlung der Vertreter der an der Motorpostlinie von Feldkirchen nach Hohenlinden gelegenen Gemeinden, die am 28. Juli 1912 unter Leitung von Bürgermeister Stockinger aus Feldkirchen in Forstinning stattfand, wurde die Errichtung der beiden Hallen besprochen und der Bauauftrag dem Baugeschäft Joseph Lanzl in Poing übergeben, das bereits drei Tage später, am 31. Juli, mit dem Bau der Halle in Feldkirchen begann. Bis 1. September sollten die Hallen fertig gestellt sein, drei Wochen danach auch die an die Halle in Feldkirchen angeschlossene Wohnung. Man hoffte, dass die Linie mit Beginn des Winterfahrplans eröffnet werden könnte.[13]

Dem war allerdings nicht so. Immer wieder gab es Probleme mit der Finanzierung. Am 9. Februar 1913 waren die Probleme um die Erbauung der Halle noch immer nicht ausgestanden: *„Zu dem Fehlbetrage von 1000 M der Kosten zur Erbauung der Motorhalle etc. leistet die Gemeinde Feldkirchen den auf sie treffenden Anteil von 121 M 20 Pf. aus laufenden Mitteln"*. Und weiter heißt es: *„Die Autohalle erhält das Wasser von der gemeindlichen Wasserleitung nach dem ortsüblichen Preise bei Mindestabnahme von 2 cbm pro Tag."*

Im Frühjahr 1913 war es dann endlich so weit: Das Verkehrsministerialblatt für das Königreich Bayern gab am 27. Februar bekannt, dass die neue Motorpostlinie von Feldkirchen nach Hohenlinden am 1. März 1913 in Betrieb genommen werde. Am 28. Februar kam es zu einer Probefahrt mit den neuen Wagen.[14]

Am 1. März 1913 schließlich wurden die Münchner Honoratioren mit Postwagen an der Trambahnhaltestelle Max-Weber-Platz abgeholt. Von Feldkirchen nach Hohenlinden fuhren die mit Blumen geschmückten neuen Postwagen. In den Orten auf der Strecke herrschte Volksfeststimmung.

Die Betriebslänge betrug 22 Kilometer, die Betriebsdauer wurde mit „ganzjährig" angegeben und als Standort der Betriebsleitung wurde Feldkirchen gewählt. Gehalten wurde in Feldkirchen, Parsdorf, Neufahrn, Anzing, Heilig Kreuz, Neu-Pullach und Hohenlinden. An den Werktagen gab es drei Fahrten in jeder Richtung, an Sonn- und Feiertagen vier. Der Fahrpreis lag bei 5 Pfennig pro Person und Kilometer. Man konnte sogar Sonderfahrten buchen, etwa für Schulausflüge oder zu Privatzwecken.[15] Bereits kurz nach Inbetriebnahme wurde zudem eine Bedarfshaltestelle beim Gasthaus „Zur Sonne" eingerichtet, die von der Bevölkerung *„freudig begrüßt"* wurde.[16]

Noch im Jahr der Eröffnung[17] brachte Karl Fuchs, der vorher einige Zeit in Feldkirchen gewohnt hatte, einen entsprechenden Reiseführer für die Autopostlinie von Feldkirchen nach Hohenlinden heraus. Die Motorpostlinie Feldkirchen – Hohenlinden fand unerwartet starken Zuspruch. Oder wie es im Evangelischen Gemeindeblatt hieß: Sie *„rentiert sich dauernd aufs beste"*.[18] Bereits am ersten Sonntag wurden 271 Personen befördert.[19] Und nicht nur einmal ist die Rede davon, dass die Linie Feldkirchen–Hohenlinden *„zu den besterentierenden staatlichen Motoromnibusverbindungen Bayerns gehört"*.[20] In einem weiteren Wanderführer von 1916, der *„240 Ausflüge von München auf einen halben Tag bis zu drei Tagen"* anpries, wurde nach einer Wanderung im Gebiet um Ebersberg und Hohenlinden ebenfalls empfohlen: *„Von Hohenlinden Motorpost, falls in Betrieb, nach Feldkirchen: 22 km, 1,10 M."* Die Fahrtzeit betrug damals allerdings 70 Minuten.[21]

Zum Wagentyp wird in den Quellen nichts gesagt. Es dürfte sich jedoch um einen Daimler gehandelt haben, aus der Daimler Motorengesellschaft Berlin-Marienfelde. Solche hat die königlich bayerische Post zu jener Zeit allgemein gefahren.[22] Gottlieb Daimler und Wilhelm Maybach hatten 1896 den ersten Lastwagen mit Benzinmotor konstruiert. Zwei Jahre später, 1898, fuhr der erste Daimler-Motoromnibus täglich zweimal über die Straßen des württembergischen Postkurses zwischen Künzelsau und Mergentheim.[23]

Während des Ersten Weltkriegs brach die Kraftwagenverbindung zu Hohenlinden vorübergehend ab, nachdem im Sommer 1915 wegen Instandsetzungsmaßnahmen die Linie zeitweise über Aschheim und Kirchheim umgeleitet worden war.[24] Schuld an der Einstellung war vor allem die Knappheit an Gummivorräten.[25] Laut Reichsgesetzblatt durften nämlich nur Fahrzeuge mit elastischer Bereifung für den Personenkraftverkehr eingesetzt werden[26] und dafür benötigte man nun einmal Gummi. Im Sommer 1916 wurde der Betrieb eingestellt und noch Anfang des Jahres 1919 sah sich das Staatsministerium für Verkehrsangelegenheiten außer Stande, den Betrieb wieder aufzunehmen. Grund: fehlende Gummibereifung, da die Einfuhr von Gummi aus dem Ausland noch *„vollständig unterbunden"* war.[27]

Erst im April 1920 konnte das Evangelische Gemeindeblatt vermelden, dass ab 29. Februar die *„staatliche Kraftwagenverbindung"* wieder verkehre. Die Betriebsleitung wurde dem Postamt Feldkirchen übertragen. In jeder Richtung fuhr nun täglich ein Wagen, nur *„die Fahrtkosten sind sehr teuer geworden"*. Der Fahrpreis betrug nun 1 Mark pro Kilometer; Mindestfahrpreis 3 Mark. Ab November 1922 stieg der Fahrpreis dann nahezu wöchentlich: Im Januar 1923 lag er bereits bei 50 Mark pro Kilometer.[28] Und es sollte noch schlimmer kommen. Es war die berühmt-berüchtigte Inflationszeit.

Die Kraftomnibuslinie scheint gut frequentiert gewesen zu sein, dennoch wurde am 11. März 1921 im Protokollbuch der Gemeinde Feldkirchen unter dem Betreff „Motorpostlinie" vermerkt: *„Von der Zuschrift der Oberpostdirektion München wegen Einlegung eines zweiten Fahrtenpaares auf der Strecke Feldkirchen – Hohenlinden wurde Kenntnis genommen. Es wurde beschlossen, daß eine weitere oder größere Garantiesumme nicht übernommen wird. Zu einer einzuberufenden Versammlung der beteiligten Gemeinden wird Herr 1. Bürgermeister Holly und Herr Hauptlehrer Priehäußer abgestellt."* Da danach nichts mehr von dieser zweiten Linie zu lesen ist, scheint diese ihren Betrieb nicht so schnell aufgenommen zu haben, wenn überhaupt. Wegen der Kostenexplosion dachte man sogar im Januar 1924 erneut über eine Einstellung des Fahrdienstes nach[29], doch dazu kam es nicht. Ganz im Gegenteil: Vom 1. Mai 1926 an verkehrte die Linie nicht nur einmal am Tag, sondern dreimal[30]. Ab dem 15. September 1927 wurde die Kraftpostlinie schließlich über Hohenlinden hinaus bis Haag und Gars am Inn weitergeführt.[31]

Am 8. Februar 1928 kaufte die Gemeinde die alte Autohalle in Feldkirchen von der Kraftpost. Nach dem Umbau verwendete man das Gebäude zunächst als Gemeindeamt und als Feuerhaus. Heute ist es im Besitz von Albert Erdhüter und wird privat genutzt.

Ausflug von München anno 1913

Dr. Karl Fuchs, der früher in Feldkirchen gewohnt hatte, verfasste kurz nach Eröffnung der Motorpostlinie den „Führer auf der Autopostlinie Feldkirchen bei München nach Hohenlinden". Darin heißt es zu Feldkirchen:

„Vom Ostbahnhof führt den Reisenden einer der zahlreichen Nahzüge oder der Fernzüge München – Simbach, welch letztere, vom Zentralbahnhof ausgehend, die südliche Peripherie der Stadt umkreist haben, zu nächst nach Riem, wo linksseitig der berühmte Rennplatz an den Renntagen Tausende von fern und nah versammelt. Die zweite Station ist Feldkirchen b. München (12 Kilometer von München).

Vor dem Bahnhof erhebt sich linker Hand das Gebäude der Autopost, ein schmucker, moderner Bau mit der Autohalle für die Fahrzeuge ebenerdig und den Chauffeur-Wohnräumen im ersten Stockwerk. Der ganze Ort, der im Bogen mit Berührung der Poststation (gegenüber Gasthaus Garnreiter; Unionsbräu; Garten; Kegelbahn) durchfahren wird, macht durch das Nebeneinander geräumiger Bauernhöfe und moderner Villenbauten, die wegen der Nähe der Stadt sich in jüngster Zeit wesentlich gemehrt haben, einen anmutigen Eindruck, zumal fast alle Häuser mit wohlgepflegten Gärten ausgestattet sind. Am stattlichsten präsentieren sich das protestantische Erziehungshaus (für 120 Kinder), die Neubauten des katholischen und protestantischen Pfarrhauses, des protestantischen Schulhauses, die Villa Heindl [Haindl] und der Gasthof Lehrer [Zur Sonne]. Auf den ersten Blick erkennt man, daß der alte Teil des Dorfes sich an der Haager Straße entwickelt und der moderne Ort sich daran gegen die Bahnhofsseite zu angeschlossen hat. [...]

Die alte Dorfschmiede inmitten des Dorfes bezeichnet den Kreuzungspunkt der nordsüdlichen Straße (Eglfing – Aschheim) und der ostwestlichen Haager-Straße, von welcher neben der protestantischen Kirche eine Straße nach Heimstetten abzweigt. An der Stelle dieser Abzweigung wird demnächst ein Kriegerdenkmal seinen Platz finden.

Ausflüge: Nach Ottendichl 30, nach Eglfing 50, nach Haar 60 Minuten; nach Aschheim 45 Min.; nach Heimstetten 40 Min.; nach Weißenfeld 50 Min.; nach Parsdorf 60 Min.; nach Riem 1 Std.; nach Vaterstetten (vor Eglfing links in den Wald) 90 Minuten. Zwischen Feldkirchen und Heimstetten liegt auf freiem Felde – 15 Minuten entfernt – die 1842 erbaute St. Emmeram-Kapelle. [...]"

Der beliebte Fidschi in den 1960er Jahren

Velasko, Filaschka, Vitsche, Fidschi oder der Heimstettener See

Ein besonderer „Liebling" der Feldkirchner ist seit langem der Badesee, „Velasko", „Filaschka", „Filasko" genannt oder kürzer „Vitsche" beziehungsweise „Fidschi". Seinen Namen verdankt der Badesee, der an der Gemeindegrenze zu Kirchheim/Heimstetten beziehungsweise Aschheim liegt und inzwischen die offizielle Bezeichnung „Heimstettener See" erhalten hat, einem Bahnwärter namens Velasko, der in der Nähe wohnte. Und seine Entstehung dem Eisenbahnbau. Der See hat keinen Ablauf und wird durch Grundwasserquellen gespeist.

Die Geschichte des Baggersees reicht in die 1920er Jahre zurück. Zunächst diente er vor allem als Pferdeschwemme. Am 3. Juli 1920 kam es dabei sogar zu einem folgenschweren Unfall, als der Dienstknecht des Bürgermeisters Philipp Holly, Georg Schweikart mit Namen, aufgrund *„eines Herzschlags oder einer Lungenlähmung"* in der *„Eisenbahnkiesgrube, dem sog. Filaschka, im Blütenalter von 18 ½ Jahren"* ertrank.[32]

Im Juli 1926 vermeldete das Evangelische Gemeindeblatt dann, dass eine Aschheimer Firma derzeit die große Kiesgrube an der Bahnlinie München–Mühldorf ausbaggere. *„Auf diese Weise hoffen wir in Bälde für unsere Einwohnerschaft ein schönes Freibad zu bekommen, das in unserer wasserarmen Gegend sehr zu begrüßen wäre."* Doch so schnell ging es dann doch nicht – wenigstens nicht offiziell. Am 25. Juni 1929 konnte man in der Münchner Abendzeitung lesen: *„Schafft Badegelegenheiten! In dem jenseits des Bahnkörpers gelegenen sogenannten Filasko, einer der Reichsbahn gehörigen Kiesgrube, befindet sich in der weiten Umgebung die einzige ideale Badegelegenheit. An heißen Sommertagen tummeln sich dort, trotz des Verbotes der Reichsbahn, Hunderte von Badelustigen. Sache der Gemeinde wäre es, sich mit der Reichsbahn in Verbindung zu setzen, um die Beseitigung dieses Verbots zu erwirken. […]."*

Noch zögerte der Gemeinderat, das Baden offiziell zu gestatten, obwohl das Evangelische Gemeindeblatt im Oktober 1929 vermeldete, dass die Gemeinde beabsichtigte, die Kiesgrube

Einweihung am 10. Juli 1970 nach der Umgestaltung

von der Bahn zu pachten, um dort eine Badeanstalt zu errichten. Wiederholt beschäftigte sich der Gemeinderat mit dem Problem „Freibadeanlage". Noch am 12. Februar 1930 war die Haltung eher ablehnend: *„Das Schreiben der deutschen Reichsbahngesellschaft vom 27. 9. 1929 / 30. 1. 1930 betreffend Errichtung einer Freibadeanlage in der bahneigenen Kiesgrube dient zur Kenntnis. Die Angelegenheit ist vorerst nicht spruchreif und soll bis auf weiteres zurückgestellt werden."*

Es dauerte dann aber doch nicht mehr lange, bis die Angelegenheit spruchreif wurde. Am 9. Juli desselben Jahres beschloss der Gemeinderat: *„Bezüglich der Errichtung eines Freibades in der bahneigenen Kiesgrube in Feldkirchen ist der hiesige Turnverein zu ersuchen, in die von der Reichsbahnverwaltung aufgestellten Vertragsbestimmungen einzutreten. Der Gemeinderat erklärt sich bereit zu den Anlagekosten einen Zuschuß zu leisten."* Und bereits im August konnte man im Evangelischen Gemeindeblatt lesen, dass die Badeanstalt von Einheimischen und Fremden gut besucht werde.

Vom 28. August 1931 stammen dann die ortspolizeilichen Vorschriften für den Badebetrieb. Eine ganze Latte von allgemeinen Richtlinien wurde aufgestellt. Mit an vorderster Stelle stand die Sorge um die guten Sitten: *„§ 2 Weibliche Personen haben einen Badeanzug, männliche Personen eine vollständige Badehose, nicht nur eine sogenannte Sonnenbadehose zu tragen."* Und: *„Beim Baden sind die Gebote der Sittlichkeit und des Anstandes zu beachten."*[33]

Über lange Jahre war der See dann zwar sehr beliebt, die Vegetation allerdings äußerst sparsam. In den Jahren 1958 und 1959, lange bevor sich der „Verein für überörtliche Erholungsgebiete" des „Heimstettener Sees" angenommen hat, ging der Gartenbau-Verein Feldkirchen energisch an die Verschönerung des im Nordosten von Feldkirchen gelegenen Baggersees. Unter der Führung des Vereins und seines ersten Vorstands, Franz May, gelang es, 1958 die an den Baggersee angrenzenden Gemeinden Aschheim und das damals noch selbständige Heimstetten neben der Gemeinde Feldkirchen sowie den Landkreis, den Bezirkstag und eine Pioniereinheit der Bundeswehr für das Vorhaben zu gewinnen.

Ausflüge rund um München – Ziel Feldkirchen

Der Fidschi in den 1950er Jahren. Im Hintergrund die Eisenbahn, deren Anlage der beliebte Badeweiher seine Entstehung verdankt.

Nach dem Ölunfall durch die Marathon, 1969

Einweihung des Radweges entlang der Seestraße im Sommer 1989;
Von links nach rechts: Bürgermeister Ludwig Glöckl, Bürgermeister Helmut Englmann, Landrat Joachim Gillessen und Bürgermeister Hermann Schuster

Durch zahlreiche Spenden aus der Bevölkerung und von Institutionen konnte die Aktion gestartet werden. So konnte Pfarrer Hobmair im Jahr 1959 in seinem Tagebuch vermerken: *„Anfangs April wurden beim Velasco die ersten Bäume eingepflanzt."* Es entstand ein Badesee, der bereits damals gerne von zahlreichen Bürgern der näheren und weiteren Umgebung besucht wurde. Zunächst war der Zugang zum See eine ziemlich steinige Angelegenheit, doch nach und nach wurde der Badesee verschönt und der Badespaß verbessert: Als Erstes wurde 1964 der Hang abgeschrägt. Eine Pioniereinheit der Bundeswehr planierte den Uferbereich, der anschließend mit Bäumen und Sträuchern bepflanzt wurde.

Nachdem der Erholungsflächenverein einen Großteil des Gebietes gepachtet hatte, begann im Jahr 1969 der Ausbau des 236.000 Quadratmeter großen Gebiets (davon 110.000 Quadratmeter Wasserfläche) mit der Anlage von Wiesen und Strauchwerk, was am 10. Juli 1970 groß gefeiert wurde. Sogar der spätere bayerische Ministerpräsident Franz Josef Strauß war seinerzeit mit von der Partie.

Aus Dankbarkeit für Franz Mays Einsatz bei der Entstehung des Naherholungsgebietes wurde von der Gemeinde Heimstetten die zum See führende Straße nach dem Hauptinitiator, der auch die weiteren Verschönerungsaktionen vornahm, „Franz-May-Straße" genannt.

Seit den 1950er Jahren wurde am Badesee zudem die Wasserwacht tätig. Nicht immer machte er nämlich nur Freude. So war die Bestürzung groß, als am 20. Juni 1957 der Schulbub Ernst Willi im „Velasko" ertrank. Im Jahre 1965 drohte sogar die Zuschüttung des beliebten Badesees durch die Bundesbahn. Nach zähen Verhandlungen zwischen Bundesbahndirektion und den Gemeinden konnte dieses Vorhaben verhindert werden. Wenige Jahre später drohte erneut Gefahr: Am 10. Dezember 1968 war in der Zeitung zu lesen, dass Öl in den „Velasko" geflossen sei.

Dennoch blieb der Baggersee durch die Jahrzehnte nicht nur bei den Kindern der umliegenden Gemeinden beliebt. Und um den Zugang zu erleichtern, eröffnete man im Sommer 1989 einen neu angelegten Radweg entlang der Seestraße. Der etwa 800 Meter lange und 2,5 Meter breite Geh- und Radweg zum „Heimstettener See" wurde von der Gemeinde Feldkirchen im Zuge der Sanierung der Seestraße eingerichtet. 216.000 DM kostete dieser Ausbau insgesamt, wobei sich der „Verein zur Sicherstellung überörtlicher Erholungsgebiete" mit 91.000 DM beteiligte.

Im Juni 1989 durchschnitten die Bürgermeister der angrenzenden Gemeinden, Ludwig Glöckl von Feldkirchen, Hermann Schuster von Kirchheim-Heimstetten und Helmut Englmann von Aschheim sowie Landrat Joachim Gillessen gemeinsam das weiß-blaue Band gleichzeitig an vier Stellen, um dann mit einer Probefahrt den neuen Weg offiziell einzuweihen. Die ersten Radler auf dem neuen Weg waren sie allerdings doch nicht, denn zum einen rasten schon längst unzählige Feldkirchner Schulkinder mit ihren Rädern voraus und zum anderen vergaßen die Politiker über ihrer Eröffnungsfreude den Radweg und benutzten schlicht die Straße zur Probefahrt.

Bild oben:
Am Fidschi in den
1960er Jahren

Bild unten:
Velasko, 1969

Bild oben:
Fidschi im Schnee,
25. Dezember 1961.
In manchen Jahren bot
der See ideale Bedin-
gungen fürs Eisstock-
schießen und Schlitt-
schuhlaufen. Dies ist
heute aus Sicherheits-
gründen jedoch ver-
boten. Im Hintergrund
ein roter Schienenbus.

Bild rechts:
So idyllisch konnte
es am Fidschi sein,
3. Juni 1962

Der Radweg nach Riem, im Hintergrund der Feldkirchner Wald

Im Zuge der Verlegung des Flughafens und der dadurch weiter verstärkten Siedlungstätigkeit im Osten von München bat der „Verein zur Sicherstellung überörtlicher Erholungsgebiete in den Landkreisen um München e. V." die Gemeinden Aschheim, Kirchheim und Feldkirchen, ihr Ziel, das überörtliche Naherholungsgebiet rund um den See zu vergrößern, zu unterstützen – ein Ansinnen, mit dem sich Feldkirchen laut Gemeinderatsbeschluss vom 11. Mai 1994 einverstanden erklärte.

Noch immer zählt der Heimstettener See zu den beliebten Naherholungsgebieten. Im Sommer 2008 hat das Landratsamt München an einigen Seen im Landkreis Grillzonen ausgewiesen – so auch am Heimstettener See und damit seine Attraktivität zudem gesteigert. Um Beschädigungen der Liegeflächen mit unangenehmen Folgen für Badegäste, vor allem Kinder zu vermeiden, ist das Grillen an anderen Stellen allerdings verboten. Und um eine gute Wasserqualität zu erhalten und die Badegäste nicht zu gefährden, ist dort etwa das Füttern von Wasservögeln aller Art verboten – ebenso wie am Feringasee, dem Unterföhringer und dem Unterschleißheimer See.

Enten und Gänse als Wildtiere sind auf das Füttern durch Menschen nicht angewiesen. Übermäßiges Füttern führt jedoch zu verstärkter Population und diversen Erkrankungen. Tiere dürfen während der Badesaison ebenfalls nicht mit an den See gebracht werden. Am Nordufer befindet sich ein Biergarten mit Kiosk, der im Sommer geöffnet ist, Spielmöglichkeiten sind vorhanden und seit 2001 schwimmt eine 4 x 4 Meter große Badeinsel im See mit einer Leiter als Einstiegshilfe. Am Südufer hat die 1954 gegründete Wasserwacht ihren Stützpunkt.

Der Riemer oder Buga-See

2005 bekam der „Fidschi" Konkurrenz: Der 800 lange, 150 m breite und 18 m tiefe Buga-See wurde im Rahmen der Bundesgartenschau fertig gestellt. Ursprünglich war der Riemer See, wie er offiziell heißt, eigentlich gar kein See, sondern ein umzäuntes Freibad, zu dem man Eintrittsgelder bezahlen musste. Erst ein Jahr später wurde der Parksee der Öffentlichkeit übergeben und somit auch den Feldkirchnern zugänglich gemacht.

Der Riemer See

Bereits im Jahr 1973 hatte der Münchner Stadtrat Hermann Memmel die Schaffung eines Badesees in dieser Gegend angeregt. Doch damals starteten und landeten dort noch Flugzeuge. Der Münchner Kommunalpolitiker Hans Podiuk griff die Idee später erneut auf, dachte aber zunächst an einen einfachen Baggersee. Doch ganz so einfach ging es dann doch nicht. Das Grundwasser unterliegt östlich der Isar starken Schwankungen. Um nicht einen See zu schaffen, der im Sommer wegen des Grundwasserrückgangs zu einer Pfütze austrocknet und dessen Uferregion zu badeunfreundlichen Steilstücken trockenfällt, musste man sich etwas einfallen lassen. Die Stadt München entschied sich für einen sogenannten „gehobenen Grundwassersee". Dabei wird Grundwasser mithilfe von Pumpen, die im Bedarfsfall angeworfen werden, in den See gepumpt. Somit erhält man in den Sommermonaten nicht nur genügend, sondern auch erfrischend kühles Wasser. Damit es jedoch nicht an den Seiten versickert, wurden bis zur wasserundurchlässigen Schicht (bei über 20 m Tiefe) Betonelemente zu einer sogenannten Schaldichtwand eingebracht.

Durch die seitlichen Betonwände und die wasserundurchlässige Schicht am Grund konnte das Seebecken wasserdicht gestaltet werden. Überschüssiges Wasser läuft durch den Schilfgürtel am Westufer ab und kann dort versickern. Damit das Grundwasser, das hier von Süd nach Nord fließt, nicht an den Betonwänden gestaut wird, mussten sogenannte Düker eingebaut werden, die einen Durchfluss des Grundwassers ermöglichen. Am Südufer wurde ein Strand aus Kieselsteinen angelegt. Auf einen Sandstrand wurde verzichtet, da laut Vorschrift der Sand in regelmäßigen Abständen – wie auf einem Spielplatz – ausgetauscht werden müsste.

Seit der Anlage des wunderbar in die Landschaft eingebetteten Buga-Sees können es sich Badegäste, Sportler und Sonnenanbeter auf den Liegewiesen und im Wasser gut gehen lassen. Auch ein Kiosk steht zur Verfügung.[34]

Liebe und Treue zur Monarchie

Durch die Jahre scheinen die Feldkirchner die bayerischen Könige verehrt zu haben. In besonderer Weise aber gilt dies für König Ludwig I., dem nicht nur München und Bayern vieles zu verdanken haben, sondern auch Feldkirchen im Speziellen, war doch unter seiner Regierung und dank seiner Unterstützung sowohl die Emmeramskapelle als auch die junge evangelische Pfarrei entstanden.
Aus Dankbarkeit wurde nach ihm und seiner Ehefrau Königin Therese eine Straße benannt. Aber auch andere Mitglieder des Hauses Wittelsbach ehrte man auf diese Weise.

Das Herz von König Ludwig I.

Als König Ludwig I. am 29. Januar 1868 seine Augen für immer schloss, trauerte ganz Bayern. Und als sein Herz in die Heilige Kapelle in Altötting überführt wurde, erwarteten die Feldkirchner den Trauerzug in großer Feierlichkeit. Franz Trautmann, der bekannte Münchner Erzähler und Chronist, beschreibt den Zug in seinem 1868 in München erschienenen Band „Gesammelte Blätter zur Erbauung und Erheiterung" und erwähnt unter wenigen Orten ausdrücklich Feldkirchen:

König Ludwig I. im Krönungsornat, Gemälde von Joseph Bauer, Kopie nach Joseph Stieler, 1826
Münchner Stadtmuseum

„*Wie in Bayern ein König geliebt und geehrt wird, der für sein Volk Großes gethan, das hat sich in jenen Tagen wieder gezeigt, als das Herz weiland Sr. Maj. des Königs Ludwig I. nach Altötting zur ewigen Ruhestätte gebracht wurde. In München waren schon am frühen Morgen Tausende in der Kirche und auf den Straßen, um den Trauerzug vor die Stadt hinaus zu geleiten. Viele gingen bis drei Stunden vor die Stadt mit hinaus und riefen dem Herzen des Königs, der München groß gemacht und das einst so warm für Bayern und das bayerische Volk geschlagen, traurig ein letztes Lebewohl nach. In Feldkirchen erwarteten die Bewohner der ganzen Umgegend den Trauerwagen; die Kinder der dortigen Anstalt sangen ein ergreifendes Trauer-Lied. Anzing prangte wie Mühldorf und Altötting im Trauerschmuck, schwarze Fahnen wehten von den Häusern, die wie die Trauerbögen mit sinnigen Inschriften mit lebendem Grün geschmückt waren. Das Volk trug größtentheils Trauerkleidung, die Läden waren wie überall geschlossen. Die Bürgerwehr, verstärkt durch die von Erding, welche fünf Stunden wohl gekommen war, um dem königlichen Herzen das letzte Ehrengeleit zu geben, bildete Spalier, die Kirchen waren überall mit dem größten Schmucke verziert. [...] Das Volk stand reihenweise an der Straße, den Feldrainen und am Waldsaume, entblößten Hauptes, betend, weinend, die Hände gefaltet, und rief dem Königsherzen ein ‚Herr, gib ihm die ewige Ruhe!' nach.*"

Festpostkarte anlässlich des 90. Geburtstags von Prinzregent Luitpold, 1911, entworfen von Julius Diez

Der 90. Geburtstag des Prinzregenten

Landauf, landab, überall innerhalb der weißblauen Grenzen wurde am 12. März 1911 der 90. Geburtstag des Prinzregenten Luitpold gefeiert. Gleichzeitig konnte 1911 seiner 25-jährigen Regierungszeit gedacht werden.

Auch Feldkirchen stimmte in den allgemeinen Jubel ein. Bereits am 19. Januar 1911 wurde ein Ortsausschuss für die „Sammlung aus Anlaß des 90. Geburtsfestes S. K. Hoh. Prinzregenten" gebildet, dem die beiden Geistlichen, Pfarrer Karl Crämer und Expositus Johann Jell, der Bürgermeister Leonhard Stockinger sowie Philipp Holly und Philipp Wurth jr. angehörten. Geld musste beschafft werden, um die örtlichen Feiern zu finanzieren, aber auch, um obendrein noch ein wohltätiges Werk zu vollbringen.

Der Ort sollte feierlich geschmückt werden. Für die beiden Schulhäuser wurden zwei neue Fahnen in den bayerischen Farben erworben.

Auch sonst trug die Gemeinde ihr Scherflein zum Gelingen des Festtags bei. Am 8. März, wenige Tage vor dem großen Ereignis, ist im Protokollbuch vermerkt: *„Anläßlich des 90. Geburtsfestes des Prinzregenten soll eine Linde gepflanzt werden. Die Kosten hiefür sowie für Verköstigung der an diesem Festakte beteiligten Schulkinder werden aus der Gemeindekasse gedeckt. Zur Bestreitung der Kosten zur Musik wird ein Zuschuß von 30 M geleistet."*

Und dann war es endlich so weit: Am 12. März, einem Sonntag – so gab es leider nicht schulfrei – fanden in beiden Kirchen zuerst Festgottesdienste statt. Dann zog man durch den Ort. Alle Vereine mit ihren Fahnen, die Einwohner und über 300 Kinder nahmen an dem feierlichen Umzug durch Feldkirchen teil. Inmitten des Dorfes, an der Kreuzung Bahnhofstraße/ Münchner-, Hohenlindner- und Heimstetter Straße, wurde die „Luitpold-Linde" gepflanzt, die heute allerdings nicht mehr existiert.

Prinzregent Ludwig, nach 1913 König Ludwig III. von Bayern

Bürgermeister Stockinger hielt die Festrede. Der genaue Wortlaut ist nicht überliefert doch wird er ähnlich salbungsvoll gewesen sein, wie das Vorwort zu einer der zahlreichen Festschriften: *„In feierlicher Rührung und bewegten Herzens begeht heute das bayerische Volk den festlichen Tag, an dem sein geliebter Regent das 90. Lebensjahr vollendet. Hohes Alter gebietet seit Urväterzeiten den kurzlebenden Menschen Ehrfurcht; heute eint sich damit helle Bewunderung, wenn du an der hohen Gestalt und dem klaren Auge des Regenten siehst, daß ihm die Jahre weniger anzuhaben vermochten, als anderen, wenn du hörst, daß er auch heute noch jeden Morgen um 6 Uhr sich zur Arbeit erhebt und die Pflichten seines Amtes erfüllt, daß er an Wald und Wild seine Freude zu haben vermag, und noch während des vergangenen Winters im rauhen Spessart und im Berchtesgadener Land gejagt hat. Er ist der älteste aller lebenden Herrscher, und kein regierender Wittelsbacher hat sein Alter erreicht, auch von den übrigen Fürsten fiel nur wenigen Auserkorenen dieses Los, unter ihnen Kaiser Wilhelm I., dem aufrichtigen und warmen Freund des Regenten."* [1]

Auch der 91. Geburtstag des Prinzregenten im Jahr 1912 wurde noch mit Festgottesdiensten und einem „Festfrühschoppen" in der Bahnhofsrestauration begangen, zu seinem Namensfest bewilligte Prinzregent Luitpold Ende des Jahres aus der „Luitpoldjubiläumsspende" der evangelischen Erziehungsanstalt in Feldkirchen noch 500 Mark, wie im Dezemberheft des Evangelischen Gemeindeblatts froh vermerkt wurde. In der nächsten Ausgabe im Januar 1913 erschien die Todesanzeige für den am 12. Dezember 1912 verstorbenen Regenten und die Notiz über den Gedächtnisgottesdienst, der am 18. Dezember gehalten wurde, an dem neben den Honoratioren der Veteranen- und Kriegerverein mit Fahne, zahlreiche Bürger sowie die gesamte Schuljugend teilgenommen hatten.

Der Besuch von König Ludwig III.

Am 12.12.1912 war Prinzregent Luitpold 91-jährig gestorben. Auf den Thron folgte sein 1845 geborener Sohn Ludwig, zunächst ebenfalls als Prinzregent für den bis 1916 in Fürstenried lebenden König Otto. Am 5. November 1913 jedoch wurde Ludwig III. zum König proklamiert. Ein Jahr nach dem Tod des Vaters scheint man sich auch in Feldkirchen an den neuen Herrscher von Bayern gewöhnt zu haben, denn am 11. Dezember 1913 entschied der Gemeinderat: *„Ein Bild Sr. Maj. des Königs Ludwig soll für die Gemeindekanzlei angeschafft werden"*, nachdem in der evangelischen Kirche anlässlich der Thronbesteigung am 12. November 1913 ein Festgottesdienst stattgefunden hatte.

Ein gutes halbes Jahr später beehrte der neue König Feldkirchen mit einem Besuch. Am 13. August 1914 kam er in Begleitung des Ministers des Innern, Freiherr Maximilian von

Soden-Frauenhofen, und des Landwirtschaftsreferenten, Ministerialrat Friedrich von Braun, anlässlich einer Rundreise, um sich nach dem Stand der Erntearbeit in Feldkirchen zu erkundigen. „Bürgermeister Stockinger konnte die günstige Auskunft über den Stand der Felder und der Erntearbeiten geben." Und der Berichterstatter ergänzte im Evangelischen Gemeindeblatt vom September 1914: „Tatsächlich ist heuer jeder vom Ertrag der Ernte hochbefriedigt und das Erntewetter hätte gar nicht schöner sein können."

Knappe zwei Jahre später, am 11. Mai 1916 und damit mitten im Ersten Weltkrieg, kam seine Majestät erneut nach Feldkirchen, dieses Mal in Begleitung des Oberhofmeisters Freiherr Wilhelm von Leonrod, um die neu eröffnete Kartoffel-Trocknungsanstalt zu besichtigen. Unter den Hochrufen der Schuljugend und eines großen Teils der Bevölkerung ließ sich der König den Betrieb zeigen (siehe S. 225).

Bei einem kurzen Imbiss im Kreis der Vorstands- und Aufsichtsratsmitglieder der Genossenschaft verschmähte der König auch den aus den Erzeugnissen der Anstalt gebackenen Kartoffelkuchen nicht, wie stolz vermerkt wurde. Vor der Abreise wurden Ludwig III. durch Bürgermeister Stockinger noch Pfarrer Crämer, Expositus Fuchshuber, Lehrer Priehäußer und Hauptlehrer Werndl persönlich vorgestellt.[2]

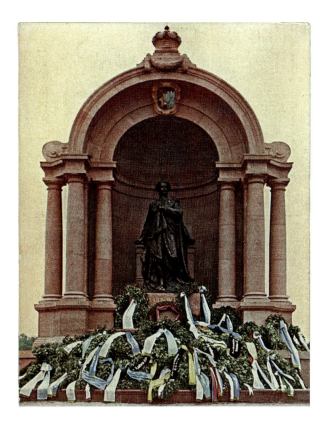

Bilder oben:
Das Denkmal von König Ludwig II. auf der Corneliusbrücke in München

Sammlung für das König Ludwig II.-Denkmal in München

Für König Ludwig II. hatten die Feldkirchner – wenigstens in der Prinzregentenzeit – weniger offene Geldbeutel. Als ein Aufruf zur Sammlung für ein Ludwig-II.-Denkmal durch das Land ging, hat die Gemeinde Feldkirchen im August 1909 genau 3 Mark beigesteuert. Die Krieger- und Soldatenkameradschaft Feldkirchen-Weißenfeld trug ihr Scherflein ebenfalls dazu bei: 1909 wurde der Jahresbeitrag um 10 Pfennig erhöht. Der Betrag wurde als Spende für das König-Ludwig-Denkmal verwendet. Wie viele Mitglieder der Verein damals hatte, ist nicht überliefert, doch für 1904 erscheinen 78 Namen, das heißt, dass durch den Verein noch einmal mehr als das Doppelte der Gemeindespende in den Denkmal-Topf floss.[3]

Bei diesem Denkmal handelte es sich um das alte, heute größtenteils verlorene Denkmal auf der Münchner Corneliusbrücke, dessen Wiedererrichtung derzeit diskutiert wird. Die Kosten für das Denkmal beliefen sich damals insgesamt auf 185.000 Mark. Am 19. Juni 1910 konnte – nach jahrelangen Spendenaktionen – das 3,4 Meter hohe, von Ferdinand von Miller d. J. in Bronze gegossene und in einer 11 Meter hohen Nische aus rötlichem geschliffenem Untersberger Marmor stehende Standbild von König Ludwig II. feierlich enthüllt werden.[4] 1944 wurde die Bronze eingeschmolzen. Lediglich der Kopf des Königs blieb erhalten und befindet sich heute im Bayerischen Nationaltheater in München. Einen Abguss davon errichtete der König-Ludwig II.-Verein 1973 auf einer Gedenksäule an der Stelle des ehemaligen Denkmals.

Die Lasten der Kriege

Durch die Jahrhunderte setzten Kriege immer wieder ihre schreckliche Zäsur. Die Gemeinde Feldkirchen wird das Schicksal vieler anderer Orte geteilt haben, doch nur in den seltensten Fällen sind schriftliche Zeugnisse bis heute erhalten geblieben.

Nicht sicher ist, ob es zur Zeit der Ungarneinfälle in der ersten Hälfte des 10. Jahrhunderts in Feldkirchen überhaupt schon eine Siedlung gab. Kirchheim soll der mündlichen Überlieferung nach in jenen Jahren verwüstet worden sein – wie nahezu alle bayerischen Landstriche. Für das Jahr 910 ist eine Schlacht gegen die Hunnen im unweit gelegenen Neuching überliefert.[1]

Der bayerische Erbfolgekrieg

Ebenfalls für Kirchheim sind Zerstörungen während des „bayerischen Krieges" überliefert. Vom 21. Februar 1506 datiert die erste Urkunde des Angerklosters, in der von den durch die Zerstörung entstandenen Kosten die Rede ist. Und weit hatten es die Soldaten von Kirchheim nicht bis Feldkirchen.

Mit diesem „bayerischen Krieg" war der Landshuter Erbfolgekrieg gemeint: Ende des 15. Jahrhunderts regierten in Bayern die beiden Herzöge Albrecht IV. in Oberbayern mit Sitz in München und Georg der Reiche von Landshut in Niederbayern. Ihre gemeinsame Politik endete um die Wende zum 16. Jahrhundert. Entgegen einer vorausgegangenen Absprache und entgegen dem Reichsrecht, das keine weibliche Erbfolge kannte, setzte Georg der Reiche in seinem Testament seine Tochter Elisabeth als Erbin von Niederbayern ein. Als der Landshuter 1503 plötzlich starb, ergriff sein aus einer anderen Wittelsbacher Linie stammender Schwiegersohn, Ruprecht von der Pfalz, die Herrschaft in Niederbayern. Die Städte verweigerten ihm die Huldigung, da sich Kaiser Maximilian I. auf die Seite seines Schwagers Albrechts IV. – dieser hatte Kunigunde von Österreich, die Schwester des Kaisers, geheiratet – gestellt hatte. Der Adel jedoch unterstützte Ruprecht. Es kam zum Krieg. Die Hilfe des Kaisers war entscheidend, doch ließ sich Maximilian seine Kriegskosten mit einem Anteil am Erbe Niederbayerns reichlich entschädigen. So gelangten die ehemals bayerischen Besitzungen in Tirol – die Ämter Kitzbühel, Rattenberg und Kufstein – an Österreich.

Für Bayern bedeutete der Ausgang des Krieges, dass das alte Herzogtum der Wittelsbacher wieder zur Einheit zurückgefunden hatte, dass eine Entwicklung endete, die durch Teilungen immer wieder Streit und Unfrieden zwischen den Teilen gebracht und zuletzt dazu geführt hatte, dass in den einzelnen Teilherzogtümern ein jeweils sich deutlich vom anderen absetzendes Landesbewusstsein zu keimen begann, die Voraussetzung für die Entstehung eines neuen Landes. Diese Gefahr wurde schließlich für die Zukunft gebannt, als Albrecht IV., der seinen Beinamen „der Weise" nicht zu Unrecht erhalten hat, im sogenannten Primogeniturgesetz von 1506 jede künftige Teilung verbot und festlegte, dass Bayern in Zukunft immer ungeteilt an den erstgeborenen Herzogssohn übergehen sollte. Mit dieser Regelung, eine Art bereits neuzeitlichen Staatsdenkens, endete in Bayern das Mittelalter.[2]

Das Kriegerdenkmal, 1923

Der Dreißigjährige Krieg

Kaum hatte sich das Land erholt, kam es zum noch schwerer wiegenden Dreißigjährigen Krieg. Bayern hatte unter den Schrecken dieses Krieges zwar weniger gelitten als andere, namentlich norddeutsche Gebiete, doch wurde auch der Süden zum Teil schwer heimgesucht. Man darf sich jedoch unter diesem Krieg keinen dreißigjährigen Dauerkampf vorstellen. Es gab durchaus ruhige Jahre, bevor stets neue Kämpfe aufflammten. Am meisten zu leiden hatte das Gebiet um München, als der Schwedenkönig Gustav Adolf die Stadt im Jahr 1632 besetzt hielt, und in den letzten Kriegsjahren von 1646 bis 1648. Freilich waren es nicht immer nur die Schweden, die der Bevölkerung zusetzten, sondern auch Verbündete des bayerischen Kurfürsten und kaiserliche Truppen.

Bereits am 17. Mai 1632, dem Tag, an dem Gustav Adolf in München einritt, sind die ersten schwärmenden schwedischen Reiterscharen in den Dörfern rund um München eingefallen. Wann sie nach Feldkirchen kamen, wissen wir nicht, doch haben sie auch hier gewütet, wie den Quellen späterer Jahre zu entnehmen ist. So berichtet eine Weyarner Urkunde von 1650 über Verwüstungen im Jahre 1648 und von der durch den Krieg entstandenen Not.[3] Im Taufbuch der Pfarrei Kirchheim hatte darüber hinaus Pfarrer Caspar Mayr vermerkt, dass auch in Feldkirchen nach den Schweden lange Zeit *„niemand ein Schaf"* gehabt hätte.

Ob Feldkirchen dabei nur „normalen" Plünderungszügen zum Opfer gefallen ist oder ob der Ort zusätzlich unter dem Beutezug gegen die Ruepps im benachbarten Aschheim, die später auch in Feldkirchen Besitz hatten, zu leiden hatte, ist nicht überliefert. Auf die Ruepps hatten es die Besatzer besonders abgesehen, da Johann Christoph Ruepp auf der Seite der Kaiserlichen gekämpft hatte. 1576 hatte die Aschheimer Lehensfrau, die Münchner Patrizierin Sophie von Donnersberg, Paulus Ruepp geheiratet. So kamen die Ruepp in den Besitz.

Ihr Sohn, Kriegsratsdirektor und Oberst Johann Christoph Ruepp (1578–1652), der 1632 in den Freiherrenstand erhoben wurde, kämpfte an der Seite des Feldherrn Graf von Tilly (1559–1632). Das war für die Schweden Grund genug, sein Anwesen in Aschheim, aber auch seine Güter in Bachhausen und Mörlbach zu verwüsten.[4] Johann Christoph Ruepp selbst floh 1646 vor den schwedischen Truppen nach Salzburg.

Die Koalitionskriege

Immer wieder kam es auch in den folgenden Jahrhunderten zu kriegerischen Auseinandersetzungen. Zu leiden hatten die Bauern jedes Mal, denn zusätzliche Steuern, Lebensmittelknappheit und höhere Preise und zum Kriegsdienst eingezogene verlorene Bauernsöhne gingen mit den kriegerischen Geschehnissen einher.

Möglich, dass Feldkirchen auch während der Zeit der österreichischen Okkupation zu Beginn des 18. Jahrhunderts, die bekanntlich in der Sendlinger Bauernschlacht von 1705 einen ersten dramatischen Höhepunkt fand, direkt betroffen war. Nachrichten sind keine überliefert.

Die Koalitionskriege zu Ende des 18. Jahrhunderts aber warfen sicherlich ihre blutigen Schatten auf das Gebiet. Im Spätsommer des Jahres 1796 lagen vor den verschlossenen Stadttoren von München die Österreicher mit den Condeern (der auf der österreichischen Seite kämpfenden, als kaltblütig und schonungslos bekannten Emigrantenarmee des Prinzen Ludwig Joseph von Bourbon, Prinz von Conde, 1736–1818) auf der einen und die Franzosen unter dem Oberbefehl von General Moreau auf der anderen Seite. München selbst kam zwar ohne nennenswerten Schaden davon, die feindlichen Truppen lieferten sich aber untereinander vor den Toren Gefechte – von den berühmt-berüchtigten brutalen Plünderungen wurde auch Feldkirchen sicherlich nicht ganz verschont, denn die österreichischen

Truppen hatten ihre Stellung vom Gasteig bis Dornach bezogen.

Eine entscheidende Schlacht im Zweiten Koalitionskrieg, nur wenige Jahre später, wurde am 3. Dezember 1800 in Hohenlinden geschlagen. Damals wurden die Österreicher und Bayern mit etwa 60.000 Mann von den Franzosen besiegt. Als die Österreicher und Bayern die zahlenmäßig leicht unterlegene Armee von Moreau, die man auf dem Rückzug wähnte, verfolgten, wurden ihre zersplitterten Kräfte in den Wäldern nördlich und östlich von Hohenlinden angegriffen und mit einem Verlust von etwa 12.000 Mann geschlagen – die Franzosen büßten 2.500 Mann ein.

Nach einer alten mündlichen Überlieferung in der Familie Glasl sollen viele der Gefallenen in einem Massengrab in Feldkirchen beigesetzt worden sein, auf dem Anwesen Veicht an der Aschheimer Straße, wo noch heute eine Erhöhung zu erahnen ist. Im Keller der ehemaligen Sparkasse an der Hohenlindner Straße, die in Erinnerung an die Schlacht ihren Namen erhalten hat, sollen Schädel, Waffen und Uniformstücke von Franzosen gefunden worden sein. In schriftlichen Quellen, wie Kirchenbüchern, ist darüber allerdings nichts vermerkt.[5]

Mehrfach wurde Bayern während der Koalitionskriege, der Revolutions- und napoleonischen Kriege von feindlichen Armeen durchzogen, und stets hatte die Bevölkerung schwere Drangsale zu erdulden, wobei sich die Truppen der Verbündeten oft genug kaum besser benahmen als die der Gegner. Aus der Zeit der Koalitionskriege stammen etwa zwei Ölgemälde des Malers Wilhelm von Kobell, die biwakierende französische Soldaten mit einigen Beutestücken bei Unterföhring zeigen. Zu Pferd waren auch die umliegenden Dörfer nicht weit. Zudem war die Chaussee von München über Feldkirchen, Hohenlinden nach Mühldorf im Jahr 1801 Aufmarschweg der nach Osten vorstoßenden französischen Truppen.

Am schlimmsten lastete die Kriegsnot in den Jahren 1796 und 1800 auf dem Land. Die mangelhaft verpflegten und dementsprechend undisziplinierten französischen Revolutionsarmeen standen als Feind in Bayern. Die improvisierten Massenheere der Republik waren notgedrungenermaßen von der bisher üblichen Magazinverpflegung abgewichen und ließen stattdessen die Truppen aus dem Land leben. Da selbst die fruchtbarsten Landstriche rasch ausgesaugt waren, mussten sich die Soldaten zum Requirieren zerstreuen – Eigenmächtigkeit und ein unkontrolliertes Nachzügler- und Marodeur-Unwesen waren neben hohen Marschverlusten die unvermeidlichen Folgen. Am meisten litt natürlich die Zivilbevölkerung unter diesem System. Sie musste fast für den gesamten Unterhalt der im Land stehenden Truppen aufkommen und hatte zudem unter den Plünderungen und sonstigen Übergriffen einer nur schwer im Zaum zu haltenden Soldateska zu leiden. Die bayerische Regierung versuchte zwar die Schäden zu registrieren, um eine Art Lastenausgleich durchzuführen, doch war an eine wirkliche Entschädigung angesichts der katastrophalen finanziellen Situation des Staates überhaupt nicht zu denken.

Am 28. Oktober 1805 soll Napoleon höchstpersönlich durch Feldkirchen gezogen sein, allerdings ohne Spuren zu hinterlassen. Zur 100-jährigen Gedächtnisfeier der Völkerschlacht bei Leipzig, in der Napoleons Armee vernichtend geschlagen worden war, wurden am 18. Oktober 1913 alle öffentlichen Gebäude mit deutschen und bayerischen Fahnen beflaggt. Der Veteranen- und Kriegerverein entzündete am Abend ein *„mächtiges Freudenfeuer"* und in der protestantischen Kirche fand tags darauf – am Sonntag, an dem zugleich Kirchweih gefeiert wurde –, ein Festgottesdienst statt.[6]

Kriegerdenkmal 1870/71

In weißem Marmor findet sich unter einem von einem Eichenlaubkreuz umwundenen Eisernen Kreuz folgende Inschrift:

*"Ehrendes Andenken!
der Veteranen und Krieger von Feldkirchen
die im Krieg gegen Frankreich
im Jahre 1870–71 beteiligt waren
gewidmet von der Gemeinde Feldkirchen"*

Auf der rechten Seite steht im Sinn jener Tage fest gemeißelt:

*"Helden! Euch soll des Ruhmes Lorbeer schmücken
Nach glücklichem erkämpften Streit
Doch gegen Frankreich kehret stets den Rücken
Weil fürs Vaterland Ihr Euch geweiht."*

Auf der linken Seite sind schließlich die Namen der Teilnehmer in alphabetischer Reihenfolge vermerkt, heute sämtlich mit einem Sterbekreuz versehen, das jeweils nach dem Tod des einzelnen Soldaten nachgetragen wurde:

*"Erb Kajetan
Erb Andreas
Hartwig Josef
Hechmann Jakob
Lanzl Josef
Lehnert Johann
Messmer Jakob
Muzenhardt Michael
Muzenhardt Cristian
Penker Michael
Riedl Michael
Schüssler August
Steininger Quirin
Theiler Jakob
Wirth Lorenz"*

Das Kriegerdenkmal 1870/71

Der Krieg gegen Frankreich 1870/71

Die großen Kriege des 19. Jahrhunderts brachten zwar erneut viel Not und Pein, doch blieben dem Ort Verwüstungen erspart. Die Teilnehmer des Krieges von 1866 sind nicht mehr bekannt; in den Krieg gegen Frankreich 1870/71 jedoch zogen nachweislich 15 Feldkirchner. Die meisten kehrten aus Frankreich zurück, da die Sterbekreuze am Kriegerdenkmal erst in späterer Zeit nachgetragen wurden.

Im Jahr 1873 wurde das Denkmal für die Teilnehmer des Kriegs gegen Frankreich 1870/71 errichtet. Der Stein dürfte zweitverwendet worden sein, da er laut Auskunft des Bayerischen Landesamtes für Denkmalpflege aus der ersten Hälfte des 19. Jahrhunderts stammen soll.[7] Bis heute erinnert jedoch der kleine Obelisk vor der katholischen Kirche, der ursprünglich direkt vor der Friedhofsmauer stand, an diese Soldaten. Am 16. Mai 1894 jedoch ist im Protokollbuch der Gemeinde vermerkt, dass das Kriegerdenkmal umzäunt wird, und am 11. Juli 1900, dass es mit Ketten umgeben und verschönt wird. Heute steht das Monument unter Denkmalschutz.

1913 dachte man an ein neues, würdiges Kriegerdenkmal, für das sich ein Komitee unter dem Vorsitz von Bürgermeister Stockinger und dem Obmann des Veteranenvereins Holly gegründet hatte. Die Gutsbesitzerswitwe Fauth[8] stellte kostenlos den Grund an der Kreuzung der Staatsstraße und der Heimstettener Straße zur Verfügung. Ein Unterhaltungsabend zum Besten des Denkmals wurde in Bücherls Gasthof veranstaltet und man war überzeugt: *„Bei dem regen Interesse, das sich in Feldkirchen und Umgebung für das neue Denkmal kundgibt, steht zu erwarten, daß die erforderlichen Kosten bald aufgebracht werden können."* Man rechnete mit Kosten von 7.000 bis 8.000 Mark.[9] Doch dann kam der Erste Weltkrieg dazwischen.

Friedenszeiten vor dem Ersten Weltkrieg
Von 1870/71 bis zum Ersten Weltkrieg hatte über vier Jahrzehnte Frieden geherrscht, doch das Militär erschien verschiedentlich zu Manövern in Feldkirchen. Am 22. August 1907 etwa war eine Batterie des 4. Feldartillerieregiments aus Augsburg mit acht Offizieren, 183 Mannschaften und 65 Pferden mit Verpflegung einquartiert. Auch ein Teil des Herbstmanövers 1907 spielte sich in der Nähe von Feldkirchen ab.

Der Ort bildete die Nordgrenze für die Übungen der 1. und 2. Division. Am 14. September wurde die 1. Eskadron des 2. Schweren Reiterregiments aus Landshut mit 127 Mann (einschließlich fünf Offizieren) und 128 Pferden in Feldkirchen einquartiert. Vom 17. auf den 18. September sollte in der Nähe des Dorfes ein Biwak bezogen werden. Für den Fall, dass das Wetter allerdings schlecht würde, sollten die Feldkirchner Notquartiere für 1.200 Mann und 160 Pferde zur Verfügung stellen.[10]

Am 12. September 1911, kurz vor 16 Uhr, kam es am Himmel sogar zu einer kleinen Sensation: Das Evangelische Gemeindeblatt berichtete in seiner Oktoberausgabe, dass der erste Flieger über Feldkirchen gesichtet wurde. Die Piloten des damals noch äußerst unsicheren Flugobjekts, eines frühen Doppeldeckers, waren Oberleutnant Graf Luitpold Wolffskeel von Reichenberg und Oberleutnant Wilhelm Wirth, die beide erst zwei Monate zuvor (am 6. Juli 1911) die Prüfung zum Flugzeugführer bestanden hatten. Die beiden Flugpioniere zählen zu den „Alten Adlern", also jenen ersten Fliegern, die ihre Prüfung noch vor dem Ausbruch des Ersten Weltkriegs bestanden hatten. Wolffskeel (1879–1964) erhielt die Fluglizenz Nr. 93 in Deutschland und zugleich in Bayern das Militärflugpatent Nr. 1. Wolffskeel, der bald als „Rittmeister der Lüfte" bekannt wurde, bekam im März 1912 schließlich den Befehl zum Aufbau einer bayerischen Fliegertruppe. Das neu gegründete und in Oberschleißheim stationierte 1. Fliegerbataillon unterstellte man seiner Leitung. Im Herbst 1911 jedoch flog er zusammen mit Wirth vom Münchner Flughafen auf dem Oberwiesenfeld rund 50 Kilometer zum Manövergelände bei Dorfen. Etwa eine halbe Stunde dauerte der Flug. Kurz war die Maschine auch über Feldkirchen zu sehen.

Die Lasten der Kriege

Erinnerungsfoto anläßlich des Friedensfestes für die aus dem Ersten Weltkrieg heimgekehrten Feldkirchner Krieger, 1919

Der Erste Weltkrieg

Sehr viel schlimmer als in den Kriegen der Jahrhunderte davor waren die Verluste der beiden Weltkriege des 20. Jahrhunderts. Weit mehr Soldaten aus Feldkirchen mussten in den Ersten Weltkrieg ziehen als in den Krieg 1870/71. Am 1. August 1914 wurde die Mobilmachung kundgegeben, am 2. August gab es noch einen großen Abschiedsgottesdienst; im September wurde ein Ortsausschuss zur Begutachtung der Unterstützung für Angehörige der eingezogenen Krieger gegründet, dem Bürgermeister Stockinger, Expositus Fuchshuber und der evangelische Pfarrer Crämer angehörten. Gleichzeitig bot die Ortsgruppe Feldkirchen des Frauenvereins vom Roten Kreuz 68 Privatzimmer mit 102 Betten für die Aufnahme von verwundeten Kriegern an. Gastwirt Bücherl vom „Alten Wirt" stellte einen Saal zur Verfügung und sein Kollege, Privatier Gottlieb Adam, den angrenzenden Park für die Erholung. Ab Oktober 1914 wurden dann im Evangelischen Gemeindeblatt stets neben den Verleihungen von Eisernen Kreuzen und Beförderungen auch die Gefallenen gemeldet: als erster Georg Holly.

Die Feldkirchner Firma Fr. Schüle & Co stellte nun in Tag- und Nachtbetrieb Geschosse für die Artillerie her, während in Haar und Eglfing Lazarette eingerichtet wurden. Aus der Heimat wurden Liebesgaben geschickt, vor allem Kleidung, Zigaretten und Lesestoff, während die Soldaten von der Front eine Fülle von Postkarten sandten, die sich bis heute erhalten haben. Es folgten Wohltätigkeitsveranstaltungen in Feldkirchen zum Besten der Soldaten und ihrer Angehörigen. Kriegsanleihen wurden gezeichnet, Haussammlungen durchgeführt. Kinder aus München wurden von verschiedenen Feldkirchner Familien aufgenommen, um sie so vor Hunger zu bewahren. Kartoffelferien fanden während der Kriegsjahre statt, um die Kinder zur Ernte mit heranziehen zu können.

Unterstützt wurde die Kartoffelernte 1915 von 80 russischen Kriegsgefangenen, deren Fleiß von den meisten ausdrücklich gelobt wurde.

31 Feldkirchner Söhne kehrten von den Schlachtfeldern nicht zurück. Emil Schlesinger war noch Anfang 1920 in französischer Kriegsgefangenschaft. Den Heimkehrern aber wurde im Jahr 1919 ein großartiger Empfang bereitet, dessen Planung auch den Gemeinderat beschäftigte. Am 19. Januar 1919 wurde beschlossen: *„Am 26. Januar soll der Empfang der heimgekehrten Krieger in festlicher Weise begangen werden. Die Kosten sollen, soweit sie nicht durch freiwillige Spenden gedeckt werden, auf die Gemeindekasse übernommen werden."* Das ganze Dorf war festlich geschmückt, mit Fahnen, Girlanden und Kränzen, besonders die beiden Kirchen. Vier Triumphbögen zierten die Straßen. Um 10 Uhr fanden Festgottesdienste statt, danach zog die Festgemeinde mit Musik zum Kriegerdenkmal von 1870/71, wo Expositus Axenböck eine – wie es heißt – zu Herzen gehende Rede hielt. In der Grube neben der protestantischen Kirche wurde dann ein Gruppenfoto von den Heimkehrern aufgenommen. Danach zog man zum „Alten Wirt", wo auf die rund 230 Heimkehrer ein Festmahl wartete. Daran nahmen auch die Veteranen des 70er Krieges, der Krieger- und Veteranenverein, die beiden Ortsgeistlichen, die Gemeindeverwaltung, die Freiwillige Feuerwehr und eine Anzahl geladener Gäste teil.[11]

Auch nach Kriegsende kam es zu Einquartierungen in Feldkirchen. Der Stab des Husarenregiments Hessen-Homburg etwa war vom 11. Juli bis 7. Oktober 1919 hier einquartiert. Trotz der Last für die Bewohner brachte die Einquartierung auch manche Freude. So fand wiederholt eine Standmusik statt. Am Montag, dem 15. September, veranstaltete die Regimentsmusik sogar ein gut besuchtes Konzert im Glasl'schen Saal.

Der Kampf uns Kriegerdenkmal

Allen Kriegsteilnehmern des Ersten Weltkriegs sollte schon bald ein Denkmal gesetzt werden. Am 24. November 1920 beschloss der Gemeinderat, eine diesbezügliche Haussammlung durchzuführen. Man suchte nach verschiedenen Geldquellen. Am 15. Januar 1922 etwa fand ein Schlittenrennen statt, dessen Reinertrag von 4.000 Mark dem Kriegerdenkmal zugutekommen sollte. Den Grund für das Denkmal stellte Babette Fauth aus Ammertal (1864–1938) unentgeltlich zur Verfügung.[12] Eigentlich war das Grundstück für ein Denkmal für die im Krieg 1870/71 gegen Frankreich Gefallenen gedacht, doch zu diesem Kriegerdenkmal sollte es nie kommen. 1914 brach der Erste Weltkrieg aus. Nach seinem Ende wurde die Denkmal-Idee erneut aufgegriffen, nun aber nicht mehr für die Gefallenen des 70er-Krieges, sondern des Ersten Weltkriegs. Babette Fauth aber stand zu ihrem Angebot von 1913 und stellte das Grundstück kostenlos zur Verfügung. Es lag rund 50 Meter westlich des heutigen Standorts.

Am 8. Juni 1922 heißt es im Protokollbuch unter dem Stichwort „Kriegerdenkmal": *„Das vom Kriegerdenkmalausschuß ausgesuchte Denkmal wird begutachtet und der Bildhauerei Frick in München zur Ausführung übergeben."* Constantin Frick unterhielt damals in der Tegernseer Landstraße 38 eine *„Werkstätte für Bildhauerei und Grabmalkunst; Ausführung von Figuren und Denkmälern nach eigenen und gegebenen Entwürfen in nur künstlerischer Ausführung"*, wie das Münchner Adressbuch von 1924 verrät. Noch heute existiert die Steinbildhauerei Konstantin Frick in München.

Aus Akten, die heute im Staatsarchiv München verwahrt werden, geht allerdings hervor, dass die Errichtung des Kriegerdenkmals nicht ohne Auseinandersetzungen vor sich ging, speziell was die Ausgestaltung anbelangte.[13] Bürgermeister Holly schrieb am 26. Juli 1922 an das Bezirksamt München, die Gemeinde

Der Entwurf für das Kriegerdenkmal von 1922

habe die Errichtung eines Kriegerdenkmals beschlossen. Eine Kommission habe Entwürfe angefordert und davon zwei zur Ausführung empfohlen. Bei den ausgesuchten Entwürfen handelte es sich um Pyramiden. Eine einberufene öffentliche Gemeindeversammlung habe jedoch mit Zweidrittelmehrheit die Pyramiden-Entwürfe verworfen. Auch seien Stimmen, vor allem von Kriegsteilnehmern, laut geworden, die fragten, ob man sich einer naturalistisch dargestellten Uniform und Ausrüstung schäme. Die Stimmung sei sehr angespannt gewesen. Da die Errichtung des Kriegerdenkmals wegen der Auseinandersetzungen überhaupt in Frage gestellt gewesen sei, haben sich die gewählte Kommission sowie die Minderheit schließlich der Mehrheit gefügt. Abschließend meinte Bürgermeister Holly: *„Das Kriegerdenkmal soll durch die Bildhauerei Frick in München hergestellt werden, von welcher auch der Entwurf stammt. Bemerkt wird, daß der bei Frick angestellte Kunstbildhauer bereits 4 Auszeichnungen erhalten hat und somit Gewähr besteht, daß trotzdem ein künstlerisch hochstehendes Denkmal entsteht.*

Es wird deshalb dringend um baupolizeiliche Genehmigung gebeten." Was Holly dem Bezirksamt allerdings verschwieg, war die Tatsache, dass das Denkmal bereits bei Frick in Auftrag gegeben war!

Der Bayerische Landesverein für Heimatschutz (heute Bayerischer Landesverein für Heimatpflege) in München hatte durch das Vorstandsmitglied Dr. Emil Schweighart dem Gemeinderat von Feldkirchen allerdings am 4. Juni 1922 mitgeteilt, dass ihnen ein neuer Entwurf des Bildhauers Frick zur Begutachtung vorgelegt wurde, der eine *„naturalistisch behandelte Soldatenfigur"* auf einen hohen Sockel zeige. *„Wie die Erfahrung lehrt, verunglücken derartige Darstellungen in der Ausführung fast immer, es sei denn, daß ein ganz hervorragender Künstler eine für die monumentale Erscheinung ausreichende Stilisierung der Kriegerfigur zuwege bringt, bei der alles naturalistische Detail der Ausrüstung möglichst zurückgedrängt werden müßte. Schon die Zeichnungen lassen ersehen, daß im vorliegenden Falle eine solche unbedingt notwendige Stilisierung gar nicht beabsichtigt ist; es würde also wieder der bekannte langweilige und völlig unmonumentale ‚Soldat in Felduniform' entstehen, wie er seit 1870/71 bis zum Überdruß überall zu finden ist."* Abschließend wird in dem Schreiben darauf hingewiesen, dass es seinerzeit *„zwei sehr brauchbare und künstlerisch vollwertige Entwürfe"* gegeben hätte, *„deren Ausführung von uns begutachtet und empfohlen wurde."* Der Landesverein für Heimatschutz empfahl noch einmal dringend die Annahme eines der früher begutachteten (Pyramiden-)Projekte.

Nachdem das Bezirksamt München daraufhin am 14. September 1922 die Genehmigung zur Aufstellung des neuen Denkmals nicht erteilte, nahm Bürgermeister Holly einen erneuten Anlauf. Er schrieb noch im September (ohne Datum) zurück: *„Seit Beendigung des Krieges ist die Errichtung eines Kriegerdenkmals geplant.*

Das Kriegerdenkmal an seinem ursprünglichen Standort

Im Frühjahr h[eurigen] J[ahres] holte die gewählte Kriegerdenkmalskommission bei mehreren Bildhauereigeschäften Entwürfe ein. Die eingelaufene Zahl betrug über 100. Hiervon hat die vorgenannte Kommission 20 der besten Entwürfe ausgesucht, welche von Bauamtmann Hochecker vom Bayer. Landesverein für Heimatschutz besichtigt wurden. Letztgenannter hat nun 2 Entwürfe (Pyramide) ausgesucht, welche zur Ausführung empfohlen wurden. Hierauf wurde eine öffentliche Versammlung einberufen um auch hier die Genehmigung zur Ausführung zu erhalten." Bekanntlich wurden diese Entwürfe jedoch mit Zweidrittelmehrheit abgelehnt. Ungeachtet der fehlenden Genehmigung hatte man deswegen den Bildhauer Frick in München mit einem weiteren Entwurf beauftragt. Das Kriegerdenkmal war zum Zeitpunkt des Schreibens bereits vollendet und an Ort und Stelle errichtet (allerdings noch in einem Holzverschlag). Man hatte so handeln müssen, weil sonst die Spendenmittel verweigert worden und lang währende Feindseligkeiten zu befürchten gewesen wären. Aus diesem Grund wurde dringendst gebeten, dem eingereichten Kriegerdenkmalsentwurf nachträglich die Genehmigung zu erteilen.

Der Bayerische Landesverein meinte daraufhin am 5. Oktober: *„Der vorliegende Fall ist besonders zu bedauern, weil tatsächlich künstlerisch gute Entwürfe vorhanden waren, die zur Ausführung ohne weiteres begutachtet werden konnten."* Nun *„kann er [der Verein] nur von der vollzogenen Tatsache der Denkmalserrichtung mit Bedauern Kenntnis nehmen, ist jedoch nicht in der Lage, von dem früher eingenommenen gutachtlichen Standpunkte deswegen abzugehen."*

Auch das Bezirksamt fand sich am 9. Oktober 1922 schließlich in einem Schreiben an die Gemeinde grollend mit den geschaffenen Tatsachen ab: *„Die Errichtung des Kriegerdenkmals in Feldkirchen nach dem Entwurfe des Bildhauers Frick vom 12. Juni 1922 wird nachträglich genehmigt. Dabei wird darauf hingewiesen, daß Denkmalserrichtung ohne vorherige baupolizeiliche Genehmigung strafbar ist.*

Bild oben:
Das Kriegerdenkmal auf einer Postkarte von 1939
Bild rechts:
Werbeanzeige des Bildhauers Constantin Frick

Constantin Frick, München,
Tel. 3775   Tegernseerlandstr. 38   Tel. 3775.
Ateliers für Bildhauerei und Grabmalkunst.
Grosses Rohsteinlager, Sägerei und Dreherei.
Halte mich besonders den Herren Künstlern und Architekten empfohlen.

Das eigenmächtige Vorgehen der Gemeinde wird nachdrücklich gerügt, umsomehr als ein künstlerisch unbefriedigender Entwurf ausgeführt wurde, obwohl zwei andere voll entsprechende Entwürfe vorlagen. Die Gemeinde Feldkirchen hat eine Beschlußgebühr von 100 M zu entrichten."

In den Akten befindet sich lediglich der Entwurf zu dem Kriegerdenkmal, der tatsächlich zur Ausführung kam. Dieses Denkmal ist noch heute an der Grünanlage im Dorfzentrum zu sehen. Wie die beiden Pyramiden ausgesehen hätten, ist nicht bekannt.

Der Steinmetz Constantin Frick gab auf seinem Entwurf vom 12. Juni 1922 folgende Erläuterungen zur Denkmalsausführung: Es sollte in unterfränkischem Kirchheimer Muschelkalk ausgeführt werden, *„allseitig sauber schariert, Inschriftenplatte in Treuchtlinger Marmor, geschliffen, Inschrift graviert und schwarz gefaßt"*. Die Kosten für das Denkmal beliefen sich auf 1.238.850 Mark – es war die schlechte, die Inflationszeit. Auf der Inschriftentafel wurden die Namen und Sterbedaten der Gefallenen festgehalten.

Am 10. Mai 1923, am Himmelfahrtstag, war es dann endlich so weit: Das Denkmal konnte feierlich enthüllt werden. Noch am 8. Mai 1923 hatte der Gemeinderat bezüglich der Enthüllung des Kriegerdenkmals zwei Tage später beschlossen: *„Die Herrn Gemeinderäte werden ersucht, sich an den Festlichkeiten anläßlich der Enthüllung des Kriegerdenkmals beteiligen zu wollen."* Umgeben war das Denkmal damals von Weiden, die jedoch im Jahr 1932 durch zwei Trauerweiden ersetzt wurden.

Die Enthüllung des Kriegerdenkmals am 10. Mai 1923

„Das im vorigen Herbst bereits fertiggestellte, sehr schön ausgefallene Kriegerdenkmal, das auf einem von Frau Babette Fauth in Ammertal der Gemeinde geschenkten, sehr günstig inmitten des Dorfes und des Hauptverkehrs gelegenen Platz errichtet wurde, wurde am Himmelfahrtstag, den 10. Mai, feierlich enthüllt. Viele fleißige Hände hatten den Denkmalsplatz, den für die gottesdienstliche Feier vorgesehenen Festplatz und das Kriegerdenkmal für 1870/71 sehr schön geschmückt. Auch alle Häuser des Dorfes trugen Festschmuck. Am Abend vorher wurde das Fest eingeleitet durch Glockengeläute auf beiden Kirchen, Böllerschießen, ein mächtiges Feuer in der Nähe des Denkmals, Liedervorträge durch das von Herrn Lehrer Klein geleitete Doppelquartett und den gemeinsamen Gesang des Liedes „Deutschland, Deutschland über alles".

Der Festtag selbst begann mit Glockengeläute und Tambourschlagen um 5 Uhr, Weckruf mit Musik um 6 Uhr. Ab 7 Uhr wurden die auswärtigen Vereine empfangen, deren 36 erschienen. Um 10 Uhr bewegte sich vom Glasl'schen Gasthaus aus, wo der Vorstand des Veteranenvereins, Herr Hans Reither, die auswärtigen Vereine begrüßte, ein festlicher Zug über die Münchner-, Hohenlindner- und Sonnenstraße zum Fußballspielplatz, wo der katholische Ortspfarrer Herr Axenböck in seiner Feldgeistlichenuniform eine vaterländische Rede hielt, an die sich eine stille Feldmesse anschloß. Durch die Kreuzstraße, Bahnhofstraße und Kirchenstraße ging der Zug zum alten Kriegerdenkmal neben der katholischen Kirche, wo der evangelische Pfarrer Crämer in einer Ansprache die Frage beantwortete, was uns heute nach 50 Jahren dieser im Jahr 1873 für die Teilnehmer am Feldzug 1870/71 errichtete Denkstein zu sagen habe. Die Ansprache endete mit einer Ehrung der noch lebenden Veteranen von 1870/71, die in einem festlich geschmückten Wagen im Zuge mitfuhren.

Der Gesangverein sang ein Lied, Weißenfelder Jungfrauen übergaben nach einem Prolog ein Ehrenband. Nun zog der Zug durch die Ascheimer- und Hohenlindenerstraße zum neuen Denkmal, das nach der vom Herrn 1. Bürgermeister gehaltenen, warm empfundenen und zu Herzen gehenden Festrede unter Böllerschüssen feierlich enthüllt wurde. Das Doppelquartett sang ein Lied, die Gemeinde Feldkirchen, der Veteranenverein, die Freiwillige Feuerwehr und der Turnverein legten mit ehrenden Worten Kränze nieder. Herr Kaufmann Engelbrecht hielt als Vorstand des Turnvereins eine längere Rede. 40 Jungfrauen und Mädchen in weißen Kleidern umsäumten dabei das Denkmal.

Leider zwang der unterdes eingetretene Regen und Sturm zur raschen Auflösung des Zugs. Der vorgesehene nachmittägliche Festzug durch das ganze Dorf und die Nachfeier am Denkmalplatz mußten aus dem gleichen Grunde unterbleiben. Herr Dr. Essel aus Ebersberg hielt seine von herzlicher Begeisterung und von warmer Vaterlandsliebe getragene Festrede im großen Glasl'schen Saale, wo auch nach einem von Frl. Arneth gesprochenen Prolog Frau Bürgermeister Haindl unter Übergabe eines von den Frauen Feldkirchens gestifteten Trauerbandes mit den Namen sämtlicher auf dem Denkmal verzeichneten gefallenen Krieger eine wirksame Rede hielt. Das Doppelquartett erfreute, abwechselnd mit der Musik, die Festgäste durch den Vortrag schöner, mit vollendeter Feinheit gesungener Lieder. Trotz des am Nachmittag eingetretenen schlechten Wetters verlief das Fest der Denkmalsenthüllung aufs schönste und jedermann wird von seinem wohlgelungenen Verlauf befriedigt sein."

(Evangelisches Gemeindeblatt, Juni 1923, S. 41)

Bild oben:
100. Gründungsfest der Krieger- und Soldatenkameradschaft von 1893 im September 1993. Kranzniederlegung am Kriegerdenkmal.

Bild rechts:
Manfred Schunke und Erwin Stoiber mit der neuen Fahne, „Taferlbua": Stefan Hornburger

Am 16. Juni 1934 trat die Gemeinde Feldkirchen dem Volksbund deutscher Kriegsgräberfürsorge e.V. als Mitglied bei. Und dann folgte der Zweite Weltkrieg mit all seinen Schrecken und Opfern. Die Auswirkungen auf den Ort erfährt man am genauesten aus der Chronik von Pfarrer Hobmair; die Namen der vielen Gefallenen an der Ost- und Westfront kann man auf dem Kriegerdenkmal lesen. Dort wurden nach dem Zweiten Weltkrieg die Namen auf den beiden Seiten nachträglich eingemeißelt. Am 15. November 1953 kam es zur feierlichen Enthüllung der neuen Listen; 1963 wurde das Denkmal erstmals renoviert, 1970 und 1973 erneut durch Mathias Festl renoviert und ergänzt. 1982 tönte das Natursteinwerk Franz Huber die Schrifttafeln neu und ergänzte Namen. Im Jahr 1989 wurde ein letzter Name eingraviert.[14]

1994 kam es zu einer Umgestaltung des Hindenburgplatzes. Im Zuge dessen wurde das Kriegerdenkmal mithilfe eines Krans am

Nach der Umgestaltung des Hindenburgplatzes: Brunnenweihe durch Pfarrer Alfred Krauth und Pfarrer Czeslaw Sajdak am 1. Mai 1995

27. September an seinen heutigen Standort versetzt. Am 1. Oktober wurde schließlich die Bahnhofstraße, eine der ältesten Dorfstraßen von Feldkirchen, die gleichzeitig ausgebaut worden war, wieder feierlich dem Verkehr übergeben. Die Platzumgestaltung zu einer grünen Oase mit neuen Bäumen und Sträuchern, die auch den Maibaum mit umfasst, wurde bis zum Frühjahr des nächsten Jahres fortgesetzt. Am 1. Mai 1995 hieß es dann auch für den neu dort aufgestellten Brunnen: Wasser marsch! Eine kleine Vogeltränke wurde Ende 1996 zudem auf dem Platz aufgestellt. Die Brunnenschale mit Vogel war ein Geschenk der Vereinsvorstände an Altbürgermeister Glöckl zu seinem Abschied.

Weitere Kriegerdenkmäler

Zwei weitere Denkmäler in Feldkirchen erinnern ebenfalls an die Gefallenen des Ersten Weltkriegs. An der katholischen Kirche wurde am 10. Juli 1921 eine Kriegergedächtnistafel feierlich enthüllt. Sie trägt die Namen von 23 Gefallenen. In der evangelischen Kirche hängt die „Heldengedächtnistafel", auf der sämtliche Gefallenen der evangelischen Kirchengemeinde verzeichnet wurden und die erstmals Thema auf der Sitzung der Kirchenverwaltung am 30. Mai 1920 war. Damals wurde ihre Anschaffung noch zurückgestellt, weil man erst die Pläne für den angestrebten Kirchenneubau abwarten wollte. Nachdem es zu diesem Neubau jedoch nicht kommen sollte, gab man Ende 1923 die Tafel in Auftrag. Diese Gedenktafel wurde nach einem Entwurf von Heinrich Volbehr (München) unter Mitwirkung von Prof. Theodor Fischer in der Kunstschreinerei Georg Schöttle in München gefertigt und am 16. März 1924 feierlich eingeweiht. Sie trägt 14 Namen von Gefallenen der evangelischen Gemeinde (aus Feldkirchen und Umgebung).

Und schließlich erinnert auch das sogenannte „Flüchtlingskreuz" auf dem Friedhof an die Opfer von Flucht und Vertreibung nach dem Zweiten Weltkrieg (siehe Seite 167).

Das Kriegerdenkmal für die Soldaten im Ersten Weltkrieg

1914 + 1918

Schiller Johann	31. 3. 1945*)
Holly Georg	19. 9. 1914
Garnreiter Leonhard	25. 9. 1914
Ranftl Nikolaus	2. 10. 1914
Lang Martin	25. 10. 1914
Bräunlein Josef	13. 12. 1914
Mainberger Franz	9. 5. 1915
Fischer Alois	28. 6. 1915
Stenz Josef	11. 10. 1915
Schlesinger Arno	5. 12. 1915
Haindl Hans	11. 12. 1915
Arneth Georg	13. 1. 1916
Schwarz Franz	23. 6. 1916
Leneis Anton	24. 6. 1916
Fürmann Johann	16. 8. 1916
Kühlwein Heinrich	3. 9. 1916
Bauer Michael	17. 10. 1916
Schwaiger Alois	27. 1. 1917
Kurz Stephan	21. 4. 1917
Steinleitner Johann	3. 5. 1917
Steinleitner Ferdinand	5. 5. 1917
Prössl Max	7. 5. 1917
Schramm Paul	13. 6. 1917
Adam Jakob	23. 8. 1917
Wurth Jakob	6. 10. 1917
Nagl Anton	14. 4. 1918
Nadler Georg	12. 6. 1918
Allinger Ambros	1. 9. 1918
Maurer Josef	14. 9. 1918
Dolch Ludwig	9. 10. 1918
Sturm Michael	20. 10. 1918
Wald Johann	18. 1. 1920
Haller Anton	31. 12. 1945

IHREN GEFALLENEN HELDEN GEWIDMET V. D. GEMEINDE FELDKIRCHEN

*) 1989 nachgetragen.

Gedächtnistafel an der katholischen Kirche für die Gefallenen im Ersten Weltkrieg

GEDENKT IN DANKBARKEIT

Leonh. Garnreiter 1.1.R.1.K.	+ 25. 9. 1914	Cappy
Nik. Ranftl 2.R.1.R.10.K.	+ 2. 10. 1914	Fresnes
Jof. Bräunlein 17.R.1.R.11.K.	+ 13. 12. 1914	Messines
Franz Mainberger 3.R.1.2.K.	+ 9. 5. 1915	Urras
Alois Fischer 16.R.L.R.3.K.	+ 28. 6. 1915	Fromelles
Jos. Stenz 2.1.R.12.K.	+ 11. 10. 1915	Vimy
Otto Stohr 17.1.R.3.K.	+ 20. 10. 1915	Loos
Hans Haindl 6.R.F.A.R.8B.	+ 22. 12. 1915	Wavrin
Franz Schwarz Jäg.Rad.B.3.9K.	+ 23. 6. 1916	Douaumont
Ant. Leneis 2.1.R.7.K.	+ 24. 6. 1916	Thiaumont
Joh. Fürmann 12.R.1.R.9K.	+ 16. 8. 1916	Maurepas
Lt. d. R. Heinr. Kühlwein M.G.K.5.R.1.R.	+ 3. 9. 1916	Bapaume
Mich. Bauer 2.1.R.5.K.	+ 17. 10. 1916	Sailly
Steph. Kurz 15.R.1.R.2.M.G.K.	+ 21. 4. 1917	Chevreux
Joh. Steinleitner W.Gren.R.123.	+ 3. 5. 1917	Bullecourt
Ferd. Steinleitner W.Gren.R.123.	+ 5. 5. 1917	Urras
Lt. Mar. Prößl 6.F.A.R.8.Btl.	+ 7. 5. 1917	Gavrelles
Paul Schramm W.Gren.R.119.	+ 13. 6. 1917	Urras
Ant. Nagl 3.1.R.1.K.	+ 14. 4. 1918	Newkerke
Georg Nadler 3.1.R.7.K.	+ 12. 6. 1918	Demleres
Ambr. Allinger 8.F.A.R.7.Batt.	+ 1. 9. 1918	Ribecourt
Jos. Maurer Fuss.A.Bt1.14-2.B.	+ 14. 9. 1918	Puturos
Off. St. Mich. Sturm 20.I.R.4.K.	+ 20. 10. 1918	La Selve

Ehrentafel in der evangelischen Kirche für die Gefallenen des Ersten Weltkriegs

DIE EVANGELISCHE KIRCHENGEMEINDE FELDKIRCHEN
IHREN IM WELTKRIEG GEFALLENEN SÖHNEN 1914–1918

Heinrich Weimer* aus Neubau Infantrist
+ 26. 8. 1914 bei Lille
Georg Holly* aus Feldkirchen Infantrist
+ 19. 9. 1914 bei Autrepierre
Ernst Schmid aus Angelbrechting Infantrist
+ 17. 11. 1914 bei Wytschaete
Lorenz Goller aus Vaterstetten Obermat
+ 8. 12. 1914 Falklandinseln
Peter Kiefer aus Haar Krankenträger
+ 9. 5. 1915 bei Neuvilles
Roland Vocke von Eglfing Leutnant
+ 17. 11. 1915 bei Givenchy
A[rnold] Schlesinger* aus Feldkirchen Infantrist
+ 5. 12. 1915 bei Billy Montigny
Georg Arneth* aus Feldkirchen Gend. Owm.
+ 13. 1. 1916 bei Haubordin
Georg Zercher aus Hausen Armier-Soldat
+ 12. 4. 1917 bei Grandelaine
Otto Klos aus Parsdorf Kanonier
+ 23. 7. 1917 bei Talpe
Jakob Adam* aus Feldkirchen Obergefreiter
+ 23. 8. 1917 bei Montfaucon
Jakob Wurth* aus Feldkirchen Gefreiter
+ 6. 10. 1917 bei Kronach
Gottlieb Erb* aus Parsdorf Vizefeldwebel
+ 11. 3. 1916 bei St. Mihiel
Fritz Zercher aus Hausen Schw. Reiter
+ 9. 2. 1919 in Hausen

NIEMAND HAT GRÖSSERE LIEBE DENN DIE DASS ER SEIN LEBEN LÄSST FÜR SEINE FREUNDE

* von diesen Soldaten sind auch Briefe oder Karten an Pfarrer Crämer aus dem Feld erhalten.

Namen der Gefallenen des Zweiten Weltkriegs, nachgetragen auf dem Kriegerdenkmal

Auf der linken Seite:
Biesel Hans	9. 3. 1945
Rasper Friedrich	25. 5. 1945
Adelsberger Franz	23. 9. 1945
Ecker Otto	31. 12. 1945
Thaller Johann	6. 8. 1946

Unsere Heimatvertriebenen
Pichl Alois	13. 10. 1941
Lang Emil	9. 5. 1942
Suchtinger Ernst	30. 11. 1943
Bianchi Johann	9. 8. 1944
Schneider Otto	16. 9. 1944
Heß Willy	10. 10. 1944
Janisch Gustav	6. 1. 1945
Jilg Eduard	20. 3. 1945
Heß Josef	18. 4. 1945
Baron Gerhard	22. 9. 1943
Warm Joachim	21. 10. 1944
Schäfer Manfred	28. 10. 1941
Knoll Maximilian	15. 3. 1942
Wilhelm Johann	4. 1. 1943
Huber Georg	16. 6. 1944
Hartan Paul	10. 8. 1944
Hirschvogl Rasso	3. 5. 1945
Zehetmair Georg	8. 5. 1945
Glasl Josef	31. 12. 1945
Hörmüller Max	31. 12. 1945
Huber Otto	31. 12. 1945
Ott Franz	31. 12. 1945
Ketterl Georg	29. 12. 1945
Schunke Walter	31. 12. 1945
Steinleitner Wilhelm	31. 12. 1945
Zacherl Johann	31. 12. 1945
Winkler Arthur	28. 12. 1941
Harreiner Karl	11. 1943
Huber Georg	12. 4. 1945
Dillitzer Jakob	31. 12. 1945
Piendl Michael	31. 12. 1945

Auf der rechten Seite:
Gaisbauer Josef	10. 9. 1939
Kammel Franz	21. 6. 1940
Glasl Anton	29. 6. 1940
Stanglmaier Alexander	22. 6. 1941
Wetzl Johann	26. 10. 1941
Käufl August	8. 11. 1941
Kreuzmeier August	16. 1. 1942
Lindner Ludwig	22. 4. 1942
Hauck Gustav	12. 5. 1942
Wink Friedrich	10. 7. 1942
Kappauf Johann	26. 8. 1942
Seilstorfer Johann	1. 9. 1942
Müller Karl	26. 9. 1942
Brandt Gottfried	20. 10. 1942
Rall Werner	27. 10. 1942
Aurnhammer Michael	7. 11. 1942
Wilhelm Johann	4. 1. 1943
Kotter Josef	9. 3. 1943
Mathe Arnold	19. 4. 1943
Mittereder Johann	19. 5. 1943
Huber Karl	10. 7. 1943
Morhart Franz Paul	5. 8. 1943
Rasper Adalbert	20. 8. 1943
Merrath Anton	27. 6. 1944
Lobermeyer Adolf	19. 7. 1944
Bachhäubl Wilhelm	19. 9. 1944
Schlotter Ferdinand	14. 10. 1944
Karber Mathias	20. 10. 1944
Forstner Emmeran	21. 10. 1944
Fleschhut Johann	11. 1944
Fichter Josef	9. 11. 1944
Glöckl Jakob	11. 11. 1944
Berger Josef	1. 1. 1945
Moser Josef	3. 1. 1945
Gschmack Martin	17. 1. 1945
Karbaumer Konrad	24. 1. 1945
Fritzsching Hans Georg	23. 2. 1945
Stockinger Wilhelm	20. 11. 1943

Die Lasten der Kriege

Das „Dritte Reich" und der Zweite Weltkrieg

Eine starke Zäsur in der Geschichte bildeten das sogenannte Dritte Reich und der damit verbundene Zweite Weltkrieg. Feldkirchen selbst wurde weitestgehend von den Bomben des Krieges verschont, auch wenn es häufig Bombenalarm gab. Allerdings waren zahlreiche Einschläge in den umliegenden Dörfern zu verzeichnen und ringsum Bombentrichter auf den Feldern und zahlreiche Flugzeugabstürze. Die Geschädigten wurden jedoch durch Fliegerschadenersatzleistungen unterstützt.[1] Der Flughafen Riem war eines der hervorstechendsten Ziele. Personenschäden waren in Feldkirchen selbst kaum zu beklagen. Zwei Personen allerdings wurden am 13. Juni 1944 Opfer eines Bombardements in München. Größer waren die Verluste der Gefallenen.

Vor dem Hartl-Haus am 1. Mai 1936

Zwangsarbeiter in Feldkirchen
Wie in allen Orten des Landkreises München kamen auch in Feldkirchen Kriegsgefangene und Zivilpersonen aus Belgien bzw. den Niederlanden, Frankreich, Polen, Russland, der Ukraine und der Tschechoslowakei zum Einsatz.[2] Über ihr Schicksal ist nicht viel bekannt. Besondere Vorkommnisse scheint es kaum gegeben zu haben.

Einheimische Arbeitskräfte fehlten. Die meisten Männer waren zum Kriegsdienst eingezogen und so wurden Arbeiter – meist aus dem Osten – zunächst meist auf freiwilliger Basis in den besetzten Gebieten angeworben, später dann Straf- und ausländische Kriegsgefangene zwangsrekrutiert. Es gab kaum einen Hof im Landkreis München ohne Fremdarbeiter. In Oberbayern waren im Vergleich zum Reichsdurchschnitt erheblich mehr Italiener, Franzosen, Serben, Kroaten und Polen eingesetzt, wovon im Landkreis München die meisten in der Landwirtschaft beschäftigt wurden. Pfarrer Hobmair berichtet auch von Holländern, die von der Straße weg ins Reich gebracht worden waren, um beim Bahnbau zu arbeiten. Im Januar 1945 waren allerdings nur 80 der insgesamt 360 gemeldeten holländischen Arbeitskräfte tatsächlich bei einem Bauzug der Reichsbahn, der Gleisanlagen errichten sollte, beschäftigt, die übrigen versuchten durch Betteln und Stehlen über die Runden zu kommen.[3]

Die Arbeiter der verschiedenen Nationalitäten wurden in der Regel streng getrennt. Auch die Ukrainerin Olga, die als 17-Jährige ins Reich deportiert worden war und in einer Krautfabrik in Feldkirchen Zwangsarbeit verrichtete, erinnerte sich in einem Brief aus dem Jahr 2003, dass ihr Arbeitgeber darauf achtete, seine Arbeiter vorschriftsmäßig nach Nationalitäten getrennt unterzubringen. Die zehn polnischen Arbeiter schliefen in einem anderen Zimmer als sie und die anderen Ukrainer. Olga sowie Oxana und Tatjana, ebenfalls zwei Ukrainerinnen, die in Feldkirchen in der Krautfabrik bzw. in der Landwirtschaft tätig waren, bestätigten, dass es zwar Bewacher gab, dass aber die Beziehungen zu ihnen ein recht persönliches und nicht von Angst geprägtes Verhältnis war.

Die Bewegungsfreiheit allerdings war äußerst eingeschränkt. Das Amtsgericht München verurteilte z. B. im Juli 1942 zwei kroatische Schlosser der Reichsbahnbaustelle Feldkirchen zu einer zweimonatigen Gefängnisstraße, nur weil sie abends im Lager des Arbeitskommandos 2091 Feldkirchen serbische Kriegsgefangene besucht hatten. Auf der anderen Seite sah der Gendarm von Feldkirchen von der Festnahme von vier polnischen Hilfsarbeitern im Februar 1945 ab, da diese *„als willige und fleißige Arbeiter dringend benötigt sind"*. Die Polen hatten in einem Reichsbahnbauzug in Feldkirchen eine illegale Schnapsbrennerei betrieben. Es scheint also einen gewissen Handlungsspielraum gegeben zu haben.

Die Lebensmittelversorgung war – wie übrigens auch für die deutsche Bevölkerung – streng reglementiert. Extras gab es nur, wenn etwa – wie Olga berichtete – im Wald Blaubeeren gesammelt werden konnten, die sie abends im Lager aßen.

Neben dem Reichsbahnbau kamen Fremdarbeiter in Feldkirchen auch in der Brauerei Münch-Bräu, im Bauunternehmen Heitzer und vor allem in der Landwirtschaft zum Einsatz. Anders als bei Einsätzen in der Industrie wurden die Fremdarbeiter in der Landwirtschaft und im Handwerk nicht in Lagern, sondern privat untergebracht und lebten bei ihren Arbeitgebern in ähnlichen Verhältnissen wie die deutschen Knechte und Mägde, wobei die Qualität der Unterbringung und Verpflegung abhängig war vom Charakter des jeweiligen Dienstherrn. Auch die Ernährungssituation war in der Landwirtschaft relativ gut. Die Beschäftigung auf dem Hof oder in einem Handwerksbetrieb brachte zwangsläufig mit der Zeit eine gewisse menschliche Annäherung mit sich. Generell ist festzustellen, dass unauffällige positive oder negative Verhaltensweisen seltener überliefert sind als extreme Einzelfälle. Ebenso war allgemein festzustellen, dass Arbeitgeber, die Ausländer schlecht behandelten, sich auch gegenüber ihren deutschen Arbeitskräften unkorrekt verhielten. Entsprechend benahmen sich die Fremdarbeiter nach Kriegsende, wenn ihnen als Displaced Persons (DP) die Heimreise freigestellt war. Die einen plünderten, übten Rache; andere nahmen tränenreich Abschied, vor allem von den Kindern, mit denen sie sich häufig besonders angefreundet hatten, wieder andere blieben in Deutschland.[4]

Jüdische Mitbürger gab es in Feldkirchen offensichtlich kaum. Ernestine Weinmann, deren Ackerland an der Oberdorfer Straße/Pfarrer-Axenböck-Straße durch die Gemeinde angekauft wurde, lebte in München.[5] Die Familie Vetter allerdings scheint in Feldkirchen geblieben (oder zumindest zurückgekehrt) zu sein, auch wenn das Ehepaar seit 1938 vergeblich versucht hatte, ein Eigenheim zu errichten, was jedoch nicht genehmigt wurde, da Frau Vetter nach den 1935 von den Nationalsozialisten erlassenen sogenannten Nürnberger Gesetzen als „Mischling I. Grades" galt. Siegfried Vetter soll sogar vorübergehend im Konzentrationslager Dachau interniert gewesen sein.[6]

Pfarrer Hobmair berichtet unter dem 4. März 1941 vom Tod des Chemikers Dr. Redlich, dessen Beerdigung durch seine jüdische Abstammung erschwert wurde.

Sonntagseintopf im „Dritten Reich"

Der Zweite Weltkrieg

Dem katholischen Pfarrer Josef Hobmair sind nicht nur ausführliche Tagebuchaufzeichnungen zu verdanken, sondern auch der Kriegsbericht der Gemeinde. Er datiert vom 24. August 1945. Demnach wurden zwischen 180 und 200 Mann aus Feldkirchen zum Heeresdienst eingezogen, wovon 160 Katholiken waren. Gefallen sind 32 Soldaten, wovon wiederum 24 Katholiken waren. 40 bis 50 Mann waren vermisst oder noch nicht aus der Gefangenschaft zurückgekehrt (Ende des Jahres 1945 waren noch immer 94 Vermisste und Gefangene aus Feldkirchen zu beklagen). Und etwas ironisch merkte Pfarrer Hobmair an: *„Unter den U. K.-Gestellten* [u. k. = unabkömmlich] *war eine schöne Anzahl alter Parteimitglieder jüngerer Jahrgänge, die das Kriegsende mutig in der Heimat abwarteten."*

Des Weiteren hatte er festgestellt: *„Das Verhalten der Bevölkerung bei Kriegsausbruch war grundverschieden von dem im Jahre 1914. Weder die Einberufenen noch deren Familien* (abgesehen von rühmlichen Ausnahmen) *zeigten ein besonderes Verlangen nach dem Troste der Religion und den hl. Sakramenten, obwohl immer darauf hingewiesen und reichlichst Gelegenheit gegeben wurde. Viel wichtiger war ihnen die Berechnung und Zuerkennung der entsprechenden Unterstützung."* Erst im dritten Kriegsjahr war wieder eine Zunahme des Sakramentenempfangs zu verzeichnen.

Für die Gefallenen wurde jedes Mal ein feierlicher Trauergottesdienst gehalten und für jeden ein Heldengrab mit Birkenkreuz und Inschrifttafel aufgestellt, allerdings *„sehr zum Unbehagen der Partei-Instanzen"*. Von der Partei wurden von Zeit zu Zeit Gedenkfeiern am Kriegerdenkmal abgehalten, *„an denen zuweilen die Angehörigen der Gefallenen gar nicht oder nur ungern teilnahmen"*.

Bilder oben und unten:
1. Mai 1936, Einmarsch auf den Festplatz

Während des gesamten Krieges waren zahlreiche Angehörige des Werkpersonals vom Flughafen in Feldkirchen untergebracht. Auch waren immer wieder andere Evakuierte (wohl aus München) im Ort, die aber gewöhnlich bald weiterzogen. Seit Januar 1944 war zudem in den Baracken neben dem Pfarrhof eine Kompanie Feuerschutzpolizei untergebracht, die zuletzt aus Ukrainern mit deutschen Dienstgraden bestand. In der Umgebung des Ortes lagen verschiedene Flakeinheiten.

Der Kirchenbesuch ging trotz Einberufungen nicht zurück, sondern stieg sogar leicht an. Seit 1941 gab es keine Kirchenaustritte mehr, obwohl auf der Geschäftsstelle der Partei Austrittsformulare stets vorrätig waren und eifrig für den Austritt geworben wurde. Kurt Eberlein, gebürtig aus Halle an der Saale und Kreisamtsleiter bei der Gauleitung in München, war seit 1934 Bürgermeister – zumindest auf dem Papier. Seit 1939 übernahm Ferdinand Schmid die Aufgaben.

Bereits zu Beginn des Krieges und während des Winters 1940/41 war es zu Einquartierungen gekommen und dann erneut in den letzten Monaten vor Kriegsende: Nach der Zerstörung des Flughafens in Riem wurde das Kampfgeschwader Galland in Feldkirchen stationiert.

Liegengebliebener Spähwagen am Bahnhof.

1941 rückte Eberlein ein und Schmid wurde nun auch offiziell Bürgermeister. Eberlein war – wie Hobmair berichtet – *„gegen Kirche und Pfarrer recht unfreundlich eingestellt"*. Unter seiner Ägide wurde der NSV-Kindergarten errichtet. Anzeigen gegen den Pfarrer wegen Äußerungen in Predigten und anderswo, verbotenen Sammlungen und anderem wurden am laufenden Band durch einen übereifrigen Gendarmen erstattet, aber stets ohne Erfolg. Lediglich einmal erhielt Pfarrer Hobmair eine „Belehrung" durch die Gestapo. Gehässig war auch der Ortsgruppenleiter Johann Sporrer, ein abgefallener Katholik. Er entfernte das Kreuz aus den Schulräumen, das aber zwei Tage später durch den neuen Bürgermeister Ferdinand Schmid, den Hobmair als unparteiisch und gewissenhaft in seinem Amt schildert, wieder angebracht wurde.

Unter Fliegerangriffen hatte Feldkirchen wegen seiner Flughafen-Nähe immer wieder zu leiden, doch ohne dass größerer Schaden angerichtet worden wäre. Insgesamt waren fünf Tote zu beklagen und mehrere Verletzte. In Feldkirchen selbst gab es 79 mal Fliegeralarm; 31 mal musste die Feuerwehr zu Löscheinsätzen in Feldkirchen und München ausrücken.

Bei zwei Bombenabwürfen kam es auch in Feldkirchen selbst zu Schäden an mehreren Häusern.[7] Ein einziges Haus wurde gänzlich zerstört, einige andere leicht beschädigt. Im November 1944 schlug in der Nähe des Pfarrhofs eine Bombe ein, die an den Fenstern und am Dach einigen Schaden verursachte. Im März 1945 wurden wiederum in der Nähe des Pfarrhofs Brandkanister abgeworfen, ohne größere Auswirkung.

Noch am letzten Sonntag vor dem Einmarsch der Amerikaner wurde vor der Frühmesse die Kirche durch Tiefflieger beschossen, da die Wehrmacht direkt am Presbyterium Laster aufgestellt hatte. Die Kirchenbesucher mussten durch die Seitengänge fliehen. Alle entkamen unverletzt, die Schüsse gingen in die Mauer. Die größte Gefahr ging in den letzten Kriegstagen vom hierher verlegten Jagdgeschwader Galland aus, das seine Flugzeuge in nächster Nähe des Ortes aufgestellt hatte. Und Hobmair befürchtete: *„Hätte der Krieg noch 8 Tage gedauert, stünde von Feldkirchen wohl nicht mehr viel."*[8]

Das „Dritte Reich" und der Zweite Weltkrieg

**Bericht über das Kriegsende
in Feldkirchen**

Im Münchner Merkur vom 13. Mai 1975 erschien unter dem Titel „Vor 30 Jahren – sinnloser Einsatz. Mancher hätte nicht überlebt ..." ein anonymer Bericht über das Ende des Krieges in Feldkirchen, der in mancher Hinsicht von den Notizen Pfarrer Hobmairs abweicht und ungenau ist, der jedoch ebenfalls einen sehr interessanten Einblick in jene Tage gibt.

„Auch im Raum Feldkirchen verspürten im Mai 1945 die Bürger die Auswirkungen des Krieges. Amerikanische Tiefflieger zerschossen Anfang Mai am Bahnhof eine Lokomotive. Die Rettungsmannschaften konnten nur noch Tote bergen. Drei Soldaten, der Lokführer und der Heizer sind bei diesem Angriff ums Leben gekommen.

Fliegergeneral Galland, der das offizielle Hauptquartier in den letzten Monaten im evangelischen Kinderheim in Feldkirchen aufgeschlagen hatte, zog sich mit seinem Stab in Richtung Ebersberg und Grub zurück. Während der General sein Privatquartier in Aschheim eingenommen hatte, residierte sein Stab im Kinderheim.

Nachdem die Amerikaner bereits kurz vor Feldkirchen waren, schloß der Bürgermeister die Gemeindeverwaltung. Damit wurde auch die Lebensmittelmarkenverteilung eingestellt.
Für viele Bürger brach nun eine harte Zeit an. Lebensmittel wurden knapp. Die Geschäfte hatten nur wenige Vorräte. Wären nicht die Landwirte gewesen, hätte mancher nicht überlebt. Die Bauern des Ortes und der Umgebung griffen hilfreich ein und gaben an die Bevölkerung Brot, Milch und Eier aus. Da die meisten Höfe viele Bürger zu versorgen hatten, fielen die Rationen dementsprechend klein aus. Gut dran waren diejenigen, die im Garten Hühner hielten und so wenigstens Eier für den Eigenbedarf und zum Tauschen hatten. Ein großes Stück Brot am Tag, einen Liter Milch in der Woche und einige Eier waren die Durchschnittsrationen. So mußte man den Gürtel sehr eng schnallen.

In der Nacht vom 4. auf 5. Mai versuchte ein junger Fähnrich mit ein paar Mann in einem heldenhaften und sinnlosen Einsatz die Amerikaner auf dem Marsch nach Feldkirchen aufzuhalten. Er hatte sich bei dem ehemaligen Bahnwärterhäuschen neben der Straße nach Dornach verschanzt und feuerte auf Panzer, die am Flughafen Riem vorbei die Straße nach Ebersberg benutzen wollten. Gutes Zureden von einigen besonnenen Bahnbediensteten half nichts. Der junge Mann hielt mit Freiwilligen die Stellung, bis im Morgengrauen die Munition ausgegangen war. Dann ergab man sich.

Bereits am Vormittag des 5. Mai rückten amerikanische Panzerverbände von Aschheim kommend nach Feldkirchen vor. Am nördlichen Ortsausgang wartete der Bürgermeister mit der weißen Fahne und übergab die Ortschaft kampflos. Die Amerikaner zogen durch die Gemeinde und dann weiter nach Ebersberg, wo noch gekämpft wurde. Erst die am Nachmittag von Riem her anrückenden Truppen besetzten die Ortschaft.

Während die Offiziere sich bei Familien einquartierten, wurden die Mannschaften im Barackenlager an der Bahnhofstraße untergebracht. Die bis dahin dort stationierte städtische Berufsfeuerwehr mußte sofort das Quartier räumen. Die Feuerwehr hatte vorher Einsätze bei Bombardierungen in München und Umgebung gefahren. In ihren Reihen befanden sich auch russische Kriegsgefangene [gemeint sind wohl die Ukrainer].

Nach Abzug der amerikanischen Panzerverbände zog dann eine polnische Wachmannschaft ein, die Dienst am Flughafen Riem taten. Später noch waren in den Baracken Türken untergebracht; dann schließlich Deutsche.

Langsam näherten sich die Kämpfe im Ebersberger Forst ihrem Ende. Bereits am 7. Mai wurden größere Gruppen von deutschen Kriegsgefangenen durch Feldkirchen zu der am Nordrand der Ortschaft liegenden Kiesgrube geführt, wo sie im Freien lagern mußten. Der Hauptschub kam am 9. Mai (Tag der Kapitulation). Mehrere tausend Mann waren nun in der Kiesgrube einquartiert und mußten hier bis Mitte Juni 1945 ausharren. Mitleidige Feldkirchner Bürger bemühten sich – trotz der eigenen schlechten Situation –, die Gefangenen mit Brot, Milch und Suppen zu versorgen. Doch nach drei Wochen ließen die Bewacher keine Spenden mehr zu.

Ab sofort durften Amerikaner und Feldkirchner Bürger nicht mehr im gleichen Haus wohnen. Die betroffenen Familien hatten ihre Häuser zu räumen und mußten bei anderen Einwohnern Unterschlupf suchen. Dabei durfte nichts mitgenommen werden.

In einem Güterzug am Bahngelände waren holländische Kriegsgefangene als Streckenarbeiter untergebracht, die von der Bevölkerung teilweise mit Lebensmitteln versorgt wurden. Am 9. Mai wurden sie von den Amerikanern freigelassen und fuhren kurz danach in ihre Heimat zurück. In der Zeit vom 5. bis 15. Mai wurde das Lebensmitteldepot im Gelände der Firma Heizer aufgelassen. Aus der von den Amis besetzten Münch-Brauerei holten sich auch die Feldkirchner Dünnbier aus den angeschossenen Fässern.

Um weitere Verluste von Wild (vor allem durch die illegal jagenden Amerikaner) zu vermeiden, wurde in den letzten Maitagen von der Besatzungsmacht die Aufstellung einer deutschen Jagdpolizei genehmigt, die ihren Hauptsitz in Ismaning hatte. Der Feldkirchner Jäger Filgis hatte die Gegend um Feldkirchen, Aschheim, Weißenfeld, Haar und Grub zu betreuen."

Der Einmarsch der Amerikaner

Auch für den Einmarsch der Amerikaner verdanken wir die detaillierteste Beschreibung dem katholischen Pfarrer Josef Hobmair, die er nicht nur in seinem Tagebuch festgehalten, sondern auch an das Erzbistum gemeldet hat. Daneben existiert ein anonymer Bericht, der in mancher Hinsicht von den Nachrichten Hobmairs abweicht, allerdings vermutlich erst 30 Jahre nach Kriegsende aufgezeichnet wurde (siehe S. 334f.).

Nach Hobmairs Aufzeichnungen richteten sich die Feldkirchner am Sonntagabend, dem Vortag des Einmarsches, zum Wohnen und Schlafen in den Kellern ein. Auch der Keller der katholischen Kirche (und vermutlich ebenfalls der der evangelischen) wurde zur Verfügung gestellt. Am Nachmittag hatte schon am Flugplatz und an anderen Standorten der nächsten Umgebung die Sprengung von Flugzeugen begonnen. Während der ganzen Nacht waren Geschützfeuer zu hören.

Am Montag war es tagsüber verhältnismäßig ruhig. *„Ein großes Tuchlager im Glaslsaal wurde geräumt und in den Einzelgeschäften ballenweise zu sündteuren Preisen verkauft und zuletzt gestohlen von Aus- und Inländern."* In der Montagnacht lebten die Geschützfeuer und Sprengungen wieder auf. Man bemerkte den Durchmarsch zurückflutender Truppen. Die SS wollte außerhalb des Ortes noch in Stellung gehen, *„hat sich aber dann glücklicherweise wieder empfohlen"*. Eine Flakeinheit hatte Montagfrüh noch gedroht, einen Sperrriegel zu bilden, war jedoch froh, als die Bauern die Geschütze abtransportierten. Was nicht abtransportiert werden konnte, wurde gesprengt.

Der Einmarsch erfolgte am Dienstag, dem 1. Mai 1945: Gegen 10.30 Uhr kam von Riem her ein amerikanischer Offizier in einem deutschen Personenwagen mit einigen Kastenwägen. Die Ortschaft wurde von der Gemeindekanzlei durch den Bürgermeister übergeben. Der Turm war nicht beflaggt worden. Die Gendarmerie wurde entwaffnet, die Feuerwehrkompanie (Ukrainer mit deutschen Dienstgraden) musste in den Baracken bleiben. Kleinere Panzer kamen nach, die in Richtung Haar weiterfuhren. Eine Frau ließ durch ihren Enkel den einrückenden Feinden Blumen überreichen – diesen Satz beendete Pfarrer Hobmair mit einem Ausrufungszeichen. Nachmittags gegen 16 Uhr erschienen ca. 50 große Panzer, die alle Straßen und Winkel durchfuhren, bevor sie stoppten. Die Feuerwehrkompanie wurde als Gefangene abgeführt und gleich darauf wurden ihre gut eingerichteten Wohnräume durch „unsere Leute" geplündert. Jedes Haus hatte Einquartierung mit Ausnahme des Bruder-Konrad-Heims (Kindergarten) und des protestantischen Pfarrhofs. Im katholischen Pfarrhof blieben die Soldaten zehn Tage. Pfarrer Hobmair musste in der Küche schlafen, seine Haushälterin im Keller. Sie hatten zumindest die Vergünstigung, im Haus bleiben zu dürfen, denn in anderen Häusern wurden die Bewohner einfach hinausgeworfen. Es wurde geraubt, geplündert und mutwillig zerstört, doch im Allgemeinen bezeichnete Pfarrer Hobmair die Soldaten als „anständig" und fügte an, *„was nicht immer von der weiblichen Bevölkerung ledigen und auch Kriegsfrauen gesagt werden kann, die sich oft recht würdelos benahmen."* Laut seinen Tagebuchaufzeichnungen zogen die einquartierten Amerikaner am 7. Mai wieder ab, nicht ohne eine Uhr und eine Pelzjacke im Pfarrhaus mitgehen zu lassen.

Nach dem Abzug der Kampftruppen kamen 150 Mann Bewachungsmannschaften, die wiederum in Privatquartieren untergebracht werden mussten. Nach dem Wechsel der dritten Armee zogen 300 Mann auf, die im Kinderheim, in den Baracken neben dem katholischen Pfarrhof, die auf Kosten der Gemeinde wieder eingerichtet werden mussten, und in Wohnhäusern in der Sonnenstraße lagerten. Im August, zum Zeitpunkt der

Abfassung des Kriegsberichts, wurde befürchtet, dass eine Erhöhung auf 700 erfolgen sollte. *„Diese Einquartierung bedeutet eine furchtbare Belastung, da stets eine entsprechende Einrichtung der Quartiere mit Möbeln und allen möglichen Gebrauchsgegenständen gefordert werden."*

Auch amerikanische Gottesdienste durch amerikanische Feldgeistliche fanden wiederholt in der katholischen Kirche statt. Der Besuch schwankte zwischen 25 und 100 Mann.

Der bisherige Gemeinderat trat zurück, während Bürgermeister Schmid zunächst bleiben konnte. Dagegen legte eine Gruppe von „Nichtnazi" Verwahrung ein, sodass am 1. Juni der Bauer Joseph Oberhauser als Bürgermeister eingesetzt wurde. Allerdings musste er bereits am 22. August sein Amt wiederum niederlegen, da er 1936/37 Parteimitglied der NSDAP geworden, allerdings später wieder ausgetreten war.[9] Wie in allen Orten kam es auch in Feldkirchen zu sogenannten Entnazifizierungen, also Maßnahmen der US-Militärregierung, insbesondere nach dem Gesetz zu Befreiung von Nationalsozialismus und Militarismus vom 5. März 1946.[10]

Das Kriegsgefangenenlager in der Velasko-Kiesgrube

Am 2. Mai wurde in der sogenannten Velasko-Kiesgrube nördlich der Bahngleise ein Gefangenenlager für über 6.000 deutsche Kriegsgefangene eröffnet. In den Werkshallen der Firma Heitzer lagen 500 Offiziere und im Genossenschaftslagerhaus 80 Wehrmachtshelferinnen. Während Pfarrer Hobmair in seinem Tagebuch vermerkte: *„Sie leiden Hunger"*, erwähnt er in seinem Bericht an die Erzdiözese, dass die Verpflegung durch das katholische Pfarramt organisiert wurde. Die umliegenden Pfarreien unterstützten Pfarrer Hobmair auf seinen Hilferuf hin dabei ebenso wie bei der Versorgung der Lazarettinsassen, die in den Schulsälen und den vorher von den Ukrainern bewohnten Baracken untergebracht waren. Am 9. Mai brachte man auch vom Gut Oberndorf fünf Zentner Brot für die Gefangenen.

Am Himmelfahrtstag (10. Mai 1945) wurde im Lager ein feierlicher Gottesdienst mit einer Betsingmesse und einer Ansprache von Pfarrer Hobmair gehalten, nachdem sich die Posten zunächst geweigert hatten, ihn ins Lager zu lassen. An die 2.000 Mann nahmen daran teil; über 600 heilige Kommunionen wurden ausgeteilt. Den Altar hatte laut Tagebuch Herr Scherzl hergerichtet.

Bereits am 13. Mai wurde das Lager wieder geräumt und die Soldaten mussten in die ehemaligen SS-Kasernen nach Freimann marschieren. Das Lazarett und die nicht marschfähigen Soldaten wurden mit Autos transportiert. Einen Teil der Gefangenen überführte man nach Fürstenfeldbruck. Am Tag darauf zogen auch die Amerikaner ab.

Ab Ende Mai kamen nach und nach wiederum Gefangene, zunächst 1.200 Mann der deutschen Südarmee zusammen mit Amerikanern als Polizeitruppe. Sie wurden jedoch in Privatquartieren untergebracht. Sie durften sich frei bewegen und haben sich größtenteils selbst verpflegt. Kurz darauf, noch Ende Juni, wurden sie in die Entlassungslager Baldham und Aibling überführt.[11]

Die Tagebuchaufzeichnungen von Pfarrer Hobmair

Eine besondere Quelle für die jüngere Ortsgeschichte ist Pfarrer Joseph Hobmair (1893–1970) zu verdanken, der von 1933 bis zu seinem Tode am 17. Oktober 1970 als Seelsorger in der Gemeinde tätig war, nachdem er am 20. März 1921 die Priesterweihe empfangen hatte. Er war 1921 als Koadjutor in Ebersberg, von 1921 bis 1933 als Kaplan in München-St. Wolfgang und 1933 als Aushilfspfarrer in Müchen-St. Sebastian tätig.[1]

In Gabelsberger Kurzschrift notierte er seine großen und kleinen Nöte in Wochenkalendern. Die Aufzeichnungen setzen mit einem politischen Ereignis am 11. März 1938 ein und enden mit dem Ertrag der Adveniatsammlung vom 22. Dezember 1969, knapp ein Jahr vor seinem Tod. Die ehemalige Lehrerin in Feldkirchen, Therese Böltl (1896–1984), hat die mühevolle Aufgabe der Übertragung in Normalschrift übernommen; diese Texte wurden dann von Hans Porzner auf Maschine getippt. Ihm ist die nun folgende Abschrift zu verdanken. In den 1970er Jahren sollen die originalen Kalender beim Bruder des Chronisten, Karl Hobmair (1911–2003), damals Pfarrer in Oberhaching und engagierter Heimatforscher, aufbewahrt worden sein. Der Verbleib ist nicht bekannt.

Joseph Hobmair,
Pfarrer in Feldkirchen von
1933 bis 1970

Der Text wird wörtlich wiedergegeben, um nicht nur die den Pfarrer bewegenden Ereignisse heimatkundlicher Art (speziell die kirchliche Belange betreffenden), sondern auch ihr Eingebundensein in die große, weltpolitisch entscheidende allgemeine Geschichte zu zeigen.

Besonders für die Jahre des „Dritten Reichs" und der unmittelbaren Nachkriegszeit – eine Zeit, in der es keine gemeindlichen Mitteilungsblätter gab – ist seine Chronik von unschätzbarem Wert.

So wurde man erst nach der Veröffentlichung von Pfarrer Hobmairs Aufzeichnungen in der ersten Auflage der „Chronik von Feldkirchen" auf eine nicht entschärfte britische Fünf-Zentner-Bombe aus dem Zweiten Weltkrieg aufmerksam, die am 18. April 1945 gefallen, aber nicht detoniert war. Sie wurde am 9. Juli 1990 entschärft, was vor allem die Schulkinder gefreut haben dürfte: Aus Sicherheitsgründen fiel am Nachmittag der Unterricht aus.[2]

Pfarrer Hobmair war nicht in allen Jahren gleich mitteilsam. Für 1953 findet sich lediglich ein einziger Eintrag. In der Nachkriegszeit vermerkte er vor allem Anschaffungen bzw. Renovierungen oder bauliche Veränderungen in der katholischen Kirche. Zum besseren Verständnis wurden die wörtlich zitierten Tagebuchaufzeichnungen mit weiterführenden Anmerkungen versehen.

1938

11. März. Wegen der Abstimmung in Österreich erfolgte bei uns eine Art Mobilmachung. Pferde, Autos und Leute wurden bereits eingezogen. Tatsächlich fahren schon den ganzen Tag lange Kolonnen die Mühldorferstraße hinunter – technische Truppen und Flak [Fliegerabwehrkanonen]. Der deutsche Rundfunk nennt Schuschnigg einen Genossen Stalins. Auch hier Einberufungen. Mittag Proklamation von Hitler.

14. März. Gesetz über die Vereinigung Österreichs mit Deutschland. Einzug einer österreichischen Kompagnie. Minister Wagner hielt eine recht höhnische Begrüßungsansprache auf Schuschnigg beim Einzug in Österreich. Hitler in Wien.

> Kurt von Schuschnigg (1897–1977) war österreichischer Bundeskanzler von 1934 bis zum Anschluss Österreichs 1938. Bereits am 12. Februar waren Hitler und Schuschnigg in Berchtesgaden zusammengekommen; Schuschnigg hatte die Kontrolle über die Ereignisse bereits verloren, als er am 10. März zu einer allgemeinen Volksabstimmung unter einschränkenden Bedingungen für den 13. März aufrief. Hitler ließ die Volksbefragung nicht zu. Der Widerruf machte die Verwirrung vollständig. Am 12. März rückten deutsche Truppen in Österreich ein; am 13. März wurde der Anschluss vollzogen. Am 10. April ließ Hitler durch eine Volksabstimmung den Anschluss billigen, der bald darauf auch völkerrechtlich anerkannt wurde.

> Adolf Wagner (1890–1944) wurde 1929 Gauleiter der NSDAP für München (Oberbayern), nach Hitlers Machtergreifung 1933 bayerischer Innenminister und 1936 bayerischer Staatsminister für Unterricht und Kultus.

27. März. Von HJ [Hitlerjugend] und BDM [Bund deutscher Mädchen] war niemand in der Kirche. 9 ¼ Uhr Marsch der Formationen durch unsere Ortschaft. ¾ 10 Uhr Aufstellung am Sportplatz. ½ 11 Uhr kam Minister Wagner: Er sprach 3 Minuten, das war das beste!

9. April. Führerrede in Wien. „Ich weiß, daß ich als großer Sohn der Ostmark in die Geschichte eingehen werde." Hernach Glockengeläute und Illumination.

16. Juni. Fronleichnamsprozession. 170 Männer, gute Beteiligung.

24. Juni. Nachmission.

13. Juli. Die [evangelische] Matthäus-Kirche [in München] wird abgerissen. Es ist an der Stelle ein U-Bahnhof geplant.

14. Sept. Die Vorgänge in der Tschechei rufen große Erregung hervor. Viele Leute befürchten Krieg.

> Die steigende Macht der Nationalsozialisten und der Anschluss Österreichs ließen die Autonomiebestrebungen der Sudetendeutschen in eine Anschlussbewegung umschlagen. Im Münchner Abkommen musste die Tschechei die deutschen Randgebiete abtreten. Staatspräsident Benesch trat zurück; Nachfolger wurde Hácha. Polen besetzte Anfang Oktober das Olsagebiet.

18. Sept. Die politische Lage scheint seit der Bildung von Freikorps sehr bedenklich.

19. Sept. Vormittags Truppentransporte durch Feldkirchen – motorisierte Abteilungen. Die politische Lage scheint sich immer mehr zu verschärfen. ½ 9 Uhr Übertragung einer sudetendeutschen Kundgebung aus Dresden. Es wurden drohende Reden gehalten.

22. Sept. Die tschechische Regierung ist zurückgetreten. Die Tschechen scheinen Hilfe von den Russen zu erhalten.

23. Sept. Militär fährt in beschlagnahmten Personen- und Lastkraftwagen durch die Stadt. In der Tschechei wurde mobilgemacht. Die Russen warnen Polen.

25. Sept. Der Krieg mit Böhmen scheint sicher zu kommen, aber was noch kommen wird?

27. Sept. Um 8 Uhr sprach Chamberlain nüchtern und trocken, aber klar. Die Lage ist sehr ernst. Er wird für den Frieden arbeiten, solange es möglich ist.

> Neville Chamberlain (1869–1940) war seit 1937 englischer Premierminister. Seine Hoffnung, durch das Münchner Abkommen den Weltfrieden retten zu können, wurde jedoch enttäuscht.

28. Sept. Heute abends kam plötzlich die Nachricht, daß die Regierungschefs von England, Frankreich, Italien und Deutschland morgen in München sich treffen.

29. Sept. In München große Besprechung der Staatsmänner. Es herrscht zuversichtliche Stimmung. Die Leute atmen alle auf, weil nun die Kriegsgefahr vorüber ist. Hitler wollte am Dienstag mobilmachen.

> Am 29. September 1938 kam es zum Münchner Abkommen, einem Vertrag zur Lösung der Tschechischen Frage, durch Hitler, Chamberlain, Edouard Daladier (1884–1970, französischer Ministerpräsident), und Benito Mussolini (1883–1945).

30. Sept. Bekanntgabe des Besprechungsergebnisses.

1. Nov. Am Allerseelentag dürfen die Kinder während der Schulzeit nicht in die Kirche gehen. Auch die Religionsstunden dürfen nicht dafür verwendet werden.

8. Nov. Der Schreiner von Berg am Laim bringt die neue Sakristei-Einrichtung.

10. Nov. In München und anderen deutschen Städten wurden heute die Synagogen angezündet und in den jüdischen Geschäften wurden die Fenster eingeschlagen und geplündert.

> In der Nacht vom 9. auf den 10. November 1938 fanden in ganz Deutschland organisierte Pogrome gegen Juden statt, die sogenannte Reichskristallnacht.

11. Nov. Bei Glasl Versammlung „gegen Weltjudentum, schwarze und rote Bundesgenossen". Die Rede des Ministers Wagner wurde übertragen. Es war mehr eine Hetze gegen Kirche und Priester als gegen Juden.

14. Nov. Uhr für die Sakristei gekauft.

5. Dez. Fußteppich für Beichtstuhl gekauft.

1939

1. März. Patschelli [Pacelli und richtig 2. März] *ist Papst Pius XII. Eine so unerwartet rasche Papstwahl hat wohl niemand erwartet. Gottes Segen über ihn!*

Eugen Pacelli = Papst Pius XII. (1876–1958) wurde 1917 zum Titularbischof von Sardes und Nuntius für Bayern ernannt (bis 1925); 1920 wurde er zugleich auch Nuntius für das Deutsche Reich (bis 1929), 1929 Kardinal, 1930 kehrte er als Kardinalsekretär nach Rom zurück.

15. März. Bericht über den Einmarsch deutscher Truppen in Böhmen, „auf Wunsch der Regierung Böhmens, unter den Schutz der deutschen Wehrmacht genommen".

22. März. Die Memelländer wurden eingegliedert.

Am 22. März 1939 gab Litauen das Memelland an das Deutsche Reich zurück; es wurde wieder der preußischen Provinz Ostpreußen eingegliedert. Im Winter 1944/45 wurde das Memelland vom größten Teil der Bevölkerung geräumt; seither gehört es zu Litauen.

19. April. Heute abends mußte wegen Hitlers Geburtstag geläutet werden.

Hitler wurde am 20. April 1889 geboren.

27. April. Die Gasleitung wird von München her in Feldkirchen eingeführt. Gegenwärtig arbeitet man daran in der Kreuzstraße.

16. Mai. Die Gasleitung wird in den Pfarrhof gelegt (H. Bacher).

20. Mai. Verleihung von Ehrenkreuzen an kinderreiche Mütter.

24. Mai. Neue Sakristeiglocke wurde von Ascher montiert. Kirchenverwaltungssitzung wegen Orgel.

25. Mai. 9 Uhr kam Herr Schuster. Ich schloß mit ihm den Orgelbauvertrag ab.

2. Juni. Das Ministerium fordert von Schulleiter Rall Berichterstattung darüber, ob die Lehrkräfte an der Schule den Religionsunterricht niedergelegt haben.

8. Juni. Fronleichnamstag. In München war in der Universität angeschlagen: „Kein deutscher Student beteiligt sich an der Fronleichnams-Demonstration."

24. Aug. Der Kampf mit Polen scheint loszugehen. Papst hielt eine sehr ernste Radioansprache.

25. Aug. Die Kriegslage scheint sehr ernst zu sein.

26. Aug. Eine Anzahl Leute mußten einrücken.

27. Aug. Der Rundfunk verkündet die Einführung von Lebensmittelmarken mit Ausnahme von Brot, Mehl und Kartoffeln. England und Frankreich betonen gestern wiederum ihre Bereitschaft für Polen.

28. Aug. Die Lage ist immer noch ernst. Verhandlungen mit England. Keiner will beim Kriegführen den Anfang machen.

31. Aug. In Polen Generalmobilmachung.

1. Sept. 1939. Kriegsbeginn.

8. Sept. In Feldkirchen kommt ab heute Einquartierung. Lauter Einberufene zur Artillerie.

9. Sept. Einführung der Mehlmarken. Großer Andrang zum Mehleinkauf.

17. Sept. Rußland hat den Krieg mit Polen begonnen.

29. Sept. Deutschland und Rußland haben Polen aufgeteilt.

15. Okt. Im Ort herrscht Diphtherie. Schulen geschlossen. Schwere Erkrankungen.

22. Okt. Im Amt zum ersten mal die Responsorien vom Volk singen lassen.

13. Nov. Von hier mußten 43 zur Musterung. Alle wurden genommen. Seifenmarken und Kleiderkarte wurde eingeführt.

1. Dez. Rußland ist in Finnland einmarschiert, „weil es sich bedroht fühlt".

21. Dez. Alle Fenster müssen verdunkelt werden.

1940

8. Jan. Verbot des Religionsunterrichts in der Fortbildungsschule. Heute muß eine Anzahl der Jahrgänge 1910/11 einrücken.

25. Febr. Alle ausgedienten Männer müssen sich in der Gemeindekanzlei zur vormilitärischen Ausbildung melden. In der Schule wegen Kohlenmangel verkürzter Unterricht.

29. Febr. Beginn der Aufstellung der neuen Orgel. Kreuz für Beerdigungen beim Schreibmayr gekauft.

J. G. Schreibmayr, seit 1820, Kunststickerei speziell für Kirchenparamente und Kirchenausstattungsgeschäft am Dom in München.

21. März. Oberlehrer Mayer spielte zum ersten mal auf der neuen Orgel.

23. März. Bei der Auferstehung Spiel mit der neuen Orgel. Sie ist noch nicht ganz aufgebaut.

Die alte Orgel, die im Jahr 1848 von Merz (März) angefertigt worden war, wurde im Laufe der Jahre altersschwach und musste durch eine Leihorgel ersetzt werden. Am 24. Mai 1939 wurde die Anschaffung einer neuen Orgel beschlossen.

Am 23. März 1940 durfte sich die Pfarrgemeinde dann erstmals am Klang des neuen Instruments erfreuen. Die Weihe erfolgte am Sonntag, dem 28. April 1940, durch Prälat Dr. Michael Hartig, Domkapitular in München. Die Orgel hat 18 klingende und zwei kombinierte Register. Ihre Disposition wurde vom damaligen Domkapellmeister, Professor Ludwig Berberich, in München bearbeitet. Erbauer war die Firma Karl Schuster in München.

24. März. Es kommt ein neuer Kreuzweg in die Kirche. Heute [Anmerkung der Abschreiberin: „es könnte auch der 24. April sein"] *wurden drei Tafeln aufgehängt. (Die Kreuzwegbilder in Nazarenerstil sind eine Spende des Bonifatiusvereins.)*

1. April. Bei Schreibmayr Rauchfaß und Meßgewand gekauft.

2. April. Alle Kreuzwegbilder aufgehängt.

9. April. Heute vormittags kamen die Meldungen über den deutschen Einmarsch in Dänemark, Norwegen, „um diese Länder zu schützen".

28. April. Sonntag, Orgeleinweihung durch Prälat Hartig. Die Probe hielt Berberich.

10. Mai. Heute Einmarsch der Deutschen in Belgien, Holland, Luxemburg.

27. Mai. Scherzl brachte heut das Bild von der heiligen Theresia von Lisieux (Das Majolika Bild ist eine Spende vom Bonifatiusverein).

Die Büste der sogenannten Kleinen Therese, die sich heute im rechten Seitengang befindet, wurde am 15. Dezember 1940 eingeweiht. Die hl. Therese von Lisieux, wie sie auch nach ihrem Sterbeort heißt, war am 2. Januar 1873 als 9. Kind wohlhabender Eltern im französischen Alençon geboren. Nach langem Bitten durfte sie schon im jugendlichen Alter von 15 Jahren in einen der strengsten Orden, den der Karmeliterinnen, eintreten. Im Kloster starb sie bereits mit 24 Jahren an Tuberkulose. Ihr Leben war unauffällig doch von äußerster Demut geprägt, und ihre in den langen Monaten der Krankheit entstandene Autobiographie „Geschichte einer Seele" sowie ihre Briefe haben Millionen von Menschen in der ganzen Welt zutiefst gerührt.

28. Mai. Kapitulation von Belgien.

10. Juni. Italien hat den Krieg erklärt.

14. Juni. Einmarsch der deutschen Truppen in Paris.

17. Juni. Frankreich hat kapituliert.

18. Juni. Wegen Zusammenkunft von Hitler und Mussolini schulfrei.

Benito Mussolini (1883–1945) war Gründer und Führer der Faschisten in Italien. Am 25. Juli 1943 wurde er gefangen gesetzt. Als er am 12. September 1943 durch deutsche Fallschirmtruppen aus der Haft auf dem Gran Sasso d'Italia befreit worden war, geriet Mussolini in Abhängigkeit von Hitler.

25. Juni. Heute Nacht ist Waffenruhe mit Frankreich eingetreten.

5. Juli. Den ganzen Tag fahren Wagenkolonnen nach Österreich durch. Sie kommen von der Westfront.

6. Juli. Heute ebenso; nachmittags Panzer und Panzerabwehr.

7. Juli. Weihe des neuen Kreuzweges.

18. Juli. Die Bauern erhielten heute französische Kriegsgefangene.

9. Aug. Im Hechheimerhaus soll ein Kindergarten eingerichtet werden. Kurz lieferte die Fensterläden zum Pfarrhof.

6. Sept. Heute nachts 1–3.00 Uhr Fliegeralarm.

16. Sept. Eine Reihe von Klöstern und kirchlichen Anstalten mußte ihre Gebäulichkeiten räumen für die Aufnahme von Auslandsdeutschen aus Bessarabien.

8. Okt. Im neuen Kindergarten (Zeppelinstraße) begannen die Bauarbeiten. Plötz von Aschheim hat den Bau übernommen. Die Kinder haben immer noch Kartoffelferien.

Vergleiche dazu das Kapitel über die Kindergärten.

29. Okt. Die Italiener sind in Griechenland einmarschiert.

9. Nov. Gestern abends wurden in München Bomben geworfen. Alarm von ½ 10 – ½ 12.

11. Nov. Bei Hartig. Ich soll den Altaraufsatz kaufen. Er will ihn bezahlen.

Zu Prälat Hartig vgl. 23. März 1940. Bei dem genannten Altaraufsatz handelt es sich vermutlich um den Altar in der Taufkapelle (siehe unten 6. Februar 1941).

15. Dez. Einweihung des Theresienbildes (beim rechten Seitenausgang).

17. Dez. In der Zeitung ist heute das Verbot der Christmette veröffentlicht. 5 Uhr Mette.

1941

25. Jan. Einquartierung einer Maschinengewehrkompagnie in Feldkirchen.

30. Jan. Hitlerrede angehört. Leistungsbericht. Wir sind gerüstet; wir werden siegen. Soll sich England an den Vatikan wenden, wir werden auch dagegen vorgehen. 1941 wird die Entscheidung fallen.

6. Feb. Schmid-Meil brachte den Entwurf für St. Michael. Er macht nun auch den Entwurf für das Glasbild hinter der Orgel.

Das Gemälde des Rankenaltars in der Taufkapelle zeigt den Erzengel Michael, den Patron der ehemaligen Feldkirchner Kirche. Allerdings lag ein langer Zeitraum zwischen der Anfertigung des Entwurfs und der Aufstellung des fertigen Altargemäldes. Laut Pfarrbrief vom 1. Juli 1958 wurde das Ölbild von Schmid-Meil „vor Jahren im Auftrag des Ordinariats" geschaffen. Dieser Ausdruck weist auch darauf hin, dass man in dem am 11. November 1940 (siehe dort) genannten Altaraufsatz das Gemälde des Rankenaltars sehen darf. Das Altarbild wurde am 14. November 1958 bei Schmid-Meil abgeholt und zusammen mit dem neu gefassten Altar am 27. November 1958 aufgerichtet (vgl. unten).

Das runde Buntglasfenster über dem Haupteingang zeigt ebenfalls den hl. Michael, der den Satan mit dem Kreuzstab zu Boden stößt. Die Darstellung korrespondiert mit dem Altarbild des Rankenaltars. Zur Erinnerung ist im Fenster auch die Vorläuferkirche, die bis zum Jahre 1927 bestanden hatte, abgebildet. Den Entwurf von Schmid-Meil hat der Glasmaler Brückl (München?) ausgeführt. Bereits am 1 August 1941 war es vollendet (siehe dort).

12. Feb. Domkapitular Neuhäusler wurde vorige Woche von der Gestapo verhaftet.

Johannes Neuhäusler (1888–1973) gehörte seit 1932 dem Domkapitel an. Er stand bald im Brennpunkt der Auseinandersetzungen mit den Nationalsozialisten. In seinem Buch „Kreuz und Hakenkreuz", für das er mit der Ehrendoktorwürde der Münchner Theologischen Fakultät ausgezeichnet wurde, hat er nach dem Krieg diesen Kampf festgehalten, der ihm drei Jahre Konzentrationslager eingebracht hatte.

25. Feb. Im Warthegau soll die neue Kirchenordnung eingeführt werden. Erst mit 21 Jahren darf man sich nach Anmeldung bei der Parteistelle einer kirchlichen Gemeinschaft anschließen.

Warthegau nannte sich der in den besetzten polnischen Gebieten 1939 errichtete Reichsgau mit den Regierungsbezirken Hohensalza, Litzmannstadt (Lodz) und Posen.

26. Feb. Die Soldaten haben heute – Aschermittwoch – eine Tanzveranstaltung bei Glasl.

28. Feb. Hauptlehrer Rall übergab mir eine Bekanntmachung des Reichs-Erziehungsministeriums wegen der Geschichtsthemen, die im Religionsunterricht nicht behandelt werden dürfen.

4. März. Chemiker Dr. Redlich, Ottostraße, gestorben. Weil er Jude war, durfte der Leichenwagen nicht durch das Dorf fahren, sondern über Bahnhof u. Sonnenstraße. Die Leiche war zuerst zur Verbrennung nach München gebracht, aber weil der Tote ein Jude war, nicht angenommen. Fahrer und Pferde durften deswegen auch nicht die gewöhnliche Bedeckung tragen.

7. März. Die einquartierte Kompagnie ist abends 9.00 Uhr nach München zur Verladung abmarschiert.

17. März. Neuhäusler ist im Konzentrationslager Oranienburg.

2. April. Seit ½ 1 Uhr fahren fortwährend Truppen nach Osten durch.

6. April. Einmarsch in Serbien.

22. April. Die Predigt wurde am Sonntag überwacht.

9. Mai. In der Bahn sollen Durchsuchungen nach Hamsterware stattgefunden haben.

11. Mai. Bei Wald (Gastwirtschaft) nahm die Gendarmerie den Hamsterern Eier ab.

12. Mai. Der Stellvertreter Hitlers, Rudolf Heß, ist nach England geflogen.

Rudolf Heß (1894–1987), „Stellvertreter des Führers". Am 10. Mai 1941 flog Heß allein nach Schottland, wo er keine 20 km vom Wohnsitz des Duke of Hamilton entfernt mit dem Fallschirm absprang. Er hoffte durch die Vermittlung des Herzogs, den er 1936 während der Berliner Olympischen Spiele flüchtig kennen gelernt hatte, die britische Regierung zu überzeugen, Hitler habe nicht die Absicht, eine gleichfalls nordische Nation zu vernichten, sondern verlange nur freie Hand für seine Lebensraum-Politik in Osteuropa. Sehr zu seiner Überraschung wurde Heß jedoch gefangen genommen und als Kriegsgefangener behandelt. Auch seine Parteikarriere war durch seinen Auftritt als selbsternannter Friedensbote beendet. Bis zu seinem Tod 1987 saß Heß im Gefängnis Berlin-Spandau, nachdem ihm 1946 in Nürnberg der Prozess gemacht worden war.

14. Mai. Domvikar Talhauser [richtig: Thalhammer] *wurde verhaftet.*

16. Mai. In der Zeitung stand heute die Notiz: Christi Himmelfahrt und Fronleichnam sind keine Feiertage mehr.

21. Mai. Dekan rief an, daß an diesen Tagen Werktagsordnung gehalten werden muß. Es ist ein Reichsgesetz – unterzeichnet von Frick – in diesem Sinne erschienen. Zwei Monate Gefängnis und Geldstrafe in unbegrenzter Höhe.

Wilhelm Frick (1877–1946) war von 1933 bis 1943 Reichsminister und während der Kampfzeit einer der engsten Berater Hitlers. In seiner Stellung war er für Maßnahmen verantwortlich, die gegen Juden, Kommunisten, oppositionelle Vertreter der Kirchen und andere Regimegegner getroffen wurden.

26. Mai. Für Sakristei Messing-Kreuz und zwei Leuchter gekauft, ebenso Weihwasserkessel für den Seitenausgang.

27. Mai. In der Schule darf nicht mehr gebetet werden. Unauffällig sollen Kreuze und religiöser Wandschmuck aus der Schule entfernt werden.

10. Juni. Bäcker Schmid machte mir die Mitteilung, daß ihm wegen Anerkennung seiner Bürgermeistertätigkeit die Bedingung gesetzt wurde, aus der Kirchenverwaltung auszutreten.

12. Juni. Zeitungsmeldung: In den Schulzeugnissen entfällt die Religionsnote.

22. Juni. Krieg gegen Rußland begonnen.

29. Juni. Eröffnung des neuen Kindergartens in der Zeppelinstraße. Sporrer und ein Vertreter der Partei aus München haben gesprochen.

2. Juli. Bei Glasmaler Brückl. Das Bild wird schön.

Der hl. Michael (siehe oben 6. Februar 1941).

6. Juli. Sonntag. Die Buben der Mittel- und Oberabteilung mußten zum Kreistag nach München.

19. Juli. Heute morgen kam mit einem eingeschriebenen Brief der Beschluß des Landrates über die Schließung des Kindergartens. Ich war im Ordinariat bei Scharnagl, beim Landrat, an der Regierung bei Regierungsrat Oswald. Reichte Protest ein.

Zu Scharnagl siehe unten 10. April 1943.

21. Juli. Den Schwestern geht die Schließung des Kindergartens recht zu Herzen. Für den neuen Kindergarten haben sich zwanzig Kinder einschreiben lassen.

1. Aug. Der Glasmaler machte heute die Arbeit fertig. Das Gemälde ist sehr gut ausgefallen und wirkt auch in der Beleuchtung und der Zusammenschau mit der Orgel sehr gut.

1. Sept. Die Kindergartenschwester Udoline kehrte ins Mutterhaus zurück.

5. Sept. Die Statue auf der Mariensäule [in München] *wird wegen Fliegergefahr entfernt.*

7. Sept. Heute nachmittag 3 Uhr wurden aus den Schulsälen die Kreuze entfernt. Der Pfarrer von Oberhaching wurde wegen der Kreuzangelegenheit verhaftet.

Am 8. Mai 1945 konnten die Kreuze wieder aufgehängt werden (siehe dort). 1990 hing das letzte alte Schulkreuz im Trauungs- und Besprechungszimmer im damaligen Rathaus.

9. Okt. Um 20.30 Uhr stürzte zwischen Gnädig und Vetter in der Ottostraße ein Flieger ab und verbrannte.

26. Okt. Gendarmerie zur Predigtbeobachtung.

1. Nov. Allerheiligen, Werktagsordnung.

11. Dez. Deutschland hat an Amerika den Krieg erklärt.

24. Dez. 18.00 Uhr Mette.

25. Dez. Verkündigung wegen Glockenabnahme.

1942

21. Jan. Ab heute ist die Schule wegen Kohlenmangel geschlossen (bis 23. Feb).

28. Jan. Bei Pfeiffer elektrische Lampe für das Ewige Licht gekauft und aufgestellt.

18. März. Beim Schreibmayr rotes Meßgewand gekauft.

16. April. Zimmermeister Baumgartner von München wegen Glockenabnahme gekommen.

20. April. Heute letztes Glockengeläute. Beginn der Glockenabnahme. Die große Glocke wurde aus dem Lager gehoben.

21. April. Heute wurde die große Glocke in der Glockenstube durch kriegsgefangene Franzosen zerschlagen und die Trümmer mit dem Flaschenzug heruntergelassen. Nachmittags wurde an der Abmontierung der zweiten Glocke gearbeitet, die am *22. April* auch zerschlagen und abgenommen wurde.

> Die beiden großen Kirchenglocken wurden zertrümmert. Lediglich die kleinste Glocke, die im Jahr 1925 gegossene Michaelsglocke, durfte im Turm verbleiben. Nach dem Krieg ruhte Pfarrer Hobmair nicht eher, bis er wieder drei Glocken im Turm hängen hatte (siehe unten).

19. Juli. Feier des Goldenen Priesterjubiläums von Kardinal Faulhaber.

Kardinal Michael von Faulhaber (1869–1952) wurde 1911 zum Bischof von Speyer, 1918 zum Erzbischof von München und Freising und 1921 zum Kardinal ernannt. Am 12. Juni 1952 ist der 83-jährige Kardinal und Erzbischof während der Fronleichnamsprozession in München gestorben.

20. Sept. 0.15 Uhr Angriff auf München – etwa 50 Flugzeuge. 104 Tote, 300 zerstörte Häuser.

24. Sept. Speicher geräumt und Luftschutzkeller im Pfarrhof eingerichtet.

28. Sept. Es werden 600 Tote angegeben. Viele Leute machen sich im Garten einen Unterstand.

29. Nov. Ich habe heuer zum erstenmal die Adventskränze geweiht.

10. Dez. Die Bauplätze an der Emmeramskapelle sind alle von Aschheim gekauft worden.

1943

16. Jan. Luftschutzkurs bei Hartmann.

19. Jan. Wegen des nächtlichen Fliegeralarms bei verschlossener Kirche zelebriert.

29. Jan. Veröffentlichung eines Gesetzes über den Arbeitsschutz von Frauen und Männern.

31. Jan. Im Heeresbericht wurden die letzten Kämpfe bei Stalingrad bekannt gegeben.

3. Feb. Wegen der Ereignisse in Stalingrad sind die Vergnügungsstätten gesperrt worden.

> Die Schlacht um Stalingrad (1942/43) entwickelte sich aus der Absicht Hitlers, den deutschen Vorstoß zum Kaukasus u. a. durch eine Besetzung der Landbrücke zwischen Don und Wolga bei Stalingrad abzusichern, und aus der Entschlossenheit Stalins, eine Wende des Krieges herbeizuführen. Zwischen August und Oktober 1942 hatten die Deutschen zwei Drittel der Stadt erobert. Nur ein kleiner Teil blieb in russischer Hand. Doch bald wurde die deutsche Armee eingeschlossen. Nachdem die sowjetischen Verbände seit dem 10. Januar 1943 den „Kessel" immer mehr eingeengt hatten, mussten die Deutschen kapitulieren. Die meisten der deutschen Soldaten waren gefallen (etwa 146.000) oder gingen in Gefangenschaft (etwa 90.000; nur etwa 6.000 kehrten nach 1945 zurück).

12. Feb. Durch Schulleiter Rall wurde mir eine Bekanntmachung des Landrates vorgelegt, daß es verboten ist, zu Anfang des Schuljahres einen Gottesdienst zu halten. Zu solchen Dingen hat man Zeit! Unsere Leute aber kämpfen gegen den Bolschewismus.

15. Feb. Die Schüler der höheren Schulen – 7. u. 8. Klassen – wurden zur Heimatflak eingezogen.

2. März. 12.15 Uhr Voralarm. Die Kinder wurden von der Schule heimgeschickt.

10. März. 24.00 Uhr Fliegerangriff auf München. Es hatte den Anschein, als ob er nicht so stark wäre wie im September. Feuerschein im Norden und Westen der Stadt. Um 2.00 Uhr mußte unsere Feuerwehr nach München ausrücken. In Aschheim hat eine Bombe in ein Siedlungshaus eingeschlagen. 2.30 Uhr Entwarnung. Am Morgen zeigte sich, daß der Angriff viel schwerer war als der letzte. Hauptsächlich wurden Brandbomben geworfen. Verwüstungen in der Löwengrube, im Dom sämtliche Fenster zerschlagen. Zwei Domherren-Häuser zerstört, Staatsbibliothek ausgebrannt. In Aschheim mehrere Häuser zerstört, 2 Tote.

21. März. Heldengedenkfeier am Kriegerdenkmal. Der Ortsgruppenleiter las die Rede vor; Musik wurde von Schallplatten besorgt. Hitler-Rede: Die Krise ist überwunden.

22. März. Ich habe im Pfarrhof den ganzen Keller ausbolzen [= abstützen] lassen (Harreiner). Von der Gemeinde erhielt ich leihweise Straßenrandsteine zur Abdeckung der Kellerfenster.

27. März. Bei Fliegeralarm nach 24.00 Uhr fällt der Vormittagsunterricht ganz aus.

31. März. Bei Oberndorf ein Flieger abgestürzt.

15. April. Vom Landrat aus wurde Nachschau wegen Unterbringung der Matrikel-Bücher gemacht.

17. April. 0.45 - 2.45 Uhr Alarm. Bombenabwürfe Ostfriedhof, Walchenseeplatz.

19. April. Goebbels hielt Geburtstagsrede mit dicken Weihrauchwolken für seinen Herrn und Meister. Scharnagl wird Weihbischof.

Joseph Goebbels (1887–1945) war Chefpropagandist des NS-Regimes und zwölf Jahre lang Kulturdiktator in Deutschland. 1933 wurde er zum Reichsminister für Volksaufklärung und Propaganda ernannt. Dieses Ministerium war eigens für ihn geschaffen worden. Goebbels sah seine Hauptaufgabe darin, Hitler der deutschen Öffentlichkeit als Retter zu verkaufen und sich selbst als dessen getreuen Schildträger. Dafür zog er sämtliche Register eines pseudoreligiösen Führerkults, der Hitler als Befreier Deutschlands von Juden, Profitemachern und Marxisten verherrlichte.

Anton Scharnagl war Domdekan, später Dompropst und Weihbischof von München und Freising.

6. Mai. Beim Ostausgang des Ortes ein Jagdflieger abgestürzt.

8. Mai. Von der Nuntiatur in Berlin Mitteilung erhalten, daß die Gestapo verboten hat, Nachforschungen wegen Vermißter anzustellen.

9. Mai. Wie schon wiederholt, war während der Kirche Feuerschutzübung für die Jugend.

29. Mai. Mit der Morgenpost kam vom Ordinariat die Mitteilung, daß die Gestapo auf Christi Himmelfahrt und Fronleichnam auch Abendgottesdienste verboten hat. Es wird immer schöner!

3. Juni. Schuleinschreibung. In die 1. Klasse wurden 49 Kinder eingeschrieben.

11. Juli. Engländer und Amerikaner sind in Sizilien gelandet.

17. Juli. Heute nachts 2.15–3.00 Uhr Fliegeralarm. Es wurden auf den Ostbahnhof drei Bomben abgeworfen.

26. Juli. Mussolini ist zurückgetreten.

31. Juli. Die Bauern wurden heute nachmittags von den Feldern hereingeholt und mußten Sand fahren, da heute nachts ein Großangriff erwartet wird.

5. Aug. Abends bei Hartmann Luftschutzappell, zu dem unter Strafandrohung geladen war. Es war eine getarnte Parteiversammlung. Der Redner führte unter anderem aus: Mussolini war in den letzten Monaten ein schwerkranker Mann, darum ist er abgetreten. Wir kennen die Hintermänner, die den Faschismus und den Nationalsozialismus stürzen wollen. Nach dem Krieg wollen wir Abrechnung halten. Es sind die gleichen Christen, die in England um den Sieg des Bolschewismus beten. Wir wissen auch, welche Fäden vom Vatikan nach London hinübergehen. Göring ist da, wenn ihn der Führer ruft. Goebbels redet und schweigt, wie es der Führer will.

Hermann Göring (1893–1946) war Oberbefehlshaber der Luftwaffe, Reichstagspräsident, preußischer Ministerpräsident und Hitlers designierter Nachfolger, der zweite Mann im „Dritten Reich".

Zu Goebbels siehe oben 19. April 1943.

11. Aug. Vom Ordinariat Anweisung erhalten über Einweisung von Insassen aus Altersheimen in die Pfarrhöfe auf dem Land.

13. Aug. Kindergarten und evangelische Anstalt sollen für Heereszwecke belegt werden.

17. Aug. Angriff auf Regensburg.

7. Sept. 0.15–2.15 Uhr Angriff auf München. Es wurde erst Alarm gegeben, als schon die Flak schoß. Hauptangriff Sendling, Thalkirchen. Franziskus-von-Lutter-Kirche ausgebrannt.

8. Sept. Italien hat Waffenstillstand geschlossen. Gewundert hat mich nur, daß dieser Akt nach dem Sturz Mussolinis so lange auf sich warten ließ. Über den Münchner Sender spricht den ganzen Tag die „Italienische Faschisten-Regierung".

10. Sept. Hitlers Rede vom Hauptquartier aus: Das Ausscheiden Italiens hat militärisch wenig Bedeutung. Zur Vergeltung von Fliegerangriffen sind die technischen Vorbereitungen getroffen. Ich schätze mich glücklich, daß mich Gott in dieser Zeit zum Führer des deutschen Volkes berufen hat. Der Allmächtige wird uns den Sieg schenken.

24. Sept. Fliegerangriff auf Nauheim, Darmstadt und Aachen.

2. Okt. 23.00 Uhr schwerer Angriff auf München. Weit ausgedehnte Brandröte. Unsere Feuerwehr mußte in das Prinzregentenviertel. Wolfgangkirche und Pfarrhof zerstört. Heilig Blut- und Mariahilf-Kirche ausgebrannt. Die Züge gehen von und bis Riem. Die Verwüstungen erstrecken sich auf alle Stadtteile.

14. Okt. Italien hat an Deutschland den Krieg erklärt. In der Postwiese neben dem Pfarrhof haben die Erdarbeiten zur Errichtung von Baracken begonnen.

10. Nov. Bei Hartmann Parteiversammlung. Einführung des neuen „Bereichsleiters". Jungvolk mußte nach München in den Löwenbräukeller zur Gebietsversammlung.

11. Nov. General Jodl erklärte bei einer Führer-Tagung: Unser Vertrauen auf den Führer ist grenzenlos.

General Alfred Jodl (1890–1946) war Chef des Wehrmachtsführungsstabes und einer von Hitlers engsten militärischen Ratgebern. Am 30. Januar 1943 erhielt er das Goldene Parteiabzeichen, ein Jahr später avancierte er zum Generaloberst.

17. Nov. Fliegeralarm. 300 Flugzeuge im Anflug Stuttgart-Würzburg. In München kein Alarm. 21.30 Uhr Entwarnung.

28. Nov. Hetzrede von Goebbels.

1944

10. Jan. Bürgermeister rief an, daß am Kirchturm eine Sirene angebracht werden soll.

22. bis 25. Jan. Täglich Fliegeralarme.

5. Feb. Der erste richtige Schnee in diesem Winter.

22. Feb. Der Notsender bringt die Berichte über die Einflüge. 12.30–13.30 Uhr Alarm. In Olching Bombenabwurf; Kirche getroffen, an die 30 Tote.

24. Feb. 12.30–13.45 Uhr Alarm. Einflüge und Kämpfe östlich und südöstlich von München. 20.30–23.30 Uhr Alarm.

25. Feb. 12.15 Uhr Alarm, 22.00 Uhr Alarm.

26. Feb. 1.00 Uhr Alarm. Schwerer Angriff auf Augsburg; 5 Stunden. In der Umgebung der Ulrichskirche soll es schlecht aussehen. Das alte Stadtviertel ist schwer getroffen. Etwa 2.450 Sprengbomben, 45.000 Phosphorbomben, 250.000 Stab-Brandbomben, 20 Leuchtbomben. In dieser einen Nacht wurden 730 Tote geborgen, 1200 Verwundete in die Krankenhäuser gebracht und zahlreiche kulturhistorische Stätten vernichtet.

2. März. 3.30 Uhr Alarm; Angriff auf Stuttgart.

10. März. Die Sirene am Turm ist jetzt endlich fertiggestellt. Hoffentlich schreckt sie uns nicht zu oft auf.

14. März. Die neue Nähschwester Claudine eingetroffen. Schwester Charisma wurde nach Gauting versetzt.

15. März. 23.15–24.00 Uhr Alarm. Angriff auf Stuttgart. Die Sirene heulte zum erstenmal.

16. März. 12.00–1.00 Uhr Alarm. Angriff auf Augsburg. Wir haben das Geschirr in den Keller geräumt; die Bücher in das Erdgeschoß.

18. März. 13.45–15.45 Uhr Angriff auf München und Augsburg. Sprengbomben ins Tal, Dienerstraße, Residenz, Odeonsplatz, Ramersdorf, Max-Weber- und Pariser-Platz. Telefon und Sirene funktionieren nicht mehr.

20. März. ¾ 10 Uhr bis ¾ 11 Uhr Alarm.

22. März. Das Ordinariat durch Angriff vom 18. 3. schwer getroffen. Kapitelsaal und einzelne Büros eingestürzt.

26. März. Letzte Christenlehre.

29. März. 1., 4., 5., 11., 12. April. Fliegeralarm.

13. April. Um 22.00 Uhr beim Friedhof ein deutscher Flieger abgestürzt. Drei Mann verbrannten.

20. April. 22.15 Uhr ein deutscher Flieger bei Holly brennend abgestürzt.

23. April. Während des Tages dreimal Alarm.

24. April. Firmung in St. Anna durch Weihbischof Scharnagl. 13.10 Uhr Fliegeralarm. Über uns zahlreiche Luftkämpfe, verschiedene Abstürze. Große Brandröte über Erding. Der Kindergarten wurde durch den Landrat für Fliegergeschädigte beschlagnahmt.

25. April. Fliegerangriff auf München. Alarm von 1.00–2.30 Uhr. Starkes Flakfeuer. Brände in Aschheim bei Haller, Schmiedbauer, Vordermeier, Brustkern. In die Kirche fielen zwei Brandbomben, zündeten aber nicht. Große Brandröte über München. Die Verwüstungen sollen furchtbar sein. Kirche in Giesing ausgebrannt, ebenso Bonifaz, Hl. Geist, Herzog-Spital, Bürgersaal, Ostbahnhof, Hauptbahnhof; Maria-Hilf, Ordinariat; Serviten-Kloster schwer getroffen. 10.00 Uhr Alarm.

27., 28. April. Fliegeralarm.

1. Mai. 15.00 Uhr wurden in Aschheim 8 abgestürzte deutsche Flieger beerdigt.

Habe mit Pfarrer Estermann aus Kirchheim assistiert. Die Partei marschierte ab, als die kirchliche Feier begann.

Otto Estermann war von 1926 bis 1951 Pfarrer von Kirchheim.

17. Mai. Im Auftrag der Ortsgruppe muß Mohnsamen angebaut werden.

18. Mai, Himmelfahrtstag. Um die Bittgänge abhalten zu dürfen, mußte ich heuer eine hochnotpeinliche Eingabe um Genehmigung machen und 10, - Mark bezahlen.

31. Mai. In unserem Kindergarten sind Soldaten von einem Arbeitstrupp einquartiert.

5. Juni. Rom ist gefallen, „militärisch von geringer Bedeutung".

6. Juni. Beginn der Invasion.

9. Juni. Fliegerangriff von Osten her. Es wurde die ganze Umgebung von München getroffen; Feldkirchen blieb verschont. Angriff auf den Flughafen; es soll 10 Tote gegeben haben. Die ersten Bomben gingen bei der Aschheimer Bahnüberfahrt nieder. In den Feldern zwischen Feldkirchen, Aschheim und Dornach sind viele Trichter. In Dornach wurde ein Anwesen zerstört. Drei Polen und drei Soldaten fanden den Tod. Der Pfarrhof von Berg am Laim wurde zerstört; der Stadtpfarrer und ein Kaplan verletzt, Kaplan P. Piel ist tot.

13. Juni. 9.00–11.00 Uhr Angriffe auf München. Starke Brände in Richtung Freimann und Milbertshofen. Der Pfarrhof von Trudering wurde von einer Bombe getroffen. Ein grauenhaftes Bild der Verwüstung! Das Haus wurde durch eine Luftmine total zusammengedrückt. Zehn Kinder und 20 Erwachsene sind tot, darunter der gute Gottschalk und der unermüdliche Kothieringer und der Kaplan [Anmerkung durch Abschreiberin: P. Spieglmüller?]. *Auch die Kindergartenschwester ist tot. In Unterhaching wurde die Niederlassung der Barmherzigen Schwestern getroffen; 13 Schwestern sind tot!*

14. Juni. 23.00–1.00 Uhr Angriff auf München vom Süden her. Schwaches Flakfeuer. Eine Flak-Batterie bei Trudering wurde getroffen; 12 Mann tot. In der Nähe von Heimstetten fielen Bomben. Stadtpfarrer Kothieringer wurde heute tot ausgegraben. Er war vom Turm herunter, um ins Haus zu schauen, und ist in die Bombe hineingelaufen.

16. Juni. Heeresbericht meldete von einem neuen Geschoß, das heute zum ersten Mal gegen England in Anwendung gekommen ist.

22. Juni. Heute vor drei Jahren begann der Krieg gegen Rußland.

21. bis 25. Juni. Starke Fliegertätigkeit in Norddeutschland, besonders in Berlin.

5. Juli. Der russische Vormarsch wird bedenklich.

11. Juli. 11.45–13.00 Uhr Angriff auf den Flugplatz Riem von Westen, Süden und Norden her. Die Bomben fielen aber alle in die Umgebung. In Feldkirchen wurde das Haus Nr. 10 an der Ottostraße getroffen; am rechten hinteren Hauseck ein drei Meter tiefer Trichter. Eine Reihe von Trichtern zwischen Aschheim und Feldkirchen. In Aschheim Bombentreffer bei Schreiber; auch in Kirchheim gab es Bombentreffer. Brandschäden in Riem, Trudering, Zamdorf und Unterföhring. Die Züge von Mühldorf her gehen nur bis Feldkirchen, da das Geleise oberhalb der Aschheimer Überfahrt aufgerissen ist. Während der folgenden Nacht gingen zahlreiche Blindgänger los.

12. Juli. 12.15–14.30 Uhr Großangriff auf den Raum München. Welle auf Welle folgte. Es wurden vor allem Brandbomben geworfen. Nach dem Angriff war München in Rauchwolken gehüllt. Vormittags war ich in Aschheim und zählte neben der Straße dreißig Bombentrichter.

13. Juli. 9.00–10.15 Uhr Angriff auf München. Vor allem wieder Brandbomben. Riesige Rauchwand. Universität brennt.

Gregorianum, Max-Josef-Stift und sechs Kirchen zerstört: Margaret, Joachim, Korbinian, Andreas, Königin des Friedens und Herz Jesu in Neuhausen. Herr Hartl von der Aschheimer Straße und seine Tochter Johanna wurden in der Nähe des Ostbahnhofes getötet; sie hatten im sogenannten Kathreiner-Durchgang Schutz gesucht. Durch einen Volltreffer gingen 16 Personen zugrunde. In München soll eine Reichstagssitzung stattgefunden haben.

16. Juli, Sonntag. 9.15–11.15 Uhr Fliegerangriff. Nach dem Asperges verkündete ich, daß der Gottesdienst deswegen ausfällt – um 18 ½ Uhr nachgeholt. Es wurden vor allem Brandbomben geworfen, besonders in Schwabing und Moosach. Am 15. Juli ging im Weizenacker von Oberhauser in der Nähe seines Feldstadels ein großer Blindgänger los. Die Straße nach Aschheim ist gesperrt.

18. Juli. 10.20–11.15 Alarm. Die Leichen der Gefallenen dürfen nicht mehr ausgegraben werden wegen Epidemie-Gefahr.

19. Juli. 9.15–12.15 Uhr, bis jetzt der längste Angriff auf München. Ich war in Kirchheim zur Aushilfe. Welle auf Welle flog von Süden und Südosten an und zurück Richtung Erding. Große Rauchwolken in Richtung Freimann. In Aschheim hat eine Sprengbombe eingeschlagen.

20. Juli. Sondermeldung: Sprengstoffanschlag auf Hitler; mißlungen.

Am 20. Juli 1944 verübte Claus Schenk Graf von Stauffenberg (1907–1944) einen Sprengstoffanschlag auf Adolf Hitler. An diesem Tag nahm er in Hitlers Hauptquartier „Wolfsschanze" in Ostpreußen als Oberst und Stabschef beim Befehlshaber des Ersatzheeres an einer Besprechung teil. In seiner Aktentasche trug er eine Bombe, die so eingestellt war, daß sie explodieren sollte, zehn Minuten nachdem Stauffenberg die Tasche unauffällig an der Hitler zugekehrten Seite des Eichensockels des Tisches, an dem der „Führer" mit hohen Offizieren die Kriegslage erörterte, abgestellt hatte. Nachdem er die Tasche deponiert hatte, stahl sich Stauffenberg davon, angeblich um zu telefonieren. Nach der Explosion der Bombe flog er nach Berlin, in der festen Überzeugung, Hitler sei tot. Doch einer der im Raum verbliebenen Offiziere hatte die Aktentasche, die ihn störte, auf die Hitler abgewandte Seite des schweren Tischsockels geschoben, der Adolf Hitler vor der Gewalt der Explosion schützte. So wurden zwar vier Offiziere getötet und sieben schwer verletzt, Hitler aber trug nur leichte Verletzungen davon. Stauffenberg wurde verhaftet, zum Tode verurteilt und sofort erschossen.

21. Juli. 10.00–12.00 Uhr Angriff. Starke Brände im Stadtzentrum. Im Radio und in den Zeitungen wird „Empörung" über das mißlungene Attentat gemeldet. Es soll durch eine Offiziers-Verschwörung ausgelöst worden sein. Hitler, Göring, Dönitz hielten zum Teil recht massive Ansprachen. Hitler ist Oberbefehlshaber des Heimatheeres.

Karl Dönitz (1891–1980) war Großadmiral, seit 1943 Oberbefehlshaber der deutschen Kriegsmarine und 1945 Hitlers Nachfolger.
Zu Göring siehe oben 5. August 1943.

24. Juli. 11.53–12.33 Uhr Fliegeralarm.

26. Juli. Von 1.50–2.30 Uhr Fliegeralarm. Goebbelsrede zum „wirklich totalen Kriegseinsatz". Er sprach über die Ereignisse vom 20. Juli, nannte aber die Namen der Generäle nicht.

31. Juli. 12.35–14.10 Uhr Alarm. Fliegerangriff auf München, besonders auf Milbertshofen und Freimann. Kirche St. Sebastian zerstört.

3. Aug. Angriffe auf Friedrichshafen und Stuttgart.

15. Aug. Landung der Engländer, Franzosen und Amerikaner in Südfrankreich.

16., 20., 26. August. Angriffe auf die Bodenseegegend, die obere Donau und Ludwigshafen.

2. Sept. Einquartierung einer Feuerwehrkompanie. Die Mannschaft liegt in den Baracken; die Offiziere in Privatquartieren.

10. Sept. 11.10–12.10 Uhr Alarm. Um 12 Uhr wurde durch drei Jäger in unserem Bahnhof ein fahrender Güterzug beschossen. Drei Mann tot, zwei schwer verletzt, die am nächsten Tag starben. Einem konnte ich die heilige Ölung geben. In den Flughäfen Unterbiberg und Riem wurden mehrere Flugzeuge in Brand geschossen.

11. Sept. 12.00–13.30 Uhr Alarm. Allach bombardiert. Die Sirene funktioniert nicht.

12.,13. Sept. Fliegeralarm.

17. Sept. Luftlandungen in Holland.

22. Sept. 12.30 Uhr Alarm. 13.00 Uhr Angriff auf den Flughafen Riem. Um 13.45 Uhr kamen noch stärkere Angriffsverbände über die Stadt. Haupt-, Starnberger- und Holzkirchner Bahnhof getroffen, ebenso die Frauenklinik in der Maistraße. In Haar wurde ein Vorortszug bombardiert. Tote und Verwundete. 14.45 Uhr Entwarnung. Wieser von Gronsdorf starb.

25. Sept. Die Feuerwehrkompagnie ist nach Freimann abgerückt. Es kam eine Kompagnie, die aus Ukrainern besteht.

28. Sept. Fünf Buben haben in Aschheim die Schulkreuze wieder angebracht.

4. Okt. 10.10–1.00 Uhr Alarm. Angriff Richtung Hauptbahnhof und Pasing. St. Benno, Paul, Benedikt getroffen, desgleichen Zwölf Apostel, Vinzenz, Klemens.

15. Okt. Den ganzen Tag Einflüge.

18. Okt. Himmler erläßt Aufruf zur Bildung des Volkssturms.
   Heinrich Himmler (1900–1945) war seit 1929 Reichsführer der SS. In der letzten Kriegsphase organisierte Himmler vor allem den Volkssturm.

19. Okt. 20.30–21.45 Uhr Voralarm. Angriffe in Franken.

20. Okt. ¾ 12- ¾ 2 Uhr Alarm. Einflüge aus dem Süden in Richtung Norden.

23., 25. Okt. Alarme.

28. Okt. 20.10 Uhr Voralarm, 20.30 Uhr Alarm. Einzelne schnelle Kampfflugzeuge aus dem Süden. Bombenabwürfe im Westen der Stadt.

31. Okt. 17.10 Uhr Voralarm. Rosenkranz beim 2. Gesetz abgebrochen.

2. Nov. 2.45 Uhr Voralarm.

3. Nov. ¾ 12 Uhr Alarm. Angriff einiger Kampfflugzeuge auf München. Bomben auf das Nymphenburger Krankenhaus. Acht Tote, davon zwei Schwestern. 13.00 Uhr neuerdings Alarm.

5. Nov. 11.30 Uhr Alarm, Angriff auf München. Die Feuerwehrkompagnie mußte nach München abrücken.

5. Nov. An den Sonntagen ist jetzt immer Volkssturmappell. Wiederholt Voralarm, darum gingen wir nicht in Prozession zum Friedhof.

6. Nov. Nachmittags Voralarm.

9. Nov. Religionsstunde in der Anstalt. Für den Winter hat man dort noch kein Brennmaterial. „Die Schwestern sollen mit den Mädeln in den Wald gehen und Holz sammeln", wurde ihnen vom Wirtschaftsamt gesagt.

11. Nov. 10.00–12.00 Uhr Fliegeralarm. 12.20 Uhr wieder Voralarm.

12., Nov. Vereidigung des Volkssturms in der Werkhalle von Riedl.

15. Nov. Den Tag über viermal Alarm.

16. Nov. 11.15–2.30 Uhr Alarm. Einflug von Süden und Südwesten. Bombenabwurf in Feldkirchen. Gegenüber dem Pfarrhof im Hof vom Nachbarn Piendl Schuppen zerstört. Dach- und Glasschäden. Im Lagerplatz des Sägewerkes (beim Bahnübergang) 6 Bomben abgeworfen, eine davon traf das Wohnhaus an der Aschheimer Straße, die Wohnung von Bahler.

Das Enkelkind Käser war teilweise verschüttet, der Vater verletzt [1971 wurde das Haus abgebrochen]. An den Häusern ringsum Dach- und Fensterschäden.

17., 18. Nov. Elf Fliegeralarme!

22. Nov. 11.15–13.30 Uhr Alarm. Angriff auf München. Dom-Hochaltar getroffen, Michaelskirche beschädigt. Polizeidirektion brennt. Die Flieger flogen zuerst 100 km nördlich an München vorbei; kehrten dann zum Angriff zurück.

24., 25., 26. Nov. Jagdverbände über München.

27. Nov. 4.15 Uhr Alarm, Angriff auf München. Große Brände sichtbar.

30. Nov. 4.15 Uhr Alarm.

1. Dez. 13.45–14.30 Uhr Alarm.

2. Dez. Am Bahnhof sind in Güterwagen Holländer untergebracht. Auf der Straße fragte mich heute einer der Leute nach Gottesdienst und Beichtgelegenheit. Er gab an, in Holland einfach von der Straße weg nach Deutschland überführt worden zu sein. Sie arbeiten beim Bahnbau.

5. Dez. Erkrankt an tiefer Lungenverschleimung.

17. Dez. Sonntag. 19.15–20.00 Uhr Alarm. 21.30–22.45 Uhr Angriff auf München. Deutsches Museum und verschiedene Krankenhäuser getroffen. Bei uns im Keller waren 12 Reisende, die vom Bahnhof herüberkamen.

23. Dez. Die ganze Woche täglich Alarme.

1945

7. Jan. 19.45–21.45 Angriffe auf München. 22–23 Uhr neuer Angriff von Westen her. Starke Explosionen. Die Haustür wurde wiederholt aufgerissen.

8. Jan. Schwere Angriffe.

9. Jan. Der Dom brennt noch.

15., 19. Jan. Angriffe.

22. Jan. Die Dachrinne am linken Seitenschiff der Kirche hat ein Loch, entstanden durch den Zünder einer Brandbombe.

25. Jan. Der Vormarsch der Russen wird bedenklich.

31. Jan. Kein elektrisches Licht. Amt ohne Orgel.

1. Feb. Keinen elektrischen Strom.

5. Feb. Der Schulunterricht hat seit Weihnachten noch nicht begonnen, Mangel an Brennmaterial.

14. Feb. Ab heute wieder Schule.

14., 15., 16., 20. Feb. Alarme.

23., 24., 25. Feb. Alarme und Angriffe auf München.

27. Feb. Auf Augsburg.

4. März. Während der Predigt wurden Einflüge gemeldet. Stille Messe.

7. März. Es gibt starke Lebensmittelabzüge. Die Amerikaner haben Köln besetzt.

19. März. Angriff auf Mühldorf.

24. März. 11.30 Angriff auf den Flughafen Riem, Großbrand.

26. März. In Aschheim wurde die Schule als Lazarett belegt. Unterricht im Speicher.

27. März. Würzburg erlitt große Schäden durch Angriffe.

29. März. Bei einem Angriff auf Würzburg wurden 15 unserer Klosterschwestern getötet.

5., 7. April. Alarme.

8. April, Weißer Sonntag. Während der Erstkommunionfeier zweimal kleiner Alarm. 10.30 großer Alarm. Bei Baldham wurden Bomben geworfen.

9. April. ½ 17–18 Uhr Angriff auf den Riemer Flughafen. Große Brände.

10., 11. April. Alarme.

13. April. Alarm, Angriff auf München.

15. April. Beim Friedhof wurde ein Flugzeug abgeschossen.

16. April. Angriffe auf Landshut und Regensburg. Es fielen mehrere Züge aus.

18. April. Angriffe die Donau entlang bis Linz. 0.30 Uhr Angriffe auf Feldkirchen. Zwei Bomben fielen vor dem Alarm, zwei Kanister auf den Sportplatz, ein Blindgänger bei Heiß, Brandbomben in Oberndorf; dort ein Stadel abgebrannt. Auch Erding und Freising wurden bombardiert.

Erst am 9. Juli 1990 wurde der Blindgänger (eine britische Fünf-Zentner-Bombe) auf dem Grundstück Heiß entschärft.

19. April. Alarm, Angriff auf München. Weihrauchgeschwängerte Geburtstagsrede von Goebbels.

20. April. Alarm, Angriff auch auf Mühldorf.

21. April. Angriff im ganzen Gaugebiet. Vom Bankkonto werden nur 250,- RM ausbezahlt. Bomben auf den Personenzug bei Tann-Matzbach, Lokomotive kaputt. Die Züge fahren nur bis Riem.

23. April. Es verkehren keine Personenzüge mehr während des Tages. Bombenabwürfe über dem Raum um Freising. Versammlung im Gasthof Hartmann: „Wer nicht kommt, ist ein Saboteur".

24. April. Wiederholte Alarme. Keine Schule wegen Tiefangriffe.

25. April. 8.00–19.00 Uhr fast ununterbrochen Alarm. Wiederholter Angriff auf Reichenhall, Berchtesgaden und Erding. Wir schlagen die Betten im Keller auf.

26. April. 0.15 Uhr Alarm. Angriff auf München West. Bei uns Tiefangriff. Auch während des Tages wiederholt Tiefangriffe. Seit 15. April war jede Nacht Alarm.

28. April. Gegen Abend hieß es, daß amerikanische Panzer in Anmarsch auf München seien. In der Umgebung soll Panzeralarm gegeben worden sein. Für heute soll der Einmarsch erwartet werden.

29. April. Vor Beginn der Heiligen Messe schoß ein Tiefflieger auf die Kirche herunter und traf die Mauer am Chorfenster neben der Sakristei. Die Amerikaner sind in Anmarsch. Die Leute richten sich die Betten in die Keller. Bei Nacht fortwährend Detonationen. Gegen 23.00 Uhr fuhren deutsche Panzer durch.

1. Mai. Während der Nacht starkes Geschützfeuer. Gegen 11.00 Uhr kamen von Riem her die ersten amerikanischen Panzer und fuhren nach Haar weiter. Gegen 4.00 Uhr kam eine Panzerkolonne, durchfuhr die Ortschaft und blieb. Die Feuerschutzpolizei wurde gefangen weggeführt. Wir erhielten 8–10 Mann ins Quartier in den Pfarrhof. Ab 7.00 Uhr müssen die Straßen geräumt sein, darum keine Maiandacht.

2. Mai. Plünderungen in den Baracken der Feuerschutzpolizei. Auch im katholischen Schulhaus wurde geplündert. Am Nachmittag fuhren neue Truppen an. Zehn Häuser um die Kirche mußten schnellstens geräumt werden; teilweise auch Bahnhofs- u. Emeranstraße. Die Bewohner wurden bei Verwandten oder in der evangelischen Anstalt untergebracht. In der Nacht vom 2. zum 3. Mai hat es stark geschneit. Der Besuch der Gottesdienste leidet unter der Besatzung.

4. Mai. Mehrere tausende deutsche Kriegsgefangene befinden sich in der Kiesgrube (Heitzer). Sie leiden Hunger.

5. Mai. Nachmittag 3.00 Uhr darf man Lebensmittel für die Gefangenen bringen. Die Schule ist wieder Bekenntnisschule.

6. Mai. 10.00–11.00 Uhr Lebensmittelverteilung an die Gefangenen. Heute wurde sehr viel beigefahren von Kirchheim, Parsdorf, Ottendichl, Baldham, Weißenfeld. In den Feuerwehrbaracken sind die Kranken untergebracht. Im evangelischen Schulhaus wird ein Gefangenenlazarett eingerichtet. [Anmerkung von Frau Böltl: „Ich habe dort mit den Schülerinnen der Berufsschule die Wäsche der Kranken gewaschen."] Auch im Kindergarten Gefangenenlazarett.

7. Mai. Die einquartierten Amerikaner sind heute wieder fortgezogen. (Bei mir haben sie die Pelzjacke und eine Uhr mitgenommen.) Die Leute sind wieder in ihre Wohnungen eingezogen. Teilweise sah es dort übel aus.

8. Mai. Die Anlieferung von Lebensmitteln geht gut. Die Lehrer mußten die Schulkreuze wieder aufhängen.
  Sie waren am 7. September 1941 entfernt worden (siehe dort).

9. Mai. Oberndorf brachte heute fünf Zentner Brot für die Gefangenen. Scherzl richtete in der Kiesgrube einen Altar her. Es ist heiß.

10. Mai. ½ 18 Uhr in der Kiesgrube Feldgottesdienst (und Himmelfahrt). Generalabsolution und viele Kommunionen. Der Posten wollte mich nicht in das Lager lassen. ½ 8 Uhr evangelischer Gottesdienst.

11. Mai. Die Posten waren heute recht ekelhaft.

13. Mai. Das Gefangenenlager wurde heute morgen geräumt. Die Gefangenen mußten in die SS-Kasernen nach Freimann marschieren. Das Lazarett und die nicht marschfähigen Soldaten wurden per Auto transportiert. Ein Teil der Gefangenen kam nach Fürstenfeldbruck.

14. Mai. Vormittags zogen unsere Amerikaner ab.

21. Mai. Lebensmittelplünderungen durch Polen, die früher als Gefangene hier waren.

26. Mai. Abends kamen 200 deutsche Gefangene an, der Divisionsstab 407. 50 Mann Amerikaner sind als Polizeitruppe aufgestellt. In der Sonnenstraße mußten fünf Häuser geräumt werden.

28. Mai. Oberhauser ab heute Bürgermeister. Bäcker Schmid hatte seinen Rücktritt angeboten.

29. Mai. Es kamen neuerdings 800 Gefangene.

11. Juni. Vom Bürgermeister kam die schriftliche Aufforderung, den Kindergarten wieder zu eröffnen.

12. Juni. Ein Teil der neuen amerikanischen Einheit ist eingetroffen. Es müssen mehrere Häuser in der Hohenlindner Straße geräumt werden. Es müssen bis 5.00 Uhr 60 Betten abgeliefert werden.

21. Juni. Lehrer und Schüler müssen Kartoffelkäfer suchen.

23. Juni. Die Soldaten sind vom Kindergarten ausgezogen.

28. Juni. Es kamen wieder Amerikaner. Bürgermeister Oberhauser durfte in der Umgebung 200 Betten beschlagnahmen.

6. Juli. In die Baracken neben dem Pfarrhof kommen 100 Amerikaner. Ungarische Kriegsgefangene müssen sie herrichten.

9. Juli. Im Schwarzmarkt in München sah ich, daß ½ Pfund Butter für 70,- Mark verkauft wird.

24. Juli. Die Schwestern sind heute in den neuen Kindergarten umgezogen. Einweihung desselben.

29. Juli. 3.00 Uhr Übergabe des Kindergartens durch den Bürgermeister Oberhauser an die Kirchenverwaltung. Der Bürgermeister hielt eine kurze Ansprache.

30. Juli. Eröffnung des neuen Kindergartens; 60 Kinder.

7. Aug. Auf Japan wurden Atombomben geworfen.
  Am 6. August 1945 wurde die japanische Hafenstadt Hiroshima durch den Abwurf der ersten Atombombe zerstört. Dabei gab es rund 260.000 Tote.

9. Aug. Rußland hat Japan angegriffen.

22. Aug. Oberhauser wurde seines Amtes enthoben (als Bürgermeister).

16. Sept. Beendigung der Sommerzeit.

1. Okt. Maler Schmid-Meil wurde zum Bürgermeister aufgestellt.

25. Okt. Maler Schmid-Meil wurde durch die Militärregierung unter Umgehung des Landrates zum Bürgermeister ernannt.

10. Okt. Amerikaner endgültig von Feldkirchen abgezogen.

25. Dez. Die Mette war sehr stark besucht, über 700 Personen.

28. Dez. Gottesdienst für die Vermißten und Gefangenen. Es sind 82 Katholiken und 12 Andersgläubige.

1946

27. Jan. Bürgermeisterwahl: Sieg von Schmid-Meil.

4. März. Die Lebensmittelmarken müssen gestempelt werden, weil viele gestohlen wurden.

2. April. Die Anstellung von Schwester Nikola als Gemeindeschwester wurde beschlossen [Anmerkung von Frau Böltl: „ich glaube, sie war vom Roten Kreuz"].

11. April. Vor der Messe wurde mir mitgeteilt, daß heute 100 Flüchtlinge kommen.

12. April. 18.30 Uhr kamen die ersten Flüchtlinge, sie bleiben beim Glasl über Nacht. Es sind 65 Personen, alte Männer, Frauen und Kinder.

17. April. Erst 1/5 der Flüchtlinge ist untergebracht.

20. April. Es kamen wieder 10 Flüchtlinge. Das Lager für Flüchtlinge wurde vom Glasl zum Hartmann verlegt. 15 Personen sind noch nicht untergebracht.

4. Mai. Firmung: 615 Kinder, 11.00 Uhr Schluß.

5. Mai. Silbernes Priesterjubiläum. Levitiertes Hochamt. Bruder Karl zelebrierte und hielt die Festpredigt. Von der Gemeinde ein Bild – Original von Maler Schmid-Meil.

Im Protokollbuch der Gemeinde heißt es zu diesem Anlass: „Für ein an Pfarrer Hobmair anläßlich seines silbernen Priesterjubiläums im Namen der Gemeinde überreichtes handgemaltes Bild wird ein Kostenbetrag von 500 RM bewilligt."

12. Mai. ½ 8 Uhr Bittgang für Vermißte und Gefangene und Flüchtlinge zur Emmeramkapelle. Sehr große Beteiligung – über 400.

16. Juni. Jugendsonntag. 55 Jugendliche.

5. Juli. 20.30 Uhr kam ein Lastauto aus Offenbach in der Pfalz mit 6 Erwachsenen und 9 Kindern, die hier Kartoffeln sammeln wollen. Ich brachte sie in einem Schulsaal unter. Verpflegung bei Hartmann.

7. Juli. Kirchenverwaltungs-Sitzung wegen Glocken Beschaffung.

15. Juli. Die Vesperstühle wurden in die Kirche gebracht. Der Bildhauer hat gut gearbeitet.

19. Juli. In der Gemeindekanzlei wurden alle Lebensmittelmarken gestohlen.

22. Juli. Bei Hartig wegen Altarumbau und Kirchenausmalung.

Zu Prälat Hartig vgl. 23. März 1940.

5 Aug. Beim Landrat wegen Motorrad. Es gibt keinen Betriebsstoff.

9. Aug. Gestern kam ein Transport mit 120 Flüchtlingen aus der Gegend um Tepl [bei Marienbad?].

14. Aug. Scherzl hat das Podium für die Vesperstühle gemacht. Der Flüchtlings-Kommissar geht im Ort um und will noch 103 Flüchtlinge unterbringen.

15. Aug. Zum erstenmal die neuen Leviten-Stühle. Die Polen hatten in der Kirche Lorbeerbäume aufgestellt wegen des Wunders an der Weichsel. Abends hielten sie eine Feier bei Hartmann.

Mit dem „Wunder an der Wechsel" bezeichnen die Polen die entscheidende Schlacht bei Warschau im Polnisch-Sowjetischen Krieg. Dieser begann kurz nach dem Ende des Ersten Weltkriegs und endete mit dem Frieden von Riga. Die Schacht von Warschau wurde vom 13. bis 15. August 1920 ausgetragen, als die Rote Armee auf Warschau zumarschierte. Am 16. August führten die polnischen Kräfte einen Gegenangriff durch, der die sowjetrussischen Kräfte zu einem unorganisierten Rückzug zwang. Geschätzte 10.000 Rotarmisten wurden getötet, 500 waren vermisst, 10.000 verwundet und 66.000 gerieten in Kriegsgefangenschaft.

Auf polnischer Seite wurden 4.500 Soldaten getötet, 10.000 waren vermist und 22.000 verwundet. In den folgenden Monaten konnten weitere polnische Siege die Unabhängigkeit Polens sichern.

22. Aug. Wieder beim Landrat: erhielt kein Benzin.

3. Sept. Schulbeginn. Wir haben 585 Flüchtlinge.

15. Sept. Jugend-Gemeinschaftsmesse, 35 Teilnehmer.

16. Okt. Heute nacht wurden die in Nürnberg Verurteilten hingerichtet. Göring beging Selbstmord durch Gift.

Als Nürnberger Prozess wurde das 1945/46 durchgeführte Verfahren vor dem Internationalen Militärgerichtshof in Nürnberg gegen die Hauptkriegsverbrecher bezeichnet. Die Anklage richtete sich gegen 24 führende Angehörige der NSDAP, des Staates und der Wehrmacht sowie gegen sechs als verbrecherisch bezeichnete Organisationen. Von den zwölf am 30. September/1. Oktober 1946 ausgesprochenen Todesurteilen wurden zehn vollstreckt.

Am 15. Oktober 1946, zwei Stunden vor der geplanten Hinrichtung, beging Göring in seiner Nürnberger Gefängniszelle Selbstmord. Er zerbiss eine Giftkapsel, die er während seiner ganzen Gefangenschaft vor seinen Wächtern hatte verbergen können.

8. Nov. An das Wirtschaftsamt Eingabe gemacht wegen Kohlen für Sakristei; Amtszimmer und Kindergarten.

15. Nov. 18.00 Uhr Gemeinde-Sitzung wegen einer Sammlung für die Flüchtlingshilfe und einer gemeinsamen Weihnachtsfeier.

23. Nov. 300 Polen sind gestern ins evangelische Kinderheim eingezogen.

24. Nov. 2.00–5.00 Uhr Kirchenwahl im Kindergarten. Von 866 Berechtigten haben 273 gewählt.

22. Dez. ½ 3 Uhr Weihnachtsfeier für die Flüchtlinge. Ansprache gehalten, auch Pfarrer Turtur. Der Kindergarten führte sein Weihnachtsprogramm auf; der Theaterverein einen Einakter.

25. Dez. Bei der Christmette sehr großer Andrang.

1947

6. Febr. Von 6.15 Uhr ab den ganzen Tag keinen Strom.

17. Febr. Wegen Mangel an Heizmaterial kann nur noch an drei Tagen der Woche unterrichtet werden.

27. Febr. Frl. Böltl teilte mit, daß in der nächsten Woche nur an 2 Tagen Schule sein kann (Schulleitung).

10. März. In dieser Woche bat jede Klasse 2 ½ Stunden Unterricht.

6. April. Verkündigung wegen Glockenbeschaffung bei Bachmeier in Erding.

20. Mai. In der Stadt im Wirtschaftsamt wegen Radmantel für Krankenschwester.

8. Mai. Mehl- und Fettzuteilung an die Flüchtlinge durch den Caritasverband.

28. Mai. Brotliste für die Schulkinder fertiggestellt.

29. Mai. Brot- und Fettliste für die Flüchtlinge fertiggestellt.

1. Juni, Sonntag. Jugendbekenntnisfeier, 35 Jugendliche bei der Kommunion.

5. Juni. Fronleichnamsprozession mit Blasmusik Schartner, Markt Schwaben.

6. Juni. Gutscheine für die Flüchtlinge verteilt (f. Caritas-Lebensmittel).

15. Juli. Flüchtlingswallfahrt nach Altötting, 80 aus Feldkirchen.

10. Sept. Im Wirtschaftsamt wegen Waschmittel für die Kirchenwäsche.

12. Sept. In dieser Woche ganz radikale Stromabschaltungen.

18. Sept. Mit Stimmer nach Erding wegen Glockenbestellung.

28. Sept. Diözesan-Jugendtag in München; 23 Madel und 14 Buben fuhren hin.

3. Okt. Das Licht wurde heute abends bereits um 600 Uhr ausgeschaltet.

7. Okt. 2 Dominikanerinnen aus Speyer kamen zum Kartoffelhamstern und übernachteten bei den Schwestern.

20. Okt. In Feldkirchen wieder kein Licht bis 24.00 Uhr.

26. Okt. Festfeier zur Wiedereröffnung der evangelischen Anstalt.

1948

27. Jan. Es werden ab morgen nur noch zwei Schulsäle beheizt.

25. April, Sonntag, Bürgermeisterwahl. Es wurde Bäckermeister Schmid gewählt. Ergebnis der Wahl: 3 CSU, 2 Sozialdemokraten, 2 Flüchtlinge, 3 Parteilose, 3 Kommunisten.

13. Mai. Der Glockengießer hat den Guß für Jakobi zugesagt.

19. Mai. Kapser fuhr mit Stimmer das Glockenmaterial nach Erding.

> Im April 1942 wurden zwei der insgesamt drei Glocken abgehängt und zerschlagen (siehe dort). Nach dem Krieg setzte sich Pfarrer Hobmair sehr für die Wiederbeschaffung zweier Glocken ein. Am 25. Juli 1948 konnte bereits die Glocke Maria Regina Pacis geweiht werden. Die dritte konnte zum 25. Jahrestag der Kirche, im Juli 1952, geweiht werden.

15. Juni. Alles wartet auf die Währungsreform.

> Die Währungsreform kam am 20. Juni (siehe dort).

16. Juni. Glockengießer geschrieben wegen Inschrift.

> Die Inschrift lautet „MARIA REGINA PACIS" (Maria, Königin des Friedens). Daneben findet sich die Signatur: „Mich goß Carl Czudnochowsky/J. Bachmair Nachf. zu Erding 1948".

17. Juni. Am Abend wurde die Währungsreform verkündet.

20. Juni. Heute wurde das Kopfgeld in der neuen Währung verteilt. Den ganzen Tag bis 22.30 Uhr standen die Leute in Schlangen.

> Die deutsche Währungsreform vom 20. Juni 1948 beendete die Inflationszeit. Sämtliche Reichsmarkbestände mussten abgeliefert werden; neues Geld (Deutsche Mark) wurde zugeteilt. Private Personen erhielten pro Kopf 40 DM. In Feldkirchen wurde das Geld an 2.224 Personen ausgezahlt und weitere 40 DM an weitere 103 Personen (Sonderfälle). (Gemeindearchiv Feldkirchen A 830/1).

26. Juni. Für die Kirchenstiftung mußte heute Antrag auf Gewährung eines Überbrückungskredites erledigt werden.

13. Juli. Glockenguß in Erding.

23. Juli. Durch Frl. Böltl die Mitteilung, daß in Feldkirchen die Konfessionsschule errichtet wird.

24. Juli. 11.00 Uhr kam die Glocke. Der Kirchenpfleger holte sie mit dem Auto von Kapser. Königseder macht den Mauerausbruch am Schallbogen.

25. Juli. Glockenweihe durch Prälat Hartig.

26. Juli. Stimmer richtete den Läutarm und das Schlagwerk, Königseder mauerte den Ausbruch am Turm wieder zu.

3. Sept. Anfangsgottesdienst. Die Schule ist wieder bekenntnismäßig geteilt.

11. Sept. Seit heute geht stündlich ein Autobus von Feldkirchen nach München.

10. Okt. Beim Friedhof wird eine Reihe neuer Häuser gebaut.

16. Dez. Bei Pfeiffer Leuchter für die Kirche gekauft.

17. Dez. Der neue Rauchmantel (rot) angekommen; schön ausgefallen.

26. Dez. Zum erstenmal den roten Rauchmantel getragen und hernach zur Ansicht ausgestellt.

1949

17. März. Für heute Mittag war der Weltuntergang vorausgesagt.

10. April. Beginn der Sommerzeit.

20. April. Taubenhuber Rudi brachte heute die gestiftete Ewiglicht-Lampe. Sehr schön!

5. Mai. Die Gasleitung wurde heute nachgeprüft. Nächste Woche soll es Gas geben.

15. Aug. Gestern und heute Einweihung des neuen Fußballplatzes durch Wettspiele [Platz zwischen Oberndorfer- und Friedensstraße].

27. Aug. Wegen Stiftung eines Kanzeltuches bei Frau Lechner bedankt.

1950

1. April. Scherzl hat für den Beichtstuhl 400,- Mark veranschlagt.

20. April. Scherzl hat neue Bänke für die Kommunionkinder gebracht.

24. April. Frau Zacherl gab mir heute ein Geschenk für den neuen Beichtstuhl.

25. April. Bei Scherzl wegen Predigtstuhl; er hat zugesagt.

3. Mai. Das Missionskreuz muß noch gestrichen werden.

10. Mai. Pater Theophan, P. Notker gekommen. Mission vom 11. bis 21. Mai 1950 Franziskaner: P. Hartmann Sturm, München St. Anna, P. Notker Klenk, Landshut, P. Theophan Zucker, Pfreimd, Oberpfalz.

11. Mai. ½ 8 Uhr Maiandacht, 8.00 Uhr Einzug der Missionare, Predigt von P. Hartmann.

21. Mai. 3.00 Uhr nachmittags Schlußfeier. Predigt von P. Hartmann, Kirche überfüllt.

4. Juni. 80. Stiftungsfest der Feuerwehr.

6. Juni. Für Pater R. Mayer wird der Seligsprechungsprozeß eingeleitet.
> Pater Rupert Mayer, Jesuit (1876–1945). Sein Seligsprechungsprozess war mit der Seligsprechung durch Papst Johannes Paul II. am 3. Mai 1987 in München abgeschlossen.

22. Juni. Beim Jugendabend. Anschaffung einer Fahne besprochen.

16. Juli. Primiz in Heimstetten von Herrn Eberl; sehr schön verlaufen. Der Subregens von Würzburg hielt eine recht gute Predigt: Der redende Mund, die segnende Hand, das liebende Herz.

18. Juli. Gestern sind im Starnberger See die zwei Primizianten von Aufkirchen und Geisenhausen ertrunken.

30. Juli. Primiziant Eberl hielt heute die Abendandacht und gab den Primizsegen.

10. Aug. Die BayWa baut in der Hohenlindner Straße. Am Bahnhof wurde ein Kiosk errichtet.

1. Sept. Schulbeginn: Sutor 1. u. 2., Biebl 3. u. 4., Böltl 5., Haller 6. bis 8. [Klasse].

16. Sept. Oberhauser hat sein neues Geschäft eröffnet.

27. Sept. ½ 3 Uhr Konferenz im Gesellenhaus in München wegen Wahl zur Synode. Ich wurde mit 19 Stimmen gewählt.

10. Okt. Synode im großen Saal des Ordinariats.

14. Okt. Die neuen Gottesdienste in den Klassen Böltl und Haller verteilt.

24. Okt. Einweihung der Friedensglocke in Berlin.
> Gemeint ist die „Freiheitsglocke", die seit 1950 im Turm des Schöneberger Rathauses hängt, das zu dieser Zeit der Sitz des Regierenden Bürgermeisters von Berlin war. Sie ist die größte profan genutzte Glocke Berlins. Sie wurde auf Anregung von General Lucius D. Clay („Vater der Berliner Luftbrücke") nach dem Vorbild der amerikanischen Liberty Bell geschaffen.

26. Okt. 12.00 Uhr Glockengeläute in allen Kirchen zum Gefangenengedenktag.

5. Nov. Feier der Glaubensverkündigung von Maria Himmelfahrt.

14. Nov. Bei Pfaff eine Nähmaschine für die Nähschule erstanden.

27. Nov. In Feldkirchen wurde die sozialdemokratische Partei die stärkste mit 303 Stimmen, CSU 169 Stimmen, Bayernpartei 200 Stimmen, Flüchtlinge 217 Stimmen.

19. Dez. Weihnachtsfeier der Jugend. Ein Singspiel: „Herbergssuche". Weihnachtsspiel: „Hl. Abend"; Ansprache.

28. Dez. Bei Schreibmayr ist das Behältnis für die Monstranz fertig.

1951

5. April. Für den Kindergarten soll ein Sandkasten angelegt werden. Königseder soll den Sockel bauen.

18. April. Bei Scherzl wegen Bretter für den Sandkasten.

8. Mai. Ein Vertreter wegen Kirchenzeitung gekommen.

20. Mai. ½ 7 Uhr Bittgang nach St. Emmeram und Maiandacht; 300–350 Personen, auch die Heimstettener kamen.

9. Juni. Bei Scherzl Ambo bezahlt.

10. Juli. Kirchenverwaltungssitzung. Pfarrhof-Reparatur an Winkler vergeben.

7. Aug. Die Maler und Schreiner haben die Arbeit im Pfarrhaus begonnen.

12. Nov. In der Kirche wurde heute nachts der Opferstock aufgesprengt und ein Altartuch gestohlen (rechter Seitenaltar).

28. Dez. War heute bei Frau Münch. Sie sagte mir 1500,- Mark zu und stellte noch 500,- Mark in Aussicht.

30. Dez. Erste Predigt vom Ambo aus.

1952

30. März. Bürgermeisterwahl. Bäcker Schmid wurde gewählt.

8. u. 11. Mai. Drucksachen für Nachmission und Gottesdienstordnung für Nachmission.

14. Mai. Nachmittags mit Stimmer beim Glockengießer in Erding. Wir haben den neuen Kostenvoranschlag geholt: 400,- Mark billiger!

18. Mai. Beginn der Nachmission.

21. Mai. Der Besuch der Predigten nimmt zu, abends 360 Personen.

25. Mai. Schlußpredigt der Mission. Pfarropfer eingesammelt: 339,- Mark.

28. Mai. Bittgesuch um Glockenzuschuß an die Gemeinde abgegeben.

30. Mai. 500,- Mark bewilligt.

5. Juni. Vertreter der Firma Adam von Markt Schwaben war da wegen elektrischem Geläute.

7. Juni. Kostenvoranschlag von Oberascher gekommen, 12.625,- Mark.

10. Juni. Mit Scherzl beim Glockengießer, 4.500,- Mark anbezahlt.

11. Juni. Habe mit Herrn Karl die Ledigenliste für die Glockensammlung herausgeschrieben.

12. Juni. Während der Fronleichnamsprozession starb Kardinal Faulhaber (am 17. Begräbnis).

> Siehe oben 19. Juli 1942.

11. Juni. Von Kreissparkasse 250,- Mark bekommen für die Glocke.

3. Juli. Von der SWF 500,- Mark bekommen für die Glocke.

17. Juli. Zimmermeister Mahler wegen Ausbruch der Schallöcher bestellt.

20. Juli. Kapser und Stimmer haben die Glocke geholt, Ankunft 12.15 Uhr. Mahler hatte vor der Kirche ein Hängegerüst aufgebaut. Die Glocke hat am unteren Rand eine Dalle, auch sonst ist die Wand etwas gekörnt und die Schrift verwischt. Habe Berberich angerufen. Er hat ein sehr günstiges Urteil gefällt: eine der besten Glocken, die in Erding gegossen wurden.

> Bereits am 25. Juli 1948 konnte eine neue Glocke (für die beiden 1942 zertrümmerten Glocken) geweiht werden (siehe dort). Jetzt konnte auch die dritte, die große, dem Kirchenpatron geweihte Glocke aufgehängt werden. Zu Domkapellmeister Berberich siehe 23. März 1940.

26. Juli. Patrozinium und 25jähriges Jubiläum vom Kirchenbau.

27. Juli. Glockenweihe von Hartig. Ich sprach die Einführungsworte. Die Pfarrer von Aschheim und Ottendichl und Karl haben Dienst gemacht. Ich gab während der Weihe die Erklärungen.

> Mit Karl ist Pfarrer Karl Hobmair (1911–2003) gemeint, der Bruder des Chronisten, der von 1937 bis 1981 Priester in Oberhaching war. Zu Prälat Hartig vgl. 23. März 1940.
> (siehe Abbildung Seite 80)

28. Juli. Die Glocke wird aufgezogen. Die große Glocke klingt sehr gut. Alle drei stimmen ausgezeichnet zusammen. Vom Lackwerk 50,- Mark erhalten.

31. Juli. Kohlenrechnung für den Kindergarten bezahlt. Die Kohlen sind unverschämt teuer; 5,84 Mark.

13. Sept. Von der Kartoffel-Trocknungsanstalt 300,- Mark bekommen.

12. Okt. Wallfahrt nach Altötting, 85 Feldkirchner.

9. Nov. Thronbesteigung des neuen Erzbischofs.

> Joseph Wendel (1901–1960) wurde der Nachfolger des verstorbenen Kardinals Faulhaber. Seine Priesterweihe hatte Wendel 1927 erhalten, 1943 war er Bischof von Speyer geworden und 1952 Erzbischof von München und Freising. 1953 wurde er zum Kardinal ernannt. Er starb am Abend des 31. Dezember 1960 nach seiner Silvesterpredigt.

1953
26. April. Hundertjahrfeier des evangelischen Kinderheims. 11.00 Uhr Festakt im Speisesaal. Die Leitung hatte Senator Meinzolt als Vorstand der Inneren Mission. Es wurden große Beträge an das Heim gespendet.

> Dazu vgl. Kapitel über das evangelische Kinderheim.

1954
1. Jan. Mitternacht das neue Jahr mit allen Glocken eingeläutet; wurde beifällig aufgenommen.

3. Mai. Bei Böhmler [im Tal, München] *einen Kirchenteppich gekauft. Der alte Teppich kam nach Aschheim.*

12. Mai. Die Lichtstafette von Lourdes kam um 21.50 Uhr hier an, gebracht von der Jugend St. Sylvester.

13. Mai. 10.00 Uhr wurde das Lourdeslicht nach Neufahrn und Aschheim weitergetragen.

17. Mai. Bei Böhmler einen Teppichschoner gekauft.

29. Aug. Pilgerzug nach Altötting; 76 Personen von hier.

24. Okt. Vortrag: „Unsere Pfarrkirche im Laufe der Geschichte"

25. Okt. Jugendabend, Aufnahmefeier von 17 Mädchen.

28. Okt Aufnahme der männlichen Jugend: 19.

31. Okt. Abschiedsfeier von Herrn Pfarrer Turtur im Kinderheim, Verleihung des Ehrenbürgerrechts. Sein Nachfolger ist Pfarrer Track.

16. Nov. Bei Schreibmayr ein neues Ziborium gekauft.

26. Dez. Weihnachtspiel der Pfarrjugend. Spiel vom Lied „Stille Nacht, Heilige Nacht". Saal überfüllt. Evangelischer Pfarrer mit Frau und Abordnung der evangelischen Pfarrjugend.

1955
4. Febr. Ascher hat mit den Arbeiten im Turm und am Läutwerk angefangen.

4. April. Der Monteur hat mit dem Einbau der Läutmaschine begonnen. Der alte Otteneder hilft mit.

6. April. Die Arbeiten im Turm werden heute fertig.

7. April. Probeläuten mit dem elektr. Läutwerk.

25. April. Purifikationsgefäß bei Pfeiffer am Dom gekauft.

28. April. Bei Schreibmayr zwei verstellbare Leuchter gekauft.

20. Juni. Elektrische Läutanlage bezahlt.

22. Juni. Turmreparatur notwendig. Gemeinde um Zuschuß gebeten.

24. Juni. Vom Ordinariat 1.500,- Mark Bauzuschuß bekommen.

3. Juli. Fahnenweihe des Männergesangvereins. Festgottesdienst, Festzug um 2.00 Uhr. Vierzig Vereine waren als Gäste gekommen.
    Dazu vgl. Kapitel über den Männergesangverein Feldkirchen.

16. Sept. In Obernzell ein grünes Meßgewand bestellt.

9. Okt. Pfarrwallfahrt nach Altötting. 99 Teilnehmer aus der Pfarrei. 600 aus München [Anmerkung von Frau Böltl: Pfarrer Hobmair war Pilgerführer].

14. Nov. Bei Schreibmayr Tabernakelleuchte gekauft.

1956

8. Mai. Mit der Einrüstung des Turmes begonnen. Bittgänge Montag, 7. Mai nach Kirchheim, Dienstag, 8. Mai hier; Mittwoch, 9. Mai nach Aschheim (65 Erwachsene, darunter 12 Männer; 45 Kinder).

10. Mai. Christi Himmelfahrt – Flurumgang, 120 Kinder, 200 Erwachsene.

14. Mai. Turmreparatur mit dem Dach begonnen. Den Uhrmacher verständigt wegen Uhr.

17. Mai. Malerarbeiten am Turm.

24. Mai. Die Maurer werden fertig.

27. Mai. Pfarropfersammlung für die Turmreparatur 531,- Mark.

29. Mai. Maler mit Turm fertig.

30. Mai. Zifferblatt wurde angebracht.

31. Mai. Pfarropfersammlung 522,- Mark.

3. Juni. Pfarropfersammlung 599,- Mark.

4. Juni. Ausflug nach Freising mit 51 Teilnehmern. Messe im Dom – Korbiniansaltar. Besichtigung des Domes, der Bibliothek, der Pfarrkirche, Neustift, der Wieskirche, der Palotiner, Weihenstephan [Anmerkung von Frau Böltl: Wahrscheinlich handelt es sich um den Jahresausflug des Müttervereins].

7. Juni. Kirchenuhr fertiggestellt.

8. Juni. 500,- Mark Zuschuß vom Gemeinderat zugebilligt.

11. Juni Turmgerüst abgenommen. Kostenvoranschlag für Einrüstung des Kircheninnern bestellt.

12. Juni. Das neue Waschbecken für die Sakristei wurde gebracht.

13. Juni. Im Baubüro wegen des Ausweißens der Kirche. Es wurden mir 1.000,- Mark versprochen. Bei Schreibmayr wegen Gewölbereinigung.

14. Juni. Vom Lagerhaus 100,- Mark für den Turm erhalten. Bei Schreibmayr Gewölbereinigung bestellt.

18. Juni. Von der Gemeinde 500,- Mark Zuschuß.

21. Juni. Von der Kreissparkasse 150,- Mark für den Turm.

8. Juli. In Aschheim 1200 Jahrfeier. Schulprüfungen in Ottendichl, Unterföhring, Kirchheim, Aschheim, Ismaning, Haar, Putzbrunn.+

18. Juli. Maler Winkler hat die Frage eines Pfarrhof-Neubaues angeregt.

1. Sept. Bauzuschuß für Kirchenerneuerung, vorläufig 2500,- Mark erhalten.

16. Sept. Fahnenweihe des Sportvereins. Teilnehmende Vereine: Sportverein, Veteranenverein, Gesangverein, Feuerwehr, männliche Pfarrjugend.

5. Okt. Es starb Mesner Riedmeier. Beerdigung am 9., starke Beteiligung.

11. Okt. Maler will nächste Woche die Kirchenmauer machen.

12. Okt. Witwe Riedmeier macht den Mesnerdienst weiter.

14. Okt. Pfarrwallfahrt nach Altötting. 84 Teilnehmer von Feldkirchen (800 Teilnehmer insgesamt). Predigt des Bischofs von Eichstätt: „Was bringen wir nach Altötting? Was nehmen wir mit?" 7.000 Pilger waren in Altötting.

16. Okt. Schulpflegschaft wegen Schulhausneubau.

21. Okt. Im Friedhof wird ein Flüchtlingskreuz errichtet.
    Zum Kreuz siehe ausführlich oben S. 167.

1. Nov. Nach Friedhofgang und Gräbersegnung am Nachmittag Weihe des Flüchtlingskreuzes.

4. Nov. Die Russen sind in Budapest einmarschiert und haben den Aufstand blutig niedergeschlagen.

5. Nov. Wegen Ungarn wehen die Flaggen auf Halbmast. Alles ist voll aufrichtiger Teilnahme.

1957

17. Juni. Jahresfahrt des Frauen- u. Mütterbundes nach Altomünster, 50 Frauen: 8.00 Uhr Petersberg, ¾ 9 Uhr Altomünster Betsingmesse mit Ansprache. Führung durch das Kloster; Mittagessen beim Bräu. 13.00 Uhr Abfahrt nach Maria Birnbaum. Führung durch die herrliche Pfarrkirche [Anmerkung von Frau Böltl: Herr Pfarrer Hobmair]. *14.00 Uhr Aichach. Scheyern Führung und Kreuzauflegung durch einen Pater. Nach dem Kaffee nach Illmünster* [richtig: Ilmmünster]. *Besuch des Grabes von Herrn Pfarrer Jell* [erster Pfarrer von Feldkirchen].

20. Juni. Schulkind Ernst Willi im Velasco ertrunken.

7. Juli. Die Gastwirtschaft zum Neuwirt wird aufgehoben. Es kommt die Kreissparkasse hinein.

2. Aug. Erneuerung der Taufkapelle; Maler Schmid-Meil beauftragt.

9. Aug. Ausmessung der Sakristei durch Scherzl. Sakristeischrank bestellt.

21. Aug. Beginn des Schulhausneubaus.

10. Nov. Im Kinderheim Feier des Baues der evangelischen Kirche vor 120 Jahren. Zählung der Kirchenbesucher:

7.00 Uhr	156
8.30 Uhr	177
10.00 Uhr	317
	------
	650 = 30,2 %

11. Nov. Maler Keilhacker kam nachmittags wegen des Kosten Voranschlages für die Kirche.

16. Dez. In München der millionste Einwohner geboren.

1958

19. Jan. 3.000,- Mark Haushaltszuschuß.

6. Febr. Über Kirchtrudering ein englisches Flugzeug nach dem Aufstieg abgestürzt, eine englische Fußballmannschaft auf dem Heimflug; 21 Tote, 23 Verletzte.

Am 6. Februar 1958 kam eine Maschine der British-European-Airways (von Belgrad kommend) nach dem Auftanken in Riem von der Startbahn ab. An Bord der Chartermaschine befand sich die Mannschaft von Manchester United sowie Begleitpersonal, Fans und Journalisten. Von den 44 an Bord befindlichen Personen kamen letztlich 23 ums Leben, die anderen 21 wurden verletzt.

6. April. Ostersonntag. In den Predigten die Restaurierung der Kirche verkündet.

23. April. Die Glaser arbeiten an den Kirchenfenstern.

24. April. Die Glaser sind fertig.

11. Mai. Beginn der Bittwoche: Montag nach Aschheim (124 Teilnehmer) Mittwoch nach Aschheim (158 Teilnehmer) Haller und Harrer mitgegangen [Schulleiter und Lehrer].

17. Juni. Jahresfahrt des Müttervereins nach Weltenburg, Kelheim, Rohr. In Weltenburg Hl. Messe und Mittagessen. Hinfahrt Autobahn, Rückfahrt Hallertau, 20.05 Uhr Ankunft.

6. Juli. Verkündigung wegen Sammlung für Restaurierung der Kirche.

14. Juli. Zimmermeister Maler hat das Gerüst in der Taufkapelle aufgestellt.

21. Juli. Einrüstung des Presbyteriums.

27. Juli. Die Gemeinde hat für den Preis von 9.000,- Mark den Fußballplatz gekauft [zwischen Friedensstraße und Oberndorfer Straße].

9. Aug. Die Kirche ist bis auf den Chor eingerüstet.

10. Aug. Kirchenverwaltungssitzung wegen Nachforderungen für Maler und Bildhauer.

19. Aug. Malerarbeiten im Gewölbe, Malerarbeiten im Gewölbe über dem Chor.

8. Sept. Schreiner hat an den großen Voluten gearbeitet.

9. Sept. In der Kirche den Mittelbau des Hochaltars aufgestellt.

10. Sept. Bei den Seitenaltären den Unterbau weggerissen. Es wird gemauert.

12. Sept. Bei Bertagnolli in Rosenheim wegen Kaufes der großen Engel für den Hochaltar. Der Geschäftsinhaber war in München. Wir haben uns dann bei der Rückfahrt in Ebersberg getroffen und den Kauf der Engel durchgeführt; 2.100,- Mark.

9. Okt. 3.50 Uhr ist der Heilige Vater gestorben. Pius XII war mein Weihbischof, ein Mann von großer Demut.

Pius XII. war von 1939 bis 1958 Papst (siehe oben 1. März 1939).

12. Okt. Wallfahrt nach Altötting, 145 Teilnehmer.

14. Okt. Frau Kastenmeier brachte 1.000,- Mark für die neuen Engel.

16. Okt. Der Maler laugt die Stuhlwangen ab und die Pilaster an der Kanzel.

19. Okt. 25. Jubiläum des Kindergartens.

24. Okt. Bericht über Kirchenrestauration für Bürgermeister geschrieben. Der alte Altarunterbau wurde hinter dem Altar untergebracht.

28. Okt. Der neue Papst ist gewählt: Johannes XXIII.

Angelo Guiseppe Roncalli (1881–1963) war als Johannes XXIII. von 1958 bis 1963 Papst.

1. Nov. Festgottesdienst zum Jubiläum des Kindergartens. Von der Regierung die Mitteilung, daß 100,- Mark für den Kindergarten gestiftet werden.

14. Nov. Bild für Rankenaltar bei Schmid-Meil geholt. Siehe oben 6. Februar 1941.

24. Nov. Eixenberger gekommen, brachte das Kreuz für den Seitenaltar.

27. Nov. Altar in der Taufkapelle aufgestellt. Das Bild macht sich in der Umrahmung recht gut.

13. Dez. In der neuen Schule wird an einem Wandgemälde gearbeitet.

15. Dez. Eixenberger in der Kirche gearbeitet. Habe an ihn die zweite Ratenzahlung mit 8.000 Mark geleistet, insgesamt 10.000 Mark.

23. Dez. Eixenberger brachte die Engel nach Feldkirchen.

1959
2. Jan. Blauen Wandbehang und Seide für Tabernakelvorhang gekauft.

22. Feb. Kirchliche Einweihung der neuen Schule an der Richthofenstraße. Ansprache: Das Baumaterial der neuen Schule, Beton und Glas, sind Sinnbilder für die Erziehungsgrundsätze der Schule: Festigkeit und Klarheit.
2–5.00 Uhr Wahl der Kirchenverwaltung. Von 74 Gemeldeten gingen 60 zur Wahl.

23. Febr. Einzug in die neue Schule (Richthofenstraße).

25. Feb. Zum erstenmal in der neuen Schule unterrichtet.

18. März. Eröffnung des neuen Schulhauses durch Festakt in der Pausenhalle. Zehn Redner: 1. u. 2. Bürgermeister, Regierungspräsident Mang, Vertreter des Landrates (Landrat entschuldigt), Schulrat, Stadtrat Meinzolt, die beiden Pfarrer, die beiden Schulleiter.
Die Kinder haben es recht gut gemacht, besonders die Kleinen. Handarbeitsausstellung sehr reichhaltig und gut. Schulrat hat sich sehr anerkennend ausgesprochen. Anschließend gemeinsames Mittagessen beim Sonnenwirt.

Anfangs April wurden beim Velasco die ersten Bäume eingepflanzt.

5. Mai. Verhandlung wegen Einbaues einer Kirchenheizung.

14. Mai. Verhandlung wegen des Einbaus einer Kirchenheizung.

17. Juni. Jahresfahrt des Müttervereins; 2 Busse, 79 Personen. In Landsberg gesungene Messe, 12.00 Uhr Weiterfahrt nach Ottobeuren. 5.00 Uhr Kaufbeuren (Grab der heiligen Kreszentia).

2. Aug. Ab heute darf zum Morgengebet erst um 6.00 Uhr geläutet werden.

7. Aug. Herr August Marb [richtig: Josef Marb] hat heute die Holzgatter an der Empore angebracht.

17. Aug. Eixenberger arbeitet an der Restaurierung der Kanzel.

22. Sept. Beginn der Arbeiten für den Heizungseinbau.

24. Sept. Der Fliesenleger hat den Gang in der Kirche fertiggemacht.
September: Heizung fertiggestellt.

11. Okt. ½ 7 Uhr Wallfahrt nach Altötting, von Feldkirchen 140 Personen, insgesamt 579 [Pfarrer Hobmair war Pilgerführer].

18. Nov. Ascher mit der Installation der Heizung begonnen.

20. Nov. Ascher und die Amperwerke haben heute den Anschluß fertiggemacht. 16.00 Uhr wurde eingeschaltet. Die Heizkörper in den Bänken wurden nicht warm; dagegen in der Taufkapelle erhitzten sie sich so stark, daß sie sich bogen. Habe sofort angerufen wegen Kontrolle.

23. Nov. Heizung repariert. Ein Drahtstückchen war die Ursache der Störung; es war falsch gekabelt.

29. Nov. Sonntag. Das erstemal die Heizung eingeschaltet.
Verbrauch 13,3 kW x 20 = 266 kW. à 6 Pfg. = 15,96 Mark. Wärme in der Kirche. 6.15 Uhr 2° C, bis 11.00 Uhr = 10° C, in der Sakristei 6.15 Uhr 3° C, bis 11.00 Uhr = 15° C.

28. Dez. Christkindlfigur gekauft bei Stohr, 200,- Mark.

30. Dez. Wir haben die neue Figur in die Krippe gelegt.

1960
25. Febr. Schreiner Scherzl hat die Kniebänke wegen der Heizung aufklappbar gemacht.

27. Febr. Samstag früh fehlte in der Kirche am rechten Seitenaltar ein silberner Leuchter. Diebstahl angezeigt.

12. März. Polsterung der Kirchenbänke durch Feilhuber fertiggemacht.

15. März. Schrank von Finkenzeller gekommen.

18. März. In der Kirche wurde von Schreiner Scherzl ein neuer Mesnerstuhl aufgestellt.

27. März. Bürgermeisterwahl: Bäcker Schmid. 2. Bürgermeister ab 6. Mai: Professor Adam.

3. April. Fastenopfer 920,- Mark (selber gesammelt).

6. April. Ergebnis der Sammlung für den Hunger in der Welt: 1.110,- Mark.

7. April, Donnerstag. In der Pausenhalle Feier, weil Frl. Böltl 25 Jahre in Feldkirchen ist. Recht nett verlaufen! Die Kinder der einzelnen Klassen sangen oder trugen Gedichte vor. Auch die Kinder der evangelischen Schule sangen. Reden, Geschenke. Mittags waren die Lehrkräfte zum Sonnenwirt zum Essen eingeladen. Vom Gemeinderat waren da: Bürgermeister, Zauser, Scherzl, Bogner.

24. April, Sonntag. Erstkommunion, Körbchensammlung für die Heizung und Stühle, 1.819,- Mark.

27. April. 19.30 Uhr Eröffnung der Nachmission. Kindermission: Pater Sieber.

30. April, Samstag. 1930 Uhr Mission für die Erwachsenen. Pater Hirsch, Pater Negele. Schluß der Mission: 15. Mai. Ergebnis der Sammlung: 1.794,- Mark.

12. Juni. Feldgottesdienst am Kriegerdenkmal; 90. Jubelfest der Feuerwehr.

17. Juni. Jahresausflug des Müttervereins. 6.00 Uhr Abfahrt mit 2 Wagen. 8.00 Uhr Gottesdienst in Eschenlohe, 11.00 Uhr Wieskirche, 13.00 Uhr Mittagessen in Steingaden. Rottenbuch, Polling.

31. Juli. Am Vormittag an der Feldherrnhalle Gottesdienst zur Eröffnung des Eucharistischen Kongresses. In Riem Ankunft des päpstlichen Legaten. Feierlicher Empfang am Marienplatz.

3. Aug. Im Ausstellungspark Kindergottesdienst und Predigt. Schwarzer Bischof liest die Messe. Am Schluß wurden 1.000 Luftballone aufgelassen. Von unserer Pfarrei haben 40 Kinder mit ihren Eltern den Gottesdienst besucht. Nach der Feier starker Gewitterregen und Hagel. 20.00 Uhr feierliche Eröffnung des Kongresses durch Legaten Kardinal Bea.

4. Aug. In München Priesterweihen und Priestertagung am Nachmittag in St. Michael. 20.00 Uhr Festgottesdienst auf der Wiese durch Kardinal Bea.

5. Aug. Tag der Frauen und Mütter. Übergroße Beteiligung! Kardinal Döpfner gepredigt. Auf der Festwiese Kreuzfeier; sie mußte wegen eines starken Gewitters eher abgebrochen werden.

6. Aug., Samstag. 10.00 Uhr Jugendfeier die wegen des trüben Wetters in die Bayernhalle verlegt wurde.

7. Aug., Sonntag. Schlußgottesdienst.

2. Okt. Pfarrwallfahrt nach Altötting; 420 Pilger, 107 von Feldkirchen.

9. Okt. Schwester Siegmutis Mesnerin.

17. Dez. 14.00 Uhr in München in der Nähe der Paulskirche Absturz eines amerikanischen Flugzeuges, 49 Tote.

Beim Absturz eines zweimotorigen Transportflugzeugs der US Air Force mit 13 Passagieren an Bord fanden insgesamt 52 Menschen den Tod (darunter 32 am Boden). Am Boden wurden 20 weitere verletzt. Überlebt hat den Absturz kein Einziger. Die voll getankte Maschine hatte die Spitze der Paulskirche gestreift und war auf eine Straßenbahn gestürzt.

23. Dez. Münch spendet Tische und Stühle für das Jugendlokal.

1961
1. Jan. Kardinal Wendel tot.

Zu Kardinal Wendel siehe oben 9. November 1952.

5. Jan. Bestattung unter großer und aufrichtiger Teilnahme.

26. März. Misereor-Sammlung, 1.971,- M.

29. Mai. Maler Andreas und Maler Winkler haben das Wegkreuz an der Kreuzstraße wieder aufgestellt – es war renoviert worden.

9. Juli. Neuer Erzbischof Döpfner.

Kardinal Julius Döpfner wurde am 26. August 1913 in Hausen bei Bad Kissingen geboren, 1939 in Rom zum Priester geweiht, 1948 Bischof von Würzburg, 1957 von Berlin und 1961, nach dem Tod von Kardinal Wendel, wurde er schließlich auf den Bischofsstuhl der Erzdiözese München und Freising berufen. Bereits im Dezember 1958 war Döpfner mit 45 Jahren als Jüngster in das Kollegium der Kardinäle von Papst Johannes XXIII. gewählt worden. Am 24. Juli 1976 ist Kardinal Julius Döpfner, noch nicht ganz 63 Jahre alt, in München gestorben.

3. Sept. Pfarrwallfahrt nach Altötting, 700 Teilnehmer, 146 Feldkirchner.

30. Sept. Einführung des neuen Kardinals in München. Zug über den Marienplatz zum Dom. Begrüßungsansprache durch Neuhäusler, Predigt des Kardinals.

19. Okt. Es wurde im Kindergarten die neue Ölheizung in Betrieb genommen.

17. Dez. 9.00 Uhr in der Pausenhalle evangelischer Gottesdienst zur 150-Jahrfeier, anschl. Festfeier.

Gemeint ist die 150-Jahrfeier der evangelischen Schule; siehe dort.

1962
2. Febr. Gemeinderatsbeschluß, ein Wasserwerk zu bauen.

1. April. Rücktritt der Mesnerin Frau Riedmeier. Schwester Siegmutis wird Mesnerin.

8. April. Misereor 1.834,- Mark.

6. Mai. Opfersammlung für Weihwasserkessel 687,- Mark.

2. Juli. Müttervereins-Ausflug: 6.00 Uhr Abfahrt mit zwei Bussen: Hohenbrunn, Holzkirchen, Tölz, Lenggries, Sylvenstein, nach Eben am Aachensee, Gottesdienst mit Predigt. Mittagessen beim Wirt in Maurach. Nachmittags Kanzelkehre, Rattenberg, Maria Stein, Landl, Bayrischzell, Fischbachau, Birkenstein (Andacht). Rückfahrt über Irschenberg. 79 Frauen und 2 Kinder.

11. Okt. Eröffnung des Konzils (Fernsehen!).

18. Nov. Gottesdienst für die Gefallenen. Beteiligung der Vereine in der katholischen Kirche: Gesangverein, Kriegerverein; in der evangelischen Kirche: Sportverein, Feuerwehr.

26. Dez. Adveniatsammlung 1.325,- Mark.

1963
Vorbemerkung: Keine Spätmesse mehr: 7.00 Uhr Frühmesse, 9.00 Uhr Pfarrgottesdienst.

31. März. Misereor-Sammlung 2.190,- Mark.

14. April. Osternachtfeier, 502 Besucher, Pfarrgottesdienst 450 Besucher.

30. Mai. Bittwoche, Bittgang nach Heimstetten und Amt am Montag. Am Mittwoch nach Aschheim.

6. Juni. In Rom Beerdigung des Papstes.
Zu Papst Johannes XXIII. siehe oben 28. Oktober 1958.

9. Juni. 9.00 Uhr Fahnenweihe und 70. Stiftungsfest des Veteranenvereins.

10. Juni. Hier Gottesdienst für den Papst.

21. Juni. Wahl des neuen Papstes: Paul VI.
Giovanni Battista Montini (1897-1978) wird zum Papst ernannt. Er nennt sich Paul VI.

23. Juni
[Anmerkung von Frau Böltl: Herr Pfarrer hält bei der Jahresversammlung des Müttervereins einen Vortrag über die Geschichte von Feldkirchen].

30. Juni. Übertragung der Papstkrönung im Fernsehen.

1. Juli. Jahresfahrt des Müttervereins: 5.45 Uhr Abfahrt mit Autobussen. 7.00 Uhr hl. Messe in Vilsbiburg. Führung durch einen Pater zum Grab von Pater Viktrizius. 9.30 Uhr Kirche in Aldersbach, Weiterfahrt über Vilshofen nach Passau. Mittagessen im Schwarzen Ochsen. Besichtigung des Domes und Fahrt zum Maria-Hilf-Berg. Erklärung durch den Pater. Weiterfahrt nach Fürstenzell, Kirchenbesichtigung. 17.00 Uhr Ankunft in Altötting, 20.15 Uhr Heimkehr.

2. August 1963 wurde mir das Ehrenbürgerrecht verliehen. Hernach übergaben mir Herr Berneth und Frau Lechner im Pfarrhof einen Fernseher. Ständchen des Gesangvereins 50,- Mark, Ständchen des Kirchenchores 100,- Mark.

26. Aug. Neuer Bodenbelag in der Sakristei (Feilhuber). Maler Schlee von Altötting kam mit einem Entwurf zu einem Hochaltarbild.

1963 wurde das 1860 gemalte Hochaltarbild mit der Darstellung der Gottesmutter, das Jesuskind auf dem Arm, auf einer Wolke thronend, durch ein Bild der Auferstehung nach klassischen Vorbildern ersetzt. Mit der Anfertigung wurde die Firma Alois Schlee in Altötting betraut. Das von einem Rundbogen eingerahmte Gemälde ist mit „Brandstetter Altötting" signiert. Es wurde im Oktober 1963 geliefert, in den Altar eingesetzt und am 1. November desselben Jahres geweiht.

1. Sept. Predigt: Das neue Hochaltarbild.

29. Sept. Eröffnung der zweiten Konzils-Periode; Übertragung im Fernsehen.

13. Okt. Pfarrwallfahrt nach Altötting, 92 Teilnehmer.

19. Okt. Telefon[at] mit Maler Schlee.

29. Okt. Das Hochaltarbild wird in Altötting geholt.

30. Okt. Schreiner Scherzl stellt das Altarbild auf. Das Bild wirkt sehr gut.

1. Nov. Einweihung des Bildes.

4. Nov. Rechnung für das Hochaltarbild bezahlt.

5. Nov. Bei Professor Blattner wegen Seitenaltar. Er würde mir zu einem Kreuz raten. Kein Gemälde, wegen des anderen Seitenaltars.

6. Nov. Das Dach des Pfarrhofes repariert.

14. Nov. Kahl Hans nach Traunstein zur Schulung der Pfarrausschüsse. Herr Lehner für Altarbild 500.- Mark bestimmt. Vom Lagerhaus 500.- Mark für Kirche erhalten.

4. Dez. Schlußsitzung der Konzils-Periode (Fernsehen).

18. Dez. Weihnachtssingen für die Kranken vorbereitet.

21. Dez. Vormittags wurde die neue Sirene an der Turmöffnung angebracht.

25. Dez. Adveniatsammlung 2.001,94 M.

1964
4. Jan. Papst im Heiligen Land.

16. Febr. Chor sang die erste Choralmesse.

8. März. Hirtenbrief über die Neuordnung des Meßrituses.

15. März. Beim Pfarramt zum erstenmal den neuen Meßritus.

16. Mai. Münchner Fußwallfahrer in Feldkirchen; Gottesdienst, 247 Personen.

17. Mai. Professor Blattner gekommen, um Altarbild anzusehen.

28. Mai. Fronleichnamsprozession, oberes Dorf. Den dritten Altar richtete heuer die Jugend bei Gnädig mit einem Blumenteppich.

31. Mai. Verkündigung wegen Gestaltung des Kreuzaltares.

1. Juni. Das Altargemälde rechts wurde herausgenommen; es ist gemalt 1863 von Bernhard Elsner.

Die große Rundbogennische des Altar-Mittelfeldes hatte die im Jahre 1863 von Bernhard Elsner gemalte heilige Anna mit ihrer Tochter Maria enthalten. „Die Gründe, die Pfarrer Hobmair dazu bewogen haben, den Altar umzugestalten, sind mir nicht bekannt. Ich weiß nur, dass Professor Josef Blattner aus München im November 1963 zu einem Kreuz geraten hat, weil in der großen Nische des anderen Seitenaltars damals kein Gemälde mehr war, sondern die figürliche Darstellung der Mutter Gottes." (Hans Porzner) Pfarrer Hobmair gab am 31. Mai 1964 seiner Gemeinde die Neugestaltung des Altars bekannt. Bereits einen Tag danach wurde das alte Altarbild entfernt, am 11. September 1964 die Kreuzigungsgruppe in München geholt und am 13. September desselben Jahres wurde der Altar neu geweiht.

17. Juni. Jahresfahrt des Müttervereins: Rottenbuch heilige Messe, Führung durch Pfarrer Forstenmeier, Wies, Steingaden.

Mittagessen in der Post von Schwangau. Hohenschwangau, Neuschwanstein, Pfarrkirche von Füssen, über Roßhaupten nach Hohenpeißenberg, Maiandacht, Kaffee, Rückfahrt. 20.45 Uhr in Feldkirchen. 78 Teilnehmer.

20. Juni. Eixenberger war da wegen Seitenaltar.

24. Juni. Heute stand die erste Leichenverbrennung mit nachfolgendem Seelengottesdienst in der Zeitung; Pfarrei St. Bonifaz.

> In München und Oberbayern wurde die Leichenverbrennung über Jahrhunderte besonders hartnäckig und andauernd abgelehnt. 1891 wurde in München ein Verein für Feuerbestattung gegründet; in der Folge entstanden mehrere Krematorien, aber erst als die ‚Acta Apostolicae Sedis', das Amtsorgan der Kirche, am 24. Oktober 1964 der Feuerbestattung zustimmte, sodass nun sogar Krematorien kirchlich geweiht werden konnten, stiegen die Zahlen in Bayerns Hauptstadt sprunghaft an. 1968 ließen sich hier 3.479 Personen – ein Viertel aller in München Verstorbenen – feuerbestatten. Tatsächlich verbrannt wurden in diesem Jahr 5.271 Leichen, denn in München fanden über Jahre sämtliche Brandbestattungen für ganz Ober- und Niederbayern statt.

1. Juli. Seit heute ist die Ampelanlage an der Kreuzung Münchner-/Aschheimer Straße in Betrieb.

11. Aug. Bei Scherzl wegen Kreuz zum Seitenaltar.

13. Aug. Am Montag soll mit dem Einbau der Sirene begonnen werden.

15. Aug. Neues Meßgewand – am 17. Aug. umgetauscht.

17. Aug. Uhrmacher Fuchs aus Zorneding befestigte die Sirene auf dem Turm.

18. Aug. Kurzer, starker Hagelschlag. In der Kirche 35 Scheiben eingeschlagen oder zersprungen.

20. Aug. Glasermeister Kellenberger kam wegen der Kirchenfenster. 45–50 Stück beschädigt.

28. Aug. Scherzl hat Kreuz und Nische gebracht. Zu Eixenberger damit gefahren und probiert.

9. Sept. Ritzer hat die Bilder (Schlee, Altötting) in den Altar der Taufkapelle eingemacht.

> Das obere Gemälde des Rankenaltars in der Taufkapelle zeigt Gottvater mit Weltkugel und Zepter. Es wurde ebenfalls bei der Firma Alois Schlee in Altötting bestellt, und am 9. September 1964 konnte es in den Altar eingepasst werden. Das ebenfalls mit „Brandstätter, Altötting" signierte Gemälde wurde am 13. September 1964 geweiht.

11. Sept. 17.00 Uhr fuhr mich Frau Feilhuber nach München. Wir holten die Kreuzigungsgruppe. Wir machten sie gleich in den Altar hinein. Sie ist sehr gut.

13. Sept. Einweihung des Kreuzaltars und der Bilder am Altar der Taufkapelle.

14. Sept. Beginn des Konzils (Fernseher).

16. Sept. Herr Schlee gekommen wegen Bestellung eines Herz Jesu- und eines Antoniusbildes.

11. Okt. Pfarrwallfahrt nach Altötting: Abfahrt 7.06 Uhr; überfüllter Zug.

21. Okt. Von Schlee, Altötting, Antoniusbild und Entwurf des Herz-Jesu-Bildes gekommen.

28. Okt. Fahne für den Mütterverein bestellt. Adveniatsammlung 2.537,97 Mark.

1965

14. Feb. Licht für Mesnerstuhl und Scheinwerfer.

20. Feb. Gespräch mit Schulrat wegen Errichtung einer Mittelpunktschule (Verbandsschule), Aschheim, Kirchheim, Heimstetten, Feldkirchen.

27. Feb. Die Turmuhr-Reparatur würde 1.200,- Mark kosten, ein neues Werk 4.000,- Mark.

1. März. Kirchenteppich bei Böhmler gekauft; wurde am 4. März geliefert.

7. März. Neue Meßfeier; die Leute haben schön mitgetan.

2. April. Unterhalb der Emmeramskapelle errichtete die Firma Farbenhuber, München, drei große Hallen.

5. April. Misereor-Sammlung 2.406,20 Mark.

30. April. Mit Feilhuber in der Stadt. Im Marianum die Müttervereinsfahne geholt.

1. Mai. Fahnenweihe des Müttervereins.

15. Mai. Für Fahne des Müttervereins als erste Rate 1.000,- Mark bezahlt.

2. Juni. Die neue Kirchenuhr wird eingerichtet.

18. Juni. In Altötting wegen des Herz-Jesu-Bildes.

23. Juni. Das Herz-Jesu-Bild geholt.

4. Juli. Pfarropfer für das Herz-Jesu-Bild.

6. Juli. Jahresfahrt des Müttervereins nach Eichstätt: 52 Teilnehmer. Gottesdienst in der Schutzengelkirche, Heiliges Grab bei den Kapuzinern. 13.00 Uhr Führung Dom und Residenz, Fahrt zum „Schönen Blick", Kloster Rebdorf, nach Ingolstadt, Maria Viktoria, Abendessen, 21.50 Uhr Ankunft.

8., 10., 13., 15. Juli. Religionsprüfungen in Kirchheim, Vaterstetten, Unterföhring, Aschheim, Ismaning.

18. Juli. Versammlung des Frauen- und Müttervereins. Vortrag von Frl. Breier: Sorge für das Alter.

24. Juli. Bei der heutigen Trauung (Wisgigl) wurden das erstemal die Hocker für die Brautleute aufgestellt.

10. Aug. Bei Prinz Uhr für die Sakristei gekauft.

17. Aug. In München bei Streifanger(?) wegen eines Weihwasserkessels.

1. Sept. Bei Schlee Rechnung bezahlt.

2. Sept. Bei Scherzl wegen Feuerlöscher.

14. Sept. Beginn des Konzils (Fernsehen).

15. Sept. Der Feuerlöscher wurde heute montiert.

19. Sept. Caritassammlung: 1857,70 Mark.

20. Sept. Bundestagswahl. CSU 747/796, SPD 665/664, FDP 128/135, NPD 20/20.

23. Sept. Hauptlehrer teilte mit, daß Ministranten der 3. und 4. Klasse bei Beerdigungen und Trauungen nicht mehr mittun dürfen, weil sie in der Schule das Versäumte nicht nachholen können.

25. Sept. Habe verkündet, daß wegen Flugzeuglärms die Ansprachen bei Beerdigungen in der Kirche sind.

3. Okt. Pfarrwallfahrt mit dem Pilgerzug nach Dachau, 92 Teilnehmer.

4. Okt. Papstbesuch in Amerika (Fernsehen). Das Zifferblatt auf der Turmuhr wird angebracht. Der Kirchenvorplatz wird geteert.

9. Okt. 14.00 Uhr Einweihung des neuen Wasserwerkes.

17. Okt. Verkündigung wegen Taufe in der Pfarrkirche, 19.30 Uhr Eröffnung des Bräustüberls.

24. Okt. Weltmissions-Sammlung 616,- Mark.

29. Okt. Neue Wählergemeinschaft gegründet; Vorsitzender: Hans Kahl
[„Unabhängige Wähler-Vereinigung" „UWV"].

8. Dez. Konzilsbeschluß (Fernsehen).

26. Dez. Adveniat 2.875,96 Mark. Kommunionen 1965: 12.908.

1966

6. Jan. Kreislaufstörung.

27. März. Bürgermeisterwahl: Berneth [gewählt].

7. April. Bei der Fußwaschung: Taubenhuber, Weiller, Oberloher, Reiser, Ritzer, Hargasser, Gnädig, Huber, Teisinger, Habl, Egerer, Bachmayer.

26. April. Entscheidung: die olympischen Spiele werden 1972 in München gehalten.

4. Mai. Buch gekauft.

17. Juni. Jahresfahrt des Müttervereins, 79 Personen, 2 Wagen. 8.00 Uhr Gottesdienst in Birkenstein, 11.15 Uhr Mittagessen in Bayrischzell, 13.10 Uhr Fahrt zum Sudelfeld, Tatzelwurm, zu den Wasserfällen. Über Brannenburg zurück nach Weihenlinden (Andacht, Führung), Heimkehr 20.30 Uhr.

9. Okt. Wallfahrt nach Altötting.

21. Nov. Zur Messe hat Schwester Claudine statt Wein Melissengeist eingeschenkt (aus Versehen).

20. Nov. Landtagswahl: CSU 559, SPD 718, FDP 100 BP 47, NPD 108. Bezirkstag: CSU 550, SPD 627, FDP 133, BP 55, NPD 103.

1. Dez. Kiesinger Bundeskanzler.
Kurt Georg Kiesinger (1904–1988) war Bundeskanzler von 1966 bis 1969.

13. Dez. Bei Schreibmayr Rauchmantel bestellt.

25. Dez. Zum erstenmal den neuen Kelch gebraucht. Volkszählung: 1961: 2.987 Einwohner; 1966: 3.557 Einwohner; Katholiken: 2.165, Evangelische: 761, Sonstige: 61.

31. Dez. Sylvesterpredigt: Zeit verlieren – Ewiges gewinnen.
Kommunionen: 13.100.

1967

5. Jan. Wasserweihe nach dem neuen Formular. Zum ersten Mal den neuen goldenen Rauchmantel getragen. Nach der Prozession habe ich ihn der Stifterin, Frau Raak, gezeigt.

23. Jan. Hauptlehrer Fackler teilt mir mit, daß nach dem neuen Gesetz die katholische und evangelische Schule vereinigt werden.

20. Febr. Von der Gemeinde kam die Mitteilung, daß ab 1. Jan. 1967 die Kosten für die Ölheizung im Kindergarten von der Gemeinde übernommen werden.

13. Febr. Vortrag einer Dominikanerin von Strahlfeld (Werbung für den Ludwigs-Missionsverein) nach der Abendmesse.

1. April. Herr Zacherl bat sich angeboten, einen Altar versus pop. [= versus populum, Volksaltar, wie er im 2.Vatikanischen Konzil von 1962 bis 1965 gefordert wird] *zu stiften.*

10. April. Bei Schreibmayr eine Hostienschale gekauft.

21. April. Mit Zacherl gesprochen wegen Altar; bis zu 10.000,- Mark würde er kosten.

13. Mai. Papstbesuch in Fatima. Herr und Frau Weber waren in Fatima und haben eine Marienstatue mitgebracht, die sie in unserer Kirche aufstellen wollen.

2. Juni. Bei Schreibmayr gab ich zwei Meßkelche zum Vergolden hin, und bei Finkenzeller kaufte ich einen Stahlschrank und Schreibtischsessel.

3. Juni. Die evangelische Interessengemeinschaft schickte an unsere Leute Einladungszettel für die Wahl am Sonntag.

4. Juni. Sonntag. Schulabstimmung. Vor Schluß der Abstimmung gingen die Werber noch zu den Leuten, die nicht abgestimmt hatten.

5. Juni. Für die Umwandlung in eine Gemeinschaftsschule stimmten 60 %.

8. Juni. Voranschlag für Taufsteindeckel bestellt bei Firma Brandner.

17. Juni. Jahresfahrt des Müttervereins: Schönau – Gebet am Grab von Pfarrer Axenböck, weiter nach Tuntenhausen (Führung Ortspfarrer Rott), Mittagessen im Bräustüberl, nach Haag, Gars (Führung durch einen Pater), St. Wolfgang (Pfarrer Hacker geführt), Dorfen (Kirchenbesuch; selber erklärt), Brotzeit, nach Isen (Erklärung durch den Ortspfarrer). Rückfahrt über Hohenlinden.

29. Juni. Für den Orgeltisch neue Lampen eingebaut.

2. Juli. Pfarropfer für Heizung 810,15 Mark.

28. Sept. Wegen Betonierungsarbeiten für den Altar mit Steinmetz Huber von Markt Schwaben verhandelt.

2. Okt. Bei den Firmen Ludwig, Schreibmayr und Pfeiffer wegen Leuchter und Kreuz für den neuen Altar.

3. Okt. War Meier von Breitötting da wegen Fundament zum neuen Altar. Auf dem Boden machten wir einen Aufriß des Altars.

6. Okt. Kreuz, Kerzenleuchter bei Pfeiffer gekauft.

12. Okt. Nachmittags kam der Steinmetz. Wir hatten Schwierigkeiten, bei Heitzer Sand zu bekommen.

13. Okt. Die Arbeiten mit dem Kirchenpflaster sind fertig.

22. Okt. Pfarrwallfahrt nach Altötting. 112 Karten verkauft. Im Zug 600 Teilnehmer aus Wolnzach und Altomünster. Ab Feldkirchen hatte ich die Reiseleitung.

3. Nov. Bei Wessely Dauerkerzen bestellt.

Sebastian Wessely ist ein 1557 gegründetes Fachgeschäft für Kerzen, Krippenfiguren etc. am Rindermarkt in München.

18. Dez. Altentag im Sportlerheim.

28. Dez. Verkündigung gemacht wegen Seelengottesdienst ohne Bahre und ohne Libera und über Kommunionempfang im Stehen.

1968

24. März. Sammlung für die Kirchenheizung 1.270,75 Mark.

6. Mai. Die Stühle bei Scherzl sind fertig. Scherzl und Feilhuber haben die Stühle angeliefert.

18. Mai. Mit Weiller und Gnädig Rücksprache wegen Flurumgang. Wegen der Verkehrsverhältnisse lasse ich ihn fallen. Auch Aschheim und Kirchheim lassen die Bittgänge fallen.

9. Juni. Fahnenweihe zum 90. Stiftungsfest der Altschützen von Feldkirchen. Gottesdienst wegen Regenwetter in der Kirche. 14.00 Uhr in der Vetterhalle Feier und Ehrung.

17. Juni. Jahresfahrt des Müttervereins: 80 Teilnehmer, 2 Omnibusse von Vogel, Ismaning. Fahrt über Oberhaching nach Dietramszell, schöne Führung. Gottesdienst in Benediktbeuren, Kirchenführung. Mittagessen im Mädchenjugendheim. 13.00 Uhr in Schlehdorf, Besichtigung des Mütterheimes und der Pfarrkirche. Fahrt nach Ettal und Kirchenbesichtigung. Über Garmisch zum Walchensee. Beim Kaffee; zurück über Kochel; 19.45 Uhr in Feldkirchen.

11. Juli. Empfang der neuernannten Geistlichen Räte beim Kardinal. Er war sehr unterhaltlich.

30. Aug. Neuer Schulleiter Herr Rödig (Rektor).

7. Sept. [?] Bischofsweihe: Tewes und Defregger. Sieben Bischöfe wirkten bei der Weihe mit.

Ernst Tewes (1908–1998) und Matthias Defregger (1915–1995) wurden am 14. September 1968 im Münchner Dom zu Weihbischöfen des Erzbistums München und Freising durch Kardinal Julius Döpfner geweiht.

6. Okt. Es ist versucht worden, den Opferstock aufzubrechen.

13. Okt. Pfarrwallfahrt nach Altötting, Beteiligung: 98 Personen.

8. Dez. 14.00 Uhr Altentag beim Sonnenwirt, 120 Leute über 70 Jahre!

10. Dez. In der Zeitung ein Artikel über Ölauslauf zum Velasko.

25. Dez. Bei den Fürbitten der Mondflieger gedacht.

Die erste bemannte Mondlandung fand am 20. Juli 1969 statt (Apollo 11).

31. Dez. Einwohnerzahl: 3.723.

1969

13. Febr. Die Ohrenbeichte ist in Holland abgeschafft; sie ist den Bischöfen aus der Hand geglitten. Es verkehren Beichtomnibusse nach Deutschland.

8. April. Bei Karbaumer wegen Lautsprecheranlage.

12. April. Mit Karbaumer die Anlage besprochen.

29. April. Karbaumer hat die Lautsprecheranlage fertiggestellt.

30. Mai. Sie wurde heute das erstemal benützt.

27. Mai. Beginn des Schulhausbaues an der Zeppelinstraße (Erdarbeiten).

10. Juni. Der Papst ist in Genf.

11. Juni. In der Presse wird der Papstbesuch recht kühl beurteilt.

17. Juni. Jahresfahrt des Müttervereins: 6.00 Uhr Abfahrt nach Maria-Eck, Inzell (Mittagessen), Königssee-Rundfahrt bis St. Bartholomä mit Sonderschiff, à 3,60 Mark, Stiftskirche Berchtesgaden, Helfendorf (Emmeranskapelle). Ankunft 20.50 Uhr.

1. Juli. Beerdigung Zettl. Die erste Beerdigung, die von der Firma Denk durchgeführt wurde.

11. Juli. Zum erstenmal eine Jazzmesse von den Kindern gesungen; Frau Turba hatte sie eingelernt. Der evangelische Religionslehrer hatte mit der Gitarre begleitet.

24. Aug. Verkündigung wegen Handkommunion.

17. Sept. Habe Zeichnung für den Taufsteindeckel bestellt.

18. Sept. Beim Schulhaus wird der Dachstuhl aufgestellt.

22. Sept. Pfarrer Track veranstaltete eine Omnibusfahrt ins Elsaß. 12 Katholiken fuhren mit (ich, Th. Böitl waren auch dabei; es war schön).

26. Sept. Richtfest beim Schulhaus.

27. Sept. Bürgermeister brachte die Entwürfe für das Gemeindewappen.

> Am 18. März 1970 wurde das Wappen offiziell bewilligt.

7. Okt. Pfarrwallfahrt nach Altötting, 94 Pilger. Der Pilgerzug kam von Altomünster und Wolnzach (Pilgerführer).

7. Okt. Teppich für die Sakristei gekauft.

21. Okt. Wahl des Bundeskanzlers Brandt.

> Willy Brandt (1913–1992) war Bundeskanzler von 1969 bis 1974.

8. Nov. Einweihung des neuen Bankgebäudes der Genossenschaftskasse. Es sprach Pfarrer Track über die Entwicklung der Genossenschaft und ein Segensgebet. Ich hielt eine kurze Ansprache: „Macht Euch die Erde untertan" und Segensgebet. Anschließend Besichtigung, Essen bei Glasl. Es sprachen noch mehrere Redner, auch Herr Berneth.

4. Dez. Nach Weihnachten soll der Sexual-Unterricht an den Schulen beginnen.

8. Dez. Das Fest wurde als Werktag gefeiert.

> Bis 1969 war der Tag „Mariä Empfängnis" ein staatlich geschützter kirchlicher Feiertag, ohne als gesetzlicher Feiertag anerkannt gewesen zu sein.

15. Dez. Altentag im Münchbräu; gegen 120 Teilnehmer.

22. Dez. Scherzl wird 88 Jahre alt. Adveniatsammlung 2.691,88 Mark. Einwohner: 3.870.

Neuanfang nach 1945

Luftbild von Feldkirchen, 1945, Norden ist oben.

Nach dem Zweiten Weltkrieg kam es im Landkreis München zu einem Bauboom, bedingt durch den Wiederaufbau und den Zuzug zahlreicher Flüchtlinge und Heimatvertriebener. Die Bevölkerungszahl des Landkreises vervierfachte sich nahezu von rund 85.000 im Jahr 1946 auf 307.079 im Jahr 2005 – eine Tendenz, die (wegen der Flughafennähe in verminderter Form) auch in Feldkirchen zu verzeichnen ist.[1] Allein in Böhmen und Mähren hielten sich im April/Mai 1945 neben 3,1 Millionen Sudetendeutschen noch 400.000 weitere deutsche Staatsangehörige auf, und das, nachdem bereits Hunderttausende geflohen waren.
Im Sommer 1945 kam es im Schloss Cecilienhof zur Potsdamer Konferenz. Im daraus resultierenden Potsdamer Abkommen wurde im November 1945 ein „geregelter und humaner Transfer" festgelegt. Ende November verzeichnete die offizielle Aussiedlungsstatistik aus der Tschechoslowakei insgesamt 730.000 Deutsche, von denen 600.000 nach Deutschland und 130.000 nach Österreich kamen. Die massenhafte Aussiedlung in die sowjetische Zone folgte 1946.

Im November 1945 hatte ein alliierter Ausschuss für die Flüchtlingsfürsorge der US-Zone in Stuttgart die Aufnahmequote für Vertriebene und Flüchtlinge festgelegt: 50 % nach Bayern, 27 % nach Großhessen und 23 % nach Baden-Württemberg. Trotz der später zugunsten von Bayern revidierten Quote, stieg die Belastung hier besonders an. Allein während der organisierten Ausweisung der Deutschen aus der Tschechoslowakischen Republik im Jahr 1946 (der größten Vertriebenenwelle) erreichten 764 Eisenbahntransporte mit 786.000 Ausgewiesenen Bayern. Mit der von der amerikanischen Militärregierung veranlassten Einstellung weiterer Transporte im Dezember 1946 war der Zustrom der Flüchtlinge nach Bayern Ende des Jahres weitestgehend abgeschlossen. Zu diesem Zeitpunkt hatten insgesamt 1,7 Millionen Flüchtlinge und Vertriebene in Bayern eine erste Aufnahme gefunden.
Die Zahl der Einwohner war damit in Bayern von 6,9 Millionen im Jahr 1939 auf rund 9 Millionen Ende des Jahres 1946 gestiegen. Die Sudetendeutschen stellten mit mehr als 50 % die mit Abstand größte Gruppe der Ausgewiesenen dar, gefolgt von den Schlesiern mit 26 %.

Ausbau der Emeranstraße, um 1970

Die Verteilung der Neuankömmlinge stellte zunächst die größte Herausforderung dar. Im Oktober 1946 kamen zum Beispiel täglich 6.000 Personen. Die meisten bayerischen Städte waren durch Bombenangriffe stark zerstört. Es mangelte besonders hier an ausreichendem Wohnraum. Diesen gab es nur noch auf dem Dorf, vor allem auf Bauernhöfen. Zudem war auf dem Land die Ernährungslage deutlich günstiger als in den Städten. Wie in den übrigen Regionen Westdeutschlands wurden die Flüchtlinge – so der allgemeine Sprachgebrauch der frühen Nachkriegszeit – auch in Bayern vorwiegend in Kleinstädten und Landgemeinden untergebracht. Die überdurchschnittliche Belegung kleinerer Gemeinden stellte eine bayerische Besonderheit dar. Im Jahr 1950 lebte fast die Hälfte aller Flüchtlinge in Gemeinden mit weniger als 3.000 Einwohnern.[2]

Der Landkreis München nahm insgesamt rund 25.000 Heimatvertriebene auf. Damit entstammte 1959 jeder vierte Landkreiseinwohner dieser Gruppe, wobei die Quoten der einzelnen Orte unterschiedlich waren, ein Verhältnis das in etwa auch auf Feldkirchen zutrifft. Hier weisen zwei Verzeichnisse an den Kreisbeauftragen für das Flüchtlingswesen im Landkreis München 664 Namen aus, die zum Teil in einem Sammeltransport bis Ende 1947 eingetroffen waren, für die zu Beginn des folgenden Jahres sogar eigene Flüchtlingsvertrauensleute gewählt wurden (Michael Haberzettl und als Stellvertreter Konrad Lindenau).[3]

Der Bauboom beginnt

Auch nach Feldkirchen kamen ab 1946 Flüchtlinge. Am 12. April 1946 erreichten 65 Personen den Ort: alte Männer, Frauen und Kinder, die beim Glasl über Nacht bleiben sollten. Und bald sollten mehr kommen, deren Unterbringung laut der Tagebuchaufzeichnungen von Pfarrer Hobmair nicht problemlos bewältigt werden

Ausbau der Emeranstraße

konnte. Am 3. September 1946 verzeichnete er 585 Flüchtlinge. Und am 23. November notierte er: *„300 Polen sind gestern ins evangelische Kinderheim eingezogen."*

Die Neubürger brauchten Wohnungen, Neubaugebiete wurden ausgewiesen. Neue Gewerbe kamen (und gingen zum Teil auch wieder ein) – Themen, die in der Chronik von Pfarrer Hobmair wenig Beachtung fanden. Feldkirchen wuchs, wurde moderner, wandelte sich von einem landwirtschaftlich geprägten Bauerndorf zu einem urbanen Vorort an der Peripherie von München. Die Kehrseite der Medaille: Alte Gebäude wurden zunehmend als Schandfleck betrachtet und fielen schließlich der Spitzhacke zum Opfer, was in späteren Jahrzehnten zum Teil sehr bedauert wurde, etwa in Bezug auf den Wasserturm. Im Jahr 1970 traf es diesen.[4] Aber auch eine halb verfallene ehemalige Schreinerwerkstatt in der Aschheimer Straße, wo bis kurz zuvor ein Sargmacher seinem Handwerk nachgegangen war, verschwand 1970.[5]

Das Gemeindehaus, auch Armenhäusl genannt (teilweise als Obdachlosenunterkunft genutzt), stand an der Einmündung der Zeppelinstraße in die Bundesstraße 471. Das Gebäude, das noch wenige Monate zuvor bewohnt war, musste im Winter 1973 ebenso einem Parkplatz weichen wie die hinter dem Häuschen liegende „Wildnis". Mit der Baumaßnahme wollte man auch die Gefahrenstelle an der verschobenen Kreuzung Zeppelinstraße/Kirchenstraße entschärfen. Zwei Jahre später verschwand das alte Anwesen an der Richthofenstraße 7, um einer Schulsporthalle Platz zu machen.[6]

1977 wurde eine Ortskernplanung der Gemeinde in Auftrag gegeben[7], doch wegen der Flughafennähe konnte Feldkirchen schließlich nicht im selben Maße wachsen wie andere Landkreisorte. Dies sollte sich erst nach Abzug des Flughafens entscheidend ändern.

Neuanfang nach 1945

Rainer Werner Fassbinder
Keystone Pictures USA /
Alamy Stock Foto

Kunterbunte Künstlerkolonie

Durch den Strukturwandel zogen auch Künstler nach Feldkirchen. 1970 lebte hier vorübergehend die „Fassbinder-Blasn" – der Kreis um den provokanten Filmemacher und Dramatiker Rainer Werner Fassbinder (1945–1982), der heute als der wichtigste Vertreter des neuen deutschen Films gilt. Er hatte die inzwischen unter Denkmalschutz stehende Vetter-Villa gemietet und lebte dort mit anderen Mitgliedern seines „Antitheaters". Zahlreich waren die Gerüchte und Geschichten, die man sich im damals noch eher traditionell geprägten Ort hinter vorgehaltener Hand erzählte. Zugegeben: Das Leben, das die bunt zusammengewürfelte Künstler-Clique führte, war für jene Tage reichlich unkonventionell. Hanna Schygulla gehörte dazu, Günther Kaufmann, Ingrid Caven und Kurt Raab. Gelegentlich kamen auch Freunde aus München, nicht nur Rainer Werner Fassbinder mit seiner auffälligen gelben Corvette. Ruth Drexel und ihre Tochter Katharina etwa. Da konnte es schon einmal passieren, dass ihnen „ein schöner nackter Mann" entgegenkam: Michael König, später Star an der Berliner Schaubühne. Der Dramatiker Franz Xaver Kroetz brachte der jungen Katharina den Hechtsprung in den Pool bei.

Der aufstrebende Autor Martin Sperr las schaurig schöne Gedichte von H. C. Artmann.[8] Fotos von den Zusammenkünften in der Villa machten die Runde. Der eine oder andere hatte vielleicht auch eines der beiden Äffchen gesehen, die Fassbinder im Sommer 1970 aus Athen mitgebracht hatte. Kein Wunder also, dass das schrille Völkchen bei den Feldkirchnern gleichermaßen Argwohn und Neugier weckte und nicht wenige Eltern ihren Kindern den guten Rat gaben: Geh schnell vorbei! Doch vermutlich reichte deren Fantasie nicht einmal aus, sich die Realität vorzustellen.

Am 26. August 1970 heiratete der bisexuelle Fassbinder überraschend die Schauspielerin Ingrid Caven auf dem Standesamt in der Münchner Mandlstraße. Am Abend eilte der ganze Fassbinder-Clan – bereits angesäuselt – zur Hochzeitsfete nach Feldkirchen, *„um diesen neuesten Einfall des vergötterten und geschmähten Enfant terrible aus nächster Nähe zu beäugen"*, wie der Regisseur und Schauspieler Peter Berling (Jahrgang 1934), ein guter Freund des Filmemachers und intimer Kenner des Geschehens, in seiner Fassbinder-Biografie festhielt. Nur Sigi Sommer, der „Blasius" der Abendzeitung, war nicht eingeladen, da er kurz zuvor „das Genie" in einem Feuilleton-Artikel geschmäht hatte. Berling, der seit 1969 in Rom lebte, traf erst am Abend in der *„ominösen Villa"* ein. *„Es muß schon ziemlich spät gewesen sein, denn wohin ich im Garten trat, überall, auf dem Rasen, im Pool, wurde bereits gevögelt. Im Innern der hell erleuchteten Villa, alle besoffen, war wohl eher bekennende Promiskuität angesagt, denn ich hörte Kurt* [Raab] *neben mir am Buffet sich giggelnd damit brüsten, schon den dritten Gast unter der Dusche vernascht zu haben."* Auch Berling wurde von Fassbinder, der noch *„relativ nüchtern"* schien, an die Bar geschleppt und hatte bald selbst *„den Pegel der bizarr zusammengewürfelten Hochzeitsgesellschaft erreicht"*. Dennoch konnte er beobachten: *„Es war ein Kommen und Gehen wie in einem Bienenstock, je länger sich die laue Sommernacht hinzog, um so mehr bekannte Gesichter, aber auch mir völlig Fremde, trafen ein – es mußte sich wohl in Schwabing herumgesprochen haben."* Der Morgen danach war für alle wohl weniger erfreulich. Berling selbst fand sich *„am hellichten Morgen, in sengender Augustsonne, auf dem Rasen"* wieder. *„Um mich herum, in den verschiedensten Ecken des Gartens, lagen andere, verschränkt, schnarchend, nackt."* [9] Es waren die wilden Jahre der Sixties und Seventies mit Sex, Drugs and Rock 'n' Roll.

Ein Grund, warum es Fassbinder ausgerechnet nach Feldkirchen verschlagen hat, ist nicht überliefert. Das Intermezzo war auch nur von kurzer Dauer. Noch im Jahr 1970 wurde ihm gekündigt. Die Villa musste aufgegeben werden, *„das Mobiliar verschwand, soweit es nicht – wie das reichhaltige Kücheninventar – in Anfällen von Zerstörungswut zerschlagen wurde. […] Die beiden Äffchen wurden gerade noch vor dem einsetzenden Frost dem Tierpark Hellabrunn vor die Tür gestellt. Diese Aufgabe wurde Harry* [Baer] *zuteil, zur Strafe, weil er das Geschirr in den leeren Swimmingpool geschmissen hatte. Der Park, mittlerweile eher eine Müllhalde, verödete."* [10] Das war wohl das Ende der vom Münchner Gartenkünstler Alfred Reich 1947 entworfenen Gartenanlage.

1982 war das unkonventionelle Leben dann vorbei, wenigstens für Fassbinder. Er starb im Alter von 37 Jahren an Herzversagen, Folge eines tödlichen Cocktails aus Tabletten, Kokain und Alkohol. Im Jahr 2010, anlässlich des 65. Geburtstags des Filmemachers, wurde ihm eine Ausstellung im Rathaus von Feldkirchen gewidmet. Die Gemeinde erinnerte an ihn mit Schautafeln, Filmvorführungen und einer Lesung der Schriftstellerin Asta Scheib, deren Kurzgeschichte „Angst vor der Angst" 1974 von Fassbinder verfilmt worden war und in der unter anderem Ingrid Caven mitgewirkt hat.

In der Villa folgten andere Schauspieler als Bewohner. *„Wie eine kostbare Reliquie wird das Anwesen sofort* [nach Fassbinders Auszug] *von Ursel Strätz übernommen, die endlich ‚Rainers Zimmer' beziehen kann. Als Mitmieter lockt sie Ruth Drexel, Hans Brenner und Martin Sperr nach Feldkirchen."* [11] Die bayerische Volksschauspielerin, Regisseurin und langjährige Intendantin des Münchner Volkstheaters Ruth Drexel (1930–2009) wohnte mit ihrem 1998 verstorbenen Lebensgefährten, dem aus Tirol stammenden Volksschauspieler Hans Brenner, bis zu ihrem Tod in der Feldkirchner Villa, in der zeitweise auch der Schauspieler Gunnar Möller („Ich denke oft an Piroschka") und andere lebten.[12]

Da keine Homestorys oder Ähnliches von Ruth Drexel bekannt sind, gibt es auch kaum Blicke durch das Schlüsselloch ihres Feldkirchner Heims. Die Mitglieder der Drexel-Brenner-Patchwork-Familie blieben gewissermaßen Exoten in Feldkirchen: Ruth Drexel brachte eine Tochter Katharina aus erster Ehe mit nach Feldkirchen, Brenner drei Töchter aus erster Ehe, darunter ebenfalls eine Katharina, sowie

Bild links
Hans Brenner und Ruth Drexel
Interfoto / Felicitas

Bild rechts
Grab von Ruth Drexel auf dem Feldkirchner Friedhof

eine gemeinsame Tochter Cilli. Alle trafen sich in der einstigen Vetter-Villa. Im Haus und im Garten probten sie Stücke in kleiner Besetzung: Ruth Drexel, Hans Brenner, Monica Bleibtreu, die ehemalige Lebensgefährtin von Brenner (Moritz Bleibtreu ist der Sohn aus dieser Beziehung), und der Regisseur Rolf Stahl.

Drexel spielte häufig in Stücken von Kroetz und Sperr („Jagdszenen aus Niederbayern") – beide ebenfalls Theatermacher, die zu provozieren wussten. 1971, nach der Premiere des Einakters „Heimarbeit" von Kroetz, wurde die Drexel als „Skandalhexe" bezeichnet. Drexel und Brenner galten als die Kroetz-Schauspieler im deutschen Sprachraum.

Ruth Drexel starb nach einer Krebserkrankung am 26. Februar 2009 abgeschieden von der Öffentlichkeit und wurde am 2. März 2009 in Feldkirchen beerdigt.[13] Ein unscheinbares schmiedeeisernes Grabkreuz mit bunt bemaltem Taferl erinnert an die Volksschauspielerin.

Das Gemälde auf dem Taferl ist ein Werk der Künstlerin Zwinki; das Grabmal selbst wurde in der traditionsreichen Sagzahnschmiede der Familie Guggenberger (Kramsach, mit Museumsfriedhof) und den Steinmetzbetrieben Kramsach (Tirol) gefertigt. Über der Darstellung mit einer nachempfundenen Maria vom Guten Rat thront die „Prinzessin auf dem Krokodil", das Signet, mit dem ab 1988 das Münchner Volkstheater unter der damals neu gekürten Prinzipalin Ruth Drexel warb. Und der Schauspieler Markus Völlenklee, der sich dank Ruth Drexel als Regisseur an dem Haus profilieren konnte, deutete: *„Sie war eine Prinzessin auf dem Krokodil, geschätzt und respektiert."*

Regina Ullmann

... und noch eine Künstlerin

Frage: Warum gibt es in Feldkirchen eine Regina-Ullmann-Straße? Antwort: Die Schriftstellerin war hier nicht nur häufig zu Gast, sie ist auch auf dem hiesigen Friedhof beerdigt. Die am 14. Dezember 1884 im Schweizer St. Gallen geborene Regina Ullmann kam mit knapp 18 Jahren nach München, wo sie dank ihres hervorragenden Sprach- und Erzähltalents bald Kontakt zu Münchner Künstlerkreisen fand, obwohl sie als eher schüchterne und introvertierte junge Frau galt. Einer ihrer größten Förderer wurde der Dichter Rainer Maria Rilke. Thomas Mann, Robert Musil und viele andere gehörten zu ihrem Bekanntenkreis.

Seit etwa 1902 lebte sie im Münchner Lehel und in Schwabing, schrieb viele ihrer Erzählungen aber auch in Burghausen und vor allem in Mariabrunn bei Dachau, wohnte dann in einem eigenen Haus in Planegg und verbrachte – nach einigen Jahren im Schweizer Exil – ihren Lebensabend in einer Wohnung in Eglharting bei ihrer Tochter Camilla.

Ihre beiden Töchter aus der Verbindung mit dem Ökonomen Hanns Dorn (Gerda, geb. 1906 in Wien) und mit dem Psychoanalytiker Otto Gross (Camilla, geboren 1908) wuchsen seit ca. 1910 in Feldkirchen bei Pflegeeltern auf. Tochter Gerda heiratete schließlich sogar den hiesigen Gärtnermeister Hans Kahl. Zeitlebens war Regina Ullman in Feldkirchen ein gern gesehener Gast. Hier diktierte sie ihrer Enkelin Helene Kahl Briefe; hier empfing sie Gäste wie Hans Carossa. Und schließlich wurde die heute fast vergessene Dichterin, die am 6. Januar 1961 im Ebersberger Krankenhaus verstorben ist, hier beerdigt.

Die Gemeinde Feldkirchen erinnerte im Dezember 2009 anlässlich ihres 125. Geburtstags im Foyer des neuen Rathauses mit einer Ausstellung an die Schriftstellerin Regina Ullmann. Gleichzeitig wurde am 14. Dezember 2009 das Straßenschild mit ihrem Namen im Neubaugebiet im Osten der Gemeinde durch Bürgermeister Werner van der Weck enthüllt.[14]

Die Entwicklung der Gemeinde nach der Verlegung des Flughafens

Seit der Einweihung des Flughafens Riem am 24. Oktober 1939 litt Feldkirchen unter Fluglärm, zunächst noch sehr wenig, doch im Laufe der Zeit immer mehr. Die Begeisterung für Flugzeuge – wenigstens über dem Ort – hatte erheblich nachgelassen, seit am 12. September 1911 hier der erste Flieger gesichtet worden war. Aus den einzelnen Doppeldeckern waren bald viele hundert Flüge am Tag geworden, deren Bahnen sich über Feldkirchen kreuzten, und nachdem der Flughafen Riem fertig gestellt war, dort auch dröhnend landeten und starteten. Waren es 1955 noch rund 271.000 Passagiere im Jahr, konnten 1990 11.424.000 in Riem gezählt werden.

In der zweiten Hälfte des 20. Jahrhunderts bescherten dann immer lautere Düsenjets der Gemeinde einen aus Lärmschutzgründen gebotenen Baustopp und den Gemeinderäten – und nicht nur diesen – erteilten die Flugzeuge ein regelmäßiges Redeverbot, dann nämlich, wenn man sein eigenes Wort nicht mehr verstand, weil gerade wieder eine Charter-Maschine voller Urlauber startete. Ein Moment Zwangspause – mitten im Satz. Die Belastung für die angrenzenden Gebiete nahm stetig zu, nicht nur hinsichtlich der Lärmbelästigung.

Auch das Parkplatzproblem wurde immer größer. Die Reisenden stellten ihre PKWs in den umliegenden Dörfern ab, wo sie dann zwei/drei Wochen standen, bis die Touristen wieder von den Sonnenstränden zurückkehrten. Zudem nutzten Mietwagenfirmen die Feldkirchner Straßen gerne als „Betriebs-Parkplatz". Für die Einheimischen war Parken kaum mehr möglich. Um Abhilfe zu schaffen, wurden etwa Parkverbote ausgesprochen, die täglich von einer zur anderen Straßenseite wechselten. Doch war dies nur der berühmte Tropfen auf dem heißen Stein und für die Feldkirchner äußerst lästig.

Breits seit den 1960er Jahren wurde nach einer Alternativlösung für den Flughafen gesucht und schließlich – nach längeren Planungen und rund 60 Prozessen – im Erdinger Moos realisiert. In der Nacht auf den 17. Mai 1992 fand in einer logistischen Meisterleistung der reibungslose Umzug zum neuen Flughafen Franz Josef Strauß statt. Am 17. Mai feierte auch Feldkirchen auf dem Platz vor der Bücherei dieses Ereignis mit einem von der Gemeinde und den Vereinen veranstalteten „Heiteren Bürgertag", aus Freude über die Auflassung des Verkehrsflughafens München-Riem, unter dessen Lärmbelästigung der Ort seit Jahrzehnten gelitten hatte. Seit diesem Tag war das Donnern und Dröhnen der Maschinen vorbei. Vorbei waren jedoch nicht nur der Fluglärm, sondern auch der damit verbundene Straßenverkehr und die sonstigen Auswirkungen, wie etwa der jahrzehntelange Baustopp. Gleichzeitig feierten die mehr als 1.000 Besucher des „Heiteren Bürgertags" bei strahlendem Wetter die Fertigstellung der Verkehrsberuhigungsmaßnahme Zeppelin-/Richthofenstraße. Jahrelang war im Vorfeld über diese Verschönerung des Ortsbilds diskutiert worden.[1]

Mit den Anschlüssen „Feldkirchen Ost" und „Feldkirchen West" an die nahe liegenden Autobahnen A 99 und A 94 war die überregionale Anbindung des Ortes wesentlich verbessert. Mit dem Abzug des Flughafens war Raum für neue Planungen in und um Riem. Neue Ansiedlungen entstanden. Zum Zeitpunkt der Entstehung waren die Neuanlagen in Riem eines der größten städtebaulichen Entwicklungsgebiete Europas. Ein ganzes Stadtviertel entstand neu. Am 14. Februar 1998 eröffnete Bundespräsident Roman Herzog die Neue Messe, die von der Münchner Theresienhöhe hierher umgezogen war. Der Buga-See entstand, ein Park, ein neues Kongresszentrum, Wohnungen und ein Einkaufsgebiet sowie das Gewerbegebiet Messestadt Ost mit umfangreicher Gewerbeansiedlung.

Das neue Rathaus

Vom 28. April bis 9. Oktober 2005 fand auf dem Areal des ehemaligen Flughafens die Bundesgartenschau (Buga) statt, bei der Feldkirchen auch als Projektpartner auftrat und nicht nur seine Gastronomie und Hotellerie offerierte, sondern am 13. November 2004 auch einen neuen Rad- und Fußweg durch den Riemer Wald in den Landschaftspark und das Buga-Gelände eröffnete. Am 8. und vor allem am 9. September 2005 war die Bundesgartenschau sogar fest in Feldkirchner Hand.

Im Pavillon des Planungsverbands standen Stephanie Haberl und Klaus Pitterle, die Beauftragten des Umweltreferats der Gemeinde Feldkirchen, jedem Besucher Rede und Antwort. Bürgermeister Leonhard Baumann und eine ganze Reihe Gemeinderatsmitglieder waren vor Ort, um Auskunft zu geben über Feldkirchen und den alten Flughafen München-Riem. Über das ganze Gelände verteilt präsentierten sich die Feldkirchner Vereine. Die Feldkirchner Firma Landschaftsbau May, die jahrelang an der Anlage der Buga beteiligt war, zeigte einen Film über deren Entstehung. Auch Darbietungen der Musik- und Gesangvereine durften auf dem „Feldkirchen-Tag" nicht fehlen. Als besonderes Highlight wurde der Auftritt der „Joyful Gospelsingers" auf der großen Bühne betrachtet. Auch in sportlicher Hinsicht konnte Feldkirchen glänzen: Die Fußball-Bambinis durften den Pokal des Buga-Cups mit nach Hause nehmen.

Bis 2015 waren auf dem Areal des ehemaligen Flughafengeländes neben den Freizeitanlagen 13.800 Arbeitsplätze und rund 6.100 Wohnungen für etwa 14.500 Menschen geschaffen worden. Davon profitierten auch die Nachbargemeinden. Auch dort konnten nun neue Wohnungen gebaut und weitere Gewerbe angesiedelt werden. Die Einwohnerzahl von

Blick vom Dach des Rathauses nach Westen

Feldkirchen verdoppelte sich in den zwei Jahrzehnten nach Wegzug des Flughafens. Auf der anderen Seite kam es auch zu enormen Verkehrsbelastungen durch große Messen wie etwa die BAUMA, nach deren Veranstaltung im Jahr 1998 Bürgermeister Leonhard Baumann den Münchner OB Christian Ude und die Oberste Baubehörde um Hilfe bat. Neue Erschließungsmöglichkeiten wurden und werden gesucht, Verbesserungen der Infrastruktur, günstigere Anbindung der überörtlichen Straßen, auch wenn ein Verkehrsaufkommen wie im Herbst 2006 selten zu verzeichnen ist. Am 10. September 2006 feierte Papst Benedikt XVI. anlässlich seines Deutschlandbesuchs einen Gottesdienst auf dem Gelände der Neuen Messe. In Feldkirchen wurden einige Straßen gesperrt und zusätzliche Halteverbote ausgesprochen. Viele der zigtausenden von Gottesdienstbesuchern kamen mit der S-Bahn, andere marschierten von weit her. Nicht nur das Auto-, sondern auch das Fußgängeraufkommen war enorm, doch dank vieler ehrenamtlicher Helfer lief alles reibungslos ab. Nur auf der A 94 kam es bei der Anfahrt der Pilgerbusse zeitweilig zu größeren Staus.

Seit Jahren versucht Feldkirchen Probleme, die vor allem der überörtliche Verkehr verursacht, in den Griff zu bekommen. Einen großen Schritt in Richtung Ortsberuhigung hat der Rückbau der Münchner/Hohenlindner Straße (B12) bedeutet. In den 1960er Jahren war die B12, die Verbindung von München nach Ostbayern, um die regelmäßigen Staus zu verhindern, auch mitten durch den Ort drei- bzw. vierspurig ausgebaut worden, was nicht nur zu zahlreichen Unfällen führte, sondern auch zu einem erheblichen Eingriff ins Ortsbild. Viele Anlieger hatten für den Ausbau Grundstücke abtreten müssen.

Die Entwicklung der Gemeinde nach der Verlegung des Flughafens

Gemeindeblatt Dezember 1997

Nach dem Bau der Autobahn A 94 konnte man den Wunsch der Feldkirchner nach einer Wiederherstellung des alten Ortsbildes realisieren und an einen Rückbau denken. Verschiedene Überlegungen wurden angestellt, sogar an eine mehrreihige Allee wurde gedacht, doch entschied man sich im August 1995 im Gemeinderat schließlich zur Rückbesinnung auf die alte Dorfstraße mit einer Breite von 6,5 Metern, mit Baumreihen, wie sie ehedem entlang der Straße gestanden hatten, sowie mit Parkbuchten und Radwegen. Die Verengung und der Ausbau von Radwegen in der Aschheimer/Oberndorfer Straße (B 471) sowie der Emeranstraße, zu denen die Entscheidungen bereits im November 1993 und im Juli 1994 gefällt worden waren, wurden in die Baumaßnahmen miteinbezogen. Alle drei Straßen bekamen einen geräuscharmen Belag. Am 16. November 1996 wurden die Emeranstraße, die Münchner- und die Oberndorfer Straße nach Abschluss der Bauarbeiten geweiht und der Verkehr freigegeben. Genau ein Jahr später, am 15. November 1997, konnte auch die Hohenlindner Straße nach Abschluss der Arbeiten feierlich dem Verkehr übergeben werden.

Doch waren damit beileibe nicht alle Verkehrsprobleme gelöst. Am 1. Februar 2007 etwa wurde Bürgermeister Baumann eine Liste mit über 70 Unterschriften von Anliegern der Oberndorfer Straße übergeben, die das hohe Verkehrsaufkommen insbesondere durch Schwerlastverkehr, Lärm, Staub und Abgase sowie die hohen Durchfahrtsgeschwindigkeiten beklagten. Eine Ortsumfahrung wurde gefordert. Ziel der Gemeinde war es sowieso, den Durchgangsverkehr und den Durchleitungsverkehr bei Störfällen auf der Autobahn aus dem Ort zu verbannen. Allerdings war die Umsetzung dieses Vorhabens mit vielerlei Schwierigkeiten verbunden.

Auch für Bürgermeister Werner van der Weck ist die Verkehrsberuhigung ein wichtiges Anliegen. Kurz nach seinem Amtsantritt erhielt er durch den Bundestagsabgeordneten Otto Schily einen freundschaftlichen Besuch, bei dem sich dieser nicht nur ins Goldene Buch der Gemeinde eintrug, sondern auch ein Schreiben, in dem die brisanten Themen zusammengefasst wurden, mit nach Berlin nahm.

Neubauten an der Bodmerstraße, 2005

Der Bauboom geht mit großen Schritten weiter

Aufgrund des Flughafens München-Riem hatte die Bautätigkeit in der Gemeinde Feldkirchen jahrzehntelang stagniert. Durch die Auflassung des Flughafens und seine Verlegung in das Erdinger Moos bestand für die Gemeinde nun die Möglichkeit einer geordneten Bauleitplanung. Mit dem seit Oktober 1989 vorliegenden Flächennutzungsplan-Entwurf sollte dem Baudefizit durch die Ausweisung neuer Bauflächen Abhilfe geschaffen werden. Die Gemeinde hatte nach eingehender Beratung im Gemeinderat in Zusammenarbeit mit dem Planungsverband Äußerer Wirtschaftsraum München (dem 1953 gegründeten freiwilligen Zweckverband als Instrument kommunaler raumplanerischer Zusammenarbeit) und den Landschaftsarchitekten Schmidt und Stahr den Flächennutzungsplan-Entwurf erstellt, der für die Gemeindeentwicklung der nächsten Jahre richtungweisend war. Natur- und Landschaftsschutz, Wohnungsbau, Gewerbe, Verkehrsstruktur und Arbeitsmarkt waren Grundlagen für die Erarbeitung des weitblickenden Planes.

Fast 22 Jahre hatte es gedauert, bis Feldkirchen einen Flächennutzungsplan auf den Weg bringen konnte. So bezeichnete der Vertreter des Planungsverbandes den 18. Oktober 1989 auch als einen „historischen Tag". Nach mehrstündiger Diskussion war es an jenem Abend so weit: Der Entwurf wurde von den 17 Mitgliedern des Gemeinderates für gut befunden. Danach hatten die Bürger einige Wochen Gelegenheit, den Entwurf in einer Ausstellung und in Bürgerinformationen kennenzulernen und evtl. eigene Vorschläge und Anmerkungen vorzubringen.

Wo kann was gebaut werden? Das war die zentrale Frage des neuen Flächennutzungsplanes. Die Flächen gliederten sich folgendermaßen (in Klammern der Bestand inklusive unbebauter Flächen): Für reine Wohngebiete wurden 2,1 ha ausgewiesen (19,3), für allgemeine Wohngebiete 13,7 ha (25,2), für Gewerbegebiete 10,7 ha (34,9) und für Gemeindebedarfsfläche 1,6 ha (5,4).

Damit nahmen Gewerbegebiete insgesamt ein Drittel der Siedlungsfläche ein, was für eine sehr hohe Arbeitsplatzdichte sorgte.

Atriumhäuser am Tucherpark, erbaut 2011

Auf maximal 6.000 Einwohner sollte die Bevölkerung der Gemeinde Feldkirchen in den nächsten 15 Jahren anwachsen. Für den damaligen Stand von knapp 3.400 war dies ein scheinbar starker Zuwachs. Doch hatte Feldkirchen etliche Jahre zuvor bereits 4.500 Bürger gehabt. Die starke Minderung war vor allem mit der Abwanderung wegen des Flughafens und dem damit verbundenen Baustopp zu erklären. Ziel war es nun, vorwiegend für Einheimische Bau- und Wohnmöglichkeiten zu schaffen. Allerdings gab es dabei viele Aspekte zu bedenken, auch Probleme in der Nachbarschaft, etwa die Pläne für einen Umschlagbahnhof, neue Verkehrswege zur Neuen Messe, die weitere Entwicklung von Feldkirchen nach Ende des Baustopps und dem damit zwingend einhergehenden Strukturwandel weg vom Bauerndorf, das Frachtzentrum der Post und vieles andere mehr. Das war sogar dem Bayerischen Rundfunk (BR2) eine Live-Sendung wert, die er am 4. Februar 1993 im „Alten Schulhaus" aufzeichnete.

1997 begann mit den Abbrucharbeiten auf dem ehemaligen MAN (SWF)-Gelände der Bau des „Wohngebiets Ost" zwischen Hohenlindner Straße und Emeranstraße. Das rund zwei Hektar große Wohn- und Mischgebiet wurde nach Plänen der Architekten Emil Kath (Dachau) und Helga Schneider (Gronsdorf) errichtet. Die Planung der großzügigen Grünanlagen übernahm der Landschaftsarchitekt Rainer Dettling (Diessen). Das Richtfest für den ersten Bauabschnitt konnte am 18. Oktober 1999 gefeiert werden.

Die Zahl der Bauanträge schnellte in die Höhe: 1998 wurden 84 gestellt, im Jahr 2001 sogar 100, in den übrigen Jahren schwankten sie in der Regel zwischen 50 und 100. Seit 2010 blieben die Anträge (mit Ausnahme von 2011) stets unter 50. Es kam zu Nachverdichtungen im gesamten Gemeindegebiet mit Doppelhäusern sowie Drei- und Vierspännern.

Das Wohn- und Gewerbegebiet Dornacher Feld wurde um die Jahrtausendwende von einem Bauträger gewissermaßen in einem Stück bebaut. Die Überlegung war, da niemand gerne auf einer Baustelle wohnt, alle Gebäude gleichzeitig zu errichten, nicht nach und nach. 2002 war die Anlage fertig gestellt und am 30. April 2012 konnte unter dem Motto „Dahoam in Feldkirchen" bereits das zehnjährige Bestehen des Wohn- und Gewerbegebietes Dornacher Feld gefeiert werden.

Baustelle der Seniorenwohnanlage, 1995

Im Sommer 2007 erfolgte der erste Spatenstich für das kommunale Mietwohnungsbauprojekt an der Emeranstraße: der Startschuss für den Bau von 30 Wohnungen mit 30 Tiefgaragen- und 15 oberirdischen Stellplätzen. Für die Gemeinde Feldkirchen war dies der Wiedereinstieg in den kommunalen Wohnungsbau, den sie gemeinsam mit der Baugesellschaft München-Land unternahm. Seit Februar 2005 waren die nötigen Beratungen gelaufen; im Februar 2007 gab der Gemeinderat den Eingabeplan frei, am 10. Dezember konnte Richtfest gefeiert werden. Auf einem 4248,5 Quadratmeter großen Areal in Erbbaurecht entstanden drei Gebäude für 18 frei finanzierte und 12 staatliche geförderte Mietwohnungen. Im Oktober 2008 waren sie bezugsbereit.

2011 wurde auf dem ehemaligen Agrarland von Gut Oberndorf, das auf dem Gebiet diesseits der Autobahn liegt, der Tucherpark (benannt nach dem ehemaligen Besitzer des Gutes) mit Atriumhäusern angelegt, der auch als Drehort für den 2015 ausgestrahlten ZDF Fernsehkrimi „Schwarzach 23: Und die Hand des Todes" mit Friedrich von Thun und Maximilian Brückner in den Hauptrollen, diente.

Weitere Neubau-Anlagen entstanden bzw. entstehen in den Bereichen Ludwig-/Brunnenstraße, Olympiastraße/Eschenweg; Wittelsbacher Straße (Däxl, Storch), Hohenlindner Straße (Rieck), Friedensstraße (Wiehr), Hohenlindner Straße/Sonnenstraße, Riemer Gangsteig, Oberndorfer Straße/Alpen-/Fasan-/Sonnen-/Frieden-, Bahnhofstraße oder in der Sonnenstraße (Janson). Und mit den „Feldkirchner Höfen" wird ein Neubaugebiet für 121 Eigentumswohnungen (Ten Brinke Wohnungsbau GmbH & Co.) geschaffen.

Die Seniorenwohnanlage

Am 13. Juli 1995 wurde der Grundstein für die Seniorenwohnanlage der Gemeinde an der Pfarrer-Axenböck-Straße gelegt; am 26. Oktober 1995 fand das Richtfest statt. Mit der Ende 1993 getroffenen Entscheidung, auf der ehemaligen Sportwiese eine Seniorenwohnanlage zu errichten, hatte der Gemeinderat nach der Errichtung der gegenüberliegenden Wohnanlage an der Oberndorfer Straße nach Auskunft von Bürgermeister Glöckl eine *„weitere bedeutsame Entscheidung zur Wohnraumbeschaffung getroffen und damit auch Wohnmöglichkeiten für ältere Feldkirchner Mitbürgerinnen und Mitbürger geschaffen"*. Damit wurde in unmittelbarer Nähe zum Kindergarten „Arche Noah" und dem Kinderspielplatz erstmals in Feldkirchen eine spezielle Anlage für Senioren errichtet, mit barrierefrei ausgebauten Wohnungen. Bewusst entschied sich die Gemeinde für ein „Betreutes Wohnen", das in erster Linie die Erhaltung der Selbständigkeit der Bewohner bedeutet.

Die Planung der Anlage erfolgte durch das Architekturbüro Helga Schneider aus Gronsdorf. Am 18. Januar 1995 genehmigte der Gemeinderat den Bauplan für die 17 Wohneinheiten. Am 28. September 1996 konnte die feierliche Einweihung stattfinden.

Das neue Rathaus

Nach der Auflassung des Flughafens in München-Riem und die dadurch bedingt mögliche Neuausweisung von Wohnbauflächen kam es zu einem enormen Wachstum in der Gemeinde. Dieses erforderte zahlreiche Umstrukturierungsmaßnahmen und Neubauten auch im gemeindlichen Bereich. Die Räume der Verwaltung und des Gemeinderats waren längst viel zu klein geworden. So entstand der Plan, ein neues Rathaus mit Räumen für die 1975 in der Zeppelinstraße 6 eröffnete Gemeindebücherei zu errichten, das zudem in einem großzügigen Foyer Raum für unterschiedliche kommunale, gesellschaftliche und kulturelle Veranstaltungen haben sollte. Das Ziel war ein vielfältig nutzbares Gemeindezentrum.

Bisher hatte die Gemeinde kein eigenes Rathaus. Immer wieder hatte sie ein frei gewordenes Gebäude übernommen: Die Verwaltung war in der ehemaligen katholischen Schule untergebracht, die Bauverwaltung im Kindergarten und der Sitzungssaal in der ehemaligen evangelischen Schule.

Der Wunsch nach einem eigenen Rathaus, in dem alle Funktionen zusammengeführt werden, war seit den 1970er Jahren vorhanden, doch erst in den 1990er Jahren wurde er konkreter. Nun stellte sich die Frage nach dem Standort und nach der Gestaltung. Um das Jahr 2000 wurde in vielen Gemeinden über die Ende des 20. Jahrhunderts errichteten Bürgerhäuser diskutiert. Meist waren sie zu groß gebaut und deshalb finanziell zum Problem geworden. Hohe Unkosten standen einer viel zu geringen Auslastung gegenüber. Diesen Fehler wollte man in Feldkirchen nicht wiederholen und dachte deshalb an den Bau eines großen Foyers in einem neuen Rathaus, das für verschiedenste Nutzungen geeignet ist, um gleichzeitig auf ein Bürgerhaus verzichten zu können. Dann stellte sich die Frage: Wo sollte das neue Multifunktionsrathaus entstehen? Verschiedene Überlegungen wurden geprüft, doch schließlich war man sich einig: Das Rathaus gehört in die Ortsmitte.

Rückenwind bekamen die Überlegungen, als die Firma Opel-Häusler eine formlose Anfrage zum Ausbau des Autohauses im Ortszentrum

Blick durch die Münchner Straße nach Osten auf Rathaus und Evangelische Kirche

stellte. Sollte tatsächlich ein Autohaus das Ortszentrum dominieren? Gespräche und Verhandlungen folgten. Am 3. Februar 2000 schließlich unterzeichneten die Eheleute Rosa und Hans Dillitzer sowie der Erste Bürgermeister Leonhard Baumann den Kaufvertrag für das Grundstück Bahnhofstraße 1 im Herzen von Feldkirchen. Am 22. März 2000 beschloss der Gemeinderat, für die Realisierung dieses Vorhabens einen eingeladenen Architektenwettbewerb durchzuführen und gleichzeitig den „Planungsverband Äußerer Wirtschaftsraum München" mit der Betreuung zu beauftragen. Am 8. November 2000 entschied der Gemeinderat, einen europaweiten beschränkt offenen Realisierungswettbewerb mit städtebaulichem Ideenteil für das neue Rathaus auszuloben. Für den Wettbewerb wurden aus rund 1.360 Bewerbern 25 Teilnehmer unter notarieller Aufsicht ausgelost und sieben Einladungen ausgesprochen. Am 31. Januar des darauffolgenden Jahres genehmigte der Gemeinderat das Raumprogramm für das neue Rathaus; im April 2001 wurde der Auslobungstext im Amtsblatt der Europäischen Gemeinschaften und weiteren Fachblättern veröffentlicht. Bereits am 19. und 20. Juli desselben Jahres fand unter dem Vorsitz von Prof. Ulrich Holzscheiter aus München die Preisgerichtssitzung über die eingereichten Entwürfe in der Gemeindehalle in Feldkirchen statt. Einstimmig wurde dem Entwurf des Architekten Dipl.-Ing. Miroslav Volf aus Köln der erste Preis zuerkannt. Am 6. November 2001 beschloss der Gemeinderat, dem Vorschlag des Preisgerichts zu folgen und Volf zu beauftragen, Entwurfsplanungen auszuarbeiten, die am 22. Mai 2002 schließlich vom Gemeinderat einstimmig genehmigt wurden.
Die Bauarbeiten konnten beginnen.

Zunächst musste jedoch das ehemalige Autohaus Opel-Häusler (Grundstück der Familie Dillitzer, Bahnhofstraße 1) an der zentralen Stelle im Ortszentrum abgerissen werden (November 2002 bis März 2003), um den Platz für den Neubau freizumachen. Der erste Spatenstich erfolgte am 4. April 2003, die feierliche Grundsteinlegung am 24. Juli desselben Jahres. Bereits Anfang April 2003 hatte der Baugrubenaushub mit den notwendigen Verbaumaßnahmen begonnen.

Feldkirchner Gemeindeblatt
mit dem Bericht zur Einweihung des neuen Rathauses
Juli/August 2005

Ein Jahr später, am 29. April 2004, konnte das Richtfest gefeiert werden. Und wiederum ein Jahr später, am 2. Mai 2005, war das Gebäude unter der Bauleitung des Architekturbüros Peter Jäger aus Oberhaching vollendet. Kurz darauf konnte es bei mehrtägigen Feiern eröffnet werden.

Die feierliche Einweihung fand am 22. Juni 2005 durch die beiden Ortsgeistlichen statt, musikalisch umrahmt von der Feldkirchner Blaskapelle – ein großes Ereignis, zu dem rund 250 geladene Gäste ins Foyer des Rathauses gekommen waren, darunter Abgesandte der beiden Partnergemeinden. Die erste Gemeinderatssitzung stand dann am 23. Juni ganz im Zeichen der Gemeindepartnerschaften mit Rietschen und Bisignano mit Unterzeichnung der Partnerschaftsurkunden.

Rund 2.000 Besucher strömten beim „Tag der offenen Tür" am Samstag, dem 25. Juni 2005, ins Rathaus, um das neue Gemeindezentrum kennenzulernen. Nicht nur die unterschiedlichen Darbietungen der Partnergemeinden und der örtlichen musikalischen Vereine, dem Männergesangsverein, den Joyful Gospelsingern und der Blaskapelle, sowie die Bewirtung durch die Gemeindeverwaltung begeisterten die Besucher, sondern auch die hellen, freundlichen Räume, allen voran die lichtdurchflutete Halle (das Foyer) und der mit Lärchenholz verkleidete Sitzungssaal des Gemeinderats.

Die Gesamtkosten für das Projekt, das auch eine Tiefgarage mit 45 Stellplätzen umfasst, lagen (einschließlich der Innenausstattung) bei rund elf Millionen Euro und damit – dank günstiger Ausschreibungsergebnisse – unter der ursprünglichen Kostenberechnung. Das allgemein als gelungen gefeierte Gebäude, das in Stahlbetonweise mit Ziegelvormauerschale errichtet wurde, erhielt bereits im Jahr seiner Fertigstellung den „Ziegel Architekturpreis 2005" zuerkannt.[2]

Einweihung des neuen Rathauses am 22. Juni 2005

Unter 40 Bewerbungen um den Architekturpreis des Ziegelzentrums Süd wählte eine Fachjury das Feldkirchner Rathaus. Am 20. Januar 2006 nahmen Bürgermeister Leonhard Baumann und der Architekt Miroslav Volf den Preis in der Fachhochschule München entgegen und am 23. und 24. Juni 2007 führten die „Architektouren" unter 133 ausgewählten herausragenden Architekturbeispielen in ganz Bayern auch zum neuen Rathaus von Feldkirchen. In der Ausstellung „Kunst im Landkreis", die 2007 im Landratsamt München gezeigt wurde, war das Gebäude als Vorzeigebeispiel moderner Architektur ebenfalls zu sehen.[3]

Mit dem Baustoff Ziegel wurde auf ein Material zurückgegriffen, das – obwohl für viele damals gewöhnungsbedürftig, da man Sicht-Ziegelbauten mehr in Norddeutschland vermutet – in der Gegend beheimatet war. Die Region östlich von München gilt als Ziegelland.[4]

Hier wurde über Jahrhunderte Lehm abgebaut und gebrannt. Eine Lößlehmzunge erstreckt sich von Ramersdorf bis Ismaning. Systematisch wurde das günstige Baumaterial abgebaut. Noch 1877 gab es zwischen Ramersdorf und Unterföhring 60 Ziegeleien.[5] Die Ziegel dienten für die meisten Gebäude im Großraum München, doch nur ein Teil, wie der Liebfrauendom im Herzen der Stadt, blieben unverputzt. Und schließlich war auch die Emmeramskapelle in Feldkirchen in der ersten Hälfte des 19. Jahrhunderts als Sicht-Ziegelbau errichtet worden.

Mit dem Bau des neuen Rathauses ist gleichzeitig die Idee eines Tiefhofs in die Planung miteingeflossen.[6] Zur Belebung des Rathausvorplatzes wurde ein Zierbrunnen geschaffen, bestehend aus neun Stelen, an denen das Wasser in die Brunnenschale fließt. Der Entwurf stammte ebenfalls von Miroslav Volf.

Ausstellung zum 50jährigen Jubiläum der Feldkirchner Blaskapelle im Foyer des Rathauses, 2014

Der Brunnen am Rathausplatz

Inzwischen ist der Sicht-Ziegelbau längst nicht nur zu einem Symbol für die moderne Gemeinde, sondern auch zu einem gelungenen Mittelpunkt des Ortes geworden. Seit seiner Vollendung sind das neue Rathaus, in dem neben den ehemals verstreut untergebrachten Gemeindeverwaltungsabteilungen auch die Gemeindebücherei einen würdigen Raum bekommen hat, und der Rathausplatz Treffpunkt vieler kommunaler Veranstaltungen aus den Bereichen Kultur, Gesellschaft und Sport.

Das Foyer wurde am 13. Mai 2006 erstmals zum Konzertsaal: Meisterschüler der Hochschule für Musik und Theater München würdigten unter der Leitung vom Prof. Friedemann Berger den 250. Geburtstag von Wolfgang Amadeus Mozart und den 150. Todestag von Robert Schumann. Die über 200 Gäste waren begeistert; die Reihe „Kultur im Rathaus" etablierte sich in der Folge zu einer festen Einrichtung.

Die Gemeindebücherei im neuen Rathaus

Am 30. April 2009 lud die Gemeinde erstmals zu einem „Tanz in den Mai" auf den Rathausplatz. Weitere Veranstaltungen folgten, wie das alljährliche Feldkirchner Wiesn-Glühen am Vorabend des Beginns des Münchner Oktoberfestes, der Volkstrauertag, die Adventsveranstaltungen, der Neujahrsempfang oder das Faschingstreiben am Faschingsdienstag, Open Air Konzerte, Jazz-Frühschoppen, für die meist jungen Feldkirchner ein Panini-Fußball-Bilder-Tausch und vieles anderes mehr. Und natürlich die Bürgerversammlungen. Am 16. November 2010 bat der jetzige Bürgermeister Werner van der Weck zum ersten Mal zu einem Neubürger-Empfang ins Rathaus-Foyer und am 20. Januar 2012 tanzte die „Aschheimer Schäfflerzunft" erstmals zu den Klängen der Blaskapelle Feldkirchen auf dem Rathausplatz. Als Dankeschön für 50 Jahre Vereinsvorständetreffen lud Bürgermeister Werner van der Weck am 14. November 2011 die ehemaligen und die aktuellen Vorstände der Vereine ins Foyer des Rathauses zur Jubiläumsfeier.

Am 13. Juni 2015 konnte das zehnjährige Bestehen des neuen Rathauses – zusammen mit der ebenfalls zehn Jahre währenden Städtepartnerschaft mit Rietschen in Sachsen und Bisignano in Italien – mit einem Fest für die ganze Bevölkerung gefeiert werden.

Die Gemeindebücherei

Im neuen Rathaus erhielt auch die Gemeindebücherei geeignete Räume. Bereits 1961 hatte man sich im Gemeinderat Gedanken über die Errichtung einer Gemeindebücherei gemacht – damals noch für den Standort Zeppelinstraße 6, im bisherigen Kindergartengebäude. Dann aber ruhte das Unternehmen, bevor es 1972 erneut in Angriff genommen wurde. Pläne wurden erstellt und am 10. November 1975 konnte Bürgermeister Richard Berneth die Gemeindebücherei in der Zeppelinstraße feierlich eröffnen.[7] Rund 30 Jahre blieb die Gemeindebücherei in den Räumen. 2005 zog sie mit sieben Mitarbeitern und zusammen mit der Gemeindeverwaltung in den Neubau um, der heute ein beliebter Treffpunkt ist.

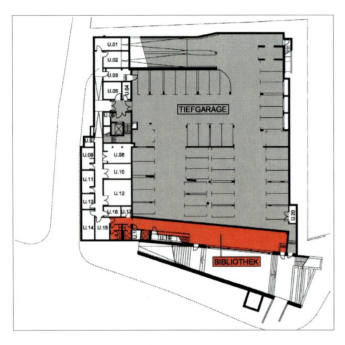
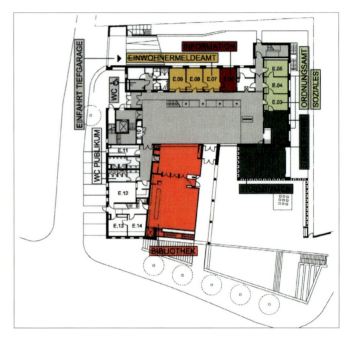

Grundriss Untergeschoß

Grundriss Erdgeschoß

Foyer

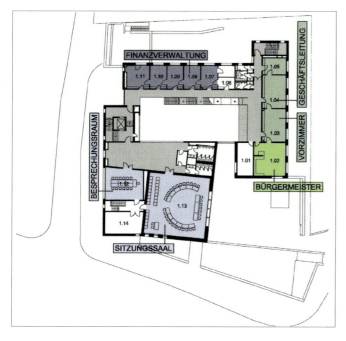

Grundriss 1. Obergeschoß

Grundriss 2. Obergeschoß

Sitzungssaal des Gemeinderats

Die Entwicklung der Gemeinde nach der Verlegung des Flughafens

Städtepartnerschaften mit Rietschen und Bisignano

Zeitgleich mit der Einweihung des neuen Rathauses wurden am 23. Juni 2005 auch die kommunalen Partnerschaften mit den Gemeinden Rietschen (Sachsen) und Bisignano (Süditalien) feierlich besiegelt. Die Partnerschaftsurkunde mit Rietschen wurde zudem bei einem Besuch dort im Jahr darauf gegengezeichnet, als eine Delegation mit 41 Feldkirchnern vom 22. bis 25. September 2006 in die niederschlesische Oberlausitz reiste.

Erste Kontakte zu Rietschen bestanden bereits unmittelbar nach der Wende, geknüpft vor allem von Christl Schunke, die familiäre Bande dorthin hatte. Feldkirchen unterstützte die sächsische Gemeinde, die mit gut 3.000 Einwohnern in etwa die Größe des damaligen Feldkirchen besaß, beim Aufbau einer modernen Rathaus-Verwaltung nach westlichem Vorbild. 1992 begann die Kirchenpartnerschaft mit Rietschen. Im September 1993 besuchte eine Delegation aus Rietschen Feldkirchen.

Bild ganz oben:
Bisignano 2004

Bild unten:
Unterzeichnung der Partnerschaftsurkunden am 23. Juni 2005 im neuen Rathaus von Feldkirchen

Rietschen 2006

Vom 10. bis 15. Mai 1995 erfolgte der Gegenbesuch in Sachsen. Zu einem weiteren Besuch in Rietschen kam es im Mai 1999 und im September 2004. Seither gibt es einen regen Austausch. Als der TSV Feldkirchen sein 100. Jubiläum beging, kam der FC Stahl Rietschen zu Besuch. Und als die sächsische Partnergemeinde im Juni 2012 ihren 650. Geburtstag feierte, reiste eine Feldkirchner Delegation in die Oberlausitz. Als Geburtstagsgeschenk brachten sie zwei handgefertigte Holztafeln für den „Wolfsweg" mit. In der Oberlausitz hat nach dem Fall des Eisernen Vorhangs nämlich der europäische Grauwolf wieder Einzug gehalten. Die Gemeinde im niederschlesischen Oberlausitzkreis, also dem nordöstlichen Zipfel Sachsens, gelegen zwischen Cottbus und Görlitz, entstand aus den früher selbständigen Gemeinden Daubitz, Rietschen, Teicha und Viereichen, die sich am 15. März 1992 zusammengeschlossen haben.

Bisignano, eine Stadt mit rund 11.000 Einwohnern liegt im sonnigen Kalabrien. Die Stadt, die für ihre Keramikherstellung und ihre Pferdezucht überregionalen Ruf genießt, liegt in der Nähe der Provinzhauptstadt Cosenza.

Die Idee zur Partnerschaft mit dieser Kommune kam von aus Bisignano stammenden Mitarbeitern der Feldkirchner Landschaftsbau-Firma May. Durch deren Vermittlung wurden 2002 erste Kontakte geknüpft. Beide Kommunen wünschten eine engere Beziehung, die in einer europäischen Städtepartnerschaft münden sollte. 2004 sprach sich der Gemeinderat Feldkirchen offiziell dafür aus, was zu einem Besuch einer Feldkirchner Delegation in Bisignano im Mai 2004, einem Gegenbesuch im Herbst desselben Jahres und schließlich zur Unterzeichnung des Partnerschaftsvertrags im Jahr darauf führte. Endgültig besiegelt wurde die Partnerschaft Anfang 2008 in Bisignano, wo auf dem dortigen „Partnerschaftsplatz" eine vom Heimstettener Bildhauer Michael Friederichsen gefertigte Stele als Geschenk der Gemeinde Feldkirchen enthüllt wurde.

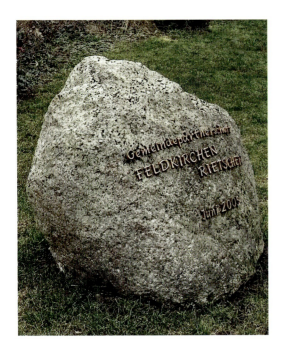

Denkmäler auf dem Europaplatzl

In Rietschen war bereits 2006 zur Unterzeichnung der Partnerschaftsurkunde eine Granit-Stele als Gastgeschenk der Gemeinde Feldkirchen enthüllt worden.

Am Europaplatzl der Parnerschaften (Piazza europea del Gemellaggio), wie das Schild im Ortszentrum verrät, erinnert seit 2010 ein Gedenkstein an die Gemeindepartnerschaft mit Rietschen. Dabei handelt es sich um einen Findling, der aus ca. 70 m Tiefe aus dem Rietschener Braunkohlebergwerk gefördert und im Juni 2005 zunächst auf dem Hindenburgplatz aufgestellt wurde. Erst als anlässlich eines Besuchs im Mai 2010 ein fast lebensgroßes springendes Bronze-Pferd als Geschenk der Stadt Bisignano in Feldkirchen eintraf, führte man beide Partnerstadts-Geschenke an dem zentralen Platz zusammen.

An die italienische Partnerstadt erinnert auch eine kunstvoll aus Keramikfliesen gefertigte Tafel mit den Wappen beider Gemeinden. In Bisignano gibt es neben einer bedeutenden Pferdezucht auch überregional bekannte Manufakturen für Keramik. Und nicht zuletzt hält das „Ristorante Bisignano" in der Feldkirchner Clara-Schumann-Straße 2 die Erinnerung daran wach.

Zeitgleich mit dem zehnjährigen Bestehen des neuen Rathauses wurde auch der zehnjährigen Städtepartnerschaften im Festakt am 13. Juni 2015 gedacht.

Bisignano 2004

Besuch in Bisignano 2008

Der Internetauftritt der Gemeinde Feldkirchen, Oktober 2017

Das Computerzeitalter beginnt

Das Computerzeitalter hielt in Feldkirchen Ende des 20. Jahrhunderts Einzug. Am 24. Juli 1997 gab Bürgermeister Leonhard Baumann den „Startklick" für den Internet-Auftritt der Gemeinde Feldkirchen. Über die Adresse www.muenchen-land.baynet.de" war die Gemeinde im weltweiten Netz zu finden oder per E-Mail: feldkirchen@muechen-land.baynet.de direkt zu erreichen. Feldkirchen war damit als erste Gemeinde im kurz zuvor gegründeten „Förderverein Bürgernetz Landkreis München Nord-Ost". Interessierten Bürgern stand das neue Medium am Terminal der Gemeindebücherei während der Öffnungszeiten nach vorheriger Absprache zur Verfügung. Darüber hinaus bestand die Möglichkeit durch eine Mitgliedschaft im Förderverein (die für Privatpersonen immerhin 60 DM im Jahr kostete) Zugang zum Internet zu erlangen.

Wenige Jahre später hatten die Interessierten längst eigene Computer und konnten über das damalige Angebot nur noch lächeln. Das Computerzeitalter ging mit großen Schritten weiter. Und stolz konnte man Anfang des Jahres 1998 vermelden, dass es der Gemeinde als erste von rund 14 Feldkirchen-Orten in Deutschland gelungen ist, die Domain-Bezeichnung „feldkirchen.de" für sich zu reservieren, unter welcher die Gemeinde seit dem 27. Januar 1998 zu erreichen ist. Seither wurde das Internet-Angebot laufend erweitert, doch die Adresse lautet noch immer „feldkirchen.de".

Eine ganze Reihe von bedeutenden Firmen der IT-Branche zog es in den 1990er Jahren und zu Beginn des 21. Jahrhunderts nach Feldkirchen, besonders ins Gewerbegebiet Ost und ins Gewerbegebiet West. Doch ist dies eine rasch wechselnde Branche: Firmen kommen, verändern sich und verschwinden. Davon betroffen sind Globel Players ebenso wie spezialisierte Ein-Mann-Betriebe.

Auf dem Wochenmarkt
2017

Der neue Wochenmarkt

Märkte gab es in allen Jahrhunderten. In Feldkirchen ist davon – wohl auch wegen der geringen Größe des Ortes – nichts bekannt. Man kaufte direkt beim Bauern, später im Kolonialwarenladen oder im Supermarkt.
In den letzten Jahren allerdings wurde – nicht zuletzt durch die Bio-Welle – allerorten der Wunsch nach speziellen Wochenmärkten mit vor allem regionalen frischen Erzeugnissen immer lauter, auch in den verschiedenen Stadtteilen der Großstädte und an der Peripherie. Am 30. April 1999 wurde der erste Feldkirchner Wochenmarkt auf dem Parkplatz am damaligen Rathaus (heute VHS-Gebäude) eröffnet, der von da an jeden Freitag von 14 bis 18 Uhr stattfindet.

Auch beim großen Jägerfest des Landesjagdverbandes Bayern am Sonntag, dem 5. September 1999, gab es einen Bauernmarkt, eine Veranstaltung, die in den Jahren danach ihre Fortsetzung fand.

Immer neue Attraktionen werden auch im Sommer geboten: etwa 2012, als der Gewerbeverein Feldkirchen zur ersten „Kunst- und Genussmeile" einlud, eine gern angenommene Mischung aus Verkaufsständen, Gastronomie und Kunsthandwerk.

Auf dem Platz der Notarkasse in der Hohenlindner Straße finden auch jeweils Freitagvormittag ein Obst- und Gemüsemarkt sowie ein Markt für Fleisch und Wurstwaren statt.

Bürgerstiftung Feldkirchen

2003 rief Rosina Heinrich, auch im Namen ihrer verstorbenen Schwester Liselotte, zusammen mit Bürgermeister Leonhard Baumann die Bürgerstiftung Feldkirchen ins Leben, als erste ihrer Art im ganzen Landkreis und sechste in Bayern überhaupt. Die beiden kinderlosen Damen stammten von Überrheinern ab, die sich zu Beginn des 19. Jahrhunderts in Feldkirchen niedergelassen hatten. Anlässlich einer Festsitzung des Gemeinderats am 28. Januar 2004 mit zahlreichen hochrangigen Gästen wurde die Stiftung proklamiert.

In seiner Rede dankte der Bürgermeister nicht nur der „*bescheidenen Frau mit großem Herzen*", sondern zeichnete die Entstehungsgeschichte nach: „*Schon vor einiger Zeit hatte Frau Heinrich ihren Willen bekundet, der Gemeinde für Anliegen der Altenbetreuung oder Jugendhilfe eine größere Summe zu spenden. Intensive Gespräche und Beratungen führten letztendlich zu dem Ergebnis, dass es sinnvoller sei, den Betrag in eine Stiftung fließen zu lassen. Frau Heinrich, die allen Lösungen gegenüber stets aufgeschlossen und offen war, stimmte der Errichtung der Bürgerstiftung zu, und so konnte die Stifterin zusammen mit Gemeinderat und Bürgermeister die Gründung dieser zukunftsweisenden Einrichtung für Feldkirchen in die Wege leiten.*"

Mit Schreiben vom 27. November 2003 teilte schließlich der Regierungspräsident von Oberbayern Werner-Hans Böhm mit, dass die Bürgerstiftung Feldkirchen mit der staatlichen Anerkennung seine Rechtsfähigkeit erlangt habe. Rechtsanwalt Engelbert Kupka hatte den rund zwei Jahre dauernden Entwicklungsprozess – zusammen mit Gottfried Gessner, dem persönlichen Berater von Rosina Heinrich –, juristisch begleitet.

Bild ganz oben:
Rosina Heinrich trägt sich in das Goldene Buch der Gemeinde Feldkirchen ein, 2004

Bild unten:
Glückwunsche von Bürgermeister Werner van der Weck zum Geburtstag von Rosina Heinrich.

Der Bürgerbus der Bürgerstiftung Feldkirchen in der Partnergemeinde Rietschen

Bürgerstiftungen, die sich von traditionellen Stiftungen dadurch unterscheiden, dass verschiedenartige gemeinnützige Belange durch die Erträge gefördert werden können, haben ihre Ursprünge in angelsächsischen Ländern. 1914 kam es in Cleveland (Ohio) zur ersten „Community Foundation". Seither sind in den USA und in Großbritannien viele solcher Stiftungen mit einem Gesamtvermögen von über 30 Milliarden Dollar entstanden. In Deutschland erfolgte die erste Gründung im Jahr 1996 in Gütersloh.

Zweck der Bürgerstiftung Feldkirchen ist die *„unmittelbare und mittelbare Förderung von Vorhaben, die im Interesse der Gemeinde Feldkirchen und ihrer Bürgerinnen und Bürger liegen, insbesondere soziale, kulturelle, sportliche sowie brauchtums- und heimatpflegerische Belange, die nicht zu den originären Pflichtaufgaben der öffentlichen Hand gehören"*. Vorsitzender ist von Amts wegen jeweils der Erste Bürgermeister. Dennoch ist die Bürgerstiftung eine Stiftung von Bürgern für Bürger und als solche selbständig und unabhängig von Kommunalverwaltungen, staatlichen Instanzen, politischen Organisationen oder einzelnen Stiftern.

Anlässlich der Proklamation der Bürgerstiftung Feldkirchen, die von Bürgermeister Leonhard Baumann als *„Sternstunde in der Geschichte unseres Ortes und seiner Bürger"* bezeichnet wurde, trug sich die Stifterin in das Goldene Buch der Gemeinde ein. Mit einer Spende von über 420.000 Euro war der Grundstock gelegt; eine Vergrößerung erfuhr die Bürgerstiftung seither durch Zustiftungen von Rudolf Sedlmeier, den Gebrüdern Bergmann, der Raiffeisenbank Feldkirchen und Gabriele Mittermaier.

Die erste und augenfällige Anschaffung war der neunsitzige Bürgerbus (Opel Vivaro, geweiht am 16. Februar 2007), dessen Einsatz von der Gemeindeverwaltung koordiniert wird. Über die Bürgerstiftung hinaus haben die beiden Schwestern auch die Evangelische Kirchengemeinde direkt bedacht, wovon das Erdgeschoß des Pfarrhauses umgebaut und modernisiert werden konnte.[8]

Die Skateanlage an der
Philipp-Hauck-Straße

Die Skateanlage

In der Sitzung des Bau- und Umweltausschusses von 6. Juli 2007 wurde beschlossen, eine Skate-Anlage an der Philipp-Hauck-Straße nach Plänen der Landschaftsarchitektin Zech zu errichten. Doch bis zur Umsetzung vergingen noch einige Jahre. Die Genehmigung durch das Landratsamt München lag Anfang 2011 vor; mit den Arbeiten konnte begonnen werden. Und am 31. März 2012 war es endlich so weit: Die Skateanlage am Bolzplatz an der Philipp-Hauck-Straße wurde offiziell ihrer Bestimmung übergeben und war bald bei den Jugendlichen äußerst beliebt.

Ein Regionalpark für Feldkirchen

Auch südlich der Autobahn A 94 ging die Gemeindeentwicklung mit großen Schritten voran – für einige Bürger allerdings mit zu großen Schritten. Am 22. März 2012 lud der Erste Bürgermeister Werner van der Weck zu einer Informationsveranstaltung ins Rathaus, der viele Feldkirchner folgten. Dabei stellte er die Planungen eines Regionalparks mit einer möglichen Ansiedlung des schwedischen Möbelhauses Ikea vor, die allerdings mit verschiedenen Bedenken aufgenommen wurden. Auch die Errichtung eines Baumarkts und eines Zeppelin-Hangers wurde anfangs überlegt.

Das Areal des Regionalparks nach einer Planung der Landschaftsarchitekten mahl gebhard konzepte

Man fürchtete etwa zusätzlichen Verkehr auf den Straßen der Gemeinde. Auf der anderen Seite könnten die zu erwartenden Mehreinnahmen aus der Gewerbesteuer lang gehegte Wünsche wahr werden lassen, etwa die Realisierung der ersehnten Südumfahrung (die Verlängerung der Kreisstraße M1 Richtung Messe München) oder den Bau der Sporthalle und die Modernisierung des Bahnhofs. Auch könnte mit mehr als 200 neuen Arbeitsplätzen gerechnet werden. Obendrein war mit dem Regionalpark ein großzügiges Naherholungsgebiet geplant, das – zusammen mit dem Buga-Park – eine deutliche Aufwertung der Region bedeuten könnte.

Vor allem von Seiten der Jungen Union regte sich Protest gegen das ihrer Meinung nach „Giganten-Ensemble", das möglicherweise zudem weitere Unternehmen anziehen würde. Unterschriften wurden gesammelt, unter der Homepage www.feldkirchen-sagt-nein.de wurden die Befürchtungen aufgelistet. Man rechnete allein für den Möbel- und den Baumarkt mit 1.000 Besuchern am Tag, nachdem Ikea rund 1.700 Parkplätze plante. Der Zeppelin-Hangar, der sogar am Sonntag für Verkehr sorgen würde, rechnete mit 400.000 Besuchern im Jahr. Und die B 471 als „Stauausweichstrecke" zur A 99 war sowieso schon seit Jahren stark frequentiert. Aus diesem Grund war man zwar nicht gegen weitere Gewerbeansiedlungen, allerdings gegen verkehrsintensiven Einzelhandel.

Die monatelangen und von einem großen Medieninteresse begleiteten Diskussionen[9], die sich auf das Für und Wider einer Ansiedelung von Ikea zuspitzten, mündeten schließlich in einem Bürgerbegehren. Bis Anfang März 2013 gaben 938 Feldkirchner ihre Unterschrift im Rathaus ab – nötig wären nur knapp die Hälfte, nämlich 471 gewesen. Am 30. Juni 2013 wurden schließlich die Bürgerentscheide zur 14. Flächennutzungsplanänderung zum Bau der ortsentlastenden Umgehungsstraße, der Errichtung eines Möbelhauses und eines Regionalparks durchgeführt.[10] Von 5.200 Wahlberechtigten gaben 3.271 ihre Stimme ab. Das entsprach einer Wahlbeteiligung von 63,6 %. Eine Mehrheit von 56,6 % sprach sich dabei gegen die Ansiedelung von Ikea aus. Beim Bürgerbegehren „Kein großflächiger verkehrsintensiver Einzelhandel wie Ikea in Feldkirchen" hatten sich in einer ungewöhnlichen Koalition zur CSU der Bund Naturschutz, der Landesbund für Vogelschutz und die Grünen gesellt.

Namen und Wappen

Nicht nur die Gründung und die Geschichte von Feldkirchen sind untrennbar mit der Emmeramslegende verknüpft, sondern auch der Ortsname und das Ortswappen. Der Heilige starb an einer Straßenkreuzung, auf einem einsamen Feld, an einer Stelle, an der kurze Zeit später ein Kirchlein erbaut wurde. Diese Kirche im Feld, bei der sich auch eine kleine klösterliche Niederlassung bildete, die zunächst „Münster" genannt wurde[1], gab der Ortschaft schließlich ihren Namen. Die Fernstraße dagegen ist im Wappen symbolisch verewigt.

Die Namen der Straßen innerhalb des Gemeindegebiets sind jedoch meist jüngsten Datums und haben nur zum Teil einen Bezug zur Ortsgeschichte. Ein Großteil sind Allerwelts-Namen, die sich auch in vielen anderen Orten finden lassen. Älter als die Straßennamen sind die Flur- und Hausnamen, die den Einheimischen vielfach noch bis in die zweite Hälfte des 20. Jahrhunderts (vereinzelt sogar bis heute) geläufig waren.

Der Name Feldkirchen

Sicher darf man sich bei diesem ursprünglichen Feld nicht ein bebautes Feld in unserem heutigen Sinn vorstellen. Es handelte sich wahrscheinlich um unbewirtschaftetes Grasland. Zu denken wäre auch an eine Kirche im Feld im Sinn von Gefield, wie die Gegend nördlich und östlich von München einst hieß. Die Feldkirchen waren nicht selten namengebend. Noch heute gibt es allein in Ober- und Niederbayern fünfzehn Siedlungen mit diesem Namen. In einer Untersuchung der Ortsnamen, die mit dem Grundwort „Kirche" zusammengesetzt wurden, hat Karl Puchner[2] sämtliche Feldkirchen-Orte aufgeführt und dabei festgestellt, dass sie vor allem im bayerischen Kernraum (der bis in das heutige Österreich reichte) belegt sind. Für die meisten lassen sich bereits sehr frühe Belege finden. Auffallend ist, dass die Feldkirchen-Orte häufig in der Nähe von alten Römerstraßen anzutreffen sind, was auch im Fall unseres Ortes zutrifft.

Wolf-Armin von Reitzenstein nennt in der Neuauflage seines Lexikons Bayerischer Ortsnamen[3] als erste gesicherte Belege für Feldkirchen bei München das in den Freisinger Traditionen erwähnte „Veltchirihen" (1123–1130)[4] und „Veltchirchen", das 1186/87 im Traditionsbuch von Tegernsee festgehalten wurde.[5] Die nächste namentliche Nennung stammt dann bereits aus dem 16. Jahrhundert: 1517 wurde „Felkirchen" in Pfleggerichtsakten verzeichnet.[6] Es folgen die erwähnten Nennungen der katholischen Filialkirche in Freisinger Archivalien.[7] Die erste wirkliche Nennung in der heutigen Form „Feldkirchen" schien 1796 in einem bayerischen Lexikon gedruckt worden zu sein.[8]

Im Jahr 1904 empfahl die evangelische Anstalt, Post an sie stets mit „Feldkirchen bei München" zu adressieren[9], da es in Bayern 14 Ortschaften dieses Namens gäbe, was nicht selten zu Verwechslungen führte. Der älteste bekannte Brief mit der Lokalisierung „bei München" stammt bereits aus dem Jahr 1878, eine Form, die sich in der Zukunft langsam einschlich. Das vom Reichspostministerium herausgegebene Ortsverzeichnis von Bayern nennt 1925 als Zustellpostamt „Feldkirchen b. München", als Gemeinde allerdings nur „Feldkirchen".[10] Der Namenszusatz „b. München" hat sich, um Verwechslungen zu vermeiden, im Lauf der Zeit allgemein eingebürgert und wurde etwa von Bürgmeister Ludwig Glöckl so verwendet. Offiziell wurde der Zusatz jedoch nicht verliehen. Noch immer heißt die Gemeinde schlicht „Feldkirchen" und wird in dieser Form auch in den offiziellen Gemeindelisten geführt. Um ganz sicher zu gehen, gibt man heute jedoch häufig „Feldkirchen, Landkreis München" an.

Die Bairischen Landtafeln, Philipp Apian, 1556.

In der oberen rechten Bildhälfte die Bezeichnung „Veltkirchn".

Der erste kartografische Beleg

Allgemein bekannt sind die berühmten Landkarten vom alten Bayern, die 24 bayerischen Landtafeln des Philipp Apian oder eine der zahlreichen Nachzeichnungen von Peter Weiner (1579) oder Georg Philipp Finckh (1655/84). Selbstverständlich fehlen dort auch die Namen „Veldtkirchen" und „S. Heimeran" nicht. Die einzigartigen 24 bayerischen Landtafeln Apians, des größten bayerischen Kartografen, wurden erst in der napoleonischer Zeit an Genauigkeit übertroffen, in ihrer farblichen Qualität gar erst durch modernste Techniken im Jahr 1964. Das „Imago Bavariae", das Philipp Apian im Auftrag seines Fürsten in Wandkartenformat geschaffen hat, war nicht nur die idyllische Beschreibung Bayerns, als die wir sie heute ansehen, mit ihren springenden Hirschen und Gemsen, den Ruderbooten auf den oberbayerischen Seen, eingerahmt von einem Renaissance-Rahmen aus Rollwerk, Früchtebouquets und Allegorien, sondern in Wirklichkeit eine wissenschaftliche Meisterleistung von hohem Rang.

Eigentlich war Philipp Apian Naturwissenschaftler. Am 14. September 1531 in Ingolstadt als Sohn des bekannten Mathematikers Peter Apian geboren, studierte er ab 1542 an verschiedenen Hochschulen Mathematik und Medizin. 1552 übernahm Philipp Apian die Professur seines verstorbenen Vaters an der Universität in Ingolstadt. Um 1560 ritt er im Auftrag von Herzog Albrecht V. von Bayern „sechs, schier sieben Summerzeit lang" durch die bayerischen Lande, um eine Topografie von Bayern anzufertigen, ausgerüstet mit den modernsten Instrumenten der damaligen Zeit. Philipp Apian wurde von seinem Bruder Timotheus begleitet, der aber auf einer dieser Reisen vom Pferd stürzte und sich tödlich verletzte.

1562/63 war die mit Tusche gezeichnete topografische Karte für Herzog Albrecht vollendet; der breiten Öffentlichkeit wurde sie zugänglich, als 1568 die „XXIV bairischen Landtafeln" in Kupfer gestochen erschienen.

Als Anhänger der Lehre Luthers musste Apian die bayerische Universität sehr zum Bedauern des Herzogs im Alter von 51 Jahren verlassen, um, schwäbisch-sparsam besoldet, an der württembergischen Universität Tübingen zu lehren (dort ist in der Stiftskirche auch sein Grabmal erhalten). Doch auch dort beschäftigte sich Philipp Apian noch mit dem Begleittext zu den Landtafeln, dessen letzte Teile er kurz vor seinem am 14. November 1589 erfolgten Tod niederschrieb. Es sollte allerdings noch nahezu 300 Jahre dauern, bis diese „Declaratio tabulae sive descriptionis Bavariae" im Druck erschien. 1880 edierte sie der bedeutende Münchner Archivar und Historiker Edmund Freiherr von Oefele im 39. Band des Oberbayerischen Archivs. Dort ist unter Rentamt München, Gericht Wolfratshausen, zu lesen:

„Veldkirchen, pag[us]*, templ*[um]*; D. Haimerani sacellum in tilliis, vulgo in Linden"* (Feldkirchen, Dorf, Kirche; S. Emmeram, Kapelle in Linden, in der Volkssprache: in Linden).[11]

Auf der Landkarte ist sowohl neben St. Emmeram als auch neben Feldkirchen eine Kirche eingezeichnet. Dass sie jedoch das Aussehen genau widerspiegeln, ist eher unwahrscheinlich, da Apians Darstellungen generell schematisiert wirken. Dennoch sind die 24 bayerischen Landtafeln ein unersetzliches wertvolles Quellenwerk.

Das Gemeindewappen

Bereits am 27. September 1969 zeigte Bürgermeister Richard Berneth Pfarrer Hobmair die Entwürfe für ein neues Gemeindewappen – wie dieser in seinen Tagebuchaufzeichnungen vermerkte. Das Sitzungsbuch der Gemeinde hielt einen Beschluss bezüglich des Wappens erst unter dem 4. Februar 1970 als Tagesordnungspunkt 16 fest:

„Der Gemeinderat beschließt gemäß Artikel 4 der Gemeindeordnung für den Freistaat Bayern [...] die Annahme eines neuen Wappens der Gemeinde Feldkirchen nach Maßgabe der von Herrn Rudolf Mußgnug, Grafik-Heraldik, Nördlingen, Oskar-Mayer-Straße 17, angefertigten Wappenabbildungen und folgender Beschreibung:

‚Gespalten von Blau und Silber; vorne über einem gesenkten silbernen Schrägbalken eine goldene Muschel; hinten eine blaue Kugel aus der ein blaues Kreuz wächst.' Der Inhalt des Hoheitszeichens wird wie folgt begründet: Zur Darstellung des Ortsnamens Feldkirchen wurde für das Gemeindewappen die Muschel als Attribut des Patrons der katholischen Filialkirche, St. Jakobus, gewählt. Damit ist die bis in das Mittelalter zurück anhand von Urkunden zu verfolgende Geschichte der Gemeinde dargestellt. Die Bedeutung des alten Verkehrsweges (sogenannte Salzstraße), die durch Feldkirchen führte, wird durch das Sinnbild des Schräglinksbalkens in der vorderen Wappenhälfte herausgestellt. Eine bemerkenswerte Entwicklung nahm Feldkirchen, als seit dem Anfang des 19. Jahrhunderts dort protestantische Landwirte angesiedelt wurden; es entstand damals eine der ältesten evangelischen Pfarreien in Altbayern. Das heraldische Symbol ‚Kreuz auf Weltkugel' stellt diese Sonderentwicklung Feldkirchens in anschaulicher Weise dar."

Nach Stellungnahme der Generaldirektion der Staatlichen Archive Bayerns vom 30. Januar 1970 (Nr. 37W/2491) entsprach die zeichnerische Ausführung des Wappens den künstlerischen und heraldischen Voraussetzungen und hatte nach seinem Inhalt eine Beziehung zur Gemeinde. Das Wappen unterschied sich hinreichend im Sinn des § 6 Abs. 2 NHGV-GBez. von den bereits bestehenden kommunalen Wappen in Bayern. Am 18. März 1970 wurde der Gemeinde Feldkirchen in einem Schreiben des Bayerischen Staatsministeriums des Innern durch Staatsminister Dr. Bruno Merk die Zustimmung zur Annahme des Wappens erteilt.[12]

Am 14. Juni 1995 wurde dann mit Beschluss des Gemeinderats auch eine Fahne angenommen. Sie zeigt drei Streifen in der Farbenfolge Gold-Blau-Weiß mit aufgelegtem Gemeindewappen. Die Annahme dieser Fahne wurde gemäß Art. 4 Abs. 1 S. 2 der Gemeindeordnung für den Freistaat Bayern am 30. Oktober 1995 von der Regierung von Oberbayern genehmigt.

Die Benennung der Straßen

Für ein einfaches Dorf hatte Feldkirchen schon erstaunlich früh eine Anzahl von Straßennamen, zu einer Zeit, als andere vergleichbare Orte sich nur mit Hausnummern zufriedengaben.

Wann die ersten Straßenbenennungen einsetzen, ist ungeklärt, doch sind einige bereits vor 1900 genannt. Dies sind – abgesehen vom Emeransweg, der bereits 1463 als *„Sand Haimransweg"* überliefert ist [13] – zum einen die Straßen, die in ein anderes Dorf oder in eine Stadt führen, wie die Aschheimer, die Ottendichler Straße (heute Oberndorfer Straße) oder die Wiener bzw. Wasserburger Staatsstraße (heute Münchner bzw. Hohenlindner Straße), zum anderen jene Straßen, deren Namen Reminiszenzen an das bayerische Königshaus darstellen, wie die Wittelsbacherstraße, die Ludwig- und die Theresienstraße sowie die Ottostraße, wobei diese Namen in die Zeit vor 1850 weisen; gegen Ende des Jahrhunderts wäre sicher Prinzregent Luitpold nicht vergessen worden. Der Name der Königin Therese legt die Ludwigstraße auch eindeutig auf König Ludwig I. von Bayern fest, an den man sich in Feldkirchen vielleicht besonders gern erinnerte. Sowohl die Emmeramskapelle als auch das evangelische Vikariatshaus verdanken diesem Wittelsbacher ihr Entstehen. Im Fall des Vikariatshauses kann auch seine Frau Therese als Gönnerin betrachtet werden. Die Frage, ob die Namen bereits vor der Jahrhundertmitte, also während der Regierungszeit von Ludwig I., quasi als kleines Dankeschön an die hohen Herrschaften oder erst später in dankbarer Erinnerung verliehen wurden, muss allerdings dahingestellt bleiben. Im Fall der Ottostraße war möglicherweise König Otto von Griechenland, ein Sohn von König Ludwig I., der Namenspatron. Zu denken wäre auch an König Otto I. von Bayern, dem Bruder von Ludwig II., der jedoch die Regierungsgeschäfte nie offiziell übernehmen konnte, krankheitshalber in Schloss Fürstenried lebte und für den sein Onkel Luitpold die Regentschaft übernahm. Doch ist in Feldkirchen weder ein Bezug zu Otto von Bayern noch zu Otto von Griechenland bekannt. Dem Prinzregenten Luitpold wurde erst Ende des 20. Jahrhunderts eine Straße gewidmet, ebenso Karoline, der ersten bayerischen Königin, die als Protestantin die evangelische Gemeinde in Feldkirchen ebenfalls unterstützt hatte.

Am 8. Oktober 1902 kann man dann zum ersten Mal im Protokollbuch der Gemeinde über Straßenbenennungen lesen, nämlich, *"daß die neu angelegten Straßen im östlichen Projekte nachstehende Namen erhalten: Sonnenstraße* [die Mond- und Sternstraße sind jüngeren Datums und haben ihre Namen sicher nur in Anlehnung an die Sonnenstraße erhalten], *Friedensstraße, Paulstraße. Der bisherige Gangsteig, abzweigend von der Bahnhofstraße soll Kreuzstraße heißen. Der für dieses Projekt festgelegte freie Platz heißt Friedrichsplatz."*

1910 erwirkte Gottlieb Adam die Genehmigung zur Anlage einer neuen Straße. Von Seiten der protestantischen Gemeinde wurde der Name "Bodmerstraße" ins Spiel gebracht[14] – ein Vorschlag, der in der Folge auch angenommen wurde.

Doch scheinen zu Beginn des 20. Jahrhunderts noch nicht alle Straßen – es waren in der Regel eigentlich mehr Wege aus Kies, Schotter und Sand – Namen getragen zu haben, denn am 24. März 1912 ist im Protokollbuch vermerkt: *"Der Antrag des Herrn Pfarrers Crämer, den einzelnen Straßen des Dorfes Namen zu geben, wird zurückgestellt, da eine Umnummerierung beabsichtigt ist."*

Und im gleichen Jahr gibt es bereits Verkehrsprobleme: *"Der sog. Kirchenweg zwischen Bahnhofstraße und Dorfstraße soll für den Radfahrverkehr verboten werden; es werden Tafeln angebracht."* (30. Juni 1912)

Am 11. Dezember 1913 scheint es dann endlich so weit gewesen zu sein: *"Die Ortsstraßen der Gemeinde sollen soweit noch nicht geschehen Namen erhalten, bzw. sollen die Namen bereits benannter Straßen abgeändert werden. Es sollen folgende Namensbezeichnungen gelten:*

1. Münchner Straße (Staatsstraße von Haus Nr. 4 gegen Westen).
2. Hohenlindner Straße (Staatsstraße von der Abzweigung der Aschheimer Straße nach Osten).
3. Emeranstraße (die bisherige Heimstetter Straße).
4. Kirchenstraße (Verbindungsstraße zwischen Hohenlindner Straße und katholischer Kirche).
5. Oberndorfer Straße (Straße von der Hohenlindner Straße nach Ottendichl).
6. Bodmerstraße (die bisherige Dorfstraße zwischen Hohenlindner Straße und Bahnüberfahrt).
7. Englmannstraße (die bisherige Paulstraße).
8. Die neuanzulegende Straße bis Plan Nummer 554 soll den Namen Andreas-Adam-Straße erhalten."

Die Münchner Straße einst und heute (mit dem neuen Rathaus in der Mitte), 1950er Jahre und 2017

Gleichzeitig wurden Erklärungen zur Benennung angegeben: *„Bei Festlegung vorbezeichneter Namen ging man von dem Standpunkte aus, teils geschichtliche Begebenheiten in Erinnerung zu bringen, teils um Männer, die sich um die Gemeinde Feldkirchen verdient gemacht haben, zu ehren. Die Namentafeln sollen aus Blech hergestellt und an Häuser, soweit solches möglich ist, angebracht werden."*

Am 4. Januar 1914 sah alles bereits wieder ganz anders aus: *„Der Beschluß vom 11. Dezember v. J. die Umbenennung der Strassenzüge etc. betr. wird aufgehoben mit Rücksicht auf die Schwierigkeiten, die sich hiebei ergeben und auf die dadurch entstehenden Kosten bei Eröffnung neuer Straßen sollen die von Herrn Holly in Vorschlag gebrachten Namen Berücksichtigung finden."*

Am 25. Januar 1914 wurden dann doch einige Namen – vermutlich die von Herrn Holly vorgeschlagenen – verliehen:
„Die Staatsstraße soll von Haus Nr. 4 (Adam) gegen Westen den Namen Münchner Straße und gegen Osten den Namen Hohenlindner Straße (zur Erinnerung an die Schlacht bei Hohenlinden) erhalten. Die Verbindungsstraße zwischen Staatsstraße und kath. Kirche, beginnend bei Haus Nr. 34, soll den Namen Kirchenstraße und die Verbindungsstraße zwischen Staatsstraße und Ottendichl den Namen Oberndorfer Straße bekommen."
Da in den Steuerkatasterplänen die das Dorf von West nach Ost durchschneidende Straße irreführend als *„Wasserburgerstraße"* eingetragen war, stellte die Gemeindeverwaltung wiederholt einen Antrag auf Neubenennung dieser Straße nach dem Gemeinderatsbeschluss.

Die Straßen waren damals sämtlich unasphaltierte Sandwege. Aus diesem Grund stellte die Gemeinde 1914 auch verschiedene Anträge um Pflasterung wenigstens der Distrikts- und Staatsstraßen innerhalb des Dorfes, die allerdings aus Geldmangel erst einmal verschoben wurden. Das Bauamt war *„infolge Mangels an Mitteln im laufenden Jahr nicht in der Lage […], Maßnahmen zur Staubbekämpfung auf der Staatsstraße in Feldkirchen durchzuführen"*. Und in den Jahren des Ersten Weltkriegs standen vermutlich noch weniger Mittel für Maßnahmen gegen die Staubbekämpfung zur Verfügung. Wann die Straßen schließlich gepflastert wurden, ist nicht bekannt.

Die Gemeinderatssitzung vom 26. März 1914 bedeutete das Ende der Paulstraße: *„Dem Gesuch der Inspektion der hiesigen Erziehungsanstalt um Auflassung der Paulstraße wird*

Münchner Straße, links im Bild alte Brennerei, 1950er Jahre und 2017

stattgegeben, nachdem ein Bedürfnis zur Anlegung genannter Straße nicht vorliegt und ein solches auch nicht vorauszusehen ist."

Ein Jahr später sollte die Bodmerstraße folgen: *„Die vom Fabrikbesitzer Schüle beantragte Auflassung der Bothmerstraße wird nur dann genehmigt, wenn Schüle östlich von Plan Nr. 554 und 554 ½ eine Straße errichtet. Mit dem Besitzer des Plan Nr. 556 hat sich Antragsteller selbst zu einigen. Die Straße ist auf Kosten Schüle in dem gleichen Zustand der jetzigen Bothmerstraße herzustellen. Bei der notwendig gewordenen Erweiterung des hiesigen Güterbahnhofes wird dies auf die östliche Seite gesetzt werden. Deshalb ist bei Anlegung der Straße auch hierauf Rücksicht zu nehmen."*

Auch andere Straßen waren von den Plänen betroffen: *„Der von dem Kaufmann Wilhelm Vetter eingereichte Bauplan zur Errichtung eines Zaunes an seinem Garten wird genehmigt. Soweit durch fraglichen Zaun die Einzäunung des Theresienplatzes bzw. Theresien- und Westendstraße erfolgt, wird Genehmigung nur auf Widerruf erteilt. [...] Die beantragte Auflassung der Theresienstraße seitens des Kaufmanns Wilhelm Vetter kann vorerst nicht gestattet werden."* (18. Mai 1921).

Der Zustand der Straßen war sicher nicht immer der beste. Am 19. August 1925 z. B. ist zu lesen: *„Nach eingehender Beratung wird beschlossen, der Oberpostdirektion nahezulegen, daß diese von ihrem Antrag auf Freigabe der Bahnhofstraße zwischen Kreuz- und Emeranstraße zurücktritt, nachdem diese Straßenstrecke keinen festen Unterbau aufweist. Es wird empfohlen, die Kreuz- und Sonnenstraße für das Postauto zu benützen, zumal dies erstens der nähere Weg ist und zweitens letztgenannte Straßen einen kräftigeren Unterbau haben. Gegen das Fahren mit dem Postauto in der Bahnhofstraße zwischen dem Bahnhof und dem Bäckermeister Haug besteht keine Erinnerung."*

Und am 27. Mai 1927 heißt es bezüglich der Ottendichler Straße, die eigentlich schon in Oberndorfer Straße umbenannt worden war: *„Der von Fink'schen Güterdirektion in Haar wird auf Ansuchen gestattet, die Ottendichlerstraße mit einem Ladegewicht von 3 Tonnen befahren zu dürfen."*

Am 28. Oktober 1925 kam es zu einer erneuten Namengebung: Die an der Bahn entlang führende Verbindungsstraße vom Bahnhof zur Aschheimer Straße erhielt die Bezeichnung *„Lagerhausstraße"*.

Kreuzung Aschheimer/Oberndorfer Straße und Münchner/Hohenlindner Straße, 1950er Jahre und 2017

Luftstraßen über Feldkirchen

Am 12. Mai 1933 schließlich standen in Feldkirchen – wie in vielen Ortschaften im ganzen Deutschen Reich – wiederum einige Umbenennungen ins Haus. Allerorts gab es in jenen Tagen die gleichen Straßennamen. Folgende Straßenumbenennungen waren in Feldkirchen vorzunehmen:

„*1. Die Münchnerstraße zwischen der katholischen Schule und der Gemeindegrenze vor dem Gut Neubau erhält die Bezeichnung ‚Adolf Hitlerstraße'.*

2. Die Bahnhofstraße von Mechaniker Dillitzer bis zum Bahnhofsgebäude wird in ‚Franz von Eppstraße' umbenannt.

3. Die Anlage Plan No. 68 hinter dem Kriegerdenkmal wird mit ‚Hindenburgplatz' bezeichnet."[15]

Diese Straßennamen, mit Ausnahme des Hindenburgplatzes, wurden – wie auch in anderen Orten – nach 1945 schnell wieder ausradiert. Dafür entstanden nach dem Zweiten Weltkrieg im Zug der regen Bautätigkeit viele neue Straßen und damit auch viele neue Straßennamen. Einige dieser Namen sind den Neubürgern gewidmet als Erinnerung an ihre alte Heimat: an Breslau, Danzig, Königsberg und Reichenberg, ans Eger- und Sudetenland sowie ans Riesengebirge, z. B. die Rübezahlstraße. Wie in vielen Gemeinden wurden auch von den Feldkirchner Gemeinderäten Anregungen im Biologiebuch gesucht. Beim Neubaugebiet nahe des Friedhofs spezialisierte man sich in den 1950er Jahren auf heimische Vögel: auf Falken, Fasanen, Finken, Lerchen, Meisen und Schwalben. Von den allerorts so beliebten Baumnamen wurde lediglich die Esche gewählt – und das wohl zu Recht! War sie doch einst im Ortsbild äußerst präsent.

Daneben entstanden durch die Jahrzehnte verschiedene Straßennamen, die auf Örtlichkeiten wie Kirche, Kapelle, Kreuz oder den Badesee Bezug nehmen. Auch die Alpen, z. B. die Zugspitze, die bei Föhn gut zu sehen war, oder der Wendelstein dienten als Straßennamen.

Die zu den Sportplätzen führenden Straßen wurden entsprechend ausgewiesen: Zum alten Sportplatz führte die Jahnstraße, nach dem alten Turnvater Jahn. Als dessen Devise *„frisch–fromm–fröhlich–frei"* etwas in Vergessenheit geriet und in Feldkirchen eine neue Sportanlage errichtet wurde, nannte man die dorthin führende Straße nach der Stätte der klassischen griechischen Wettkämpfe Olympiastraße.

Und immer wieder gedachte man auch verdienter Feldkirchner, wenn es um eine Neubenennung ging. Lange und eingehende Debatten gab es im Sommer 1977 bei der Benennung der neuen Erschließungsstraßen im Gewerbegebiet zwischen der Emeranstraße und der Hohenlindner Straße. Man war übereinstimmend der Ansicht, dass hier Namen festgelegt werden sollten, die zu einem Gewerbegebiet passen. Bemerkt wurde auch, dass die klassischen Industriellen- und Erfinderbezeichnungen fast in jedem Ort vorzufinden sind.

So war man bemüht, hier ortsbezogene Namen zu finden. Man kam auf die Namen Friedrich Schüle (= Gründer der SWF) und Xaver Münch (= Gründer der X. Münch Bräu). Diese beiden Namen sollten für die neu zu errichtenden Erschließungsstraßen dienen: Friedrich-Schüle-Straße für die von der Emeranstraße erst in südlicher und dann in östlicher Richtung bis hin zum Emeransweg verlaufende Straße; Xaver-Münch-Straße für die von der Emeranstraße in südlicher Richtung verlaufende Straße bis zu deren Einmündung in die Salzstraße. Diesen beiden Vorschlägen stimmte der Gemeinderat zu.

Zurückgestellt wurde hingegen die Umbenennung des Emeransweges. Hier war im Gemeinderat keine Einigung zu erzielen. Der Ausschuss sollte hier nochmals eingehend beraten und dem Gemeinderat einen Vorschlag unterbreiten.[16] In den folgenden Jahren reifte dann der Plan, dass zusammen mit dem Ausbau des alten Emeransweges der Name *„Kapellenweg"* eingeführt werden sollte. Am 5. November 1983 wurde die Kapellenstraße im Rahmen einer kleinen Feier dem öffentlichen Verkehr übergeben. Auf der anderen Seite wurden im Zuge des Ausbaus des Gewerbegebiets Philipp Hauck und Hans Riedl zwei weitere frühe Feldkirchner Unternehmer durch einen Straßennamen geehrt.

Beim Ausbau des Dornacher Feldes im Nordwesten von Feldkirchen entschied man sich für die Benennung der Straßen nach berühmten Komponisten. Möglicherweise war daran die Musikbegeisterung des damaligen Ersten Bürgermeisters Leonhard Baumann nicht ganz unschuldig. Auf jeden Fall wurden sie durch Vollzug des Bayerischen Straßen- und Wegegesetzes 2009 als öffentliche Ortsstraßen gewidmet.[17]

Einweihung der Kapellenstraße am 5. November 1983

Alphabetische Liste der Straßennamen

Erstellt aufgrund des Ortsplans, der Protokollbücher und der Evangelischen Gemeindeblätter. Kursiv geschriebene Straßennamen existieren heute nicht mehr bzw. kamen nie zur Ausführung.

Alpenstraße
Der Gebirgszug der Alpen ist von Feldkirchen aus bei Föhn gut zu sehen.

Am Kiesgrund
Diese Straße hieß bis 1985 Baywastraße. Sie liegt an der großen Feldkirchner Kiesgrube.

Andreas-Adam-Straße
Der Straßenname war am 11. Dezember 1913 vereinbart worden in Anerkennung des Feldkirchner Bürgers und ehemaligen Ortsvorstehers Andreas Adam, kam aber nie zur Ausführung.

Aschheimer Feldweg
Heute Seestraße.

Aschheimer Straße
Diese Straße führt in die Nachbargemeinde Aschheim (Bundesstraße 471).

Bahnhofstraße
Die Straße führt auf den Feldkirchner Bahnhof zu, der an der 1870 erbauten Eisenbahnstrecke München-Mühldorf liegt. Am 12. Mai 1933 wurde sie in Franz-von-Epp-Straße umbenannt. Seit Kriegsende heißt sie wieder Bahnhofstraße.

Bahnhofsplatz
Der Platz vor dem Bahnhof wird allgemein so genannt.

Baywastraße
Benannt nach der „Bayerischen Warenvermittlung", der zentralen landwirtschaftlichen Genossenschaften. An dieser Straße hatte die Baywa eine große Lagerhalle errichtet. 1985 wurde die Straße in Am Kiesgrund umbenannt.

Beethovenstraße
Benannt nach dem Komponisten Ludwig van Beethoven (1770–1827), dessen 9. Symphonie die Grundlage der Europahymne wurde („Freude schöner Götterfunken…").

Bodmerstraße, auch Bothmerstraße
Am 11. Dezember 1913 wurde die ehemalige Dorfstraße zwischen Hohenlindner Straße und Bahnüberfahrt in Erinnerung an Jakob Bodmer, den ersten evangelischen Lehrer von Feldkirchen, in Bodmerstraße umbenannt. Diese Straße ist im Gewerbegebiet „verschwunden"; der Straßenname wurde jedoch einer neuen Straße im Wohngebiet zwischen Hohenlindner und Emeranstraße kurz vor der Jahrtausendwende erneut verliehen.

Breslauer Straße
Benannt nach der ehemaligen Hauptstadt Schlesiens.

Brucknerstraße
Benannt nach dem Komponisten Anton Bruckner (1824–1986).

Brunnenstraße
In der Nähe der Brunnenstraße stand auf dem Grund von Ludwig Heinrich bis in die 1960er Jahre der ehemalige Wasserturm von Feldkirchen. Bereits 1904 als Brunnstraße bezeugt.[18]

Clara-Schumann-Straße
Benannt nach der Pianistin und Komponistin Clara Schumann, geb. Wieck (1819–1896).

Danziger Straße
Benannt nach der westpreußischen Hansestadt an der Ostsee.

De-Gasperi-Bogen
(zu München gehörig)
Alcide De Gasperi (eigentlich Degasperi), Staatsmann, gilt als einer der Gründerväter der Europäischen Gemeinschaft.

Dorfstraße
Sie wurde am 11. Dezember 1913 in Bodmerstraße umbenannt.

Dornacher Weg
Dieser Weg führt in das etwa 3 km entfernte Dornach. In neuerer Zeit Umbenennung in Dornacher Straße.

Ebersberger Straße
Vorübergehender Name der Weißenfelder Straße, der jedoch, um Verwechslungen zu vermeiden, laut Gemeinderatsbeschluss vom 14. Mai 1997 wieder zurückgenommen wurde.

Egerländer Straße
Benannt nach dem östlich des Fichtelgebirges gelegenen Egerland.

Emeranstraße
Am 11. Dezember 1913 wurde die ehemalige Heimstetter Straße in Erinnerung an den Heiligen in Emeranstraße umbenannt. Kurios ist dabei die Schreibweise, denn der Name des Heiligen ist eigentlich Emmeram. In den 1980er Jahren entstand eine Debatte, die Straße in Emmeramstraße umzubenennen, doch behielt man den alten Namen bei.

Emeransweg
1979 bzw. 1983 in Kapellenstraße umbenannt. Für diesen Weg gibt es schon einen erstaunlich frühen Beleg. In einer Urkunde des Jahres 1463 ist er als Haimransweg überliefert.[19]

Englmannstraße
Am 11. Dezember 1913 sollte die ehemalige Paulstraße in Englmannstraße umbenannt werden, die Namensänderung kam aber nie zur Ausführung. Vermutlich nach dem Pfarrer Heinrich Englmann von Kirchheim (1898–1905). Damals zählte Feldkirchen pfarrlich noch zu Kirchheim.

Eschenweg
Benannt nach einem Laubbaum, der in Feldkirchen häufig vertreten war.

Europaplatzl der Partnerschaften
(Piazza europea del Gemellaggio) Nicht offizieller Straßenname seit Mai 2010 für die Grünanlage an der Hauptkreuzung Münchner-/Hohenlindner- und Aschheimer-/Oberndorfer Straße, in der das bronzene Pferde (ein Geschenk der Partnerstadt Bisignango) und der Gedenkstein für die Partnerschaft mit Rietschen aufgestellt wurden.

Falkenstraße
Benannt nach dem Greifvogel.

Fasanweg
Am 12. Dezember 1933 erhielt die Verbindungsstraße zwischen Hohenlindner und Oberndorfer Straße die Bezeichnung Fasanweg. Fasan ist ein Hühnervogel.

Finkenstraße
Benannt nach dem Singvogel.

Flurweg
Dieser Weg in die Äcker, Wiesen und Weiden der Gemeinde ist am 14. November 1984 öffentliche Straße geworden.

Franz-May-Straße
(zu Kirchheim/Heimstetten gehörig)
Benannt nach dem Feldkirchner Franz May (1903–1969), Gärtnermeister in Oberndorf. Zusammen mit dem Feldkirchner Gartenbauverein war er 1959 Hauptinitiator des Ausbaus der Feldkirchner Kiesgrube zu einem Badesee, lange bevor der „Verein zur Sicherstellung überörtlicher Erholungsgebiete im Landkreis München e. V." an die Gestaltung des heutigen „Heimstettener Sees" ging. Die Benennung ging von Heimstetten aus, auf dessen Grund die Straße vorwiegend liegt.

Franz-von-Epp-Straße
Am 12. Mai 1933 wurde die Bahnhofstraße kurzzeitig (bis Kriegsende) nach dem Reichsstatthalter Franz Xaver Ritter von Epp (1868–1946) umbenannt.

Friedensstraße
Der Verbindungsstraße zwischen Kreuzstraße und Gemeindefriedhof wurde am 8. Oktober 1902 der Name Friedhofstraße verliehen. 1930 wurde sie in Friedensstraße umbenannt.

Friedhofstraße
siehe Friedensstraße.

Friedrichsplatz
Dieser Platz hat am 8. Oktober 1902 seinen Namen nach dem früheren Gastwirt Friedrich Lehrer vom Wirtshaus „Zur Sonne" erhalten.

Friedrich-Schüle-Straße
1977 wurde eine Erschließungsstraße des Gewerbegebietes nach dem Gründer eines der ältesten Industrieunternehmen in Feldkirchen, der Maschinenfabrik Fr. Schüle & Co., Spezialfabrik für Aufzüge, Krane und Winden, benannt. Die Firma ging in die Süddeutsche Winden- und Förderanlagenfabrik (SWF) über und gehörte später als Tochterunternehmen zu MAN.

Gangsteig
Am 8. Oktober 1902 wurde der frühere Gangsteig in Kreuzstraße umbenannt.

Händelstraße
Benannt nach dem Komponisten Georg Friedrich Händel (1685–1759).

Hans-Riedl-Straße
Hans Riedl (1899–1996), Gründer der Aufzugfirma, die seit 1939 Aufzüge in Feldkirchen baut.

Haydnstraße
Benannt nach dem Komponisten Joseph Haydn (1732–1809), dessen Kaiserhymne die Grundlage für die deutsche Nationalhymne wurde.

Hauptstraße (B 12)
Im 19. Jahrhundert wurden die Münchner und Hohenlindner Straße, die heutige Staatsstraße, auch als Hauptstraße bezeichnet.

Heimstetter Straße
Sie wurde bereits am 11. Dezember 1913 in Emeranstraße umbenannt.

Hindenburgplatz
Am 12. Mai 1933 wurde der Platz hinter dem Kriegerdenkmal nach Reichspräsident Paul von Hindenburg (1847–1934) benannt. Im Volksmund wird der Platz auch Kriegerdenkmalplatz genannt. In jüngster Zeit ist eine Diskussion um die Beibehaltung des Namens entbrannt.

Adolf-Hitler-Straße
Am 12. Mai 1933 wurde die Münchner Straße kurzzeitig nach dem „Führer" umbenannt.

Hölzlhof
Ursprünglich existierte hinter den dortigen landwirtschaftlichen Betriebsgebäuden ein Wäldchen, von dem sich der Hofname „Zum Hölzl" ableitete. 1904 wurde das Anwesen und später nach Auflassung der B12 die private Zufahrtsstraße in „Hölzlhof" umbenannt (Hölzlhof 1 bis 4).

Hohenlindner Straße
Am 25. Januar 1914 wurde die Staatsstraße, die damals den Namen Wasserburger Straße trug, in Erinnerung an die Schlacht bei Hohenlinden im Jahre 1800 umbenannt. Hohenlinden (Lkr. Ebersberg) liegt ca. 21 km von Feldkirchen entfernt. Für das 19. Jahrhundert ist auch der Name Hauptstraße belegt. In den Jahren 1995 bis 1997 wurde die Fahrbahnbreite reduziert und beidseitig Parkbuchten, Grünstreifen und Radwege angelegt.

Jahnstraße
Benannt nach Friedrich Ludwig Jahn (1778–1852), dem Begründer des deutschen Turnwesens. Die Straße führt zum alten Fußballplatz von Feldkirchen.

Jakob-Wagner-Straße
Bereits 1922 nach Jakob Wagner (1836–1916), dem langjährigen Bürgermeister der Gemeinde, benannt.

Johann-Sebastian-Bach-Straße
Benannt nach dem Komponisten Johann Sebastian Bach (1685–1750).

Kapellenstraße
Am 5. November 1983 wurde die neu ausgebaute Kapellenstraße dem öffentlichen Verkehr übergeben. Früher hieß sie Emeransweg. Beide Namen weisen auf die Emmeramskapelle, die an dieser Straße liegt.

Kapserweg
Kapser ist ein alter Familienname in Feldkirchen (Sauerkrautfabrik).

Karolinenstraße
Bayerns erste Königin Karoline (1776–1841) hat als Protestantin die evangelische Gemeinde in Feldkirchen entscheidend gefördert.

Kellmerweg
Kellmer, auch Köllmair u. ä. ist ein alter Feldkirchner Hofname (gelegen Ottostraße 2). Der Kellmerweg liegt direkt nördlich des Anwesens.

Kirchenstraße
Am 11. Dezember 1913 bzw. am 25. Januar 1914 wurde die zur katholischen Kirche führende Straße Kirchenstraße genannt.

Kirchweg
Der früher so genannte Weg (= Fortsetzung der Kreuzstraße) führte von der Bahnhofstraße zur Aschheimer Straße und erhielt 1926 den Namen „Zeppelinstraße", nachdem er erweitert wurde.

Königsberger Weg
Benannt nach der ehemaligen Hauptstadt von Ostpreußen (seit 1946 „Kaliningrad").

Kreuzstraße
Am 8. Oktober 1902 wurde der frühere Gangsteig in Kreuzstraße umbenannt, nach dem Kreuz, das noch heute Ecke Bahnhof- und Kreuzstraße steht. Dieses Kreuz war in heute nicht mehr feststellbarer Zeit vom Urspringerhof errichtet worden.

Lagerhausstraße
Am 28. Oktober 1925 erhielt die Verbindungsstraße zwischen Bahnhof und Aschheimer Straße die Bezeichnung Lagerhausstraße. Seit 1936 heißt sie Raiffeisenstraße. Heute Sackgasse.

Lerchenstraße
Benannt nach dem Singvogel.

Ludwigstraße
Benannt nach König Ludwig I. von Bayern (1786–1868).

Ludwigsplatz
Vgl. Ludwigstraße.

Luitpoldstraße
Benannt nach Prinzregent Luitpold von Bayern (1821–1912).

Max-Reger-Straße
Benannt nach dem Komponisten Max Reger (1873–1016).

Meisenweg
Benannt nach dem Singvogel.

Mondstraße
In Analogie zur Sonnenstraße benannt.

Mozartstraße
Benannt nach dem Komponisten Wolfgang Amadeus Mozart (1756–1791).

Münchner Straße
Am 11. Dezember 1913 bzw. 25. Januar 1914 wurde die Staatsstraße von Haus Nr. 4 (Adam) nach Westen in Münchner Straße umbenannt. Vorher hieß sie Wiener Straße (sie ist die Verlängerung der ehemaligen Äußeren Wiener Straße in München, die heute Einsteinstraße heißt). Für das 19. Jahrhundert ist auch der Name Hauptstraße belegt. Am 12. Mai 1933 wurde die Münchner Straße kurzzeitig in Adolf-Hitler-Straße umbenannt.

Oberndorfer Straße
Am 11. Dezember 1913 bzw. am 25. Januar 1914 wurde die ehemalige Ottendichler Straße nach dem Gut Oberndorf umbenannt.

Olympiastraße
Nach Einrichtung der neuen gemeindlichen Sportanlage 1965 erhielt die Straße dorthin ihren Namen nach der klassischen Wettkampfstätte in Griechenland bzw. nach dem Namen der neuzeitlichen Olympischen Spiele.

Ottendichler Straße
Die nach Ottendichl führende Straße wurde am 11. Dezember 1913 bzw. 25. Januar 1914 in Oberndorfer Straße umbenannt.

Ottostraße
Benannt nach dem zweitgeborenen Sohn von König Ludwig I., Otto (1815–1867), der von 1832 bis 1862 König von Griechenland war, oder nach König Otto I. von Bayern (1848–1919). Zu keinem der beiden gibt es einen erkennbaren Bezug zu Feldkirchen.

Otto-Lilienthal-Ring
Erschließt das neue Gewerbegebiet Süd, benannt nach Karl Wilhelm Otto Lilienthal (1848–1896), einem deutschen Luftfahrtpionier.

Parkweg
Er verbindet die Westendstraße mit der Olympiastraße.

Paulstraße
Am 8. Oktober 1902 wurde die Straße eingerichtet, vom Jahr 1904 sind Akten über die Regelung der Paulstraße im Staatsarchiv München erhalten.[20] Sie wurde am 26. März 1920 wieder aufgelassen, nachdem sie bereits am 11. Dezember 1913 in Englmannstraße nach dem Kirchheimer Pfarrer Heinrich Englmann (1898–1905) umbenannt werden sollte. Die Lage der Straße ist unbekannt.

Pfarrer-Axenböck-Straße
Benannt nach dem katholischen Pfarrer Ludwig Axenböck, der von 1918 bis 1933 als Seelsorger in Feldkirchen tätig war. Der Ehrenbürger der Gemeinde starb 1948 und liegt in Schönau (Lkr. Bad Aibling) beerdigt.

Philipp-Hauck-Straße
1914 ließ sich der Uhrenhersteller Philipp Hauck in Feldkirchen nieder.

Philipp-Holly-Straße
Benannt nach dem langjährigen Bürgermeister der Gemeinde Feldkirchen und Ehrenbürger Philipp Holly (1877–1956). Beerdigt auf dem Friedhof von Feldkirchen.

Raiffeisenstraße
Benannt nach Friedrich Wilhelm Raiffeisen (1818–1888), dem Gründer der Landwirtschaftlichen Genossenschaftsorganisation und der Spar- und Darlehenskassen in Deutschland. Am 6. Juli 1936 wurde auf Ansuchen der Genossenschaftskasse Feldkirchen die Lagerhausstraße in Raiffeisenstraße umbenannt.

Rathausplatz
vor dem 2005 fertig gestellten neuen Rathaus.

Regina-Ullmann-Straße
Benannt nach der Schriftstellerin (1884–1961), die im Ebersberger Krankenhaus verstorben ist und auf dem Friedhof von Feldkirchen beerdigt liegt. Das Straßenschild wurde anlässlich des 125. Geburtstags der Schriftstellerin am 14. Dezember 2010 enthüllt.

Reichenberger Straße
Benannt nach der Stadt gleichen Namens im Sudetenland (heute „Liberec"). Diese Straße wurde erst am 14. November 1984 zur öffentlichen Straße erhoben.

Richthofenstraße
Benannt nach Manfred Freiherr von Richthofen (1893–1918), dem erfolgreichsten deutschen Jagdflieger des Ersten Weltkrieges. Am 12. Juni 1934 erhielt die Verbindungsstraße zwischen Zeppelin- und Lagerhausstraße, deren Anlage bereits Ende 1924 beschlossen worden war, diese Bezeichnung.

Riemer Gangsteig
Dieser Weg führt in das etwa 3,5 km entfernte Riem.

Rübezahlstraße
Benannt nach dem sagenumwobenen Berggeist des Riesengebirges.

Salzstraße
Dieser Straßenname soll an die früher durch Feldkirchen führende alte Salzstraße von Reichenhall nach Augsburg erinnern.

Schubertstraße
Benannt nach dem Komponisten Franz Schubert (1797–1829).

Schwalbenstraße
Benannt nach den Singvögeln.

Seestraße
Diese Straße führt von der B 471, der Verbindungsstraße von Feldkirchen nach Aschheim, zum Heimstettener See. Früher Aschheimer Feldweg genannt.

Sonnenstraße
Am 8. Oktober 1902 wurde dieser Name für die von Fritz Lehrer (Gasthaus Sonne) angelegte Straße verliehen. Im März 1906 wurde sie von der Gemeinde übernommen.

Sternstraße
In Analogie zur Sonnenstraße erhielt die Parallelstraße – ebenso wie die Mondstraße – ihren Namen.

Stimmerwegerl
Benannt nach dem Schmied Stimmer.

Sudetenstraße
Benannt nach den Sudeten, dem Gebirgszug zwischen Schlesien und Böhmen, und den von dort zugewanderten Neubürgern. Am 14. November 1984 wurde diese Straße zur öffentlichen Straße erhoben.

Theresienstraße
Benannt nach der Frau von König Ludwig I. von Bayern, einer geborenen Prinzessin von Sachsen-Hildburghausen, nach der auch die Münchner Theresienwiese ihren Namen erhalten hat (1792–1854).

Theresienplatz
Vgl. Theresienstraße. Heute ist hier ein Kinderspielplatz.

Tucherpark
Laut Gemeinderatbeschluss vom 10. März 2011 benannt nach der ehemaligen Besitzerfamilie des Gutes Oberndorf.

Velaskostraße
Benannt nach der Bahnwärterfamilie Velasko. Früher führte von hier ein Weg zum Baggersee, dem heutigen „Heimstettener See" (heute durch die Gleise der OMW vormals Firma Marathon gesperrt). Der See heißt bei den Feldkirchnern „Vitschi", „Fidschi" oder ähnlich nach dem Bahnwärter Velasko.

Von-Tucher-Straße
Benannt nach dem ehemaligen Gutsbesitzer des Gutes Oberndorf.

Wasserburger (Staats-)Straße
Die Fernstraße, die Verlängerung der Wiener Staatsstraße, wurde am 11. Dezember 1913 bzw. 25. Januar 1914 unterteilt und in Münchner- und Hohenlindner Straße umbenannt.

Weißenfelder Straße
Diese Straße führt in das etwa 2 km entfernte Weißenfeld (Lkr. Ebersberg). 1997 war die Straße vorübergehend in Ebersberger Straße umbenannt worden, eine Entscheidung, die kurz darauf wieder zurückgenommen wurde, um Verwechslungen zu vermeiden. 2006 wurde erneut ein Antrag gestellt, die Weißenfelder Straße umzubenennen, da es angeblich um Verwechslungen mit der nahe gelegenen Weißenfelder Straße in Heimstetten gekommen sei, doch war man von Seiten der Gemeinde und der Anwohner nicht der Ansicht und da zudem bei der zuständigen Polizeiinspektion 27 in Haar keine entsprechenden Kenntnisse vorlagen, wurde in der Gemeinderatssitzung vom 19. Dezember 2004 der Antrag einstimmig abgelehnt.

Wendelsteinstraße
Benannt nach dem nördlich von Bayrischzell gelegenen Wendelstein (1840 m Höhe), der bei Föhn gut zu sehen ist.

Westendstraße
Diese Straße führt in Richtung westlicher Flurgrenze der Gemeinde und ist bereits 1903 erwähnt.[21]

Wiener (Staats-)Straße
Am 11. Dezember 1913 bzw. 25. Januar 1914 ist diese alte Fernstraße, die Verlängerung der Münchner Äußeren Wiener Straße (heute Einsteinstraße) in Münchner Straße umbenannt worden. Nach 1933 hieß sie kurzzeitig Adolf-Hitler-Straße.

Wiesenweg
Der Weg führt durch ein noch nicht bebautes Gebiet am Kindergarten Arche Noah vorbei.

Wilhelm-Vetter-Straße
Benannt nach Wilhelm Vetter (1877–1955), dem Inhaber einer Holzgroßhandlung in Feldkirchen. Als langjähriges Gemeinderatsmitglied und Wohltäter von Feldkirchen wurde ihm am 18. September 1952 das Ehrenbürgerrecht verliehen. Beerdigt auf dem Feldkirchner Friedhof.

Wittelsbacherstraße
Benannt nach dem von 1180 bis 1918 in Bayern regierenden Herrschergeschlecht.

Wolfgangsplatz
Benannt nach Wolfgang Garnreiter, Gastwirt in Feldkirchen.

Xaver-Münch-Straße
Benannt nach Xaver Münch (1871–1959), dem Gründer der Brauerei in Feldkirchen „X.-Münch-Bräu".

Zeppelinstraße
Benannt nach Ferdinand Graf von Zeppelin (1838–1917), einem Pionier des Luftfahrtwesens. Am 2. Juli 1900 startete sein erstes Luftschiff. Der Name wurde 1926 dem vormaligen Kirchenweg verliehen.

Zugspitzstraße
Benannt nach der Zugspitze, dem höchsten Berg Deutschlands (2964 m), der bei Föhn von Feldkirchen aus gut zu sehen ist. Die Zugspitzstraße wurde am 14. November 1984 zur öffentlichen Straße erhoben.

Umstellung von Hausnummern auf Straßennamen

Bevor die Straßennamen eingeführt wurden, gab es auch in Feldkirchen nur Hausnummern. Doch wurde das System wegen der zahlreichen Ausbrüche und Neubauten immer unübersichtlicher. A-, b-, ja sogar f-Nummern wurden nötig, Unterscheidungen nach 1/2, 1/3, 1/4 bis 1/8 wurden eingeführt. Um die Jahrhundertwende änderte sich dies und im Kataster von 1905 finden sich sowohl die Angaben von Hausnummern als auch von Straßennamen.

Demnach änderten sich die Hausnummern folgendermaßen:

Haus-Nr.	Besitzer	Straßenname
1	Heinrich	Münchner Str. 22
1a	Heinrich	Münchner Str. 18
1b	Kurz	Münchner Str. 16
1 1/2	Rinecker	Münchner Str. 12
1 1/3	Winkelmayer	Münchner Str. 10
1 1/4	Gesellschaftsbrennerei	Münchner Str. 8
2	Adam Gottlieb	Münchner Str. 6
3	Reither	Münchner Str. 2
4	Adam Jakob	Aschheimer Str. 1
5=41b	Adam Gottlieb	Münchner Str. 17
	Lösch	Aschheimer Str. 3
6 1/2	Adam Gottlieb	Aschheimer Str. 5
7	Adam Gottlieb	Aschheimer Str. 9
8	Wagner	Aschheimer Str. 1
9	Oberhauser	Aschheimer Str. 13
10	Stephani	Aschheimer Str. 15
11	Gnädig	Ottostr. 1
11 1/2	Kirchner	Ottostr. 4
12	Mermi	Ottostr. 2
13	Schweiger	Aschheimer Str. 17
14	Wisgickl Kaspar	Aschheimer Str. 21
15	Matheser	Aschheimer Str. 16
16	Glasl	Aschheimer Str. 12
17	Riedl	Aschheimer Str. 8
18	Wisgigl Christof	Aschheimer Str. 6
19	Gemeinde	Kirchenstr. 7
		Ludwigstr. 1
		Friedhofstr. 7
		Münchner Str. I
20	Kath. Kirche	Kirchenstr. 5
21	Steininger	Kirchenstr. 6
21 1/2	Mühlberger	ohne Angabe
	(dann Leingärtner, dann Schmid)	
22	Schrank	Kirchenstr. 2
23	Söllner	Kirchenstr. 3
23 1/2	Haindl	Kirchenstr. 1
24	Schweickart	Aschheimer Str. 2
25	Schmid, beim Kistler	Hohenlindner Str. 1
26 u. 26 1/3	Prot. Kirchengemeinde	Bahnhof Str. 2 und 4
26a u. 26b	Kloo	Emeranstr. 6
26 1/2	Prössl	Emeranstr. 3
27a	Branntweinbrennerei	Sonnenstr. 2
27 1/2	Lehrer	Hohenlindner Str. 9
27 1/3	Molfinter & Co.	Hohenlindner Str. 11

Nr.	Name	Adresse
27 1/4	Dillitzer	Bodmerstr. 6
		Hohenlindner Str. 13
28	Hölzel = Holly	Hohenlindner Str. 47
28a	Kaltenbrunner	Hohenlindner Str. 43
29	Gruber = Scholl	Weißenfelder Str. 4
30	Darlehenskassenverein (= beim Dandl)	Weißenfelder Str. 2
31	Wurth Philipp	Hohenlindner Str. 46
31a	Wieler	Hohenlindner Str. 20
31b	Kaindl	Hohenlindner Str. 26
31c	Wolf	Hohenlindner Str. 28
31d	Steinsdorf	Hohenlindner Str. 32
31e	Ihl	Hohenlindner Str. 30
31f	Kübler	Hohenlindner Str. 38
31 1/2	Ammon August	Hohenlindner Str. 22
31 1/3	Löslein	Hohenlindner Str. 18
31 1/4	Schwerdtel	Hohenlindner Str. 14
31 1/5	Ammon August	Hohenlindner Str. 24
31 1/6	Lang	Hohenlindner Str. 34
32	Wurth Philipp (= beim Maier)	Hohenlindner Str. 12
33	Wurth Balthasar (= beim Burghans)	Hohenlindner Str. 10
34	Theiler Jakob	Bahnhofstr. 1
35	Kinderheim (Verein)	Hohenlindner Str. 8
36	Hartwich (= beim Wagner)	Hohenlindner Str. 36
36 1/2	Müller Regina	Hohenlindner Str. 4
37	Müller Jakob	Hohenlindner Str. 2
38	Heinrich Ludwig	Oberndorfer Str. 3
38 1/2	Stockinger	Oberndorfer Str. 4
38a	Striegel	Oberndorfer Str. 2
38b	Göth	Oberndorfer Str. 6
38 1/3	Walter Katharina	Oberndorfer Str. 8
38 1/4	Gäbelein	Oberndorfer Str. 10
38 1/5	Marschall	Oberndorfer Str. 12
38 1/7	Wunderlich	Oberndorfer Str. 16
38 1/8	Voit	Oberndorfer Str. 18
39	Lehrer (= beim Angermeier)	Münchner Str. 5
40	Desch	Oberndorfer Str. 22
41	Erb	Münchner Str. 9
41a	Kellner	Münchner Str. 15
41b	Adam Gottlieb	Münchner Str. 17
41c	Huber Nikolaus	Jakob-Wagner-Str. 3
41 1/2	Huber Johann	Jakob-Wagner-Str. 7
41 1/3	Kams Franz	Jakob-Wagner-Str. 13
42	Anton Ernst	Aschheimer Str. 23
42a	Hörmüller Jos. u. Kath.	Aschheimer Str. 25
43	Leibenger	Bahnhofstr. 17
43a	Otto Gustav u. Kath.	Bahnhofstr. 18
43b	Reißmann	Bahnhofstr. 16
43 1/2	Taubenhuber Georg	Bahnhofstr. 19
44	Stettner Maria	Aschheimer Str. 37
45	Eisenbahnärar	Bahnhofstr. 20
46		Velaskostr. 5
		Aschheimer Str. 18
46 1/2	Kloo Anna	Velaskostr. 12
46 1/3	Kronester/Göpfert	Velaskostr. 10
47	fehlt	
48	Mader	Bahnhofstr. 14
48a	Kleinkonrad	Bahnhofstr. 9
48b	Filgis	Bahnhofstr. 7
48c	Adlsberger	Bahnhofstr. 10
48d	Brunner Alois	Kreuzstr. 1
48e	Filialkirchenstiftung Feldkirchen	Kreuzstr. 6
48f	Hupfauer	Kreuzstr. 5
48 1/2	Wurth Jakob u. Friederike	Bahnhofstr. 15
48 1/3	Schindler	Bahnhofstr. 12
49	Prot. Kirchengemeinde	Bahnhofstr. 5
50	fehlt	
51	Haindl Franz Paul u. Elis.	Bahnhofstr. 3
52	Höchheimer	Zeppelinstr. 4
53	Sterzer	Bahnhofstr. 13
54	Wimmer Mathias	Zeppelinstr. 2
55	Dietl Aug. und Marg.	Ottostr. 10
55 1/2	Meindl Josef	Ottostr. 8
56	Seemüller	Ottostr. 12
57	Hinterdorfer	Ottostr. 14
58	Kehrer Johann	Ottostr. 16
59	Reidl Thekla	Ottostr. 18
60	Liebl Joh.	Ottostr. 20
61	Gumpert	Ottostr. 3
62	Bartel Andreas	Ottostr. 5
63	Kaltenbacher	Wittelsbacherstr. 17

StA Mü Kataster 11760, nach Abschrift von Hans Porzner (laut Vorort und Siedelung vom 26. Juni 1926 kam es seinerzeit erneut zu einer Umnummerierung der Häuser).

Flurnamen in der Gemarkung Feldkirchen

Die Flurnamen sind 1951/52 aus dem gemeindlichen Ortsplan bzw. dem Umschreibe-Kataster vom Jahr 1860 von Johann Haller und Anna Biebl für die heimatkundliche Stoffsammlung entnommen worden.

Die Zahlen hinter den Namen bedeuten die Flurstücksnummern bzw. die Katasterplannummern. Zur Orientierung wurden die Himmelsrichtungen (N/W/S/O) vom Ortszentrum (Kriegerdenkmal) aus angegeben.

1. Der große Acker hinterm Wirt, 96, N.
2. Der Acker an der Münchner Straße, 110–111, SW.
3. Der äußere Feldweg ins Aschheimer Feld (von der Emmeramskapelle nach Aschheim), 296, W.
4. Angermaieracker im Aschheimer Feld (Angermaier = Hofname) 322, W.
5. Bäckerland in den Gangsteigäckern im Heimstettner Feld (Bader Back bzw. Bäck = Hofname) 520, O.
6. Die Breite im Aschheimer Feld, 292, W.
7. Die Breite am Grenzweg im Aschheimer Feld, 292, W.
8. Der Breitrainweg ins Neuland, 283, W.
9. Die Breite am Kirchheimer Weg, 500.
10. Die Bahnbreite im Neuland, 312–502.
11. Der Dornacher Feldweg, 355, W.
12. Der Doindl- oder Daindlacker (Doindl, Daindl = Hofname), 610, O.
13. Am Emeranweg, 570–578, SO bis NW.
14. Der äußere und innere Feldweg, 296–307, W.
15. Das Feldkirchner Feld, 663, 666.
16. Das Gangsteiglandl (am ehemaligen Kirchweg von Kirchheim nach Feldkirchen, quer über die Felder; bei der Flurbereinigung aufgehoben), 531, NO.
17. Der Gartenacker im Aschheimer Feld, 471, N.
18. Das Gartenland an der Heimstettner Straße, 65, 474, N.
19. Der Gewannenweg im Neuland, 278.
20. Gnädigacker im Dornacher Feld, vormals „Gnade-Acker" (Gnädig = Familienname), 362, W.
21. Gewannenweg im Riemer Feld, 192.
22. Gewannenweg im Salmhofer Feld, 100, 109, 115.
23. Gewannenweg vom Emeransweg abgehend, 578.
24. Graswegacker, früher Weideplatz, später Bauplätze, 357, 360.
25. Am Heimstetter Sträßl, 528–528, NO.
26. Großer Heimstetteracker, Heimstetterwegacker, 527.
27. Kleiner Heimstetteracker, Heimstetterwegacker, 539.
28. Oberer Heimstetterwegacker, 552.
29. Der Holzacker im Oberndorfer Feld (früher ein großer Wald, jetzt Äcker), 625, SO.
30. Das Holzfeld, 657 1/3, SW.
31. Der Holzweg, 672, S.
32. Der Kirchheimer Weg, 501, SO.
33. Der Kirchheimerwegacker, 495–496, 514, N.
34. Das Kirchheimerwegland, 510.
35. Der Kirchenbühel (heute verbaut, in der Nähe steht die katholische Kirche), 47.
36. Der Klausenacker (nach der Klause von St. Emmeram), 530, 540, 565.
37. Das Klausenland, 567–568.
38. Das Klausenfeld (Äcker um die Klause von St. Emmeram) 565.
39. Kottergärtl (Kotter = Hofname) 64.
40. Krameracker (früher Feld, heute bebaut, zu Anwesen Oberhauser), 561.
41. Kreuzsäulenäcker im Aschheimer Feld (benannt nach dem dortigen Wegkreuz), 220, 323, 358, 364, NW.
42. Kreuzsäulenland, 222, W.
43. Unterer und oberer Kühlmeieracker (Kühlmeier u. ä. = Hofname), 321, NW.
44. Die obere Läng im Taxet (dort früher ein Wäldchen aus Daxen = Nadelgehölz), 584, 597.
45. Der mittlere Längsweg ins Aschheimer Feld, 291, von S. nach N.
46. Ludwigsacker am Kirchheimer Weg, 499, N.
47. Musteracker im Aschheimer Feld, 301.
48. Neumeieracker (Neumeier = Hofname), 538, NO.
49. Neuland im Dornacher Feld, 274–304, W.
40. Im Oberndorfer Feld, 646, S.
51. Oberndorfer Feld, 600–601, 620.
52. Oberndorfer Feldweg, 624.
53. Oberndorfer Acker, 91, SW.
54. Oberndorfer Wiesacker, 623, O.
55. Ottendichlerholz (früher Wald, heute Acker), 676.
56. Pfarrland (zur protestantischen Kirchengemeinde), 65, N.
57. Am Riemer Feldweg, 167, W.
58. Am Riemer Feldweg, 175, W.
59. Am Salmdorfer Feldweg, 106, SW.
60. Der Sackweg am Kreuz ums Aschheimer Feld, 308, 493, NW.
61. Staudensäulen, 194.
62. Der Staudensäulenacker im Riemer Feld, 194, SW.
63. Der Steinacker im Aschheimer Feld, 298, W.
64. Die Steinbreite im Aschheimer Feld, 294, W.
65. Bei der Station Feldkirchen (früher ein Acker heute Bahngelände), 506, NO.
66. Der Straßenacker im Heimstettner Feld, 556, 588, 686, O.
67. Das Straßland, 488, NO.
68. Die Spitzbreiten, 351, NW.
69. Der Schusterhanslacker (Schusterhansl = Hofname), 560.
70. Der Schusteracker (früher Acker, heute verbaut), 95, SW.
71. Schusterspitze im Oberndorfer Feld (ehemals Wald, abgeholzt; der Rest ist das Schwaiger Hölzl), 598, 644, S.
72. Schwaigeracker im Oberndorfer Feld (nach der Schwaige Oberndorf)
73. Hinterer, mittlerer und unterer Schwaigeracker, 563, 626–627, S.
74. Uttaische Neuländer oder Neugründe (nach der Tochter Herzog Theodos, Uta, im Zusammenhang mit der Legende Emmerams, oder Uta, Edle von Rott) jenseits der Bahn.
75. Das Vorland, 533, 567, NO.
76. Das Veichtenland (Veicht = Hofname), N.
77. Wiesacker im Oberndorfer Feld, 621, S.

Gemeindearchiv A3222/1.

Katastervermessung Uraufnahme von 1809, Bayerische Vermessungsverwaltung

FELDKIRCHEN bei MÜNCHEN.

Protest. Pfarrhof.

Evangelische Erziehungsanstalt.

Luftbild der Ortsmitte um 1955

Direkt an der Kreuzung der Hohenlindner, Bahnhof- und Emeranstraße liegt das Grundstück der Familie Dillitzer mit dem Autohaus und der Esso-Tankstelle, bis 1928 lag hier der Theiler-Hof.
Im März 2003 wurden die Gebäude abgerissen und an dieser Stelle das neue Rathaus der Gemeinde Feldkirchen errichtet.

Bild unten:
Theilerhof 1928

Bilder oben:
Autohaus Dillitzer um 1935

Bild rechts:
Münchner Straße mit Blick zur evangelischen Kirche, davor die Gebäude des Autohauses, 1994

Anwesen Schleicher

Auf dem Grundstück betrieb die Familie Schleicher ein Baugeschäft und einen Baustoffhandel.

Bild rechts:
Wohngebäude und Taubenschlag an der Aschheimerstraße 11 im Jahr 1921.

Bild mitte:
Der Schleicherhof um 1950, im Gebäude links lag eine Tierarztpraxis.

Bild unten:
Am 22. Dezember 1991 brannte das Vordergebäude ab und wurde bis 1994 neu errichtet.

Alte Haus- und Hofnamen

In früheren Zeiten, sogar noch in unseren Tagen, werden Angaben über bäuerliche Anwesen und Familien häufig nicht anhand von Straßennamen, Hausnummern oder Familiennamen gemacht, sondern von Hausnamen, die zum Teil aus alten Zeiten herrühren. Häufig ist die Bedeutung der Namen längst unbekannt; oft waren Besitzer namengebend, die seit Jahrhunderten in Feldkirchen nicht mehr genannt sind, wie z. B. Ursprünger oder Kotter.

Mit dem Rückgang der Landwirtschaft verloren und verlieren die alten Hofnamen allgemein ihre Bedeutung, auch in Feldkirchen. Einige Anwesen sind inzwischen verschwunden, die Namen vergessen, doch die meisten sind bis zum heutigen Tag überliefert.

Aus einem Scharwerksverzeichnis von 1666, der Steuerbeschreibung von 1725, den „Conscriptiones" von 1760, dem Urkataster von 1812, der „Durchschnitts Berechnung des neunjährigen Zehnts-Ertrags bei der Filial-Kirche Feldkirchen" (zugrunde gelegt sind die Jahre 1811–1814; 1818–1822), einer „Berechnung der Wechselgilten zur Filial-Kirche Feldkirchen für das Etats-Jahr 1838/39", den heimatkundlichen Stoffsammlungen aus der zweiten Hälfte des 20. Jahrhunderts, Adressbüchern und verschiedenen anderen Quellen wurde versucht, die Haus- und Hofnamen von Feldkirchen festzuhalten. Auch in der „Erbhöferolle" von 1934[22], eine Einrichtung, die es nur während des „Dritten Reichs" gab und die nach dem Zweiten Weltkrieg wieder abgeschafft wurde, sind die Hofnamen verzeichnet.

Alte Schmiede siehe Schmidwastl.

Alter Wirt, entstanden 1830 als erstes Gasthaus in Feldkirchen durch die Wirtin Agatha Vazanini, später verschiedene Besitzer, u. a. Familie Glasl, heute Hotel Bauer, Münchner Straße 6.

Angermeier, durch Teilung des Urspringerhofes 1854 entstanden. Erbaut im Anger des Hofes. Besitzer war früher Familie Lehrer, später Leni Weber. Münchner Straße 5.

Anstaltshof, zur evangelischen Erziehungsanstalt gehörig, heute verpachtet, Oberndorfer Straße 3.

Bader Bäck, benannt nach dem Bäcker Martin Bader von 1813 und Sebastian Bader seit 1830. Er war Bauer und Bäcker; später Freibauer, beim Lorenz, Familie Bräunlein, Bäckerei Bogner. Ehemals freistiftig grundbar zum Gotteshaus Feldkirchen.
1812: „Bäck" Anton Kühle;
1811 ff.: „beim Bäck" Sebastian Bader, früher Wilhelm Pfundtner, ehedem Anton Kühle, Haus Nr. 22;
1838/39: „Bäcker" Sebastian Bader, früher Wilhelm Pfundtner und Anton Kühle. Münchner Straße 2.

Bahnhofsrestaurant, später Gasthaus Taubenhuber, Besitzer Familie Taubenhuber, entstanden nach 1870 nach dem Bau der Bahnlinie München-Mühldorf. Bahnhofstraße 19.

Bartl benannt nach dem Hufschmied Michael Bartl in der 2. Hälfte des 18. Jahrh.; Gründe von der Familie Oberhauser aufgekauft, Mietshaus. Ehemals leibrechtig grundbar zur Hofmark Pertensdorf.
1760: „Partl", Balthasar Vager;
1785: Hufschmid Michael Bartl;
1812: „Hufschmid" (nach Michael Hufschmid);
1811 ff.: „beim Bärtl" Michael Brantl von Eglfing, früher Michael Hufschmied;
1838/39: Michael Brantl, früher Michael Hufschmied.

Bauschmid, Bauernschmid, Pauernschmid. 1694 ist ein Pauschmid als Besitzer im Taufbuch eingetragen, 1702 ein Georg Pauschmidt belegt. Später Mietshaus im Besitz der Familien Fuchs und Röhrl. Ehemals leibrechtig grundbar zum Domkapitel Freising bzw. Kollegiatsstift St. Veit in Freising.
1760: „Pawschmid" Johann Huber;
1812: „Bauernschmid" Michael Huber;
1811 ff.: „beim Bauernschmied" Emeran Huber, früher Michael Huber;
1838/39: Emeran Huber;
ab 1852 Andreas und Theresia Huber;
1899: Leopold Lang, Leopold Jordan und Magdalena Söllner.

Beim Burghans, 1905 genannt, Besitzer Balthasar Wurth, Hohenlindner Straße 10.

Doindl, Daindl, Doandl. Die Gemeinde Feldkirchen verkaufte 1803 das zum kurfürstlichen Hofkastenamt bodenzinsige „Gmain-Schmidhäusl" an Andrä Holzinger.
1812: „beim Daindl" Andrä Holzinger;
1831: Andrä Stolz, Leerhäusler;
1849 an Katharina Thalmaier verkauft, nachdem es im Jahr 1847 abgebrannt war und öd lag;
1905: Darlehenskassenverein „beim Dandl"; später Besitz von Frau Vilsmeier. Weißenfelder Straße.

Erl siehe Irl.

Faicht, Feucht siehe Veit.

Franzamartl (um 1955 Haus Nr. 15).

Freibauer siehe Sonnenwirt.

Gabriel, Gabahell, Gobahell, jetzt beim Gnädig. Die Familie Gnädig ist rund 200 Jahre auf dem Hof. In den älteren Quellen taucht der Name Gabriel nicht auf; er wurde vermutlich in jüngerer Zeit eingedeutet, als man den älteren Namen Gabahell, wie der Hof früher meist hieß, nicht mehr zu deuten wusste. Auch in Trudering gab es 1760 einen Hof namens „Gabahell". Ehemals zum Angerkloster in München.
1747: Balthasar Pozmayer;
1760: „Gabahell" Balthasar Pazmayr;
1799: Georg Flicker;
1808 „beim Gaberl" Joseph Gnädig;
1812 : „Gabriel" Joseph Gnädig;
1811 ff.: „Gaberholl" Josef Gnädig (Sohn);
1838/39: „Gabahl" Josef Gnädig.
Ottostraße 1.

Gartenmaier, um 1860 im Garten des Nachbarn Köllmaier erbaut. Früherer Besitzer war Familie Wisgigl, späterer Besitzer Familie Mehringer,
Aschheimer Straße 21.

Gasthof Hartmann, früher Anwesen Hintermeier unter der Familie Steininger 1873 als Wirtschaft zum Neuwirt entstanden. Um 1955 Gasthaus Mermi. Der Name Neuwirt ist für dieses Anwesen nicht mehr gebräuchlich; zeitweise auch „Garnreiter", nach dem Wirt Wolfgang Garnreiter von 1920 ff. genannt.
1725 war z. B. ein Wolf Hintermayer Bauer in Feldkirchen;
1760 saß ein Melchior Hintermayer auf dem „Mayr"-Hof.
Kirchenstraße 6.

Beim Gnädig siehe Gabriel.

Heinrich, Besitzer Geschwister Heinrich, Gründe verpachtet. 1852 übergab Jakob Wurth das Anwesen an seine Tochter Maria und deren Bräutigam Leonhart Heinrich; 1905 war ein Ludwig Heinrich Besitzer der Anwesen Oberndorfer Straße 3 und Münchner Straße 18 und 22.
Münchner Straße 22.

Hintermeier siehe Gasthaus Hartmann.

Hölzlhof, Hölzl, auch nach dem Besitzer Holly genannt, liegt im Osten von Feldkirchen in einer heute waldlosen Ebene. Ältere Leute erzählten von dem Wald, der sich bis in die Mitte den 20. Jahrhunderts längs der Hohenlindner Straße gegen Parsdorf hingezogen haben soll. 1837 kaufte Johann Wagner von Lorenz Kauderer, Schwaiger zu Oberndorf, den Grund; das Wohnhaus wurde erst 1837 erbaut;
1851 ging das Anwesen auf Jakob Adam über;
1904 an die Tochter, die Philipp Holly heiratete;
1905 „Hölzl", Holly. Heute Hölzlhof.

Hüterhäusel. Es muss etwa an der Stelle des heutigen Maibaums gestanden haben.
1837 ist es abgebrannt. Das Grundstück wurde als „Ödung", später als „Sandgrube und Tummelplatz" bezeichnet;
1855 wurde es an das protestantische Vikariat verkauft.

Beim Hufschmied siehe sowohl Schmidwastl als auch Bartl.

Irl, Erl, Jell, Jirl, auch Jäckl, bereits 1955 bis auf das Wohnhaus abgebrochen. Besitzer war die Familie Vetter. Ehemals freistiftig grundbar zum Gotteshaus Feldkirchen.
1749: Georg Sedlmayer;
1760: „Jell" Hans Sedlmayr;
1770: Michael Emelkofer;
1773: Kaspar Oettl;
1780: Balthasar Thaller;
1784: Michael Schmitt;
1811 ff.: „beim Jell" Anton Schindler (durchgestrichen: Sebastian Sedlmaier);
1838/39: „Jell" Sebastian Sedlmayr.
Ottostraße 2a.

Josepple im Ammerthal,
1955 Wohnhaus Müller.

Kelmeier, auch Köllmair, Kolmeier, Kellmer, Killmair, Kühlmeier, vielleicht auch Kellermeier; ehemals freistiftig grundbar zum Gotteshaus Feldkirchen;
1760: „Köllmeyer" Gregori Nunmayr;
1812: „Köllmaier";
1812 : „Killmaier" Xaver Marx;
1811 ff.: „beim Killmaier oder beim Köllmann" Johann Bodmer, früher Xaver Marx;
1838/39 : „Köhlmayr" Johann Bodmer, früher Xaver Marx;
1829 gekauft von Johann Meßner,
1833 von Johann Bodmer;
1853 übergab er das Anwesen seiner Tochter Barbara, die Philipp Lehrer heiratete; deren Tochter Maria erhielt es 1900 und heiratete Gottlieb Mermi. Da Gottlieb und Maria Mermi kinderlos blieben, ging der Hof 1948 an deren Neffen Johann Mermi aus Lappach über.
1972 übernahm Georg Mermi sen. den Hof, 2007 folgte Georg Johann Mermi (Georg Mermi jun.).
Im Jahr 1934 hieß der Hof noch Kelmeir-Hof, heute Kellmerhof.
Ottostraße 2.

Kistler, später Neuwirt, entstanden kurz nach der Jahrhundertwende, dann Kreissparkasse, heute Apotheke. Derzeitiger Besitzer ist B. Zacherl.
1821: Kistler (= Schreiner) Valentin Janson;
1905: „beim Kistler". Hohenlindner Straße 1.

Klingler, benannt nach dem Besitzer in der ersten Hälfte des 19. Jahrhunderts, Christian Klingler, einem protestantischen Einwanderer. Das Anwesen ist erst zu Beginn des 19. Jahrhunderts als Ausbruch aus dem Maierhof entstanden.
1851 an Johann Bodmer verkauft; dieser verkaufte das Anwesen 1852 an den „Verein zur Begründung einer Erziehungs- und Rettungs-Anstalt für Kinder protestantischer Confession". Ehemals leibrechtig zur Hofmark Pertensdorf.
1812: Maierhofausbruch;
1811 ff.: Christian Klingler.

Kotter, benannt nach dem Besitzer dieses Anwesens von 1572, Sebastian Kotter; später Drogerie Hörmüller; seit 1984 Kreissparkasse. Ehemals freistiftig grundbar zum Hochstift Freising bzw. zum Stift St. Johann in Freising und zur Emmerams-Kapelle.
1760: „Kotter" Jacob Heiler;
1812: „Kotter";
1812: „Kotterhof" Michael Senes;
1811 ff.: „beim Kotter" Georg Hopler (durchgestrichen: Michael Sennes);
1838/39: Michael Sennes und Georg Hobler (protestantischer Einwanderer).
Aschheimer Straße 2.

Lorenz siehe Bader-Bäck.

Mair, Maier, Meier, Moar (Hof neben der Anstalt), Besitzer ist Familie Wurth. Ehemals zur Hofmark Pertensdorf.
1760: „Mayr" Melchior Hintermayer;
1812: „Maier" Michael Bettler;
1811 ff.: „beim Meier" Jakob Wurth (protestantischer Einwanderer), früher Michael Pöttler;
1838/39 : „Maier" Jakob Wurth, ehedem Michael Pöttler;
1905 : „beim Maier".
Hohenlindner Straße 10.

Mermi siehe Kelmeir.

Mesner, vermutlich das Haus des Mesners, denn das Anwesen war ehemals grundbar zum Gotteshaus Feldkirchen.
1666: „Mesner"; 1725: „Meßner";
1760: „Mösner" Michael Zehentmayr;
1811 ff.: „beim Meßner" Jakob Adam (protestantischer Einwanderer);
1838/39: „Messner" Jakob Adam.
Hölzlhof 1.

Neuhäusler, heute Mietshaus im Besitz von Frau Fette.
1811 ff.: „beim Neuhäusler" Cyprian Matheser, früher Johann Matheser, ehedem Jakob Adam;
1838/39: Johann Matheser, nun dessen Sohn Cyprian Matheser.
Aschheimer Straße 8.

Neumeier, heutiger Besitzer Familie Schleicher. Ehemals erbrechtlich grundbar zum Rentamt.
1812: „Neumaier-Ausbrüche";
1811 ff.: „beim Neumayr" Jakob Wagner (Sohn protestantischer Einwanderer);
1838/39: „Neumayr" Jakob Wagner.
Aschheimer Straße 11.

Neuwirt siehe sowohl Gasthaus Hartmann als auch Kistler.

Beim Oberhauser siehe Schusterhansl.

Gut Oberndorf, früher Schwaige Oberndorf. Verschiedene Besitzer. Ehemals zum Kloster Frauenchiemsee bzw. Kloster Weyarn. Oberndorfer Straße 22 (siehe ausführlich S. 179–185)

Oettl. Angehörige der Familie Oettl waren im 17. und 18. Jahrhundert mehrere Generationen lang auf verschiedenen Höfen in Feldkirchen, 1666 und 1725 auch auf diesem. Im 20. Jahrhundert Postgebäude. Ehemals freistiftig grundbar zum Gotteshaus Feldkirchen.
1760: „Öttl" und „Öttl Zubau";
1812: „Oettl" und „Oettl-Zubau";
1811 ff.: „beim Alten Öttl" Lorenz Erhard, früher Mathern Adam, (protestantischer Einwanderer) und „beim Jungen Öttl" (= Zubau) Andrä Adam (protestantischer Einwanderer);
1838/39: „Alter Oettl" Lorenz Erhard und „Junger Oettl" Andreas Adam.
Aschheimer Straße 5.

Pauernschmid siehe Bauschmid.

Pfaffermeier, Pfeffermaier, um 1955 Säge. Stallungen abgebrochen. Wohnhaus durch Fliegerangriff am 16. Nov. 1944 zerstört, 1971 vollständig abgerissen. Ehemals freistiftig grundbar zum Gotteshaus Feldkirchen.
1760: „Pfeffermayr" Balthasar Öttl;
1812: „Pfeffermaier";
1811 ff.: „beim Pfeffermayer" Sebastian Matheser, früher Johann Matheser;
1838/39: „Pfeffermayr" Sebastian Matheser.
Aschheimer Straße.

Sames, auch Samoß. Der Name wurde vom ursprünglichen Samesanwesen in der Hohenlindner Straße auf das ehemalige Urspringeranwesen in der Kirchenstraße beim Ankauf übertragen. Nach Angaben der Familie Wurth soll der Name daher rühren, dass ihre Vorfahren vor der Einwanderung aus Offenheim mit Samen gehandelt hätten. Bis 1971 war hier eine Strumpffabrik untergebracht. Kirchenstraße 2; das Anwesen der Familie Wurth befindet sich heute jedoch durch Verkauf und Kauf in der Münchner Straße 35.

Schäffler, auch **Schaffler**, später Mietshaus im Besitz der Familie Wurth. Ehemals freistiftig grundbar zum Gotteshaus Feldkirchen bzw. Kloster Tegernsee.
1812: „Pfaffel";
1811 ff.: „beim Schaffler" Ignaz Jonas, früher Benedikt Jonas;
1838/39: „Schäffler" Ignaz Jonas, früher Benedikt Jonas.
Aschheimer Straße.

Schmidwastl, Schmidgütl, auch „Alte Schmiede", 1955 bereits abgebrochen. Benannt nach Sebastian (Kurzform: Wastl) Huber, dem Besitzer zu Anfang des 19. Jahrhunderts. Heute Penny-Markt. Ehemals leibrechtlich grundbar zum Angerkloster in München.
1760: „Schmid" Lorenz Volbert;
1812: „Neumaier-Ausbrüche";
1811 ff.: „beim Hufschmied", Georg Lang, früher Sebastian Huber, ehedem Maria Huber;
1838/39: Georg Lang.
Oberndorfer Straße.

Schneider. Philipp Lehrer, der Besitzer in der ersten Hälfte des 19. Jahrhunderts, war Schneider. Heute durch Einheirat im Besitz der Familie Wurth.
1811 ff.: „beim Schneider" Philipp Lehrer;
1838/39: Philipp Lehrer;
1848 übergibt Philipp Lehrer das Schneidergütl an seine Tochter Katharina und deren Bräutigam Jakob Wurth;
1860: „Wurthgütl";
1885 ist der Besitzer der Sohn Philipp Wurth;
1895 brannte das Anwesen nieder;
1895/96: Neubau.
Bahnhofstraße 13.

Schusterhansl, vermutlich benannt nach dem Besitzer Johann Ehrl von 1760, später Mesner Krämer und beim Oberhauser. Die Familie Oberhauser war ca. 200 Jahre auf diesem Anwesen. Heutiger Besitzer durch Einheirat ist Familie Gruber. Früher freistiftig grundbar zur Pfarrei Kirchheim.
1760: „Schuster-Hans" Johann Ehrl;
1811 ff.: „Schusterhansl" Melchior Oberhauser (jetzt Sohn Georg Oberhauser);
1838/39: „Schuster(hansl)" Georg Oberhauser. Aschheimer Straße 13.

Sonnenwirt, früher Freibauer. Der Vater des früheren Besitzers namens Lehrer hat sich den Namen „Sonnenwirt" selbst zugelegt. Vom alten Freibauernanwesen steht nur mehr der Stadel, der zu einem Wohnhaus umgebaut wurde. Die Gastwirtschaft „Zur Sonne" samt Metzgerei an der Hohenlindner Straße 9 wurde 2014 abgerissen, um einem Wohnungs-Neubau Platz zu machen.

Gasthof Taubenhuber siehe Bahnhofsrestaurant.

Theiler, ehemaliger Besitzer war die Familie Theiler, später Autohaus Dillitzer, Anwesen aufgelöst.
1905: Jakob Theiler. Bahnhofstraße 1.
An der Stelle steht heute das neue Rathaus.

Urspringer, benannt nach dem Besitzer dieses Anwesens von 1538, Leonhard Ursprenger. Später im Besitz der Familie Oettl, seit 1776 Stammhaus der Familie Glasl (Einheirat von Pliening),
1917 verkauft an Philipp Wurth. Dieser übertrug seinen Hausnamen Sames hierher. Ehemals grundbar zum Kloster Benediktbeuern bzw. Stift St. Veit in Freising.
1760: „Ursringer" Andre Öttl;
1812: „Ursringer" Paulus Glasl.
Kirchenstraße 2.

Veit, Veicht, Feucht, vom Personennamen Veit (lat. Vitus). Die Gründe wurden zum Alten Wirt übertragen. Besitzerin war 1955 Anna Glasl. Später Wohnblöcke der Familie Pittner/Glasl (bzw. Turtur). Ehemals freistiftig grundbar zum Gotteshaus Feldkirchen.
1760: „Feith" Jonas Strassmüller;
1812: „Veit";
1812: „Faith" Joseph Zellermayer;
1811 ff.: „beim Veit" Zehetmaier (durchgestrichen: Joseph Zellermayer) Anton Milly;
1838/39: „Veit" Anton Milly.
Aschheimer Straße 10–12.

Wabers, Weber Jockl, Jakl (um 1955 Haus Nr. 6).

Wagner, Wagnergeschäft, Besitzer Martin Ertl, heute Tengelmann, Lebensmittelgeschäft und Wohnblock. Ehemals erbrechtig grundbar zum Rentamt.
1905: „beim Wagner".
Hohenlindner Straße 6 und 6a.

Wurthgütl siehe Schneider.

Gebäude unter Denkmalschutz

Insgesamt zehn Gebäude führte die Liste der Denkmäler in Bayern 1986 bzw. 1997 in der Gemeinde Feldkirchen auf.[23] Seither ist noch ein weiteres dazugekommen. Die meisten von diesen Baudenkmälern stehen in der Bahnhofstraße.

Bahnhofstraße 2
Evangelisch-lutherische Kirche, als Betsaal erbaut, neugotisch, 1837, erneuert durch Theodor Fischer 1924; mit Ausstattung (Flurnummer 61).

Bahnhofstraße 4
Evangelisch-lutherisches Pfarrhaus, zweigeschoßiger Putzbau mit steilem Walmdach. Das winkelförmige Gebäude wurde 1911 von Robert Kosenbach entworfen. Neben dem Eingang am Obergeschoß Relief des Guten Hirten (Flurnummer 63).

Bahnhofstraße 3
Wohnhaus, sog. Haindl-Villa, erbaut von Sägewerksbesitzer Franz Haindl, villenartig, mit Giebelrisalit, Neurenaissance-Putzgliederungen und Flachsatteldächern mit Vorstand, um 1900; im Garten gleichzeitige Hubertusfigur (Flurnummer 60/2).

Bahnhofstraße 3
Zugehörige Werkhalle, zweigeschoßiger Bau mit polygonalem Eckerker und Satteldach, um 1900 (Flurnummer 60/2).

Bahnhofstraße 5
„Bürgerhaus Alte Schule" bzw. „Ludwig-Glöckl-Haus". Ehem. evangelische Schule, später Kindergarten, heute Seniorentreffpunkt und Gesellschaftsräume, stattlicher zweigeschoßiger Bau mit flachem Walmdach, um 1885 als erstes evangelisches Schulhaus einer Landgemeinde im Raum München erbaut, 1987 renoviert und 2013 offiziell in „Ludwig-Glöckl-Haus" umbenannt. Wegen der starken baulichen Veränderungen im Innern anlässlich der Renovierung in den 1980er Jahren wurde das Gebäude allerdings wieder aus der Denkmalliste gestrichen (Flurnummer 64).

Bahnhofstraße 13
Villa Lehrer, erbaut 1895/96, zweigeschoßig, Krüppelwalmdach, Mittelrisalit mit Zierbalkon in reicher Ausführung, historisierende Bauformen (Flurnummer 473 /3). 1811 war das Anwesen im Besitz des Schneiders Philipp Lehrer, ab 1848 seines Schwiegersohns Jakob Wurth. Nach der Zerstörung durch einen Brand im Jahr 1895 Wiederaufbau in der bestehenden Form.

Hohenlindner Straße 11
Ehemalige Fabrikantenvilla Schüle, jetzt Bürohaus, zweigeschoßig, Mansarddachbau mit Ecklage mit rustiziertem Sockelgeschoß und neubarockem Ziergiebel, erbaut 1903 von Friedrich Schüle (Flurnummer 553/1).

Kirchenstraße 5
Katholische Pfarrkirche St. Jakobus d. Ä., 1927 erbaut von Wilhelm Flaschenträger und Georg Berlinger unter Einbeziehung des spätgotischen, 1720 umgebauten Chores und Turms; mit Ausstattung und Gedenkstein (= Kriegerdenkmal) vor der Kirche. Nach Norden gerichtete basilikale Anlage, deren weiträumiges tonnengewölbtes Mittelschiff gegen die niedrigen Seitenschiffe in rundbogigen Pfeilerarkaden geöffnet ist; eingezogener Chor mit Strebepfeilern am dreiseitigen Schluss. Nordöstlich des Langhauses Chor und Turm der Vorgängerkirche mit Stukkaturen um 1720 und Relief des Erzengels Michael am Gewölbescheitel. Altäre und Kanzel drittes Viertel 17. Jahrhundert, Hochaltar rückseitig bezeichnet 1662, mit Seitenfiguren des Erzengels Michael und des hl. Jakobus d. Ä., im Auszug Gottvater. Die seitlichen Engel aus der ersten Hälfte des 18. Jahrhunderts wurden 1958 erworben. Skulpturen der Seitenaltäre: westlich in der Mitte Muttergottes, seitlich die hll. Barbara und Katharina, im Auszug Marienkrönung; östlich in der Mitte Kreuzigungsgruppe, seitlich die hll. Joachim und Zacharias, im Auszug Immaculata. Der wohl um 1700 entstandene Akanthusaltar der Taufkapelle wurde vor 1939 angekauft, doch erst 1958 aufgestellt. 1978 Restaurierung der Kirche (Flurnummer 46).

Hohenlindner Straße 8
Evangelisches Kinderheim des Vereins für Innere Mission in München e.V. (Evangelische Kinder- und Jugendhilfe), zwei zweigeschoßige Bauten (jetzt durch einen Verbindungstrakt miteinander verbunden), mit neubarockem Dekor, erbaut 1890/91 bzw. 1905/06; im Südbau Hauskapelle mit Dachreiter, ebenfalls von 1905. Nachdem das zweigeschoßige Gebäude im Norden mit Eckrustika und kleinem Zwerchhaus 1890/91 als Mädchenschulhaus errichtet worden war, folgte 1905/06 südlich davon der winkelförmige, ebenfalls zweigeschoßige Bau des Knabenschulhauses. Beide Gebäude wurden 1947 durch den Verbindungstrakt miteinander verbunden (Flurnummer 74).

Kapellenstraße (in Grünanlage)
Katholische Kapelle St. Emmeram, schlichter Backsteinbau im „Rundbogenstil", 1842/43 an Stelle eines mittelalterlichen Baus errichtet; mit Ausstattung. Einschiffiger, nach Westen gerichteter Blankziegelbau mit halbrundem Schluss und ornamental bemalter Flachdecke. Über dem neuromanischen Altar der 1840er Jahre große Schnitzfigur des hl. Emmeram (München um 1500). 1980 ff. Restaurierung. (Flurnummer 569). Die ausführliche Geschichte des Kapellenbaus siehe S. 48–57

Villa Vetter von Sep Ruf, Archiv des Architekturmuseums der TU München

Theresienstraße 3/Ottostraße 3

Mit der Vetter-Villa wurde einer der ersten anspruchsvollen Wohnhausbauten in Bayern nach dem Ende des Zweiten Weltkriegs in die Denkmalliste nachgetragen. Das Gebäude ist nach Ansicht des Bayerischen Landesamtes für Denkmalpflege in vielerlei Hinsicht bemerkenswert. Bereits im November 1928 meldete das Evangelische Gemeindeblatt: *„Herr Holzhändler Wilhelm Vetter baut in seinen Garten eine prächtige Villa"*. Und der Münchner Gartenarchitekt Alwin Seifert (1890–1972), von dem eine ganze Reihe von Gartenanlagen in München entworfen wurde, hatte dafür 1930/31 einen formalen Rosengarten mit Spalieren geplant.[24] Ob es je zu dem Haus und dem Garten gekommen ist, lässt sich nicht mehr sagen. Allerdings wohnte Wilhelm Vetter laut Fernsprechbuch von 1949/50 in der Ottostraße 3, eben dort, wo kurz zuvor das nun unter Denkmalschutz gestellte Gebäude errichtet wurde. Der bekannte Münchner Architekt Sep Ruf (1908–1982) hat dieses in den Jahren 1946 und 1947 angeblich für den Holzhändler Siegfried Vetter und dessen Ehefrau Helga errichtet, die laut Telefonbuch von 1949/50 in der Theresienstraße 3 wohnten. Die Gestaltung des Gartens, der eng mit dem Wohnhaus verzahnt ist, übernahm der Gartenarchitekt Alfred Reich (1908–1970), der zahlreiche Münchner Hausgärten in der Nachkriegs- und Wirtschaftswunderzeit schuf. Der avantgardistische Gartenkünstler ist bekannt für seinen eleganten, repräsentativen, geometrischen und von feudalen Vorbildern geprägten Stil.

Das Gebäude selbst entstand kurz nach dem Krieg, zu einer Zeit, die noch stark durch die Reglementierungen und Kontingentierungen von Baumaterial bestimmt war. Lediglich mit Ausnahmegenehmigung der Militärregierung war seinerzeit ein Neubau überhaupt möglich. Im Fall Vetter hatte sich das „Bayerische Hilfswerk für die durch die Nürnberger Gesetze Betroffenen" für den Neubau eingesetzt. Das Hilfswerk begründete dies mit dem Hinweis, dass das Ehepaar seit 1938 versucht hätte, sich ein Eigenheim zu errichten, dies jedoch untersagt wurde, da Frau Vetter nach den 1935 von den Nationalsozialisten erlassenen sogenannten Nürnberger Gesetzen ein „Mischling I. Grades" und beide „schwersten Verfolgungen" ausgesetzt gewesen seien. Siegfried Vetter sei sogar im Konzentrationslager Dachau interniert gewesen. Ferner wies das Hilfswerk darauf hin, dass genügend Baumaterial zur Verfügung stehe. Die Ausnahmegenehmigung wurde daraufhin erteilt. Ob das Ehepaar bereits vor 1946 Kontakt zu Sep Ruf aufgenommen hatte, ist nicht bekannt. Die Baupläne stammen vom Februar 1946.

Das Wohnhaus nimmt im Werk des Architekten, von dem unter anderem der Kanzlerbungalow in Bonn und der Neubau der Maxburg in München stammen, eine hervorgehobene Stellung ein. Es ist zusammen mit dem gleichzeitig entstandenen Wohnhaus des Ziegelfabrikanten Meindl in Dorfen der erste Neubau nach dem Zweiten Weltkrieg. Sep Ruf knüpfte bei beiden Häusern an Prinzipien des „Neuen Bauens" aus der Zeit der Weimarer Republik an. Insbesondere die Verzahnung von innen und außen durch große Fensteröffnungen und der Verzicht auf viele trennende Wände zugunsten größerer Wohnräume ist hier zu nennen. Das Wohnhaus Vetter gilt als Vorbild für die Entwicklung der Wohnhausbauten von Sep Ruf, die in dem 1963/64 erbauten Kanzlerbungalow ihren Höhepunkt fand. Auch für die Entwicklung des privaten Wohnhausbaus, insbesondere von Bungalows in den 1950er und 1960er Jahren, hat nach Ansicht des Denkmalamts das ehemalige Wohnhaus Vetter, in dem in den 1970er Jahren unter anderem Rainer Werner Fassbinder und später Ruth Drexel und Hans Brenner lebten, eine wichtige Vorbildfunktion.[25]

Im Jahr 2011 wurde von Seiten des Denkmalamtes darüber nachgedacht, das Wohnhaus mit der nach einem Entwurf von Alfred Reich 1947 geschaffenen Gartenanlage in die Bayerische Denkmalliste aufzunehmen. Der Gemeinderat hatte die Möglichkeit, sachliche Ergänzungen oder Korrekturen dem Landesamt für Denkmalpflege mitzuteilen, beschloss jedoch in seiner Sitzung vom 19. Januar 2012 nichts in der Sache zu unternehmen. In der Folge wurde das Anwesen in die Denkmalliste aufgenommen.

Zu den wenigen Beispielen des modernen Bauens in Bayern gehören die Bauten der Münchner „Postbauschule", einer eigenständigen Bauabteilung der Reichspost, die vom Architekten Robert Vorhoelzer geleitet wurde. Zusammen mit einer großen Zahl an Mitarbeitern wurden bis 1934 ca. 350 Projekte verwirklicht. Das Postgebäude in Feldkirchen an der Aschheimer Straße (ein Umbau) wurde von Max Panitz geplant, der später Stadtbaurat in München wurde.
Das Gebäude steht noch nicht unter Denkmalschutz.

Ein weiteres Gebäude, die ehemalige katholische Schule (später Rathaus, heute Volkshochschule u. a.) an der Münchner Straße 1, sollte ebenfalls unter Denkmalschutz gestellt werden, doch lehnte das Bayerische Landesamt für Denkmalpflege eine Aufnahme in die Denkmalschutzliste ab, da bereits bauliche Veränderungen vorgenommen worden waren und das Haus demnach nicht mehr dem baulichen Originalzustand entsprach.[26] Aus diesem Grund wurde später auch die alte (evangelische) Schule (Ludwig-Glöckl-Haus) wieder aus der Denkmalliste gestrichen.

In der Denkmalliste verzeichnet sind in der Gemarkung Feldkirchen darüber hinaus noch einige „Archäologische Denkmäler", die im Luftbild zu erkennen sind. Neben dem ehemaligen Kloster nahe der Emmeramskapelle sind sechs weitere Siedlungsspuren bzw. Kreisgräben mit Körpergräbern „unbekannter Zeitstellung" verzeichnet.[27]

Nicht verzeichnet sind die Denkmäler und Brunnen neuester Zeit, die nicht unter Denkmalschutz stehen, etwa das Brunnenbuberl auf dem Platz vor der ehemaligen Gemeindebücherei und dem Kindergarten in der Zeppelinstraße. Im Jahr 1985 wurde die etwa einen Meter hohe Bronzeplastik von dem bekannten Bildhauer Karl Hemmeter (1904–1987) für Weißenburg und Neuaubing geschaffen. Wenige Jahre später kam ein Abguss dieses besinnlichen Buben nach Feldkirchen.
Am 30. Juni 1990 wurde der Brunnen bei strahlendem Sonnenschein und in Anwesenheit zahlreicher Gäste in Betrieb genommen – zeitgleich mit der Einweihung des Platzes.

1984 wurde ein Brunnen mit der Bronzefigur einer Taube am Eingang zum Friedhof aufgerichtet. Ein weiterer Brunnen findet sich vor der Kreissparkasse, der zur Osterzeit stets mit Ostereiern verziert wird.

Im Rahmen der Umgestaltung des Hindenburgplatzes und dem Ausbau der Bahnhofstraße 1994 wurde nicht nur das Kriegerdenkmal versetzt und die Anlage mit großem Brunnenbecken zu einer grünen Oase umgestaltet. Am 1. Mai 1995 hieß es für ihn: Wasser marsch! Eine kleine Vogeltränke wurde Ende 1996 zudem auf dem Platz aufgestellt. Die heute etwas versteckt hinter dem Kriegerdenkmal stehende Schale mit dem Bronzevögelchen war das Abschiedsgeschenk der Vereinsvorstände an den damals scheidenden Ersten Bürgermeister Ludwig Glöckl. Längst wieder verschwunden ist dagegen das in der Anlage am 24. Juli 2000 enthüllte „Nach-Denk-Mal" des Münchner Aktionskünstlers Otto Dressler, das an die vielen Wildunfälle und ihre teils dramatischen Folgen erinnern sollte.[28]

Brunnenbuberl vor dem Kindergarten an der Zeppelinstraße

Am Europaplatzl der Partnerschaften (Piazza europea del Gemellaggio) wurde im Juni 2005 ein Gedenkstein für die Gemeindepartnerschaft mit Rietschen errichtet. Daneben steht heute ein fast lebensgroßes springendes Bronze-Pferd, das Feldkirchens Partnerstadt Bisignano im Mai 2010 anlässlich des Besuchs stiftete.

Zusammen mit dem neuen Rathaus wurde auf dem Rathausplatz ein Zierbrunnen mit neun gleichen Stelen geschaffen, an denen das Wasser hinunter in die Brunnenschale fließt. Der Entwurf stammte von Miroslav Volf, dem Architekten des neuen Rathauses.

Das Vereinsleben

Von jeher waren die Feldkirchner recht gesellig. Da blieben Vereinsgründungen nicht aus. Schon sehr früh, im Jahr 1870, wurde die Freiwillige Feuerwehr gegründet und auf dem Gebiet des Genossenschaftswesens leistete Feldkirchen geradezu Pionierarbeit. Doch neben den sozialen und wirtschaftlichen Aspekten kam die Geselligkeit nie zu kurz. In einer Akte des ehemaligen königlichen Bezirksamts München mit der Aufschrift „Nicht politische Vereine"[1] entdeckt man Gründungsprotokolle und Satzungen der verschiedensten Vereine, von denen heute einige längst wieder eingegangen und vergessen worden sind. Genannt wurden die „Fröhlichen Schützen", die in der Altschützen-Gesellschaft weiterlebten. Aus dem Vereinsleben verschwunden ist die 1897 gegründete Gesellschaft „Harmonie", die sich ausschließlich der geselligen Unterhaltung widmete.

Ende des letzten Jahrhunderts wurde auch Feldkirchen von der allgemeinen „All Heil"-Euphorie ergriffen. Radfahren hieß die neue Devise! Am 12. Mai 1899 meldet man nach München die Gründung des Radfahrer Clubs Feldkirchen. Wenige Jahre älter war der bis heute kontinuierlich bestehende Veteranen- und Kriegerverein Feldkirchen-Weißenfeld, der seine Gründung bereits am 23. September 1893 dem Bezirksamt angezeigt hatte.

Ausflug des MGV nach Erding 1912

Zu Beginn des 20. Jahrhunderts wurden vier weitere Vereine ins Leben gerufen. Am 4. Februar 1902 meldete die katholische Pfarrei Kirchheim den neuen katholischen Männerverein von Feldkirchen an. Dieser Verein mit dem Namen „St. Josef von 1901" wurde, nachdem er während des Zweiten Weltkriegs nicht aktiv war, im Jahr 1987 reaktiviert.

Im gleichen Jahr wie der katholische Männerverein wurde auch ein Zweckverband gegründet, der „Verein zur Förderung des Verkehrs München–Schwaben". Ziel dieses am 17. August 1902 angemeldeten Vereins war, den Verkehr auf der Linie München–Markt Schwaben in jeder Weise zu fördern. Der Verein machte sich zur Aufgabe, alle hierin einschlägigen Interessen vor allem vor Behörden und Ämtern in entsprechender Weise zu vertreten.

Ein weiterer Zweckverband war der „Evangelische Kirchen- und Pfarrhausbauverein" von 1908. Den beabsichtigten Kirchen-Um- bzw. -Neubau vereitelte der Erste Weltkrieg. Das bereits gesammelte Kapital, angelegt in Kriegsanleihen, wurde durch die Inflation vernichtet. Auch die schweren Zeiten während der Weimarer Republik, des „Dritten Reichs" und des Zweiten Weltkriegs regten nicht zum Kirchenbau an. Im Jahr 1955 löste sich der Kirchenbauverein schließlich auf.[2]

Ausflug des TSV 1925

Am 1. September 1906 formierte sich der „Liederkranz Feldkirchen", der sich *„die Pflege und Ausbildung des Männergesangs, speziell des deutschen Volkslieds und der Geselligkeit"* aufs Panier geschrieben hatte[3], von dem später jedoch nur noch selten zu lesen ist, bevor er offensichtlich wieder einschlief.

1911 ist das Gründungsjahr des Gartenbauvereins, 1912 das des Turnvereins, der bis heute zwar sein Gesicht und seinen Namen mehrfach verändert hat, doch noch immer einer der bedeutendsten Vereine der Gemeinde ist. Das gedruckte Satzungsheftchen ist eine der jüngsten Quellen dieser Akte. Danach brechen die Informationen ab.

Das Evangelische Gemeindeblatt verzeichnete im Januar 1907 noch einen „Rauchklub" mit dem Vorstand Joseph Hörmüller, den Gesangverein „Liederkranz" (Vorstand Redakteur Kornelius Hebing), den „Frauenverein zur Förderung der Landeskrankenpflege" (Vorstand Frau Adjunkt Haydn), den „Verkehrsverein München Ost" (Vorstand Bürgermeister Leonhard Stockinger), den „Verschönerungsverein" (ebenfalls Vorstand Bürgermeister Stockinger) sowie die politische Partei des „Liberalen Verein Feldkirchen", der sich am 16. Dezember 1906 im Glasl'schen Gasthaus zu einer Versammlung getroffen hatte, an der auch mehrere Anhänger der Zentrums-Partei teilnahmen. In diesem Zusammenhang wurde darauf hingewiesen, dass bei den Reichstagswahlen am 16. Juni 1903 in Feldkirchen 21 liberale, 18 bauernbündlerische, 28 ultramontane und 27 sozialdemokratische Stimmen abgegeben worden seien. Der SPD-Ortsverein Feldkirchen wurde ein Jahrzehnt später gegründet.

Der „Liederkranz", der wie einige andere Vereine im Laufe der Zeit wieder eingegangen war, ist zwar am 10. März 1914 erneut gegründet worden und traf sich jeden Dienstag im Garnreiter'schen Gasthaus unter dem Vorsitz von Bader Joseph Hörmüller und Sägewerksbesitzer Franz Haindl zum Singen – Dirigent war der pensionierte Hauptlehrer Michael Schafbauer. Doch dann scheint der Erste Weltkrieg auch diesen erneuerten Sangesbemühungen ein Ende bereitet zu haben. Möglicherweise lebte er im 1921 erwähnten „Musik- und Gesangklub Feldkirchen" weiter, in dem Joseph Hörmüller jr. und der Sägewerksbesitzer Haindl wiederum mitwirkten. Ein „Theaterklub Feldkirchen", zu dem weiter keine Daten bekannt sind, ist ebenfalls für die Zwischenkriegszeit belegt.

In den Tagen des Ersten Weltkriegs formierte sich am 21. April 1916 im protestantischen Schulhaus anlässlich einer Jungmännerversammlung, bei der Leutnant Hofmann aus München über Zweck und Bedeutung der militärischen Jugenderziehung sprach, die „Jugendwehr Feldkirchen", die am 28. Mai ihre Tätigkeit begann. Als „Abrichter" fungierte Hobelwerkbesitzer Johann Scherzl, an der Spitze des Ausschusses stand Kaufmann Emil Hüttner.[4] Die Jugendwehr, von der sonst nichts überliefert ist, dürfte spätestens nach Ende des Ersten Weltkriegs wieder eingegangen sein.

Auch eine Ortsgruppe Feldkirchen des Zweigvereins München vom Roten Kreuz wurde in den Tagen des Ersten Weltkriegs gegründet, der die Landkrankenpflege in Feldkirchen und Umgebung durchführte, nachdem bereits am 29. Mai 1906 der „Verein zur Einführung der Landkrankenpflege in Feldkirchen und näheren Umgebung" gebildet worden war. Erste Vorsitzende war bereits 1906 Marie Prößl, die Ehefrau des rührigen Bankbeamten Karl Prößl, der im Vorstand verschiedener Vereine in Feldkirchen saß. Sie führte den Vorsitz auch in den Jahren des Ersten Weltkriegs. Ihr zur Seite standen Leni Holly, die Frau des Bürgermeisters, Martha Crämer, die Frau des evangelischen Pfarrers, sowie einige Honoratiorengattinnen. Wann die Ortsgruppe wieder aufgelöst wurde, ist nicht bekannt. Diese Damen haben sich mit ihrem Verein im Sommer 1910 unter das Zeichen des Roten Kreuzes gestellt und bildeten eine Ortsgruppe bzw. Pflegestation vor Ort mit einer ausgebildeten Krankenpflegerin.[5]

Ausflug der Frauen vom Roten Kreuz nach Weißenfeld

„Bei herrlichem Sonnenschein zog unlängst eine Anzahl Frauen, mehr als 30 Mitglieder des Frauenvereins vom Roten Kreuz Ortsgruppe Feldkirchen, mit vielen Schulkindern – auch einige Herren hatten sich angeschlossen – nach dem benachbarten Weißenfeld, um einmal die dortigen dem Verein angehörigen Frauen zu besuchen. Frau Fauth, die gastliche Wirtin Weißenfelds, hatte in Voraussicht des Besuches ihr Möglichstes getan, um die Feldkirchner Gäste recht zufrieden zu stellen. Als des Leibes Atzung vollbracht war, ertönte fröhlicher Gesang aus Kinderkehlen, und stimmenkundige Frauen verstärkten die Chöre. Herr Hauptlehrer Werndl, als erwählter Dirigent, zog wohl zuweilen die Stirne kraus, ob der herrlichen Töne, aber er fand sich ab mit dem guten Willen, der ja bekanntlich fürs beste Werk geht. Rasch vergingen die fröhlichen Stunden, und lustig singend zog abends die stattliche Schar den heimatlichen Herden zu und freute sich allgemein über den kleinen, aber sehr gelungenen, fidelen Ausflug."

(Münchner Ostzeitung, 6. Juli 1912)

Das Vereinsleben

Am 24. Juni 1909 wurde der „Verein zur Hebung Feldkirchens" gegründet, nachdem in den Jahren davor bereits ein „Verein zur Förderung des Verkehrs München–Schwaben" ins Leben gerufen worden war. Zweck und Ziele des neuen Vereins war allgemein die *„Instandsetzung und Erhaltung der bereits bestehende Anlagen, neue Anlagen am Friedrichsplatz, an der Emeranskapelle und am Wasserturm, Beschaffung von einfachen, aber soliden Ruhebänken an verschiedenen Plätzen, Erstellung einer Orientierungstafel mit Plan von Feldkirchen am Bahnhofsplatz, Benennung der bereits bestehenden Straßen unter Berücksichtigung lokaler und geschichtlicher Verhältnisse, Schaffung eines Radfahrweges von Feldkirchen nach Ottendichl bzw. Eglfing, Erhebung des Ortsverbindungsweges von Feldkirchen über Ottendichl nach Eglfing zur Distriktsstraße und Bepflanzung dieser Straße mit einer Allee, allmähliche Erweiterung der Bahnhofstraße, Verbesserung der Verkehrsverhältnisse, Abhaltung eines Sommerfestes u. s. w."* Man ging entschieden ans Werk. Die Aufstellung von Ruhebänken auf dem Bahnhofsplatz und am Springbrunnen erfolgte bereits im Sommer desselben Jahres, ebenso die Anlage des Radweges nach Ottendichl. Auch in den folgenden Jahren blieb man aktiv.[6]

Das 4. königlich bayerische Chevauxlegers Regiment „König" von 1892 wurde nach Ende des Ersten Weltkriegs aufgelöst, existierte jedoch als Verein weiter. Da der Wohnsitz des jeweiligen ersten Vorsitzenden zugleich Sitz des Vereins war und Manfred Strasse lange Jahre in dieser Funktion tätig war, galt viele Jahre Feldkirchen auch als Vereinssitz. Im September 2002 konnte der Münchner Traditionsverein unter der Schirmherrschaft von Bürgermeister Leonhard Baumann und Prinz Wolfgang von Bayern noch sein 110. Gründungsfest in Feldkirchen feierlich begehen. Historische Gruppen aus ganz Bayern, den benachbarten Bundesländern und Österreich tauchten Feldkirchen vom 13. bis 15. September in ein buntes Farbenmeer aus historischen Uniformen. In der Zwischenzeit wechselte der Sitz mit einem neuen Vorsitzenden nach Windach.[7] Ähnliches gilt für die Reservistenkameradschaft Haar-Ottobrunn im Verband der Deutschen Bundeswehr e. V. Nachdem Herr Holly vom Hölzlhof die Vorstandschaft abgegeben hat, sind die Reservisten nun in Putzbrunn zu Hause.[8]

In der Zwischenkriegszeit existierte in Feldkirchen auch eine Ortsgruppe des vaterländischen Isengau-Vereins, die etwa am 6. Januar 1929 im Glasl-Saal *„einen in allen Teilen vortrefflich gelungenen Heimatabend"* veranstaltete, über den allerdings nichts weiter bekannt ist. Am 20. und 21. Juni 1931 fand das Bezirkstreffen des „Reichsbanner Schwarz-Rot-Gold" Ortsverein Feldkirchen mit Fackelzug, Bannerenthüllung und einem Festprogramm statt.[9] Dabei handelt es sich um einen SPD-nahen Verband deutscher Kriegsteilnehmer des Ersten Weltkriegs, der 1924 in Magdeburg gegründet worden war und sich die politisch-historische Bildungs- und Erinnerungsarbeit aufs Banner geschrieben hatte. Der Verband wurde nach der Machtübernahme durch die Nationalsozialisten verboten.

Heute nahezu vergessen ist auch die christliche Jugendgruppe „Weiße Rose". Der Verein soll etwa 1932 durch die Handarbeitslehrerin Rosa Reither ins Leben gerufen worden sein, um katholische Mädchen im Alter von ungefähr 11 bis 14 Jahren am Sonntagnachmittag mit Handarbeit, Singen und Tanzen zu beschäftigen. Rosa Reither spielte dazu auf der Zither. Radausflüge in die nähere Umgebung und Theaterspiel gehörten ebenfalls zur Beschäftigung der Mädchen. 1936 wurde die Jugendgruppe verboten. Danach traf man sich noch einige Zeit in der Privatwohnung von Fräulein Reither, bis der Verein „Weiße Rose" wieder einschlief.

Feierlicher Umzug anlässlich des 40-jährigen Jubiläums des Männergesangsvereins 1962

Nach dem Zweiten Weltkrieg scheint das Vereinsleben in Feldkirchen zunächst im Argen gelegen zu haben. In einem Schreiben an das Landratsamt München vom 8. März 1955 wurden für die Gemeinde nur sechs Ortsvereine aufgelistet: die Altschützengesellschaft von 1878, der Kegelclub „Frohsinn", der Männergesangsverein, der Obst- und Gartenbauverein, der Turn- und Sportverein sowie der Veteranen- und Kriegerverein Feldkirchen-Weißenfeld.[10]

Zu bereits damals genannten Vereine sind in den letzten gut 100 Jahren zahlreiche weitere Neugründungen hinzugekommen. Dazu zählt der Kreisjugendring, der zwar noch immer in Feldkirchen tätig ist und regelmäßig an den Sitzungen der Vereinsvorstände teilnimmt, doch als Aufgabe derzeit nur noch den Abenteuerspielplatz im Rahmen des Ferienprogramms der Gemeinde betreut.

Der Montagsclub, der lediglich im Oktober 2013 an einer Sitzung der Vereinsvorstände teilnahm, hat sich zur Aufgabe gemacht, mit Behinderten und Nichtbehinderten in einer Gruppe zu basteln und zu malen. Derzeit trifft sich der „club" jeweils donnerstags.

Der Bund Naturschutz Ortsgruppe Aschheim-Feldkirchen-Kirchheim, derzeit in Feldkirchen vertreten durch den Gemeinderat Dr. Michael Burger, beschäftigt sich nach Bedarf mit Projekten in der Region und in den drei Gemeinden.[11]

Heute gibt es in Feldkirchen über 20 Vereine (die in der Reihenfolge ihres Entstehens vorgestellt werden), in denen neben sozialem und wirtschaftlichem Engagement die Geselligkeit wie in vergangenen Tagen gepflegt wird.

Das Vereinsleben

Der Gautag der Freiwilligen Feuerwehr 1911

Freiwillige Feuerwehr

Feuer war von jeher eine der gefürchtetsten Gefahren für Stadt und Land. Oft genügte eine winzige Unachtsamkeit, eine vergessene brennende Kerze und schon fingen die zum Teil mit Stroh gedeckten Häuser, die Holzhütten und Stadel Feuer. Die rasch gebildeten Eimerketten erreichten oft nicht mehr als der sprichwörtliche Tropfen auf dem heißen Stein.

Die älteste schriftliche Nachricht über eine organisierte Wehr gegen Feuer stammt aus dem alten Rom, wo es um 300 v. Chr. einen aus Sklaven bestehenden Verband gegeben hat. Um 24 v. Chr. stellte dann ein römischer Polizeidirektor eine private, gegen Bezahlung anzufordernde Feuerwehrgruppe auf. Sie hielt sich aus Kostengründen nicht lange. Rom – schon damals eine Großstadt – konnte es sich jedoch nicht erlauben, ohne Brandbekämpfungsvorrichtungen dazustehen. Also griff Kaiser Augustus um 21 v. Chr. auf das alte System zurück, d. h. er stellte eine aus 600 Sklaven bestehende Brandwehr auf, die dem Staatsrat direkt unterstand. Sehr erfolgreich war diese Feuerwehr jedoch auch nicht. Zum einen stand neben wenigen Eimern, Haken und kurzen Leitern nicht genügend Wasser zur Verfügung, zum anderen zeigten die Sklaven an der Löschung von Bränden der Häuser wohlhabender Bürger wenig Interesse – und häufig wurde mehr gestohlen als gerettet. Obendrein konnte man das Durcheinander bei einer Feuersbrunst nutzen, der Sklaverei zu entfliehen. So wurden häufig absichtlich Brände von Sklaven gelegt.

Mit der Gründung der Städte und ihrem Anwachsen seit dem Mittelalter steigerte sich auch die Gefahr der Feuersnöte. Der Ruf nach organisierten Wehren war nicht mehr zu überhören. Erste Städte begannen sogenannte „stehende, fest besoldete Feuerwachen" einzurichten. Diesbezüglich kann sich Paris rühmen, beispielgebend vorangegangen zu sein. Das 1716 gegründete „Pompier-Corps" bestand aus 800 Mann, reichlich viel im Vergleich zu den 150 Mitgliedern der Londoner Wehr, die von einer Versicherungsgesellschaft ins Leben gerufen worden war. Allenthalben wurde auch die Idee der freiwilligen Feuerwehren wach. Die erste dieser Art kam 1847 in Karlsruhe nach einem dramatischen Theaterbrand zustande. Sie rekrutierte sich aus Turnern, wie dies ähnlich um 1856 auch in Innsbruck der Fall war.

Die immer schneller fortschreitende Technik, aber auch die Einsicht, dass wirkungsvolle Eingriffe nur mit einer gut organisierten und geschulten Mannschaft möglich sei, ließ um die Mitte des 19. Jahrhunderts die ersten Freiwilligen Feuerwehren auf Vereinsbasis entstehen. Gesetzlich geregelt wurden sie in Bayern im Jahre 1874. Ein Regierungsbeschluss besagt, dass jeder gesunde männliche Einwohner einer Gemeinde, in der es keine fest organisierte Feuerwehr gibt, einer sogenannten Gemeindewehr beizutreten habe, um in Uniform und mit entsprechender Ausrüstung und Ausbildung dem Feuer besser beikommen zu können. Es ist also kein Zufall, dass es gerade in den 1870er Jahren eine Welle von Neugründungen gab und folglich eine Flut von 100-Jahr-Feiern in den 1970er Jahren.

Im Jahr 1870 erließ der damalige erste Vorsitzende der Landesfeuerwehr einen Aufruf an alle Turnvereine, die sich bereits in den meisten größeren Orten etabliert hatten, Freiwillige Feuerwehren zu gründen. Nachdem schon 1869 in etwa vier Orten des Landkreises Feuerwehren oder – wie es damals hieß – Bezirksamtswehren gegründet worden waren, schlossen sich auch in Feldkirchen einige weitsichtige Männer zur Gründung der neuen Vereinigung uneigennütziger Hilfeleistung zusammen. Es waren dies die Privatiers Jakob Bodmer, Lorenz Oberhauser und Jakob Wagner sowie der Ökonom Ludwig Lehrer und der Ökonomieverwalter Sittmann.

Bereits im nächsten Jahr hielt der Verband München rechts der Isar seine Versammlung in Feldkirchen ab, wobei neben Schauübungen auch ein Vortrag über den Zweck der Feuerwehr und den Nutzen einer guten Schulung gehalten wurde. Damit begann nicht nur ein reges Vereinsleben, sondern auch die Möglichkeit, die Hilfsbereitschaft zu beweisen. Schon in den Gründungsjahren wurden die einzelnen Feuerwehren in sogenannte Löschbezirke eingeteilt. Demnach musste die Feldkirchner Feuerwehr sowohl nach Grub und Ammerthal eilen als auch nach Aschheim, Kirchheim und Heimstetten, konnte aber auf der anderen Seite von diesen Gemeinden Hilfe erwarten. Im Jahr 1873 benötigte man ein Haus für die Feuerspritze. Dafür wurde ein Bierpfennig eingeführt, dessen Ertrag die Kosten für einen Erweiterungsbau am alten Gemeindehaus an der Dorfstraße decken sollte.[12]

Das erste erwähnte größere Unglück ereignete sich im Jahr 1881 im Kinderheim, als zwei zündelnde Kinder in einem brennenden Schuppen den Tod fanden. Ein Teil des Knabenhauses wurde damals ein Raub der Flammen. Dass in Feldkirchen ausgerechnet auch der Wasserturm brannte, soll hier nicht unerwähnt bleiben. Aus einem weiteren Brandbericht des Jahres 1885 geht hervor: *„6 Stunden Löscharbeit mit der Handspritze, ehe man das Feuer unter Kontrolle hatte."*

1887 verunglückte bei einem Einsatz in Salmdorf ein Feuerwehrgehilfe, Johann Kleinkonrad, *„dadurch, daß er von der Leiter, an welcher eine Stützstange in den Boden einsank und welche umzufallen drohte, herunter sprang und zu Boden fiel; derselbe beansprucht Unterstützung aus der Landesunterstützungskasse und wollte sich zur Erlangung eines ärztlichen Zeugnisses vom kgl. Bezirksarzt untersuchen lassen."*

Beleidigung einer Feuerwehr anno 1908

„Der Gastwirth und Hausbesitzer Fritz Lehrer von Feldkirchen war bei der dortigen Feuerwehr seinerzeit ca. 7 Jahre Kommandant, trat dann aus, wurde aber seiner Verdienste halber als Ehrenmitglied beibehalten. Verschiedene Reibereien, Hin- und Herträgereien, Schwätzereien, die dann wieder in seiner Wirthschaft ihm hinterbracht wurden, waren die Ursache, daß in das bisherige kameradschaftliche Leben der dortigen Freiw. Feuerwehr große Uneinigkeit unter den Mitgliedern entstand, die so weit ging, daß die Sache nun den Strafrichter beschäftigte. Lehrer war wegen Beleidigung angeklagt, weil er im Frühjahr wie auch am 8. September in seinem Gastlokal in Bezug auf die Feuerwehr Feldkirchen behauptet haben soll, bei derselben seien lauter Lausbuben, Rindviecher, saudumme Kerls und Spitzbuben, die ganze Feuerwehr sei nichts und könne nichts, sie sei eine verbummelte Gesellschaft, einer sei sogar dabei, der stiehlt, da könne kein anständiger Mensch beitreten. Außerdem behauptete er in Bezug auf den Vorstand, Sägewerksbesitzer Franz Haindl von dort, er verstehe hinten und vorne nichts, und der Hauptmann in der Person des Gastwirthes Quirin Steininger könne ebenfalls nichts, als die Hände an einen gewissen Körperteil legen, die ganze Feuerwehr sei eine Bande. Mit dem Vorwurf, einer habe bei dem letzten Brande gestohlen, wollte er den verh. Taglöhner Alois Babler treffen. Haindl, Steininger und Babler hatten gegen ihn Beleidigungsklage gestellt. Der Beklagte versuchte zunächst zu beweisen, daß Babler bei dem letzten Brande von einer Wand des brennenden Hauses weg eine elektrische Glühbirne gestohlen habe; der Beweis mißlang und es wurde sogar festgestellt, daß Babler die Birne geschenkt bekommen hatte. Dagegen wurde erwiesen, daß Babler einmal wegen Diebstahls vom gleichen Gericht mit 3 Tagen Gefängniß bestraft wurde, weil er von einem Wagen herunter ein Faß Bier gestohlen hatte. Außerdem schwebte gegen Babler einmal ein Verfahren wegen Brandstiftung, das jedoch eingestellt wurde. In Bezug auf die anderen Beleidigungen macht der Beklagte seine Erregung geltend und bestreitet, die ihm zur Last gelegten Aeußerungen gebraucht zu haben, auch will er auf einen Vergleich nicht eingehen, da er sich nicht überzeugen könne, daß er mit seinen auf Babler bezüglichen Aeußerungen unrecht hatte. Betreffs der anderen Aeußerungen wurde Lehrer überführt, diese gemacht zu haben und wurde deshalb mit Rücksicht darauf, daß er die ganze Feuerwehr in ihrer Ehre schwer angegriffen hatte, wegen Beleidigung zu einer Geldstrafe von 60 Mk. eventuell 6 Tagen Haft und zur Tragung der Kosten verurtheilt. Beim Strafmaß kam in Betracht seine sichtliche Erregung als strafmindernd."

Es dauerte nur wenige Tage, dann erhielt der Bezirksfeuerwehrvertreter Sebastian Bauer auch schon einen Brief aus München vom Bayerischen Landes-Feuerwehr-Ausschuss:

„Im neuen Münchner Tagblatt No. 317 vom 12. November findet sich eine Verhandlung des Kgl. Amtsgerichts München II, welche für das Ansehen des ganzen Feuerlöschwesens als sehr bedauerlich bezeichnet werden muss. Aus diesem Bericht geht hervor, dass das Mitglied der freiw. Feuerwehr Feldkirchen, A. Babler, einmal wegen Diebstahl eines Fasses Bier abgeurteilt wurde. Wir ersuchen Sie zu veranlassen, dass dieser Mann aus der freiw. Feuerwehr ehestens ausgeschlossen wird. Wir bitten Sie, uns über den Vollzug des Ausschlusses zu berichten und ersuchen Sie Ihr ganzes Ansehen bei derartigen Vorkommnissen einzusetzen und wieder geordnete Verhältnisse zu schaffen."

(Neues Münchner Tagblatt 12. November 1908)

Die Freiwillige Feuerwehr um 1900 vor dem Alten Wirt

Über die folgenden Jahre ist wenig bekannt; vorwiegend handelte es sich um Festivitäten und um Ehrungen, die verzeichnet wurden. Am 29. September 1895 meldete der Vorstand Jakob Wagner an den „Herrn Bezirksvertreter des Feuerwehrbezirksverbandes München I":

„Am Sonntag den 6. Oktober 1895 nachmittags 2 Uhr findet dahier die Überreichung der von S. M. dem König gestifteten Ehrenzeichen für 25jährige Dienstzeit, durch eine Kommission des kgl. Bezirksamtes an 2 Mitglieder der hiesigen und 1 Mitglied der Salmdorfer Feuerwehr statt. Es würde uns freuen, Sie bei diesem Akt in unserer Mitte begrüßen zu dürfen." Er fuhr jedoch fort: „Besondere Festlichkeiten sind nicht beabsichtigt."

Am 2. Juni 1907 schrieb der gerade frisch gewählte neue Vorstand Franz Haindl an Sebastian Bauer, den Bürgermeister von Perlach und Bezirksfeuerwehrvertreter, dass für den scheidenden Vorstand Jakob Wagner, „welcher 37 Jahre Vorstand war", ein Geschenk – eine silberne Ankeruhr – nebst Diplom überreicht werden sollte. Er und vier weitere langjährige verdiente Mitglieder sollten zudem zu Ehrenmitgliedern ernannt werden. „Die Überreichung ist noch nicht festgesetzt und würde Ihnen zu dessen freundlichst einladen, da bei Herrn Steininger ein kleines Gartenfest verbunden ist."

Der Bezirksfeuerwehrvertreter Bauer kannte die Feldkirchner Feuerwehr sicher sehr gut. Immer wieder hatte er mit ihr seine Probleme. Harmlos ist noch die Bitte vom 21. September 1908: „Da die Inspektion der Freiw. Feuerwehr Feldkirchen für den 11. October d. J. angeordnet ist, an diesem Tage aber gleichzeitig eine Versammlung des Landwirtsch. Vereins in Aschheim stattfindet und die meisten Mitglieder der Feuerwehr auch Mitglieder des Landwirtschaftl. Vereins sind, so erlaubt sich der gefertigte Vorstand hierauf ergebenst aufmerksam zu machen, mit dem höfl. Ersuchen, die geplante Inspektion entweder auf einen anderen Tag zu verlegen, oder dieselbe bis nächstes Frühjahr zu verschieben und hierüber rechtzeitigen Bescheid anher gelangen zu lassen."

Einige Wochen später wird es schon schlimmer. Da konnte der Bezirksfeuerwehrvertreter am 12. November 1908 in der Donnerstag-Ausgabe des Neuen Münchner Tagblattes unter

Das Vereinsleben

Bild links oben:
Feuerwehr 1930

Bild rechts oben:
Brand bei Reiter, Herbst 1925, später Bäckerei Bogner

Bild unten:
Kreisbrandinspektor Hans Scherzl sen.

der Überschrift „Beleidigung einer Feuerwehr" einen Bericht über eine Gerichtsverhandlung im Königlichen Amtsgericht München II lesen, der durchaus als Vorlage für eine Episode für die Fernsehserie „Königlich Bayerisches Amtsgericht" gedient haben könnte und die schließlich den Rauswurf eines Mitglieds durch den Bezirksfeuerwehrvertreter Sebastian Bauer zur Folge hatte.

Der Bezirksfeuerwehrvertreter Bauer in Perlach hatte auch später noch oft seine liebe Not mit den Feldkirchnern. Doch es gab auch erfreuliche Protokollbucheinträge. 1909 etwa beschloss man, einen Faschingsball zu organisieren.

Bei all den aus heutiger Sicht lustigen Nachrichten soll keineswegs außer Acht gelassen werden, dass die Hilfe am Nächsten die eigentliche Aufgabe der Freiwilligen Feuerwehr ist. Häufig sind es gefährliche Einsätze, manchmal auf Leben und Tod.

Faschingsball anno 1909

"Bei heutiger Versammlung welche von 22 Mitgliedern besucht war, wurde folgendes einstimmig beschloßen:
1. Die Feuerwehr hält am Faschingsmontag den 22. Februar 1909 im Saale des Herrn Paul Glasl einen Maskenball ab.
2. Beginn des Balles 6 Uhr abends.
3. Eintritt für Herren 1 Mark Damen 20 Pfg.
4. Für Maskenzeichen werden 50 Pfg. verlangt. 100 Blumenpukets werden bestellt und während des Balles verkauft.
5. Ballkarten werden 300 sowie auch 50 Plakate bestellt.
6. Die Bestellung der Ballkarten und Plakate hat Herr Vorstand Haindl übernommen.
Die Übungen der Feuerwehr werden abgehalten am 4. und 25. April am 29. August und 12. September.

Johann Scherzl Schriftführer."
(Protokollbuch 5. Januar 1909)

Beschwerden des Kommananten Georg Holly 1914

Am 19. Februar 1914 beschwerte sich Feuerwehrkommandant Georg Holly beim Bezirksfeuerwehrvertreter Sebastian Bauer über die Gemeinde:

"Wollen Sie höflichst Kenntnis nehmen, daß unsere Feuerwehr von der Gemeinde stiefmütterlich behandelt wird. Zum Beispiel wurde unter anderem vom Gemeindeausschuß beschlossen, daß das Feuerhaus elektrisch beleuchtet wird, jedoch als der Kostenvoranschlag sich etwas zu hoch zeigte wurde der Beschluß wieder aufgehoben und wir können im Finstern herumirren, wenn bei Nacht Feuer ausbricht, was ja bei uns nicht selten der Fall ist und dann von den Bürgern und herumstehenden Nörglern kritisiert, wenn man nicht sofort auf dem Brandplatz ist.

Betreff des Druckes der Wasserleitung könnten auch mit wenigen Kosten Verbesserungen geschaffen werden, wenn man aber mit einem solchen Antrag kommt, wird man einfach auf die Löschmaschine verwiesen, welche seit 1870 im Gang ist und ich glaube seit dieser Zeit noch keiner Reparatur unterzogen wurde. Beim letzten Brand war der Druck so gering, daß im 1. Stock beim Fenster nicht hineingespritzt werden konnte.

In der Hoffnung, daß uns Herr Bezirksvertreter in dieser Sache zur Hilfe kommt zeichnen wir mit kameradschaftlichem Gruß,

Hochachtend Georg Holly, Kommandant."

Bild oben:
Feuerwehr um 1930

Bild rechts:
Altes „Gmainhäusl" neben der katholischen Kirche am heutigen Wolfgangsplatz

Bilder auf der rechten Seite:
Am alten Feuerwehrhaus in der heutigen Velaskostraße, um 1930

Bild unten:
Feuerwehrkapelle an der Friedhofsmauer der katholischen Kirche, Aschheimer Straße, um 1930

Feuerpolizeiliche Vorschriften

Der Erkenntnis folgend, dass Vorbeugen besser ist als die beste Bekämpfung, erließ die Gemeinde am 28. Januar 1909, eine feuerpolizeiliche Vorschrift. Demnach war unter anderem verboten:

„*1. Das Feuermachen irgend welcher Art in Waldungen,*

2. das Rauchen von Zigarren, Zigaretten oder Pfeifen ohne festschließenden Deckeln,

3. das Wegwerfen von brennenden oder glimmenden Zündhölzern, Zigarren, Zigaretten, deren Reste, oder von Feuerschwämmen u. dgl.,

4. bei trockener Witterung auch das Ausklopfen von Tabakspfeifen innerhalb der Waldungen des Gemeindebezirkes."

Die Zuwiderhandelnden sollten, *„soweit nicht eine höhere Strafe verwirkt ist, gemäß § 368 Ziff 8 R. Str. G. B. mit Geldstrafe bis zu 60 M oder mit Haft bis zu 14 Tagen bestraft"* werden.

Das Vereinsleben

Bild ganz oben:
Neues Feuerwehrhaus, 1981

Bild Mitte:
Bürgermeister Ferdinand Schmid und Feuerwehrvorstand Gustav Jehlicka

Bild rechts:
Kreisfeuerwehrtag 1979: Ehrung von Georg Gnädig sen. durch Bürgermeister Ludwig Glöckl und Feuerwehrvorstand Ludwig Piendl

Doch alle guten Vorschriften konnten nicht verhindern, dass Brandstifter ihr Unwesen trieben, wie dies laut Evangelischem Gemeindeblatt zum Beispiel mehrmals im Jahr 1910 der Fall war.

Während des Zweiten Weltkriegs kam es zu den schwersten und gefährlichsten Einsätzen bei den Bombenangriffen auf München. 14-mal musste die Feldkirchner Wehr der schwer getroffenen Landeshauptstadt und deren Umgebung hilfreich zur Seite stehen.[13] Als Folge dieser Einsätze kam Kamerad Geigl ums Leben, Kamerad Fußeder wurde schwer verletzt. Nach Kriegsende gelang es einer kleinen Gruppe, mit viel Fleiß und Mühe wieder eine Feuerwehr aufzubauen; viele der alten Kameraden waren nicht aus dem Krieg zurückgekehrt. 1945 übernahm Hans Scherzl jun. das Amt des Kommandanten; unter seiner Leitung wurde der Ausrüstungsstand wesentlich verbessert. Und als Hans Scherzl in das Amt des Kreisbrandinspektors aufrückte, wählte man Georg Jackermeier zu seinem Nachfolger. 25 Jahre stand dieser nun der Feldkirchner Feuerwehr vor. Seit dem Jahr 1985 hatte Hermann Gratzl, der am 1. Oktober 1988 zum Kreisbrandmeister ernannt wurde, das Amt

des Kommandanten inne. Ihm folgten als Kommandanten Manfred Schmitt und seit 2013 Wolfgang Tunk.

Für Geselligkeit und den Zusammenhalt der Vereinsmitglieder sorgten die Vorstände. Seit 1973 leitete Ludwig Piendl mit großem Einsatz und Geschick die Freiwillige Feuerwehr. Zusammen mit Bürgermeister Ludwig Glöckl und dem Kommandanten Georg Jackermeier war er federführend bei Planung und Bau des neuen Feuerwehrhauses, das im Jahr 1981 feierlich eingeweiht werden konnte. Leider konnte Ludwig Piendl die Feierstunde nicht mehr miterleben: Bei einem Einsatz am 22. Februar 1981 ist er tödlich verunglückt. Damit hatte die Freiwillige Feuerwehr Feldkirchen einen ruhigen und sicheren Mann verloren, dessen Pflichtbewusstsein und Urteilskraft ihn zum Vorbild für viele gemacht hatte. Das Amt des Vorstandes der Freiwilligen Feuerwehr wäre Belastung genug gewesen, doch er leistete auch nach 1973 als Feuerwehrmann aktiven Wehrdienst in zahllosen Einsätzen.

Feuerwehrfest in den 1960er Jahren

Das Vereinsleben

Einsatz der Feldkirchner Feuerwehr, Aufnahme von Hans Scherzl

Die Feuerwehr im Einsatz beim Kinderferienprogramm

Von Anfang an war die Feldkirchner Feuerwehr im ganzen Landkreis bekannt. Nach dem ersten Kreisfeuerwehrtag – damals noch „Versammlung der Dorffeuerwehren der Umgebung Münchens" genannt – im Jahr 1870 im damals noch selbstständigen Schwabing fand der zweite ein Jahr später in Feldkirchen statt. Am 28. Mai 1911 kamen die Wehren zum Feuerwehrgautag des Bezirks München Land nach Feldkirchen. *„Der Ort hatte festlichen Schmuck angelegt",* berichtete das Gemeindeblatt. Und im Hof der Erziehungsanstalt fanden Schulübungen statt, um der Bevölkerung das Können der Feuerwehr vor Augen zu führen.

Auch nach dem Zweiten Weltkrieg fand der zweite Kreisfeuerwehrtag in Feldkirchen statt – das war im Jahr 1949. Es folgten noch weitere Kreisfeuerwehrtage vor Ort. Am 14. April 1989 konnten die Feuerwehrabordnungen und zahlreiche Gäste zum achten Mal zu einem Kreisfeuerwehrtag in Feldkirchen begrüßt werden. Über die Gemeindegrenze hinaus bekannt ist die Feldkirchner Feuerwehr auch durch Hans Scherzl sen. geworden, der von 1929 bis 1960, also 31 Jahre lang, Kreisbrandinspektor für den gesamten Landkreisbereich war.

Die Freiwillige Feuerwehr der Gründungszeit ist mit der heutigen kaum mehr zu vergleichen. Die Anforderungen der modernen Zeit verlangen mehr als nur Nachbarschaftshilfe. Außer Brandbekämpfung mit „schwerem Atemschutz" überwiegen die Einsätze bei Verkehrs- und Arbeitsunfällen sowie bei Katastrophen. Im August 2002 etwa kam es zu einem Hochwassereinsatz in Dessau (Sachsen-Anhalt).

Für einen schnellen und gezielten Einsatz wurde eine stille Funkalarmierung geschaffen, die die Nachtruhe der Bürger schont. 1998 wurde die komplette Einsatzkleidung erneuert. 2001 kam es zur Gründung der ersten Jugendgruppe. 2007 wurde als Ersatz für den bisherigen Gelenkmast ein Teleskopgelenkmast erworben.

Auch der Fuhrpark wird laufend modernisiert. Im Mai 2006 übergab man dafür ein altes Löschfahrzeug an die Feuerwehr in Rzaska (Kreis Krakau) in Polen. Ein „Überführungskomitee" nahm dabei eine Strecke von 1.103 km – einfach – auf sich, um das Fahrzeug persönlich abzugeben. Am 8. November 2007 erhielt die Freiwillige Feuerwehr Feldkirchen ein neues Teleskopgelenkfahrzeug F 32, das ein in die Jahre gekommenes 32 Jahre altes Gelenkmastfahrzeug ersetzte. Das alte Großtanklöschfahrzeug, ein Magirus 200 D 16 A, wurde 2013 dem Feuerwehrmuseum Bayern in Waldkraiburg als Dauerleihgabe zur Verfügung gestellt.

Tag der offenen Tür 2013

Der im Februar 2015 in Dienst gestellte First-Responder

Modernste technische Einrichtungen und das neue Gerätehaus ersetzen aber nicht die uneigennützige Bereitschaft jedes einzelnen Feuerwehrmannes. Sie ist – wie in den Gründungsjahren – das Fundament der Freiwilligen Feuerwehr.[14] Derzeit wird das Gerätehaus erweitert und durch Wohnungen ergänzt.

1995 wurde von der Freiwilligen Feuerwehr zusammen mit der Wasserwacht als freiwillige Leistung zudem ein First Responderdienst eingerichtet. Die Idee kam aus Amerika und hielt Ende der 1980er Jahre als Pilotprojekte in Deutschland Einzug. Gerade in ländlichen Gegenden macht es Sinn, eine schnelle Ersthelfergruppe zu haben, um die Zeit bis zum Eintreffen von fachlicher Hilfe zu verkürzen. Respondergruppen wurden vielerorts als erweiterndes Glied in die Rettungskette aufgenommen. Die Gruppe ehrenamtlicher Helfer leistet qualifizierte Hilfe bei medizinischen Notfällen und hilft die Zeit bis zum Eintreffen des Rettungsdienstes zu verkürzen, wozu ihr ein eigenes Einsatzfahrzeug zur Verfügung steht. Seit der Gründung der Feldkirchner First-Responder-Gruppe mussten die Helfer bereits unzählige Male ausrücken. Allein im Jahr 1998 wurden die Retter von ihrem Piepser 208-mal gerufen.

2015 wurde von der Gemeinde ein neues First-Responder Fahrzeug angeschafft. Das bisherige Fahrzeug hatte bereits zwölf Jahre und einige hundert Einsätze „auf dem Buckel" und war wirtschaftlich nicht mehr instand zu halten. Am 20. Februar wurde das neue Fahrzeug, ein BMW X3, in einer Feierstunde anlässlich 20 Jahre First Responder-Dienst in der Gemeinde durch den Ersten Bürgermeister Werner van der Weck an die Freiwillige Feuerwehr übergeben und durch den Seelsorger der bayerischen Polizei, Monsignore Andreas Simbeck, geweiht.

Das Vereinsleben

Feuerwehrkameraden der ersten Jahre

Reither

Hörmüller

Stengel

Ammon

Wurth

Bock

Holly

Scherzl

Haindl

Kommandanten
der Freiwilligen Feuerwehr Feldkirchen

1870 – 1875	Jakob Bothmer
1875 – 1880	Franz Huber
1880 – 1901	Quirin Steininger sen.
1901 – 1907	Fritz Lehrer
1907 – 1912	Quirin Steininger jun.
1912 – 1915	Georg Holly
1915 – 1930	Hans Scherzl sen.
1930 – 1945	Ferdinand Schmid
1945 – 1960	Hans Scherzl jun.
1960 – 1985	Georg Jackermeier
1985 – 2003	Hermann Gratzl
2003 – 2013	Manfred Schmitt
seit 2013	Wolfgang Tunk

Vorstände
der Freiwilligen Feuerwehr Feldkirchen

1870 – 1907	Jakob Wagner
1907 – 1927	Franz Haindl
1927 – 1929	Hans Kurz
1929 – 1937	Georg Lechner
1937 – 1948	Ferdinand Schmid
1949 – 1952	Georg Stimmer
1953 – 1961	Gustav Jehlicka
1961 – 1973	Ernst Heilmeier
1973 – 1981	Ludwig Piendl
1981 – 1984	Georg Gschlößl
1984 – 1985	Hermann Gratzl
1986 – 1996	Karl Rupp jun.
1996 – 2004	Karl-Heinz Mahr
2004 – 2009	Andreas Mur
seit 2009	Michael Damböck

Bild oben:
Freiwillige Feuerwehr 1989

Bild rechts:
Jugendgruppe der Freiwilligen Feuerwehr Feldkirchen, 2013

Das Vereinsleben

ASG Feldkirchen 1932
1. Reihe von links:
Franz Haindl, Hans Lackner (2. Schützenmeister), Anni Greiner geb. Glasl, Dr. Heiß (1. Schützenmeister), Josef Egger

2. Reihe von links:
Johann Sprenger, Karl Burger, Fritz Winter, Leonhard Filgis, Hans Kürzel (Schützenkönig), Josef Winklmeier, Wilhelm Eberlein, Heinrich Heigl, Edi Kürzel, Anton Aumüller

3. Reihe von links:
Joseph Hörmüller, Ludwig Bogner, Jakob Dillitzer, Ludwig Adam, Erhard Neupert, Anton Glasl, Ferdinand Schmidt

Altschützengesellschaft Feldkirchen 1878 e. V.
Nach der Überlieferung war es an einem Herbstabend des Jahres 1878, als einige Männer beim „Alten Wirt" zusammenkamen und beschlossen, eine Schützengesellschaft zu gründen. Feldkirchen zählte damals nicht ganz 500 Einwohner. Einziger Verein war die Freiwillige Feuerwehr. Doch das sollte sich ändern.

Im Staatsarchiv München liegt noch heute die Gründungssatzung und die Meldung der Gemeinde Feldkirchen an das Kgl. Bezirksamt über diese Gründung.[15] Demnach ist die offizielle Gründung erst im September 1879 erfolgt. Als Zweck wurde in der Satzung „eine gemütliche Unterhaltung, verbunden mit Scheibenschießen aus Zimmerstutzen, unter Fernhaltung aller fremdartigen Bestrebungen", festgehalten. Die Schützengesellschaft nannte sich zunächst „Die Gemütlichen". Ob sich „Die Fröhlichen" Schützen, die zu Beginn des 20. Jahrhunderts erscheinen, abgespalten haben oder eine Neugründung waren, ist nicht bekannt. Erster Vorstand war Georg Max Kuisl, erster Schützenmeister, damals in der Funktion des Sportleiters, Franz Schaumann.

Vom ersten Kassenbuch sind einige Blätter verloren; die Aufzeichnungen setzen erst am Ende der zweiten Schießsaison ein. Man ersieht jedoch daraus, dass der Kassenstand am 2. Mai 1880 35,50 Mark betrug. Aus einer Notiz über die gesamten Monatsbeiträge für den Dezember 1880 kann geschlossen werden, dass die Schützengesellschaft seinerzeit 14 Mitglieder zählte. Das älteste noch vorhandene Schießbuch, das mit dem Jahr 1897 einsetzt, weist 24 Mitglieder auf und als ersten Vorstand Georg Reither sowie als ersten Schützenmeister Jakob Adam.

In den ersten Jahrzehnten nach der Gründung bis in die 30er Jahre ging es ruhig zu. Geschossen wurde anfangs bei Kerzenlicht an einem Stand beim „Alten Wirt" auf die Distanz von elf Metern. Wenn der einzige Stutzen defekt war, musste das Schießen ausfallen. Die Schießsaison begann im Oktober, wenn die Ernte eingebracht war, und endete meist im März, vor der Aussaat. Das Anfangsschießen wurde meistens als „Gans-Schießen" durchgeführt. Regelmäßig hielt man auch eine Christbaumfeier mit Preisschießen ab. Ansonsten waren besondere Schießen die Ausnahme.

Es findet sich zwar im Kassenbuch die Notiz über ein „Wittelsbacher Jubiläum" am 21. September 1880 anlässlich der allerorts groß gefeierten 700-Jahr-Feier der Wittelsbacher als Regenten Bayerns, bei der 67,90 Mark für Musik, Feuerwerk, Dekoration und einen Ballon Pulver ausgegeben wurden. Außerdem gab es einen ein Vermerk über ein Schützenfest am 24. Mai 1881, das jedoch mit einem Verlust von 16,88 Mark für die Kasse geendet hatte. Doch scheint es, dass man in der Folgezeit, erschreckt durch das Defizit, etliche Jahre keine besonderen Veranstaltungen mehr wagte.

Auch Bälle waren eher die Ausnahme. Möglich, dass dies auf den Ball vom 11. Mai 1884 zurückzuführen ist, zu dem der Kassier lapidar vermerkte: „Ball! oje! oje!" Erst 1902 wurde wieder ein Fahnen-Preisschießen verzeichnet. Beim „Stefani-Ball" am 26. Dezember 1907 nahmen dann sogar 77 Personen teil, darunter auch Gäste aus Aschheim, Riem und Parsdorf.

Laut Adressbuch für das Jahr 1907 sind zwei Schützengesellschaften aufgeführt: „Die Fröhlichen" mit dem Vorstand Otto Rau und Sitz im Gasthof „Taubenhuber" und „Die Gemütlichen" mit dem Vorstand Fritz Lehrer und Sitz im Gasthof „Alter Wirt" (später als „Altschützengesellschaft Feldkirchen von 1878" bezeichnet). „Die Fröhlichen" sollen noch nach dem Ersten Weltkrieg bestanden und sich erst 1945 aufgelöst haben. Die restlichen Mitglieder traten 1951 der wieder gegründeten Altschützengesellschaft bei, die sich deshalb wohl dann „Die Fröhlichen", statt wie bisher „Die Gemütlichen" nannten.[16]

Neben dem Schießen scheint man zeitweilig auch die Kugel geschoben zu haben, da sich 1897 im Kassenbuch Buchungen über eingenommenes Kegelgeld finden. Feucht-fröhlich scheint es in den Jahren 1897 bis 1899 bei den Schützen zugegangen zu sein. Gleich sechs Hochzeiten finden in den Aufzeichnungen aus dieser Zeit Erwähnung.

Mit dem Beginn des Ersten Weltkrieges war es dann vorbei mit der Gemütlichkeit. Am 22. November 1914 wurden die Bücher geschlossen, der Verein löste sich auf. Aus der Kasse wurden 35 Mark für „Liebesgaben" an die Kameraden im Feld aufgewandt.

Erst nach Kriegsende, im Dezember 1918, fand man sich wieder ein. Die verbliebenen 13 Mitglieder wählten Kaspar Schrank erneut zum Vorstand; Schützenmeister wurde Georg Lechner. Doch die Zeiten wurden immer schlechter, die Preise erreichten mit der Inflation 1923 astronomische Höhen. Trotzdem ließen sich die Schützen von ihren Traditionen nur schwer abbringen, musste auch für ein Festessen zum Endschießen am 24. März 1923 bereits der stolze Preis von 20.800 Mark an den Wirt gezahlt werden. Zum Anfangsschießen im Oktober 1923 stiftete Wirt Glasl ganze 5 Milliarden Mark zum Ankauf von Munition. Dennoch war diese ungeheure Summe nur ein Tropfen auf den heißen Stein, denn für die Munition mussten 450 Milliarden ausgegeben werden. So erreichte der Monatsbeitrag der Schützen im Dezember die fantastische Höhe von 150 Milliarden Mark. Dank der Währungsreform konnte der Kassier im Januar 1924 zu seiner Erleichterung das Defizit von 45 Milliarden Mark dann mit 5 Goldpfennig neu vortragen. Die Lage hatte sich wieder stabilisiert. Dennoch musste aus finanziellen Gründen auf das traditionelle Gans-Schießen verzichtet werden. Zum Trost stiftete der Wirt wenigstens großzügig Freibier. Doch sollte es bald aufwärts gehen.

Am 29. Oktober 1927 beschloss die Generalversammlung, dass die Feldkirchner Altschützengesellschaft Mitglied des neuen Bayerischen Schützenbundes, Sektion München-Ost-Land, werden soll. Am 50-jährigen Jubiläumsschießen vom 25. bis 30. Mai 1929, das im Rahmen des zweiten Sektions-Schießens ausgetragen wurde, nahmen fast 300 Schützen aus der Sektion teil.[17]

Das Vereinsleben

ASG Feldkirchen 1956

Im April 1930 kauften die Feldkirchner einen zweiten Stutzen und errichteten einen zweiten Stand. Geschossen wurde nun auf die Distanz von 13 Metern. Im „Dritten Reich" wurde der Bayerische Schützenbund, dem die Feldkirchner Schützengesellschaft 1927 beigetreten war, aufgelöst und damit auch die Sektion. Die einzelnen Schützenvereine konnten aber, integriert in den Deutschen Reichsbund für Leibeserziehung, als selbständige Vereine weiterbestehen. Anders als 1914 löste sich der Verein zu Beginn des Zweiten Weltkriegs nicht auf, sondern führte bis 1944 ein reges Vereinsleben. Anfangs-, Weihnachts- und Endschießen sowie Generalversammlungen wurden wie in Friedenszeiten abgehalten. Auch die an die Front beorderten Schützenkameraden hielten weiterhin Kontakt zum Verein.

Gegen Ende 1944 wurde es dann jedoch langsam still. Die Stutzen mussten abgegeben werden, Johann Kahl rettete die Schützenkette über die wirren Jahre nach dem Zusammenbruch.

Hans Kürzel lud am 3. März 1951 zur Wiederbegründung in das ehemalige Gründungslokal, den „Alten Wirt", ein. 13 Interessenten erschienen. Geschossen werden konnte aber erst wieder ab Herbst 1953, da Zimmerstutzen nicht früher zugelassen wurden und die Altschützen, die sich nun als die „Fröhlichen" bezeichneten, auch nicht eher das Geld zum Kauf eines Stutzens aufbringen konnten. Zum 80-jährigen Jubiläum 1959 war die Schützengesellschaft dann aber bereits wieder auf 46 Mitglieder angewachsen.

Seit 1960, nach 82-jährigem Aufenthalt im „Alten Wirt", tagten die Altschützen im Gasthaus „Sonne". Wegen der ungünstigen räumlichen Verhältnisse zog man allerdings bereits im Oktober 1965 um in den Keller des neu erbauten Bräustüberls. Dort konnten vier Schießstände eingerichtet werden.

Zum 90-jährigen Bestehen der Gesellschaft erhielten die Altschützen endlich eine Vereinsfahne. Die Fahnenweihe wurde am 8. und 9. Juni 1968 in der „Vetterhalle", die die Bayerische Staatsoper zur Verfügung gestellt hatte, abgehalten. Die Patenschaft für die Fahne übernahm die Schützengesellschaft Gronsdorf. In der Zeit von 1971 bis 1973 übernahm Richard Saur die Führung des Vereins. Mit der Wahl von Dr. Rüdiger Dinse zum ersten Schützenmeister im Herbst 1973 vollzog sich ein Wandel in der Gesellschaft. Sie wurde aus ihrem etwas behäbigen Dasein herausgerissen und den Erfordernissen des modernen Schießsports angepasst. Geselligkeit und Gemütlichkeit – bereits bei der Gründung Vereinszweck – kamen dennoch nicht zu kurz. Auch Damen waren nun als Mitglieder willkommen und bald gab es eine eigene Damen- und eine Jugendmannschaft.

Hundertjahrfeier des ASG Feldkirchen 1978

1971 hatten die fröhlichen Schützen der Altschützengesellschaft von 1878 die Genehmigung zur Errichtung einer Schießstätte im Kellergeschoß des Bräustüberl des Münch-Bräu erhalten[18]; nach der Fertigstellung der Gemeindehalle im Januar 1977 konnten die Altschützen dort neue Räume beziehen. Sieben Schießstände wurden am 11. März 1977 eingeweiht. Training und Wettkämpfe fanden seither in der Gemeindehalle statt; als Aufenthaltsraum diente den Schützen das „Schützenstüberl". Nur zu besonderen Schießen, wie dem Sau-, dem Weihnachts- oder Königsschießen, kehrten sie ins „Bräustüberl" zurück, bis dieses abgerissen wurde. Zur Hundertjahrfeier im Frühjahr 1978 wurde erneut ein Sektions-Schießen in Feldkirchen abgehalten, bei dem 1.005 Schützen aus der Sektion München-Ost-Land am Stand waren.[19]

Im Herbst 1981 löste Erich Wurth Dr. Dinse als Schützenmeister ab. Mit dem Amtsantritt des neuen Schützenmeisters kam erneut neuer Wind in den Verein, es begann eine neue Blütezeit. Bälle und Feste wurden wieder gefeiert. Im März 1986 übergab Erich Wurth die Führung des Vereins an Paul Flach.

1988 konnte der Verein sein 110-jähriges Bestehen mit einem Jubiläumsschießen am Wochenende 21./22. Oktober begehen, das auch als „Ortsvereins-Schießen", bei dem 23 Laienmannschaften aus 16 Feldkirchner Ortsvereinen um die Preise kämpften, abgehalten wurde. Außerdem gab es am 29. Oktober auch ein Jubiläumsfest. Im selben Jahr wurde mit Bärbel Springmann die erste Schützenmeisterin (auch in der Sektion) bestätigt.

Doch wenige Jahre später stand der Traditionsverein fast vor dem Aus. Immer weniger Mitglieder kamen zu den Veranstaltungen, sodass der einzige Tagesordnungspunkt einer außerordentlichen Generalversammlung lautete: „Auflösung – oder wie soll es weitergehen?"

Es ging weiter. Zur Versammlung waren 48 Mitglieder erschienen, die sich alle für einen Fortbestand aussprachen. Der 22-jährige Robert Rieder wurde in der ordentlichen Generalversammlung gewählt – als jüngster Schützenmeister in der Vereinsgeschichte. Robert Rieder konnte wieder frischen Wind in den Verein (und neue Mitglieder) bringen, zog aber aus privaten Gründen zwei Jahre später

125-jähriges Jubiläum der Schützengesellschaft 2003

Bürgerschießen 2008

von Feldkirchen fort. Bärbel Springmann, die aus beruflichen Gründen zwei Jahre pausiert hatte, übernahm erneut die Funktion der Schützenmeisterin. Mit neuen Aktivitäten bestand der Verein fort, sodass im Herbst 1998 das 120-jährige Gründungsjubiläum mit einem großen Jubiläumsschießen und einer kleinen internen Feier begangen werden konnte.

Im Mai 2003 schließlich konnte das 125-Jährige mit einem großen Jubiläumsschießen (als „Bürger-, Ortsverein- und Firmen-Schießen") und einer großen öffentlichen Veranstaltung in der Gemeindehalle und einem Festzug, an dem sich über 40 Vereine aus dem Gau München-Ost-Land (früher Sektion) und der Gemeinde Feldkirchen beteiligten, gefeiert werden.[20] 2006 trat Andreas Janson als Schützenmeister die Nachfolge von Bärbel Springmann an.

Durch neue Vorschriften entsprachen die Schießstände zu Beginn des 21. Jahrhunderts nicht mehr den Anforderungen. Bauliche Maßnahmen in den Vereinsräumen der Gemeindehalle, in der der Schützenverein seit 1977 untergebracht war, hätten sich auf die Dauer nicht vermeiden lassen. Die Gemeinde schaffte im neuen Hortgebäude an der Raiffeisenstraße neue Vereinsräume, die sie mit zehn modernsten elektronischen Schießständen ausstattete.

Die Jugendmannschaft des ASG bei der Jugend-Olympiade des Landkreises München 2016

Am 9. November 2007 konnte das neue Schützenheim eingeweiht werden. Über 700 Arbeitsstunden hatten die Mitglieder in den Umzug und die Neueinrichtung investiert sowie einen Großteil der finanziellen Reserven des Vereins eingebracht. Die alten Sitzbänke, Stühle und Tische zogen mit um und tragen zur alten Gemütlichkeit bei.

Derzeit zählt die Altschützengesellschaft 90 Mitglieder, die das Mindesteintrittsalter von 12 Jahren überschritten haben. Einmal im Monat findet ein Damenstammtisch statt. Seit einigen Jahren gibt es neben der Luftgewehr- und der Jugendmannschaft auch eine Luftpistolenmannschaft.

2013 war in sportlicher Hinsicht das bisher erfolgreichste Jahr in der Vereinsgeschichte. Einzelne Schützen konnten sich für die Bezirksmeisterschaften und sogar für die Bayerische und die Deutsche Meisterschaft qualifizieren. 2015 erreichte die Jugendmannschaft mit einem dritten Platz im Finale der fünf besten Jugendmannschaften bei den Rundenwettkämpfen des Gaus erstmals die Medaillenränge.

Liste der Schützenmeister
(früher als 1. Vorstand bezeichnet)

Über den Zeitraum von der Gründung bis 1897 fehlen die Unterlagen, aus denen Schützenmeister (bzw. damals als 1. Vorstand bezeichnet) festgestellt werden könnten.

1878	Max Kuisl
	keine Unterlagen
1897 – 1901	Georg Reither
1901 – 1907	Fritz Lehrer
1907 – 1909	Thomas Schall
1909 – 1914	Kaspar Schrank

Im Herbst 1918 wird der Verein neu begründet.

1918 – 1923	Kaspar Schrank
1923 – 1928	Georg Lechner
1928 – 1938	Dr. Hanns Heiß
1938 – 1945	Franz Heinel

Nach dem 2. Weltkrieg wird der Verein 1951 neu begründet.

1951 – 1953	Hans Kürzel
1953 – 1961	Dr. Hanns Heiß
1961 – 1965	Ludwig Bogner sen.
1965 – 1971	Xaver Wagner
1971 – 1973	Richard Saur
1973 – 1981	Dr. Rüdiger Dinse
1981 – 1986	Erich Wurth
	(von Okt. 1981 bis März 1982 kommissarisch)
1986 – 1988	Paul Flach
1988 – 1992	Bärbel Springmann
1992 – 1994	Robert Rieder
1994 – 2006	Bärbel Springmann
seit 2006	Andreas Janson

Das Vereinsleben

Veteranen- und Kriegerverein Feldkirchen-Weißenfeld, 9. Juni 1963

Krieger- und Soldatenkameradschaft Feldkirchen-Weißenfeld

Zu den ältesten Feldkirchner Vereinen zählt die Krieger- und Soldaten-Kameradschaft Feldkirchen-Weißenfeld, die unter dem Namen Veteranen- und Kriegerverein Feldkirchen-Weißenfeld im Jahre 1893 ins Leben gerufen worden war. 61 Gründungsmitglieder konnten damals gezählt werden; die Vorstandschaft übernahmen David Walter, Hans Henne, Jakob Heitz und Georg Weiller. Die Statuten und ein Exemplar des Mitgliedsausweises sind noch heute im Staatsarchiv München aufbewahrt.[21]

Am 8. Juli 1894 kam es zur feierlichen Fahnenweihe in Anwesenheit von 40 teilnehmenden Vereinen und Korporationen. Bei einigen konnte sich der neue Veteranen- und Kriegerverein bald mit einem Gegenbesuch revanchieren. So feierten die Krieger und Veteranen z. B. 1905 mit bei der Fahnenweihe des katholischen Männervereins.

Zu den Aufgaben eines Veteranen- und Soldatenvereins gehörte und gehört, die Erinnerung an gefallene Kameraden zu wahren. Nach dem Ersten Weltkrieg kam es am 10. Juli 1921 zur feierlichen Enthüllung der Kriegergedächtnistafel an der katholischen Kirche, wenige Monate später, am 10. September des gleichen Jahres, wurde das Kriegerdenkmal in Weißenfeld enthüllt. Die Enthüllung des Kriegerdenkmals in Feldkirchen konnte am 23. Mai 1923 gefeiert werden. Immer, wenn es um Einweihungen in Feldkirchen ging, war die Krieger- und Soldatenkameradschaft dabei, auch bei der Enthüllung der Krieger-Gedächtnistafel in der Evangelisch-Lutherischen Kirche 1924, der Einführung von Pfarrer Turtur in der evangelischen Kirche sowie der Glockenweihe in der katholischen im Jahr darauf oder bei der feierlichen Einweihung nach dem Umbau der katholischen Kirche 1927.

Doch nicht immer verlief das Vereinsleben reibungslos. Im Jahr 1929 kam es mit der Gemeinde Feldkirchen zum Flaggenstreit: Beim Kriegerdenkmal sollte ein dritter Fahnenmast für eine schwarz-rot-goldene Fahne aufgestellt werden. Der Verein lehnte ab, war für die Beibehaltung der beiden alten Fahnen in „Weiß-Blau" und „Schwarz-Weiß-Rot". Im gleichen Jahre wurde auch eine neue Salutkanone für den Verein erworben.

Der Zweite Weltkrieg setzte eine harte Zäsur in der Geschichte des Vereins. Die Leitung wurde aufgrund einer politisch bedingten neuen Satzung umgestellt: Der erste Vorstand hieß nun „Kameradschaftsführer". Daneben wurden neue Ämter ins Leben gerufen, wie der „Propagandawart", der „Schießwart", der

"Festwart" oder der "Sozialwart". 1941 zählte der Verein noch 90 Mitglieder, doch im Lauf des Krieges waren die Quartalsversammlungen schlecht besucht und wurden 1944 schließlich ganz eingestellt. Zu den letzten Eintragungen im Vereinsprotokoll vor Kriegsende ist zu lesen: *„Angenommen wird nach Verlesung die von der Kreisleitung in München erlassene ‚Kriegerkameradschaftssatzung', die aber nie in Kraft getreten ist."* Erst am 25. Oktober 1953 konnte der Verein nach einem Aufruf durch den Ersten Bürgermeister Ferdinand Schmid neu gegründet werden. Dieses Mal zählte der Verein allerdings nur 18 Gründungsmitglieder aus Feldkirchen und 17 aus Weißenfeld. Und wieder galt die erste traurige Aufgabe dem Gedenken der toten Kameraden. Am 15. November 1953 wurden die Namen der in den Jahren 1939 bis 1945 Gefallenen am Kriegerdenkmal im Rahmen einer Gedenkfeier enthüllt.

Zur Wahl einer neuen Vorstandschaft nach der eigentlichen Gründungsversammlung kam es am 6. Dezember 1953. Gewählt wurden Ernst Wurth, der dem Verein rund ein halbes Jahrhundert vorstehen sollte, Benno Bölsterl (bis 1990, danach Ehrenvorstand), Georg Gnädig und Otto Hiebl sen. sowie als Fahnenträger Konrad Mangstl und Josef Artmann. Zwei Jahre später wurde erneut eine Salutkanone angeschafft.

Zehn Jahre nach der erneuten Gegründung konnte gefeiert werden: 70 Jahre waren seit der einstigen Gründung verflossen. Gleichzeitig mit dieser Feier konnte die restaurierte Fahne geweiht werden. Und die Jungmädchen aus Weißenfeld überreichten ein Gedenkband, das sie den Gefallenen der Jahre 1939 bis 1945 gewidmet hatten.

1964 wurde auf dem Vereinsvorständetreffen auch mit Fürsprache des Veteranen- und Kriegervereins die „Feldkirchner Blaskapelle" gegründet. Sie übernahm die Tradition der

Vorstände der Krieger- und Soldatenkameradschaft Feldkirchen-Weißenfeld	
1893 – 1895	David Walter
1896 – 1899	Georg Weiler
1900 – 1905	David Walter
1905 – 1907	Josef Mühlberger
1908 – 1921	Jakob Holly
1922 – 1924	Hans Reither
1925 – 1927	Hans Kindlberger
1928 – 1933	Josef Ruhsam
1933 – 1934	Franz Schimpf
1934 – 1940	Martin Ertl
1940 – 1943	Hans Limmer
1944	Filgis jun.
1944 bis 1953 war das Vereinsleben durch Krieg und Nachkriegszeit unterbrochen	
1953 – 2004	Ernst Wurth
seit 2004	Franz Xaver Stellner

früheren Feuerwehr-Kapelle und der Kriegerverein stiftete aus seinem Besitz zwei Trommeln. Ab da unterstützte die Blaskapelle den Verein bei seinen Auftritten an den Volkstrauertagen und bei Beerdigungen von Vereinskameraden. Den Namen Krieger- und Soldaten-Kameradschaft Feldkirchen-Weißenfeld erhielt der Verein am 6. November 1965. Von da ab wurden auch Reservisten in diese Männer-Gesellschaft aufgenommen. 1988 konnte die Soldaten- und Krieger-Kameradschaft ihr 95-jähriges Bestehen feiern.

Am 11./12. September 1993 begingen die 99 Mitglieder das 100. Gründungsfest mit der Weihe einer neuen Fahne. Doch auch die alte Fahne mit Germania und mit dem königlich-bayerischen Wappen wird weiterhin in Ehren gehalten.[22]

Das Vereinsleben

**Christlicher Männerverein
Sankt Josef von 1901 Feldkirchen**

Einer der jüngsten Vereine und gleichzeitig einer, der auf eine lange, seit vielen Jahren allerdings unterbrochene Tradition zurückblicken kann, ist der Christliche Männerverein Sankt Josef von 1901. In vielen ländlichen Gemeinden, speziell in Oberbayern, entstanden um 1900 christliche Männervereine, die es sich zur Aufgabe gemacht hatten, neben der Erhaltung christlichen Brauchtums und der Repräsentation bei besonderen kirchlichen Veranstaltungen auch das gesellschaftliche Leben zu pflegen.

Am 8. Mai 1901 versammelten sich einige Feldkirchner und der Kirchheimer Pfarrer Heinrich Englmann im Nebenzimmer des „Steininger-Wirts" und berieten, auf welche Weise für Feldkirchen ein regelmäßiger Sonntagsgottesdienst und die Einrichtung einer eigenen Pfarrei erreicht werden könnten. Damals war die kleine St. Michael-Kirche in Feldkirchen noch Filiale der Pfarrei Kirchheim. Der als Gast geladene Pfarrer Theodor Becher aus Buchendorf bei Gauting legte in seiner Ansprache die Ziele und Aufgaben eines „Katholischen Männervereins" dar. Im Anschluss an die Zusammenkunft wurde der „Katholische Männerverein Feldkirchen" gegründet. Die Gründungsliste enthält die Namen Simon Glasl, Leonhard Stockinger, Josef Marschall, Ferdinand Kellner, Simon Straßer, Joseph Hörmüller, Peter Stettner, Josef und Quirin Steininger, Georg Taubenhuber, Johann Huber und Ulrich Filgis. Bereits am 20. Mai 1901 gab sich der Verein Statuten, in denen als Ziele regelmäßiger Gottesdienstbesuch, soziale Unterstützung der Mitglieder, aber auch gesellige Unterhaltung genannt werden. Am 4. Februar 1902 wurden die Gründung und die Statuten in einem Schreiben durch den Kirchheimer Pfarrer an das Bezirksamt in München gemeldet.

Als „Traditionszeichen" ließ man schon bald eine prachtvolle und vermutlich kostspielige Vereinsfahne anfertigen, die am 18. Juni 1905 feierlich geweiht wurde. Und diese Fahne sollte es auch sein, die dem Verein nach jahrelanger Vergessenheit zu einer Wiedergeburt verhelfen sollte.

Im Jahr 1903 zählte der Verein bereits stolze 45 Mitglieder. Laut Protokollbuch war das Vereinsleben bis zum Ersten Weltkrieg äußerst rege. Dann zogen die jungen Männer ins Feld, man hatte anderes im Kopf als heitere Geselligkeit. Auch in der Zwischenkriegszeit erholte sich der Verein nicht mehr; er geriet in Vergessenheit. Im Jahr 1938 wurde der „Katholische Männerverein Feldkirchen" bedingt durch die politischen Verhältnisse endgültig aufgelöst.

Die Fahne aber verwahrte der Pfarrer in der inzwischen entstandenen katholischen Pfarrkirche St. Jakobus d.Ä. in Feldkirchen. Nur die Mesnerin wusste noch von dieser alten Fahne und als sie diese wieder einmal zum Auslüften im Speicher der Kirche aufgehängt hatte, wurde das wertvolle Stück entdeckt. Kirchenvorstand und Pfarrer Orazio Bonassi beschlossen spontan, den christlichen Verein wieder aufleben zu lassen und gaben zunächst die zerschlissene Fahne in eine Restaurierungswerkstatt. Am Josefitag, dem 19. März 1987, quasi am Namenstag des Vereins, wurde während des Abendgottesdienstes die alte, jetzt im neuen Glanz erstrahlende Traditionsfahne erneut feierlich geweiht. Der Verein war wiedererstanden; bereits bei der ersten Versammlung am 22. Mai 1987 umfasste er 31 Mitglieder. Zum ersten Vorstand wurde Max Brand gewählt. Dem Gedanken der Ökumene folgend, wurde aus dem „Katholischen Männerverein" bald ein „Christlicher Männerverein".

Die am 12. Mai 1989 neu verfassten Statuten, in denen als wesentliche Ziele die Pflege des christlichen Brauchtums und Förderung der Kameradschaft sowie die Durchführung von geselligen und kulturellen Veranstaltungen genannt wurden, haben viele Feldkirchner angesprochen. In den ersten zwei Jahren wuchs der wieder entstandene Verein bereits auf 78 Mitglieder an. Einheitliche Jacken, Hüte und Schärpen mit dem Gemeindewappen wurden für die Fahnenabordnung angeschafft sowie eine neue Fahnenstange mit Tragegurt. Außerdem wurden fünf zum Teil aus der Gründungszeit stammende Fahnenbänder restauriert. Das Vereinsabzeichen als Anstecknadel wurde im April 1995 eingeführt und im November 1998 trug die Vorstandschaft erstmals die „neue Vereinskleidung", bestehend aus einem bordeauxroten Blazer mit gesticktem Vereinsemblem und einer Krawatte in der gleichen Farbe, einem weißen Hemd und einer schwarzen Hose.

Der Christliche Männerverein beteiligt sich nun auch wieder rege am Gemeindeleben, trifft sich nicht nur zu den Hauptveranstaltungen im „Alten Schulhaus" in der Bahnhofstraße. Zu den wichtigsten jährlichen Veranstaltungen zählen die Josefifeier im März, die Jahreshauptversammlung im April/Mai, ein eintägiger Ausflug im August/September und der Kameradschaftsabend im November. Im jährlichen Vereinskalender stand von 1988 bis 2000 zudem das Sommerfest für die gesamte Feldkirchner Bevölkerung, das mit bis zu 450 Gästen stets gut besucht war. Aus Gründen des Feuerschutzes und des Lebensmittelrechts musste diese beliebte Veranstaltung zum allgemeinen Bedauern jedoch aufgegeben werden. Seit der Maibaumaufstellung im Jahr 1990 ziert die Vereinstafel mit dem hl. Josef auch die Traditionsstange auf dem Hindenburgplatz. Und als der Feldkirchner Gartenbauverein anlässlich seines 80-jährigen Jubiläums im September 1990 den Bildstock an der Oberndorfer Straße einweihte, war der Christliche Männerverein mit von der Partie.

Ein Jahr später, am 14. September 1991, konnte der Christliche Männerverein das 90-jährige Jubiläum seiner ursprünglichen Gründung feierlich begehen und wiederum zehn Jahre später das 100-Jährige. Am 12. Mai 2001 fand nach dem Besuch der Vorabendmesse ein Festabend mit rund 150 geladenen Gästen im „Hotel Bauer" statt. Nach dem Festgottesdienst am Sonntag, dem 13. Mai 2001, mit der Weihe einer Gedenkkerze für die verstorbenen Kameraden durch Pfarrer Sajdak erfolgte der Festumzug zur Pfarrer-Axenböck-Straße mit den Fahnenabordnungen der Feldkirchner Vereine, der Blaskapelle, den Vereinskameraden und vielen anderen Gemeindemitgliedern. Dort wurde ein Feldkreuz als sichtbares Zeichen der christlichen Vereinstradition aufgestellt. Nach dem Rückmarsch zum Pfarrheim fand auf Einladung von Pfarrer Sajdak ein Empfang mit anschließender Brotzeit statt.

Laut eigenen Aussagen stellte der „Christliche Männerverein Sankt Josef von 1901 Feldkirchen" mit seinen damals knapp 100 Mitgliedern den einzigen 1989 noch bestehenden Traditionsverein aus der Gründungszeit der „Katholischen Männervereine" um 1900 in den Regierungsbezirken Oberbayern und Schwaben dar.[23]

Der Blumenkorso anlässlich des 50-jährigen Bestehens des Gartenbauvereins am 1. Oktober 1961. Der Wagen mit der Erntekrone wurde von Konrad Mangstl gelenkt.

Gartenbauverein Feldkirchen e. V.

Mit zu den ältesten und größten Vereinen der Gemeinde Feldkirchen zählt der Gartenbauverein. Am 26. Februar 1911 wurde er nach längeren Überlegungen als „Obstbau- und Bienenzuchtverein Feldkirchen" im Gasthaus Neuwirt gegründet. Mit ausschlaggebend mag gewesen sein, dass der Verschönerungsverein Feldkirchen seit längerem *„immer noch seinen tiefen Schlaf"* schlief, wie im Mai 1908 im Evangelischen Gemeindeblatt zu lesen war. Dieser war Ende 1902/Anfang 1903 unter anderem mit der Absicht gegründet worden, *„die neuen Plätze und Straßen Feldkirchens mit Anlagen zu versehen"*. Doch offensichtlich ist in der Folge nicht genügend in Sachen Anpflanzungen passiert. Zwar gab es Privatinitiativen wie die der evangelischen Kirchenverwaltung, die ihre alten Eschen gefällt hatte und vom Erlös 40 *„Blütensträucher und mehrere edlere Sorten Nadelbäume"* dafür anpflanzen wollte. *„Auch im Hofraum der Erziehungsanstalt Feldkirchen wurde durch die Güte einer Münchener Dame eine sehr schöne gärtnerische Anlage geschaffen, die, wenn sie in einigen Jahren mehr in die Höhe gewachsen sein wird, eine Zierde des Dorfes bilden wird."* Am Friedhof war zu Beginn des 20. Jahrhunderts ebenfalls *„eine Anzahl sehr schöner Nadelbäume gepflanzt worden, die dem bisher ziemlich kahlen Friedhof ein sehr freundliches Gepräge geben"*. Doch das war's offensichtlich. Die Verschönerung des Dorfes durch Pflanzen, aber auch die Nutzung derselben sollte durch die Vereinsgründung weiter gefördert werden.

Den entscheidenden Anstoß gab mit einiger Sicherheit der Aufruf des Ministeriums des Innern, eine Entschließung zur Vermehrung der Bienenweiden herauszugeben. Man hatte erkannt: *„Mit Bienenzucht sind nicht allein große wirtschaftliche, sondern auch bedeutende ethische Werte verknüpft und eine Unterstützung derselben ist für das Staatswohl ungemein nutzbringend."* Doch durch *„die intensive Ausnutzung der Felder und Reinhaltung der Wälder von Sträuchern etc. sind die bienenwirtschaftlichen Pflanzen immer weniger geworden; aus diesem Grunde ist der ministerielle Erlaß betreffs Vermehrung der Bienenweide freudigst zu begrüßen."*

Blumenkorso am 1. Oktober 1961. Die Blaskapelle fährt mit einem Laster des Münch-Bräu.
Auch der VW-Käfer der Familie Berneth fehlte nicht, im Hintergrund die Bäckerei Bogner.

Schließlich trug die Bayerische Staatsbahnverwaltung zur Hebung der Bienenzucht durch Bepflanzen der Böschungen und Unterführungen an den Eisenbahngleisen und durch Förderung der Obstbaumzucht schon viel bei.[24]

Im Gründungsjahr zählte der Verein, der sich nur wenige Tage nach den entsprechenden Pressemitteilungen gründete und der nicht von ungefähr zunächst den Namen „Obstbau- und Bienenzuchtverein Feldkirchen" trug, 24 Mitglieder, die einen Jahresbeitrag von 1,5 Mark zahlen mussten; im Jubiläumsjahr 1986 war die Mitgliederzahl auf fast das Zehnfache angestiegen. Zum 100-jährigen Jubiläum waren es dann rund 300 Mitglieder.
In den Ausschuss des neuen Vereins wurden anno 1911 als 1. Vorsitzender Bankbeamter Karl Prößl gewählt, der schon dem Verschönerungsverein vorgestanden hatte, als 2. Vorsitzender Lehrer Heinrich Priehäußer, als Schriftführer Lehrer Aloys Werndl, als Kassier Bauer Georg Gnädig, als Beisitzer Bauernsohn Daniel Wurth und Gärtner Joseph Leipfinger. Der Bezirksobstbauwart Schmid aus München stand dem Verein beratend zu Seite.[25]

Abschließend durfte im April 1911 im Evangelischen Gemeindeblatt vermeldet werden: *„Es konnten sofort über 100 Obstbäume bestellt werden."*

Die Mitgliederbewegung innerhalb des Vereins zeigte in den ersten 40 Jahren des Bestehens eine nahezu gleich bleibende Mitgliederzahl; sie blieb sogar während der Kriegsjahre konstant.

Das Vereinsleben

Baumpflanzung vor dem Bahnhofsgebäude. Vorn rechts der Vorsitzende des Gartenbauvereins, Bruno Metelski, dahinter Bürgermeister Ludwig Glöckl, links hinter dem Bagger Christoph May

Nach dem Zweiten Weltkrieg stand weniger die Nutzung der Pflanzen im Vordergrund der Vereinsarbeit als vielmehr das zweite Hauptanliegen, zur Verschönerung des Ortes beizutragen, sei es durch Vorschläge an die Gemeinde, sei es durch Eigeninitiative.
Das wohl größte öffentliche Vorhaben aber war die Umgestaltung des im Nordosten von Feldkirchen gelegenen Baggersees. Das geschah in den Jahren 1958 und 1959 und daran hatte der Gartenbauverein nicht unerheblichen Anteil.[26] Nach der „Velasko-Aktion" konnte der Verein einen ersten großen Aufschwung verzeichnen.

Neben der Verschönerung des Ortes und der Pflege der Blumen in Anlagen sowie der Bäume entlang der Straßen sieht der Gartenbau-Verein die fachbezogene Information der Mitglieder als weitere Hauptaufgabe an.
Es finden deshalb im Frühjahr und im Spätherbst alljährlich Mitgliederversammlungen statt, bei denen hauptsächlich Fachvorträge von Gartenspezialisten gehalten werden.

Dabei werden auch die Preisträger des Blumenschmuckwettbewerbs, der ebenfalls vom Gartenbauverein durchgeführt wird, geehrt.

Der 50. Vereinsgeburtstag wurde am 1. Oktober 1961 mit einem Blumenkorso groß gefeiert. Viele blumengeschmückte Wägen fuhren in einer langen Prozession durch den Ort. Auch das 75-jährige Bestehen 1986 wurde festlich begangen. Dabei machte das „Geburtstagskind" der Gemeinde und sich selbst ein Geschenk: die Errichtung des Wegkreuzes an der Ecke Ottostraße/Reichenberger Straße.[27]
Der Festtag – es war der 10. Oktober 1986 – wurde dann mit dem „Münchner Erntedank 1986", der Abendveranstaltung des Kreisverbandes, beschlossen. Über 700 Gäste konnten der erste Vorstand Karl Rupp und Bürgermeister Ludwig Glöckl begrüßen. Und man beschloss: Auch weiterhin bleibt der Gartenverein selbstlos tätig; er verfolgt keine eigenwirtschaftlichen Zwecke, sondern fördert den Obst- und Gartenbau sowie die Ortsverschönerung durch mehr Blumen, Bäume und Sträucher.

Zum 80. Gründungsfest am 28. September 1991 wurde der ebenfalls vom Gartenbauverein gestiftete Bildstock an der Oberndorfer Straße eingeweiht[28] (2014 wurde der Bildstock durch die Pflanzung von zwei Traubeneichen „eingerahmt").

Einige Jahre später wurde der Lehrgarten eingerichtet – heute das Herzstück des Vereins. Bereits im Jahr 1992 hat der Vorstand unter dem damaligen Vorsitzenden Bruno Metelski den Antrag dazu an die Gemeinde gestellt. Ursprünglich war dafür die heutige Biotopfläche an der Oberndorfer Straße (Tucherpark) vorgesehen. Doch wegen des alten Baumbestands und der sich daraus ergebenden starken Verschattung wurde von dem Areal Abstand genommen. Doch die Idee lebte weiter und konnte schließlich realisiert werden, nachdem der Gemeinderat in seiner Sitzung am 7. Januar 1997 die Verpachtung eines Grundstücks am Fasanweg genehmigte. Zur Umsetzung der Pläne und zur Gestaltung nahm man nicht nur die Mitglieder und die Gemeindebürger mit ins Boot, sondern auch fachliche Unterstützung. Planungsentwürfe wurden vorgestellt. Letztlich entschied sich der Vereinsvorstand für den Entwurf von Stephan Keck, einem Techniker im Garten- und Landschaftsbau.

Das Blockhausrichtfest konnte im Juli 1997 gefeiert werden; der Hausbaum, eine Stieleiche, wurde am 4. April des darauffolgenden Jahres gepflanzt. Nach und nach entwickelte sich der 1998 eröffnete Lehrgarten: Ein Bauerngarten mit Granitbrunnen wurde angelegt, Blumen, Hecken und Obstbäume gepflanzt, ein Bienenschaukasten, ein Insektenhotel und ein Informationskasten gebaut.

Am 28. Juni 1997 hatte am Bauhof/Wertstoffhof an der Kapellenstraße erstmals ein „Tag der Umwelt" stattgefunden, der auf reges Besucherinteresse stieß. Im Rahmen des dritten Umwelttags am 12. Juni 1999 kam es zur Einweihung des Lehrgartens vom Gartenbauverein, weswegen der Tag auch dort, am Fasanweg, stattfand. Erneut scharten sich die Besucher um die Stände der verschiedenen Umweltorganisationen oder genossen das gemütliche Beisammensein.

Zur Jahrhundert-Feier 2011 nahm man schließlich Erneuerungen und Ergänzungen vor; unter anderem wurde ein Teichbiotop mit künstlichem Bachlauf und einer Beobachtungsplattform angelegt, gespeist von einem neun Meter tiefen Grundwasserbrunnen.

Der Lehrgarten dient heute nicht nur als Anregung für den eigenen Garten, sondern auch für Treffen der Gartler und für Veranstaltungen der Gemeinde Feldkirchen. Zu verschiedenen Veranstaltungen wie dem Maifest, die Zeltnacht für Kinder, Kartoffelfeuer und Tag der offenen Gartentür, werden nicht nur die Feldkirchner eingeladen, sondern Besucher aus dem ganzen Landkreis. Und nach wie vor verfolgt der Gartenbauverein keine eigenwirtschaftlichen Ziele, sondern fördert den Obst- und Gartenbau sowie die Ortsverschönerung.[29]

Vorstände Gartenbauverein

1. Vorstände des Gartenbauvereins Feldkirchen e.V.

1911 – 1920	Karl Prößl
1922 – 1939	Wilhelm Vetter
1940 – 1941	Georg Kleinhempel
1942 – 1945	Nikolaus Huber (Komm.)
1947 – 1948	Jakob Lehrer
1949 – 1958	Johann Haller
1958 – 1966	Franz May
1967 – 1988	Karl Rupp
1988 – 1998	Bruno Metelski
seit 1998	Thorsten Guhlke

Bild oben:
Die Mädchenriege des TV

Bild rechts:
Die Fußballer des TV an der Sonnenstraße, 1920

TSV Feldkirchen von 1912 e. V.

Die Geschichte des Turn- und Sportvereins geht auf das Jahr 1912 zurück, als sich am 8. Juni im „Alten Wirt" etwa 30 Bürger trafen, um den TV Feldkirchen aus der Taufe zu heben. Bis Ende des Monats hatten sich bereits 70 Mitglieder gefunden („ohne Zöglinge", wie es in der Zeitung hieß). Erste Geräte, darunter ein Salonreck, ein Pferd, ein eiserner Barren, Hanteln und Gewichte, waren bereits angeschafft und einstweilen im Bücherlsaal aufgestellt. Daran wurde bereits fleißig geübt. Die Protestantische Erziehungsanstalt hatte dem neuen Verein in „liebenswürdiger Weise" erlaubt, bei schönem Wetter auch die im Freien aufgestellten Turngeräte der Anstalt benützen zu dürfen. Besonders die Feldkirchner Jugend soll große Freude an dem neuen Turnverein gehabt haben. Die erste Hauptversammlung fand am 14. August des gleichen Jahres im Vereinslokal statt.[30] Ein geregelter Turnbetrieb begann. Der Besitzer des Gründungslokals stellte einen Saal als Turnhalle kostenlos zur Verfügung. Ein Reck, ein Barren und ein Pferd wurden gekauft; eine Hochsprunganlage stellte man im Eigenbau her. Der TV wurde Mitglied im Turngau Rosenheim.

Neben den rein sportlichen Betätigungen kam auch das gesellschaftliche Leben nicht zu kurz. Die Faschingsveranstaltungen des Turnvereins waren stets „Ereignisse" für die gesamte Umgebung. Noch am 29. Juni 1914 ging es beim Bezirksturnfest in Murnau, wohin auch die Feldkirchner reisten, lustig zu. Der Tod des österreichischen Thronfolgers in Sarajewo und seine Folgen bereiteten dem Fest jedoch ein jähes Ende. Der Erste Weltkrieg begann. Viele Turner wurden eingezogen, andere mussten zur militärischen Jugenderziehung, deren Durchführung am 31. Oktober 1914 in die Hände des Vorstands des Turnvereins Emil Hüttner und der Lehrer Heinrich Priehäußer und Joseph Ortner gelegt wurde. Erst nach dem Krieg begann der Verein allmählich wieder aufzuleben. Es dauerte noch bis zum Jahr 1920, bis ein geregelter Spielbetrieb auf dem Bolzplatz an der Sonnenstraße erneut aufgenommen werden konnte.

1919 hatten sich die Fußballer zu einer eigenen Abteilung formiert. Neben Fußball wurde zu dieser Zeit aber auch Turnen und Faustball großgeschrieben. Besonders erwähnt werden sollte die Fahnenweihe am 1. Juli 1923.

Protokoll der Gründungsversammlung des TSV Feldkirchen

„Von verschiedenen Seiten wurde die Gründung eines Turnvereins gewünscht und wurde für Samstag den 8. 6. eine Versammlung im ‚Bücherlschen Gasthaus' einberufen, welche lt. Liste von 29 Herren besucht war.

Um 9 Uhr wurde die Versammlung durch Herrn Kreitmayer eröffnet und begrüßte er die Erschienenen. Sodann ersuchte er Herrn Bürgermeister Stockinger, für den heutigen Abend den Vorsitz zu übernehmen. Herr Bürgermeister erklärte sich dazu bereit und greift sofort zum Wort. Er fordert die Anwesenden auf, sich recht rege an der Turnsache zu beteiligen.

Es wird nun Herr Kutzner das Wort zu einem Referat erteilt. Herr Kutzner verbreitet sich in eingehender Rede unter zu Grundelegung der Worte S. K. H. des Prinzregenten Luitpold von Bayern ‚Pflege der Jugend schafft rüstiges Alter' über den Zweck und Ziele eines Turnvereins, über die Bedeutung des Turnens für die körperliche und sittliche Kräftigung des Volkes und erörtert ausführlich die Art und Weise, wie der Turnbetrieb unverzüglich in die Wege zu leiten sei.

Den von allgemeiner Zustimmung begleiteten Worten folgte auf Einladung des Vorsitzenden Herrn Bürgermeister Stockinger eine allgemeine Besprechung der Angelegenheit an der sich die Herren Wachtmeister Arneth, Steuerverwalter Schwaighart und Bahnsekretär Trepte beteiligten, welche die Ausführungen des Referenten in zustimmender Weise ergänzten. Durch Einzeichnung in eine Liste erklärten sich sämtliche Anwesende zum Beitritt bereit und konnte der Vorsitzende die Gründung des Vereins als vollzogen erklären.

Auf Anregung des Herrn Kutzner wurde beschlossen, alle jene, welche auf eine sofort ergehende Aufforderung hin, sich bis zum 30. Juni zum Beitritte melden, als Gründungsmitglieder gelten zu lassen.

Nach eingehender Besprechung wurden die Turnabende vorläufig auf Dienstag und Donnerstag festgelegt, der Beitritt zur Deutschen Turnerschaft beschlossen, sowie bestimmt, daß Schritte einzuleiten seien, daß der Verein unter dem Namen Turnverein Feldkirchen b.M. e. V.S. T. ins Vereinsregister einzutragen sei.

Nachdem zur Führung der notwendig werdenden Geschäfte ein aus den Herren Kutzner, Kreitmayer, Hörmüller, Hüttner, Schwaighart, Wunderlich, Wegmann und Kleinhempel bestehender vorläufiger Ausschuß gewählt worden war, wurde mit den Klängen eines frischen Turnerliedes die in bester Weise verlaufene Gründungsversammlung des Turnvereins Feldkirchen geschlossen."

Bild rechts:
Vereinsfahne des Turn- und Sportvereins von 1923

Bild Mitte:
Turner 1913

Bild unten:
Der Turnverein in Haar, 1913

Bilder auf der rechten Seite:
Turnfest 1922

In mühsamer Handarbeit hatte die weibliche Turnerjugend unter Anleitung von Frau Arneth die Vereinsfahne und die dazugehörigen Bänder gefertigt (sie wurde nach dem Zweiten Weltkrieg restauriert; anlässlich der neuen Fahnenbandweihe am 16. September 1956 wurde auch der Gefallenen, Vermissten und Verstorbenen des Zweiten Weltkriegs gedacht). Nach dem Gottesdienst schlängelte sich ein prächtiger Festzug mit geschmückten Wagen durch Feldkirchen. Im Glasl-Gasthaus wurde danach mit Musik und Gesang noch lange weitergefeiert. Ein Jahr später wurde vom 15. bis 17. August in Feldkirchen das Turnfest des Rosenheimer Gaus abgehalten. Der TV Feldkirchen konnte eine große Anzahl von Preisen erringen, darunter acht erste.[31]

In der Zwischenkriegszeit kam es auch zu der vom Deutschen Turnerverband geforderten „reinlichen Scheidung" zwischen Turnen und Sport, eine Trennung, die jedoch nach einigen Jahren wieder rückgängig gemacht wurde und sogar die Integrierung der Fußballabteilung zum 9. September 1931 beinhaltete, was schließlich zum Namen TSV Feldkirchen führte. Wieder kamen schwere Zeiten; viele Sportler mussten in den Zweiten Weltkrieg ziehen. Von Seiten der Gemeinde wurde der Turn- und Sportverein jedoch auch damals finanziell unterstützt.

Das Vereinsleben

Bilder rechts:
Turnverein
Riege Kreitmayer, 1924
Josetti-Truppe um 1925
Bild unten:
Gauturnfest August 1924

Am 14. März 1946 erhielt der TSV von der amerikanischen Militärregierung – zunächst nur bis 15. April 1946 befristet und auf Antrag immer wieder verlängert – die Erlaubnis, wieder Sport zu treiben. Nach der Kapitulation am 8. Mai 1945 waren sämtliche Vereine von der amerikanischen Militärregierung aufgelöst worden, auch wenn die Situation zunächst mehr als unübersichtlich war.

Die bald erlassenen Bestimmungen über Lizenzierungen von Vereinen waren so verworren, dass es zunächst zu keinen Neugründungen kam und die Vereinstätigkeit weitestgehend ruhte. Zudem gab es in den Tagen unmittelbar nach dem Krieg Wichtigeres zu tun, sodass die Besatzungsmacht dem Vereinswesen zunächst kaum Beachtung schenkte. Niemand wusste genau, ob es erlaubt war, die alten Vereine weiterzuführen oder neue zu gründen. Die einzig maßgeblichen Autoritäten waren die Truppenkommandeure. Ihnen waren die Angelegenheiten vorzutragen; von ihnen hing die Lizenzierung ab. Allerdings wechselten die Kommandeure in rascher Folge, was die Situation nicht vereinfachte.

Erst im Zuge der Entnazifizierungspolitik begannen sich die Besatzungsmächte auch für das Vereinswesen zu interessieren, nicht zuletzt deshalb, weil sich der Verdacht ergeben hatte, dass sich hinter durchaus harmlos klingenden Namen militärische oder paramilitärische Organisationen verbergen könnten. Um diese Gefahr auszuschließen, lösten die Besatzungsmächte mit der Kontrolldirektive Nr. 23 vom 17. Dezember 1945 entschieden alle bestehenden Sportvereine auf. Die Situation anderer Vereine blieb bis zum Sommer 1946 in der Schwebe. Die meisten Vereine wurden von der Militärregierung mehr oder weniger geduldet. Im August 1946 jedoch wurden gesellige Vereine und Vereinigungen auf Ortsebene ausdrücklich wieder gestattet und genauere Bestimmungen ausgearbeitet. Im Januar 1947 konnten die Landräte und Ortsbürgermeister endgültig bekannt geben, dass gesellige Vereinigungen auf örtlicher Basis wieder möglich seien. Allerdings war die Mitgliedschaft nur „politisch einwandfreien Personen" gestattet, wozu auch die „Mitläufer" gezählt wurden, die allerdings nur einfache Mitglieder sein und keine Vorstandsfunktionen übernehmen durften. Nicht zugelassen waren dagegen ehemalige Kriegsteilnehmer. Daraufhin mussten die Mitglieder überprüft werden. Die strengen Bestimmungen blieben bis 1948 in Kraft.[32]

Im November 1947 erreichte Feldkirchen die entsprechende Zulassungsurkunde vom Landratsamt München mit dem zweisprachigen Hinweis: *„Die Anordnungen der Besatzungsmacht sind genau zu befolgen."* Kurz zuvor, im Sommer 1947, war bereits ein Gebiet im Oberndorfer Feld für den neuen Sportplatz ausgesucht worden. Im August des Jahres 1949 vermerkte dann Pfarrer Hobmair in seinem Tagebuch: *„Einweihung des neuen Fußballplatzes"*. Laut Vereinsunterlagen fand die Einweihung jedoch bereits am 3. März 1949 statt.

Immer neue Disziplinen kamen hinzu. Die im Jahr 1948 gegründete Tischtennisabteilung bekam 1951 eine eigene Baracke. Dann folgten Kinderturnen, Eisstockschießen und ab 1956 eine Leichtathletikabteilung sowie eine für Faustball.

Nach einigen Jahren Sportbetrieb auf dem Platz an der nach dem alten Turnvater Jahn benannten Jahnstraße wurde der Vertrag 1959 kurzfristig von Seiten des Gemeinderats gekündigt. Damit war ein weiterer Spielbetrieb vorerst in Frage gestellt. Als Ersatz stellte die Gemeinde den Erwerb eines Geländes an der Münchner Straße und den Bau eines Sportheims in Aussicht. Trotz vielfacher Widerstände wurde dieses Vorhaben verwirklicht. Anlässlich der 50-Jahr-Feier konnten die ersten Spiele auf der neuen, im Jahr 1965 eingeweihten Sportanlage an der Olympiastraße stattfinden. Am 13. März 1965 trafen sich die Mitglieder zum ersten Mal im neuen Sportheim zur Jahresversammlung.

Bild ganz oben:
Faschingsball der Turner, 1924

Bild oben:
Fußballer, 1925

Das Vereinsleben

Der Feldkirchner Straßenlauf 2016

Am 10. und 11. Juli desselben Jahres konnte schließlich die gesamte neu geschaffene gemeindliche Sportanlage eingeweiht werden, verbunden mit einem großen Sportfest und einem Festzug. Der TSV wurde damals nur von den Fußballern repräsentiert, denn für die meisten anderen Sportarten fehlten die nötigen Räumlichkeiten. Das änderte sich nun aber Schlag auf Schlag. Verschiedene Disziplinen erhielten wieder starken Zulauf und im Frühjahr 1972 konnten sogar die ersten Feldkirchner Tennisplätze eingeweiht werden, denen weitere im Jahr 1975 folgten. Eine Damengymnastikabteilung und eine Skiabteilung wurden gegründet, die Flutlichtanlage modernisiert. Neue Disziplinen wie Judo und Volleyball, aber auch die schon länger gepflegten verschiedenen Sportarten ließen den Ruf nach einer Mehrzweckhalle immer lauter werden.

Im Jahr des 65-jährigen Bestehens war es dann endlich so weit: 1977 konnte die mit viel Sehnsucht und Geduld erwartete neue Mehrzweckhalle festlich eingeweiht werden. Zum 75-jährigen Bestehen wurden verschiedene Ergänzungen, Verbesserungen und Reparaturen an den Gebäuden und Außenanlagen durchgeführt – dann stand einem erneut großartigen, mehrere Tage dauernden Sportfest im Juli 1987 nichts mehr im Wege.

Ende des 20. Jahrhunderts wurden erste Planungen zur Erweiterung des Sportparks angestellt. Im Jahr 2001 kam es zur Neugestaltung der Tennisanlage, 2006 zur Einweihung des Mini DFB Feldes und am 26. Dezember 2011 fiel die Entscheidung über den Neubau der Sporthalle und die Erweiterung der Spielfelder. Inzwischen war die Mitgliederzahl von 29 im Gründungsjahr auf 1.669 angestiegen.[33] Neben der sportlichen Betätigung steht der Verein auch für die Unterstützung verschiedenster Veranstaltungen, etwa des München Marathons, bei dem der TSV Feldkirchen in den vergangenen Jahren jeweils eine Verpflegungsstelle betrieben hat.

Seit 2001 fällt alljährlich im Sommer auch der Startschuss zum Feldkirchner Straßenlauf des TSV. 5 und 10 Kilometer lang sind die Strecken, die am Sportpark beginnen, durch Wiesen und Felder führen, durch das Dornacher Feld und über die Aschheimer- und Münchner Straße mitten durch Feldkirchen zurück zum

Einweihung des neuen Spielfeldes am 6. Juli 2013 mit Bürgermeister Werner van der Weck, Pfarrer Czeslaw Sajdak und Pfarrerin Ghita Lenz-Lemberg

Sportpark, wo dann wieder ausgiebig Kraft getankt werden kann. Der 13. Feldkirchner Straßenlauf (14. Juni 2015) führte dann erstmals durch den Riemer Landschaftspark, über die Münchner Straße und über das alte Flugfeld bis zum Buga-Berg und zurück.

2012 konnte sogar richtig gefeiert werden. Die Hauptfeiern zum 100-jährigen Jubiläum fanden vom 6. bis 8. Juli statt mit Jugendvorführungen, Open-Air-Disco, mit Fußballturnier, 5- und 10-Kilometer-Lauf , Festgottesdienst, einem Festzug, diversen Vorführungen und einem Festzelt für 500 Personen. Darum herum gab es einen bunten Markt mit verschiedenen Ständen. Abordnungen anderer Vereine, auch der FC Stahl Rietschen aus der sächsischen Partnerstadt, ließen sich die Teilnahme nicht nehmen. Im selben Jahr wurde die erste Herrenmannschaft 40+ des TSV Feldkirchen zum vierten Mal Bayerischer Meister.

Im Frühjahr 2012 wurde auch der Verein „Cheer Base Feldkirchen e. V." (CBF) gegründet, hervorgegangen aus der Cheerleader-Abteilung des TSV Feldkirchen.[34] Gleichzeitig schrieb der TSV Feldkirchen auch Football-Geschichte.

Am 6. Oktober 2012 standen sich auf dem Rasen des Feldkirchner Sportparks die C-Jugend der Feldkirchen Lions und der Fursty-Razorbacks aus Fürstenfeldbruck gegenüber. Ausgestattet mit Helmen und Schulterpads traten die 10- bis 13-Jährigen gegeneinander an. Dieses Spiel war das erste seiner Art seit Bestehen des Bayerischen Football-Verbands. Zum ersten Mal spielten C-Jugendspieler Tacklefootball in Bayern. Möglich geworden war dies durch eine Reform des American Football Verband Bayern. Bis dahin konnten Jugendliche erst ab einem Alter von 13 Jahren Tacklefootball spielen. Auch wenn die Footballer aus Fürstenfeldbruck den Sieg davon trugen – Feldkirchen hat den Ruhm, dass hier das erste Spiel dieser Art in Bayern ausgetragen wurde.[35]

1. Vorsitzende des TSV Feldkirchen

1912 – 1920	A. Kutzner
1920 – 1923	E. Hüttner
1923 – 1924	H. Engelbrecht
1924	H. Klier
1924 – 1930	Neupert
1930 – 1933	A. Kutzner
1933 – 1936	V. Janson
1936 – 1938	L. Filgis
1938 – 1940	J. Winkelmayer
1940 – ...	E. Selles
1946 – 1947	G. Hiebel
1947 – 1948	O. Fent
1948 – 1953	A. Lorenz
1953 – 1955	H. Köhl
1955 – 1956	unbesetzt
1956 – 1958	J. Wimmer
1958 – 1967	K. Schmid-Meil
1967 – 1971	Dr. L. Wurth
1971 – 1975	B. Nentwich
1975 – 1985	F. Richter
1985 – 2002	L. Sedlmeier
2002 – 2004	J. Claudi
seit 2004	B. Pfaffinger

Das Vereinsleben

Nähkurs der Firma Singer, November 1927

Katholische Frauengemeinschaft St. Jakob d. Ä. Feldkirchen

Am 2. Januar 1921 gründete der Ortspfarrer Ludwig Axenböck zusammen mit einigen engagierten Frauen der Pfarrgemeinde den „Katholischen Mütterverein". Im Lauf der Jahre änderte sich der Name: Aus dem „Katholischen Mütterverein" wurde das „Katholische Mütterbündnis – Frauen- und Mütterverein" und das Katholische Mütter-Bündnis. Heute trägt die Vereinigung den Namen „Katholische Frauengemeinschaft", um alle Frauen anzusprechen. Sinn und Zweck des Vereins ist jedoch der gleiche geblieben: Hilfe in mannigfacher Form zu gewähren.

Bei der ersten Versammlung 1921 wurde Babette Hartl zur ersten Vorsitzenden gewählt. Nach ihrem Tod übernahm Frau Stimmer das Amt. Als diese aus Altersgründen den Vorsitz abgab, wurde Katharina Scherzl ihre Nachfolgerin. Bei einer erneuten Wahl im Jahre 1955 ernannte man Rosa Lechner zur ersten Vorsitzenden. Seit 1972 leitete Angela Niedermeier als erste Vorsitzende die Geschicke des Vereins, bis sie sich 1994 nicht mehr zur Wahl stellte. Ihre Nachfolgerin wurde Annemarie Krieg, die 2002 bis 2005 von Cäcilie Oswald abgelöst wurde. Seit 2005 leitet Roswitha Weber den Verein.

Derzeit sind rund 100 Frauen Mitglieder der Gemeinschaft. Männer können nicht Mitglieder werden. Allerdings stand seit der Gründung immer der katholische Ortsgeistliche der Vereinigung als Präses vor. Die regelmäßigen Vereinsabende finden im katholischen Pfarrheim an der Kreuzstraße statt. Unterstützung bot die Vereinigung immer wieder in unterschiedlicher Weise.

Seit 1975 veranstaltet die Katholische Frauengemeinschaft obendrein jährlich einen Weihnachtsbazar, der längst zur Tradition geworden ist. Der Erlös wird jeweils wohltätigen Zwecken zugeführt. Später kamen ein Osterbazar, ein Stand am Christkindlmarkt sowie eine Tombola hinzu, deren Reinerlös stets in Spenden fließt. Daneben kommen die geselligen Veranstaltungen und die Traditionspflege nicht zu kurz, etwa beim Palmbuschbinden oder die Mitarbeit bei kirchlichen Veranstaltungen wie der Fronleichnamsprozession, der Maiandachten oder dem Weltgebetstag.

Eine von vielen segensreichen Einrichtungen der Katholischen Frauengemeinschaft war auch die Gründung des Kindergartens. Erste Vorstöße wurden im Jahr 1931 unternommen; am 6. August 1933 konnte der Kindergarten im „Bruder-Konrad-Heim" eingeweiht werden. Aber auch die Betreuung der katholischen Senioren hat sich die Frauengemeinschaft zur Aufgabe gemacht. Einmal im Monat wird die Betreuung des Seniorentreffs übernommen, der Bastelgruppe, des Singkreises (derzeit aufgelöst) und der Nähgruppe. Geldspenden flossen jedoch nicht nur in wohltätige Zwecke, sondern auch in Anschaffungen wie dem Christus für das Wegkreuz an der Ottostraße, eine Figur für die Michaelskapelle, ein Kreuz für den Kirchturm und eines für den Pfarrsaal, dem Fronleichnams-Tragehimmel, Ministranten- und Priestergewänder oder Vorhänge, Tischdecken und Geschirr für das Pfarrheim.[36]

MGV Feldkirchen, 1955

Männergesangsverein Feldkirchen e. V. (MGV)

Am 22. Juni 1922 wurde in Feldkirchen ein Gesangverein gegründet, wohl nachdem der mehrmals ins Leben gerufene „Liederkranz" längst wieder eingegangen war. Auch ein Musik- und Gesangklub Feldkirchen ist überliefert, der etwa am 26. und 27. Februar 1921 zwei Wohltätigkeitskonzerte zugunsten der Erziehungsanstalt im Glasl'schen Saalbau gab. Die Leitung hatte Lehrer Heinz Klein. Beteiligt waren die Herren Englbrecht, Haindl, Kraft, Klier und Reither (Gesang), Joseph Hörmüller jr. (Zither), Friedrich Haase (Violine) und E. Neustadt (Klavier).[37] Was aus dem Klub geworden ist, ist nicht bekannt. Die Namen der Beteiligten erscheinen jedoch nicht im kurz darauf gegründeten Männergesangsverein.

Dessen erste Mitglieder waren Johann Albrecht, Edmund Kropp, Wendelin Fleschhut, Johann Stefan, Josef Seiles, Ernst Dirnhofer, Josef Ascher, Th. Baumgartner, Merrath sen. und jun., Otto Fendt sowie Josef und Wilhelm Steinleitner. Der Männergesangsverein (MGV) erfreute sich von Anfang an eines regen Interesses und konnte schon bald auf eine beachtliche Mitgliederzahl blicken. Die Feldkirchner wurden schnell zu gern gesehenen Gästen bei Veranstaltungen in der Umgebung, so z. B. am 10. Juni 1923 bei der Fahnenweihe des Liederkranzes Schwaben, Pfingsten 1924 beim 80. Stiftungsfest der Liedertafel Erding, am 24. Juli 1927 beim 30-jährigen Gründungsfest in Ismaning und eine Woche später, am 31. Juli, beim Stiftungsfest des Turnvereins Feldkirchen oder am 15. August 1929 beim Sängertreffen in Grafing.

Zu Beginn der 1930er Jahre hatte die Begeisterung jedoch nachgelassen; der Kreis der Sänger war kleiner und kleiner geworden. Von 1931 bis 1949 ruhte der Verein. Erst nach Kriegsende wurde der Männergesangsverein zu neuem Leben erweckt und aus diesen Anfängen heraus wuchs er bald zu einer zuvor nie dagewesenen Stärke. Bereits am 29. Juni 1952 konnte in Feldkirchen das traditionelle Sängertreffen des Münchner Ostens stattfinden. Elf Vereine nahmen daran teil – es sollte zu einem gelungenen Fest werden. Inzwischen fand das Treffen noch verschiedene Male in Feldkirchen statt.

Am 3. Juli 1955 feierte man in Feldkirchen die Weihe der Fahne des Männergesangsvereins mit einem ökumenischen Festgottesdienst und Festzug.

Männergesangsverein Feldkirchen, Oktober 1992

Fast 40 Vereine reisten als Gäste zu diesem Ereignis an. Als Patenverein hatte sich der Männergesangverein „Harmonie" aus Forstinning zur Verfügung gestellt. Gemeinsam wurde die „Deutsche Messe" von Franz Schubert gesungen. Seit dieser Zeit verbindet die beiden Männergesangsvereine eine freundschaftliche Beziehung.

Der Männergesangsverein Feldkirchen beteiligte und beteiligt sich noch heute an diversen Sänger-Zusammenkünften, so zum Beispiel 1959 beim Münchner Sängertag, an dem der MGV Feldkirchen im Bayerischen Rundfunk zu hören war, 1987 in der Münchner Fußgängerzone am Richard-Strauß-Brunnen anlässlich des Europatages oder zwei Jahre später im und um den Dianatempel im Münchner Hofgarten anlässlich der 200-Jahrfeier des Englischen Gartens. Für Feldkirchner Veranstaltungen stellt sich der Chor besonders gerne zur Verfügung, sei es zum Volkstrauertag, zu ökumenischen Gottesdiensten oder zum weihnachtlichen Seniorentreffen in der Gemeindehalle. Und natürlich ist die Geselligkeit auch bei diesem Verein von jeher ein fester Bestandteil mit Faschingsfesten, Ausflügen oder einer Weihnachtsfeier.

Am 10. Oktober 1987 konnte der Männergesangsverein sein 65-jähriges Bestehen feiern. Im Hotel Bauer kamen nicht nur die Sangesbrüder und ihre Angehörigen zusammen, sondern auch viele musikalische Gäste. Neben zahlreichen Ehrungen stand die Musik im Vordergrund. Eine Bereicherung des Programms war der gemischte Chor „Sängerhort Kranzberg" (Landkreis Freising) und der Partnerverein „Harmonia" aus Forstinning. Man sagt: Es war eine – im wahrsten Sinne des Wortes – wohlklingende Geburtstagsfeier.

Zum 70. Vereins-Geburtstag wurde am 24. Oktober 1992 noch ein Jubiläumskonzert in der Gemeindehalle veranstaltet. Dann folgten schwere Zeiten, doch an der Wende zum neuen Jahrtausend meldete sich der MGV zurück. Unter dem 2011 verstorbenen Chorleiter Christian von Strauch fanden wieder regelmäßig Chorproben statt. 2003 ließ der Verein die 48 Jahre alte Vereinsfahne restaurieren und anlässlich eines Gottesdienstes für die verstorbenen Mitglieder von Pfarrer Sajdak erneut segnen. 2004 führte der Verein seinen ersten Törggelen-Abend für seine Mitglieder und Freunde durch, eine Veranstaltung, die seither jedes Jahr wiederholt wird. Ein Highlight gibt es im Jahr 2007 zu verzeichnen:

Frühjahrskonzert in Feldkirchen 17. Mai 2014

Der Bayerische Rundfunk berichtete in einer Fernsehreportage über den MGV Feldkirchen und seinen Ausflug zum Tag der Laienmusik in Waldkirchen, von den Proben bis zum öffentlichen Auftritt und mit zahlreichen Interviews.

Die Zahl der öffentlichen Auftritte nahm wieder zu: von fünf im Jahr 2005 auf 23 im Jahr 2011. Neue musikalische Impulse setzte Chorleiter Michael Tulikowski, der den Verein seit 2010 leitet. Im selben Jahr waren acht Männergesangsvereine zu einem „Sängertreffen mit neuer Note" zu Gast in Feldkirchen. Ein Jahr später, anlässlich des 90-jährigen Vereinsjubiläums, veranstaltete der MGV am 16. Juni 2012 eine „Nacht der Lieder" mit „Sängern von 8 bis 80", die „Ohrwürmer, Schlager und musikalische Raritäten" zum Besten gaben. Zu dieser Feier reisten auch die „Buchfinken", der Chor der Partnergemeinde Rietschen, an. Und 2013 fand erstmals ein Frühjahrskonzert im neuen Rathaus von Feldkirchen statt – das erste in einer Reihe von zahlreichen Konzerten. Im Herbst 2015 schließlich führte den MGV eine ereignisreiche fünftägige Konzert- und Kulturreise nach Polen.

Heute treffen sich die 17 Mitglieder regelmäßig im Ludwig-Glöckl-Haus zur Probe.[38]

Vorstände des Männergesangsvereins

1922 – 1924	Johann Albrecht
1924 – 1925	Georg Reutter
1925 – 1926	Stephan Reither
1926 – 1931	Fritz Prößl
1949 – 1953	Fritz Prößl
1953 – 1955	Alfons Holzmann
1956 – 1979	Ludwig Glöckl
1979 – 1983	Otto Knobloch
1984 – 1997	Emil Wilder
1998 – 2010	Werner Thaller
2010 – 2014	Reinhard Seidt
seit 2014	Werner Thaller

Chorleiter

1922 – 1925	Fritz Winter
1925 – 1930	Friedrich Hornmann
1930 – 1931	Hauptlehrer Hofmann
1949 – 1954	Udo Meyer
1954 – 1957	Heinrich Fackler
1958	Willy Noveck
1959 – 1960	Friedrich Reikowski
1961 – 1962	Manfred Wunderlich
1963 – 1968	Georg Wunner
1969 – 1976	Karl Baumgartner
1977 – 1999	Otto Viering
1999 – 2010	Christian von Strauch
seit 2010	Michael Tulikowski

Katholischer Kirchenchor Feldkirchen, 2017

Katholischer Kirchenchor

Der katholische Kirchenchor St. Jakob ist kein Verein im eigentlichen Sinn. Es gibt kein Gründungsprotokoll, keine Vorstandschaft und somit auch niemanden, der über das Chorleben etwas schriftlich festgehalten hat. Aus dem Gedächtnis langjähriger Chormitglieder und älterer Pfarrangehöriger stammen einige Hinweise. So weit die Erinnerung der Befragten zurückreichte, bestand „schon immer" ein Kirchenchor. In Feldkirchen war es – wie in den meisten Dorfgemeinden – üblich, dass der Schulmeister den Organistendienst in der Kirche übernahm. Das waren vor dem Zweiten Weltkrieg die Oberlehrer Wörndl und Hans Hartan sowie Hans Pfeilschifter und während des Krieges der ehemalige Oberlehrer Karl Mayer. Diese Lehrer und Organisten leiteten damals auch den Kirchenchor.

Der Chor hat die Kriegszeit überstanden, teilweise allerdings nur als Damenchor. Nach dem Zweiten Weltkrieg erlebte er einen neuen Aufschwung; in Hans Kolb fand sich der erste Dirigent. Ihm folgten Udo Mayer, Adolf Hackenberg, Manfred Wunderlich, Carl Baumgartner, Willi Voß, Ernst Knapp, Stefan Ludwig (bis Ende 1988). Als Organisten begleiteten Hans Haller, Willi Knirsch und Albert Krammer, der zeitweise auch als Chorleiter fungiert, den Kirchenchor. Über eine Reihe von Jahren waren zusätzlich die Klosterschwestern Claudine und Egilfreda sowie Lidwina Feilhuber als Organistinnen bei Werktags-Singmessen und Beerdigungen tätig.

Der Kirchenchor selbst löste sich 1989 auf, da kein neuer Chorleiter gefunden werden konnte. Erst 2010 begann der Organist Michael Tulikowski, wieder einen Kirchenchor aufzubauen, dem auch einige Mitglieder des früheren Chores angehören.

Die Hauptaufgabe des Kirchenchores bestand und besteht in der musikalischen Gestaltung von Gottesdiensten und der Mitwirkung an Feiern zu besonderen kirchlichen Festen. Doch nicht nur zu kirchlichen Anlässen, sondern auch bei Veranstaltungen der politischen Gemeinde ist der Chor aufgetreten, zum Teil gemeinsam mit dem evangelischen Kirchenchor und dem Männergesangsverein.[39]

Evangelischer Kirchenchor

Der Zweite Weltkrieg war zu Ende und das Leben in Feldkirchen normalisierte sich allmählich. Die ersten Soldaten kehrten aus der Gefangenschaft heim; Flüchtlinge aus den verlorenen Gebieten wurden in Feldkirchen einquartiert. Man ging wieder seiner gewohnten Arbeit nach.

Evangelischer Kirchenchor Feldkirchen, 2017

Da kam die Frau des damaligen evangelischen Pfarrers in Feldkirchen auf den Gedanken, am Heiligen Abend 1945, dem ersten nach Kriegsende, ein Krippenspiel in der hiesigen evangelischen Kirche aufzuführen. Dazu benötigte sie auch einen kleinen Chor, doch bis dahin hatte es in Feldkirchen keinen evangelischen Kirchenchor gegeben. So ging Frau Turtur von Tür zu Tür, um sangesfreudige Damen und Herren zu gewinnen – und dieses Suchen war von Erfolg gekrönt. Zahlreiche Alt- und Neubürger machten mit; mit Elfriede Gerheiser fand sie die erste Dirigentin für die kleine Gesangsgruppe. Die Proben in der Pfarrwohnung konnten beginnen.

Am Heiligen Abend war es dann so weit. In der überfüllten kleinen Kirche, deren Lichter nun nach dem jahrelangen Verdunkeln wegen der Fliegerangriffe wieder nach außen drangen, fand das Krippenspiel statt. Dies war die Geburtsstunde des evangelischen Kirchenchors Feldkirchen.

Der ersten Dirigentin Elfriede Gerheiser folgten Alfred Wannerk, Heinrich Fackler, Willy Nowek, Gustav Adolf Pass, Friedrich Reikowski und Klaus Schmidt, der über 40 Jahre, bis 2014 den Chor leitete. 2015 hat mit Dr. Karin Seidel wieder eine Dirigentin den Taktstock übernommen. Als Nachfolger von Klaus Schmidt als Organist/Kantor ist seit Mai 2015 Jens Luther im Amt. Dieses Amt hatte Klaus Schmidt über 40 Jahre inne.

Auch nach 75 Jahren ist der evangelische Kirchenchor unternehmungslustig und äußerst lebendig. Der Chor singt regelmäßig bei feierlichen Gottesdiensten. Dazu kommt der ökumenische Gottesdienst am Volkstrauertag im Foyer des Rathauses und die Seniorenweihnachtsfeier der Gemeinde Feldkirchen. Von Zeit zu Zeit veranstaltet der Chor Benefizkonzerte, die verschiedenen Institutionen zugutekommen. Das Repertoire ist vielseitig: Choräle, Messen, vielstimmige Kantaten, aber auch moderne Kirchenlieder und Gospels werden geprobt und aufgeführt. Auch die Geselligkeit kommt nicht zu kurz.

Derzeit zählt der Chor rund 25 Mitglieder aus dem gesamten Bereich der evangelischen Kirchengemeinde. Frauenstimmen sind eindeutig in der Überzahl; Männer, besonders Tenöre, sind „Mangelware". Seit dem Bestehen hat der Chor an mehr als 35 Konzerten mitgewirkt, a cappella gesungen, aber auch mit Instrumentalbegleitung, mitunter unterstützt durch die Bläserfamilie Pförtsch aus Holzkirchen. Auch bei überörtlichen Kirchenkonzerten oder öffentlichen Veranstaltungen tritt der Chor gelegentlich zusammen mit dem katholischen Kirchenchor, dem Männergesangverein und anderen Chören auf.[40]

VdK-Ortsverband Feldkirchen-Kirchheim-Aschheim

Der Verband der Kriegs- und Wehrdienstopfer, Behinderten und Sozialrentner Deutschlands, wie der ausführliche Name lautet, der sich hinter der Abkürzung VdK verbirgt und der mit über 630.000 Mitgliedern der größte Sozialverband in Deutschland ist, hat einen Ortsverband, der sich aus den Gemeinden Feldkirchen, Kirchheim-Hausen-Heimstetten und Aschheim-Dornach zusammensetzt. Er gehört zum Kreisverband München und ist einer von über 2.000 anderen Ortsverbänden. Gemäß der fast 70-jährigen Tradition ist der VdK bemüht, die sozialpolitischen Interessen der Mitglieder auf örtlicher Ebene gegenüber der Öffentlichkeit zu vertreten. Er unterstützt die Mitglieder in Entschädigungs- und Rentenfragen und vermittelt dazu Fachkräfte höherer Verbandsstufen im Fall von Streitigkeiten mit Sozialbehörden oder vor dem Sozialgericht.

Am 1. Juli 1947 gründeten die Feldkirchner Alois Lorenz, Christian Springer, Eduard Maras, Josef Reitmeier, Maria Furtner, Josef Bobenstetter, Martin Hornburger, Josef Mayer, Heinrich Stellner und August Stoll den VdK-Ortsverband Feldkirchen. Im Januar 2016 zählte der Ortsverband 857 Mitglieder. Gemäß der internen VdK-Ortsstruktur steht für jede Gemeinde ein eigener ehrenamtlicher Ansprechpartner zur Verfügung. Neben den sozialen Beratungen kommt auch die Geselligkeit bei Treffen, Tagesfahrten und Museumsbesuchen nicht zu kurz.[41]

Die Vorstände des VdK Ortsverbands Zentral-Feldkirchen

1947 – 1949	Alois Lorenz
1949 – 1980	Josef Mayer
1981 – 1982	Rudolf Nusser (kommissarisch)
1982 – 1991	Hanna Gazzo
1991 – 1994	Helmut Sebalt
1995 – 1998	Hanna Gazzo
1998 – 2006	Martin Freundl
seit 2006	Leonhard Raum

Schachfreunde Feldkirchen – Schachclub Aschheim-Feldkirchen-Kirchheim

Bereits in den ersten Nachkriegsjahren wurde in Feldkirchen Schach gespielt, privat und auf eigene Initiative, doch wurde der Wunsch, alle Schachfreunde zusammenzuführen, immer lauter. Am 8. November 1951 trafen sich die Schachspieler auf Einladung von Willi Westner zu einer ersten Zusammenkunft im Gasthof Glasl. Ein erstes Schachturnier zum Kennenlernen der gegenseitigen Spielstärken wurde durchgeführt und nach Ende dieses Turniers, an dem 14 Spieler teilnahmen, sollte ein Schachverein gegründet werden. Nach zwei Runden jeder gegen jeden wurde das Turnier im April 1952 beendet. Im Juli des gleichen Jahres erfolgte die Gründung eines festen Schachvereins, der dem Bayerischen Schachbund angeschlossen wurde. Der Verein, dem im Gründungsjahr 15 Mitglieder angehörten, erhielt den Namen „Schachfreunde Feldkirchen/M. – 1952" (SFF). Damit gehörte Feldkirchen zu den relativ wenigen Gemeinden des Münchner Ostens, die schon so bald nach dem Krieg – neben anderen Vereinen – auch einen Schachklub besaßen.

Der Spielbetrieb erfolgte zunächst intern mit Meisterschaftsturnieren zur Verbesserung des allgemeinen Spielniveaus. Später, in den Jahren bis 1957, wurden dann auch mannschaftliche Freundschaftskämpfe gegen andere Schachvereine, wie die von Karlsfeld, Ismaning oder Ramersdorf, ausgefochten. 1964 traten die Schachfreunde dem Kreisverband München bei, der später in Bezirksverband München umbenannt wurde.

Den Feldkirchner Schachfreunden gelang 1980 sogar der Aufstieg in die erste, in die A-Klasse. Damals standen über 140 Vereinsmannschaften im Wettbewerb, eingeteilt in vier Spielstärke-Klassen.

In den Jahren nach 1980 entstanden in den Orten um Feldkirchen viele neue Schachvereine, unter anderem in Aschheim, Kirchheim-Heimstetten, Poing, Anzing, Vaterstetten und Baldham, sodass von dort keine Verstärkung mehr zu erwarten war und folglich die Mitgliederzahl sank. Im Oktober 1986 beschlossen daher die Schachfreunde Feldkirchen, die Einladung des Schachklubs Aschheim zu einem Zusammenschluss beider Vereine zur gegenseitigen Verstärkung anzunehmen. Am 26. Oktober wurde der Zusammenschluss der beiden Vereine zur „Schachgemeinschaft Aschheim/Feldkirchen" vorläufig für ein Probejahr vereinbart. Wieder wurde ein Turnier gespielt und am 10. Juli 1987 erfolgte in einer Generalversammlung die getrennte Abstimmung innerhalb der beiden Vereine über einen Zusammenschluss auf Dauer. Beide Vereine sprachen sich einstimmig dafür aus. Damit war im 35. Jahr der Schachfreunde Feldkirchen die „Schachgemeinschaft Aschheim/Feldkirchen" endgültig entstanden. Anfang 2009 kam es dann zu einer Fusion mit Kirchheim zum jetzigen „Schachclub Aschheim-Feldkirchen-Kirchheim".[42]

1. Vorstand der Schachfreunde	
1952 – 1959	Willi Westner
1959 – 1962	Stephan Klinger
1962 – 1987	Hans Schleicher
1987 Zusammenschluss mit Aschheim	

Wasserwacht

Feldkirchen verfügt heute über eine zum Bayerischen Roten Kreuz gehörende Wasserwacht, deren hoher Ausbildungsstand in den letzten Jahren immer wieder gerühmt wurde. Die mit moderner Technik ausgerüstete Wasserwacht formierte sich im Jahre 1954 – damals zog man allerdings noch mit einem Ziehwagerl an den Velasko-See, den heutigen Heimstettener See. Der ehemalige Feldkirchner Bürger Walter Lutzenberger gilt als der Gründer der Wasserwacht Feldkirchen. Ihm zur Seite stand der Feldkirchner Arzt Dr. Begus, der zeit seines Lebens ein großer Gönner der Wasserwacht blieb. Nach dem Tod von Dr. Begus wurde der Feldkirchner Arzt Dr. Hans-Jürgen Siegl Wasserwachtarzt.

1956 konnten die ersten Hilfesuchenden am See in einem Zelt versorgt werden; 1961 stiftete eine Münchner Elektrofirma die erste feststehende Station. Wiederum durch eine großzügige Spende konnte vier Jahre später die heutige Station errichtet und nach zweijähriger Bauzeit durch die Wasserwachtler eingeweiht werden. Zu dieser Station gehörte auch ein Boots- und Gerätekeller.

Die erste Motorisierung der freiwilligen Helfer am Velasko-See stellte ein alter Ford FK 1000 als Einsatzfahrzeug und ein 5-PS-Boot dar. Im Jahr 1972 stiftete dann die Gemeinde Heimstetten ein Schalenboot mit einem 25-PS-Motor und ein Jahr später konnte vom Bayerischen Roten Kreuz (BRK) München ein Rettungswagen übernommen werden.

Das heutige Wassernotfahrzeug wurde 1981 in Eigenarbeit aus einem serienmäßigen Ford Transit umgebaut; 1982 wurde das alte Boot durch ein neues Rettungsboot mit einem 40 PS starken Motor ersetzt. Durch die steigende Zahl der Einsätze im Landkreis erhielt die Wasserwacht in diesem Jahr auch einen Anhänger. Dieser wurde zusätzlich mit einem Schlauchboot ausgerüstet.

Am „Fidschi" 1969. Noch ungeteilter See mit Wasserwachthaus.

Erstes Rettungsfahrzeug, 1970

Zur Unterbringung des Wassernotfahrzeuges mit Anhänger sowie der modernen Tauchausrüstungen und Rettungsgeräten errichtete der „Verein zur Sicherstellung überörtlicher Erholungsgebiete" eine Garage mit Geräteraum. Durch diese Räumlichkeiten wurde die Grundlage geschaffen, dass die Wasserwacht Feldkirchen im weiteren Umkreis als Schnelleinsatzgruppe fungieren konnte. Sie ist seit 1988 über eine stille Alarmierung bei Wasserunfällen einsetzbar.

Dass aber neben der oft mühevollen Arbeit für den Nächsten, sprich vor allem für die Badegäste, die Geselligkeit nicht vergessen wird, versteht sich von selbst. Jede Neuanschaffung wurde gebührend gefeiert; bekannt sind auch die Weinfeste, deren Reinerlös wieder für Rettungsgeräte verwendet wurde.

1992 konnte ein neues Wasserrettungsfahrzeug angeschafft werden, das durch die Wasserwachtler in 470 Arbeitsstunden um- und ausgebaut wurde. Zwei Jahre später feierte man das 40-jährige Bestehen. Aus diesem Anlass wurde dem Verein von ihrem Kameraden Bernhard Machan eine eigene Vereinsfahne gestiftet, die standesgemäß auf einer Plattform im Heimstettener See eingeweiht wurde. Im Jahr darauf gründete die Wasserwacht die First Responder-Gruppe, die bis heute in Kooperation mit der Freiwilligen Feuerwehr aktiv ist.

Um die Sicherheit auf dem Heimstettener See zu gewährleisten, löste 1996 ein neues Motorrettungsboot den mittlerweile in die Jahre gekommenen Vorgänger ab, auf dem – wie auf allen Fahrzeugen und technischen Hilfsmitteln – die aktiven Mitglieder fortlaufend

Einweihung des neuen Fahrzeugs der Wasserwacht 2009

geschult werden. Dies gilt auch für ein weiteres Wasserrettungsfahrzeug, das 2009 erworben wurde. Für dieses größere Fahrzeug musste die Garage entsprechend vergrößert werden, eine Arbeit, die die Mitglieder der Wasserwacht in über 8.000 Arbeitsstunden in ihrer Freizeit vornahmen. Neubau und neues Fahrzeug wurden der Öffentlichkeit an einem Tag der offenen Tür vorgestellt.

Um eventuelle Patienten mit dem Rettungswagen vom Heimstettener See schonend abtransportieren zu können, hat sich die Wasserwacht jahrzehntelang dafür eingesetzt, den Zufahrtsweg zur Station von einem Schotterweg zu einer asphaltierten Straße auszubauen. 2013 waren die Bemühungen von Erfolg gekrönt, kurz vor der 60-Jahrfeier der Wasserwacht Ortsgruppe Feldkirchen im Jahr 2014. Inzwischen besteht die Ortsgruppe aus 270 Mitgliedern, wovon 70 aktiv für die Bevölkerung tätig sind.[43]

Leiter der Wasserwacht Feldkirchen	
1954 – 1959	Walter Lutzenberger
1959 – 1960	Jörg Moritz
1960 – 1964	Hubert Gschwendtner
1964 – 1980	Werner Hauer
1980 – 1989	Georg Haßlbeck
1989 – 1993	Josef Feilhuber
1993 – 1997	Walter Roth
1997 – 2001	Josef Feilhuber
2001 – 2005	Markus Griesgraber
seit 2005	Wolfgang Stadler

Feldkirchner Blaskapelle e. V.
Bei einer Vereinsvorständesitzung 1964 beklagten die Feldkirchner, dass die Gemeinde keine eigene Musikkapelle besäße. Es waren noch etliche Instrumente der ehemaligen Feuerwehrkapelle aus dem Jahr 1926 vorhanden. Auch hatte es in früheren Zeiten einmal einen „Musikklub Feldkirchen" gegeben.[44]

Der Berliner Georg Kostas, der 1963 nach Feldkirchen gezogen war, bot sich an, eine Gründung zu versuchen. Ein Aufruf hatte erstaunlich große Resonanz und am 21. Mai 1964 trafen sich im Gasthof Bauer 14 (angehende) Musiker, um eine Blaskapelle zu gründen. Nur vier der Musikanten hatten schon Instrumentalkenntnisse – Max Ascher war sogar schon Mitglied der ehemaligen Feuerwehrkapelle gewesen –, während die anderen zehn blutige Anfänger waren, denen erst Noten und Töne beigebracht werden mussten. Der nächste Schritt war die Beschaffung von Instrumenten und Noten; das nötige Startkapital wurde von Feldkirchner Geschäftsleuten und Vereinen zur Verfügung gestellt. Etwa sechs Monate nach der Gründung konnten die zum Teil frisch gebackenen Musiker anlässlich des Volkstrauertags am 15. November 1964 erstmals ihr Können unter Beweis stellen.

Nach dem vielversprechenden Anfang traf die Kapelle im Januar 1965 mit dem Tod ihres Kapellmeisters Kostas ein schwerer Schlag. Wie sollte es weitergehen? Bei einer Versammlung unter den Vorständen Josef Manlik und Reinhold Holzmann vertrat man die Ansicht, dass es wohl im Sinn von Georg Kostas wäre, die Kapelle weiterzuführen. Die beiden Vorstände nahmen nun die Geschicke der Blaskapelle in die Hand und bereits im Februar desselben Jahres wurde von den Mitgliedern der Name „Feldkirchner Blaskapelle" festgelegt. Zu Beginn des Jahres 1967 konnte dank einer großzügigen Vorfinanzierung des Musikkameraden Holzmann eine einheitliche Tracht gekauft werden: roter Janker, schwarze Bundhose, rote Strümpfe und dazu ein Miesbacher Hut. Unter dem Vorstand Peter Niedermeier wurde schließlich komplett die originale Miesbacher Tracht angeschafft.

Hatte die Kapelle am Anfang mit dem Geld ihre liebe Not – das Honorar für den Kapellmeister musste durch die Beiträge der Musikanten aufgebracht werden –, so war sie im Laufe der nächsten Jahre durch rege Spieltätigkeit langsam finanziell gesichert. Im Jahr 1968 wurde Johann Merrath zum Vorstand gewählt und der unermüdliche Willi Voß von

Blaskapelle Feldkirchen in der Münchner Straße (vermutlich beim Maibaum-Aufstellen 1983)

Heinrich Bittner als Kapellmeister abgelöst. Dieser, ebenfalls ein gebürtiger Berliner, leitete die Kapelle mit großem Fachwissen und Geschick und führte die Musiker zu guten Ergebnissen bei Wettbewerben und Konzerten. Neue Musiker kamen hinzu. Die Feldkirchner Blasmusik erhielt zahlreiche Einladungen zu kleinen Festmusiken, Kurkonzerten und 1970 zur musikalischen Umrahmung des Aschheimer Schäfflertanzes. 1971 flogen neun Musiker nach Stavanger in Norwegen; in den folgenden Jahren wurde der Eifer der Feldkirchner Musiker mit vier Auftritten bei Oktoberfesten in Calgary und Kitchener in Kanada belohnt. 1989 spielte die Blaskapelle beim großen Sommerfest im Münchner Olympiagelände.

Weitere herausragende Ereignisse neben den vielen Auftritten in der näheren und weiteren Umgebung waren Tourneen nach Edinburgh zum Military Tattoo, nach Lima in Peru, nach Frankreich, Österreich, Südtirol und Belgien sowie in die Schweiz. Durch intensive Fortbildung an der Bundesakademie für Blasmusik in Trossingen machte der Dirigent Hans Pricha die Feldkirchner Blaskapelle seit 1977 mit großem Erfolg zu einer angesehenen Kapelle mit rund 40 musikbegeisterten Damen und Herren.

Im Jahr 1986 ließ sich die Feldkirchner Blaskapelle, die auch dem Musikbund für Ober- und Niederbayern angeschlossen ist, als e. V. ins Vereinsregister eingetragen.

Die anspruchsvollen Frühjahrskonzerte beweisen Jahr für Jahr, dass eine Blaskapelle nicht nur in Bierzelten, bei Musikfesten und Umzügen viele Menschen erreichen kann – auch das Maibaumaufstellen wird jeweils von der Blaskapelle begleitet, ebenso der Schäfflertanz –, sondern auch fähig ist, durch ein breites Spektrum an konzertanter Musik viele Musikfreunde zu begeistern. Viel Wert wird bei der Feldkirchner Blaskapelle deshalb auf eine fundierte Ausbildung der Jugendlichen und die Weiterbildung der Mitglieder gelegt. Die Erfolge sind aber nicht zuletzt der guten Zusammenarbeit und Unterstützung durch die Gemeinde zu verdanken, die der Blaskapelle in der Alten Schule in der Bahnhofstraße einen eigenen Proberaum überließ.

Im Sommer 1989 wurde das Vierteljahrhundert festlich begangen. Die damals 38 Musikerinnen und Musiker feierten vom 23. bis 25. Juni. Höhepunkt war der „Tag der Blasmusik" am

Das Vereinsleben

Gäste beim Tag der Blasmusik 2014 in Feldkirchen

Sonntag, dem 25. Juni, mit Festzug und einer Musikveranstaltung zusammen mit den Kapellen aus Aschheim, Feldmoching, Kirchheim, Markt Schwaben und Poing.[45]

Im Proberaum

Durch die intensive Jugendausbildung, die vor allem durch Hans Pricha engagiert vorangetrieben wurde, wuchs die Anzahl der Musiker weiter. Ende der 1990er Jahre waren über 50 Musiker im Verein aktiv. Kinder wurden in zwei Altersgruppen der „Musikalischen Früherziehung" spielerisch an die Musik herangeführt, weswegen der Proberaum in der Alten Schule in der Bahnhofstraße nicht mehr ausreichte. Auf Vorschlag des Bürgermeisters Leonhard Baumann wurde der Keller des neuen Kindergartens an der Beethovenstraße zu Probe- und Unterrichtsräumen ausgebaut. 2003 konnte die Feldkirchner Blaskapelle dorthin umziehen. Seither finden dort – bei ausgezeichneter Akustik – ihre Proben statt. Etwa 80 Kinder erhalten musikalischen Unterricht. Aus dem Kreis der Jungmusiker hat sich ein Nachwuchsorchester unter der Leitung von Hans Pricha gebildet und im Jahr 2011 wurde unter der Leitung von Bernhard Kufner eine Jugendblaskapelle gegründet. Diese beiden Jugendorchester sollten die jungen Musiker auf das Musizieren in der großen Blaskapelle vorbereiten.

2006 begleitete die Feldkirchner Blaskapelle eine Delegation der Gemeinde in die Partnerstadt Rietschen und 2008 nach Bisignano.

Besuch der Blaskapelle in der Partnergemeinde Rietschen am 22. und 23. Oktober 2016, ganz rechts der Dirigent Florian Schachtner

2009 qualifizierte sich die Feldkirchner Blaskapelle durch Erreichen des dritten Platzes beim Mittelstufenwettbewerb des Musikbundes für Ober- und Niederbayern für den bayernweiten Wettbewerb, bei dem rund 2.000 Blaskapellen in dieser Klasse gemeldet waren. Die Blaskapelle Feldkirchen konnte dabei den sechsten Platz erringen.

Im Jahr 2014 konnte die Blaskapelle ihr 50-jähriges Jubiläum feiern. Verteilt über das ganze Jahr fanden diverse Veranstaltungen statt, wie eine Ausstellung im neuen Rathaus, ein Jubiläumskonzert, ein Big Band-Konzert, eine Serenade im Schulhof und eine Jugendserenade. Den Höhepunkt des Jubiläumsjahres bildete das Festwochenende im Mai erneut mit einem „Tag der Blasmusik", an dem bei strahlendem Sonnenschein zahlreiche Kapellen umliegender Orte sowie Feldkirchner Ortsvereine teilnahmen.

Das alljährliche Frühjahrskonzert stellt auch über das Jubiläumsjahr hinaus nach wie vor den musikalischen Höhepunkt dar. An zwei Konzertabenden wird dem Publikum in der Gemeindehalle Blasmusik in allen Facetten geboten.[46]

1. Vorstand der Feldkirchner Blaskapelle e. V.

1964	Georg Kostas
1965 – 1968	Josef Manlik
1969 – 1976	Johann Merrath
1977 – 1987	Peter Niedermeier
1988 – 2000	Johann Bobenstetter
2000 – 2017	Werner Meier
seit 2017	Andrea Huber

1. Dirigent der Feldkirchner Blaskapelle e. V.

1964 – 1965	Georg Kostas
1965	Herbert Püchner
1965 – 1968	Wilhelm Voß
1968 – 1973	Heinrich Bittner
1974	Wilhelm Voß
1975	Heinz Billaudelle
1976 – 2005	Hans Pricha
2005 – 2006	Markus Römer
2006 – 2014	Detlev Jakob
seit 2014	Florian Schachtner

Das Vereinsleben

Stopselclub Feldkirchen

Einer der jüngeren Feldkirchner Vereine ist ausschließlich der Geselligkeit gewidmet. Am 1. Januar 1973 wurde von etwa zehn Feldkirchnern der Stopselclub gegründet. Das erste Clublokal, in dem sich die Stopsler jeden Mittwoch trafen, war die Gaststätte Taubenhuber, die von den Mitgliedern liebevoll „der Xare" genannt wurde. Später diente die Alte Schule in der Bahnhofstraße als Treffpunkt und seit 1976 galt schließlich die Sportgaststätte in der Olympiastraße als Clublokal für die damals 22 männlichen und weiblichen Stopsler.

Im Januar 2013 konnten die Stopsler ihr 40-jähriges Vereinsjubiläum feiern. Nach außen hin tritt der Verein nur selten in Erscheinung, stellt allerdings seine Hilfe bei verschiedenen gemeindlichen Veranstaltungen zur Verfügung. Sinn und Zweck des Clubs ist, ein gemütliches Beisammensein sowie die Erhaltung alter und das Knüpfen neuer Freundschaften zu fördern. Bei allen Clubveranstaltungen muss der Stopsel, ein kleiner Sektkorken aus Aluminium, von den Mitgliedern mitgebracht werden. Andernfalls wird ein Strafgeld in die Tischkasse fällig.[47]

Wanderfreunde Feldkirchen e. V. gegründet 1974

Am 21. August 1973 beschlossen einige Feldkirchner und Parsdorfer Bürger, einen Wanderverein unter der Leitung von Rudi Schilling zu gründen. Grund dafür war in erster Linie die Veranstaltung der Internationalen Wandertage, die bis dahin von der Ortsgruppe Feldkirchen des Touristenvereins „Die Naturfreunde" mit Start und Ziel an der Volksschule in Parsdorf ausgerichtet wurden. Bereits ein knappes Jahr später, am 8. März 1974, konnte der „Wanderverein Parsdorf-Feldkirchen" mit Sitz in Feldkirchen aus der Taufe gehoben werden. 17 Mitglieder umfasste damals die Vereinigung von Freunden des Sports und der Natur, die auch andere Bürger mitzuziehen versuchten. Am 18. Juli 1986 kam es zu einer Umbenennung des Vereins, der nunmehr auf Feldkirchen beschränkt ist, in „Wanderfreunde Feldkirchen e. V. gegründet 1974". Er ist dem Deutschen Volkssportverband angeschlossen.

Derzeit zählt der Verein 111 Mitglieder im Alter von 5 bis 85 Jahren, darunter 19 Kinder und Jugendliche, die sich regelmäßig zu Vereinsabenden im Bürgerhaus „Alte Schule" in der Bahnhofstraße 5 treffen. Ziel ist, die Bevölkerung in einer Zeit der „sitzenden" Tätigkeiten zu einer ungezwungenen sportlichen Betätigung ohne Leistungssportcharakter zu animieren. Dazu dienen die Fahrten zu internationalen Volkssportveranstaltungen, Wanderungen, zu denen die Mitglieder mit Bahn, Bus oder privaten Autos anreisen. Die Fahrten führten bereits nach Österreich, Südtirol, Berlin und an den Bodensee. Die eigenen Veranstaltungen im Rahmen der Internationalen Wandertage, die zunächst Anfang Juli durchgeführt wurden, finden nun jeweils am Samstag und Sonntag der 47. Kalenderwoche im November statt. Beginn der Wanderstrecken von 6, 11 und 22 Kilometern ist die Gemeindehalle in Feldkirchen.[48]

Katholische Arbeiterbewegung KAB Feldkirchen

Die Buchstaben KAB für „Katholische Arbeitnehmer-Bewegung" umschreiben eine bundesweit organisierte gesellschaftliche und karitative Vereinigung. Bis 1971 hieß die über ganz Süddeutschland verbreitete Organisation „Werkvolk" und war als eine kirchliche Vereinigung aller „Werktätigen" gedacht. Die Vorgänger des „Werkvolkes" wiederum waren die katholischen Arbeitervereine, deren erste Gründungen in die Zeit um 1860 fielen. Das „Werkvolk" wurde im Jahr 1971 in die bundesweite KAB eingegliedert. Im Sinn des „Werkvolkes" wurde auch die Feldkirchner Gruppe gegründet.

Schon Pfarrer Büchl tat einen ersten Schritt in Richtung Gründung einer Pfarrgruppe in Feldkirchen. 1972 fuhr er mit einem Omnibus voll werktätiger Feldkirchner – durchaus nicht lauter Arbeitnehmer – in das Werkvolk-Heim in Aschau (Chiemgau), um diese Institution seinen Pfarrkindern vorzustellen. Pfarrer Hofmann übernahm 1975 die katholische Pfarrei Feldkirchen. Er war vorher Seelsorger in Töging gewesen und kannte von dort die Werkvolk-Gruppe als Stütze seiner Pfarrarbeit. So betrieb er von Anfang an auch in Feldkirchen die Gründung einer KAB-Gruppe. Sie sollte den organisatorischen Rahmen für die Männer und Frauen darstellen, die bereit waren, aktiv in der Pfarrei mitzuarbeiten. Wohl bestand schon viele Jahre eine zahlenmäßig starke und aktive katholische Frauengemeinschaft, doch für Männer war nichts Gleichwertiges vorhanden.

Am 9. November 1976 wurde schließlich die Feldkirchner KAB-Gruppe gegründet, wie aus dem Bericht über die Mitgliederversammlung vom 21. Februar 1978 zu ersehen ist. Den Absichten des Gründungs-Pfarrers entsprechend sind die Veranstaltungen in der Regel von der KAB-Gruppe getragen, jedoch für die ganze Pfarrei ausgerichtet, auch für die evangelischen Mitchristen, häufig auch für alle Mitbürger. Als Bildungsarbeit verstehen sich die mehrmals jährlich angebotenen Vorträge, die oft zusammen mit dem „Münchner Bildungswerk" veranstaltet werden. Vorrangig sind die Themen der christlichen Soziallehre, Themen zu Kirche und Arbeit, gelegentlich auch ausgesprochen religiöse Themen. Doch auch Probleme des Gesundheitswesens und der Kindererziehung werden angesprochen. Reiseberichte und andere allgemein bildende Vorträge sind ebenfalls im Angebot.

Ein weiterer Schwerpunkt sind die religiösen und geselligen Veranstaltungen. Jährlich im Mai wird eine Maiandacht bei der Emmerams-Kapelle gehalten, bei der je nach Witterung bis zu 80 Teilnehmer gezählt werden. Im Sommer geht's auch in die nähere und weitere Umgebung, z. B. zu Bergmessen in den Chiemgau, ins Inntal oder ins Karwendel. Familien-Fahrrad-Ausflüge führten nach Möschenfeld, Pliening und anderen Orten. Den Fasching feierte man zunächst jahrelang im kleinen Kreis mit dem Kirchenchor. Die Feste wurden jedoch immer größer, bis schließlich ein Pfarr-Fasching daraus geworden ist. Im Winter wird obendrein Theater gespielt. Das „Theater Velasko", im Wesentlichen von der Familie des Mitglieds Anneliese Turba getragen, führte die unterschiedlichsten Stücke auf: von Molière, Hildesheimer, Ludwig Thoma, Anouilh oder Agatha Christie. Soweit die gesellschaftliche Seite.

Großes Gewicht wird jedoch auch auf die Sozialarbeit gelegt. Selbstverständlich hilft man sich untereinander. Man leistet aber auch Hilfe im Sinne christlicher Nächstenliebe, wo immer im Ort eine Notlage sichtbar wird. Dazu gehört die Betreuung von alten hilflosen Menschen oder von Kindern, wenn die Mutter erkrankt ist. Diese Tätigkeit wurde allmählich zum Hauptthema von Vorstands- und Mitgliederbesprechungen.

In Spitzenzeiten wurden – auf mehrere Personen verteilt – einige Dutzend Stunden in der Woche Hilfe geleistet. Langsam überstieg diese Arbeit jedoch die Möglichkeiten der kleinen Gruppe. Um sich auf eine breitere Basis stützen zu können, wurde im April 1978 von den beiden Ortspfarrern zur Gründung der „Nachbarschaftshilfe Feldkirchen" aufgerufen. Aktuelle Härtefälle und die damaligen Helfer waren der Anfang der Nachbarschaftshilfe, die allerdings schon bei ihrer Gründung den Tätigkeitsbereich weitergesteckt und einen dazu erforderlichen Rahmen – etwa durch Versicherungen – geschaffen hatte. Weitere Helfer konnten gewonnen werden.

Die KAB ist jedoch nicht nur auf regionaler Ebene tätig. Für die überörtliche Arbeit steht im Diözesanbüro ein Volljurist zur Verfügung. Hier kann nicht nur Rat eingeholt werden zu Fragen des Arbeitsrechts, der Sozialversicherung oder in Steuerangelegenheiten; er vertritt die Mitglieder auch vor Gericht.

Als 1982 in Polen die Not besonders groß war, fuhren von der KAB mehrere LKWs voller Hilfsgüter dorthin. Aus Feldkirchen wurden diesem Transport etwa 85 Pakete mit Kleidung mitgegeben. An Bargeld kamen 704 DM zusammen und viele Beträge wurden direkt an die KAB-Sammelstelle überwiesen.

Schließlich ist auch die Arbeit der KAB-Bundeszentrale für ein ausgewogenes staatliches Sozialwesen nicht zu unterschätzen. Schlaglichtartig sei lediglich genannt, dass die „Rente für Mütter" – von den Medien wenig beachtet – ganz wesentlich von der KAB betrieben wurde. Ebenso hat sich die KAB für das Erziehungsgeld eingesetzt oder für die Struktur-Reform der Alters-Sicherung. Die KAB-Mitglieder haben durch ihre Beiträge mitgeholfen, soziale Regelungen zu treffen, die heute kaum jemand missen möchte.[49]

Feldkirchner Theaterverein e. V.

Angefangen hatte eigentlich alles mit der noch vorhandenen Bühne der früheren Katholischen Jugend. 1977 fanden sich zehn theaterbegeisterte Jugendliche zusammen und auch der Regisseur der früheren Gruppe, Fritz Lechner, konnte für die Idee, auf dieser Bühne wieder Theater zu spielen, gewonnen werden. Bevor das erste Stück zur Aufführung kommen konnte, war jedoch noch ein weiter Weg. Vom Souffleurkasten bis zur Bühnendecke wurden die Bretter, die für manche die Welt bedeuten, in unzähligen Stunden und mit eigenen Mitteln renoviert und zum Teil erneuert. Um die Ausgaben möglichst niedrig zu halten, wurde sogar der Vorhang selbst genäht, die Plakate von Hand gezeichnet und die Eintrittskarten an der Haustür verkauft. Sämtliche Dachböden und Keller wurden nach passenden Kostümen und Requisiten durchstöbert.

Nach vielen anstrengenden Proben hieß es am 22. Oktober 1977 dann endlich: „Bühne frei!" Zwei Einakter mit insgesamt 14 Schauspielern konnten aufgeführt werden. Der bunte Abend mit Blasmusik, Hackbrett und Kuhglockenspiel fand bei den Zuschauern in der ausverkauften Gemeindehalle riesigen Anklang. Nach einjähriger Pause wurden 1979 – noch im Namen der Katholischen Jugend – erneut zwei Einakter mit großem Erfolg aufgeführt.

Nach dem Austritt aus der Katholischen Jugend 1980 beschlossen sieben der begeisterten Schauspieler, dass dies nicht das Ende des Theaterspielens in Feldkirchen bedeuten dürfe. Am 27. Oktober 1980 gründeten deshalb Gabi Denk, Sepp Feilhuber, Konrad und Monika Haller, Christa und Elli Hauer sowie Luise Jackermeier den Feldkirchner Theaterverein. Nun ergab sich ein neues Problem: Wo sollten die Proben stattfinden? Auf Antrag stellte die Gemeinde einen Raum im alten evangelischen Schulhaus in der Bahnhofstraße zur Verfügung. Endlich genug Platz! Gleich wurde auch die Bühne vergrößert.

Die Darsteller von „Zwoa harte Nüss'", 1987

Im Jahr 1980 wurde dann auch zum ersten Mal ein Dreiakter aufgeführt: „Die Giftspritz'n vom Bründlhof". Mit diesem Stück ging man sogar nach Aschheim „auf Tournee".
1982 konnte der Theaterverein dank Rektor Richard Harrers Hilfe zum Proben in den Keller des Schulhauses umziehen. Der Beitritt zum Bayerischen Volksspielkunstverein im März 1986 ermöglichte den Feldkirchner Theaterleuten die Teilnahme an weiterbildenden Kursen, die in der Folge auch regelmäßig besucht wurden. Wie viel Zeit und Mühen aufgebracht werden müssen, bis es endlich heißt: „Vorhang auf!" wissen nur die Beteiligten. Der Beifall, mit dem das Publikum bisher nie gegeizt hat, ließ aber alle Aufregungen und allen Schweiß vergessen. Er ist der Lohn für alle Arbeit. Die Spieler und Helfer machen nämlich beim Theaterverein aus „Spaß an der Freud" mit; niemand wird bezahlt, die Eintrittsgelder dienen lediglich zur Deckung der Unkosten. Und gelegentlich finden sogar Benefizveranstaltungen statt wie 1985, als die Einnahmen der Premiere für die Afrikahilfe „Menschen für Menschen" gespendet wurden.[50]

Damit setzt der Theaterverein eine alte Tradition fort. Nur wenige Feldkirchner werden noch wissen, dass es bereits in der ersten Hälfte des 20. Jahrhunderts einen „Theaterklub" gegeben hat. Und auch dieser hatte ein Herz für andere. Am 6. Oktober 1921 wurde im Protokollbuch der Gemeinde vermerkt: *„Die vom Theaterklub Feldkirchen fällig gewordene Lustbarkeitssteuer wird, nachdem der Reinertrag für die Verunglückten in Oppau erwendet wird, in eine Pauschalabgabe von 200 M festgesetzt."* Nach dem Zweiten Weltkrieg hat dieser noch – oder wieder? – existiert. Am 22. Dezember 1946 konnte Pfarrer Hobmair nämlich in seinen Kalender eintragen: *„½ 3 Uhr Weihnachtsfeier für die Flüchtlinge. […] Der Kindergarten führte sein Weihnachtsprogramm auf; der Theaterverein einen Einakter."* Und zu Beginn des 20. Jahrhunderts existierte zudem eine Theaterbühne des katholischen Burschenvereins „Edelweiß", von dem heute allerdings nichts mehr bekannt ist.

„Freig'sperrt" 2012

„Amerikaner mit Zuckerguss", 2014

Die Mitglieder des Theatervereins

Aufführungen des Theatervereins

1977	Der Wunderdoktor	1989	Der Gockel-Kriag	2007	Lasst uns Lügen erzählen
1977	Schusterpech und Schwammerlglück	1990	Der Zauberwald	2008	Monsieur Amédée
1979	Die Preiskuah	1991	So ein Zirkus	2009	Ein Joghurt für zwei
1979	Die Hirschgrandl'n	1992	Unkraut verdirbt net	2010	Im Ferienparadies
1981	Die Giftspritz'n vom Bründlhof	1993	Da Roagaspitz	2011	Für jeden was dabei
1982	Die pfiffige Urschl	1994	Der Zauberwald	2012	Freig'sperrt
1983	Opas Glückstreffer, oder Kasimirs Bekehrung	1995	Lasst uns Lügen erzählen	2013	Z' jung zum Zum… oder Frühreif
1984	Watschenkrieg am Ochsenhof	1997	Schlüssel für zwei	2014	Amerikaner mit Zuckerguss
1985	Krach am Wendelhof oder die Wundersau	1998	Boeing Boeing	2015	Da Leftutti
1986	D' Eisheiligen und die kalt' Sophie	1999	Hexenschuss	2016	Im Teufelsrad ist's lustig
1987	Zwoa harte Nüss'	2000	Auf und davon	2017	As Glück is a Matz
1988	S' Herz in der Lederhos'n	2001	Die Mausefalle		
		2002	Außer Kontrolle		
		2003	Ein seltsames Paar		
		2004	Der Zauberwald		
		2005	Lügen haben junge Beine		
		2006	Nichts als Kuddelmuddel		

Von links nach rechts:
Bürgermeister Ludwig Glöckl, Toni Ullrich, Franz Inselkammer und Josef Kammel

Nachbarschaftshilfe Feldkirchen e. V.

Eng mit der Katholischen Arbeiterbewegung e. V. (KAB) arbeitet ein anderer Verein zusammen: Die Nachbarschaftshilfe Feldkirchen e. V. wurde am 24. April 1978 auf Initiative der beiden Ortsgeistlichen, des evangelischen Pfarrers Hildmann und des katholischen Pfarrers Hofmann, gegründet. Sechzehn interessierte Bürgerinnen und Bürger fanden sich damals zu einer ersten Versammlung ein. Unter dem Vorsitz von Alois Mößmer, der auch die Geschicke der KAB Feldkirchen maßgeblich mitbestimmte, und der aktiven Mitarbeit der beiden Ortspfarrer, der Vertreter der Caritas-Sozialstation Haar sowie einiger Bürger wurden damals die Grundvoraussetzungen für das Funktionieren der Nachbarschaftshilfe geschaffen.

Am 27. Juni 1978 fand die Gründungsversammlung statt und schon ab Mitte des Jahres 1978 konnte mit großer Begeisterung geholfen werden.

Die meisten Damen und Herren der ersten Stunde waren viele Jahre aktiv im Vorstand und Beirat tätig, andere traten hinzu, sodass die begonnene Arbeit kontinuierlich bis auf den heutigen Tag fortgesetzt werden konnte und nach dem Willen der Verantwortlichen auch in Zukunft fortgesetzt werden soll. Immer neue Helfer fanden sich dazu, und die beiden jeweiligen Ortsgeistlichen stehen bis heute hilfreich zur Seite.

Im Laufe der Zeit wurde eine Reihe von Feldkirchner Seniorinnen und Senioren betreut. Hierbei arbeitete die Nachbarschaftshilfe Feldkirchen eng mit der Caritas-Sozialstation Haar zusammen. Auch vielen anderen bedürftigen Personen, teilweise mit Kleinkindern, konnte auf Wunsch des Sozialamts, der kirchlichen oder kommunalen Gemeinde geholfen werden.

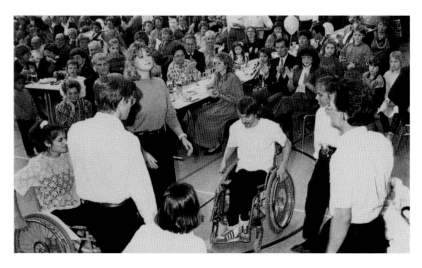

Vorführung einer Tanzgruppe der Landesschule für Körperbehinderte beim „Bunten Nachmittag", 1989

Von den Bürgern kostenlos gestiftete Dinge des täglichen Bedarfs wie Möbel, Kleidung, Wäsche oder Geschirr konnten weitergegeben und somit weiterverwendet werden. 1986 sorgte sie zusätzlich für größere Gruppen von Asylbewerbern, die Feldkirchen zugewiesen wurden. Einsatzleiterin war Hedi Goronzy; erster Vorsitzender Günter Wolber.

Der Nachbarschaftshilfe kam auch die erste Spende eines privaten Engagements für Körperbehinderte zugute. Seit 1981 hatte es sich der selbst gehbehinderte Toni Ullrich zur Aufgabe gemacht, Körperbehinderten zu helfen. Erst diente eine leere Drei-Liter-Cognacflasche als Sparbüchse in seinem Stehausschank, später verbanden sich mit dem Namen Toni Ullrich größere Aktionen wie der „Bunte Nachmittag", zu dem ortsansässige Firmen die Schirmherrschaft übernahmen. Momentan hat die Nachbarschaftshilfe 160 Mitglieder und kann auf rund 40 Helfer zurückgreifen. Die Einsatzleitung übernimmt Monika Ikenmeyer. [51]

Seniorentreff

Im April 1982 rief Bürgermeister Ludwig Glöckl den Seniorentreff Feldkirchen ins Leben. 25 Senioren kamen zur ersten Zusammenkunft. Seither treffen sich die Feldkirchner Senioren jeden Donnerstagnachmittag, zuerst in der Gemeindehalle, seit der Renovierung und Umgestaltung des alten evangelischen Schulhauses im Herbst 1987 bietet jedoch dieses Haus einen idealen Treffpunkt. Dort wurden eigene Räume für die Senioren eingerichtet und eine Küche, in der vor allem Maria Gschwander, Resi Czogalla und Trude Beschorner walteten. Vom Erlös der Einnahmen aus verabreichten Getränken wird mehrmals im Jahr ein kleines Fest mit kostenlosem Kaffee und Kuchen, Brotzeit und Bier gefeiert. Auch der Muttertag, Fasching und Weihnachten werden feierlich-fröhlich begangen. Und im Sommer weichen die Senioren gerne auch einmal in den Biergarten aus.

Nachdem Maria Hoffmann immer genau Buch über die Anwesenden führte, lassen sich die Gästezahlen genau feststellen. Im ersten Jahr des Seniorentreffs kamen insgesamt 765 Gäste zum Unterhalten, Spielen oder Handarbeiten; 1988 waren es bereits 2.230.

Der Seniorentreff ist kein eigentlicher Verein; es gibt keinen Vorstand, alle Arbeiten werden von verschiedenen Senioren ehrenamtlich gemacht. Bürgermeister Ludwig Glöckl als Hausherr und Karl Rupp als eigentlicher Initiator und Verantwortlicher kümmerten sich bis zu ihrem Tod besonders um die Organisation. Danach führte Bruno Metelski ihre Arbeit fort. Unter seiner Ägide konnte am 22. Oktober 1992 das zehnjährige Bestehen feierlich begangen werden. [52]

1987 führte der Montagsclub sein drittes Theaterstück auf: Der kleine Muck

Montagsclub

Im Sommer 1982 fassten ein paar Feldkirchner den Entschluss, in der Freizeit regelmäßig Treffen zu veranstalten. Heute spricht man allgemein von gelebter Inklusion, doch schon damals war es der Wunsch, durch eine zwanglose Zusammenkunft von Behinderten und Nichtbehinderten den Abbau von Vorurteilen und Berührungsängsten zu fördern. Eine der Initiatorinnen war Gabi Hitzinger, die einen geistig behinderten Bruder hat, der sehr gerne mit nicht behinderten Menschen zusammen ist, nicht nur in speziellen Einrichtungen mit anderen Behinderten. So wurde die Idee zu einem regelmäßigen Treffen von Behinderten und Nichtbehinderten geboren. Gabi Hitzingers Freundin Ina Rupertus und deren Mann Stefan waren von Anfang an mit dabei, obwohl sie selbst keine Angehörigen mit Handicap haben. Auch Peter Stanossek, Nicole Franken und Ralf Schmitt sind Mitglieder der ersten Stunde.

Zunächst traf man sich stets montags – daher der Name. In der Zwischenzeit finden sich jeweils 10 bis 15 Feldkirchner jeden Donnerstagabend (mit Ausnahme der Schulferien) im Ludwig-Glöckl-Haus ein. Der Grund für den Wechsel ist, dass viele Behinderte in speziellen Einrichtungen leben und dort meist montags Wochenbesprechungen durchgeführt werden.

Auch wenn der Name etwas anderes vermuten lässt: Es handelt sich nicht um einen richtigen Club mit Vorständen, Beiträgen und Statuten, sondern um eine lose Vereinigung engagierter Frauen und Männer. Wer kommt ist da. Jeder ist gerne gesehen. Es wird gemeinsam gekocht, gespielt, gebastelt, gesungen und gefeiert. In den ersten Jahren wurde sogar Theater gespielt. Auch zu anderen Vereinen, wie dem Gartenbauverein, dem Billard- oder Theaterverein, wird seit vielen Jahren ein enges Verhältnis gepflegt.

Feldkirchner Volkstanzkreis

Seit 1983 üben sich im Durchschnitt rund 35 Feldkirchner alle zwei Wochen im Volkstanz. Zunächst von Franz Frischmann (der auch den Münchner Volkstanzkreis leitet) als Kursus der VHS-OLM angeboten, formierte sich ab dem Herbstsemester 1984 ein selbständiger Kreis, der jedoch weiterhin in Kooperation mit der VHS-OLM und dem Münchner Bildungswerk durchgeführt wurde. Bis heute. Die Übungsabende finden zweimal im Monat im Katholischen Pfarrheim für zweieinhalb Stunden statt.

Einen ersten größeren Auftritt hatte der Volkstanzkreis bei der 75-Jahr-Feier des Gartenbauvereins Feldkirchen. Es folgte im Mai 1992 ein Auftritt bei der „Abschied vom Flughafen-Feier" der Gemeinde Feldkirchen. Das 10-jährige, das 15-jährige und das 20-jährige Bestehen feierte der Volkstanzkreis jeweils in der Gemeindehalle. Das 25-jährige fand am 12. Juli 2008 dann im Festsaal des Feststadels Aschheim statt. Am 26. Juni 2005 war der Volkstanzkreis beim Regionentag für die Gemeinde Kirchheim in der Arena der Bundesgartenschau mit von der Partie und am 9. September zusammen mit der Gemeinde Feldkirchen. Ihr Können zeigen die Tänzer auch auf den „Volkstanzwochen", die an wechselnden Orten in Bayern stattfinden.

Im Sommer 2015 fand die 96. Woche dieser Art im Jugendhaus Josefstal in Schliersee-Neuhaus statt. Der Feldkirchner Volkstanzkreis war unter ihrem Gründer und Leiter Franz Frischmann mit dabei.

Bei allen Feiern spielt die „Frischmann Geigenmusi" (Besetzung: zwei Geigen, Steirische Harmonika, Harfe und Bass) auf.[53]

Katholische Pfarrjugend Feldkirchen

Zu einem festen Bestandteil der katholischen Kirchengemeinde St. Jacobus d. Ä. war die katholische Pfarrjugend geworden. Sinn und Zweck der Pfarrjugend war es, die Kinder vor allem nach der Erstkommunion fest in das kirchliche Leben einzubinden. So wurden in den 1980er Jahren sechs Gruppen aufgebaut, darunter auch eine Video- und eine Ministrantengruppe. Mit viel Freude und Engagement waren die Kinder dabei. Neben der Organisation der Jugendgottesdienste ging die Pfarrjugend mit viel Elan an die Gestaltung des alljährlichen, bereits zur Tradition gewordenen Sommerfestes und eines Pfarrjugendfaschings. Derzeit allerdings ruht der Verein.[54]

Burschenverein Feldkirchen

Der Burschenverein wurde im Sommer 1988 ins Leben gerufen. Hauptziel des Vereins ist – neben der Erhaltung von alten Bräuchen und der Mitgestaltung des kulturellen Lebens in Feldkirchen –, vor allem die Geselligkeit und die Kontakte unter den Feldkirchner Burschen zu pflegen. Hierzu tragen Kegelabende, Grillfeste und Ausflüge bei. Daneben organisierte der Burschenverein im Frühjahr 1989 ein Hallenfußballturnier zwischen den Feldkirchner Vereinen. Dieses Fußballturnier wurde zu einem vollen Erfolg.

Im ersten Jahr seines Bestehens konnte der Verein bereits 15 Mitglieder gewinnen. Derzeit befindet sich der Verein in einer Phase der Neuordnung und des Aufbruchs. Die Zusammenkünfte finden nur sporadisch und nach kurzfristiger Einberufung statt. Ein wichtiges Ereignis im Vereinsleben ist jeweils das Aufstellen des Maibaums oder die Verabschiedung eines Mitglieds anlässlich seiner Verheiratung. Die Hochzeit wird von den Burschen jeweils mit einem individuellen Zeremoniell begleitet.[55]

Gewerbeverein Feldkirchen e. V.

In den 1980er Jahren nahm die Zahl der selbständigen Unternehmen in Feldkirchen stetig zu. Deshalb trafen sich am 28. November 1988 insgesamt 14 Feldkirchner Handwerker und Unternehmer im Hotel Bauer, um einen eigenen Gewerbeverein zu gründen. Da in Feldkirchen, wie in allen Gemeinden, gesellschaftliche, politische oder soziale Entscheidungen verschiedene Selbständige besonders betreffen können, ist durch den Gewerbeverein die Möglichkeit gegeben, mit der Gemeinde im Vorfeld Gespräche zu führen und Anregungen zu geben. Die Vorstandschaft des Gewerbevereins ist in diesem Fall der Ansprechpartner der Gemeinde. Darüber hinaus haben junge selbständige Handwerksmeister und Geschäftsleute die Möglichkeit, sich bei erfahrenen Kollegen Rat zu holen. Manche Hilfe wurde so schon bei einem geselligen Vereinsabend angeboten. Bei der Gründung des „Gewerbevereins Feldkirchen e. V." wurde Hans Merrath als erster und Reinhold Holzmann als zweiter Vorsitzender gewählt.[56]

1992 veranstaltete der Gewerbeverein Feldkirchen erstmals einen Christkindlmarkt, der inzwischen zur festen Institution geworden ist.[57] 2012 gab es dann die „Kunst- und Genussmeile". Die Premiere war ein Erfolg, doch sie sollte noch besser und umfangreicher werden. Am 14. Juni 2014 veranstaltete der Gewerbeverein Feldkirchen zum dritten Mal die „Kunst- und Genussmeile". Rund 20 Künstler und zehn Anbieter aus der Gastronomie ergänzten sich nun bereits zu einem großen Fest in der Hohenlindner Straße[11]. Der Gewerbeverein setzte mit dieser Veranstaltung einen weiteren Akzent im Gemeindeleben und schaffte einen Treffpunkt für die Feldkirchner und ihre Freunde aus den Nachbargemeinden.

Bavaria-Böllerschützen Feldkirchen e. V.

Am 26. August des Jahres 1989 formierten sich die Böllerschützen zu einem eigenen Verein. Sein Sinn und Zweck ist die Aufrechterhaltung und Pflege des Brauchtums des Böllerschießens, der Kameradschaft und der Geselligkeit. Zu den Gründungsmitgliedern zählen Werner Blüml, Herbert Frischholz, Walter Frischholz, Georg Gnädig sen., Hermann Gruber, Michael Klatt, Richard Lentner, Robert Lentner, Siegfried Lentner, Thomas Lentner, Karl Rupp, Manfred Schmitt, Hans Weber und Martin Werth; als ersten Vorsitzenden wählten sie Robert Lentner, der 1994 (bis heute) von Hans Weber abgelöst wurde. Seither lassen es die inzwischen 29 aktiven (und 10 passiven) Mitglieder bei vielen Veranstaltungen im wahrsten Sinne des Worts krachen.

Die Bavaria-Böllerschützen Feldkirchen, wie sie sich von Anfang an nannten, wurden als gemeinnützig anerkannt und bezwecken die Aufrechterhaltung und Pflege des alten bayerischen Brauchtums Böllerschießen und dessen Anwendung zu brauchtumsüblichen und kulturellen Anlässen. Als Signet wählte man von Anfang an die Patrona Bavariae, wie sie seit dem 17. Jahrhundert bis heute von der Mariensäule aus über dem Marienplatz in München wacht und inzwischen offiziell als Schutzpatronin des Landes anerkannt wurde. König Ludwig III. von Bayern hatte sich während des Ersten Weltkriegs an Papst Benedikt XV. gewandt mit der Bitte, er möge Maria offiziell zur Schutzpatronin des Landes erklären. Der Bitte war am 26. April 1916 entsprochen worden; am 14. Mai desselben Jahres wurde das Marienfest (inzwischen auf den 1. Mai verlegt) in allen bayerischen Diözesen gefeiert und Benedikt XV. wegen seines Eintretens im Ersten Weltkrieg als Friedenspapst bezeichnet. Als Hintergrund dienen den Bavaria-Böllerschützen im Signet die weiß-blauen Rauten. 2012 wurde das Signet mit Patrona Bavariae und Rauten modernisiert.[58]

Die Mitglieder des Bavaria-Böllerschützen-Vereins 2008

Billardclub

Der einstige Bürgermeister Ludwig Glöckl hatte bereits als Jugendlicher begeistert Pool-Billard gespielt. Dieses Hobby wollte er in seinem Ruhestand wieder aufnehmen und gab den Anstoß zur Gründung eines eigenen Billardclubs in Feldkirchen. Eine erste dokumentierte Zusammenkunft fand am 9. Februar 1996 statt. Im Untergeschoß des gerade neu errichteten Kindergartens Arche Noah wurde ein geeigneter Raum gefunden. Die Mitglieder sammelten Geld für die Erstausstattung. Zusammen mit dem geschäftsführenden Beamten im Rathaus, Jürgen Schäpe, besorgte der damalige Noch-Bürgermeister Glöckl die Grundausstattung: zwei Pool-Tische mit Zubehör wie Kugeln und Queues, ein paar Tische und Stühle sowie im Nebenraum eine Einbauküche. Bis zu seinem Tod 2006 war Ludwig Glöckl Präsident des Billardclubs Feldkirchen. Dieser Verein galt als sein Lieblingskind. Sein Nachfolger wurde Lorenz Sedlmeier. Bis heute treffen sich die Mitspieler jeden Mittwoch in den Erdgeschoßräumen des Kindergartens Arche Noah.

Der Billardclub beteiligt sich auch am Ferienprogramm der Gemeinde, besuchte etwa 2012 mit einigen Kindern die BMW-Welt in München und ein- oder zweimal im Jahr lädt der Billardklub zum „Gesellschaftsabend".[59]

Agenda 21

Am 12. Mai 1997 wurde die lokale Agenda 21 gegründet. Von Anfang an sollten unrealistische Lösungsansätze vermieden werden. Vielmehr wollten sie die Menschen im Ort erreichen durch Aktionen wie einem Fotowettbewerb zum Thema „lebenswertes Feldkirchen" oder die Ausrufung eines „Radljahrs" (2000).

Mit ihren Aktionen will die Agenda 21 Neubürger, aber auch bislang passive Alteingesessene auf das pulsierende Leben im Dorf aufmerksam machen und zum Mitmachen animieren. *„Eine aktive Dorfgemeinschaft gewinnt mehr Lebensqualität für alle, die sich daran beteiligen."* An jedem zweiten Mittwoch im Monat treffen sich die Mitglieder in der Alten Schule.[60]

Bild oben:
Leiterin Kerstin Staudinger mit dem Chor beim Konzert

Bild unten:
Die Band: Holger Lang, Fred Gleixner, Kurt Adler, Christian Staudinger, Mario Spelthan

Joyful Gospel Singers

2001 gab es im Foyer des evangelischen Kindergartens Arche Noah einen Aushang: *„Sänger und Sängerinnen gesucht! Wer hat Lust und Interesse, in einem Chor zu singen? Einzige Voraussetzungen sind Zeit zum Üben und Freude am Singen."* Wenn sich 15 Personen melden würden, könnte man es wagen, einen Chor auf die Beine zu stellen. Die Erwartungen wurden jedoch weit übertroffen: 25 Personen meldeten sich spontan. Erste Proben wurden anberaumt und bereits nach wenigen Wochen, beim Sommerfest des Kindergartens produzierte sich der Chor erstmals vor Publikum. Der Beifall gab den Organisatoren Recht. Weitere Pläne wurden geschmiedet, weitere Musiker gesellten sich dazu. Das nächste Ziel hieß: Benefizkonzert in der evangelischen Kirche in Feldkirchen. Pfarrer Krauth übernahm Schirmherrschaft und Leitung; die Mitarbeiterinnen des Kindergartens unterstützten das Konzert tatkräftig. Die Nachfrage nach Karten war größer als das Angebot, die Resonanz enorm. Im darauffolgenden Jahr setzte man mutig zwei Konzerte an - beide ausverkauft. Zu den zurzeit rund 30 Joyful Gospel Singers, die durch verschiedene Instrumentalisten unterstützt werden, kam in der Zwischenzeit auch der Kinderchor „Little Gospel Stars" und der Jugendchor „Good News". In den folgenden Jahren wurden immer mehr Konzerte gegeben, nicht nur in der evangelischen Kirche sondern auch im Rathausfoyer. Bei den inzwischen zur Tradition gewordenen Dezemberkonzerten konnten im letzten Jahr fast 1.000 Gäste gezählt werden..[61]

Cheer Base Feldkirchen e. V. (CBF)

Am 25. März 2012 gründete sich die „Cheer Base Feldkirchen e. V." (CBF), hervorgegangen aus der Cheerleader-Abteilung des TSV Feldkirchen. Noch im selben Jahr wurde daraus ein eingetragener Verein. War Cheerleading bis wenige Jahre zuvor als Sport noch vielfach belächelt, hat sich der aus den USA kommende Sport in den letzten Jahren auch in Deutschland durchgesetzt. Sinn und Zweck des neuen Vereins ist es, den Turn- und Tanzsport im Bereich Cheerleading zu pflegen. Trainiert wird altersgerecht in drei unterschiedlichen Teams: die PeeWee's (6 bis 12 Jahre), die Juniors (12 bis 17 Jahre) und Seniors (17 Jahre und mehr).

Die jeweiligen Teams vertreten die Cheer Base Feldkirchen unter dem Namen „Gators" bei diversen nationalen und internationalen Cheerleader Wettkämpfen oder bei anderen öffentlichen Auftritten. Die Wettkampfbilanz der noch jungen Truppe kann sich dabei sehen lassen: Bereits bei der ersten Teilnahme im Jahr nach ihrer Gründung erreichten die PeeWee's bei den Regionalmeisterschaften Süd (Bayern, Baden-Württemberg und Hessen) den ersten Platz und dürfen sich somit Regionalmeister Süd 2013 nennen. Auch in den darauffolgenden regionalen und überregionalen Meisterschaften waren alle drei Teams jeweils auf den vorderen Plätzen.[62]

Skatclub „Gutblatt"
Am 4. April 2013 formierte sich auch ein eigener Skatclub in Feldkirchen. Seither werden jeden Dienstagabend im Landgasthof Hartmann 48 Spiele nach der Deutschen Skatordnung mit anschließender Siegerehrung gespielt. Die Männer oder besser gesagt die Skatfreunde der ersten Stunde waren Karl Ruppert, Lothar Albrecht, Thomas Schönherr, Andreas Kühlmann, Klaus Bauer, Helge Cieslewicz und Karl-Heinz Brachvogel. Am 26. November 2013 wurde der letzte Skat gespielt, der für die Jahreswertung 2013 zählt. Den ersten Platz errang Karl-Heinz Brachvogel.

AsylbewerberHelferKreis Feldkirchen – AHK Feldkirchen
Neue Herausforderungen bedingen neue Institutionen. Die Welle von Flüchtlingsproblemen, die über ganz Europa hereinbrach, veranlasste auch über 60 engagierte und interessierte Feldkirchner, am 20. November 2014 im großen Sitzungssaal des Rathauses zu einer ersten Informationsveranstaltung zusammenzukommen und den AsylbewerberHelferKreis Feldkirchen zu gründen. Unterstützt wird das Projekt von den zuständigen Sozialpädagogen im Landratsamt München. 32 Feldkirchner entschieden sich spontan zu einer Mitgliedschaft und bald wurden es sogar rund 50 Helfer.

Die ersten zwölf Asylbewerber wurden am 2. Dezember 2014 von Bürgermeister Werner van der Weck sowie Isabell von Ehrenkrook und Sebastian Ziegler von der Gemeindeverwaltung willkommen geheißen und im VHS-Gebäude im Dachgeschoß des ehemaligen Rathauses untergebracht. Diese ersten zwölf Asylbewerber waren junge Männer, die vorwiegend aus den Krisengebieten Eritrea, Senegal und Somalia kamen. Am selben Tag fand auch das erste Helfertreffen des AHK Feldkirchen statt, bei dem sich Michaela Strathmann, die in Feldkirchen vor allem durch die „Weihnachtsengel-Aktion" bekannt ist, zur Übernahme der Hauptleitung bereiterklärte.

Nach dem Verteilerschlüssel sollte Feldkirchen eine ständig steigende Anzahl von Asylbewerber aufnehmen. Nun wurde nach geeigneten Unterbringungsmöglichkeiten gesucht. Die Hauptaufgabe sehen die Helfer jedoch darin, die Neuankömmlinge im Alltag zu unterstützen, sie in die deutschen Gepflogenheiten einzuführen, Sprachunterricht zu geben und durch Spenden auszustatten. Um sich untereinander und mit den Asylbewerbern auszutauschen, trifft sich der Kreis jeden Donnerstagabend im Ludwig-Glöckl-Haus.

Vereinsvorständetreffen
Am 13. November 1961 trafen sich auf Einladung des Männergesangvereins die Vorstände von neun Feldkirchner Vereinen zu einer gemeinsamen Besprechung. Einer der Hauptinitiatoren war der damalige Vorstand des MGV und spätere erste Bürgermeister Ludwig Glöckl, der dem Vereinsvorständetreffen über Jahre die Treue hielt. Zunächst im Jahresrhythmus, seit 1964 im Frühjahr und Herbst, kamen die Vorstände zusammen. Federführend war und ist heute wieder jedes Jahr ein anderer Verein. Nur von 1994 bis 2007 hatte der Christiliche Männerverein unter seinem Ersten Vorstand Max Brand Einladung und Sitzungsleitung übernommen. Seit 2008 gilt wieder der jährliche Turnus nach dem Alphabet.

Waren es anfangs nur zwölf Vereine, ist die Zahl sukzessive angestiegen. Heute treffen sich zweimal im Jahr über 20 Vereine. Am 14. November 2011 konnte das 50-jährige Jubiläum mit einer Festsitzung im Foyer des Rathauses gefeiert werden, wozu Bürgermeister Werner van der Weck amtierende und ehemalige Vereinsvorstände sowie Altbürgermeister Leonhard Baumann eingeladen hatte. Das 100. Vereinsvorständetreffen fand am 12. März 2012 unter dem Vorsitz des Christlichen Männervereins im Hotel Bauer statt. Im Laufe der Jahre wurden auch die Vertreter der Gemeinde, der Pfarreien, der Schule, der Volkshochschule und des Kinderheims dazu geladen.

Sinn und Zweck dieser Treffen sind in erster Linie Terminabsprachen, die Lösung von Raumproblemen und die Kontaktpflege, aber auch die Durchführung von Gemeinschaftsprojekten wie Weihnachtssingen oder seit 1983 die ökumenischen Gottesdienste in der Gemeindehalle.

Die im Jahr 1977 fertig gestellte Gemeinde- bzw. Mehrzweckhalle war lange Zeit einer der „Haupttagungsorte". Zum einen beherbergte sie eine Zweifachturnhalle für die Schule, zum anderen ein aufgestocktes Vereins- und Jugendzentrum. Dort fanden einige Vereine eine Bleibe; die Halle diente allen für größere Veranstaltungen. Später hat das Bürgerhaus „Schule", die renovierte ehemalige evangelische Schule (heute Ludwig-Glöckl-Haus), einige Vereine aufgenommen. Seit 2005 bietet auch das neue Rathaus Räume für verschiedenste Versammlungen und Veranstaltungen.

Bei den Besprechungen werden jedoch auch die Mithilfe und die Beteiligung bei Veranstaltungen einzelner Vereine durch andere vereinbart. Die Verbände beteiligten sich an den runden Geburtstagen der Vereine, den Fahnenweihen und vielem anderen mehr. Runde Geburts- und Jubeltage werden in der Regel von allen Vereinen zusammen gefeiert.

Ein gemeinsames „Kind" verschiedener Vereine war die 1964 gegründete Blaskapelle; ein „Enkel" der Musikgruppe „Schickeria", die häufig bei den Feiern zum Tanz aufspielte.

Die Partnerschaften, die Feldkirchen seit 2005 mit den Gemeinden Rietschen und Bisignano verbindet, haben in jüngster Zeit Auswirkung auf die örtlichen Vereine. So tauschen sich etwa der TSV und der MGV bei sich bietenden Gelegenheiten mit den Vereinen aus Rietschen gegenseitig aus.

Vorständebesprechungen stellen eine Gesamtschau aller Aktivitäten der örtlichen Vereine und Institutionen dar. Seit 1974 werden Termine und Wahlergebnisse der Vereine, zum Teil auch größere Berichte durch den Schriftführer Helmut Kreitmayer im gemeindlichen Nachrichtenblatt veröffentlicht, heute zudem auf der Homepage der Gemeinde. Der Kontakt zum Rathaus war seit jeher gut; seit dem Herbst 1979 erhalten die Vereinsvorstände zu ihrer Sitzung eine Brotzeit auf Gemeindekosten – gewissermaßen als kleines Dankeschön für ihre vielen in ehrenamtlicher Tätigkeit geopferten Stunden.[63]

Brauchtum

Erst in der Zeit nach dem Zweiten Weltkrieg wurde wieder verstärkt ein Augenmerk auf altes Brauchtum gerichtet, häufig verbunden mit dem Vereinsleben. Man denke etwa an das Böllerschießen, eine alte Tradition, die durch den 1989 eigens gegründeten Verein wieder belebt wurde. Bei der Pflege anderer Bräuche schließen sich verschiedene Vereine zusammen, etwa beim Aufstellen des Maibaums, das seit 1954 wieder stattfindet, wohingegen das Haberfeldtreiben gänzlich aus der Mode gekommen ist.

Mehr in den Bereich der religiösen Riten fallen die Feldkreuze, die an verschiedenen Stellen in der Gemeinde zu finden sind. Und eine verhältnismäßig noch junge Tradition – zumindest in Feldkirchen – hat der Christkindlmarkt, der seit 1997 stattfindet.

Maibaum

Ob es in früheren Zeiten einen Maibaum in Feldkirchen gegeben hat, ist ungewiss. Als nach dem Zweiten Weltkrieg jedoch der Kegelklub „Frohsinn" einen diesbezüglichen Vorschlag machte, rannte er beim Gemeinderat die sprichwörtlichen offenen Türen ein. Am 15. August 1954 wurde im Protokollbuch der Gemeinde vermerkt: *„Dem Festausschuß des Kegelklubs Frohsinn ist in Beantwortung seiner Schreiben vom 22. März und 7. April 1954 mitzuteilen, daß der Gemeinderat die Aufstellung eines Maibaumes begrüßt. Für die beiden, am Maibaum anzubringenden Schilder Kirche und Schule werden die Kosten aus der Gemeindekasse übernommen. Der Gemeinderat erklärt sich weiterhin bereit, zu den noch ungedeckten Auslagen einen Beitrag zu leisten."*

Während der 1. Mai als „Tag der Arbeit" noch sehr jung ist, kann der Maibaum, der in der Regel an diesem Tag aufgerichtet wird, eine lange Tradition aufweisen, auch wenn die genauen Ursprünge im Dunkeln liegen. Manche vermuten sie bei den alten Germanen. Bis ins Mittelalter zurück reichen sie allemal. Zum Frühjahrsbeginn zog man in die Wälder, um frisches Grün zu schneiden und in die Städte zu holen. Nachricht hat man davon vor allem aus Gerichtsakten, da die entsprechenden Bäume bereits damals gern gestohlen wurden. Am Ausgang des Mittelalters war auch schon expressis verbis von „Maibaum" die Rede. Und sie sahen häufig auch aus wie ihre heutigen Nachfahren. Auf einem Bild von Starnberg im Antiquarium der Münchner Residenz etwa ist ein Maibaum zu erkennen: ein schlanker geschälter Stamm mit Querbalken, auf denen Figurengruppen, Wappen und Handwerkszeichen befestigt sind. Gemalt hat das Bild Hans Donauer im Jahr 1598.

In Feldkirchen allerdings lässt sich die Tradition nur gut ein halbes Jahrhundert nachweisen. Nach den ersten Bäumen in den 1950er Jahren vernichtete am 27. August 1963 ein verheerender Sturm den Maibaum, den die Freiwillige Feuerwehr Feldkirchen zwei Jahre zuvor aufgestellt hatte. Danach blieb der Platz am Kriegerdenkmal einige Jahre lang leer. Sehr zum Bedauern vieler.

Der Feldkirchner Blaskapelle vor allem ist es zu verdanken, dass seit dem 30. April 1972 in Feldkirchen wieder ein Maibaum steht. Ihn zierte auch ein erst zwei Jahre zuvor offiziell bewilligtes Feldkirchner Wappen, angefertigt von Malermeister Emil Winkler.[1] Die Blaskapelle hat sich seither der Tradition des Maibaumaufstellens angenommen, da die Traditions- und Brauchtumspflege einen Teil ihres Vereinszweckes ist. Dem Maibaum von 1972, den die Familie Gnädig gestiftet hatte, folgten 1978 ein von der Familie Mermi gestifteter und 1983 einer der Familie Sames-Wurth.

Maibaum am alten Standplatz, 1950er Jahre

Maibaumaufstellen 1961

Im Jahr 1990 war die Familie Gruber der Stifter der rund 120 Jahre alten Fichte aus einem Wald bei Großhelfendorf. Der Baum hatte eine Höhe von 37 Metern – höhere Bäume waren wegen der Einflugschneise nach Riem problematisch. Er wurde in der Aschheimer Straße 13 von vielen hellhörigen Musikern und Feldkirchner Bürgern bewacht, bevor er im Rahmen einer Feier am 1. Mai – selbstverständlich mit der Hand – aufgestellt wurde.[2]

Im Fünf-Jahres-Rhythmus folgte nun stets ein neuer Maibaum:

1995 hatte August Zehentmair vom Gut Oberndorf den Baum gestiftet und Hans Wunder mit viel Liebe die neuen Tafeln gemalt. Gleichzeitig mit der Errichtung des Maibaums am 1. Mai 1995 wurde auch der neue Brunnen auf dem Hindenburgplatz in Betrieb genommen.

Im Jahr 2000 wurde erneut ein frischer Maibaum aufgestellt. Wochenlang war er von Mitgliedern der Feldkirchner Blaskapelle und ihren Helfern im Gut Oberndorf bewacht und geschmückt worden. Ein alter Stall wurde ihnen dafür von der Familie Zehentmair zur Verfügung gestellt. Den Maibaum selbst stiftete Familie Holzmann. Am 30. April wurde er feierlich in Oberndorf abgeholt und am 1. Mai bei Blasmusik sowie Speis und Trank aufgerichtet. Aus dem alten Maibaum von 1995 wurde eine Parkbank gefertigt, die von der Gruppe Natur und Erholung der lokalen Agenda 21 in den Tucher-Park gebracht wurde und dort ihren Platz fand.

Bild oben:
Maibaumfeier 2010

Bild unten:
Der Maibaum von 2015, gestiftet von der Familie Mermi

2005 gab es wiederum einen neuen Maibaum, der im Hof von Georg Mermi von Ostern an lagerte, bewacht von der Feldkirchner Blaskapelle, zu deren Gründungsmitgliedern Mermi zählte. Um aus der riesigen Fichte einen ansehnlichen Maibaum zu machen, bedurfte es – wie bei den vorhergegangenen Exemplaren – der fachkundigen Arbeit von Willi Mermi und vieler Helfer. Die Leitung der Malerarbeiten lag bei Werner Haimerl, der selbst kräftig mit anpackte. Die künstlerische Gestaltung der Vereins- und Zunfttafel übernahm wie in den Vorjahren Hans Wunder, der dieses Mal Unterstützung durch Birgit Reikowski erhielt. Für den Transport zum Hindenburgplatz war schließlich erneut Reinhard Reichert zuständig. Am 1. Mai wurde der Maibaum dann traditionell bei einer Maibaumfeier aufgerichtet.

2010 war es wieder einmal so weit: Ein neuer Maibaum wurde am 1. Mai aufgestellt, nachdem er am Tag zuvor vom Gruber-Hof (Josef und Elisabeth Gruber hatten den Maibaum gestiftet) zum Hindenburgplatz gebracht wurde war. Das Maibaumfest 2010 mit Blasmusik und den „Dornacher Goaßlschnalzern" wollten sich auch Delegationen aus den Partnerstädten nicht entgehen lassen. Die Vertreter aus Bisignano kamen mit ihren Fahnenschwingern und einem imposanten Bronzepferd als Gastgeschenk, das an der Kreuzung Aschheimer-/Münchner Straße einen würdigen Platz fand.

Fünf Jahre später stiftete wiederum die Familie Mermi ein Prachtstück. Am 28. März 2015 wurde der neue Maibaum unter musikalischer Begleitung der Blaskapelle über die Hohenlindner Straße, die Aschheimer Straße und die Ottostraße zum Mermihof (Ottostraße 2) transportiert. Bei Kaffee und Kuchen, Gegrilltem sowie diversen Getränken wurde das „Traditonsstangerl" im Mermihof von der Bevölkerung willkommen geheißen. In den darauffolgenden Wochen erhielt der Stamm seinen typisch weiß-blauen Anstrich. Täglich wurde er von 18 bis 6 Uhr von Mitgliedern der Feldkirchner Blaskapelle und den Feldkirchner Ortsvereinen bewacht. Am 1. Mai 2015 bekam Feldkirchen wieder einen neuen Maibaum.

Die Böllerschützen beim 125jährigen Jubiläum der Altschützengesellschaft im Jahr 2003

Böllerschützen

Seit dem Mittelalter wurde im bayerischen Voralpenland zu den verschiedensten kirchlichen und weltlichen Festen geböllert, als Ausdruck der Freude und zum Gruß, aber auch zur Warnung und zum Vertreiben von Schlechtwetterwolken. Dabei ging es darum, mithilfe von Schwarzpulver durch spezielle Geräte Krach zu erzeugen. Die Geschichte des Böllerschießens lässt sich im bayerisch-österreichischen Raum bis ins späte Mittelalter zurückverfolgen. Die Tradition dürfte so alt sein wie die Erfindung des Schwarzpulvers selbst.

Im Zeitalter der Aufklärung und durch Verbote von Bräuchen wie dem Neujahrs- oder dem Christkindl-Anschießen in der Zeit um 1800 geriet das Böllerschießen etwas in den Hintergrund des Brauchtums, wurde jedoch in der zweiten Hälfte des 20. Jahrhunderts vielerorts neu belebt. Allein in Bayern pflegen über 600 Vereine mit mehr als 8.300 Böllerschützen den alten Brauch.

Auch in Feldkirchen wollte man die Tradition des Böllerschießens wieder aufleben lassen. Am 26. August 1989 formierten sich deshalb die Bavaria-Böllerschützen zu einem eigenen Verein. Seither lassen es die Mitglieder bei vielen Veranstaltungen im wahrsten Sinne des Wortes krachen. Das beginnt mit dem Neujahrsschießen am Kriegerdenkmal, der Teilnahme an der Fronleichnamsprozession, einem Schießen zum Patroziniumsfest des hl. Jakobus (25. Juli), zu Kirchweih, am Volkstrauertag und endet mit dem Christkindl-Anschießen am 24. Dezember. Dazu kommen Festlichkeiten der Gemeinde, runde Geburtstage von Vereinsmitgliedern, Hochzeiten und Beerdigungen und gelegentlich die Teilnahme am Schützen- und Trachtenzug zu Beginn des Münchner Oktoberfestes. Daneben veranstalten die Böllerschützen alljährlich einen Ausflug, ein Grillfest oder das traditionelle „Ganspaschen", das Verdienen eines Festtagsbratens beim Würfelspiel, eine Sitte, die in den Gasthäusern im Osten von München Tradition hat. Mit etwas Glück und wenig finanziellem Einsatz konnte man eine lebende Weihnachtsgans erspielen. Heute sind die Gänse jedoch in der Regel gerupft und tiefgefroren.[3]

Das Haberfeldtreiben von Aschheim

Der jahrhundertealte Brauch des Haberfeldtreibens, eines volkstümlichen Rügegerichts, wurde auch im Gebiet östlich von München gepflegt. Unter dem Titel „Die Haberer schossen über die Köpfe der Neugierigen hinweg" veröffentlichte Hans Porzner seine Funde, die zwar ein Haberfeldtreiben in Aschheim beschreiben, an dem jedoch auch etliche Feldkirchner Burschen beteiligt waren.

Das Haberfeldtreiben wird gerne als „Bauernprotest" bezeichnet. Viele Aufsätze und Bücher wurden bereits zu diesem Thema geschrieben, doch so ganz genau weiß man nicht, wo und wann das Haberfeldtreiben seinen Ursprung genommen hat. Grimm, Schmeller, Simrock, Dahn, Queri und viele andere bedeutende Sprach- und Brauchtumsforscher haben sich in den letzten Jahrhunderten mit dem Thema beschäftigt – bis heute. Zu einem einhelligen Urteil sind sie nicht gekommen. Und weil die Haberer gewissermaßen ein ungelüftetes wildromantisches Geheimnis umgibt, dienten sie nicht selten als Romanhelden, wobei sie – wie etwa auch die Wilderer – gerne etwas idealisiert wurden.

Der Brauch ist alt – das zumindest scheint unumstritten. Ob er allerdings aus „deutscher Vorzeit" stammt und ob man wirklich Gott Wodan bemühen muss, sei dahingestellt. Johann Nepomuk Sepp, ein bekannter bayerischer Kulturgeschichtlicher des 19. Jahrhunderts, meinte: *„Unser Haberfeldtreiben ist ein Aufzug, so alt, wie das bayerisch Volk"*, wobei er den Beginn des „bayerischen Volks" nicht genau definiert. Rügebräuche gab es sicher von alters her; der Begriff Haberfeldtreiben lässt sich jedoch erst seit dem beginnenden 18. Jahrhundert nachweisen. Während des Spanischen Erbfolgekrieges, der 1705 in der Mordweihnacht von Sendling gipfelte, sollen die Haberfeldtreiber eine erste Rolle gespielt haben. Die ursprüngliche Heimat der Haberfeldtreiber ist das bayerische Oberland, der Brauch drang aber schließlich bis vor die Tore von München.

Das Wichtigste war nicht das Treiben ins Haber (= Hafer)feld an sich, sondern der Schlussakt, bei dem die Treiber mit klappernden Ratschen, Ketten, Kuhglocken, Peitschen und allem, was da Krach machte, einen Höllenlärm vollführten. In Lauf der Zeit fand das „Treiben" nur noch vor dem Haus des „Frevlers" statt, meist sogar in einiger Entfernung. Zu dem Radau passte auch das furchterregende Aussehen der Haberer mit meist von Ruß geschwärzten Gesichtern, damit die Opfer sie nicht erkennen konnten, dunkel gekleidet – und selten fehlte der „Sparifankerl", der Teufel in ihrer Mitte. Manchmal haben sich 100 und mehr Haberfeldtreiber zusammengerottet. Schaurig anzusehen verlasen sie unter fingierten Namen ihre Anklage meist in Reimform, wobei nach jeder Strophe die ganze Meute in ein schreckliches Geheul und Lärmen ausbrach.

Einen bestimmten Tag fürs Haberfeldtreiben gab es nicht. Manche behaupten, es bedürfe dazu einer Neumondnacht (vermutlich, weil es dann besonders dunkel ist), doch konnte Queri diese Vermutung nicht teilen: *„Getrieben wurde regelmäßig von Samstag auf Sonntag oder am Vorabend eines Feiertages, sowie die elfte Stunde der Nacht angebrochen war."* Auch der 1. Dezember 1866, an dem es zu besagtem Treiben in Aschheim kam, war ein Samstag.

Haberfeldtreiben gab es, bis *„diese schöne alte Sitte durch die Unvernunft der Polizei beseitigt worden ist"*, wie sogar der Historiograf Wolfgang Menzel aus dem hohen Norden klagte. Von Seiten der Obrigkeit war der Brauch eigentlich nicht ungern gesehen. Das Volk hatte gewissermaßen die Wiederherstellung der öffentlichen Ehre unter lauter Verdammung des Vergehens übernommen. Dieses „rechtschaffene Sittengericht" wirkte besser als alle Strafgesetze.

Haberfeldtreiben, Zeichnung von Oskar Gräf, aus: Gartenlaube, 1895

So verwundert es auch nicht, dass der Herr Pfarrer nicht selten auf der Seite der Haberfeldtreiber stand. Vernünftige Landrichter waren laut Queris Aussagen übrigens auf dieses „Dorfgericht" keineswegs eifersüchtig, und sogar König Ludwig I. selbst gab den Rat es nicht gar zu ernst zu nehmen.

Im Lauf des 19. Jahrhunderts ließ der Brauch des Haberfeldtreibens zwar langsam nach, doch hielt er sich zäh: *„Der Gebrauch ist trotz des energischen Einschreitens der Behörde noch nicht völlig beseitigt. Noch 1883 kamen Haberfeldtreiben vor"*, vermeldet etwa das in Leipzig erschienene Meyers Konversations-Lexikon in seiner vierten Auflage von 1887. In der Nacht vom 7. auf den 8. Oktober 1893 soll dann das letzte Haberfeldtreiben von Bedeutung in Miesbach stattgefunden haben. Insgesamt sind rund 130 größere Treiben für die Blütezeit zwischen 1700 und 1900 aktenkundig. Die Dunkelziffer dürfte entschieden höher sein.

Aus unserer Gegend ist das letzte Haberfeldtreiben für die Nacht vom 1. auf den 2. Dezember 1866 in Aschheim bekannt. Der Nachtwächter schilderte bei der Vernehmung durch den Bezirksamtmann den Ablauf sehr anschaulich: *„Ich heiße Xaver Hartl, bin gebürtig zu Haidhausen und zur Zeit Knecht bei dem Bauern Josef Westermaier in Aschheim. Da die Nachtwache hier reihum geht, hatte ich anstelle meines Dienstherrn in der Nacht vom 1. zum 2. Dezember [1866] dieses Amt zu versehen. Als ich bereits 12 Uhr ausgerufen hatte, hörte ich plötzlich vom oberen Dorfe, wo die Straße aus Feldkirchen herkommt, einen großen Lärm, so daß ich glaubte, es sei ein Brand ausgebrochen. Ich ging darauf zu und hörte plötzlich schnell nacheinander mehrere Schüsse fallen und einen Lärm, wie wenn jemand mit einem Stock auf eine Gießkanne schlägt. Ich näherte mich bis auf etwa 50 Schritte, weil ich mich wegen des Schießens nicht näher hin traute. Dabei sah ich, wie etwa fünfzig Burschen unter fort-*

währendem Schießen und Lärmen durch das Dorf zogen und am anderen Ende des Dorfes an der Ismaninger Straße hielten.

Ebenso viele sollen am Wirtshause vorbei gleichfalls von Feldkirchen her über das Feld zum unteren Ende des Dorfes gezogen sein, doch habe ich diese nicht selbst gesehen. Mittlerweile waren fast alle Dorfbewohner aufgestanden, um zu sehen, was es gebe. Die Haberer riefen den Aschheimern zu, daß sich ihnen niemand auf mehr als zweihundert Schritte nähern dürfe. Als ein paar Vorwitzige zu nahe kamen, schossen die Haberer mit Kugeln über die Köpfe der Neugierigen hinweg, so daß diese sich schnell zurückzogen. Getroffen wurde aber niemand […]."

Nach dem Bericht des Stationskommandanten von Ismaning hatten sich die Haberer auf einer kleinen Anhöhe vor dem Wirtshaus versammelt. Ein Haberer verlas die falschen Namen der Teilnehmer. Hierauf feuerten sie ihre scharf geladenen Gewehre in Richtung gegen das Wirtshaus ab. Abwechselnd machten die Haberer ein fürchterliches Getöse, dann wiederum schossen sie Raketen ab. Anschließend verlas einer in Knittelversen die Sündenregister der Getriebenen.

Weiter heißt es im Text des Nachtwächters: *„Die Ruhestörer trieben folgende Personen: den Herrn Pfarrer, den Gemeindevorsteher, den Beischlbauern (meinen Dienstherrn), den Keilschneider, den Gemeindediener, den Schusterhans, den Harl, den Bauernschneider, den Zenz und den Harlacher. Einer aus der Mitte schrie immer, daß der Getriebene mit irgendeiner Frau die Ehe gebrochen habe, schimpfte dann fürchterlich und fragte: Ist es wahr? Darauf schrieen alle ja und fielen ein mit Schießen und einem Höllenspektakel. Dem Zenz und dem Harl warfen sie auch Diebstahl vor.*

Nachdem auf diese Weise den genannten Personen getrieben worden war, wurden die Haberer plötzlich still und entfernten sich über das Feld gegen die Straße nach Feldkirchen zu. Erkannt habe ich keinen, weil ich mich nicht zu nahe herantraute. Im Schein der Raketen, die sie steigen ließen, habe ich aber gesehen, daß sie teils wie Bauernburschen der Umgebung gekleidet waren, teils Joppen trugen. Mir scheint, sie sind aus den in Richtung Feldkirchen liegenden Dörfern gekommen. Am Tatort wurden nur ein falscher Bart, eine Gießkanne und ausgebrannte Raketen aus der Fabrik Burg aus München gefunden. Weder an der Stimme noch an anderen Merkmalen habe ich jemanden erkennen können."

Soweit der Bericht des Nachtwächters. Der Bezirksamtmann ergänzte die Vernehmung des Xaver Hartl dahingehend, er habe aus mündlichen Rücksprachen den Eindruck gewonnen, dass in Aschheim zwei Gruppen einander befehdeten. Auf der einen Seite stünden der abgebrannte Zehetmaierbauer Georg Kotter und der Wagner Franz Maier mit ihrem Anhang, auf der anderen Seite die Personen, denen getrieben worden sei. Vom Haberfeldtreiben seien der Zehetmaier und sein Anhang gänzlich verschont geblieben; daraus könne man auf die Urheberschaft schließen.

Weil die Gemeindeverwaltung zur Versöhnung der streitenden Parteien nichts unternommen hatte, wurde ihr u.a. aufgetragen, vier Wochen lang allnächtlich zwischen 9 Uhr abends und 2 Uhr früh Sicherheitswachen aufzustellen. Außerdem durfte sie nach Ablauf des Advents vier Wochen lang keine Tanzerlaubnis erteilen und musste bis auf Weiteres die Polizeistunde auf eine frühere Zeit vorverlegen.

Es bleibt noch nachzutragen, dass man keinen Haberer zu fassen bekam und der Staatsanwalt zwei Jahre später, am 7. Februar 1869, die Untersuchung *„wegen Unbekanntheit der Thäter"* einstellt.[4]

Feldkreuze an der Kreuzung Aschheimer/Dornacher Straße (links) und an der Ecke Bahnhof-/Kreuzstraße (rechts)

Feldkreuze

Auf dem Feldkirchner Gemeindegebiet befinden sich heute vier Feld- bzw. Wegkreuze und ein Bildstock. Am 15. November 1938 beschrieb Pfarrer Hobmair die beiden älteren in einem Verzeichnis, das von oberhirtlicher Seite gewünscht wurde.

Das eine dieser Kreuze steht an der Straße nach Aschheim, etwa 150 m nördlich der Bahnunterführung, an der linken Seite. Damals war das Feldkreuz mit Holzbedachung von sechs Eschen umgeben und stand innerhalb einer kleinen Umzäunung. Errichtet worden war das Kreuz 1857 durch den damaligen Veichtenbauern Lorenz Wisgigl und ist somit das älteste noch erhaltene Kreuz der Gemeinde. Das Eigentumsrecht hatte 1938 die Gastwirtswitwe Sofie Glasl, deren verstorbener Mann ein Enkel des Stifters gewesen sein soll. Der Kreuzstamm war mit Eisenschienen befestigt, der Korpus aber sollte damals neu gefasst werden. Im Jahre 1986 ist dieses Feldkreuz auf Kosten der Gemeinde renoviert worden.

Dieses Wegkreuz hat schon bald Eingang in die Flurnamen gefunden – allerdings unter dem Namen Kreuzsäule: als Kreuzsäulenäcker im Aschheimerfeld und als Kreuzsäulenland.

Das zweite Wegkreuz steht mitten im Ort an der Kreuzung von Bahnhof- und Kreuzstraße. Auch dieses Kreuz mit Holzbedachung beschrieb Pfarrer Hobmair als von vier Eschen umgeben: *„Der Korpus ist in der Manier des 18. Jahrhunderts ganz mit Wunden bedeckt.*

Das Feldkreuz an der Ecke Ottostraße/Reichenberger Straße

Das Kreuz wurde vom Urspringerhof (jetzt beim Sames) aus in nicht mehr feststellbarer Zeit errichtet. Der letzte katholische Besitzer, Herr Schrank, hat mir gegenüber behauptet, beim seinerzeitigen Verkauf hätte er sich im Jahre 1917 dieses Kreuz und den Platz zwischen der Straßengabelung (einige Quadratmeter) ausgenommen. Auf der Gemeindekanzlei ist aber der Eintrag einer diesbezüglichen Plannummer nicht vorhanden. Den Unterhalt hat freiwillig der Grundanlieger Herr Bäckermeister Johann Haug übernommen. Er ließ auch vor drei Jahren den Corpus neu fassen und den Stamm mit Eisenschienen einbetonieren." Soweit Hobmairs Bericht von 1938. 1961 ist dieses Kreuz, das ebenfalls noch aus dem 19. Jahrhundert stammen dürfte, erneut renoviert worden. Wieder verdanken wir den Hinweis Pfarrer Hobmair, der unter dem 29. Mai 1961 in seinem Tagebuch vermerkte: *„Maler Andreas und Maler*[meister Emil] *Winkler haben das Wegkreuz an der Kreuzstraße wieder aufgestellt."* 1986 wurde es auf Kosten des Malers Erich Winkler, des Sohnes von Emil Winkler, erneut gefasst.

Dass es in Feldkirchen im 19. Jahrhundert noch mindestens zwei weitere Feldkreuze gegeben haben muss, geht aus den Katasterplänen von 1860 hervor. Demnach stand ein Flurkreuz im „Riemerfeld", das andere im „Dornacher Feld" an der Einmündung der Ludwigstraße in den Riemer Gangsteig.

Im Jahr 1986 kam dann ein neues Wegkreuz hinzu. Seine Errichtung verdankt es der 75-Jahr-Feier des Gartenbauvereins Feldkirchen, die dieser im Oktober 1986 begehen konnte. Bei den Überlegungen, was man als bleibende Erinnerung an diese Feier dem Ort schenken könnte, kam man auf den alten Brauch der Kreuzerrichtung. Größe, Aussehen und Standort im Ortszentrum wurden geplant. Als Holz für das Kreuz wurde ein sechs Jahre lang abgelagertes Eichenholz gespendet. Den Korpus stiftete die katholische Frauengemeinschaft; die Schnitzereien für die Umrahmung wurden in Auftrag gegeben. Als Standort wählte man die Ecke Ottostraße/Reichenberger Straße. Den Platz dafür stellte die Gemeinde zur Verfügung. Feldkirchner Gartenbaufirmen, unterstützt von freiwilligen Helfern des Gartenbauvereins, gestalteten die Grünanlage. Zum Auftakt des 75. Gründungsfestes, am 11. Oktober 1986, konnte das Wegkreuz in einer ökumenischen Feierstunde eingeweiht werden.

Fünf Jahre später, zum 80. Gründungsjubiläum, wurde am 28. September 1991 ein Bildstock im „Oberndorfer Park" (heute Tucherpark) eingeweiht. Das Vereinsmitglied Sepp Landes schuf den Bildstock; Walter Czogalle übernahm die Kunstschmiedearbeiten und Hans Wunder, von dem auch die Titelbilder der Festschriften oder Tafeln am Maibaum stammten, bemalte ihn.

Bild links:
Der Bildstock im Tucherpark

Bild rechts:
Das Feldkreuz an der Pfarrer-Axenböck-Straße

Gärtnerisch gestaltet wurde der Platz durch die Firma May. Bildstöcke, die seit alters her wie die Feldkreuze am Wegesrand stehen, sind in Bayern selten und eher aus Österreich bekannt. Der Bildstock an der Oberndorfer Straße ist vier Heiligen geweiht: der Patrona Bavariae, der Schutzpatronin Bayerns, deren Figur von der Krieger- und Soldatenkameradschaft Feldkirchen/Weißenfeld gestiftet wurde, der hl. Elisabeth (gestiftet von der Altschützengesellschaft Feldkirchen), dem hl. Josef (gestiftet durch den gleichnamigen Christlichen Männerverein) und der hl. Notburga, einer der 14 Nothelfer und Patronin des Bauernstandes (gestiftet von Feldkirchner Bauern).[5]

Anlässlich seines 100-jährigen Jubiläums errichtete dann der Christliche Männerverein St. Josef von 1901 Feldkirchen ein weiteres Feldkreuz in der Pfarrer-Axenböck-Straße an der Einmündung des Wiesenwegs. Nach dem Festgottesdienst am Sonntag, dem 13. Mai 2001, mit der Weihe einer Gedenkkerze für die verstorbenen Kameraden durch Pfarrer Sajdak, gab es einen Festumzug zur Pfarrer-Axenböck-Straße mit den Fahnenabordnungen der Feldkirchner Vereine, der Blaskapelle, den Vereinskameraden und vielen anderen Gemeindemitgliedern. Das rund 200 Kilogramm schwere Feldkreuz aus Lärchenholz trugen sechs Kameraden von der Kirche zum künftigen Standort. Mit dem Feldkreuz, das vom Kameraden Paul Oswald angeregt und gestiftet wurde, beabsichtigte der Christliche Männerverein, ein sichtbares Zeichen seiner christ-

Das Kreuz auf dem Friedhof

Christkindlmarkt

Eine noch relativ kurze Tradition hat der Feldkirchner Christkindlmarkt. Während etwa der Christkindlmarkt in München, auf der Nikolausdult fußend, seine Wurzeln im 16. Jahrhundert haben dürfte, fand der Markt in Feldkirchen erstmals am 13. Dezember 1992, dem dritten Adventssonntag, statt – veranstaltet vom Gewerbeverein Feldkirchen e. V.

Auf Initiative des damaligen Vereinsvorsitzenden und Gemeinderats Hans Merrath hat der Gewerbeverein seinerzeit zum ersten Mal einen Christkindlmarkt organisiert. Feldkirchner Vereine, Geschäfte und Privatpersonen boten an zwölf Verkaufsbuden Weihnachtsgeschenke und kulinarische Genüsse. Auch die Behinderten-Werkstätte Steinhöring war mit von der Partie bei dem ersten Feldkirchner Christkindlmarkt auf dem Platz vor dem Kindergarten an der Zeppelinstraße.

Auch in den kommenden Jahren zogen die weihnachtliche Stimmung, der beleuchtete Christbaum, die festlich geschmückten Buden, der Glühweinduft und nicht zuletzt die weihnachtlichen Weisen der Blaskapelle und des Männergesangvereins zahlreiche Besucher an. Der Christkindlmarkt wuchs, wurde zur festen Einrichtung. Wegen des starken Zuspruchs und eines zunehmenden Interesses der Aussteller erfolgte der Umzug auf den Platz der Notarkasse.

lichen Tradition zu setzen. Ein Jahr später, am 8. Juni 2002, wurde in den Sockel ein kupferner Kassiber eingelassen, der die Festurkunde, Presseberichte sowie die Vereinschronik und die Statuten des Vereins zur Erinnerung an die Jubiläumsveranstaltung enthält.[6] Seither kümmert sich die Familie Hans und Elisabeth Thaller unentgeltlich um den Blumenschmuck am Kreuz, das Ende 2009 renoviert wurde.

Somit stehen in Feldkirchen fünf der insgesamt über 300 Feldkreuze bzw. Bildstöcke, die im Landkreis München gezählt werden. Fritz Lutz stellte im Juni 1989 aufgrund des von einzelnen Ortschronisten gesammelten Materials die Feldkreuze im Landkreis München zusammen. Damals kam er auf insgesamt 306 Feldkreuze, eine Zahl, die sich in den letzen Jahrzehnten geringfügig erhöht haben dürfte.

Die politische Gemeinde

Im Jahr 2015 waren im Gemeinderat in Feldkirchen vier Parteien vertreten: SPD, CSU, UWV und Bündnis 90/die Grünen (die Freien Demokraten, die zusammen mit Aschheim und Kirchheim einen Ortsverband haben, schafften die 5-Prozent-Hürde nicht). Vor allem die SPD und die CSU bestimmen die Kommunalpolitik, als nach dem Zweiten Weltkrieg wieder geregelte Verhältnisse eingetreten waren, auch wenn zunächst sowohl Kommunisten als auch die NPD in den ersten Nachkriegsjahren noch Stimmen in Feldkirchen gewinnen konnten. In der ersten Hälfte des 20. Jahrhunderts existierten kurzzeitig weitere Parteien. Umfassende Aufzeichnungen über die politischen Parteien und die Parteizugehörigkeit der einzelnen Gemeinderäte existierten bis in die Zeit nach dem Zweiten Weltkrieg nur sehr vereinzelt. Und selbst bis in die Ära Ludwig Glöckl wurden sie in den Gemeinderats-Listen nicht immer verzeichnet. Erst seit der Wahl von Leonhard Baumann im Jahr 1996 wird die Parteizugehörigkeit meist vermerkt.

Nach dem Gemeindeedikt vom 17. Mai 1818 waren aus den alten Dorfgemeinschaften selbständige politische Gemeinden geworden, mit einem Gemeindevorsteher an der Spitze. Ab dem 1. Januar 1870 wurden diese nach verschiedenen Änderungen der kommunalen Verordnungen Bürgermeister genannt. Für die Frühzeit gibt es in Feldkirchen keine entsprechenden Aufzeichnungen, lediglich einzelne Nennungen weisen auf das Amt eines Gemeindevorstehers hin. Der Erste, der diesen Titel führen konnte, ist nach neueren Forschungen wohl Andreas Adam. Für 1806 ist sein Vater Matern Adam bereits in dieser Funktion auszumachen. Ab dem letzten Viertel des 19. Jahrhunderts lassen sich die Gemeindevorsteher/Bürgermeister lückenlos nachvollziehen (siehe Liste der Ersten Bürgermeister auf S. 526).

Luftbild von Feldkirchen Beginn der 1970er Jahre

**Andreas Adam,
Erster Gemeindevorsteher von Feldkirchen**

Andreas Adam wurde am 21. Oktober 1792 im badischen Altenheim geboren und kam als Zwölfjähriger mit seinen Eltern und zahlreichen Geschwistern nach Feldkirchen, wo sein Vater Matern Adam am 24. Mai 1805 das Öttl-Anwesen (heute ehemalige Post, Aschheimer Straße 5) erwarb. Am 3. Februar 1815 erfolgte eine Teilübergabe an den Sohn Andreas, der am gleichen Tag Anna Maria Roth aus Dundenheim, eine Nachbargemeinde von Altenheim in Baden, heiratete. Das Paar hatte sieben Kinder: Andreas, Gottlieb, Maria, Ludwig, Catharina, Philippina und Carolina.

Wohl bereits 1818 wurde Andreas Adam von den wenigen nach damaligem Recht wahlberechtigten Gemeindebürgern zum Orts- bzw. Gemeindevorsteher gewählt. Bis Ende 1853 soll er das Amt des Gemeindevorstehers ausgeübt haben. Gleichzeitig war er 23 Jahre lang Kirchenvorsteher der protestantischen Kirchengemeinde Feldkirchen (1833–1848 und 1851–1859). Andreas Adam starb am 22. August 1870 in Feldkirchen.
1995 entdeckte Johann Lehrer aus München-Trudering in den Familienunterlagen von Philipp Ludwig Wurth ein Foto, bei dem es sich mit einiger Sicherheit um Andreas Adam handelt.

(Mitteilungsblatt der Gemeinde Feldkirchen 11. Mai 1995; Aufzeichnungen von Helmut Kreitmayer).

Bürgermeister
Jakob Wagner

Parteien, Bürgermeister und Gemeinderat

Die älteste, bis heute aktive Partei in Feldkirchen ist die SPD: Am 30. März 1913 wurde ein Ortsverein des Sozialdemokratischen Vereins München in der Gemeinde Feldkirchen gegründet, nachdem die SPD bei den Reichstagswahlen 1912 die stärkste Partei im Reichstag wurde. Gründer des damals noch „Ortsverein des sozialdemokratischen Vereins München" genannten Zusammenschlusses waren der Zimmerer Josef Steinleitner und einige Gleichgesinnte, deren Namen nicht überliefert sind. Es wird jedoch vermutet, dass die späteren sozialdemokratischen Gemeinderäte von 1919, Joseph Hörmüller, Oskar Schwarz und Johann Scherzl, bei der Gründung dabei gewesen waren. Überliefert sind neben Josef Steinleitner lediglich die Namen des zweiten Vorsitzenden Sylvest Ascher, des Kassiers Hans Drechsler, des Schriftführers Peter Weyer und der Revisoren Johann Forstner und Sylvest Lehner.

Der bald darauf ausgebrochene Erste Weltkrieg brachte weitere Aktivitäten zunächst zum Erliegen.

Bürgermeister
Leonhard Stockinger

Bild links:
Bürgermeister Stockinger und Honoratioren im Kreitmayer-Garten an der Sonnenstraße, 1913

Nach dem Ersten Weltkrieg kam es zu einer Veränderung des Wahlmodus: Bei den ersten allgemeinen und freien Wahlen im Frühjahr 1919 waren alle volljährigen Einwohner der Gemeinde wahlberechtigt, auch die Frauen. Erstmals beteiligten sich Parteien an der Kommunalwahl. Es gab nun auch einen zweiten Bürgermeister, der jedoch – im Gegensatz zum ersten Bürgermeister – nicht von der Bevölkerung direkt gewählt, sondern vom Gemeinderat bestimmt wurde. Aus dem Evangelischen Gemeindeblatt geht hervor, dass im Vorfeld ein erbitterter Wahlkampf geführt wurde: „Die Gemeindewahlen in Feldkirchen entfesselten diesmal einen heftigen politischen Kampf, der in einer Reihe von Wählerversammlungen und mittels Flugblätter durchgeführt wurde."

Bei der Wahl am 16. Juni 1919 wurden in Feldkirchen 437 gültige Stimmzettel abgegeben. Die Kandidaten verteilten sich auf vier Wahllisten: Liste Hans Kurz, Sozialdemokratische Partei, Dorffriede und Einigkeit. Die Liste der SPD erhielt mit 124 die meisten Stimmen und damit vier Sitze im Gemeinderat: Joseph Steinleitner, Joseph Hörmüller, Oskar Schwarz und Johann Scherzl. Mit Katharine Klumm war auch eine Frau in den Gemeinderat gewählt worden.

Bei der gesonderten Wahl des Ersten Bürgermeisters bekam Hans Scherzl, der dafür im Listenverbund mit der Bayerischen Volkspartei kandidiert hatte, 171 Stimmen, Philipp Holly 216 und der bisherige Bürgermeister Leonhard Stockinger nur 50 Stimmen. Eine Stichwahl gab es damals noch nicht. Der neue Gemeinderat wählte am 17. Juni 1919 schließlich Gutsbesitzer Philipp Holly (im Dezember 1925 zum Ökonomierat ernannt[1]) mit sieben zu fünf Stimmen zum Ersten Bürgermeister und mit Bäckermeister Hans Reither wurde ein Sozialdemokrat zum Zweiten Bürgermeister ernannt. Das Besondere daran ist, dass der Name Reither bei den Gemeindewahlen am 16. Juni noch nicht aufgetaucht war. Der zweite Bürgermeister scheint lediglich vom Gemeinderat bestimmt worden zu sein, nicht aber von der Bevölkerung gewählt.

Die politische Gemeinde

Bürgermeister
Philip Holly

Bild rechts:
Bürgermeister Philip Holly mit Pfarrer Hobmair und den Herren Trak und Ammon bei einem Dorffest Mitte der 1950er Jahre

Für die nachfolgenden Jahre ist wenig über den SPD-Ortsverein überliefert, lediglich einige Namen in Wahlvorschlägen und die Tatsache, dass die Geschichte des Feldkirchner SPD-Ortvereins (und nicht nur dieses Ortsvereins) mit der Machtergreifung der Nationalsozialisten im Frühjahr 1933 vorerst endet. Dass in Feldkirchen Mitglieder verfolgt worden wären, ist jedoch nicht bekannt.

Nachdem 1941 der Erste Bürgermeister Willy Eberlein und der Zweite Bürgermeister Kürzl zur Wehrmacht eingezogen worden waren, wurde Ferdinand Schmid, der dem Gemeinderat sei 1936 angehörte, vom damaligen Landrat Schick ersucht, den Posten des Ersten Bürgermeisters zu übernehmen. Zunächst nur vorübergehend, dann aber – da bis zur Übergabe an die amerikanische Militärregierung kein Ersatz gefunden werden konnte – blieb Schmid im Amt. Nach seinen eigenen Worten war es in dieser schweren Zeit „nur dem anständigen und vernünftigen Verhalten der Feldkirchner Bürger zu verdanken, daß ich die Gemeinde ordnungsgemäß der damaligen amerikanischen Besatzung übergeben konnte".

Gemeindewahl 1924

„Den Gemeindewahlen in Feldkirchen ging wieder ein scharfer Parteikampf voraus. Die Wahlen fielen aber schließlich so aus, wie sie wohl auch ohne solchen Kampf bei friedlicher Einigung ausgefallen wären. Zum 1. Bürgermeister wurde wieder Herr Landwirt Philipp Holly (Bayer. Bauernbund) mit 312 von 569 Stimmen gewählt. Auf Herrn Schäfflermeister Scherzl (Bayer. Volkspartei) fielen 223, auf Herrn Kaufmann Stockinger (Völk. Block) 32 Stimmen. 2 Stimmen waren zersplittert, 11 ungültig. Von 676 Wählern übten 580 ihr Wahlrecht aus. Die Wahlbeteiligung betrug also 86 Prozent.

Für die Wahl zum Gemeinderat wurden abgegeben für den Bayer. Bauernbund 144, für die Deutschdemokratische Partei 104, für die Bayer. Volkspartei 146, für den Völkischen Block 47, für die sozialdemokratische Partei 103 und für eine sog. Wirtschaftliste 35 Stimmen. An Sitzen erhielten der Bauernbund 3 (Bauer Gnädig, Bauer Philipp Wurth (Sames), Oberlehrer Priehäußer), die demokratische Partei 2 (Holzgroßhändler Vetter, Fabrikbesitzer Schüle), die Bayer. Volkspartei 4 (Schäfflermeister Scherzl, Postassistent Winter, Lagerverwalter Hiebl und Gärtner Johann Huber, letzteren Sitz durchs Los), der Völkische Block 1 (Kaufmann Stockinger) und die sozialdemokratische Partei 2 (Hilfsarbeiter Forstner und Spenglermeister Löslein).

Der 2. Bürgermeister ist noch zu wählen. Dem Gemeinderat gehören 6 Evangelische (einschließlich des 1. Bürgermeisters) und 7 Katholiken an."

(Evangelisches Gemeindeblatt Januar 1925, S. 10)

Bürgermeister
Ferdinand Schmid

Bild links:
Der Maler Schmid-Meil,
Hr. Neupert, Willy Eberlein,
und Ferdinand Schmid

Ergebnis der Gemeindewahl 1929

Wahlberechtigt waren 687 Personen; 631 Stimmen wurden abgegeben, was einer Wahlbeteiligung von 92 Prozent entspricht.

Gewählt wurden:
1. Bürgermeister: Philipp Holly Ökonomierat
2. Bürgermeister: Wolfgang Schmidt, Gendarmeriekommissär.

Gemeinderäte: Georg Gnädig, Landwirt, Philipp Wurth, Landwirt, Anton Glasl, Gastwirt, August Ammon, Verwalter (Bauernbund); Johann Huber, Gärtnereibesitzer, Fritz Winter, Postassistent, Dr. Hans Heiß, prakt. Tierarzt (Bayer. Volkspartei); Georg Steinleitner, Eisendreher; Georg Albrecht, Schlosser (Sozialdemokratische Partei); Ignatius Bauer, Eisenbahnbediensteter (Wahlvorschlag „Gemeindewohl").

(Evangelisches Gemeindeblatt, Februar 1930, S. 35; Vorort und Siedelung, 4. Januar 1930)

Der Colonel wünschte, dass Schmid das Amt beibehalte, was er auch tat, bis auf eine kurze Unterbrechung, in der alle Bürgermeister, die einmal der NSDAP angehört hatten, ausscheiden mussten.[2]

Vermutlich noch Ende 1945 war es zur Wiederbegründung der SPD durch Josef Steinleitner, dem 1903 geborenen Sohn des Gründers von 1913, gekommen. Josef Steinleitner jun. selbst war bereits 1929 in den Gemeinderat gewählt worden.

1946 kam es zu einer Kommunalwahl in Feldkirchen, bei der allerdings der Gegenkandidat Konrad Schmid-Meil zum kommissarischen Bürgermeister gewählt wurde. Laut Verzeichnis der gültigen Wahlvorschläge hatten sich neben der SPD und der CSU die KP und die Liste Dorffriede beteiligt. 1948 wurde aufgrund veränderter Gesetze (die Bayerische Verfassung wurde am 8. Dezember 1946 erlassen) erneut gewählt. Nun wurde wiederum Ferdinand Schmid zum Ersten Bürgermeister gewählt, Josef Steinleitner jun. zum Zweiten.

Bürgermeister
Richard Berneth

Bürgermeister
Ludwig Glöckl

Erst ab dem Jahr 1966 sind die Daten der SPD-Mitglieder gesichert. Nach Josef Steinleitner jun. stellte die SPD mit Karl-Heinz Huber, Georg Franz und Ludwig Glöckl bis 1978 jeweils den zweiten Bürgermeister. Von 1978 bis 1996 war Ludwig Glöckl dann drei Amtsperioden lang Erster Bürgermeister. In seine Fußstapfen wollte Liselotte Schwarzer-Bücheler treten, die 1991 als erste Frau den Vorsitz des SPD Ortsvereinsvorsitz übernommen hatte, konnte sich jedoch gegen den CSU-Kandidaten Leonhard Baumann nicht behaupten, doch als dieser sich nach zwei Wahlperioden nicht wieder zur Wahl stellte, konnte sich der SPD-Kandidat Werner van der Weck bei der Kommunalwahl 2008 gegen zwei Mitbewerber in der Stichwahl mit großer Mehrheit durchsetzen. Bei der Kommunalwahl sechs Jahre später erreichte er auf Anhieb sogar die absolute Mehrheit.[3]

Kurz nach Ende des Zweiten Weltkriegs, am 13. Oktober 1945, wurde die Christlich-Soziale Union in Bayern (CSU) gegründet. Seit 1954 gibt es in Feldkirchen eine CSU-Ortsgruppe, ebenso eine CSU-Liste für Gemeinderatswahlen. Federführend in der Anfangszeit war Konrad Schmid-Meil, der auch die Initiative zur Gründung des Ortsverbands ergriff. Als Kreisrat rief er zur Gründung eines CSU-Ortsverbands in Feldkirchen auf. Am 20. April 1964 unterschrieben schließlich im Gasthof Hartmann elf Gründungsmitglieder das Gründungsprotokoll: Alois Brandl, Wilhelm Eggl, Hermann Gruber, Richard Harrer, Martin Oberloher, Karl Rupp sen., Hans Scherzl jun. Bernhard und Konrad Schmid-Meil, Rudolf Taubenhuber sowie Josef Weiler. Alois Brandl wurde zum ersten Ortsvorsitzenden gewählt. Erstes Ziel des neuen Ortsverbands war es, den Wahlkampf für die Gemeinderatswahl 1966 auf breiter Basis zu führen. Mit Richard Berneth sen. stellte die CSU den ersten Bürgermeisterkandidaten. Unterstützt wurde er von der Unabhängigen Wähler Vereinigung (UWV), die kurz nach der CSU-Ortsgruppe in Feldkirchen gegründet worden war. Richard Berneth sen. wurde auf Anhieb zum ersten Bürgermeister

Der Gemeinderat 1990

Hintere Reihe von links:
Hans Jürgen Siegl,
Hans Merrath, Dr. Emil
Leucht, Peter Hauer,
Karl-Heinz Huber,
Josef Kammel.

Mittlere Reihe:
Werner Hartl, Georg Gnädig,
Leonhard Baumann,
Johann Kronberger,
Hermann Gruber,
Franz Richter.

Reihe vorne:
Karl-Heinz Mahr, Christl
Schunke, Bürgermeister
Ludwig Glöckl, Rosemarie
Rupertus, Bruno Metelski.

gewählt und zog mit fünf CSU-Gemeinderäten ins Ratsgremium ein. Bei den Kommunalwahlen 1972 kandidierte Richard Berneth erneut, wurde wiedergewählt, verlor jedoch 1978 gegen Ludwig Glöckl (SPD), der (mit Unterstützung durch die UWV) bis 1996 im Amt blieb. Bei der Kommunalwahl 1996 gewann wiederum der CSU-Kandidat Leonhard Baumann auf Anhieb gegen zwei Mitbewerber und blieb zwölf Jahre im Amt: 2002 erfolgte seine Wiederwahl, 2008 trat er aus Altersgründen nicht mehr zur Wahl an.

Im Jahr 1970 wurde zudem eine Ortsgruppe der Jungen Union (JU) gegründet.

Doch nicht nur zu Zeiten kommunaler Wahlen zeigte die CSU in Feldkirchen Flagge. So werden regelmäßig gesellschaftliche Veranstaltungen durchgeführt (seit 1990 z. B. alljährlich ein Seniorennachmittag). Seit 1991 werden von den CSU-Mitgliedern selbst genähte und bunt bemalte Säckchen, gefüllt mit einem gesunden Frühstück, am ersten Schultag an die ABC-Schützen verteilt. Seit 1994 lädt der Ortsverband zusammen mit der JU zum Neujahrsempfang.

Der Ortsverband sammelt zusammen mit der JU und mithilfe von Feldkirchner Landwirten alljährlich die ausgedienten Christbäume ein, um sie fachgerecht zu kompostieren und so dem Naturhaushalt wieder zuzuführen. 1985 wurde mit „Feldkirchen aktuell" auch ein eigenes Mitteilungsblatt ins Leben gerufen, in dem die Feldkirchner Bürger viermal im Jahr über die Arbeit und Ziele ihrer Politik informiert werden. Seit Anbeginn liegt die Schriftleitung in den Händen von Ludwig Hagl.[4]

Am 29. Oktober 1965 notierte Pfarrer Hobmair in seinem Tagebuch: *„Neue Wählergemeinschaft gegründet; Vorsitzender: Hans Kahl."* Das war der Beginn der Unabhängigen Wähler Vereinigung (UWV) in Feldkirchen, die ihre Hauptaufgabe in der überparteilichen Interessenvertretung aller Bürger in Feldkirchen sieht. Heute zählt die Vereinigung, die dem Kreisverband „Freie Wähler München-Land e. V." angeschlossen ist, über 70 Mitglieder. Die parteipolitisch unabhängige Vereinigung erhebt keine Beiträge und finanziert sich ausschließlich durch Spenden.

Die politische Gemeinde

Bürgermeister
Leonhard Baumann

Gemeinderat 2002–2008
Vordere Reihe: Karl-Heinz Mahr, Helmtraut Merrath, 2. Bgm. Franz Richter, 1. Bgm. Leonhard Baumann, 3. Bgm. Werner Schamberger, Monika Ludwig, Karl-Heinz Schmidt;

Mitte: Franz Xaver Stellner, Elisabeth Gruber, Silvia Pahl-Leclerque, Erhard Mágori, Christian Wurth;

Hintere Reihe: Franz Golbrzuch, Dr. Ulrich Rüßmann, Max Brand, Werner van der Weck, Christoph May

Am Anfang standen zwei Anliegen: Zum einen benötigte die Feuerwehr dringend ein neues Auto. Einige Gemeinderäte und engagierte Feldkirchner waren zu Herstellern gefahren, um die richtige Ausstattung zu finden. Ihr mühsam erarbeiteter Vorschlag wurde jedoch im Gemeinderat abgeschmettert. Zum anderen wurde ein neues Wasserwerk gebaut. Statt der geplanten 800.000 DM kostete es schließlich 1,4 Millionen. Auf Beschwerden soll ein Gemeinderatsmitglied geantwortet haben: *„Wem es in Feldkirchen nicht passt, soll in die Südsee auswandern"*. Da reichte es einigen Feldkirchnern und sie beschlossen am 26. Oktober 1965, eine UWV zu gründen. Zusammen mit CSU und SPD stellten sie einen Bürgermeisterkandidaten auf – gegen die Freien Wähler. Sie wollten nicht die etablierten Parteien angreifen, sondern lediglich die Interessen der Bürger vertreten, wozu an runden Tischen Diskussionen geführt wurden.

Bei der Wahl im Jahr 1966 erlangte die UWV auf Anhieb drei Gemeinderatssitze (die CSU fünf, die SPD und die Freie Wähler Gemeinschaft jeweils drei). Seit 1978 stellt die UWV bis auf eine Wahlperiode den Zweiten Bürgermeister: Josef Kammel hatte das Amt von 1978 bis 1985 inne. Ihm folgte Karl-Heinz Mahr, der bis zum Jahr 1990 das Amt übernahm, sowie Franz Richter bis zum Jahr 2008.
Bei der Gemeinderatswahl 2014 wurde die UWV zum zweiten Mal die zweitstärkste Fraktion. Derzeit besteht die UWV-Fraktion im Feldkirchner Gemeinderat aus sechs Mitgliedern, wobei Andreas Janson das Amt des Zweiten Bürgermeisters seit 2008 innehat.

Der Grünen-Ortsverband wurde erst am 27. November 2013 in der Sportgaststätte Kuriatko's Delicatus in Feldkirchen gegründet, nachdem Silvia Pahl-Leclerque, die bereits seit 1999 als Mitglied der SPD-Fraktion im Gemeinderat saß, aus der SPD ausgetreten war.

Gemeinderat Feldkirchen, 2017

Von links:
1. Bürgermeister Werner van der Weck, Paul Prylinski, Katharina Funk, Franz Reinheimer, Thorsten Guhlke, Dr. Michael Burger, Franz Golibrzuch, Dorothea Probst, Simone Krois, Michael Schön, Reinhard Mulzer, 2. Bürgermeister Andreas Janson, Thomas Zimmermann, Dr. Ulrich Rüßmann, Luzia Beck, Christian Wurth, Alexander Zimmermann, Georg Mermi, Herbert Vanvolsem.

Nicht im Bild:
Silvia Pahl-Leclerque

Bürgermeister Werner van der Weck

Wegen des geplanten Baus einer Ikea-Filiale war es zu einer Konfrontation mit dem amtierenden Bürgermeister Werner van der Weck (ebenfalls SPD) gekommen. Für die Ämter des Gründungsvorstands wurden einstimmig gewählt: Vorstandssprecherin Silvia Pahl-Leclerque, Kassiererin Simone Krois und Schriftführerin Christine Zenger. Bei der Kommunalwahl im März des darauffolgenden Jahres trat sie als Bürgermeister-Kandidatin für die Grünen gegen Werner van der Weck an, wobei sie unterlag. Allerdings erhielten die Grünen bei der Kommunalwahl 2014 einen Stimmenanteil von 10,2 % und damit zwei Sitze im Gemeinderat, die von Silvia Pahl-Leclerque und Simone Krois besetzt wurden.[5]

Insgesamt ergab die Stimmauszählung bei der Kommunalwahl im Frühjahr 2014: sieben Sitze für die SPD, sechs Sitze für die UWV, fünf für die CSU und zwei für Bündnis 90/Die Grünen.

Bei der gleichzeitig durchgeführten Direktwahl des Bürgermeisters ergab sich ein Stimmenanteil von 5,6 % für Silvia Pahl-Leclerque von den Grünen, 15,5 % der Stimmen entfielen auf Reinhard Mulzer von der CSU und 25,4 % auf Andreas Janson von der UVW, der damit als Zweiter Bürgermeister bestätigt wurde. 53,5 % der Stimmen und damit die absolute Mehrheit erlangte der amtierende Erste Bürgermeister Werner van der Weck, der damit wieder gewählt wurde und das Amt bis 2020 fortsetzen kann.

Wahlen zum Landtag und Reichstag

Wahlen zum Landtag und Reichstag
6. Juni 1920

Wahlberechtigt waren 718 Feldkirchner; die Wahlbeteiligung lag bei 76 bzw. 63 Prozent. In Klammern die Zahlen der Wahl 1919, wozu 602 Wahlberechtigte aufgerufen waren. Die Wahlbeteiligung lag damals bei 89 Prozent.

	Landtag	Reichstag
Bayerische Volkspartei	181 (140)	176 (139)
Sozialdemokratische Mehrheitspartei	97 (203)	94 (205)
Unabhängige Sozialdemokraten	78 (4)	79 (1)
Bauernbund und Mittelstandspartei	77 (106)	78 (92)
Deutsche Demokratische Partei	72 (43)	76 (43)
Deutsche Mittelpartei u. Dt. Volkspartei	20 (31)	22 (29)
Kommunistische Partei Spartakus	7 (-)	7 (-)
zersplittert	- (4)	(-)

(Evangelisches Gemeindeblatt Juli/August 1920, S. 49)

Wahlen zum Landtag und Reichstag
am 6. April bzw. 4. Mai 1924

Wahlberechtigte 605
Wahlbeteiligung 89 bzw. 84 Prozent

	Landtag	Reichstag
Bayer. Mittelpartei bzw. Vereinigte nationale Rechte	8	30
Deutsche Demokratische Partei bzw. Deutscher Block	43	29
Bayerischer Bauern- und Mittelstandsbund	105	90
Bayerische Volkspartei	105	99
Zentrum	-	2
Sozialdemokraten	100	89
Unabhängige	-	2
Kommunisten	19	-
Republikanische Partei	-	2
Völkischer Block	111	129
Ungültig	9	1

(Evangelisches Gemeindeblatt Juni 1924, S. 52. Bei der erneuten Reichstagswahl am 7. Dezember 1924 haben sich die Zahlen nur marginal verändert. Ebenda Januar 1925, S. 10)

Wahlen zum Landtag und Reichstag 1928

Wahlbeteiligung 63 Prozent

	Landtag	Reichstag
Sozialdemokraten	138	140
Deutschnationale	40	40
Deutsche Volkspartei	5	6
Kommunisten	21	24
Deutschdemokraten	22	19
Bayerische Volkspartei	86	92
Reichspartei des deutschen Mittelstandes	4	4
Nationalsozialisten	32	39
Bayerischer Bauernbund	84	86
Volksrechtspartei	26	26
Deutsche Haus- und Grundbesitzer	2	3
Evangelische Volksgemeinde	-	1

(Evangelisches Gemeindeblatt Juli 1928, S. 140)

Vorsitzende des SPD-Ortsvereins seit 1945

Josef Steinleitner jun.
Rudi Schilling
Enno Springmann
Wolfgang Rupertus
Werner Hartl
Otto Viering
Ludwig Haupt
Liselotte Schwarzer-Bücheler
Stephan Keck
Dr. Frank Wilhelm-Mauch
Anita Schedy
Werner Spielmann
Manfred Eicker
Franz Reinheimer

Vorsitzende des CSU-Ortsverbands

1964–1977	Alois Brandl
1977–1979	Karl Rupp sen.
1979–1982	Leonhard Baumann
1982–1989	Karl-Heinz Mahr
1989–1990	Georg Gnädig
1990–1997	Hiltrud Krüger, später verh. Lewandowski
1997–2005	Werner Schamberger
2005–2008	Franz Xaver Stellner
2008–2011	Christoph May
2011–2014	Reinhard Mulzer
seit 2014	Herbert Vanvolsem

**Gemeindevorsteher
bzw. Bürgermeister** (ab 1. Januar 1870)

Der Gemeinderat ab 1948

1806 – 1818 (?)
Matern Adam

1818 – 1853
Andreas Adam

1854 – 1865 (?)
Jakob Wagner

1866 – 31.12.1899
Jakob Wagner jun.

1.1.1900 – 31.12.1905
Jakob Lehrer

1.1.1906 – 30.6.1919
Leonhard Stockinger

1.7.1919 – 9.2.1933
Philipp Holly

10.2.1933 – 25.10.1934
Josef Sprenger

26.10.1934 – 4.6.1941
Willy Eberlein

28.3.1939 – 4.6.1941
Ferdinand Schmid
als 2. Beigeordneter
geschäftsführend
für Bgm. Eberlein.

5.6.1941 – Kriegsende
Ferdinand Schmid
als 1. Beigeordneter

28.5.1945 – 22.8.1945
Josef Oberhauser
(kommissarisch)

1.10.1945 – 31.5.1948
Konrad Schmid-Meil
(kommissarisch)

1.6.1948 – 30.4.1966
Ferdinand Schmid

1.5.1966 – 30.4.1978
Richard Berneth

1.5.1978 – 30.4.1996
Ludwig Glöckl

1.5.1996 – 30.4.2008
Leonhard Baumann

seit 1.5.2008
Werner van der Weck

Zunächst wurde in den Listen die Parteizugehörigkeit der einzelnen Gemeinderatsmitglieder nicht angegeben. Erst mit Amtsantritt von Bürgermeister Leonhard Baumann erscheint diese z. B. alljährlich in den Auflistungen im Feldkirchner Gemeindeblatt. Aus diesem Grund sind auch in der folgenden Aufstellung die Parteizugehörigkeiten erst ab diesem Zeitpunkt genannt, auch wenn sie vereinzelt für frühere Gemeinderatsmitglieder bekannt sind.

1948 – 1952
1. Bürgermeister Ferdinand Schmid
2. Bürgermeister Josef Steinleitner
3. Bürgermeister Martin Zauser

Gemeinderäte:
Fritz Adamek, für ihn ab 1949 Friedrich Wagner
Ludwig Bogner
Otto Fent
Wilhelm Korder
Konrad Lindenau
Alois Lorenz
Ludwig Müller
Johann Scherzl

1952 – 1956
1. Bürgermeister Ferdinand Schmid
2. Bürgermeister Alois Lorenz bis 1955,
        für ihn Josef Steinleitner
Ersatz: Konrad Lindenau

Gemeinderäte:
Dr. Maria Beek
Otto Hiebl
Ludwig Müller († 1955),
        für ihn ab 1955 Georg Wittmann
Johann Riedl
Johann Scherzl
Georg Stimmer
Emil Winkler
Martin Zauser

1956 – 960
1. Bürgermeister Ferdinand Schmid
2. Bürgermeister Josef Steinleitner († 1956),
        ab Dez. 1956 Johann Riedl
Ersatz: Karl Heckmaier

Gemeinderäte:
Ludwig Bogner
Georg Gnädig
Richard Hantschel
Johann Scherzl
Otto Wachinger
Emil Winkler
Georg Wittmann
Martin Zauser

1960 – 1966
1. Bürgermeister Ferdinand Schmid
2. Bürgermeister Max Adam bis 1963,
ab Juli 1963 Ludwig Glöckl
Ersatz: Franz Eberl

Gemeinderäte:
Johann Dillitzer
Richard Hantschel
Johann Scherzl
Konrad Schmid-Meil
Rudolf Steinleitner
Dr. Friedrich Turtur
Emil Winkler
Georg Wittmann, bis 1961, Ersatz: Georg Franz

1966 – 1972
1. Bürgermeister Richard Berneth
2. Bürgermeister Karl-Heinz Huber b. 31.7.1967,
        ab 2.8.1967 Georg Franz
Gemeinderäte:
Alois Brandl
Hans Dillitzer
Franz Eberl
Lidwina Feilhuber
Ludwig Glöckl
Hermann Gruber
Josef Kammel
Dr. Emil Leucht
Reinhold Meier
Josef Michalka
Karl Rupp
Rudolf Schilling ,nachger. 6.9.1967 bis 2.12.1970
Adolf Denk, nachgerückt 2.12.1970
Konrad Schmid-Meil
Dr. Friedrich Turtur
Emil Winkler

1972 – 1978
1. Bürgermeister Richard Berneth
2. Bürgermeister Ludwig Glöckl

Gemeinderäte:
Carl Baumgartner, bis 12.2.1974
Alois Brandl
Adolf Denk
Georg Gnädig
Hermann Gruber
Karl-Heinz Huber
Josef Kammel
Johann Kronberger
Dr. Emil Leucht, bis 14.5.1975
Bruno Metelski, nachgerückt 13.3.1974
Helmut Michalk, bis 7.6.1977
Franz Richter, nachgerückt 14.5.1975
Rosemarie Rupertus
Karl Rupp
Dr. Friedrich Turtur, bis 9.10.1974
Emil Winkler
Günther Wolber
Balthasar Zacherl, nachgerückt 7.6.1977
Robert Zettl, nachgerückt 9.10.1974

Der Gemeinderat ab 1978

1978 – 1984
1. Bürgermeister   Ludwig Glöckl
2. Bürgermeister   Josef Kammel

Gemeinderäte:
Leonhard Baumann
Richard Berneth jun.
Alois Brandl
Adolf Denk
Dr. Rüdiger Dinse, bis 20.1.1982
Georg Gnädig
Hermann Gruber
Werner Hartl bis 9.5.1979
Karlheinz Huber
Lore Korder, nachgerückt 9.5.1979
Johann Kronberger
Bruno Metelski
Franz Richter
Rosemarie Rupertus
Karl Rupp
Christine Schunke, nachgerückt 10.2.1982
Emil Winkler, bis 30.3.1982
Robert Zettl, nachgerückt 14.4.1982

1984 – 1990
1. Bürgermeister   Ludwig Glöckl
2. Bürgermeister   Josef Kammel bis 31.8.1985,
Karl-Heinz Mahr ab 1.9.1985

Gemeinderäte:
Leonhard Baumann
Adolf Denk, bis 31.7.1986,
Georg Gnädig
Hermann Gruber
Werner Hartl
Peter Hauer
Karlheinz Huber
Johann Kronberger, nachgerückt 13.8.1986
Dr. Emil Leucht
Hans Merrath
Bruno Metelski
Franz Richter
Rosemarie Rupertus
Karl Rupp † 1988
Christl Schunke, nachgerückt 1988
Hans-Jürgen Siegl

1990 – 1996
1. Bürgermeister   Ludwig Glöckl
2. Bürgermeister   Leonhard Baumann
3. Bürgermeister   Bruno Metelski

Gemeinderäte:
Max Brand
Josef Feilhuber, nachgerückt 20.1.1993
Franz Golibrzuch, nachgerückt Dez. 1994
Karl-Heinz Huber
Josef Kammel, bis 30.11.1992
Dr. Emil Leucht, bis Nov. 1994
Monika Ludwig
Karl-Heinz Mahr
Katrin May
Hans Merrath
Franz Richter
Rosemarie Rupertus
Karl-Heinz Schmidt
Christine Schunke
Liselotte Scharzer-Bücheler
Hans-Jürgen Siegl

1996 – 2002
1. Bürgermeister   Leonhard Baumann CSU
2. Bürgermeister   Franz Richter UWV
3. Bürgermeister   Hans Merrath CSU bis 1999
                   Werner Schamberger CSU,
                   nachgerückt 15.9.1999

Gemeinderäte:
Max Brand CSU
Franz Golibrzuch UWV
Elisabeth Gruber CSU
Anton Huber CSU
Josef Kammel UWV, Mai-Juli 1996
Angela Keck SPD, bis 30.9.1999
Hiltrud Lewandowski CSU
Monika Ludwig SPD
Karl-Heinz Mahr UWV
Christoph May CSU
Silvia Pahl-Leclerque SPD, nachger. 12.10.1999
Rosemarie Rupertus SPD
Karl-Heinz Schmidt SPD
Liselotte Schwarzer-Bücheler SPD
Hans-Jürgen Siegl UWV
Philipp Ludwig Wurth CSU

2002 – 2008

1. Bürgermeister   Leonhard Baumann CSU
2. Bürgermeister   Franz Richter UWV
3. Bürgermeister   Werner Schamberger CSU

Gemeinderäte:
Max Brand CSU
Franz Golibrzuch UWV
Elisabeth Gruber CSU
Monika Ludwig SPD
Dr. Erhard Mágori UWV
Karl-Heinz Mahr UWV
Christoph May CSU
Markus Meiler CSU, bis 31.8.2005
Helmtraut Merrath CSU
Silvia Pahl-Leclerque SPD
Dr. Ulrich Rüßmann CSU, nachger. 31.8.2005
Karl-Heinz Schmidt SPD
Lieselotte Schwarzer-Bücheler SPD, bis April 2003
Franz Xaver Stellner CSU
Werner van der Weck SPD, nachger. Mai 2003
Christian Wurth UWV

2008 – 2014

1. Bürgermeister   Werner van der Weck SPD
2. Bürgermeister   Andreas Janson UWV

Gemeinderäte:
Luzia Beck SPD
Dr. Michael Burger SPD
Gerda Claudi SPD
Verena Claudi SPD
Franz Golibrzuch UWV
Thorsten Guhlke SPD
Sylvia Körber CSU, nachgerückt März 2013
Dr. Erhard Mágori UWV
Georg Mermi CSU
Helmtraut Merrath CSU, bis März 2013
Reinhard Mulzer CSU
Silvia Pahl-Leclerque SPD
Dorothea Probst UWV
Franz Richter UWV, bis 31.12.2011
Dr. Ulrich Rüßmann CSU
Werner Schamberger CSU
Karl-Heinz Schmidt SPD
Michael Schön UWV
Franz Xaver Stellner CSU
Christian Wurth UWV
Thomas Zimmermann CSU, nachger. Jan. 2012

2014 – 2020 (Stand 2017)

1. Bürgermeister   Werner van der Weck SPD
2. Bürgermeister   Andreas Janson UWV

Gemeinderäte:
Luzia Beck SPD
Dr. Michael Burger SPD
Verena Claudi SPD
Katharina Funk SPD
Franz Golibrzuch UWV
Thorsten Guhlke SPD
Simone Krois Grüne
Dr. Erhard Mágori UWV, bis Jan. 2015
Georg Mermi CSU
Reinhard Mulzer CSU
Silvia Pahl-Leclerque Grüne
Dorothea Probst UWV, nachgerückt Feb. 2015
Paul Prylinski SPD
Franz Reinheimer SPD
Dr. Ulrich Rüßmann CSU
Michael Schön UWV
Herbert Vanvolsem CSU
Christian Wurth CSU
Alexander Zimmermann UWV
Thomas Zimmermann UWV

Die politische Gemeinde

Ehrungen der Gemeinde Feldkirchen

Bild links:
Überreichung der Ehrenmedaille an Karl Rupp, 1988
Bild rechts:
Verleihung des Ehrentellers an Rektor Richard Harrer

Das Ehrenbürgerrecht, die höchste Auszeichnung der Gemeinde, wurde von 1925 bis 2015 14-mal verliehen. Als weitere Ehrungen wurden die Ehrenmedaille und der Ehrenteller eingeführt.

Im Herbst des Jahres 1976 folgte die Gemeinde Feldkirchen dem Vorbild verschiedener anderer Gemeinden und stiftete eine Auszeichnung, mit der sie Bürgern und auch anderen Personen für besondere Verdienste Dank aussprechen kann. Die Ehrenmedaille in Gold wurde eingeführt. Auf der Vorderseite zeigt sie das Gemeindewappen und die Umschrift „Gemeinde Feldkirchen bei München"; auf der Rückseite steht: „Feldkirchen dankt". Auf dem Revers bleibt noch Platz, um den Namen des Geehrten und die Jahreszahl der Verleihung einzugravieren. Der Gemeinderat beschloss einstimmig den Erlass einer „Satzung zur Ehrung von Persönlichkeiten, die sich um die Gemeinde Feldkirchen besonders verdient gemacht haben". U. a. heißt es darin: Die Ehrenmedaille besteht aus Dukatengold und hat einen Durchmesser von 40 mm. Im Zusammenhang mit dem Beschluss über die Ehrenmedaille wurde die Anschaffung von Wappen der Gemeinde Feldkirchen in Ton als Geschenk für zahlreiche besondere Anlässe beraten und die Anschaffung von etwa 50 Stück beschlossen.

Die Erste, die die Ehrenmedaille der Gemeinde bekam, war Regina Lehrer, die sich mit ihren Geschwistern stets großzügig, hilfsbereit und sozial engagiert hatte (posthum 1977). Seither erhielten sie Altbürgermeister Richard Berneth (1978), der ehemalige dritte Bürgermeister Maler Emil Winkler (posthum 1982), der damalige erste Bürgermeister der Gemeinde Ludwig Glöckl (im Mai 1985), der langjährige Kommandant der Freiwilligen Feuerwehr (25 Jahre) Georg Jackermeier (im November 1985), der ehemalige Rektor der Feldkirchner Grund- und Hauptschule Richard Harrer (1987), der ehemalige dritte Bürgermeister Karl Rupp (1988), Pfarrer Andreas Hildmann (1990) und der langjährige Gemeinderat Josef Kammel (1991).

In einer Sondersitzung des Gemeinderats am 29. März 1996 wurden für langjährige ehrenamtliche Tätigkeiten Ehrenmedaillen in Gold verliehen an Karl-Heinz Huber, Rosemarie Rupertus, Bruno Metelski und Franz Richter. In der Sitzung am 31. Oktober 2001 erhielt

Verleihung der Ehrenbürgerwürde an Pfarrer Alfred Krauth (im Bild oben mit seiner Frau Monika) im Jahr 2012 und an Pfarrer Dr. Czeslaw Sajdak im Jahr 2014 durch Bürgermeister Werner van der Weck

dann der damalige 1. Bürgermeister Leonhard Baumann die Ehrenmedaille in Gold.

Am 21. April 2008 wurden in einer Festsitzung des Gemeinderats die scheidenden Gemeinderatsmitglieder Max Brand, Monika Ludwig und Karl-Heinz Mahr ebenso mit der Medaille in Gold geehrt wie die Stifterin der Bürgerstiftung Rosina Heinrich.

In der Gemeinderatssitzung am 20. Februar 2014 beschloss man eine Neuregelung für Ehrungen der Mitglieder des Gemeinderates. Unter anderem wird demnach für 6-, 12- und 18-jährige ehrenamtliche Gemeinderatstätigkeit jeweils eine Ehrennadel in Bronze-, Silber- und Gold verliehen. Zusätzlich werden für andere langjährige Gemeinderatstätigkeiten durch den Ersten Bürgermeister persönliche Geschenke als Dank und Anerkennung überreicht. Erstmals am 10. April 2014 kam es anlässlich der öffentlichen Gemeinderatssitzung zu entsprechenden Ehrungen. Verdiente Bürger werden seit 2006 alljährlich im Rahmen der Neujahrsempfänge mit silbernen und goldenen Dorfmünzen sowie der Ehrennadel in Gold geehrt.

Die politische Gemeinde

Die Ehrenbürger der Gemeinde Feldkirchen

Heinrich Priehäußer
Oberlehrer
Gemeinderatsbeschluss: 11.9.1925
30 Jahre Lehrer, Gemeindeschreiber
1895 bis 1920, hohe Verdienste
um die Gemeinde

Leonhard Stockinger
Schuhmachermeister
Gemeinderatsbeschluss : 10.11.1927
Langjähriges verdienstvolles Wirken
Gemeindeausschuss 1.1.1888
    bis 31.12.1899
1. Bürgermeister 1.1.1906
    bis 30. 6. 1919
Gemeinderat 1.1.1925 bis 31.3.1929
Anlass: 70. Geburtstag

Philipp Holly
Ökonomierat
Gemeinderatsbeschluss: 17.5.1929
Langjähriges segensreiches Wirken
Gemeinderat 1.1.1906 bis 30.6.1919
1. Bürgermeister 30.6.1919
    bis 9.2.1933

Ludwig Axenböck
Pfarrer
Gemeinderatsbeschluss: 26.6.1930
Reiche Verdienste um das Wohl
der Gemeinde (Armenpflege)

Joseph Sprenger
Werkmeister
Gemeinderatsbeschluss: 15.1.1935
Langjährige Verdienste um
die Gemeinde
Gemeinderat 9.2.1933 bis 11.5.1933
1. Bürgermeister 10.2.1933 bis
    25.10.1934

Wilhelm Vetter
Holzkaufmann
Gemeinderatsbeschluss: 18.9.1952
Verdienste um das Wohl der Gemeinde
Gemeinderat 12.10.1921 bis 4.1.1933
Anlass: Goldene Hochzeit

Ludwig Turtur
Pfarrer
Gemeinderatsbeschluss: 14.10.1954
Anlass: Ausscheiden aus der evange-
lischen Kirchengemeinde, langjährige
Dienstzeit in Feldkirchen

Joseph Hobmair
Pfarrer
Gemeinderatsbeschluss: 5.6.1963
30 Jahre Pfarrer in Feldkirchen,
stellv. Ortswaisenrat,
Verdienste um Bruder-Konrad-Heim
(= Kindergarten) und Pfarrkirche
Anlass: 70. Geburtstag

Ferdinand Schmid
Bäckermeister
Gemeinderatsbeschluss: 5.5.1966
Verdienste um das Wohl der Gemeinde
Gemeinderat 12.2.1937 bis 27.3.1939
2. Beigeordneter 28.3.1939
    bis 4.6.1941
1. Beigeordneter 5.6.1941
    bis Kriegsende
1. Bürgermeister 1.6.1948
    bis 30. 4. 1966
Als Beigeordneter hat Ferdinand
Schmid die Aufgaben eines Bürger-
meisters wahrgenommen.

Richard Berneth sen.   Altbürgermeister
Gemeinderatsbeschluss: 9. 4. 1986
Verdienste um die Gemeinde
1. Bürgermeister von 1966 bis 1978
Anlass: 80. Geburtstag

Ludwig Glöckl   Altbürgermeister
Gemeinderatsbeschluss
Verdienste um die Gemeinde
Bürgermeister von 1978 bis 1996
Mitglied des Gemeinderats 1960 bis 1996
Mitglied des Kreistags München 1972 bis 1996
Anlass: Verabschiedung des langjährigen
ehrenamtlichen 1. Bürgermeisters der
Gemeinde am 3. Mai 1996.

Leonhard Baumann   Altbürgermeister
Gemeinderatsbeschluss
Verdienste um die Gemeinde
Bürgermeister von 1996 bis 2008
Mitglied des Gemeinderats von 1978
    bis 2008
Anlass: Verabschiedung aus dem Amt
des 1. Bürgermeisters der Gemeinde
am 21. April 2008.

Alfred Krauth   evangelischer Pfarrer
Verleihung am 10. 5. 2012
Segensreiches Wirken in der Gemeinde
evangelischer Pfarrer in Feldkirchen
    von 1991 bis 2012
Anlass: Versetzung in den Ruhestand

Dr. Czeslaw Sajdak   katholischer Pfarrer
Verleihung am 25. 9. 2014
Verdienste um die Gemeinde
katholischer Pfarrer in Feldkirchen
    von 1989 bis 2014
Anlass: Versetzung in den Ruhestand

Entwicklung der Einwohnerzahlen
(nach gemeindeeigener Statistik)

1800	ca. 100
1867	339
1875	405
1900	666
1904	666
1905	876
März 1909	1.000
01.12.1910	1.082
1912	1.079
1926	1.300
1930	1.306
17.05.1939	1.550
1942	1.551
13.09.1950	2.400
06.06.1961	2.987
27.05.1970	3.804
31.12.1975	3.915
30.06.1980	4.454
31.12.1982	3.765
31.12.1985	3.734
31.12.1987	3.378 (Volkszählung)
31.12.1988	3.375
1991	3.626
1996	3.834
1997	3.872
1988	3.926
30.06.1999	4.106
31.12.2000	4.533
31.12.2001	5.190
31.12.2002	5.529
31.12.2003	5.550
31.12.2004	5.696
31.12.2005	5.885
31.12.2006	5.910
31.12.2007	5.987
31.12.2008	6.110
31.12.2009	6.222
31.12.2010	6.489
30.06.2011	6.746
31.12.2011	6.948
31.12.2012	7.296
31.12.2013	7.353
31.12.2014	7.440
31.12.2015	7.556
31.12.2016	7.637

Anmerkungen

Vor- und Frühgeschichte

1. Leonhard Baumann, Der Feldkirchner Siedlungsraum, S. 8 ff. Vgl. auch Oelwein, Zwischen Goldach und Seebach, S. 136 ff.
2. Volpert, Ein Mammut in Aschheim, S. 12.
3. Zu dem nun Folgenden vgl. Cornelia Baumann, Chronik der Gemeinde Kirchheim, S. 5 ff. Vgl. auch Lebensraum Landkreis München, S. 17 f.; Bayerischer Geschichtsatlas, S. 6 f.
4. Paula/Weski, Landkreis München, S. 54.
5. Siehe z. B. Schefzik, Die Besiedelung des Aschheimer Raumes, S. 20–27; Eggl, Böhmen in Dornach, S. 28–37; Gutsmiedl, Aschheim – eine lange Geschichte kurz erzählt, S. 25–27. Seit Mai 2015 sind viele der Funde im neu konzipierten AschheiMuseum ausgestellt. Vgl. Pütz/Volpert, Aufwertung eines Schatzkästchens – das neue AschheiMuseum, S. 18–21.
6. Lage: Bei der Ausfahrt der St 2082, von Riem kommend, Richtung Feldkirchen.
7. Die noch nicht konservierten und publizierten Objekte befinden sich in der Archäologischen Staatssammlung München. Für die Informationen nach dem Grabungsbericht von Dr. Robert Ganslmeier (1998) danke ich Frau Anja Pütz (AschheiMuseum).
8. Auch aus dieser Grabung sind seit Mai 2015 viele Funde im AschheiMuseum ausgestellt. Vgl. Pütz/Volpert, Aufwertung eines Schatzkästchens – das neue AschheiMuseum, S. 18–21; vgl. auch Kratzer, Aschheim, das Paradies der Archäologen. Zu römischen Funden in Aschheim generell siehe auch Volpert, Rom in Aschheim, S. 40–55.
9. Dannheimer, Aschheim im frühen Mittelalter, Teil I, S. 117. Dannheimer, St. Peter in Aschheim – erste Grabstätte des hl. Emmeram, S. 61–70. Zu den Ausgrabungen und ihren Deutungen allgemein siehe auch Riepertinger, Aschheim und Dornach, an verschiedenen Stellen.
10. Kraus, Geschichte Bayerns, S. 20.
11. Schulte von Drach, Die letzte Botschaft der Pest-Toten.
12. Gerlach, Zeugen der Vergangenheit.
13. Gerlach, Schlaglichter aus dem finsteren Mittelalter.
14. Auskunft des Bayerischen Landesamtes für Denkmalpflege vom 30. Juni 2015.

Feldkirchen als historischer Verkehrsknotenpunkt

1. Schaffer, An der Wiege Münchens, S. 44 f.
2. StA Mü RA 11803; Lutz, 150 Jahre St. Emmeram, S. 7.
3. Gabriel/Wirth, Mitten hindurch oder aussen herum? S. 194.
4. Sandberger, Römisches Straßensystem und baierische Siedlung im Osten Münchens, S. 18 ff. Vgl. auch Rädlinger, Geschichte der Münchner Brücken, S. 11–14.
5. Lutz, Land um die Großstadt, Bd. I, S. 202 f.; Wanderwitz, Studien zum mittelalterlichen Salzwesen in Bayern, S. 231 ff.
6. Schaffer, An der Wiege Münchens, S. 187 ff.
7. Diepolder, Aschheim im Frühmittelalter, S. 197.
8. Schwarz, Archäologisch-topographische Studien zur Geschichte frühmittelalterlicher Fernwege und Ackerfluren im Alpenvorland, S. 16, 19 u. ö. (von ihm als FW 31 bezeichnet).
9. Dannheimer, Aschheim im Mittelalter, S. 117. Von Schwarz (frühmittelalterliche Fernwege, Karte 83) als FW 101 bezeichnet.
10. Diepolder, Aschheim im Frühmittelalter, S. 195 f.
11. Auskunft des Bayerischen Landesamtes für Denkmalpflege vom 30. Juni 2015.
12. Evangelisches Gemeindeblatt März 1922, S. 28. Lehrer, Einiges Wissenswertes aus der Geschichte der Gemeinde Feldkirchen. Kovács, Der Papst in Teutschland, S. 108.
13. Gustav Dillmann, Tag-Buch, o.O. 1841, Handschrift im Otto-König-von-Griechenland-Museum, S. 18 f; zitiert nach Oelwein, Soldaten für König Otto, S. 67.

St. Emmeram und die Kapelle

1. Arbeo, Vita Haimhrammi, zweisprachige Ausgabe von Bernhard Bischoff, München 1956. Die Urfassung ist verschollen, allerdings in verschiedenen mittelalterlichen Abschriften erhalten.
2. Zur frühen Kirche in Aschheim siehe z. B. Sepp, Christliche Lebenswelten, S. 84–91.
3. Dannheimer, St. Peter in Aschheim, S. 61–70.
4. Babl, Emmeramskult, S. 71–80.
5. Schmid, Die bayerischen Landespatrone, S. 290–291.
6. Röhrer-Ertl, Der St. Emmeram-Fall, S. 7–131; Röhrer-Ertl, Die Bestimmung der Gebeine des Hl. Emmeram, S. 49–59; Röhrer-Ertl, Nachtrag zum Individuum I – Hl. Emmeram, S. 10–13. Hanske, Der Fall Sankt Emmeram. Deschner (Kriminalgeschichte des Christentums Bd. 5, S. 301) nennt als Todesjahr 685.
7. St. Emmeram in Regensburg. Geschichte – Kunst – Denkmalpflege, Beiträge des Regensburger Herbstsymposiums 15. bis 24. November 1991.
8. Rätselhaftes Skelett, in: Süddeutsche Zeitung 22. September 2005; dpa-Meldung: St. Emmeram liegt doch in Regensburg, in: Süddeutsche Zeitung 7. Oktober 2005.
9. Kolmer, Arbeo von Freising und die Via Haimhrammi, S. 25–32.
10. Diepolder, Aschheim in der Geschichte; Diepolder, Arbeos Emmeramsleben und die Schenkung Ortlaips aus Helfendorf. Diepolder, Aschheim im frühen Mittelalter Teil II; Sepp, Christliche Lebenswelten, S. 86 f.
11. Landkreisbuch München 1968, S. 232.
12. Lutz, Heimatpflege im Ballungsraum, S. 83. Knoll, Räuber und Gendarm im Agilolfinger-Land.
13. Schwarz, frühmittelalterliche Fernwege, S. 197.
14. Riepertinger, Dornach und Aschheim, S. 24 f.
15. Vgl. auch Babl, Emmeram von Regensburg, S. 44.
16. Bechteler, Pfarrkirche St. Emmeram in Kleinhelfendorf (dort auch genaue Beschreibung der Marterkapelle).
17. Lutz, St. Emmeram bei München-Oberföhring.
18. Landkreisbuch, München 1968, S. 424; Monumenta Germaniae Historica, Die Urkunden der Deutschen Karolinger I, S. 65.
19. Bitterauf, Freisinger Traditionen II, S. 255. Zur Lokalisierung vgl. auch Riepertinger, Dornach und Aschheim, S. 58.
20. Riepertinger, Dornach und Aschheim, S. 40 u. 44.
21. Zur Bedeutung von Münster siehe Oelwein, Die Ortsnamen mit „Münster" in Bayern, S. 59–70; Wolf-Armin von Reitzenstein, Ortsnamen mit „Münster" in Bayern, S. 149–164.
22. BayHStA KU St. Emmeram 118/1: „… ius patronatus quod monasterium suum habet ad antiquo in capella que dicitur Mv̈nster nostre dyocesis …"
23. Sepp, Christliche Lebenswelten, S. 87.
24. Conradinische Matrikel, zitiert nach Deutinger, Die ältesten Matrikeln des Bisthums Freysing Bd. III, S. 210.
25. Riepertinger, Dornach und Aschheim, S. 60 f. Die räumlich-geographischen Begleitumstände und die Auswertung der Quellen lassen kaum eine andere Interpretation zu, als dass es sich hierbei ebenfalls um die Emmeramskapelle handelt.
26. Matrikel des Stephan Sunderdorfer, zitiert nach Die ältesten Matrikeln des Bisthums Freysing Bd. III, S. 354.
27. Landersdorfer, Das Bistum Freising in der bayerischen Visitation des Jahres 1560, S. 453.
28. Riepertinger, Dornach und Aschheim, S. 75.
29. Sepp, Christliche Lebenswelten, S. 91.
30. Riepertinger, Dornach und Aschheim, S. 152–155.
31. Schreiben Zeisers vom April 1732 (StA Mü Pfleggericht Wolfratshausen A 78) u. a., zitiert nach Riepertinger, Dornach und Aschheim, S. 75 f. und S. 142.

32 Riepertinger, Dornach und Aschheim, S. 76 nach verschiedenen Quellen.
33 Deutinger, Die ältesten Matrikeln des Bisthums Freysing, Bd. III, S. 354.
34 Schmidt'sche Matrikel, zitiert nach Deutinger, Die ältesten Matrikeln des Bisthums Freysing, Bd. II, S. 474. Siehe unten S. 169.
35 Zitiert nach Held, Altbayerische Volkserziehung Bd. III, S. 209.
36 Zum Folgenden vor allem Cornelia Baumann, Chronik der Gemeinde Kirchheim, S. 137 ff.; Lutz, Neues von der Klause St. Emmeram (dort auch Zitate, wenn nicht anders vermerkt); Lutz, Rosa-Zeiten für Lehramtsprüflinge vor 200 Jahren; Held, Altbayerische Volkserziehung Bd. III, S. 209 ff; Riepertinger, Dornach und Aschheim, S. 60 f. und S. 157–175, sowie Unterlagen Archiv Porzner und StA Mü RA 13214.
37 Protokoll des Geistlichen Rates vom 20. Dezember 1684 (BayHStA Kurbayern Geistlicher Rat Nr. 66, fol. 136, zitiert nach Riepertinger, Donrach und Aschheim, S. 158).
38 BayHStA GR 717/6.
39 Ob er ein Verwandter des Kirchheimer Pfarrers Jakob Rankh (von 1693 bis 1706) war, ist nicht bekannt.
40 BayHStA GR 717/6.
41 Vgl. ausführlich zu den Klausnern allgemein: Bogner, Das Eremitenwesen in Bayern, S. 176–212.
42 Sepp, Christliche Lebenswelten, S. 91.
43 Bericht Pfarrer Seelmayrs aus dem Jahr 1784, zitiert nach Riepertinger, Dornach und Aschheim, S. 151.
44 Bogner, Das Eremitenwesen in Bayern, S. 198 ff. Vgl. auch Riepertinger, Dornach und Aschheim, S. 169 f.
45 Cornelia Baumann, Chronik der Gemeinde Kirchheim, S. 142. Lutz, Neues von der Klause St. Emmeram. Riepertinger, Dornach und Aschheim, S. 173 f. zur neuen Zentralschule in Aschheim.
46 Oelwein, Maximilian Schmidt genannt Waldschmidt, S. 355 f.
47 Zu dem Folgenden vgl. Lutz, 150 Jahre St. Emmeram bei Feldkirchen (mit Kopien der Quellen aus StA Mü RA 11803, darunter die Entwurfszeichnungen). BayHStA MK 14497. Vgl. auch Paringer, Von der Dorfgmein zur politischen Gemeinde, S. 98 f.
48 BayHStA MK 14497.
49 BayHStA MK 14497, Schreiben vom 24. Januar 1834.
50 Zum Gutachten der kirchlichen Stellen vgl. Paringer, Von der Dorfgmein zur politischen Gemeinde, S. 98 mit Anm. 38.
51 StA Mü RA 11803; vgl. auch BayHStA MK 14497.
52 Signate König Ludwigs I. Bd. II, Nr. 1834/377.
53 Münchner Tagsblatt vom 9. September 1834.
54 Z. B. Paula/Weski, Landkreis München, S. 52.
55 Mayer-Westermayer, Statistische Beschreibung des Erzbistums München-Freising Bd. II, S. 616 f.
56 Schreiben vom 24. Oktober 1888, zitiert nach Riepertinger, Dornach und Aschheim, S. 155.
57 Gemeindearchiv Feldkirchen A3311/4.

Die katholische Kirche

1 Am 7. März 1921.
2 Monumenta Boica 6, S. 151 f.: „decimam de ecclesia ad Feldkirc".
3 Holzfurtner, Klostergericht Tegernsee, S. 134 Nr. 482.
4 Bitterauf, Die Traditionen des Hochstifts Freising, Tr. 1712: „clericus nomine Ruodolf de Veltchirihen".
5 Heerde, Haidhausen, S. 20: „…quidam clericus nomine Rudolf de Veltchirchin predium quod in Heithusen habuit pro anima sua ac parentum et omnium debitorum suorum…"
6 Diözesanarchiv, Conradinische Matrikel; vgl. Deutinger, Die ältesten Matrikeln des Bisthums Freysing Bd. III, S. 210.
7 Deutinger, Ebenda, S. 350.
8 BayHStA KU St. Veit/Freising 209. Dehio, Handbuch der Deutschen Kunstdenkmäler, Bayern Bd. IV, S. 285.
9 Diözesanarchiv, DK München 826. Weihetagebuch 1674–1682, XXIX; vgl. Cornelia Baumann, Chronik der Gemeinde Kirchheim, S. 34; Festschrift 300 Jahre Pfarrkirche St. Andreas Kirchheim 1981, S. 14 ff.
10 Deutinger, Die ältesten Matrikeln des Bisthums Freysing Bd II, S. 576.
11 Deutinger, Die ältesten Matrikeln des Bisthums Freysing Bd II, S. 536.
12 Deutinger, Die ältesten Matrikeln des Bisthums Freysing Bd. II, S. 634.
13 Nach einer Abschrift von Hans Porzner.
14 StA Mü Pfleggericht Wolfratshausen R 69, Bl. 783 ff.
15 Diözesanarchiv.
16 StA Mü KRA 19780.
17 Festschrift 50 Jahre St. Jakob. 1927–1977. Gemeindearchiv Feldkirchen A3310 und A3311.
18 Evangelisches Gemeindeblatt September 1904, S. 69: Baubeginn war der 3. August 1904.
19 Festschrift 50 Jahre St. Jakob. 1927–1977.
20 Evangelisches Gemeindeblatt September 1913, S. 73.
21 Mai, St. Michael in Bayern, an verschiedenen Stellen.
22 Wimmer, Namen, S. 287.
23 Mayer/Westermayer, Beschreibung des Erzbistums München und Freising Bd. II, S. 634.
24 Zauner, Münchens Umgebung in Kunst und Geschichte, S. 260.
25 Wimmer, Namen, S. 380 und S. 507.
26 Schwaiger, Das Erzbistum München und Freising in der Zeit der nationalsozialistischen Herrschaft Bd. II, S. 437.
27 Dazu ausführlich Lechner, Chronik einer Kirchenrenovierung, S. 11–13.
28 Amtsblatt für das Erzbistum München und Freising 1990, S. 209, und 2000, S. 223. Vgl. auch Sepp, Gesellschaft im Wandel, S. 113.
29 Pfarrei St. Jakobus Feldkirchen lehnt Pfarrverband mit Aschheim ab. Merkur online 08.03.2012.
30 Sperber, Unsere liebe Frau.
31 Lutz, Seltenes Madonnenbild entdeckt, S. 20.
32 Mayer/Westermayer, Beschreibung des Erzbistums München und Freising Bd. II, S. 634.
33 Tagebuchaufzeichnungen von Pfarrer Hobmair; Hans Porzner, Die Pfarrkirche St. Jakob, 50 ff.

Die evangelische Kirchengemeinde und das Kinderheim

1 Pfennigmann, Volksfrömmigkeit und Aufklärung, S. 123 ff.
2 Hufnagel, Berühmte Tote im Südlichen Friedhof, S. 94.
3 Zu den nun folgenden Kapiteln vgl. vor allem Turtur, Aus den Anfängen des Feldkirchner Schulwesens; Festschrift 150 Jahre evangelische Kirche Feldkirchen, 1987, die verschiedenen Kapitel in der Festschrift 175 Jahre evangelische Kirche Feldkirchen sowie das Evangelische Gemeindeblatt, das ab 1903 erschien. Die neueste Zusammenfassung findet sich bei Jesse, Die Geschichte der Evangelisch-Lutherischen Kirchengemeinde in München und Umgebung, S. 108–110.
4 Ausführlicher zu den einzelnen Überrheinern-Familien siehe Kreitmayer, Geschichte der Kirchengemeinde, S. 12 f.
5 Siehe unten S. 134.
6 Signate König Ludwigs I. Bd. II, 1833/602.
7 Gerd Welle im Gemeindeblatt der evangelisch-lutherischen Kirchengemeinde Feldkirchen bei München Nr. 54, 1987.
8 Ausführlich zu Albert Hauck: Große Bayerische Biographische Enzyklopädie Bd. 2, S. 772.

9   Evangelisches Gemeindblatt März 1903, S. 21 f. Die Installation Walters fand am 8. März 1903 statt.

10 Ausführlich zur Baugeschichte des Pfarrhauses siehe Kreitmayer, Baugeschichte des Pfarrhauses, S. 32–34.

11 Evangelisches Gemeindeblatt September/Oktober 1920, S. 55. Theodor Fischer war auch Mitglied des Ausschusses des evangelischen Erziehungsheims in Feldkirchen, zusammen etwa mit Dr. Gustav von Kahr.

12 Evangelisches Gemeindeblatt September 1922, S. 47.

13 Der Schatz vom Pfarrhausspeicher (hier auch eine vollständige Liste der Briefschreiber). Hummel, Der Schatz vom Pfarrhausspeicher, S. 60 f.

14 Ausführlich dazu Giesler, Die Evangelischen in Riem, S. 59

15 Kunst im Pfarrhaus.

16 Dazu ausführlich Wunderlich, Igongolo, unsere Partnergemeinde in Tansania, S. 100–103.

17 Ausführlich dazu Lahne, Der Bau der Segenskirche in Aschheim, S. 56 f.; Ehmler, Der Kirchenbauverein Aschheim, S. 58. Festschrift zur Einweihung der Segenskirche Aschheim am 15. Dezember 1996.

18 Ausführlich dazu Hagenacker, Rietschen, unsere Partnergemeinde in der Lausitz, S. 103–104.

19 Ausführlich dazu Krauth, Das Regina-Lehrer-Haus, S. 110 f.

20 Ausführlich zur chronologischen Entwicklung der evangelischen Pfarrgemeinde Feldkirchen siehe Lahne (in Überarbeitung und Ergänzung der Zeittafel von Gerd Welle) in: Festschrift 175 Jahre Evangelische Kirche Feldkirchen 2012. Zur Biographie der einzelnen Vikare bzw. Pfarrer auch über ihre Zeit in Feldkirchen hinaus siehe Kreitmayer, Die Pfarrer der Kirchengemeinde, S. 35–42. Auskünfte durch Helmut Kreitmayer.

21 Lutz, Erinnerungen an die protestantische Gründerfamilie Bodmer in Feldkirchen, nach Beständen im StA Mü Briefprotokoll 1351/219 und 1352/224. 100 Jahre Kinderheim Feldkirchen der Inneren Mission. 1853–1953. Schulz, Das evangelische Kinderheim Feldkirchen, S. 45 ff. 150 Jahre Leben begleiten. Festschrift zum 150. Geburtstag der Evangelischen Kinder- und Jugendhilfe Feldkirchen. Menschen helfen. Netze knüpfen. 125 Jahre Innere Mission München 1884–2009, S. 90–92. Kreitmayer, Das evangelische Kinderheim Feldkirchen, S. 49–55. Gemeindearchiv Feldkirchen A4235

22 Evangelisches Gemeindeblatt Juni 1924, S. 52.

23 Neuer Bayerischer Kurier für Stadt und Land, München, 21. Juni 1864.

24 Vgl. z. B. Maier-Albang, Schneckenbrot und Tatzensteckerl.

Das Schulwesen

1   StA Mü RA 54214; Forchhammer, 150 Jahre Volksschule Kirchheim.

2   Held, Altbayerische Volkserziehung, 209–211.

3   StA Mü LRA 19550.

4   Signate Ludwigs I. Bd. II, 1833/599.

5   Zur Schulgeschichte von Aschheim siehe Fox, Dörfliche Ansiedlungen am Rande der Stadt, S. 102–106.

6   Staatsarchiv des Kantons Zürich E III 115.14 fol. 84; E III 115.15 fol. 90; E III 57.15 fol. 347; E III 57.17 fol. 739 f.

7   Zur Geschichte von Anna Bodmer vgl. auch Mitteilungsblatt der Gemeinde Feldkirchen vom 13. März 1996.

8   Anlässlich des 200-jährigen Jubiläums der evangelischen Schule in Feldkirchen fand vom 18. bis 31. Mai 2011 eine Ausstellung zu Jakob Bodmer im Foyer des Rathauses statt. Vgl. dazu Jakob Bodmer. Die Geschichte des Feldkirchner Dorfschullehrers, von seinem Ur-Ur-Ur-Enkel Johann Lehrer, in: Feldkirchner Gemeindeblatt Mai 2011, S. 2.

9   Kreitmayer, 200 Jahre Schulgeschichte Feldkirchen, S. 46.

10 StA Mü LRA 19550.

11 Gemeindearchiv Feldkirchen A2200.

12 Kreitmayer, 200 Jahre Schulgeschichte Feldkirchen, S. 46.

13 Gemeindearchiv Feldkirchen A2107.

14 Kreitmayer, 200 Jahre Schulgeschichte Feldkirchen, S. 47 f.

15 Gemeindearchiv Feldkirchen A2400.

16 Harrer, Schulgeschichtliche Daten von Feldkirchen, S. 70 f.

17 Schule ist mehr. Festschrift zur Einweihungsfeier der Grundschule Feldkirchen am 8. Oktober 2011.

18 Gemeindearchiv Feldkirchen A621/3.

19 Auskunft durch Carmen Stahl (VHS-Leitung) mit Unterstützung durch Johanna Kinzebach und Hannelore Soyer.

20 Cornelia Baumann, Chronik der Gemeinde Kirchheim, S. 156 f.; Festschrift zur Einweihung des Kirchheimer Gymnasiums am 27. September 1985.

Die Kindergärten

1   Gemeindearchiv Feldkirchen A4233/1 und A4233/2. Pfister, Das Ende des 2. Weltkriegs im Erzbistum München und Freising, S. 228.

2   Gemeindearchiv Feldkirchen A 3313/2. Vgl. auch Süddeutsche Zeitung, 28. September 1972.

3   Gemeindearchiv Feldkirchen A4233/3.

4   Leitner, Die Geschichte der Wohngruppe Feldkirchen, S. 27.

5   Feldkirchner Gemeindeblatt November 2007, S. 1.

6   Kiesl, Der Kindergarten Arche Noah, S. 105 f.

7   10 Jahre evangelische Kindertagesstätte Feldkirchen „Bienenhaus". Festschrift zum Jubiläums-Maifest am 26. April 2013.

Die Friedhöfe

1   StA Mü LRA 20425. Gemeindearchiv Feldkirchen A5540 und A5541.

2   Evangelisches Gemeindeblatt Juli 1904, S. 57; November 1905, S. 82; April 1906, S. 29; Mai 1906, S. 39; Mai 1908, S. 43 f.

3   Evangelisches Gemeindeblatt Juli 1907, S. 60.

4   Diözesanarchiv, Deutingeriana 2016, S. 123 ff.

5   Werner, Der Friedhof der unschuldigen Kinder.

Eigentumsverhältnisse in früherer Zeit

1   BayHStA Kurbayern 18641.

2   Holzfurtner, Klostergericht Tegernsee, S. 134 Nr. 482: „Item Veltkirchen curia vervi solvit II modios tritici, II siguli, II ordei, X avene, porcum valentem XX denarios, IIII pullos, L ova."

3   Acht, Die Traditionen des Klosters Tegernsee, Tr. 361.

4   Monumenta Boica Bd. 6, S. 151 f.

5   BayHStA KU St. Johann/Freising 95.

6   BayHStA KU St. Johann/Freising 116.

7   BayHStA KU St. Johann/Freising 204.

8   BayHStA KU St. Johann/Freising 213.

9   BayHStA KU St. Veit/Freising 117.

10 Maß, Das Bistum Freising im Mittelalter, S. 317 ff.

11 BayHStA KU St. Veit/Freising 209.

12 BayHStA Kurbayern 17341.

13 BayHStA KU St. Veit/Freising 458.

14 BayHStA KU St. Veit/Freising 560.

15 BayHStA KU St. Veit/Freising 561.

16 BayHStA KU St. Veit/Freising 568.

17 BayHStA KU St. Veit/Freising 626.

18 BayHStA Frauenchiemsee III, 262.

19 BayHStA KU Frauenchiemsee 113.

20 Oelwein, Hinter Klostermauern. Wittelsbacher Prinzessinnen, die den Schleier nahmen, S. 13–15.

21 BayHStA KU Angerkloster/München 499; Druck: Monumenta Boica Bd. 18, S. 436.

22 BayHStA KU Angerkloster/München 500; Druck: Monumenta Boica Bd. 18, S. 435.
23 BayHStA KU Angerkloster/München 841; Druck: Monumenta Boica Bd. 18, S. 646.
24 BayHStA KU Angerkloster/München 1047.
25 BayHStA GU Wolfratshausen 178.
26 Dachauer, Geschichte der Freiherren und Grafen von Ruepp, S. 308 ff.

Die Schwaige Oberndorf

1 BayHStA Frauenchiemsee III, 262: „Meinhardus, Judex ac Universitas, civium in Monaco, litem inter ecclesiam Chiemensen et Pilungum, filium quondam Chuonradi Hantilini, concivem suum, super retentione serviti ex quibusdam possessionibus in Veldkirchen, in Haiching et in Tructering, amicabiliter componit. Datum in translatione beati Nicolai Episcopi."
2 BayHStA KU Frauenchiemsee 113.
3 BayHStA Kurbayern 17341. Siehe oben S. 174 St. Veit.
4 BayHStA KU Weyarn 262, 263.
5 BayHStA KU Weyarn 264.
6 BayHStA KU Weyarn 266.
7 BayHStA KU Weyarn 267.
8 BayHStA KU Weyarn 276.
9 BayHStA KU Weyarn 302.
10 BayHStA KU Weyarn 313.
11 Sepp, Weyarn, S. 120, 125 f., 165, 175, 302, 372; zu den Lebensläufen der einzelnen Ökonomen in Oberndorf siehe dort S. 432, 487, 490, 497 f., 500, 505, 511, 513, 516, 522, 528 f., 533 f., 538, 542, 553, 555, 561, 565, 579, 582 f.
12 Nusser, Das Kloster Weyarn und sein Besitz, S. 106, 11.
13 Sepp, Weyarn, S. 125 f., 145, 196.
14 Evangelisches Gemeindeblatt März 1914, S. 26. Sepp, Weyarn, S. 433, 453.
15 Diözesanarchiv.
16 Sepp, Weyarn, S. 125 f., 145, 205, 513.
17 Sepp, Weyarn, S. 386.
18 Informationen von Herbert Holly
19 Lehrer, Einiges Wissenswertes aus der Geschichte der Gemeinde Feldkirchen. StA Mü Kataster 11752, Anmeldeprotokoll 108.
20 StA Mü Kataster 11753, Anmeldeprotokoll 208.
21 StA Mü Kataster 11757, S. 134 ff.
22 Evangelisches Gemeindeblatt Juli 1909, S. 58; Februar 1910, S. 17; März 1914, S. 26; April 1914, S. 32; August 1914, S. 68; August 1916, S. 57; Dezember 1916, S. 87.
23 Köhler, Landwirtschaftliches Güter-Adreßbuch, S. 161.
24 Evangelisches Gemeindeblatt Dezember 1927, S. 237, Januar 1928.
25 StA Mü LRA 20492.
26 Gemeindearchiv Feldkirchen A8221/21.

Abgaben und Steuern, Verwaltungsorganisation, Gemeinde- und Siedlungsentwicklung

1 Monumenta Boica Bd. 36, Teil 1 und 2.
2 Brunner, Kastner als erste landesherrliche Beamte Bayerns, S. 30 ff.
3 Monumenta Boica Bd. 36, Teil 1, S. 282 ff.
4 Holzfurtner, Der Raum und seine Geschichte, S. 73–88
5 Wild, Die Hofanlagsbuchhaltung bei der bayerischen Hofkammer, S. 13.
6 BayHStA Kurbayern Hofkammer Hofanlagsbuchhaltung 130, fol. 156v ff.
7 BayHStA GL Wolfratshausen 12.
8 Wild, Die Hofanlagsbuchhaltung bei der bayerischen Hofkammer, S. 14 f.
9 Ebenda, S. 15 f.
10 BayHStA Kurbayern Hofkammer Hofanlagsbuchhaltung 566, S. 577.
11 Wild, Die Hofanlagsbuchhaltung bei der bayerischen Hofkammer, S. 15 ff.
12 Oelwein, Zwischen Goldach und Seebach, S. 17–21.
13 Hubensteiner, Bayerische Geschichte, S. 265 ff.
14 Volkert, Handbuch der bayerischen Ämter, Gemeinden und Gerichte, S. 527–529.
15 Hiereth, Die bayerische Gerichts- und Verwaltungsorganisation, S. 24 ff.
16 Ebenda.
17 Regierungsblatt 1854, Sp. 567.
18 Hiereth, Die bayerische Gerichts- und Verwaltungsorganisation, S. 23 f. Rumschöttel, Vom „mageren Pferd" zur zukunftsfähigsten Region Deutschlands, S. 99–122. Stadt – Land – Fluss. 150 Jahre Land um München rechts und links der Isar.
19 StA Mü RA 37605.
20 Topographisch-historisches Handbuch des Königreichs Bayern.
21 Rumschöttel, Vom „mageren Pferd" zur zukunftsfähigsten Region Deutschlands, S. 113–117.
22 Gemeindearchiv Feldkirchen A0221.
23 Hiereth, Die bayerische Gerichts- und Verwaltungsorganisation, S. 23 ff.

Öffentliche Dienstleistungen

1 Evangelisches Gemeindeblatt Oktober 1903, S. 87; Dezember 1903, S. 106; Januar 1904, S. 7; März 1904, S. 25.
2 Feldkirchner Gemeindeblatt Mai 2006, S. 5.
3 Evangelisches Gemeindeblatt März 1912, S. 22.
4 Evangelisches Gemeindeblatt März 1903, S. 22.
5 Gemeindearchiv Feldkirchen A8541/2.
6 Evangelisches Gemeindeblatt Mai 1910, S. 42; Januar 1911 S. 6.
7 Gemeindearchiv Feldkirchen A1201.
8 Evangelisches Gemeindeblatt Juli 1913, S. 59.
9 Gemeindearchiv Feldkirchen A8610/1.
10 StA München LRA 78741.
11 Gemeindearchiv Feldkirchen A8610/1.
12 Evangelisches Gemeindeblatt Januar 1910, S. 8; Dezember 1910, S. 96.
13 Evangelisches Gemeindeblatt Oktober 1917, S. 82; Oktober 1918, S. 42.
14 Vorort und Siedelung, 26. Juni 1926.
15 Evangelisches Gemeindeblatt Januar 1928, S. 14.
16 Ausführlich zum Ausbau der Mittleren Isar und die Folgen siehe Oelwein, Zwischen Goldach und Seebach, S. 133–161.
17 Vgl. Gemeindearchiv Feldkirchen A643 und A8637/1.
18 Ein Lageplan der Gasrohrlegung in Feldkirchen ist aus dem Jahr 1938 erhalten. Gemeindearchiv Feldkirchen A8623/1.
19 AFK Geothermie. Das 1. interkommunale Geothermieprojekt in Deutschland, Aschheim 2013.
20 Evangelisches Gemeindeblatt Mai 1904, S. 40. Zum Bau des Wasserturms siehe auch Gemeindearchiv Feldkirchen A8631/1, A8631/2, A8631/3, A8631/4, A8631/5, A8631/6, A8631/7, A8631/8 sowie A8632/1.
21 Basinger, 150 Jahre Rank, S. 110 (mit Abbildung der Entwurfszeichnung).
22 Gemeinderatsprotokolle, StA Mü Kataster 11757 und 11760; Leonhard Baumann, Wasserversorgung, S. 103 ff.
23 Evangelisches Gemeindeblatt Juli 1910; Februar 1911.
24 Gemeindearchiv Feldkirchen A6321, A6325, A637.
25 Gemeindearchiv Feldkirchen A566.

Die Landwirtschaft

1 StA Mü AR Fasz. 3262 Nr. 55.
2 Evangelisches Gemeindeblatt Januar 1908; Januar 1914. Gemeindearchiv Feldkirchen A730/1 und A732/1.
3 Gemeindearchiv Feldkirchen A7231/2–4.
4 Gemeindearchiv Feldkirchen A730/2.
5 Evangelisches Gemeindeblatt Januar 1914. Gemeindearchiv Feldkirchen A765/24.
6 Gemeindearchiv Feldkirchen A765/26 und A765/27.
7 Gemeindearchiv Feldkirchen A765/28 und A8220/21.
8 Karl, Feldkirchen – die Gemeinde im Spiegel der Statistik, S. 72 ff.
9 Gemeindearchiv Feldkirchen A 765/25.
10 Evangelisches Gemeindeblatt November 1915, S. 82; Dezember 1915, S. 91; Mai 1916, S. 44; Oktober 1916, S. 69.
11 Evangelisches Gemeindeblatt Januar 1919, S. 2.
12 Leonhard Baumann, Feldkirchen – eine „Genossenschaftsgemeinde", S. 90 ff. Vgl. auch Gemeindearchiv Feldkirchen A8220/19.
13 Sandberger, Von den Anfängen der Milchwirtschaft in Bayern, S. 382–386.
14 Gemeindearchiv Feldkirchen A 731/1. Siehe auch A731/2-4.
15 Gemeindearchiv Feldkirchen A 7640.
16 Bauer, Die Genossenschaftsgemeinde Feldkirchen bei München, S. 47 ff.
17 Gemeindearchiv Feldkirchen A8220/19.
18 Gemeindearchiv Feldkirchen A6520. Hierin sind auch verschiedene Listen von Feldgeschworenen in Feldkirchen enthalten. Siehe auch Gemeindearchiv Feldkirchen A6521 und A6522 sowie das Tage-Buch der Feldgeschworenen der Gemeinde Feldkirchen für die Jahre 1869 bis 1932 (Gemeindearchiv Feldkirchen B6522).
19 Lutz, Anton Höchl, S. 103 f.
20 Münchner Neueste Nachrichten, 10. August 1894.
21 Neubauer, Die Physikatsberichte München, S. 142.
22 Evangelisches Gemeindblatt Juli 1909, S. 59; September 1909, S. 74; Januar 1910, S. 8.
23 Gemeindearchiv Feldkirchen A7050.
24 Gemeindearchiv Feldkirchen A7051.
25 Evangelisches Gemeindeblatt September/Oktober 1920, S. 56.
26 Münchner Ostzeitung, 9. Mai 1914; Lemme, Von Eulen, Spannern und Nonnen in Bayern, S. 40–42.
27 Nach neuerlichen Funden im Frühjahr 2016 wurde die Geltungsdauer der Quarantänezone, zu der neben Feldkirchen auch Teile von Ascheim, Haar, Kirchheim, Vaterstetten und Riem gehören, bis zum 31. Dezember 2020 verlängert. BELO, TEK, Der Laubholzbock ist zurück, in: Süddeutsche Zeitung, 3. Juni 2016.
28 Aktuelles der Landesanstalt für Landwirtschaft zum Asiatischen Laubholzbockkäfer, in: Feldkirchner Gemeindeblatt November 2014, S. 16 f. Lohr, Bock auf Bäume; Lohr, Am Ende hilft nur die Axt. Feldkirchner Gemeindeblatt Juni 2013, S. 12. STGA, Neue Strategie gegen Baum-Schädling, in: Süddeutsche Zeitung, 16. Oktober 2014. Bode, Schädling im Winterschlaf.
29 Z. B. Sturmberger, Die Baummörder.
30 Staender, Schadensbegrenzung.
31 Z. B. im Feldkirchner Gemeindeblatt Juli/August 2005, S. 8; Oktober 2014, S. 7.
32 Lebensraum Landkreis München, S. 303.
33 Philipp Apians Topographie von Bayern und bayerische Wappensammlung, hg. von Edmund Freiherr von Oefele, S. 71.
34 Gemeindearchiv Feldkirchen A7533, A7535,

Handel und Gewerbe, Handwerk und Industrie

1 Gemeindearchiv Feldkirchen A801/1 und A801/2.
2 Gemeindearchiv Feldkirchen A8220.
3 Gemeindearchiv Feldkirchen A8220/19.
4 Hermann Rumschöttel, Vom „mageren Pferd" zur zukunftsfähigsten Region Deutschlands, S. 111 f.
5 Evangelisches Gemeindblatt Juli 1926, S. 122; Mai 1927, S. 96.
6 Zum Folgenden siehe vor allem Bauer, Die Genossenschaftsgemeinde Feldkirchen bei München, und die neueste Zusammenstellung durch Anna Lehwald, 100 Jahre Vielfalt durch Antrieb.
7 Gemeindearchiv Feldkirchen A832/1. Vgl. auch Tagebuch Pfarrer Hobmair.
8 Amtsblatt des Bezirksamts München, 9. April 1931.
9 Evangelisches Gemeindeblatt Januar 1908.
10 Krüger/Unger, 75 Jahre Kreissparkasse München.
11 Vorort und Siedelung, 29. November 1924; Vgl. auch Evangelisches Mitteilungsblatt Januar 1925, S. 10.
12 H. Pr. (= Heinrich Priehäußer), in: Vorort und Siedelung, 25. September 1926.
13 Kammel, 75 Jahre Gemeinnützige Baugenossenschaft Feldkirchen, S. 7 f.; 90 Jahre Gemeinnützige Baugenossenschaft Feldkirchen bei München und Umgebung eG (1924 – 2014).
14 Gemeindearchiv Feldkirchen A866/1.
15 Feldkirchner Gemeindeblatt Juli/August 2007, S. 14.

Gastronomie und Brauwesen

1 BayHStA MH 1957.
2 StA Mü LRA 22846.
3 Evangelisches Gemeindblatt Mai 1904, S. 40.
4 StA Mü LRA 22846.
5 Gemeindearchiv Feldkirchen A313.
6 StA Mü RA 37605.
7 StA Mü RA 37641.
8 StA Mü RA 37678.
9 Münchner Ostzeitung, 20. April 1912.
10 Fuchs, Führer auf der Autopostlinie, S. 6.
11 StA Mü LRA 22849.
12 Evangelisches Gemeindblatt Januar 1914, S. 6.
13 StA Mü LRA 22849.
14 Evangelisches Gemeindeblatt Oktober 1903, S. 87; Fuchs, Führer auf der Autopostlinie, S. 6.
15 StA Mü LRA 22848.
16 Gemeinderatssitzung Protokoll vom 9. August 1949.
17 Gemeinderatssitzung Protokoll 9. Dezember 1938.
18 Gemeindearchiv Feldkirchen A8220/19.
19 Gemeindearchiv Feldkirchen A8220/20.
20 StA Mü LRA 22847; Evangelisches Gemeindeblatt November 1905, S. 83; November 1906, S. 84.
21 Dazu vgl. StA Mü Grundsteuerkataster 11757 und Grundbücher der Gemarkung Feldkirchen (Grundbuchamt München), Gemeinderatsprotokolle sowie Aufzeichnungen von Hans Porzner. Moser, Wurzeln des Wohlstands, S. 80 f.
22 Merkur online, 8. August 2011.

Ausflüge rund um München – Ziel Feldkirchen

1 Münchner Ostzeitung, 28. Dezember 1912.
2 Passer, 130 Jahre Eisenbahn München – Mühldorf – Simbach.
3 Evangelisches Gemeindeblatt Mai 1908.
4 Evangelisches Gemeindeblatt Februar 1904, September 1907, Dezember 1907, Mai 1908, Dezember 1908, April 1909, August 1909, August 1910, April 1911, September 1912 u. ö.
5 Münchner Ostzeitung, 19. Oktober 1912.
6 Vgl. z.B. Vorort und Siedelung, 19. Juni 1926.

7 Passer, 130 Jahre Eisenbahn München – Mühldorf – Simbach.
8 Schuster, Spurensuche am Stadtrand.
9 Fuchs, Führer auf der Autopostlinie, S. 4.
10 Ebenda.
11 StA München LRA 78774.
12 Münchner Ostzeitung, 27. Januar 1912 (vgl. auch StA München LRA 78774).
13 Evangelisches Gemeindeblatt September 1912. Gemeindearchiv Feldkirchen A621/2, A8510/1. Umfangreiche Unterlagen sind auch im Bestand des Landratsamtes Ebersberg erhalten (StA München LRA 78774). Vgl. auch verschiedene Hinweise in der Münchner Ostzeitung und Cornelia Oelwein, Motorpostlinie.
14 StA München LRA 78774
15 Evangelisches Gemeindeblatt März 1913.
16 Münchner Ostzeitung, 19. April 1913.
17 Das Buch wurde bereits am 19. Juli 1913 in der Münchner Ostzeitung und im August 1913 im Evangelischen Gemeindeblatt besprochen, nachdem zuvor schon ein Teildruck in der Münchner Ostzeitung vom 12. Juli 1913 erschienen war.
18 Evangelisches Gemeindeblatt September 1913.
19 Evangelisches Gemeindeblatt April 1913. Vgl. auch Schierl/Hobmaier, Chronik der Gemeinde Hohenlinden, S. 72.
20 Z. B. Münchner Ostzeitung, 2. August 1913 und 13. Juni 1914.
21 Tillmann, 240 Ausflüge von München, S. 60.
22 www.historisches-lexikon-bayerns.de/Lexikon/Post-_und_Telegrafenwesen_(19./20._Jahrhundert). Zuletzt besucht am 20. Juni 2016.
23 Beyrer, Zeit der Postkutschen, S. 22 f.
24 StA München LRA 78774.
25 StA München LRA 78774, Schreiben vom 29. August 1916.
26 Reichsgesetz Blatt S. 389 und 325.
27 StA München LRA 78774.
28 StA München LRA 78774.
29 StA München LRA 78774.
30 Vorort und Siedelung, 26. Juni 1926.
31 Vgl. auch Gemeindearchiv Feldkirchen A8510/2.
32 Evangelisches Gemeindeblatt September/Oktober 1920, S. 56.
33 StA Mü LRA 20168.
34 Feldkirchner Gemeindeblatt Juli/August 2010, S. 11.

Liebe und Treue zur Monarchie

1 Unser Prinzregent. Zur Erinnerung an den 90. Geburtstag (Festschrift), S. 3.
2 Evangelisches Gemeindeblatt, August 1914 und Juni 1916.
3 Festschrift 100 Jahre Krieger- und Soldatenkameradschaft Feldkirchen-Weißenfeld 1993.
4 Programm der feierlichen Enthüllung des Denkmals Weiland Seiner Majestät König Ludwig II. am 19. Juni 1910 auf der Corneliusbrücke in München, ND 1980.

Die Lasten der Kriege

1 Cornelia Baumann, Chronik der Gemeinde Kirchheim, S. 112.
2 Kraus, Grundzüge der Geschichte Bayerns, S. 66 f.
3 BayHStA KU Weyarn 302. Vgl. auch KU Weyarn 313.
4 Landkreis München 1979, S. 218.
5 Leonhard Baumann, Feldkirchens Notzeiten, S. 27.
6 Evangelisches Gemeindeblatt November 1913, S. 86.
7 Evangelisches Gemeindeblatt Jumi 1923, S. 41. Gemeindearchiv Feldkirchen A3241/2.
8 Gottlieb Fauth war am 11. März 1911 gestorben und auf dem Friedhof in Feldkirchen bestattet worden. Vgl. Münchner Ostzeitung, 18. März 1911 (dort ausführlicher Nachruf), und den erhaltenen Grabstein.
9 Münchner Ostzeitung, 8. Februar 1913.
10 Evangelisches Gemeindeblatt Juli 1907, S. 61; September 1907, S. 73.
11 Die Feldpost hat sich bis heute erhalten. Der Schatz vom Pfarrhausspeicher. Dokumentation der Ausstellung über die Soldatenbriefe des 1. Weltkriegs an die Evang. Kirchengemeinde Feldkirchen, hg. von der Evang. Kirchengemeinde Feldkirchen, Feldkirchen 2008. Zusammengestellt nach den Informationen im Evangelischen Gemeindeblatt ab September 1914.
12 Evangelisches Gemeindeblatt März 1922, S. 18; November 1922, S. 60; Juni 1923, S. 41.
13 StA Mü LRA 19742. Aufzeichnungen von Hans Porzner. Gemeindearchiv Feldkirchen A3241. Im Archiv des Bayerischen Landesvereins für Heimatpflege haben sich zu diesem Thema keine Unterlagen erhalten.
14 Gemeindearchiv Feldkirchen A3241.

Das „Dritte Reich" und der Zweite Weltkrieg

1 Gemeindearchiv Feldkirchen A060.
2 Vgl. Gemeindearchiv Feldkirchen A064.
3 Bösl, Kramer/Linsinger, Die vielen Gesichter der Zwangsarbeit, S. 158 (nach BayHStA MA 106695).
4 Ausführlich zu den Zwangsarbeitern im Landkreis München siehe: Bösl/Kramer/Linsinger, Die vielen Gesichter der Zwangsarbeit. Zu Feldkirchen speziell siehe S. 51, 84, 90, 99, 122, 133 und 158.
5 Gemeindearchiv Feldkirchen A063.
6 Dazu ist jedoch im Gemeindearchiv Feldkirchen kein Hinweis zu finden. Siehe unten 432.
7 Schmid, Rede anlässlich seiner Ernennung zum Ehrenbürger von Feldkirchen, 1966
8 Pfister, Das Ende des 2. Weltkriegs im Erzbistum München und Freising, S. 225–229.
9 Ebenda.
10 Gemeindearchiv Feldkirchen A070.
11 Pfister, Das Ende des 2. Weltkriegs im Erzbistum München und Freising, S. 228 f.

Die Tagebuchaufzeichnungen von Pfarrer Hobmair

1 Diözesanarchiv AEM PA-P III 703.
2 Siehe Abendzeitung, Münchner Merkur, Süddeutsche Zeitung und TZ vom 10. Juli 1990.

Neuanfang nach 1945 21

1 Krüger/Unger, 75 Jahre Kreissparkasse München.
2 Franzen, Die Vertriebenen, S. 199–225. Vgl. auch oben S. 167.
3 Moser, Wurzeln des Wohlstands, S. 86. Gemeindearchiv Feldkirchen A460/2.
4 Siehe 209–213.
5 Münchner Merkur, 28./30. März 1970.
6 Gemeindearchiv Feldkirchen A6025. Vgl. auch Münchner Merkur, 1./2. Dezember 1973.
7 Gemeindearchiv Feldkirchen A6130.
8 Hauser, Ruth Drexel, S. 43.
9 Berling, Die 13 Jahre des Rainer Werner Fassbinder, S. 114–116.
10 Ebenda, S. 145.
11 Ebenda, S. 145.

12 Hauser, Ruth Drexel, siehe vor allem S. 65, 67, 79 f., 84, 100. Wendt, Ruth Drexel. Zu Feldkirchen ist in den Biografien, die sich vor allem auf ihre Karriere beziehen, so gut wie nichts enthalten.

13 Dattenberger, Ruth Drexel: Stiller Tod mit 78 Jahren.

14 Gemeindeblatt Januar 2010, S. 9.

Die Entwicklung der Gemeinde nach der Verlegung des Flughafens

1 Brock, Neue Lampen sind Geldverschwendung.

2 Schäpe, Rathaus Feldkirchen (siehe dort sämtliche technische Daten).

3 Feldkirchner Gemeindeblatt Februar 2006, S. 16, Juni 2007, S. 5, und Juli/August 2007, S. 14.

4 Siehe z. B. Karl, Das Land der Ziegeleien, S. 93–102. Bzw. Bernst, Die Ziegeleien in den Ortsteilen, S. 110–120.

5 Moser, Wurzeln des Wohlstands, S. 85. Kuisle/Scharl, Lehmrausch in Unterföhring

6 Vgl. dazu auch Gemeindearchiv Feldkirchen A6312/4.

7 Gemeindearchiv Feldkirchen A301.

8 Leonhard Baumann, Bürgerstiftung Feldkirchen durch Frau Rosina Heinrich. Feldkirchner Gemeindeblatt Februar 2004, S. 1. Krauth, Die Heinrich Stiftungen, S. 111. Werner van der Weck, Die Bürgerstiftung leistet im Stillen viel Gutes.

9 Vgl. z. B. Süddeutsche Zeitung, 23. Januar 2013, 25. Januar 2013, 1. März 2013, 8. März 2013, 4. April 2013, 29./30. Juni 2013.

10 Ausführlich dazu im Feldkirchner Gemeindeblatt Juni 2013, S. 1–7 (mit Lageplan).

Namen und Wappen

1 Siehe oben S. 35.

2 Puchner, Die Ortsnamen auf -kirchen in Bayern, S. 20 f.

3 Reitzenstein, Lexikon Bayerischer Ortsnamen, S. 80.

4 Bitterauf, Die Traditionen des Hochstifts Freising. Tr. 1712. Auch der Bearbeiter des Historischen Ortsnamenbuchs für Bayern, Band München, Dr. Manfred Heimers, bestätigte dies am 27. Mai 2015 aufgrund seines derzeitigen Forschungsstands.

5 Acht, Die Traditionen des Klosters Tegernsee, Tr. 361.

6 StA Mü Pfleggericht Wolfratshausen B 63, S. 6.

7 Siehe oben S. 59 ff.

8 Melchinger, Geographisches Statistisch-Topographisches Lexikon von Baiern, Bd. I, S. 599.

9 Evangelisches Gemeindeblatt Juni 1904, S. 48.

10 Ortsverzeichnis von Bayern, hg. vom Verkehrsamt der Abteilung München des Reichspostministeriums, München 1925, S. 179.

11 Philipp Apians Topographie von Bayern und bayerische Wappensammlung, S. 71.

12 Lebensraum Landkreis München 1985, S. 252; Lebensraum Landkreis München 1991, S. 348 (hier irrtümlich 18. März 1979 angegeben); Leonhard Baumann, Das Wappen der Gemeinde Feldkirchen, S. 5 f.

13 BayHStA Kurbayern 17341.

14 Evangelisches Gemeindeblatt, Oktober 1910, S. 83.

15 StA Mü Kataster 11758. Gemeindearchiv Feldkirchen A6313.

16 Gemeindeblatt 21. Juni 1977.

17 Feldkirchner Gemeindeblatt September 2009, S. 9.

18 StA Mü LRA 21020.

19 BayHStA Kurbayern 17341.

20 StA Mü LRA21024.

21 StA Mü LRA 21027.

22 Gemeindearchiv Feldkirchen A712.

23 Neu/Liedke, Oberbayern, S. 461. Paula/Weski, Landkreis München, S. 52–55. Zu einzelnen Gebäuden siehe auch ausführlich oben im vorliegenden Band.

24 Archiv des Architekturmuseums München seif-110-1 (Plan für Rosenlage 17. November 1930; Pflanzplan der Rosen 18. April 1931).

25 Körner, Das Wohnhaus Vetter in Feldkirchen, S. 28. Siehe auch Archiv des Architekturmuseums München ruf-19-1 (Grundriss), Fotos: ruf-19-1000, ruf-19-1001, ruf-19-1002, ruf-19-1003. Siehe auch Meissner, Sep Ruf – Grundrisstypologie der Einfamilienhäuser, S. 30–35.

26 Nach Auskunft von Ludwig Glöckl.

27 Paula/Weski, Landkreis München, S. 54.

28 Siehe oben S. 243.

Das Vereinsleben

1 StA Mü LRA 18532

2 Kreitmayer, Baugeschichte der Kirche, S. 29 (nach Akten im Archiv der Evangelischen Kirche Feldkirchen).

3 Gemeindearchiv Feldkirchen A3121.

4 Evangelisches Gemeindeblatt Mai 1916.

5 Münchner Ostzeitung, 28. Januar 1911.

6 Evangelisches Gemeindeblatt August 1909, S. 66; September 1909, S. 74; Juni 1910, S. 51; Februar 1911, S. 17; September 1912, S. 69.

7 Gemeindeblatt Juni 1998, S. 12; Gemeindeblatt Oktober 2001; www.chevauxleger.de.

8 Nach Auskunft von Helmut Kreitmayer 2015.

9 Gemeindearchiv Feldkirchen A1340.

10 Gemeindearchiv Feldkirchen A1352.

11 Nach Auskunft von Helmut Kreitmayer 2015.

12 Gemeindearchiv Feldkirchen A621/1.

13 Gemeindearchiv Feldkirchen A0918.

14 Festschrift 111 Jahre Freiwillige Feuerwehr Feldkirchen. Zur Einweihung des neuen Gerätehauses, Feldkirchen 1981, und Auskünfte der Vorstandschaft 1989.

15 StA Mü LRA 18532.

16 Nach Auskunft von Helmut Kreitmayer 2015.

17 Evangelisches Gemeindeblatt Juli 1929, S. 144.

18 Gemeindearchiv Feldkirchen A1352.

19 Festschrift zum 100-jährigen Jubiläum der Altschützengesellschaft Feldkirchen 1978.

20 Festschrift zum 110-jährigen Jubiläum der Altschützengesellschaft Feldkirchen e.V., Feldkirchen 1988; Festschrift zum 125-jährigen Jubiläum der Altschützengesellschaft Feldkirchen e.V., Feldkirchen 2003 und nach Auskunft von Helmut Kreitmayer 1989 und 2015 sowie Andreas Janson.

21 StA Mü LRA 18532.

22 Festschrift 100 Jahre Krieger- und Soldatenkameradschaft Feldkirchen-Weißenfeld, Feldkirchen 1993. Auskunft von Ernst Wurth 1989. Neuere Informationen wurden nicht geliefert.

23 Nach Auskunft der Vorstandschaft 1989. Neuere Informationen wurden nicht geliefert.

24 Münchner Ostzeitung, 4. Februar 1911.

25 Münchner Ostzeitung, 4. März 1911.

26 Siehe oben S. 299–301.

27 Siehe unten S. 515.

28 75 Jahre Gartenbau-Verein Feldkirchen. Festschrift zum 75. Gründungsfest 1983; Festschrift 80 Jahre Gartenbauverein Feldkirchen 1911–1991. Gemeindearchiv Feldkirchen A6730. Siehe auch S. 515.

29 Festschrift 75 Jahre Gartenbau-Verein Feldkirchen 1986. Feldkirchner Gemeindeblatt Januar 2011, S. 13; Auskunft durch Gartenbauverein Feldkirchen, 2015; www.gartenbauverein-feldkirchen.de.

30 StA Mü LRA 18532 (mit Satzung). Münchner Ostzeitung, 6. Juli 1912. Vgl. auch Evangelisches Gemeindeblatt Juli 1912, S. 54.

31 Evangelisches Gemeindeblatt Juli 1923, S. 47; August 1923, S. 53; Oktober 1924, S. 99.

32 Woller, Gesellschaft und Politik in der amerikanischen Besatzungszone, S. 85.

33 Nach Auskunft der Vorstandschaft 1989. www.tsv-feldkirchen.de. Gemeindearchiv Feldkirchen A520.

34 Siehe unten S. 502

35 Feldkirchner Gemeindeblatt November 2012, S. 16.

36 Nach Auskunft der Vorstandschaft 1989 und Lisa Mermi 2015.

37 Evangelisches Gemeindeblatt April 1921, S. 21.

38 Nach Auskunft der Vorstandschaft 1989 und 2015. www.mgv1922-feldkirchen.de.

39 Nach Auskunft der Chorleitung 1989 und von Ute Schlicht 2017.

40 Nach Auskunft von Gerd Welle 1989 und Helmut Kreitmayer 2015; s. a. Stettner, Kirchenmusik und Kirchenchor, S. 70-71.

41 Nach Auskunft von Hanna Gazzo 1989 und der Vorstandschaft 2016.

42 Nach Auskunft von Hans Schleicher 1989 und Helmut Kreitmayer 2015. Vgl. auch Feldkirchner Gemeindeblatt 12/2002, S. 13.

43 Nach Auskunft von Josef Feilhuber 1989 und Wolfgang Stadler 2015.

44 Siehe oben S. 477.

45 Festschrift 25 Jahre Feldkirchner Blaskapelle e.V. 1989; Masel, Das große ober- und niederbayerische Blasmusikbuch, S. 436; Auskunft von Wolfgang Reikowski 1989.

46 Auskunft durch die Feldkirchner Blaskapelle 2015.

47 Nach Auskunft von Franz Golibrzuch 1989.

48 Nach Auskunft von Rudi Schilling 1989; www.feldkirchen.de.

49 Nach Auskunft von Alois Mößner 1989.

50 Festschrift 10 Jahre Volkstümliches Theater in Feldkirchen. 1977–1987. Auskunft durch den Theaterverein; www.theater-feldkirchen.de.

51 Mitteilungsblatt der Gemeinde Feldkirchen vom 24. März 1987. www.nbh-feldkirchen.de.

52 Nach Auskunft von Maria Hoffmann 1989. Neuere Informationen wurden nicht geliefert.

53 Auskunft von Franz Frischmann 2015.

54 Nach Auskunft der Vorstandschaft 1989 und von Ute Schlicht 2017.

55 Nach Auskunft der Vorstandschaft 1989. www.feldkirchen.de.

56 Nach Auskunft von Hans Merrath 1989.

57 Siehe unten S. 517.

58 Nach Auskunft von Robert Lentner 1989 und Roland Friesacher 2015. www.bavaria-boellerschuetzen.de. Sehe auch unten S. 510.

59 Feldkirchner Gemeindeblatt April 2006, S. 16 und Karl Achter im Germeindeblatt 2011.

60 Burger, Daheim in Feldkirchen, S. 10 f.

61 www.joyfulgospelsingers.de.

62 Auskunft von Christian Habenschaden 2015.

63 Nach dem Festprotokoll zum 50. Vereinsvorständetreffen und anderen Aufzeichnungen von Helmut Kreitmayer, Protokollführer der Vereinsvorständebesprehungen seit 1974.

Brauchtum

1 Münchner Merkur, 12. April 1972.

2 Mitteilungsblatt der Gemeinde Feldkirchen, 5. April 1990.

3 Siehe oben S. 500.

4 Hans Porzner, Die Haberer schossen über die Köpfe der Neugierigen hinweg, in: Münchner Merkur, 21./22. November 1981. Vgl. auch Kaltenstadler, Das Haberfeldtreiben, S. 88 f.

5 Festschrift 80 Jahre Gartenbauverein Feldkirchen 1911-1991.

6 www.feldkirchen.de.

Die politische Gemeinde

1 Vorort und Siedelung, 2. Januar 1926.

2 Ferdinand Schmid, Rede anlässlich seiner Ernennung zum Ehrenbürger von Feldkirchen 1966.

3 Gemeindearchiv Feldkirchen A1340; Festschrift 100 Jahre SPD-Ortsverein Feldkirchen 2013.

4 Auskunft durch den CSU-Ortsverband.

5 www.uwv-feldkirchen.de. 50 Jahre UWV: gegen die Arroganz der Mächtigen, www.Merkur.de, aktualisiert 12.07.15; Auskunft von Andreas Janson 2016.

6 Auskunft von Silvia Pahl-Leclerque.

Literatur und gedruckte Quellen

www.bavaria-boellerschuetzen.de.
www.chevauxleger.de
www.feldkirchen.de.
www.gbv-feldkirchen.de.
www.historisches-lexikon-bayerns.de/Lexikon/Post-_und_Telegrafenwesen_(19./20._Jahrhundert).
www.joyfulgospelsingers.de.
www.mgv1922-feldkirchen.de.
www.nbh-feldkirchen.de.
www.theater-feldkirchen.de.
www.tsv-feldkirchen.de.

Acht, Peter, Die Traditionen des Klosters Tegernsee 1003–1242, Quellen und Erörterungen zur bayerischen Geschichte, Neue Folge Bd. 9,1, München 1952.

Adreßbuch für Münchens nähere und weitere Umgebung, München 1912, 1924.

AFK Geothermie. Das 1. interkommunale Geothermieprojekt in Deutschland, Aschheim 2013.

Amtsblatt des Bezirksamts München.

Amtsblatt für das Erzbistum München und Freising.

Philipp Apians Topographie von Bayern und bayerische Wappensammlung, hg. von Edmund Freiherr von Oefele, in: Oberbayerisches Archiv 39, München 1880.

Philipp Apian und die Kartografie der Renaissance, Ausstellungskatalog 50 der Bayerischen Staatsbibliothek, Weißenhorn 1989.

Arbeo, Vita Haimhrammi, zweisprachige Ausgabe von Bernhard Bischoff, München 1956.

Archäologie in Bayern, Pfaffenhofen 1982.

Babl, Karl, Emmeramskult, in: Thurn- und Taxis-Studien Bd. 18, Kallmünz 1992, S. 71–80.

Die Bajuwaren. Von Severin bis Tassilo 488–788, Katalog zur Ausstellung in Rosenheim und Mattsee 1988.

Basiner, Paul und Katrin, 150 Jahre Rank. Fünf Generationen 1862–2012, München 2012.

Bauer, Georg, Die Genossenschaftsgemeinde Feldkirchen bei München, in: Bayerischer Raiffeisenkalender 1960, S. 47 ff.

Baumann, Cornelia, Chronik der Gemeinde Feldkirchen bei München, Feldkirchen 1990.

Baumann, Cornelia, Chronik der Gemeinde Kirchheim b. München, Erding 1987.

Baumann, Cornelia, Altlandkreis Erding, Historisches Ortsnamenbuch von Bayern Heft 3, München 1989.

Baumann, Cornelia, Wie wenig sind, die dieses wagen! Franz von Kohlbrenner, ein bayerischer Wegbereiter ins 19. Jahrhundert, Grabenstätt 1985.

Baumann, Leonhard, Abwasserentsorgung, in: Heimatkundliche Stoffsammlung, S. 103 ff.

Baumann, Leonhard, Bürgerstiftung Feldkirchen durch Frau Rosina Heinrich. Rede anlässlich der öffentlichen Festsitzung des Gemeinderates am Mittwoch, 28. 1. 2004 (Manuskript).

Baumann, Leonhard, Feldkirchen – eine „Genossenschaftsgemeinde", in: Heimatkundliche Stoffsammlung, S. 90 ff.

Baumann, Leonhard, Die Landwirtschaft in Feldkirchen, in: Heimatkundliche Stoffsammlung, S. 85 ff.

Baumann, Leonhard, Wasserversorgung, in: Heimatkundliche Stoffsammlung, S. 103 ff.

Bayerischer Geschichtsatlas, hg. von Gertrud Diepolder und Max Spindler, München 1969.

Bayerisches Jahrbuch. Kalender für Bureau, Comptoir und Haus, München 1900 ff.

Bayern und seine Armee, Ausstellungskatalog, München 1987.

Bechteler, Hubert, Pfarrkirche St. Emmeram in Kleinhelfendorf, Salzburg 2007.

BELO, TEK, Der Laubholzbock ist zurück, in: Süddeutsche Zeitung, 3. Juni 2016.

Berling, Peter, Die 13 Jahre des Rainer Werner Fassbinder. Seine Filme, seine Freunde, seine Feinde, Bergisch-Gladbach 1992.

Bernst, Karin, Die Ziegeleien in den Ortsteilen, in: Willibald Karl, (Hg.), Dörfer auf dem Ziegelland. Daglfing, Denning, Engelschalking, Johanneskirchen, Zamdorf, München 2002, S. 110–120.

Beyrer, Klaus (Hg.); Zeit der Postkutschen. Drei Jahrhunderte Reisen 1600 – 1900, Karlsruhe 1992.

Bezold, Gustav, und Berthold Riehl, Die Kunstdenkmale des Regierungsbezirkes Oberbayern III (Weilheim, München I und München II), München 1895, ND 1982.

Bitterauf, Theodor, Die Traditionen des Hochstifts Freising, Quellen und Erörterungen zur bayerischen Geschichte, Neue Folge 5, München 1909.

Blessing, Werner K., hg. nach Vorarbeiten von Rolf Kiessling und Anton Schmid, Kultur und Kirche, Dokumente zur Geschichte von Staat und Gesellschaft in Bayern Abt. III, Bd. 8, München 1983.

Bode, Daniela, Schädling im Winterschlaf, in: Süddeutsche Zeitung, 10. Dezember 2015.

Boegl, Johann, Das älteste Urbar der bayerischen Besitzungen des Hochstifts Freising, in: Oberbayerisches Archiv 75, München 1949, S. 85 ff.

Bösl, Elsbeth, Nicole Kramer und Stephanie Linsinger, Die vielen Gesichter der Zwangsarbeit: „Ausländereinsatz" im Landkreis München 1939–1945, München 2005.

Bogner, Josef, Das Eremitenwesen in Bayern und seine sozialen Verhältnisse, in: Oberbayerisches Archiv Bd. 102, München 1977, S. 176–212.

Bosls Bayerische Biographie, hg. von Karl Bosl, Regensburg 1983.

Brock, Peter, Neue Lampen sind Geldverschwendung, in: Süddeutsche Zeitung 17./18. August 1991.

Brunner, Ludwig, Kastner als erste landesherrliche Beamte Bayerns. Von den Anfängen der bayerischen Abgabenverwaltung, in: OFD-Nachrichten 12. Jg., Heft 2, 1985, S. 30 ff.

Burger, Michael, Daheim in Feldkirchen, in: Feldkirchner Gemeindeblatt Februar 2001, S. 10 f.

Christlein, Rainer, Bajuwarischer Ohrringschmuck aus Gräbern von Kirchheim bei München, Oberbayern, in: Das Archäologische Jahr in Bayern 1980, Stuttgart 1980, S. 162 ff.

Christlein, Rainer, Noch ein Herrenhof der Hallstattzeit von Kirchheim, Landkreis München, Oberbayern, in: Das Archäologische Jahr in Bayern 1980, Stuttgart 1980, S. 86 f.

Christlein, Rainer, W. Charlier und Erwin Keller, Bajuwarische Adelsgräber des 7. Jahrhunderts von Hausen, Gemeinde Kirchheim bei München, in: Das Archäologische Jahr in Bayern 1982, Stuttgart 1982, S. 127 ff.

Churpfalzbaierisches Regierungs-Blatt, München 1802.

Dachauer, Sebastian, Geschichte der Freiherren und Grafen von Ruepp auf Falkenstein, Bachhausen, Merlbach und Aschheim, in: Oberbayerisches Archiv 6, München 1844, S. 279 ff.

Dannheimer, Hermann, Die frühmittelalterliche Siedlung bei Kirchheim (Ldkr. München, Oberbayern). Vorbericht über die Untersuchungen im Jahre 1970, in: Germania 51, 1973, S. 152 ff.

Dannheimer, Hermann, Siedlungsgeschichtliche Beobachtungen im Osten der Münchner Schotterebene, in: Bayerische Vorgeschichtsblätter 41, 1976, S. 107 ff.

Dannheimer, Hermann, Aschheim im frühen Mittelalter, Teil I: Archäologische Funde und Befunde (Münchner Beiträge zur Vor- und Frühgeschichte 32/1), München 1988.

Dannheimer, Hermann, St. Peter in Aschheim – erste Grabstätte des hl. Emmeram. Archäologische Funde und Befunde, in: Thurn- und Taxis-Studien Bd. 18, Kallmünz 1992, S. 61–70.

Dattenberger, Simone, Ruth Drexel: Stiller Tod mit 78 Jahren, Münchner Merkur online, 5. März 2009.

Dehio, Georg, Handbuch der Deutschen Kunstdenkmäler, neu bearbeitet von Ernst Gall, Oberbayern, München/Berlin 1952.

Dehio, Georg, Handbuch der Deutschen Kunstdenkmäler, Bayern Bd. IV: München und Oberbayern, bearbeitet von Ernst Götz, Heinrich Habel, Karlheinz Hemmeter u. a., München/Berlin 1990.

Denkmäler in Bayern 1,2 Oberbayern, hg. vom Bayerischen Landesamt für Denkmalpflege, bearbeitet von Wilhelm Neu und Volker Liedke, München 1986.

Deschner, Karlheinz, Kriminalgeschichte des Christentums Bd. 5, (9. und 10. Jahrhundert), Hamburg 1997.

Deutinger, Martin von (Hg.), Die ältesten Matrikel des Bisthums Freising, 3 Bde., München 1849/50.

Diepolder, Gertrud, Aschheim in der Geschichte, Festschrift zur 1200-Jahr-Feier der 1. Landessynode und des 1. bayerischen Landtags unter Herzog Tassilo III. im Jahr 756 in Aschheim, 1956.

Diepolder, Gertrud, Arbeos Emmeramsleben und die Schenkung Ortlaips aus Helfendorf. Eine Quellenrevision im Lichte archäologischer Befunde, in: Land und Reich, Stamm und Nation, Festgabe für Max Spindler zum 90. Geburtstag, Bd. 1., München 1984, S. 269 f.

Diepolder, Gertrud, Aschheim im frühen Mittelalter Teil 11, Ortsgeschichtliche, siedlungs- und flurgenetische Betrachtungen, München 1988.

Eggl, Christina, Böhmen in Dornach, in: Aschheim. 1250-Jahrfeier der 1. bayerischen Landessynode unter Herzog Tassilo III. 756. Dornach. 1150-Jahrfeier der ersten schriftlichen Nennung 856, Aschheim 2006, S. 28–37.

Ehmler, Gerhard, Der Kirchenbauverein Aschheim, in: 175 Jahre Evangelische Kirche Feldkirchen, Feldkirchen 2012, S. 58.

Evangelisches Gemeindeblatt für den Kirchensprengel Perlach und Feldkirchen unter Mitwirkung von Pfarrvikar Crämer hg. von Pfarrvikar Dr. Ulmer (= Gemeindeblatt der evangelisch-lutherischen Kirchengemeinde Feldkirchen bei München; Evangelisches Gemeindeblatt für den Dekanatsbezirk München; Evangelisches Gemeindeblatt für München und Umgebung), München 1903 bis 1933.

Feldkirchner Gemeindeblatt, 1996 (Dezember) ff.

Ferchl Georg, Bayerische Behörden und Beamte 1550 bis 1804, Oberbayerisches Archiv 53, München 1908/12.

Fernsprechbuch für Bayern, 2. Ausgabe 1949/50.

Forchhammer, Hans, 150 Jahre Volksschule Kirchheim, Kirchheim 1987.

Fox, Angelika, Dörfliche Ansiedlungen am Rande der Stadt, in: Aschheim. 1250-Jahrfeier der 1. bayerischen Landessynode unter Herzog Tassilo III. 756. Dornach. 1150-Jahrfeier der ersten schriftlichen Nennung 856, Aschheim 2006, S. 100–106.

Franzen, K. Erik, Die Vertriebenen. Hitlers letzte Opfer, München 2001.

Fuchs, Karl, Führer auf der Autopostlinie Feldkirchen bei München nach Hohenlinden, o. J. (1913).

Führer München-Ost, Ausflüge in die östliche Umgebung von München. Fuß- und Radtouren, hg. von der Delegierten- Vereinigung für den Osten Münchens, München 1909; 2. Auflage 1926.

Genossenschafts-Kalender des Bayerischen Landesverbandes Landwirtschaftlicher Genossenschaften 1928 = Raiffeisen-Kalender 37. Jahrgang.

Gerlach, Franziska, Schlaglichter aus dem finsteren Mittelalter, in: Süddeutsche Zeitung (Regionalteil München Nord), 26. August 2014.

Gerlach, Franziska, Zeugen der Vergangenheit, in: Süddeutsche Zeitung (Regionalteil München Nord), 24. Juli 2014.

Gern, Sylvia, Die Kindertagesstätte Dornach, in: 175 Jahre Evangelische Kirche Feldkirchen, Feldkirchen 2012, S. 106–107.

Giesler, Hartmut, Die Evangelischen in Riem, in: 175 Jahre Evangelische Kirche Feldkirchen, Feldkirchen 2012, S. 59.

Goetz, W., Geographisch-historisches Handbuch von Bayern Bd. 1, Allgemeines Oberbayern. Niederbayern. Oberpfalz, München 1895.

Große Bayerische Biographische Enzyklopädie, hg. von Hans-Michael Körner unter Mitarbeit von Bruno Jahn, 3 Bände, München 2005.

Gutsmiedl, Doris, Aschheim – eine lange Geschichte kurz erzählt, in: Denkmalpflege Information 142, München 2009, S. 25–27.

Gutsmiedl, Doris, und Michael Volpert, Große Landespolitik in Aschheim, in: Aschheim. 1250-Jahrfeier der 1. bayerischen Landessynode unter Herzog Tassilo III. 756. Dornach. 1150-Jahrfeier der ersten schriftlichen Nennung 856, Aschheim 2006, S. 58–63.

Hagenacker, Helmut, Rietschen, unsere Partnergemeinde in der Lausitz, in: 175 Jahre Evangelische Kirche Feldkirchen, Feldkirchen 2012, S.103–104.

Hanske, Horst, Der Fall Sankt Emmeram, in: Süddeutsche Zeitung 6. Mai 2002.

Harrer, Richard, Schulgeschichtliche Daten von Feldkirchen, in: Heimatkundliche Stoffsammlung, S. 70 f.

Hauser, Krista, Ruth Drexel. Eine Biographie, Innsbruck/Wien 2005.

Heerde, Walter, Haidhausen, Oberbayerisches Archiv 98, München 1974.

Heimatkundliche Stoffsammlung für Feldkirchen, o. J. (ca. 1982).

Held, Heinrich, Altbayerische Volkserziehung und Volksschule Bd. III, München 1928.

Hiereth, Sebastian, Die bayerische Gerichts- und Verwaltungsorganisation vom 13.–19. Jahrhundert, Historischer Atlas von Bayern, Teil Altbayern, Einführung, München 1950.

Hoffmann, Richard, St. Jakob, in: Die christliche Kunst 8/1925 (Beiblatt) S. 60–62.

Hofmann, Sigfrid (Hg.), Landkreis München, München 1968.

Holzfurtner, Ludwig, Klostergericht Tegernsee. Historischer Atlas von Bayern, Teil Altbayern, Heft 54, München 1985.

Holzfurtner, Ludwig, Der Raum und seine Geschichte, in: Festschrift 1200 Jahre Perlach, 1990, S. 73–88.

Hubensteiner, Benno, Bayerische Geschichte, 5. Auflage, München 1967.

Hufnagel, Max Joseph, Berühmte Tote im Südlichen Friedhof zu München, Würzburg, 4. Auflage 1983, S. 94.

Hummel, Astrid, Der Schatz vom Pfarrhausspeicher. Soldatenbriefe aus dem Ersten Weltkrieg, in: 175 Jahre Evangelische Kirche Feldkirchen, Feldkirchen 2012, S. 60 f.

Jesse, Horst, Die Geschichte der Evangelisch-Lutherischen Kirchengemeinde in München und Umgebung 1510–1990, Neuendettelsau 1994.

Kaltenstadler, Wilhelm, Das Haberfeldtreiben. Geschichte und Mythos eines Sittenrituals, Greiz 2011.

Kammel, Josef, 75 Jahre Gemeinnützige Baugenossenschaft Feldkirchen, in: Feldkirchner Gemeindeblatt Dezember 1999, S. 7 f.

Karl, Johann, Feldkirchen – die Gemeinde im Spiegel der Statistik, in: Heimatkundliche Stoffsammlung, S. 72 ff.

Karl, Willibald, Das Land der Ziegeleien, in: Willibald Karl, (Hg.), Dörfer auf dem Ziegelland. Daglfing, Denning, Engelschalking, Johanneskirchen, Zamdorf, München 2002, S. 93–102.

Keller, Erwin, Eine frühkeltische Siedlung in Kirchheim bei München, Landkreis München, Oberbayern, in: Das Archäologische Jahr 1981, Stuttgart 1981, S. 114 f.

Keller, Erwin, Gräber der Glockenbecherkultur in Kirchheim bei München, Landkreis München, Oberbayern, in: Das Archäologische Jahr in Bayern 1981, Stuttgart 1981, S. 78 f.

Keller, Erwin, Die Frühkaiserzeitlichen Körpergräber von Heimstetten, Münchner Beiträge zur Vor- und Frühgeschichte Bd. 37, München 1984.

Kellner, Hans-Jörg, Lathènezeit, in: Archäologie in Bayern, Pfaffenhofen 1982, S. 116 ff.

Kiesl, Doris, Der Kindergarten Arche Noah, in: 175 Jahre Evangelische Kirche Feldkirchen, Feldkirchen 2012, S. 105–106.

Knoll, Günther, Räuber und Gendarm im Agilolfinger-Land, in: Süddeutsche Zeitung 27. August 2014.

Köhler, Oskar, Landwirtschaftliches Güter-Adreßbuch der Güter und größeren Höfe in Bayern, Niekammers Landwirtschaftliche Adreßbücher Bd. 19, Leipzig 1923.

Körner, Burkhard, Das Wohnhaus Vetter in Feldkirchen, in: Denkmalpflege Informationen 151, hg. vom Bayerischen Landesamt für Denkmalpflege, März 2012, S. 28.

Kohlbrenner, Franz Seraph von (Hg.), Münchner Intelligenzblatt zum Dienste der Stadt- und Landwirtschaft …, München 1782.

Kolmer, Lothar, Arbeo von Freising und die Via Haimhrammi, in: Thurn- und Taxis-Studien Bd. 18, Kallmünz 1992, S. 25–32.

Kovács, Elisabeth, Der Papst in Teutschland. Die Reise Pius VI. im Jahre 1782, München 1989.

Kratzer, Hans, Aschheim, das Paradies der Archäologen, in: Süddeutsche Zeitung 20. Februar 2014.

Kraus, Andreas, Geschichte Bayerns. Von den Anfängen bis zur Gegenwart, München 1983.

Kraus, Andreas, Grundzüge der Geschichte Bayerns, Darmstadt 1984.

Krauth, Alfred, Die Heinrich Stiftungen, in: 175 Jahre Evangelische Kirche Feldkirchen, Feldkirchen 2012, S. 111.

Krauth, Alfred, Der Kindergarten, in: 175 Jahre Evangelische Kirche Feldkirchen, Feldkirchen 2012, S. 105.

Krauth, Alfred, Das Regina-Lehrer-Haus, in: 175 Jahre Evangelische Kirche Feldkirchen, Feldkirchen 2012, S. 110–111.

Kreitmayer, Helmut, 200 Jahre Schulgeschichte Feldkirchen, in: 175 Jahre Evangelische Kirche Feldkirchen, Feldkirchen 2012, S. 43–48.

Kreitmayer, Helmut, Baugeschichte der Kirche, in: 175 Jahre Evangelische Kirche Feldkirchen, Feldkirchen 2012, S. 26–31.

Kreitmayer, Helmut, Baugeschichte des Pfarrhauses, in: 175 Jahre Evangelische Kirche Feldkirchen, Feldkirchen 2012, S. 32–34.

Kreitmayer, Helmut, Das evangelische Kinderheim Feldkirchen, in: 175 Jahre Evangelische Kirche Feldkirchen, Feldkirchen 2012, S. 49–55.

Kreitmayer, Helmut, Geschichte der Kirchengemeinde, in: 175 Jahre Evangelische Kirche Feldkirchen, Feldkirchen 2012, S. 12–23

Kreitmayer, Helmut, Die Pfarrer der Kirchengemeinde, in: 175 Jahre Evangelische Kirche Feldkirchen, Feldkirchen 2012, S. 35–42.

Keitmayer, Helmut, 100 Jahre SPD-Ortsverein Feldkirchen, Feldkirchen 2013.

Krüger, Ingo, und Michael Unger, 75 Jahre Kreissparkasse München – Die Erfolgsgeschichte der jüngsten bayerischen Sparkasse, in: Hermann Rumschöttel und Karl-Ludwig Kamprath, Mit Ideen und Engagement für die Region. 75 Jahre Kreissparkasse, München 2006, S. 7–71.

Kunst im Pfarrhaus, hg. vom evangelischlutherischen Pfarramt Feldkirchen bei München, München 1983.

Lahne, Rolf, Der Bau der Segenskirche in Aschheim, in: 175 Jahre Evangelische Kirche Feldkirchen, Feldkirchen 2012, S. 56–57.

Landersdorfer, Anton, Das Bistum Freising in der bayerischen Visitation des Jahres 1560 (= Münchner theologische Studien I, 26), St. Ottilien 1986.

Landkreis München, hg. vom Landkreis München, Neuauflage München 1975.

Lebensraum Landkreis München, hg. vom Landkreis München, München 1985 (Neuauflage München 1991).

Lechner, Erich, Chronik einer Kirchenrenovierung, in: Feldkirchner Gemeindeblatt, Januar 1997, S. 11–13.

Lehrer, Johann, Jakob Bodmer. Die Geschichte des Feldkirchner Dorfschullehrers, in: Feldkirchner Gemeindeblatt Mai 2011, S. 2.

Lehrer, Regina, Einiges Wissenswertes aus der Geschichte der Gemeinde Feldkirchen, masch., 28. Mai 1956 (Kopie von Helmut Funck, evangelischer Pastor in Ruhe, Markt Indersdorf).

Lehrer, Regina, Gloria in excelsis deo, München 1928.

Lehwald, Anna, 100 Jahre Vielfalt durch Antrieb, hg. von VR Bank München Land eG, Deisenhofen 2012.

Leitner, Helga, Die Geschichte der Wohngruppe Feldkirchen, in: 150 Jahre Leben begleitet. Festschrift zum 150. Geburtstag der Evangelischen Kinder- und Jugendhilfe Feldkirchen, hg. von Dr. Günther Bauer, Innere Mission München – Diakonie in München und Oberbayern e. V., München 2003, S. 27.

Lemme, Hannes, Von Eulen, Spannern und Nonnen in Bayern, in: LWF aktuell 91/2012, S. 40–42.

Lexer, Matthias, Mittelhochdeutsches Taschenwörterbuch, 34. Auflage, Stuttgart 1976.

Lexikon für Theologie und Kirche, begründet von Michael Buchberger, Freiburg 2. Auflage 1957 ff.

Lieberich, Heinz, Landherren und Landleute. Zur politischen Führungsschicht Baierns im Spätmittelalter (= Schriftenreihe zur bayerischen Landesgeschichte 63), München 1964.

Lohr, Bernhard, Bock auf Bäume. Die Gefahr durch den Laubholzbockkäfer, in: Süddeutsche Zeitung, 26. Februar 2013.

Lohr, Bernhard, Am Ende hilft nur die Axt. Kletterer und Spürhunde suchen in Feldkirchen den gefährlichen Laubholzbockkäfer, in: Süddeutsche Zeitung, 20. Juni 2013.

Lutz, Fritz, 150 Jahre St. Emmeram bei Feldkirchen, München 1983.

Lutz, Fritz, Neues von der Klause St. Emmeram, masch. o. J.

Lutz, Fritz, Erinnerungen an die protestantische Gründerfamilie Bodmer in Feldkirchen, in: Gemeindeblatt Nr. 53 der evangelisch-lutherischen Kirchengemeinde Feldkirchen 1987.

Lutz, Fritz, Ein Münchner Architekturmaler und Mäzen: Anton Höchl (1818–1897), in: Oberbayerisches Archiv 112, München 1988, S. 87 ff.

Lutz, Fritz, Land um die Großstadt Bd. I, München 1962.

Lutz, Fritz, Rosa-Zeiten für Lehramtsprüflinge vor 200 Jahren, masch., o. J.

Lutz, Fritz, St. Emmeram bei München-Oberföhring, ein ehemaliges Wallfahrts- und Schuleremitorium, München 1992.

Lutz, Fritz, Seltenes Madonnenbild entdeckt, Münchner Stadtanzeiger, 7. Oktober 1982, S. 20.

Lutz, Fritz, Volksschule einst und heute, in: Gemeindeblatt Nr. 50 der evangelisch-lutherischen Kirchengemeinde Feldkirchen, 1986.

Lutz, Fritz, Zusammenstellung der Feldkreuze im Landkreis München, Manuskript, 1989.

Lutz, Fritz, Heimatpflege im Ballungsraum, in: Lebensraum Landkreis München, München 1991, S. 42–101.

Mai, Paul, St. Michael in Bayern, München/Zürich 1978.

Masel, Andreas, Das große ober- und niederbayerische Blasmusikbuch, Wien/München 1989.

Maß, Josef, Das Bistum Freising im Mittelalter, München 1986.

Mayer, Anton, Die Domkirche zu U. L. Frau in München, München 1868.

Mayer, Anton – Westermayer Georg, Statistische Beschreibung des Erzbistums München und Freising Bd. II, Regensburg 1880.

Mayr, Gottfried, Zur Todeszeit des hl. Emmeram und zur frühen Geschichte des Klosters Herrenchiemsee, Zeitschrift für bayerische Landesgeschichte 35, München 1976, S. 358 ff.

Meichelbeck, Karl, Kurze Freysingische Chronica oder Historia … , Freising 1724.

Meichelbeck, Karl, Historiae Frisingensis, Bd. II, Augsburg 1724.

Meissner, Irene, Sep Ruf – Grundrisstypologie der Einfamilienhäuser. Architektur der Moderne im Dialog mit der Tradition, in: Der Bauberater 2016, Heft 2, S. 24–35.

Melchinger, Johann Wolfgang, Geographisches Statistisch-Topographisches Lexikon von Baiern, Bd. I, Ulm 1796.

Menschen helfen. Netze knüpfen. 125 Jahre Innere Mission München 1884–2009, hg. von der Inneren Mission, München 2009.

Mitteilungsblatt der Gemeinde Feldkirchen, 1975–1996 (ab Dezember 1996: Feldkirchner Gemeindeblatt)

Monumenta Boica, München 1763 ff.

Monumenta Germaniae Historica, Die Urkunden der Deutschen Karolinger I, hg. von Paul Fridolin Kehr, Berlin 1956.

Moser, Eva, „Wurzeln des Wohlstands". Zum Wirtschaftsleben im Landkreis München, in: Hermann Rumschöttel und Karl-Ludwig Kamprath, Mit Ideen und Engagement für die Region. 75 Jahre Kreissparkasse, München 2006, S. 72–98.

Münchner Neueste Nachrichten.

Münchner Ostzeitung, hg. von Josef Karl Fischer, München 1910–1915 (Fortsetzung ab 1924: Vorort und Siedelung).

Neu, Wilhelm, und Volker Liedke, Oberbayern, Denkmäler in Bayern Bd. I.2, hg. vom Bayerischen Landesamt für Denkmalpflege, München 1986.

Neubauer, Brigitte, Die Physikatsberichte des Bezirks der Stadt München und der Landgerichte München links der Isar und München rechts der Isar (1861/62), in: Oberbayerisches Archiv Bad 125/2, München 2001, S. 7–158.

Nusser, Hans, Das Kloster Weyarn und sein Besitz, in: Oberbayerisches Archiv 79, München 1954, S. 87 ff.

Oelwein, Cornelia, Hinter Klostermauern. Wittelsbacher Prinzessinnen, die den Schleier nahmen, in: Unser Bayern 3/2015, S. 13–15.

Oelwein, Cornelia, Maximilian Schmidt genannt Waldschmidt, Kloster Metten und der Prälatenschatz von Gotteszell, in: Deggendorfer Geschichtsblätter, Heft 34, Deggendorf 2012, S. 347–374.

Oelwein, Cornelia, Die Ortsnamen mit „Münster" in Bayern, in: Nominum Gratia. Namenforschung in Bayern und Nachbarländern (= Festgabe für Wolf-Armin Frhr. von Reitzenstein zum 60. Geburtstag), hg. von Albrecht Greule und Alois Schmid, München 2001, S. 59–70.

Oelwein, Cornelia, Soldaten für König Otto. Der Marsch bayerischer Truppen nach Griechenland und zurück 1832–1835, Ottobrunn 2015.

Oelwein, Cornelia, Zwischen Goldach und Seebach. Die Geschichte des Goldachhofs und die Mooskultivierung in Ismaning, Ismaning 2013.

Ortsverzeichnis von Bayern, hg. vom Verkehrsamt der Abteilung München des Reichspostministeriums, München 1925.

Paringer, Thomas, Von der Dorfgmein zur politischen Gemeinde, in: Aschheim. 1250-Jahrfeier der 1. bayerischen Landessynode unter Herzog Tassilo III. 756. Dornach. 1150-Jahrfeier der ersten schriftlichen Nennung 856, Aschheim 2006, S. 94–99.

Passer, Bernd, 130 Jahre Eisenbahn München – Mühldorf – Simbach, München 2001.

Paula, Georg, und Timm Weski, Landkreis München, Denkmäler in Bayern Bd. I.17, hg. vom Bayerischen Landesamt für Denkmalpflege, München 1997.

Pfennigmann, Josef, Volksfrömmigkeit und Aufklärung, in: Barock und Aufklärung, hg. v. Herbert Schindler, München 1972, S. 123 ff.

Pfister, Peter (Hg.), Das Ende des 2. Weltkriegs im Erzbistum München und Freising = Schriften des Archivs des Erzbistums München und Freising Bd. 8), Teil 1, Regensburg 2005.

Porzner, Hans, in: Heimatkundliche Stoffsammlung, an verschiedenen Stellen.

Porzner, Hans, Die Haberer schossen über die Köpfe der Neugierigen hinweg, in: Münchner Merkur 21./22. November 1981.

Porzner, Hans, Weihnachtsfeier in der evangelischen Schule im Jahr 1849, in: Münchner Merkur 24. Dezember 1983.

Puchner, Karl, Ortsnamen auf -kirchen in Bayern, in: Blätter für Oberdeutsche Namenforschung 6, 1965, S. 15 ff.

Pütz, Anja, und Hans-Peter Volpert, Aufwertung eines Schatzkästchens – das neue AschheiMuseum, in: museum heute 47, hg. von der Landesstelle für die nichtstaatlichen Museen in Bayern, München Juni 2015, S. 18–21.

Rädlinger, Christine, Geschichte der Münchner Brücken, München 2008.

Regesta sive Rerum Boicarum. Autographa ad annum usque MCCC, hg. von Karl Heinrich von Lang, München 1822 ff.

Reitzenstein, Alexander Freiherr von, Frühe Geschichte rund um München, München 1956.

Reitzenstein, Wolf-Armin Frhr. von, Lexikon Bayerischer Ortsnamen. Herkunft und Bedeutung. Oberbayern, Niederbayern, Oberpfalz, München 2006.

Reitzenstein, Wolf-Armin von, Ortsnamen mit „Münster" in Bayern. Kult und Grundherrschaft, in: Ortsnamen und Siedlungsgeschichte. Akten des Symposiums in Wien vom 28. bis 30. September 2000, hg. von Peter Ernst, Peter Wiesinger u. a., Heidelberg 2001, S. 149–164.

Riepertinger, Reinhard, Aschheim und Dornach. Eine Mikroanalyse zweier altbayerischer Dörfer bis zum Jahr 1800 (= Studien zur bayerischen Verfassungs- und Sozialgeschichte Bd. XVIII), München 2000.

Röhrer-Ertl, Olav, Die Bestimmung der Gebeine des Hl. Emmeram. Aspekte von Aussageniveaus bei Datenvernetzungen, in: Thurn- und Taxis-Studien Bd. 18, Kallmünz 1992, S. 49–60.

Röhrer-Ertl, Olav, Der St. Emmeram-Fall, in: Beiträge zur Geschichte des Bistums Regensburg, Bd. 19, Regenburg 1985, S. 7–131.

Röhrer-Ertl, Olav, Nachtrag zum Individuum I – Hl. Emmeram, in: Personen und ihre Umwelt aus 1000 Jahren Regensburger Geschichte, Forschungsergebnisse aus Anthropologie und Nachbarwissenschaften, Regensburg 1995, S. 10–13.

Rumschöttel, Hermann, Vom „mageren Pferd" zur zukunftsfähigsten Region DeutschlandS. Streiflichter auf die Geschichte des Landkreises München, in: Hermann Rumschöttel und Karl-Ludwig Kamprath, Mit Ideen und Engagement für die Region. 75 Jahre Kreissparkasse, München 2006, S. 99–122.

Rumschöttel, Hermann, und Karl-Ludwig Kamprath, Mit Ideen und Engagement für die Region. 75 Jahre Kreissparkasse, München 2006.

Sandberger, Adolf, Von den Anfängen der Milchwirtschaft in Bayern, in: Altbayerische Studien zur Geschichte von Siedlung, Recht und Landwirtschaft (= Schriftenreihe zur Bayerischen Landesgeschichte, hg. von der Kommission für bayerische Landesgeschichte bei der Bayerischen Akademie der Wissenschaften Bd. 74), München 1985, S. 382–386.

Sandberger, Adolf, Römisches Straßensystem und bairische Siedlung im Osten von München, in: Altbayerische Studien zur Geschichte von Siedlung, Recht und Landwirtschaft (= Schriftenreihe zur bayerischen Landesgeschichte Bd. 74), München 1985, S. 12–21.

Sandberger, Adolf, Ortsnamenform und Siedlungsgeschichte, in: Altbayerische Studien zur Geschichte von Siedlung, Recht und Landwirtschaft, Schriftenreihe zur bayerischen Landesgeschichte 74, München 1985, S. 56–62.

Sandberger, Adolf, Siedlung und Herrschaft, in: Landkreis München, München 1968, S. 50–53.

Schäpe, Jürgen (Redaktion), Rathaus Feldkirchen, Feldkirchen 2005.

Schaffer, Reinhold, An der Wiege Münchens, München 1950.

Der Schatz vom Pfarrhausspeicher. Dokumentation der Ausstellung über die Soldatenbriefe des 1. Weltkriegs an die Evang. Kirchengemeinde Feldkirchen, hg. von der Evang. Kirchengemeinde Feldkirchen, Feldkirchen 2008.

Schefzik, Michael, Die Besiedelung des Aschheimer Raumes, in: Aschheim. 1250-Jahrfeier der 1. bayerischen Landessynode unter Herzog Tassilo III. 756. Dornach. 1150-Jahrfeier der ersten schriftvlichen Nennung 856, Aschheim 2006, S. 20–27.

Schierl, Wolfgang, und Otto Hobmaier, Chronik der Gemeinde Hohenlinden, Hohenlinden 2000

Schmeller, Johann Andreas, Bayerisches Wörterbuch, München 1872.

Schmid, Alois, Die bayerischen Landespatrone, in: Beiträge zur altbayerischen Kirchengeschichte 46, 2001, S. 289–311.

Schmid, Ferdinand, Rede anlässlich seiner Ernennung zum Ehrenbürger von Feldkirchen, 1966, masch. Manuskript.

Schmidt, Hans, Feldkirchens Weg durch die Jahrhunderte, in: Heimatkundliche Stoffsammlung, S. 14ff.

Schnetz, Joseph, Flurnamenkunde, 2. Auflage, München 1963.

Schulte von Drach, Markus, Die letzte Botschaft der Pest-Toten, in: Süddeutsche Zeitung 30. Januar 2014.

Schuster, Ulrike, Spurensuche am Stadtrand, in: Süddeutsche Zeitung 11. August 2016.

Schulz, Hartmut, Das Evangelische Kinderheim Feldkirchen, in: 150 Jahre evangelische Kirche Feldkirchen, 1987, S. 45 ff.

Schwaiger, Georg (Hg.), Das Erzbistum München und Freising in der Zeit der nationalsozialistischen Herrschaft, 2 Bände, München/Zürich 1984.

Signate König Ludwigs I., ausgewählt von Max Spindler, hg. von Andreas Kraus, Materialien zur bayerischen Landesgeschichte, München 1987 ff.

Schwarz, Klaus, Archäologisch-topographische Studien zur Geschichte frühmittelalterlicher Fernwege und Ackerfluren im Alpenvorland zwischen Isar, Inn und Chiemsee (Text- und Kartenband), Kallmünz 1989.

Sepp, Florian, Christliche Lebenswelten, in: Aschheim. 1250-Jahrfeier der 1. bayerischen Landessynode unter Herzog Tassilo III. 756. Dornach. 1150-Jahrfeier der ersten schriftlichen Nennung 856, Aschheim 2006, S. 84–91.

Sepp, Florian, Gesellschaft im Wandel, in: Aschheim. 1250-Jahrfeier der 1. bayerischen Landessynode unter Herzog Tassilo III. 756. Dornach. 1150-Jahrfeier der ersten schriftlichen Nennung 856, Aschheim 2006, S. 107–113.

Sepp, Florian, Weyarn. Ein Augustiner-Chorherrenstift zwischen Katholischer Reform und Säkularisation (= Studien zur altbayerischen Kirchengeschichte Bd. 11), München 2003.

Sperber, Helmut, Unsere liebe Frau, Regensburg 1980.

Stadt – Land – FlusS. 150 Jahre Land um München rechts und links der Isar, Begleitbuch zur Ausstellung des Landkreises München aus Anlass der Errichtung der bayerischen Landratsämter am 1. Juli 1862, hg. vom Landkreis München, München 2012.

Stahleder, Helmuth, Bischöfliche und adelige Eigenkirchen des Bistums Freising im frühen Mittelalter und die Kirchenorganisation im Jahre 1315, Teil 1 und 2, Oberbayerisches Archiv 104/105, München 1979/80.

Stahleder, Helmuth, Hochstift Freising (Freising, Ismaning, Burgrain), Historischer Atlas von Bayern, Teil Altbayern Heft 33, München 1974.

Staender, Nicola, Schadensbegrenzung, in: Süddeutsche Zeitung, 31. Oktober, 1. und 2. November 2014.

Stettner, Bernd, Kirchenmusik und Kirchenchor, in: 175 Jahre Evangelische Kirche Feldkirchen, Feldkirchen 2012, S. 70–71.

STGA, Neue Strategie gegen Baum-Schädling, in: Süddeutsche Zeitung, 16. Oktober 2014.

Sturmberger, Rudolf, Die Baummörder, in: Welt am Sonntag (Ausgabe Bayern), 24. Mai 2015.

Süddeutsche Bauzeitung.

Tillmann, H., 240 Ausflüge von München auf einen halben Tag bis zu drei Tagen, München 1916.

Topographisch-historisches Handbuch des Königreichs Bayern, hg. von Josef Heyberger, Christian Schmitt und Friedrich von Wachter, München 1867.

Trautmann, Franz, Gesammelte Blätter zur Erbauung und Erheiterung, 1868.

Johann Turmair's Sämtliche Werke Bd. 2, München 1881.

Turtur, Ludwig, Geschichte des protestantischen Dekanats und Pfarramtes München 1799–1852, in: Evangelisches Gemeindeblatt 1928, verschiedene Hefte.

Turtur, Ludwig, Aus den Anfängen des Feldkirchner Schulwesens, in: Evangelisches Gemeindeblatt für das Dekanat München II, Februar 1930 und März 1930.

Uenze, Hans Peter, Steinzeit, in: Archäologie in Bayern, Pfaffenhofen 1982, S. 11–60.

Verdenhalven, Fritz, Alte Maße, Münzen und Gewichte aus dem deutschen Sprachgebiet, Neustadt/Aisch 1968.

Volkert, Wilhelm, (Hg.), Handbuch der bayerischen Ämter, Gemeinden und Gerichte 1799–1980, München 1983.

Volpert, Hans-Peter, Rom in Aschheim, in: Aschheim. 1250-Jahrfeier der 1. bayerischen Landessynode unter Herzog Tassilo III. 756. Dornach. 1150-Jahrfeier der ersten schriftlichen Nennung 856, Aschheim 2006, S. 40–55.

Volpert, Michael, Ein Mammut in Aschheim, in: Aschheim. 1250-Jahrfeier der 1. bayerischen Landessynode unter Herzog Tassilo III. 756. Dornach. 1150-Jahrfeier der ersten schriftlichen Nennung 856, Aschheim 2006, S. 12–17.

Volpert, Michael, und Christian Later, Frühes Christentum in Bayern, in: Aschheim. 1250-Jahrfeier der 1. bayerischen Landessynode unter Herzog Tassilo III. 756. Dornach. 1150-Jahrfeier der ersten schriftlichen Nennung 856, Aschheim 2006, S. 64–69.

Vorort und Siedelung, hg. von Josef Karl Fischer (Fortsetzung der Münchner Ostzeitung), München 1924ff.

Wanderwitz, Heinrich, Studien zum mittelalterlichen Salzwesen in Bayern, München 1984.

Weck, Werner van der, Die Bürgerstiftung leistet im Stillen viel Gutes, in: Feldkirchner Gemeindeblatt November 2012, S. 3.

Welle, Gerd, Friedensdienst bayerischer Soldaten im Jahre 1902, in: Festschrift 100 Jahre Krieger- und Soldatenkameradschaft Feldkirchen-Weißenfeld, Feldkirchen 1993, ohne Seitenangaben.

Welle, Gerd, Feldkirchner Straßennamen. Kleine Feldkirchner Reihe für Familien- und Heimatkunde, Heft 3, o. J.

Welle, Gerd, in: Gemeindeblatt Nr. 54 der evangelisch-lutherischen Kirchengemeinde Feldkirchen, 1987.

Welle, Gerd, in: Heimatkundliche Stoffsammlung, an verschiedenen Stellen.

Wendt, Gunna, Ruth Drexel. Eine Frau mit Eigensinn, München 2014.

Werner, Paul, Der Friedhof der unschuldigen Kinder, in: Charivari 11/1988, S. 22–24.

Wild, Joachim, Die Hofanlagsbuchhaltung bei der bayerischen Hofkammer, in: Mitteilungen für die Archivpflege in Bayern 27./28. Jg., 1981/82, S. 13–31.

Wimmer, Otto, Handbuch der Namen und Heiligen, Innsbruck/Wien/München, 3. Auflage 1966.

Wittelsbach und Bayern. Krone und Verfassung. König Max I. Joseph und der neue Staat, Katalog der Ausstellung im Völkerkundemuseum in München, München 1980.

Woller, Hans, Gesellschaft und Politik in der amerikanischen Besatzungszone: die Region Ansbach und Fürth (= Quellen und Darstellungen zur Zeitgeschichte Bd. 25), München 1986.

Wunderlich, Hannelore, Igongolo, unsere Partnergemeinde in Tansania, in: 175 Jahre Evangelische Kirche Feldkirchen, Feldkirchen 2012, S. 100–103.

Zauner, Franz Paul, Münchens Umgebung in Kunst und Geschichte, München 1911.

Festschriften
(in chronologischer Reihenfolge)

Programm der Feierlichen Enthüllung des Denkmals Weiland Seiner Majestät König Ludwig II. am 19. Juni 1910 auf der Corneliusbrücke in München, ND 1980.

Unser Prinzregent. Zur Erinnerung an den 90. Geburtstag. 12. März 1911.

100 Jahre Kinderheim Feldkirchen der Inneren Mission. 1853–1953, München 1953.

Festschrift 50 Jahre St. Jakob. 1927–1977, Feldkirchen 1977.

Festschrift zum 100jährigen Jubiläum der Altschützengesellschaft Feldkirchen 1978.

Festschrift 125 Jahre Kinderheim Feldkirchen, 1978.

Festschrift 111 Jahre Freiwillige Feuerwehr Feldkirchen. Zur Einweihung des neuen Gerätehauses, Feldkirchen 1981.

Festschrift 300 Jahre Pfarrkirche St. Andreas Kirchheim 1981.

Festschrift zur Einweihung des Kirchheimer Gymnasiums am 27. September 1985.

Festschrift 75 Jahre Gartenbau-Verein Feldkirchen, 1986.

Festschrift 10 Jahre Volkstümliches Theater in Feldkirchen. 1977–1987, hg. vom Feldkirchner Theaterverein e.V., Feldkirchen 1987.

Festschrift 150 Jahre Evangelische Kirche Feldkirchen, 1987.

Festschrift zum 110-jährigen Jubiläum der Altschützengesellschaft Feldkirchen e.V., Feldkirchen 1988.

Festschrift 25 Jahre Feldkirchner Blaskapelle e.V., Feldkirchen 1989.

Festschrift 80 Jahre Gartenbauverein Feldkirchen 1911–1991, Feldkirchen 1991.

Festschrift 100 Jahre Krieger- und Soldatenkameradschaft Feldkirchen-Weißenfeld, Feldkirchen 1993.

Festschrift zur Einweihung der Segenskirche Aschheim am 15. Dezember 1996.

Festschrift zum 125-jährigen Jubiläum der Altschützengesellschaft Feldkirchen e.V., Feldkirchen 2003.

150 Jahre Leben begleiten. Festschrift zum 150. Geburtstag der Evangelischen Kinder- und Jugendhilfe Feldkirchen, hg. von Dr. Günther Bauer, Innere Mission München – Diakonie in München und Oberbayern e.V., München 2003.

Marathon der Feste. Festschrift zur 150. Weihnachtsfeier der Evangelischen Kinder- und Jugendhilfe Feldkirchen, Feldkirchen 2003.

Schule ist mehr. Festschrift zur Einweihungsfeier der Grundschule Feldkirchen am 8. Oktober 2011.

Festschrift 175 Jahre evangelische Kirche Feldkirchen, Feldkirchen 2012.

100 Jahre SPD-Ortsverein Feldkirchen. 150 Jahre Sozialdemokratische Partei Deutschlands, Text: Helmut Kreitmayer, Feldkirchen 2013.

10 Jahre evangelische Kindertagesstätte Feldkirchen „Bienenhaus". Festschrift zum Jubiläums-Maifest am 26. April 2013.

AFK Geothermie, Das 1. interkommunale Geothermieprojekt in Deutschland, Aschheim 2013.

90 Jahre Gemeinnützige Baugenossenschaft Feldkirchen bei München und Umgebung eG (1924–2014), Feldkirchen 2014.

Ungedruckte Quellen
Bayerisches Hauptstaatsarchiv (BayHStA):
GL Wolfratshausen 7 ½, 12, 13
GR 717/6, 718/6
GU Wolfratshausen 178
Kurbayern 17341, 18641
Kurbayern Cons. Cam. 317, 319
Kurbayern Hofkammer Hofanlagsbuchhaltung 130, 566
Frauenchiemsee III, 262
KU Angerkloster 499, 500, 841
KU Frauenchiemsee 113
KU St. Johann/Freising 95, 116, 204, 213
KU St. Veit/Freising 117, 209, 458, 560, 561, 568, 626
KU Weyarn 230, 262, 263, 264, 266, 267, 276, 302
MH 1957
MK 14497, 24580

Staatsarchiv München (StA Mü):
RA Nr. 9283, 9624, 11507, 11508, 11803, 11598, 13214, 14169, 14217, 14218, 14548, 16744, 37605, 37641, 37678, 40357, 54214, 54553–54556, 66334
LRA 18502, 18532, 18567, 18594, 18640, 18696, 18773, 18781, 18793, 18814–8818, 19437, 19520, 19550, 19551, 19742, 19780–19783, 19866–19870, 20040–20046, 20168, 20331, 20332, 20358, 20400, 20420, 20425, 20426, 20492–20497, 20861, 20975, 20984, 21015–21027, 21231, 21537, 21645, 22625, 22720, 22753, 22846–22849, 23085–23096, 23207, 23224, 23265, 23332–23334, 23466, 23467, 23527, 23601, 23654, 23677, 23788, 23813, 23856, 23892, 23920, 23930, 23940, 23967, 23995, 24012, 58960, 58967, 78741, 78774, 78938
AR Fasz. 3263 Nr. 55
Pfleggericht Wolfratshausen R 69, Bl. 783 H
Brief Protokoll 1351/219, 1352/224
Kataster 11757, 11758, 11760

Archiv der Erzdiözese München-Freising Diözesanarchiv):
AEM PA-P III 703.
Conradinische Matrikel
Deutingeriana 2016
DK München 826. Weihetagebuch 1674–82, XXIX

Archiv des Architekturmuseums München:
oa-183-1
ruf-19-1, ruf-19-1000, ruf-19-1001, ruf-19-1002, ruf-19-1003
seif-110-1

Staatsarchiv des Kantons Zürich:
E III 57.15; E III 57.17; E III 115.14; E III 115.15

Gemeindearchiv Feldkirchen:
A060, A063, A064, A070, A0221, A0918, A1201, A1340, A1352, A2107, A2200, A2400, A301, A3121, A313, A3222, A3241, A3310, A3311, A3313, A4233, A4235, A460, A520, A5540, A5541, A566, A6025, A6130, A621, A6312, A6313, A6321, A6325, A637, A643, A6520, A6521, A6522, A6730, A7050, A7051, A712, A7231, A730, A732, A7533, A7535, A7640, A765, A801, A8220, A830, A832, A8510, A8541, A8610, A8623, A8631, A8632, A8637, A866
B024 (Protokollbücher), B6522

Grundbuchamt München, Denisstraße: Grundbücher

Bildnachweis

Pressearchiv der Gemeinde Feldkirchen

Informationen und Fotos für die Chronik wurden von folgenden Damen und Herren bzw. Institutionen zur Verfügung gestellt, wofür allen ganz herzlich gedankt wird. Ein Teil der Abbildungen wurde aus der Chronik Feldkirchen von 1990 übernommen.

Heike Adolph
Andrea Albrecht
   (Gewerbeverein Feldkirchen)
Leonhard Baumann
   (Altbürgermeister)
Ulla Baumgart
Alexandra Beck
   (Bayerisches Landesamt für Denkmalpflege)
Richard Berneth
Rita Berneth
Martin Bidinger
   (Wasserwacht Feldkirchen)
Anke Blumauer
   (Sahlberg GmbH)
Familie Dillitzer
Friederike Dörner
Betty Eder
Isabell von Ehrenkrook
Katharina Ertl
Feldkirchner Blaskapelle
Freiwillige Feuerwehr Feldkirchen
Josef Feilhuber
Roland Friesacher
Franz Frischmann
Helmut Funck
Walter Gerheiser
Ludwig Glöckl
   (Altbürgermeister)
Hermann Gruber
Christian Habenschaden
   (Cheer Base Feldkirchen e.V.)
Katharina Hafenbrädl
Richard Harrer
Dr. Manfred Heimers
Hannes Heindl
Erika Hiebl-Notheis
Christine Hirsch
   (Gartenbauverein Feldkirchen)
Familie Holly
Andreas Janson

Johanna Kinzebach
Helmut Kreitmayer
Susanne Lang
   (Crown Gabelstapler GmbH & Co. KG)
Frau Lechner
   (Kreissparkasse)
Robert Lentner
Christoph Lochmüller
   (Riedl Aufzugbau GmbH & Co. KG)
Männergesangsverein Feldkirchen
Karl-Heinz Mahr
Franz Marberger
Christoph May
   (May Landschaftsbau GmbH & Co. KG)
Hermann Mehnle
Georg Mermi
Lisa Mermi
Bruno Metelski
Familie Mock
Max Peter Graf von Montgelas
   (Bayerischer Jagdverband)
Heide Mur
Therese Oberhauser
Dr. Cornelia Oelwein
Marion Ohnes
Cäcilie Oswald
Silvia Pahl-Leclerque
Silvia Peters
Brigitte Pfaffinger
   (TSV Feldkirchen)
Maria Piendl
Dr. Wolfgang Pledl
   (Bayerischer Landesverein für Heimatpflege)
Simone Pitschmann
   (Riedl Aufzugbau GmbH & Co. KG)
Klaus Pitterle
Hans Porzner
Prähistorische Staatssammlung
Protestantisches Kinderheim
   (ev. Kinder- und Jugendhilfe)
Anja Pütz (AschheiMuseum)
Raiffeisenbank Feldkirchen
Dr. Joachim Reddemann
   (Bayerischer Jagdverband)
Adolf Riegler
Heinz-Josef Reiser
Anna Ritzer
Jürgen Schäpe

Renate Schamberger
Karl Scheibl
Franz Schiermeier
Ute Schlicht
   (Katholisches Pfarramt St. Jakobus d. Ä.)
Dr. Anja Schmidt
   (Archiv des Architekturmuseums München)
Heinz Schmitt
Susanne Schroeder
   (Katholischer Kirchenchor)
Martin Schütz
   (Otto-Eckart-Stiftung)
Bernd Schwarz
Sigrid Scondo
   (Nanotec Electronic GmbH & Co. KG)
Dr. Karin Seidel
   (Evangelischer Kirchenchor)
Gisela Siegert
Hannelore Soyer
Bärbel Springmann
   (Altschützengesellschaft Feldkirchen e.V.)
Staatsarchiv München
Wolfgang Stadler
Carmen Stahl
   (vhs olm)
Kerstin und Christian Staudinger
   (Joyful Gospel Singers)
Bernd Stettner
   (Evangelischer Kirchenchor)
Sarah Stünkel
   (AFK-Geothermie GmbH)
Stephanie Theel
   (Feldkirchner Blaskapelle e.V.)
Brigitte Thoma
   (Cramo AG)
Theaterverein Feldkirchen
Turn- und Sportverein Feldkirchen
vhs olm
Heidemarie Waber
Christine Walzner
   (Landratsamt München)
Wasserwacht Feldkirchen
Werner van der Weck
   (Bürgermeister)
Gerd Welle
Otto Wild
   (Bayerische Vermessungsverwaltung)
Balthasar Zacherl
Fritz Zehetmair
Max Zwinger

Personenregister

A

Aberle, Urban 195
Abiatha, Sr. 157
Adam, Andrä 424
Adam, Andreas, Gemeindevorsteher 86, 111, 266 f., 268, 410, 515 f., 526
Adam, Barbara 87
Adamek, Fritz 526
Adam 112, 354
Adam, Georg 246
Adam, Gottlieb 93, 177, 211, 242, 246, 268, 318, 405, 414 f.
Adam, Jakob 87f., 129, 195, 246, 326 f, 414 f., 423 f., 450
Adam, Joseph 87
Adam, Ludwig 268, 450
Adam, Martin 195
Adam, Matern 88, 129f, 424, 515 f., 526
Adam, Max 527
Adelsberger, Franz 327
Adlmannin, Katharina 175
Adlsberger 415
Adolf, Gustav, König von Schweden 314
Aewenhouer, Konrad 175
Agnes von Bayern 175
Albrecht, Georg 519
Albrecht, Johann 473, 475
Albrecht, Lothar 500
Albrecht III., Herzog von Bayern 175
Albrecht IV., Herzog von Bayern 313
Albrecht, V., Herzog von Bayern 402
Allinger Ambros 326
Alt, Friedrich 89
Ammon 518
Ammon, August 246, 415, 519
Ammon, Karl 148
Andrä, Peter 259
Andraschko, Lukas 455
Andreas 200, 358
Angermeier 422
Anna, Herzogin 177
Anton, Ernst 415
Apian, Peter 402
Apian, Philipp 238, 401 f.
Apian, Timotheus 402
Arbeo, Bischof von Freising 19, 21, 27 ff., 29, 31 ff., 34, 55
Argauer, Josef 246
Arneth 323, 465 f.
Arneth, Georg 246, 326 f.
Arthur, Winkler 327
Artmann, H. C. 368
Artmann, Josef 457
Ascher 357
Ascher, Johann 200, 246
Ascher, Josef 473
Ascher, Max 482
Ascher, Sylvest 516

Auenheimer, Karl 246
Augsberger, Albrecht 148, 246
Augustus, Röm. Kaiser 20, 436
Aumüller, Anton 450
Aureus 89
Aurnhammer, Michael 327
Axenböck, Ludwig, Expositus 63 f., 66, 75, 319, 323, 412, 532

B

Babler, Alois 438
Bacher, H. 341
Bachhäubl, Wilhelm 327
Bach, Johann Sebastian 411
Bachmaier 195
Bachmair, Anton von 87, 183
Bachmair, J. 352
Bachmayer 361
Bachmeier 351
Bader, Florian 269
Bader, Martin 266, 422
Bader, Sebastian 422
Bader, Torsten 107
Baer, Harry 369
Bahler, Andreas 348
Bankel, Regine 113
Barbara von Bayern 175
Baron, Gerhard 327
Barrett, Craig 261
Bartel 415
Bart 173, 180, 423
Bart, Hans der Ältere 173, 180
Bart, Heinrich 173
Bart, Jörg 173
Bartl, Michael 422
Bauer 269
Bauer, August 148
Bauer, Hotel 422
Bauer, Ignatius 519
Bauer, Johanna 143
Bauer, Klaus 500
Bauer, Michael 326
Bauernschmid 422
Bauer, Sebastian 438 f., 440 f.
Bauer und Keiser 159
Bäum Albert 246
Baumann, Leonhard, Bürgermeister 46, 69, 151f, 158, 168, 239, 242, 262, 374 ff., 381, 383, 394, 396 f., 409, 434, 484, 500, 515, 520 ff., 525 f., 528 f., 531 f.
Baumann, Marianne 151
Baumeister, Laetus 181
Bäumer, Paul Balthasar 46
Baumgartner 81, 344
Baumgartner, Carl 476, 527
Baumgartner, Karl 475
Baumgartner, Th. 473
Baur, Theoton 181

Bauschmid 422
Bayermann, O., 200
Bea, Kardinal 358
Becher, Theodor 458
Beck 134
Beck, Luzia 523, 529
Beek, Maria 148 f., 527
Beethoven, Ludwig van 410
Begus 479
Beichel, Rudolf 276
Benedikt XVI., Papst 375
Benedikt XV., Papst 496
Benker, Sigmund, Prälat 54
Berberich, Ludwig 341 f., 354
Berger, Friedemann 384
Berger, Josef 327
Bergheimer 133
Bergmann 397
Berling 369
Berlinger, Georg 64, 66, 183, 427
Berlinger, Joseph 141
Berling, Peter 368
Berneth, Richard, Bürgermeister 239, 359, 361, 363, 385, 403, 461, 520 f., 526, 527 f., 530, 533
Berr, Sebastian August 266, 268
Bertagnolli 356
Bertschenbohrer, Chr. 40
Berz, Peter 129
Beschorner, Trude 493
Bettler, Michael 195, 424
Beyer, Daniel 152
Bianchi, Johann 327
Bickel, Christian 148
Biebl 149, 353
Biebl, Anna 417
Biesel, Hans 327
Billaudelle, Heinz 485
Bischoff, Oskar 242
Bischof 89
Bittner, Heinrich 483, 485
Black, Korbinian 259
Blank, Eleonore 98, 113
Blattner, Josef 359
Blaufuß, Johannes Jakob 98, 106
Blaufuß, Wilhelm 148
Bleibtreu, Monica 370
Bleibtreu, Moritz 370
Blüml, Werner 496
Bobenstetter, Johann 485
Bobenstetter, Josef 478
Bock, Joseph 22
Bocklet, Reinhold 242
Bodmer, Barbara 128 f., 423
Bodmer, Johannes 110
Bodmer, Gottlieb 129
Bodmer, Hans Jakob 87 ff., 110, 128 ff., 133 f.
Bodmer, Hans Kaspar 128

Bodmer, Jakob 104, 111, 128, 134, 148, 410, 437
Bodmer, Johann 104, 110 ff., 116, 128, 183, 423
Bodmer, Veronika 129, 134, 148
Bogdahn, Martin, Kreisdekan 103
Bogner 357, 441
Bogner, Ludwig 200, 450, 455, 526, 527
Bogner, Willy 245
Boeckh 91, 93
Böhmler 354, 360
Böhm, Werner-Hans 242, 396
Bölsterl, Benno 457
Böltl, Therese 46, 144, 147, 149, 339, 351 ff., 357
Bonassi, Orazio 57, 68, 75, 458
Boneberger, Josef 246
Bonnet, Stefan 281
Bothmer, Jakob 448
Böttcher, Elke 149
Bottler, Michael 129 f.
Brachvogel, Karl-Heinz 500
Brandl, Alois 520, 525, 527 f.
Brand, Max 458, 500, 522, 528 f., 531
Brandner 362
Brandt, Gottfried 327
Brandt, Willy 363
Brantl, Michael 422
Braun, Friedrich von 310
Braun, Josef 246
Bräunlein, Josef 326
Brecht, Ilona 151
Breg, Ludwig 242
Breier 360
Breitötting, Meier von 362
Brenner, Gottfried 160
Brenner, Hans 369, 370, 428
Brückl 342 f.
Bruckner, Anton 410
Brückner, Maximilian 379
Brunegg, Freiherr Segesser von 177
Brunner, Alois 415
Brunner, Heinrich 129
Bücherl, Johann 246, 269, 318
Büchl, Karl, Pfarrer 67, 75, 103, 487
Buck, Leonhard 148
Burger 113, 115
Burger, Frieda 148
Burger, Karl 450
Burger, Michael 435, 523, 529
Burkhart, Lorenz 200
Burkkard, Johann 88
Büschgen 146, 149

C

Cadau, Landtagsabgeordneter 287
Camilla 371
Carossa, Hans 371
Caven, Ingrid 368 f.
Chamberlain, Neville 340
Charisma, Sr. 346
Cholemar, Erhard, Pfarrer 19, 47ff., 126
Christian, Thomas 181
Cieslewicz, Helge 500
Claudi, Gerda 529
Claudi, J. 471
Claudine, Sr. 147, 346, 361, 476
Claudi, Verena 529
Clay, Lucius D. 353
Conde, Prinz von 314
Conrad, Bischof von Freising 35 f., 59
Crämer, Martha 433
Crämer, Karl, Pfarrer 96ff., 100, 107, 137, 164, 225, 246, 309 f., 318, 323, 327, 405
Cronenberg, Helga 149
Cronseder 181, 182
Czogalla, Resi 493
Czogalle, Walter 511
Czudnochowsky, Carl 80, 352

D

Dahlgrün-Mihm, Barbara 149
Dahn 507
Daimler, Gottlieb 296
Daindl 422
Daladier, Edouard 340
Daldrup & Söhne AG 207
Daller, Anian 181
Dallmayr, Alois 263
Damböck, Michael 448
Dandl 415
Defregger, Matthias 362
Degele, Kaspar 123 f., 125
Deibel 88
Dekan Silberhorn 53
Demeter, Hans 215
Demetz, Heinrich 76, 77, 78
Denk, Adolf 527 f.
Denk 363
Denk, Gabi 488
Derbfuß, Friedrich 148
Desch 415
Desch, Karl 183, 246
Deschler 223
Dettling, Rainer 378
Deutinger, Martin 51
Dhein, Susanne 151
Diepolder, Gertrud 21 f., 32
Dietl, August und Margot 415
Dietzl, Pfarrer 108
Dillitzer 381, 415, 420, 425
Dillitzer, Jakob 200, 327, 450
Dillitzer, Johann 381, 527
Dillitzer, Rosa 381
Dinse, Rüdiger 452 f., 455, 528

Dirnhofer, Ernst 473
Distler, Hubert 101
Doandl 422
Doindl 422
Dolch, Ludwig 326
Dönitz, Karl 347
Donnersberg, Sophie von 314
Döpfner, Julius, Kardinal 358, 362
Dorn, Hanns 371
Drechsler, Hans 516
Dressler, Otto 243, 429
Drexel, Ruth 368 ff., 428
Düring 89
Drusus 20
Dunstmaier 64
Düring, Johann Leonhard 89, 91, 134, 148
Dürmann, Max 246
Duschl, Johann Baptist, Schulinspektor 43

E

Eberlein 333, 526
Eberlein, Kurt 332
Eberlein, Wilhelm 450
Eberlein, Willy 518 f., 526
Eberl, Franz 527
Eberl 353
Eberl, Lambrecht 189
Eckart, Werner 227
Ecker 287
Ecker, Otto, Landtagsabgeordneter 327
Eckher, Johann Franz, Fürstbischof 38
Eder, Konrad, Pfarrer 69, 75
Egerer 361
Egger, Josef 255, 450
Egger, Regina 200
Eggl, Wilhelm 520
Egilfreda, Sr. 157, 476
Ehrenkrook, Isabell von 500
Ehrl, Johann 191, 425
Eicker, Manfred 525
Eimer, Theodor 53
Eisner, Max 126
Eixenberger 357, 360
Eizinger, Johann F. 148
Elisabeth von Österreich 286
Elsner, Bernhard 73, 359
Emelkofer, Michael 423
Emmeram, hl. 17, 19, 21, 27, 30, 31 f., 36, 44, 47, 49, 52, 54 f., 57, 83
Enders, Ronhard 149
Engelbrecht, H. 471
Engelmann, Helmut 152
Englbrecht 473
Englmann, Heinrich, Pfarrer 62, 410, 412, 458
Englmann, Helmut, Bürgermeister 57, 301
Epp, Franz Xaver Ritter von 411
Erb 415

Erb, Andreas 316
Erb, Gottlieb 327
Erbrecht, Wolfesing zu 180
Erdhüter, Albert 296
Erhard, Lorenz 424
Erl 423
Ernst 457
Ertl, Martin 219, 425, 457
Essel 323
Estermann, Otto 346
Ettl, Georg 189
Evers, Almut 149

F
Fackler 361
Fackler, Heinrich 148 f., 475, 477
Fahrner, Rudolf 86, 91
Fahrner, Barbara 86
Faicht 422
Faith 425
Falter, Franz Xaver 265, 277
Farbenhuber 360
Fassbinder, Rainer Werner 368 f., 428
Faulhaber, Michael von, Erzbischof 59, 63 f., 66, 344, 354
Fauth 317, 433
Fauth, Babette 319, 323
Fauth, Barbara 148
Fauth, Jakob 224
Feilhuber 359 f., 362
Feilhuber, Josef 481, 528
Feilhuber, Lidwina 476, 527
Feilhuber, Sepp 488
Feith 425
Feldner 89
Feldschmied 108
Fendt, Otto 473
Fent, O. 471, 526
Ferdinand Maria, Kurfürst von Bayern 176, 180
Festl, Mathias 324
Fette, 424
Feucht 422, 425
Fichter, Josef 327
Fiek, Irene 148
Filgis 335, 415
Filgis, Leonhard 450, 471
Filgis, Ulrich 246, 457 f.
Finckh, Georg Philipp 402
Finsterwald, Karl 150, 151
Fischer, Alois 326
Fischer, Elisabeth 151
Fischer, G. 115
Fischer, Johann 246
Fischer, Theodor 99, 100, 325, 426
Flach, Paul 453, 455
Flaschenträger, Wilhelm 70, 427
Fleschhut, Johann 327

Fleschhut, Wendelin 473
Flicker, Georg 423
Foichtmayr, Josef 190
Forstenmeier, Pfarrer 359
Forstmair, Peter, Pfarrer 62
Forstner 518
Forstner, Emmeran 327
Franken, Nicole 494
Franzamartl 422
Franz, Georg 520, 527
Franz, Heitzer 200
Franz, August 141
Franz, August 280
Franz, Xaver 280
Freibauer 422
Freisinger, Franz Xaver 181
Freundl, Martin 478
Frey, Georg 199, 246
Freytag, Karl 148 f.
Frick, Constantin 319 ff., 322
Frick, Wilhelm 343
Friederichsen, Michael 389
Fried, Johann Konrad Karl 148
Friedl, Alois, Pfarrer 62
Frischholz, Herbert 496
Frischholz, Walter 496
Frischmann, Franz 495
Fritzsching, Hans 327
Frosch, Sophie 149
Fuchs 422
Fuchs, Karl 295, 297, 360
Fuchsuber, Sebastian, Expositus 63, 75, 225, 246, 310, 318
Funk, Katharina 523, 529
Fürmann, Johann 326
Furtner, Maria 478
Fußeder 444

G
Gabahell 176, 423
Gäbelein 415
Gaber 104
Gabriel 423
Gaffron, Karl 278
Gail, Georg 30
Gaisbauer, Josef 327
Galland, Adolf 116, 334
Gallus 42
Garnreiter, Leonhard 326
Garnreiter, Therese 265, 271
Garnreiter, Wolfgang 246, 265, 27 f.0, 413, 423
Gasperi, Alcide De 410
Gasser, Johann 129
Gazzo, Hanna 478
Gebhard 77
Gebhard, Bischof von Regensburg 34
Geigl 444

Georg, Böhler 200
Georg der Reiche 313
Gerber, Christian 111 f., 183
Gerber, Veronika 112, 128
Gerhardt, Jakob 149
Gerheiser, Elfriede 477
Gerner 225
Gessner, Gottfried 396
Gillessen, Joachim, Landrat 57, 153, 301
Gingerich, Christian 87, 183
Glaser, Theodor 101
Glashauser, Thomas 152
Glasl 226, 351, 414, 422, 425, 451
Glasl, Anna 273, 425
Glasl, Anton 265, 269, 274, 280, 327, 450, 519
Glasl, Josef 273, 327
Glasl, Paul 267 f., 279
Glasl, Paulus 111, 195, 239, 425
Glasl, Simon 246, 269, 458
Glasl, Sophie 265, 269, 274, 280
Glasl, Therese 269
Glöckl, Jakob 327
Glöckl, Ludwig, Bürgermeister 56 f., 103, 147, 150, 152 f., 159, 239, 301, 325, 401, 429, 444, 462, 475, 492 f., 497, 500, 515, 520 f., 526 ff., 530, 533
Glockner, Wolfgang von 87, 183
Glockner, Benonnie von 183
Glungler, Johann Georg 97, 106
Gnädig 361, 362, 414, 423, 503, 518
Gnädig, Georg 219, 221 f., 246, 444, 457, 461, 496, 519, 521, 525, 527 f.
Gnädig, Joseph 195, 423
Gobahell 423
Göbel 149
Göbel, Gisela 148, 246
Godin, Anselm 36
Goebbels, Joseph 345
Golibrzuch, Franz 522 f., 528, 529
Goller, Lorenz 327
Göpfert 415
Göring, Hermann 345, 347, 351
Goronzy, Hedi 493
Göth 415
Göth, Josef 246
Götz, Heinrich 76ff.
Graber, Rudolf 31
Grafarend, Ulrike 152
Gräf, Oskar 508
Grandauer, Paulus 181
Grasser, Erasmus 54 f.
Gratzl, Hermann 444, 448
Greiner, Anni 450
Gretler, Anna Barbara 128
Griedermann, Conrad 129
Griesgraber, Markus 481
Grimm 507

Gronsdorf, Wieser von 348
Groß, Manfred, Pfarrer 105, 107
Großmann, Emilie 148
Gross, Otto 371
Gruber 415, 425, 504
Gruber, Christoph 113, 199
Gruber, Elisabeth 522, 528 f.
Gruber, Hermann 221, 232, 496, 520 f., 527, 528
Gruber, Josef und Elisabeth 505
Grueber, Konrad 181 f.
Gschlößl, Georg 448
Gschmack, Martin 327
Gschwander, A. 200
Gschwander, Maria 493
Gschwendtner, Hubert 481
Guggenberger 370
Guhlke, Thorsten 463, 523, 529
Guidobald, Erzbischof von Salzburg 180
Gumpert 415
Günther, Brigitte 157
Günther, Georg 294

H

Haase, Friedrich 473
Haberlik, Maria 219
Haberl, Stephanie 374
Haberzettl, Michael 366
Habl 361
Hackenberg, Adolf 476
Hacker, Johann Georg, Pfarrvikar 92 ff., 106, 148
Hacker 362
Hafenmeyer, Josef 210
Hagenacker, Helmut 103
Haimerl, Werner 505
Haindl 232, 433, 473
Haindl, Franz 426, 432, 438 f., 448, 450
Haindl, Franz Paul 242, 246, 414 f.
Haindl, Elisabeth 414 f.
Haindl, Franz Xaver 103
Haindl, Hans 326
Haller 146, 149, 353, 356
Haller, Anton 326
Haller, Johann 149, 417, 463, 476
Haller, Konrad und Monika 488
Hamberger 115
Hamilton, Duke of 343
Hämmerle 89
Händel, Georg Friedrich 411
Hantlin, Konrad 174, 179
Hantschel, Richard 527
Hargasser 361
Harreiner 344
Harreiner, Karl 327
Harrer 145, 147, 149, 356
Harrer, Richard 149, 489, 520, 530

Hartan, Hans 143 f., 149, 476
Hartan, Paul 327
Hartig, Michael, Prälat 80 f., 341 f., 351 f., 354
Hartl, Babette 472
Hartl, Werner 521, 525, 528
Hartl, Xaver 508 f.
Hartmann 345, 349, 351, 424
Hartmann, Johann 200, 271
Hartmann, P. 353
Hartmann, Therese 265
Hartwich 415
Hartwig, Josef 140, 143, 246, 316
Haßlbeck, Georg 481
Hauck, Albert 97, 106, 148
Hauck Gustav 327
Hauck, Philipp 259, 409, 412
Hauer, Christa und Elli 488
Hauer, Peter 521, 528
Hauer, Werner 481
Haug 407
Haug, Johann 511
Haupt, Ludwig 525
Hauswirth, Jsak 129
Haydenpuecherin, Maria Magdalena 180
Haydn, Joseph 411
Heber, Karl 148
Hebing, Kornelius 432
Hechmann Jakob 316
Heckmaier, Karl 527
Heerde, Walter 59
Heigel, Eva 54
Heigl, Heinrich 450
Heil, Diakon 68
Heiler, Jacob 191, 424
Heilmayer, Melchior 191
Heilmeier, Ernst 448
Heinel, Franz 455
Heinrich 423
Heinrich der Löwe, Herzog 21
Heinrich, Leonhart 423
Heinrich, Liselotte 396
Heinrich, Ludwig 211, 219, 222, 246, 410, 414 f.
Heinrich, Rosina 396, 531
Heinstetter, Friedrich 176
Heintz, Marion 151
Heiß 349, 450
Heiss, Hans 255
Heiß, Hanns 200, 455
Heiß, Hans 519
Heitzer 337, 362
Heitz, Jakob 456
Held, Heinrich 40
Held, Konrad 148
Hemmeter, Karl 429
Henne, Hans 456

Henne, Johann 148
Henninger, Leonhard 116
Herbert, Volker, Dekan 105
Herbst, Joseph 142, 149
Hermann, Albert 148
Herwarth, Maria Johanna von 176
Herz, Jakob 267 f., 268
Herz, Catharina 267
Herzog und Steidle 63
Hessel, Georg 148
Heß, Josef 327
Heß, Rudolf 343
Heß, Willy 327
Hetzel, August und Regina 278
Hiebel, G. 471
Hieber 56
Hiebl 518
Hiebl, Otto 200, 255, 457, 527
Hierschdarffer, Georg 174
Hildmann, Andreas, Pfarrer 101 f., 107, 530
Hildmann, Gerhard 101
Hildmann, Ina 152
Hildmann, A. 109, 492
Hill, Johannes 129
Himmler, Heinrich 348
Hindenburg, Paul von 411
Hindermayr, Wolf 188, 189
Hindringer 66
Hinterdorfer 415
Hintermayer, Melchior 191, 423, 424
Hintermayer, Wolf 423
Hintermeier 423
Hirschsteiner, Martina, Pfarrerin 105
Hirschvogl, Rasso 327
Hitler, Adolf 340 ff., 343 f., 347
Hitzinger, Gabi 494
Hobler 177
Hobler, Georg 424
Hobmair, Karl 339, 351, 354
Hobmair, Joseph, Pfarrer 59, 66 f., 73, 75, 80 f., 146 f., 149, 63, 67, 206, 235, 277, 301, 324, 331, 333 f., 336 f., 339, 366 f., 403, 469, 510 f., 518, 521, 532
Höchheimer 415
Höchl, Anton 234
Hoffmann, Maria 493
Hoffmann, Richard 70
Hofmann 149, 433, 475
Hofmann, Josef, Pfarrer 67, 75, 77 f., 487, 492
Hohner, Claudine 157
Holler, Johann 53
Holl und Flaschenträger 64, 66
Holly 220 f., 317, 406, 415, 423
Holly, Barbara 87
Holly, Georg 318, 326 f., 440, 448
Holly, Jakob 457
Holly, Joseph 87

Holly, Leni 433
Holly, Ludwig 230
Holly, Mathilde 104
Holly, Philipp, Bürgermeister 64, 167, 183, 200, 219, 224, 226, 228, 236, 246, 251, 254 f., 296, 298, 308, 319 f., 412, 423, 517 ff., 526, 532
Hölzel 415
Holzinger, Andrä 195, 422
Hölzl 423
Holzmann 504
Holzmann, Alfons 200, 475
Holzmann, Reinhold 56, 482, 496
Holzscheiter, Ulrich 381
Homaner, Franz 255
Hopler, Georg 424
Hoppler, Georg 95
Hörmüller 415, 424, 465
Hörmüller, Joseph 246 f., 279, 432 f., 450, 458, 473, 516 f.
Hörmüller, Katharina 279
Hörmüller, Max 327
Hornburger, Martin 478
Hornburger, Stefan 324
Hornmann, Friedrich 475
Huber, Andrea 485
Huber, Andreas und Theresia 422
Huber, Anton 528
Huber, Emeran 111, 422
Huber, Franz 324, 448
Huber, Georg 327
Huberin, Maria 195
Huber, Johann 140 f., 143, 191, 229, 415, 422, 458, 518 f.
Huber, Johann Nepomuk 273
Huber, Josef 246
Huber, Karl 327
Huber, Karl-Heinz 520 f., 527 f., 530
Huber, Max 277
Huber, Melchior 61
Huber, Michael 195, 422
Huber, Nikolaus 361, 415, 463
Huber, Otto 327
Huber, Sebastian 424
Huber, Steinmetz 362
Huber, Therese 246
Hufschmid, Michael 195, 422
Hummel, Heinrich 115
Humpmayer, Casimir, Frater 41 ff., 44, 46, 123
Hundertpfund, Caspar 175
Hundertpfund, Dorothea 175f.
Hundertpfund, Hans 173, 175
Hundertpfund, Niclas, Antonia, Barbara 175
Hunger, Hans 189
Hupfauer 415
Hupfauer, Kaspar 246
Huttinger, Jonas 191

Hüner 118
Hüttner 465
Hüttner, Emil 246, 433, 464, 471

I

Ihl 415
Ikenmeyer, Monika 493
Immel, Carl 148
Innozenz, hl. 36
Inselkammer, Franz 281, 492
Irl, Reichstagsabgeordneter 287 , 423
Irmgart 179

J

Jackermeier, Georg 444 f., 448, 530
Jackermeier, Luise 488
Jäckl 423
Jäger, Peter 158, 161, 382
Jäger, Georg Albrecht 98, 107
Jäger, A., Pfarrvikar 108
Jahn, Friedrich Ludwig 411
Jakob, Detlev 485
Janik, Heiner, Landrat 242
Janisch, Gustav 327
Janson, Andreas 454 f., 522 f., 529
Janson, Franz 270
Janson 132
Janson, Valentin 53, 266, 423, 472
Jehlicka, Gustav 246, 444, 448
Jell 423
Jell, Johann, Coadjutor 62, 75, 308, 356
Jilg, Eduard 327
Jillmaier, Michael 195
Jirl 423
Jodl, Alfred 345
Johannes Paul II., Papst 353
Johannes XXIII., Papst 359
Jonas, Benedikt 195, 424
Jonas, Ignaz 424
Jordan, Leopold 422
Josef II., Kaiser 22
Josepple 423
Josetti 468
Jung, Conrad 129

K

Käb, Karolina 148
Käfferlein, Rosa 148
Kaffl, Franz 224f., 226, 285
Kahlfleisch, Johann 246
Kahl 235
Kahl, Hans 359, 361, 371, 521
Kahl, Helene 152
Kahl, Johann 219
Kaindl 415
Kaiser 89
Kaltdorff, Karl 234

Kaltenbacher 415
Kaltenbrunner 415
Kammel, Franz 327
Kammel, Josef 239, 492, 521 f., 527 f., 530
Kams, Franz 415
Kappauf, Johann 327
Kappl, Ilse 157
Kapser 352, 354, 411
Kapser, Ludwig 200
Karbaumer 362
Karbaumer, Konrad 327
Karber, Mathias 327
Karl 147, 149, 354
Karl Theodor, Kurfürst von Bayern 22, 39f., 45, 83, 84, 222
Karoline von Bayern 89, 131, 411
Karoline von Baden 84
Käser 348
Kastenmeier 356
Kastenmüller, Anton 275
Kastner & Scheidel 159
Katharina 368
Kath, Emil 378
Kauderer, Benonnie 87
Kauderer, Johanna 87
Kauderer, Lorenz 87, 183, 423
Käufl, August 327
Kaufmann 115, 518
Kaufmann, Günther 368
Kayser, Caspar 191
Kaysersperger, Hans 180
Keck, Angela 528
Keck, Stephan 463, 525
Kefer, Franz Xaver 123
Kehrer, Johann 415
Keilhacker 356
Keil, Ludwig 246
Kelber, Johann 132
Kellenberger 360
Keller, Donatian 181
Keller, Johann 129
Kellermann, Stadtpfarrer 68
Kellermeier 423
Kellmer 411, 423
Kellner 415
Kellner, Ferdinand 246, 458
Kelmeier 423f.
Kerschensteiner, Rudolf 148
Ketterl ,Georg 327
Khürchmair, Simon 189
Kiefer, Peter 327
Kiesinger, Kurt Georg 361
Kießling-Prinz, Susanne, Pfarrerin 105
Killmair 423
Kindlberger, Hans 457
Kinzebach, Johanna 150 f.
Kirchner 414

Kirnberger, Guarin 181
Kirnstein, Samson Lauginger von 180
Kirschnek und May 145
Kißl, Michael 131
Klagenherz, Disbolt 129
Klatt, Michael 496
Klebl, Josef 246
Klein, Erich 252
Klein, Hans 148
Klein, Heinz 473
Kleinhempel 465
Kleinhempel, Georg 246, 463
Kleinkonrad 415
Kleinkonrad, Johann 246, 437
Klenk, P. Notker 353
Klier 473
Klier, Heinrich 255, 471
Klingele, Thusnelda 149
Klingler, Christian 88
Klinger, Stephan 479
Klingler 177
Klingler, Christian 129, 195, 423
Kloo 414
Kloo, Anna 415
Kloo, Clement 100, 246
Klos, Otto 327
Klotzbücher, Lina 118
Klumm, Katharina 155, 517
Knapp 115
Knapp, Ernst 476
Knidlberger, W. 200
Knirsch, Willi 476
Knobloch, Otto 475
Knoll, Maximilian 327
Knözinger, von 226
Kobell, Wilhelm von 315
Koch, Arwed von 200
Koch, Diana 151
Koch, Robert 237
Koch, Silvester 174
Kögl, Heinrich und Magdalena 176
Köhl, H. 471
Kohrs, Katja 151
Kolb, Hans 476
Kollgruber, Casimir 40 f.
Köllmaier 423
Köllmair 411, 423
Kolmeier 423
König, Michael 368
Königseder 352, 353
Konrad, Johann 94
Körber, Sylvia 529
Korbinian, Bischof von Freising 30
Korder, Christa 151
Korder, Lore 528
Korder, Wilhelm 526
Kosenbach, Robert 99, 426
Kostas, Georg 482, 485

Kothieringer, Stadtpfarrer 346 f.
Kotter, Georg 509
Kotter Josef 327
Kotter, Sebastian 172, 424
Kraft 473
Krahmer, Maria 148
Krämer 425
Krammer, Albert 476
Kratzer Gust. 246
Kraus, Christian 148
Kraus, Fritz 135, 148
Krauß, Fritz 148
Krauß, Richard 183
Krauth, Alfred und Monika, Pfarrer 100,
    103 f., 107, 498, 533
Krebs, Karin und Eckhart 153
Krebs 77
Kredatus 147, 149
Kreitmayer 465, 468
Kreitmayer, Helmut 129, 142, 149, 501, 516
Kreitmeier Josef 246
Kreuzmeier, August 327
Krieg, Annemarie 472
Kroetz, Franz Xaver 368, 370
Krois, Simone 523, 529
Kronberger 157
Kronberger, Johann 521, 527 f.
Kronester 415
Kropp, Edmund 473
Krüger, Hiltrud 525
Kübler 415
Kuchler 210
Kufner, Bernhard 484
Kübler, Gottlob 278
Kübler, Margareta 278
Kühle, Anton 195, 422
Kühlmann, Andreas 500
Kühlmeier 423
Kühlwein, Heinrich 326
Kuisl, Georg Max 450, 455
Kunigunde von Österreich 313
Kunnenmacher, Michael 129
Künner, Johann Caspar 60
Kunz, Anna 128
Kunz, Johann 132
Kunz, Michael 129
Kupka, Engelbert 396
Kurz 414
Kürzel, Edi 450
Kürzel, Hans 450, 452, 455
Kurz, Hans 200, 448, 517
Kurz, Joh. 246
Kürzl 518
Kurz, Stephan 326
Kuttner 93
Kutzner 465
Kutzner, A. 246, 471

L
Lackner, Hans 450
Landes, Sepp 511
Lang 415
Langemantel 93
Lang, Emil 327
Langer, Anita 69
Lang, Georg 424
Lang, August 224
Lang, Leopold 422
Lang, Martin 326
Lang, Mathias 141
Lang, Marga 104
Lang, Robert 246
Lanz 160
Lanzl, Josef 295, 316
La Rosée 182 f.
La Rosee, Joseph Adolf, Graf 182
Lechner 352, 359
Lechner, Georg 448, 451, 455
Lechner, Erich 69
Lechner, Rosa 472
Lehner 359
Lehner, Sylvest 516
Lehnert, Johann 316
Lehrer 112 f., 414 f., 422
Lehrer, Barbara 86
Lehrer, Berta 273
Lehrer, Jakob 210
Lehrer, Freytag 119
Lehrer, Fritz 200, 246, 265, 272 f., 279, 413,
    438, 448, 451, 455
Lehrer, Jakob, Bürgermeister 86, 219, 222,
    246, 278, 463, 526
Lehrer, Mathilde 278
Lehrer, Johann 516
Lehrer, Karoline 96
Lehrer, Ludwig 87, 104, 246, 437
Lehrer, Philipp 86, 104, 229, 423, 425, 427
Lehrer, Regina 86, 104, 116, 530
Leibenger 415
Leingärtner 414
Leipfinger, Joseph 461
Leneis, Anton 326
Lentner, Florian 259
Lentner, Richard 496
Lentner, Robert 496
Lentner, Siegfried 496
Lentner, Thomas 496
Lenz-Lemberg, Ghita, Pfarrerin 105, 107,
    471
Leonrod, Wilhelm von 225, 310
Lerchenfeld, Grafen von 177
Lerchenfeld-Brennberg-Gabelkofen, Max
    Emanuel Graf von 177
Leucht, Emil 521, 527, 528
Lewandowski, Hiltrud 528
Liebel, Georg 191

Liebl, Johann 246, 415
Liechteneck, Johann Franz Eckher von Kapfing, Bischof von Freising 36
Ligsalzin, Regina 176
Lilienthal, Karl Wilhelm Otto 412
Limmer, Hans 457
Lindenau, Konrad 366, 526 f.
Lindner, Ludwig 327
Linser, Heinke 152
Lisieux, Theresia von 342
List, Wilhelm 210
Listl, Sebast. 246
Lobermeyer, Adolf 327
Lochmüller, Christoph 259
Löffler, Friedrich August Johannes 237
Löhe, Wilhelm, Pfarrer 94
Löhr, Franz 246
Loos, Eugen 148
Lorenz 424
Lorenz, Alois 471, 478, 526 f.
Lösch 414
Löslein 415, 518
Löslein, Johann 246
Löweneck 287
Löw, Siegmutis 156
Ludwig I. der Kelheimer, Herzog 187
Ludwig I., König von Bayern 47, 54, 93, 126, 175, 307, 404, 412, 508
Ludwig II., König von Bayern 113, 311, 404
Ludwig III., König von Bayern 226, 309 f., 496
Ludwig der Bayer, Deutscher Kaiser 21, 175
Ludwig Joseph von Bourbon 314
Ludwig 362
Ludwig, Monika 522, 528, 529, 531
Ludwig, Stefan 476
Luitpold von Bayern 308 f., 404, 412, 465
Luitpold, Graf Wolffskeel von Reichenberg, 317
Lust, Joh. 246
Luther 402
Luther, Jens 477
Lüttich, Ida 142, 149
Lutz, A. 246
Lutzenberger, Walter 479, 481
Lutz, Fritz 51, 57, 110, 513
Lutz 142, 149

M
Machan, Bernhard 480
Mader 415
Mágori, Erhard 522, 529
Mahler 354
Mahr, Karl-Heinz 521 f., 525, 528 f., 531
Maier 424
Maier, Franz 509
Maier, Georgine 157
Mainberger, Franz 326
Mair 424
Mair, Georg 53
Maler 356
Maller, Franziskus 181
Mang 357
Mangstl, Konrad 457
Manlik 147, 149
Manlik, Josef 482, 485
Mann, Thomas 371
Maras, Eduard 478
Marb, Josef 357
Maria Anna von Savoyen 175
Marie, Königin 113
Marinkovic, Peter 105
Marquard, Maximilian Leopold Anton 176
Marquard, Sigmund 176
Marschall 415
Marschall, Josef 458
Marx, Xaver 195, 423
März 341
Mathäser, Johann 195
Mathe, Arnold 327
Matheser 414
Matheser, Cyprian 424
Matheser, Johann 424
Matheser, Franz 166
Matheser, Sebastian 424
Mattar, Nassiv 247
Maulwurf, Karl 246
Maurer, Josef 326
Maurus, Therese 149
Röhrl, Max 200
Maximilian I., Kaiser 313
Maximilian I., Kurfürst von Bayern 180
Maximilian I., König von Bayern 45, 84
Maximilian II., König von Bayern 113
Max II. Emanuel, Kurfürst von Bayern 175
Max III. Joseph, Kurfürst von Bayern 39, 45, 190
Maximilian IV. Josef, Kurfürst von Bayern 84
Maybach, Wilhelm 296
May, Christoph 462, 522, 525 ff.
Mayer, Josef 478
Mayer, Karl 476
Mayer 341
Mayer, Rupert 353
Mayer, Udo 476

May 159, 374, 512
May, Franz 299, 301, 411, 463
May, Katrin 528
Mayr, Caspar 60f., 314
Mayr, Frigdian 181
Mayr, Hans 189
May, Volker 259
Begus, Richard 200
Mehringer 423
Mehringer, Georg 219, 222
Meichelbeck, Michael und Maria 280
Meier 424
Meier, Reinhold 527
Meier, Werner 485
Meil 356
Meiler, Markus 529
Meindl, Josef 415
Meinhard, Richter von München 179
Meining, Gallus 41, 44
Meinzolt, Senator 354, 357
Meißner, Catharina 95
Memmel, Hermann 305
Menzel, Wolfgang 507
Merk, Bruno 403
Merkel, Max 148
Merkle, Adelheid 149
Mermi 414, 423 f., 503, 505
Mermi, Georg 221, 423, 505, 523, 529
Mermi, Georg Johann 423
Mermi, Gottlieb 88, 246, 423
Mermi, Johann 219, 222, 423
Mermi, Maria 88, 423
Mermi, Willi 505
Merrath 473
Merrath, Anton 327
Merrath, Hans 496, 513, 521, 528
Merrath, Helmtraut 522, 529
Merrath, Johann 482, 485
Messmer, Jakob 316
Meßner, Johann 110, 423
Messner, Georg 129
Metelski, Bruno 462 f., 493, 521, 527 f., 530
Meuslein, Abiatha 157
Meyer, Anna 129
Meyer, Franz 141
Meyer 115, 265
Meyer, Karl 246, 269, 274 f., 280
Meyer, Karolina 274, 280
Meyer, Udo 475
Michalka, Josef 527
Michalk, Helmut 527
Michel, Johann Balthasar 84
Mihler, Wolf 189
Miklautz und Goergens 281
Miller, Ferdinand von 311
Miller, Oskar von 205
Milly, Anton 425

Mittereder, Johann 327
Mittermaier, Gabriele 397
Moar 424
Molfinter 414
Möller, Gunnar 369
Montgelas, Maximilian von 130, 192, 196
Montini, Giovanni Battista 359
Moreau, Jean-Victor 314f.
Morhart, Franz Paul 327
Moritz, Jörg 481
Moser, Josef 327
Moser, Mathilde 148
Mößmer, Alois 492
Mötscher, Lienhart 175
Mozart, Wolfgang Amadeus 384, 412
Mühlbauer, Maria 148
Mühlberger 414
Mühlberger, Josef 457
Müller 423
Müller, Jakob 415
Müller, Karl 327
Müller, Ludwig 526 f.
Müller, Melchior 189
Müller, Regina 246, 415
Müller, Wolf 189
Mulzer, Reinhard 523, 525, 529
Münch 353, 358
Münch, Xaver 280 f., 409, 413
Münch, Rosa 280 f.
Münster, Heinrich von 37
Münster, Wolfolt von 37
Münzer, Kunigunde 148
Mur, Andreas 448
Musil, Robert 371
Mußgnug, Rudolf 403
Mussolin, Benito 340, 342, 345
Muzenhardt ,Cristian 316
Muzenhardt, Michael 316

N
Nadler, Georg 326
Nagl, Anton 326
Nanner, Paul, Domherr 172
Napoleon Bonaparte 23
Nentwich, B. 471
Neuhäusler, Johannes 342f.
Neumaier 176
Neumeier 424
Neumeister, Georg Michael 96, 106, 148
Neupert 471, 519
Neupert, Erhard 255, 450
Neustadt, E. 473
Nicklas, August 285
Niederhofer 53
Niedermeier, Angela 472
Niedermeier, Peter 482, 485
Nikola, Sr. 350

Nitker, Bischof 20
Notker, P. 353
Nowek, Willy 475, 477
Nunmayr, Gregori 191, 423
Nusser, Rudolf 478

O
Oberärnbach, Baron Pfetten zu 189
Oberhauser 95, 347, 350, 353, 414, 424 f.
Oberhauser, Georg 143, 219, 246, 275, 425
Oberhauser, Ursula 275
Oberhauser, Josef, Bürgermeister 219, 222, 276, 337, 526
Oberhauser, Lorenz 437
Oberhauser, Maria 275, 276
Oberhauser, Melchior 111, 195, 267 f., 425
Oberhauser, Therese 276
Oberloher 361
Oberloher, Martin 520
Obermayer, Hans 189
Obernetter, J. B. 114
Öchsner, Claudia 149, 155
Oefele, Edmund Freiherr von 402
Oehl, Georg 246
Oettingen-Wallerstein, Eugen Fürst zu 281
Oettl 424
Oettl, Kaspar 423
Offmey, Äbtissin 179
Ortner, Joseph 464
Oswald, Cäcilie 472
Oswald, Paul 512
Oswald 343
Ott, Franz 327
Ott, Gustav 246
Otto I., Bischof 21
Otto I., König 412
Otto, König 309, 404
Öttl, Andre 189, 191, 425
Öttl, Balthasar 189, 191, 424
Öttl, Corbinian 189
Öttl, Georg 189
Öttl, Haimeran 189
Otto, Gustav und Katharina 415

P
Pacelli, Eugen, Papst Pius XII. 341, 356
Pachtner, Georg 89
Pahl-Leclerque, Silvia 522 f., 528 f.
Pammer 124
Panickaruveettil, Pater Jaimes Varghese 69, 75
Panitz, Max 429
Pass, Gustav Adolf 477
Pauernschmid 422
Pauschmidt, Georg 61, 422
Pazmayer, Balthasar 191, 423
Penker, Michael 316

Perger, Georg, Dechant 172
Peter 149
Peters, Isabelle 151
Petrus, Apostel 29
Pfaffinger, B. 471
Pfanzelter, Ludwig 246
Pfeiffer 344, 352, 355, 362
Pfeilschifter, Hans 476
Pförtsch 477
Pfundtner, Wilhelm 422
Pichl, Alois 327
Piel, P. 346
Piendl 348
Piendl, Ludwig 444 f., 448
Piendl, Michael 327
Pilung 174, 179
Pitterle, Klaus 374
Pittner 425
Pius VI., Papst 22
Plosetl, Theres 87
Plosetl, Xaver 87
Pöbing, Richard 149
Podiuk, Hans 305
Porzner, Hans 339, 359, 415, 507
Pöttler, Michael 424
Pozmayer, Balthasar 189, 423
Pretzl 132
Pricha, Hans 483, 484, 485
Priehäußer 296, 518
Priehäußer, Heinrich 136 f., 148 f., 225, 310, 461, 464, 532
Prinz 360
Pritzl, Petrus 181
Probst, Balthasar 189
Probst, Dorothea 523, 529
Prokopios 17
Propst, Malachias 181
Prössl 414
Prößl 288
Prößl, Fritz 265, 277, 280, 475
Prößl, Heinrich 251
Prößl, Karl 246
Prößl, Karl 250, 433, 461, 463
Prößl, Marie 433
Prössl, Max 326
Prylinski, Margit 152
Prylinski, Paul 523, 529
Püchner, Herbert 485
Puchner, Karl 401
Puchta, Heinrich 89

Q
Queri 507, 508

R

Raab, Kurt 368 f.
Raak 361
Raak, Hermann 246
Rabitz, Carl 71
Rabus 133
Ragaus, Ulrich 179
Raiffeisen, Friedrich Wilhelm 250, 412
Rall, Johann 144, 148 f., 341, 343 f.
Rall, Werner 327
Ranftl, Nikolaus 326
Rank 211
Ranke, Dr. Friedrich Heinrich 96
Ranke, Friedrich Leopold 106, 148
Ranke, Friedrich Ludwig 96
Ranke, Heinrich 96
Rankh, Ferdinand 38
Rankh, Jakob, Pfarrer von Kirchheim 61
Rasper Adalbert 327
Rasper Friedrich 327
Ratzinger, Josef, Kardinal 68
Rau, Johanne, Bundespräsident 120
Rauch, Emma 200
Raum, Leonhard 478
Raunert, Anne 148
Rau, Otto 451
Rauscher, Johann 246, 278 f., 280
Rau, Wilhelm 89
Redlich 330, 343
Reger, Max 412
Reich, Alfred 369, 428
Reichert, Reinhard 505
Reidl, Thekla 415
Reikowski, Birgit 505
Reikowski, Friedrich 148, 149, 475, 477
Reinheimer, Franz 523, 525, 529
Reischl, Maria 270
Reiser 361
Reißmann 415
Reißmann, Johann 246
Reiter 441
Reither 139, 414, 473
Reither, Georg 246, 450, 455
Reither, Hans 323, 457, 517
Reither, Rosa 149, 434
Reither, Stephan 475
Reitmeier, Josef 478
Reitter, Andreas 38, 40
Reitzenstein, Wolf-Armin von 401
Reß, Katharina 246
Reutter, Georg 475
Rhinow, Hans U. 149
Richard, Gaube 200
Richter, Franz 471, 521 f., 527 ff., 530
Richter, Heidrun 149
Richthofen, Manfred Freiherr von 412
Riedel 149

Rieder, Robert 453, 455
Riedl 414
Riedl, Hans 200, 245, 258, 409, 411, 527
Riedl, Michael 316
Riedmeier 355, 358
Rieger, Alois 181
Rieke-Eisen, Sabine 151
Rilke, Rainer Maria 371
Rinecker 414
Rinecker, Franz 246
Rinecker, Ludwig 200, 210
Ritzer 360, 361
Ritzinger, Eduard 148
Rödig 362
Rödig, Josef 149
Rödig, Rektor 149
Roesc, Anton 176
Röhrer-Ertl, Olav 31
Röhrl 422
Römer, Markus 485
Roncall, Angelo Guiseppe 356
Rosenthal, Martin 183, 219
Roth, Anna Maria 516
Roth, Walter 481
Rott, Ortspfarrer 362
Rott, Pfalzgraf Kuno von 32
Ruepp, Johann Christoph 314
Ruepp, Karl Ferdinand Graf von 176
Ruepp, Maria Franziska Leopoldina Walburga von 176 f.
Ruepp, Paulus 314
Ruerdorffer, Wernhardt 173
Ruf, Sep 428
Rüger, Johann Konrad 95, 96, 106
Rüger, Karl Friedrich 148
Rüger, Vikar K. 108
Ruhsam, Josef 246, 457
Rupert, Bischof von Salzburg 30
Rupertus, Ina 494
Rupertus, Rosemarie 521, 527 f., 530
Rupertus, Stefan 494
Rupertus, Wolfgang 525
Ruppert, Karl 500
Rupp, Karl 448, 462 f., 493, 496, 520, 525, 527 f., 530
Ruprecht von der Pfalz 313
Rüßmann, Ulrich 522 f., 529
Ruthus, Franz, Bürgermeister 56, 150, 153

S

Sagstätter, Josef 46, 123 f.
Sahlberg, Wilhelm 260
Sailer, Valerius 181
Sajdak, Czeslaw, Pfarrer 68 f., 75, 168, 471, 459, 474, 512, 533
Sames 424
Sames-Wurth 503

Samoß 424
Sandberger, Adolf 19
Santager, Jörg und Hans 172
Sauer 288
Saur, Richard 455
Sauter, Max 246
Schachtner, Florian 485
Schack, Gertraud 151
Schafbauer, Joh. Mich. 246
Schafbauer, Michael 433
Schäfer, Manfred 327
Schaffler 424
Schäffler 424
Schallamayer, Castulus, Pfarrer 95
Schall, Thomas 455
Schamberger, Johann Heinrich 96, 106, 110, 113, 134, 148
Schamberger, Otto, Pfarrvikar 96, 115, 134
Schamberger, Werner 522, 525, 528, 529
Schamel, Emilie 148
Scharnagl 343
Scharnagl, Anton 345
Schartner 352
Scharzer-Bücheler, Liselotte 528
Schaumann, Franz 450
Schedy, Anita 525
Scheib, Asta 369
Scherer, Balthasar 189
Scherl 89
Scherzl 337, 350 f., 353 f., 357, 359 f., 361 ff., 518
Scherzl, Hans 200, 441, 444, 446, 448, 517, 520
Scherzl, Johann 433, 440, 516 f., 526 f.
Scherzl, Katharina 472
Scheu, Johann 219
Schick 518
Schiller, Johann 326
Schilling, Bernhard 148
Schilling, Rudi 486, 525, 527
Schily, Otto 376
Schimpf, Franz 457
Schindler 415
Schindler, Anton 423
Schlee 360 f.
Schlee, Alois 359, 360
Schlee, Elise 148
Schleich 275
Schleicher 421, 424
Schleicher, Hans 200, 479
Schleich, Xaver und Franziska 280
Schlesinger, Arno 326 f.
Schlesinger, Emil 319
Schlesinger, Max 246
Schlichtegroll, A. v. 115
Schlotter, Ferdinand 327
Schlumbrecht, J. 148

Schlutt, Johannes 181
Schmalzl, Georg 129
Schmeller 507
Schmid 176, 333, 337, 343, 350, 352 f., 356 f., 414, 461
Schmid, Eduard 147
Schmid, Christian 142, 149
Schmid, Ernst 327
Schmid, Ferdinand 332 f., 444, 448, 457, 518 f., 526 f., 532
Schmid, Georg 183
Schmid, Heinrich, Christine und Konrad 173
Schmid, Anna 142
Schmid-Meil 342, 519
Schmid-Meil, Bernhard 520
Schmid-Meil, Konrad 74, 200, 350, 351, 471, 519 f., 526 f.
Schmidt, Andreas 210
Schmidt, Ed., Landtagsabgeordneter 287
Schmidt, Ferdinand 450
Schmidt, Friedrich 148
Schmidt, Hans 174, 189
Schmidt, J. 246
Schmidt, K. 109
Schmidt, Ludwig Friedrich, Kabinettsprediger 84, 127
Schmidt, Karl-Heinz 522, 528 f.
Schmidt, Klaus 477
Schmidt, Maria 277
Schmidt und Stahr 377
Schmidtner, Martin 181
Schmidt 85, 133
Schmidt, Wolfgang 519
Schmidwastl 423
Schmitt, Manfred 445, 448, 496
Schmitt, Michael 423
Schmitt, Ralf 494
Schneider 425
Schneider, Egilfreda, Sr. 156
Schneider, Helga 378 f.
Schneider, Otto 327
Schnitzelbaumer, Ludwig 54
Schober, Wilhelm 246
Scholl 415
Schölzl 117
Schönherr, Thomas 500
Schönleutner 182
Schön, Michael 523, 529
Schorn, Rosemarie 149
Schöttle, Georg 325
Schramm, Paul 326
Schramm, Theodor 251
Schrank 414, 511
Schrank, Kaspar 246, 451, 455
Schreiber, Friederike 148
Schreibmayr 344, 354 f., 361 f.
Schrod, Mater Virgilia, Sr. 156
Schubert, Franz 413, 474

Schüle 226, 518
Schüle, Friedrich 258, 409, 427
Schüle & Gruber 246
Schuler 93
Schuler, Johann Adam 91, 94, 106, 148
Schulze, Gustav 115
Schumann, Clara 410
Schunke, Christl 388, 521, 528
Schunke, Manfred 324
Schunke, Walter 327
Schuschnig, Kurt von 340
Schüssler, August 316
Schuster, Hermann, Bürgermeister 56 f., 153, 301, 341
Schuster, Karl 341
Schwaiger, Alois 326
Schwaiger, Wilhelmine 277
Schwaighart 465
Schwarzer-Bücheler, Liselotte 520, 525, 528 f.
Schwarz, Franz 326
Schwarz, Oskar 516 f.
Schweickart 278, 414
Schweickart, Babette 278
Schweiger, Wilhelmine 265
Schweighart, Emil 320
Schweikart, Georg 298
Schweikart, Johann 246
Schweikart, Karl 246
Schweinhuber, Anton 191
Schwerdtel 415
Schygulla, Hanna 368
Sebalt, Helmut 478
Sedlmaier, Sebastian 195, 423
Sedlmair, Balthasar 189
Sedlmair, Simon 189
Sedlmayer, Georg 423
Sedlmayr, Hans 191, 423
Sedlmayr, Sebastian 423
Sedlmeier, Lorenz 471, 497
Sedlmeier, Rudolf 262, 397
Seehofer, Horst 261
Seemüller 415
Seemüller, Ludwig 246
Seidel, Karin 477
Segesser, Maria Leopoldina Freifrau von 177
Seibert, Albr. 200
Seidt, Reinhard 475
Seifert, Alwin 428
Seiles, Josef 473
Seilstorfer, Johann 327
Selb, Thekla 149
Selles, E. 471
Selles, Maria 57
Selmair 42
Sennes, Michael 91, 195, 424
Sepp, Bernhard 56

Sepp, Johann Nepomuk 507
Sieber 358
Siebler, Weihbischof Engelbert 57
Siegfried, Christian August 148
Siegl, Hans-Jürgen 479, 521, 528
Siegmutis, Sr. 157, 358
Siemens & Halske 203, 210
Sigl, Rupert 182, 183
Silberhorn, Johann Nepomuk, Dekan 50f.
Simbeck, Andreas 447
Simrock 507
Singer, Johann 53
Sittmann 437
Soden-Frauenhofen, Freiherr Maximilian von 309
Söllner 414
Söllner, Magdalena 246, 422
Sommer, Sigi 368
Soyer, Hannelore 151
Sperber, Helmut 78
Sperr, Martin 368 ff.
Spielmann, Werner 525
Sporrer, Johann 333
Sprenger, Johann 450
Sprenger, Josef 526, 532
Springer, Christian 478
Springer, Georg 181
Springmann, Bärbel 453 ff., 455
Springmann, Enno 525
Spündler, Johann 191
Stadelmann, Georg 224 ff.
Stadler, Hubert 149
Stadler, Wolfgang 481
Stahl, Carmen 151
Stahl, Georg 202
Stahl, Rolf 370
Stammberger, Florenz, Pfarrvikar 96
Stanglmaier, Alexander 327
Stanossek, Peter 494
Stapf, Luise 113
Staudhammer, Balthasar 173, 189
Staudinger, Gilbert 181
Stauffenberg, Claus Schenk Graf von 347
Stechl, Franz Xaver 142, 149
Stefan, Johann 473
Stefan, Klinger 200
Steiner, Peter 55
Stein, Hans, Schulmeister 37
Steininger 414, 423
Steininger, Josef und Quirin 458
Steininger, Mathias 270
Steininger, Quirin 139, 270, 279, 316, 438, 448
Steinleitner, Ferdinand 326
Steinleitner, Georg 519
Steinleitner, Johann 326
Steinleitner, Josef 473, 516, 519 f., 525 ff.
Steinleitner, Joseph 517

Steinleitner, Rudolf 527
Steinleitner, Wilhelm 327, 473
Steinl, Helene 148
Steinsdorf 415
Stellner, Franz Xaver 457, 522, 525 f.
Stellner, Heinrich 478
Stengel, Freiherr von 226
Stenger, Anian 181
Stenz, Josef 326
Stephani 414
Sterzer 415
Sterzer, Viktoria 246
Stettmeier 223
Stettner, Maria 415
Stettner, Peter 458
Stewens, Christa, Staatsministerin 159
Steyrer, Valentin, Propst 180
Stieler, Karl 129
Stierstorfer, Emeran 246
Stimmer 352 f., 354, 413, 472
Stimmer, Georg 200, 246, 448, 527
Stockinger 415, 518
Stockinger, Bernhard 246
Stockinger, Leonhard, Bürgermeister 140 f., 143, 164, 209, 225 f., 246, 295, 308 ff., 317 f., 432, 458, 465, 517, 526, 532
Stockinger, Wilhelm 327
Stöckl, Ludwig 294
Stohr, Otto 326
Stoiber, Edmund 262
Stoiber, Erwin 324
Stoll, August 478
Stolz, Andrä 422
Stolz, Jakob 148
Stosser, Konrad 175
Strasse, Manfred 434
Strasser, Hildegard 157
Strasser, Simon, Kirchenpropst 173, 188 f.
Straßer, Simon 61, 458
Strassmüller, Jonas 191, 425
Strathmann, Michaela 500
Strauß, Franz Josef 301
Streifanger 361
Striegel 415
Stubmpöck, Ubaldus 181
Stumpf, Hannelore 149
Sturm, Michael 326
Sturm, P. Hartmann 353
Suchtinger, Ernst 327
Suchy 152
Sunderndorfer, Stephanus 59
Sutor 149, 353
Sutor, Caspar, Pfarrer von Kirchheim 60

T
Taubenhuber 422
Taubenhuber, Georg 246, 265, 272, 279, 361, 415, 458
Taubenhuber, Rudolf 243, 352, 520
Taubenhuber, Xaver 219, 265, 272
Teisinger 361
Teubel, Adam 129
Tewes, Ernst, Bischof 362
Teyninger, Hans 175
Thalhammer 343
Thaller, Balthasar 423
Thaller, Hans und Elisabeth 513
Thaller, Johann 327
Thaller, Werner 475
Thalmaier, Katharina 422
Theiler 415, 425
Theiler, Heinrich 129, 134
Theiler, Jakob 219, 246, 316, 425
Theodo, Herzog der Baiern 27, 30, 33
Theodo, Herzog 33
Theophan 353
Therese, Kronprinzessin 89, 131
Theresie, Königin v. Bayern 93, 307, 404, 413
Thon-Dittmer 115
Thun, Friedrich von 379
Thyroff, Friedrich 148
Tiberius 20
Tilly, Graf von 314
Toll, Gerda 151
Toussaint, August 277
Track, Adolf, Pfarrer 101, 107, 354, 363, 518
Traut, Adam 129
Trautberg, Hofmann von 149
Trautmann, Franz 307
Trenker, Georg 86
Trepte, Josef 246
Tucher, Freiherrn von 87, 413
Tucher, Baron von 120, 184 f.
Tucher, Heinrich Freiherr von 219
Tulbeck, Johann, Propst 173
Tulikowski, Michael 475 f.
Tunermann, F. 267
Tunk, Wolfgang 445, 448
Turba 147, 149, 363
Turba, Anneliese 151, 152
Turtur 100, 119, 425, 477
Turtur, Friedrich 101, 527
Turtur, Ludwig, Pfarrer 107, 226, 354, 532

U
Ude, Christian 375
Udoline 343
Ullmann, Regina 371, 412
Ullrich, Josef 246
Ullrich, Toni 492, 493
Ursprenger, Leonhard 174, 425
Uta, Herzogstochter 27

V
Vager, Balthasar 191, 422
Valentin, Propst 180, 181
Vanvolsem, Herbert 523, 525, 529
Vazanini, Agatha 266, 268, 422
Veicht 425
Veichtmayr, Joseph 189
Veit 422, 425
Velasco, Velasko 298, 301, 413
Vetter 423, 518
Vetter, Helga 428
Vetter, Siegfried 200, 330, 428
Vetter, Wilhelm 200, 246, 255, 407, 413, 428, 463, 532
Viering, Otto 475, 525
Vilsmeier 422
Vilsmeier, Stefan 262
Virgilia, Schwester 157
Vocke, Jürgen 242 f.
Vocke, Roland 327
Vogel, Stephan 145, 149
Vogtherr, Emma 148
Vogtt, Michael, Propst 173
Voit 415
Volbehr, Heinrich 325
Volbert, Lorenz 191, 424
Volf, Miroslav 168, 381, 383, 429
Völlenklee, Markus 370
Vorhoelzer, Robert 429
Voß, K. 98
Voß, Wilhelm 476, 482, 485
Vöstl, Melchior 189

W
Wabers 425
Wachinger, Otto 527
Wagner 209, 414, 425
Wagner, Adolf 340
Wagner, Friedrich 526
Wagner, Jakob, Bürgermeister 88, 129, 136, 143, 195, 246, 250, 411, 424, 437, 439, 448, 516, 526
Wagner, Johann 423
Wagner, Landtagsabgeordneter 177, 287
Wagner, Minister 340
Wagner, Predigtamtskandidat 89
Wagner, Xaver 455
Wald, August 280
Wald, Franz Xaver 200, 280
Waldhör, Hildegard 151
Wald, Johann 280, 326
Wald, Anna 280
Wald, Magdalena, Franz Xaver und August 280
Wallner, Emmeram 41
Walser, Johann 246
Walter, David 274, 456, 457
Walter, Heinrich 98

Walter, Katharina 98, 415
Wannerk, Alfred 477
Warm, Joachim 327
Weber 361
Weber, Hans 496
Weber, Jockl 425
Weber, Konrade 129
Weber, Leni 422
Weber, Magdalena 217
Weber, Roswitha 472
Weck, Werner van der, Bürgermeister 104, 152, 168, 241, 292, 371, 376, 385, 398, 447, 471, 500, 520, 522 f., 526, 529
Weggen 68
Wegmann 465
Weidner, K., 200
Weiler, Georg 457
Weiler, Josef 520
Weiler, Lienhard 176
Weiller 361 f.
Weiller, Centa 200
Weiller, Georg 456
Weimer, Heinrich 327
Weiner, Peter 402
Weinert 144
Weingarten, Anne 151
Weinmann, Ernestine 330
Weissenburger, Bernhard 129
Weiß, Ignaz 246
Welden, Ludwig Joseph von 22
Welle, Gerd 103
Wendebourg, E. W. 108
Wende, Joseph 354
Wendel, Kardinal 358
Wening, Walter von 200
Wenz, Gustav 148
Werndl 142
Werndl, Aloys 142, 149, 225, 246, 310, 433, 461
Werner, Johann 148
Werth, Martin 496
Wessely, Sebastian 362
Westenrieder, Lorenz von 41
Westermaier, Josef 508
Westermair, Melchior 189
Westner, Willi 269, 478 f.
Westner, Luise 269
Wetter, Friedrich, Erzbischof 68
Wetzl, Johann 327
Weyer, Peter 516
Wichern, Johann Hinrich 112 f.
Widmann, Anna Maria 180
Widmann, Herkulan 181
Wiehr, Adolf 246
Wieler 415
Wiesinger, Christian 97, 106, 148
Wilder, Emil 475
Wilhelm I., Dt. Kaiser 309

Wilhelm, Johann 327
Wilhelm-Mauch, Frank 525
Willi, Ernst 301, 356
Will, Maria 148
Wimmer, Paul 158
Wimmer, J. 471
Wimmer, Mathias 246, 415
Wimmer, Theodor 41
Winkelmayer 414
Winkelmayer, Josef 200, 471
Wink, Friedrich 327
Winkler 353, 355, 358
Winkler Arthur 327
Winkler, Emil 503, 511, 527 f., 530
Winkler, Erich 511
Winkler, Siegbert 149
Winklmeier, Josef 450
Winter 226, 518
Winter, Friedrich 255
Winter, Fritz 450, 475, 519
Wirth, Lorenz 316
Wirth, Wilhelm 317
Wisgickl 414
Wisgickl, Christoph 414
Wisgigl 360, 414, 423
Wisgigl, Kaspar 414
Wisgigl, Lorenz 62, 229, 510
Wisma, Johann 246
Wittmann, Georg 527
Wittmann, Lieselotte 149
Wolber, Günter 493, 527
Wolf 415
Wolf, Joseph 99
Wolfgang von Bayern 434
Wollenberg 183
Wollenberger, Bernhard 246
Wörndl 476
Wunderer, Karoline 148
Wunder, Hans 504, 505, 511
Wunderlich 415, 465
Wunderlich Johann 246
Wunderlich, Manfred 475 f.
Wunner, Georg 475
Wurm, Ulrich 175
Würschnitzer, Heike 151
Würstl, geb. 280
Wurth 112, 113, 177, 226, 424 f.
Wurth, Balthasar 246, 250, 415, 422
Wurth, Carl 200
Wurth, Christian 522 f., 529
Wurth, Daniel 251, 461
Wurth, L. 471
Wurth, Erich 453, 455
Wurth, Ernst 457
Wurth, Gottlieb 246
Wurth, Jakob 246, 326 f., 415, 423 ff., 427
Wurth, Friederike 415
Wurth, Karl 280

Wurth, Philipp 200, 219, 222, 246, 308, 415, 425, 518 f.
Wurth, Philipp Ludwig 516, 528
Wurth, Richard 217, 221

Z

Zacherl 353, 361
Zacherl, Balthasar 56, 423, 527
Zacherl, Johann 265, 275, 327
Zächerl, Joseph 189
Zächerl, Melchior 189
Zahn 91
Zahn, Johann Kaspar 97, 106
Zauser 357
Zauser, Balthasar 275
Zauser, Johann 275
Zauser, Martin 200, 275, 526 f.
Zechetmayr, Balthasar 189
Zech 398
Zehentmair 504
Zehentmair, August 184, 219
Zehentmayr, Michael 424
Zehentner, Christoph 174
Zehentner, Hans 174
Zehetmaier 509
Zehetmaier, Kaspar 61
Zehetmair 220
Zehetmair, Georg 327
Zehetmair, Hans 189
Zehetmayr, Bernhard 200
Zehetmayr, Michael 191
Zeiser 37
Zellermaier, Joseph 195
Zellermayer, Joseph 425
Zenger, Christine 523
Zeppelin, Ferdinand Graf von 413
Zercher, Fritz 327
Zercher, Georg 327
Zettl 363
Zettler, Franz Xaver 98
Zettl, Robert 527 f.
Ziegler, Sebastian 500
Ziegler, Wolf 189
Zimmermann, Alexander 523, 529
Zimmermann, Jakob 268
Zimmermann 108
Zimmermann, Thomas 523, 529
Zubau 191
Zucker, P. Theophan 353
Zwinki 370

Impressum

Cornelia Oelwein

Feldkirchen
Chronik

Herausgegeben von der
Gemeinde Feldkirchen

Redaktionsstand Ende 2016

Gestaltung und Satz
Franz Schiermeier
Edgar Hohl

Gesetzt aus der
Univers von Adrian Frutiger

Gesamtherstellung
Druckservice Brucker, Mainburg

Verlag
Franz Schiermeier Verlag München
franz-schiermeier-verlag.de

ISBN 978-3-943866-53-7
Feldkirchen, November 2017

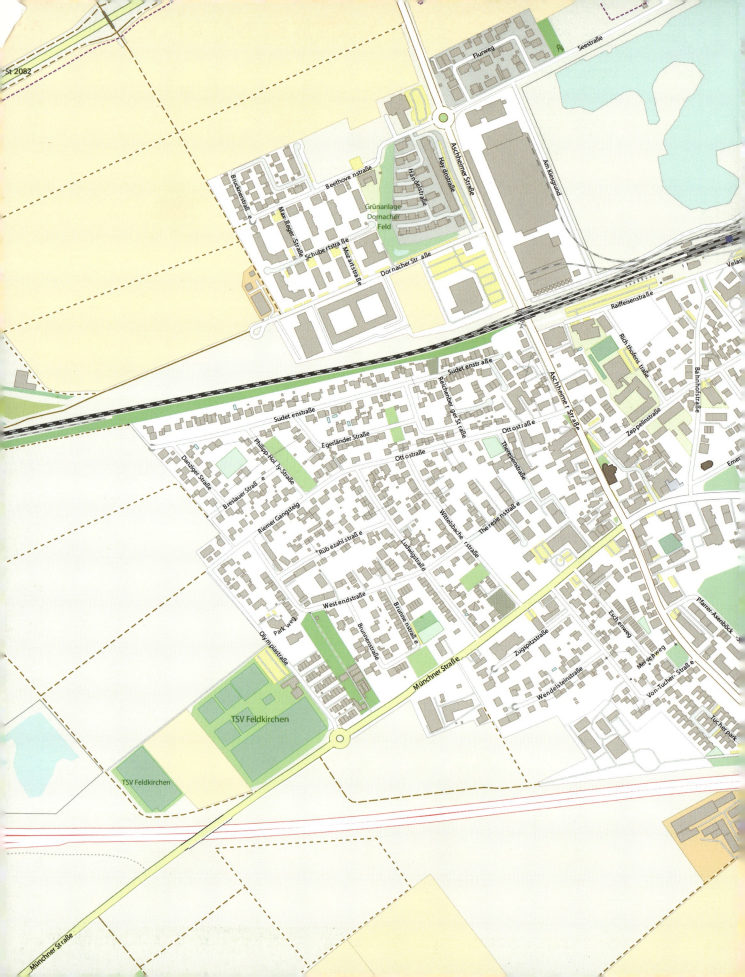